군인

Der Soldat
Ein Nachruf

군인

영웅과 희생자, 괴물들의 세계사

볼프 슈나이더 지음 | 박종대 옮김

일러두기
• 이 책에 실린 각주는 모두 옮긴이주이다.

이 책은 실로 꿰매어 제본하는 정통적인 사철 방식으로 만들어졌습니다.
사철 방식으로 제본된 책은 오랫동안 보관해도 손상되지 않습니다.

차례

1. 추도사

우리가 아는 군인의 시대는 끝나 가고 있다. 지난 3천 년 동안 군인은 세계사의 큰 동력이자 공포와 경탄, 경악의 대상이었다. 수많은 나라를 짓밟고 문화를 파괴하고 민족을 말살했다. 총칼로 흘린 피를 모으면 커다란 호수를 채우고도 남을지 모른다. 군인은 누구보다 많은 고통을 가했지만, 누구보다 스스로 더 큰 고통을 받을 때도 많았다. 다만, 군인이 없었다면 세상은 앞으로 더 나아가지 못했을지 모른다.

이미 히로시마 원자 폭탄 때부터 전통적인 의미의 군인은 사라지기 시작했다. 장차 폭탄은 무인 전투기로 대체될 것이고, 전사의 자리도 전투 로봇이 차지할 것이다. 이제 승리를 위해 기존의 군인이 할 일은 없다. 우리는 그것을 아프가니스탄에서 경험했다. 사람을 죽이는 일은 용병과 게릴라, 자살 테러범, 혹은 네이비실Navy SEAL 같은 인간 전투 기계들이 담당한다. 어쩌면 마지막이 될지도 모를 다음 세계 대전은 피 한 방울 흘리지 않고 승패가 결정 날 수 있다. 세계 패권을 건 사이버 전쟁이 기다리고 있기 때문이다.

대체 군인은 어떤 존재인가? 영웅인가? 영웅적 죽음이니 영웅 묘지니 영웅 기념비니 하는 말들은 아직도 통용되지만, 이미 오래전부터 생동감은 떨어지고 공감을 얻지 못하고 비현실적으로 느껴진다. 사실 한 군대가 어떻게 수많은 영웅, 그러니까 전대미문의 용맹성을 지닌 모범적인 남자들로 이루어질 수 있겠는가! 그들은 대개 예외적인 인간이었다. 그래도 굳이 〈영웅〉이라는 말을 쓰고 싶다면 누구나 인정하는 훌륭한 일을 위해 죽을 때까지 초지일관으로 싸운 군인들에게나 그런 명칭을 붙일 수 있을 것이다.

그렇다면 군인은 희생자인가? 그렇다. 희생자이다. 몇백 배는 더 희생자이다. 특히 인간 역사상 최악의 사건인 두 번의 세계 대전에서는 더더욱 그랬다. 청년들은 국방의 의무라는 이름으로 극소수의 인간들만 감당해 낼 수 있는 전쟁터로 내몰렸다. 그것도 자기와는 아무 상관없는 적을 향해서. 이렇게 수백만 명의 젊은이들이 죽음 속으로 걸어 들어갔다. 베르톨트 브레히트는 〈어떤 책 읽는 노동자의 질문〉이라는 시에서 고전적인 표현으로 이들의 입장을 대변한다.

행진할 때 선두에 선 사람이 실은
자신의 적이라는 사실을 모르는 이들이 많다.
그들에게 명령을 내리는 목소리가 실은
적의 목소리이다.

이 시는 일반 군인을 지배자들에 의해 도살장으로 내몰리는 희생양으로 그리고 있다. 이런 관점은 수천 년 동안 내려온 장군 숭배나 영웅 찬양과 대척점을 이룬다. 하지만 이것 역시 진실과는 관련이 없다. 피비린내 나는 전쟁의 역사를 들추어 보면 이름 높은 장군이든 이름 없는 병사든 공격성 면에서는 결코 서로 뒤지지 않았기 때문이다. 심지어 자신은 원치 않는데도 전의에 불타고 노획 욕구에 눈먼 병사들에게 떠밀려 전장으로 진군을 명한 장군도 많았다. 그런 병사들은 정말 전투를 사랑하는 사람들이다. 아프가니스탄에 종군 기자로 참전한 미국의 서배스천 융거Sebastian Junger는 2010년 적을 향해 총을 쏘는 미군 병사들에 대해 이렇게 썼다. 〈전쟁도 삶이다. 심지어 아무도 알지 못하는 어떤 요인에 의해 증폭된 삶이다. 20분간의 전투만 치러도 한 인간이 평생을 통해 축적할 수 있는 그 어떤 것보다 강렬한 삶을 체험한다.〉

이런 베테랑 군인과 힘자랑하길 좋아하는 남자들이 훈 족이나 노르만 족, 몽골 족 같은 호전적 민족에서 다수를 차지했다. 이런 전사들은 근대 초기의 용병 부대에서 누구보다 앞장서서 타고난 능력을 발휘했을 뿐 아니라 국방의 의무로 징집된 군대에서도 이들 없이는 성과를 기대할 수 없을 정도로 핵심 세력으로 자리 잡았다. 그러니까 이들은 교과서나 애국시에 가장 먼저 〈영웅〉으로 올릴 수 있는 사람이었다.

다만 이런 전사들은 괴물로 돌변할 때가 많았다. 군 조직에 의해 인간성이 깡그리 말살된 채 피비린내 나는 환경에 고무되어 패자들을 잔혹하게 살해하고 여자들을 욕보이고 아이들을 쳐 죽이는 도살자나 고문자로 길러진 것이다. 칭기즈칸의 기마병, 1631년 마그데부르크를 포악하게 약탈한 틸리 백작의 수하들, 소련에서의 독일군, 독일에서의 소련군, 베트남에서의 미군이 모두 그에 해당한다.

전쟁의 가장 끔찍한 공포 가운데 하나는 다음과 같다. 전쟁은 순진한 젊은 이들에게 인간의 몸속에 대검을 쑤셔 넣는 법을 가르치고, 우리 속의 석기 시대 인간들을 일깨우고, 우리 속의 개돼지들에게 군침 도는 먹잇감을 던져 준다. 예부터 군대는 강자건 약자건, 싸움꾼이건 겁쟁이건, 적에게 압도되거나 적이 무서워 도망치지 않고 죽을 각오로 적을 쳐 죽일 준비가 된 남자로 만드는 기술에 그 본질이 있었다. 물론 달아나고 싶은 강렬한 유혹을 공격의 칼날로 버리는 것은 고대의 아테네군이나 근대의 프로이센군에도 결코 쉬운 일이 아니었다. 칸나이 전투의 상처는 베르됭 전투와 마찬가지로 쓰라렸고, 인도에서 마케도니아군의 공포는 스탈린그라드 공격에서 고립된 독일군의 공포와도 다르지 않았다.

괴테는 1792년 프랑스의 전장을 여행하면서, 전쟁은 〈죽음의 전조〉로서 만인에게 평등하다고 썼다. 이 말은 오직 언제 죽을지 모른 채 피 칠갑을 하고 전장을 누비는 군인들에게 해당된다. 고통과 승리, 탐욕과 경건함, 비열함과 위대함 사이를 오가며 우리에게 그렇게 많은 수수께끼를 던지는 군인들에게 말이다.

〈군인 현상〉을 선입견 없이 객관적으로 연구하려는 사람은 양극단으로부터 불신의 시선을 견뎌야 한다. 가슴에 자랑스럽게 훈장을 단 사람들과 열정적인 평화주의자들이 그 양극단이다. 〈대부분의 국가에서 군인은 그 신분 특유의 큰 고충과 위험 때문에 명예로운 지위가 보장된다.〉 1847년판 브록하우스 대백과사전에 실린 내용이니까 아주 오래전의 일이다. 2012년 독일 공무원 연맹의 직업별 명성에 관한 설문 조사에서 군인은 15위를 차지했다. 지붕 수리공과 우편배달원 다음이었다.

1945년 독일군 하사관으로 근무하면서 전쟁에서 어떤 형태로건 두각을 나타낸 적이 없던 필자는 역사의 수많은 전선을 호기심 어린 눈으로 돌아다니며 〈군인〉이라는 현상을 객관적으로 연구해 보기로 마음먹었다. 물론 어차피 남는 건 슬픈 결론뿐이다. 수백만 명의 인간들이 더는 군인이 될 필요가 없는 건 좋은 일이지만, 군인이 사라진다고 해서 미래의 전쟁이 없어지거나 덜 끔찍해지지는 않는다는 사실이다.

1부

이제 전쟁에는 군인이 필요 없다

2. 무인 전투기가 그 역할을 대신하기 때문이다

2009년 12월 오바마 대통령이 오슬로에서 노벨 평화상을 받을 당시 이미 그의 명령으로 발진한 무인 전투기 수는 무인 전투기 공격의 원조라고 할 수 있는 조지 부시의 전체 재임 기간 때보다 많았다. 그 뒤로도 오바마는 무인 전투기를 계속 날렸고 사람을 계속 죽였다.

독일어에서건(Drohne) 영어에서건(drone) 〈무인 전투기〉라는 말은 〈낮게 웅웅거린다〉는 뜻이다. 이 뜻은 원래의 의미인 〈수벌〉에서 유래했다. 그러니까 드론은 일벌들에게 먹이를 얻어먹으면서 오직 여왕벌을 임신시키는 것만을 생의 과제로 삼는 수벌을 의미했다. 여기서 〈무위도식자, 게으름뱅이, 기식자〉라는 전이된 의미가 나왔는데, 이 의미에 맞게 무인 전투기는 목표 지점 9~15킬로미터 상공에서 한가하게 웅웅거리며 선회한다. 최대 40시간까지 비행할 수 있고, 지상에서는 보이지도 들리지도 않는다. 게다가 로켓포 14발과 고해상도 비디오카메라를 장착하고, 야간 활동용 적외선 센서와 레이더까지 갖추고 있다.

아프가니스탄에서 탈레반으로 추정되는 누군가를 죽이라는 결정은 태평양 건너 미국 본토에서 내려진다. 예를 들어 1만 2천 킬로미터 떨어진 미국 뉴멕시코 주의 클로비스가 그런 결정이 내려지는 곳이다. 여기서 파일럿은 여러 모니터 중 하나에서 적을 발견했다고 판단되면 조이스틱을 이용해 위성 신호로 무인기에 사격 신호를 전달하고, 15초 뒤 목표물이 파괴되는 것을 지켜본다. 거기에는 자동차, 가옥, 한 무리의 사람들, 유격대원, 그리고 가끔 아이들도 한두 명 포함된다. 〈전쟁이 일어나더라도 아무도 참가하지 말자〉던 그 유명한 평화주의의 구호도 이젠 의미를 잃어버렸다. 아무도 참가하지 않아도 전쟁이 가능한 시대가 되었기 때문이다.

파일럿의 목표물은 두 가지다. 하나는 워싱턴에 특히 잘 알려져 있고 오바마 대통령이 직접 처형 명령을 내린 테러 지도자들이고, 다른 하나는 주변 환경이나 무장 상태, 움직임 등을 근거로 원거리 파일럿의 눈에 충분히 의심스럽다고 판단되는 가옥이나 차량, 집단, 개별 인간들이다. 무인기 폭격은 아프가니스탄보다 파키스탄에서 훨씬 자주 이루어진다. 많은 탈레반이 국경 지대에 은신하고 있는 것으로 추정되기 때문이다. 어쨌든 이런 식으로 살해된 사람은 2013년 기준으로 다음과 같다.

• 최소 470명, 어쩌면 880명, 그중에 어린이 176명 포함(스탠퍼드 대학과 뉴욕 대학 조사).
• 파키스탄에서만 2,000~3,000명(뉴 아메리칸 파운데이션 조사).
• 혹은 3,000명 이상(영국 탐사보도국The Bureau of Investigative Journalism 조사).

물론 2차 대전 당시 영국의 폭격으로 희생된 독일인 60만 명과 히로시마, 나가사키 원폭 투하로 죽은 10만 명과 비교하면 무인 전투기는 정밀한 목표물 타격 면에서 칭찬을 받을지 모른다. 또한 아프가니스탄에서 여러모로 난감한 상황에 빠져 있던 미 지상군에도 감사의 대상이 될 수 있다. 그러나 무인 전투기를 통한 살인은 전시법과 국제법 위반이다. 게다가 아프가니스탄과 예멘, 소말리아 같은 나라들에서 미국에 대한 반감을 부추기는 데 결정적인 역할을 했다. 결국 무인 전투기에 죽은 테러리스트 숫자보다 더 많은 추종자들이 탈레반과 알카에다에 들어갔다.

이런 지역에서는 수백만 명의 사람들이 절망적인 공포의 구름을 이고 살아간다. 많은 사람들이 집 밖으로 나올 엄두를 내지 못하고 아이들도 학교에 보내지 않는다. 2차 대전 당시 독일인들은 영국의 폭격에 대해 최소한 경보라도 들었고, 그래서 공습 경보가 지나가면 누구나 자유롭게 나다닐 수 있었다.

어떤 점에서 국제법 위반이라는 것일까? 파키스탄은 전쟁을 하는 나라가 아닌데도 폭격이 이루어진다는 점이다. 물론 이는 이런 식으로라도 불편한 토착 부족장들을 제거하려는 파키스탄 군부와 이해관계가 맞아떨어져서 벌어진 일이기는 하다. 그럼 전시법 위반은? 전시 국제법에 따르면 〈전투원〉으로 확인되지 않은 사람을 죽이는 것은 금지되어 있다. 그러나 2012년 오바마의 대테러 국토안보보좌관 존 브레넌John Brennan은 이렇게 반박한다. 최소한의 비용으로 아군의 피해를 없애는 동시에 폭탄이나 수류탄에 비해 적의 피해도 급감시킬 수 있다면 드론 전쟁은 전시법이 요구하는 전투 수단의 경제성을 최상으로 실현하고 있다는 것이다. 또한 공격자는 전혀 위험에 노출되지 않은 상태에서 희생자에게 불의의 기습을 가하는 것이 비열한 짓이 아니냐는 비난에 대해서도 워싱턴 당국은, 그럼 둘 다 죽는 것이 더 도덕적인 일이냐며 받아친다.

그렇다고 바다 건너편에서 로켓포 발사를 명령하는 파일럿들이 고통을 겪지 않는 것도 아니다. 그들은 본토 기지의 근무 지침에 따라, 내리지 않을 수도 있는 결정을 내리고 몇 초 뒤 자신들이 저지른 일의 결과를 화면으로 확인한다. 화물차가 공중으로 날아가고 집이 무너지고, 탈레반으로 지목된 사람(아닐 수도 있다)이 쓰러진다. 가끔은 목표물 외에 다른 사람들까지 죽기도 한다. 어쨌든 그 뒤 파일럿은 아내와 아이들과 저녁 식사를 하러 차를 몰고 집으로 간다. 많은 사람들이 이런 상황을 견디지 못한다. 입장을 바꾸어 생각하면 분명해진다. 그래서 무인기 조종사들 중에는 21세기 군인 병인 〈외상 후 스트레스 장애PTSD〉를 앓는 이들이 많다. 그 때문에라도 미 공군은 실제 전투기를 조종하는 파일럿보다 더 많은 수의 무인기 조종사를 양성해 낸다. 2013년 미 국방부는 이들에게 무공훈장을 수여했는데, 이는 직접 전투에 참여해 목숨을 걸고 싸우는 것만을 여전히 최고의 가치로 여기는 많은 예전 군인들의 불만을 샀다.

2013년 독일 정부는 미국 무인 전투기 구매를 심각하게 고민했다. 드 메지에르de Maizière 국방장관은 이 〈윤리 중립적인 무기〉가 군사적 상황의 급변 과정에서 적절한 보호막이 되어 줄 거라며 드론의 절대적인 필요성을 역설했다. 그러나 독일군 입장에서는 오바마가 테러 지도자들을 상대로 내린 공개 처형과 같은 작전을 수행할 일이 없다. 게다가 사민당과 녹색당, 좌파당, 심지어 두 기독 정당까지 드론이 군사력 투입에 대한 윤리적 거부감의 기준을 낮출 거라며 회의적인 시선을 보냈다. 반면에 아프가니스탄에 주둔한 독일군 입장에서는 정치인들이 현장에서의 공포를 이해하지 못한다며 볼멘소리를 냈다. 그러나 아프리카로 발진한 치명적인 무인 전투기가 독일 카이저스라우테른 인근의 미 공군 기지에서 조종되고 있다는 사실이 알려지면서 2013년 독일에서는 그에 항의하는 여론이 잇따랐다. 유럽 대륙에서 무인 전투기를 조종하는 일이 벌어지면 그다음엔 유럽 상공에 무인 전투기가 날아들 날도 결국 오지 않겠는가? 끔찍한 상상이지만 앞날은 알 수 없다. 중국의 파일럿이 조종하는 드론이 뜰 수도 있고, 언젠가는 마피아 세력이 드론을 띄울지도 모른다. 어쨌든 아직까지는 제정신을 가진 인간들이 드론을 조종한다고 믿지만 그게 언제 과거의 일이 될지는 아무도 모른다.

파일럿은 알고리즘 방식으로 사전 필터링을 거쳐 결정을 내린다. 그런데 연산 능력이 보잘것없는 인간의 뇌는 너무 느리기 때문에 어느 정도 시간이 지나면 소프트웨어가 단독으로 결정을 내릴 날이 올 것이다. 미 군부와 군수 산업체가 추구하는 것이 바로 그것이다. 즉 무인 전투기 스스로 지상의 풍경을 스캔하다가 수상쩍은 움직임이나 인간, 물체를 판별해 내고, 레이더 신호를 〈비우호적인 것〉으로 인식하고, 있을 법한 부수 피해를 산정하고, 그것이 감수할 만한 피해인지 평가하고, 그런 다음 마지막으로 바다 건너 파일럿에게 자신이 무엇을 파괴할지, 누구를 죽여야 할지 전달하는 것이다.

「뉴욕 타임스」는 이것을 〈미래의 전쟁〉이라 불렀다.[1] 인권 단체들은 이런 드론 전쟁이 살인에 대한 가책과 심리적 압박을 없앨 것이라며 반대의 목소리를 높인다. 그러나 워싱턴의 찬성론자들은 이렇게 반박한다. 드론은 공황 상태나 복수심에 빠져 사람을 죽이는 일이 없고, 약탈이나 고문도 하지 않는다는 것이다.

그사이 미국과 이스라엘 군수업체들은 지상의 전투 로봇 제작에도 열을 올리고 있다. 일명 〈자율형 인명 살상 로봇〉으로 하이테크 센서로 적을 감지한 뒤 적이 움직임을 보이지 않을 때까지 사격을 가하는 작은 무한궤도 차량이다. 어쩌면 이런 무인 전투기와 로봇의 등장이 대포에서 시작해 원자 폭탄으로 정점을 찍은 군사적 발전에 종지부를 찍을지 모른다. 이제 인간 적은 코빼기도 보이지 않고, 방어자 입장에서는 속수무책으로 당하고 있을 수밖에 없는 시대가 왔다.

3. 핵미사일이 대기하고 있다

이것만큼은 분명하다. 만일 3차 대전이 일어난다면 살아남은 군인들은 기껏해야 뒷정리사령부에서 일하거나 위생병, 경찰관으로 활동하게 되리라는 사실 말이다. 전쟁의 승패가 군인 없이 결정된 것은 이미 오래전의 일이다. 전쟁 역사의 열차가 그 방향으로 움직인 것은 1945년 8월 6일이었다. 당시 군인 셋이 히로시마 위에 원자 폭탄을 떨어뜨렸고, 그 폭탄으로 최소한 민간인 6만 6천 명이 숨졌다. 〈나중의 피폭 여파로 죽은 사람들까지 합치면 무려 20만 명에 이른다. 이 사건은 인간이 수천 년 전 최초로 패를 지어 작대기와 돌멩이를 들고 전쟁터로 나선 이래 가장 중요한 역사적 전환점이었다.〉[2]

트루먼 대통령은 왜 그 끔찍한 신무기 투입을 결정했을까? 그것도 사흘 뒤 나가사키에 연이어 말이다. 오늘날까지 집중 논의되고 있는 원인은 두 가지다. 당시 일본은 이미 오래전부터 군사적으로 제압당한 상태였다. 하지만 승리자의 입장에서는 결정적인 일격으로 항복을 미적거리는 일본과의 전쟁을 빨리 끝내고 싶었을 것이고, 또 원자 폭탄이 없었다면 항복까지 더 많은 미군이 죽었을 수도 있다. 충분히 납득할 수 있는 이유다. 특히 사회학자 맥스 러너 Max Lerner가 설명한 미국의 특수 상황을 이해하고 있다면 말이다. 〈미 국방 정책의 핵심은 미군의 투입과 인명 피해를 최대한 줄이는 일이다. 미 지도부가 일본에 원자 폭탄을 투하한 것도 그 때문이다. ……미국은 남북 전쟁 이후 본토에서 전쟁이 일어난 적이 한 번도 없다. 따라서 미국인들은 전쟁을 가능한 한 먼 지역에서, 그것도 가능한 한 미군을 적게 투입한 가운데 집중된 물자와 돈으로 치르는 최첨단 과학 기술 작전 정도로 이해한다.〉[3]

트루먼이 그 결정을 내린 또 다른 이유도 명확하다. 당시 소련군은 이미 베를린에 입성해 있었다. 그런데 스탈린은 그 정도로 만족할 인간처럼 보이지 않았다. 그래서 지상에서 가장 강한 힘이 어디에 있는지 과시할 필요가 있었다. 그런 이유로 트루먼은 여러 참모들의 반대를 뿌리쳤다. 예를 들어 해군 참모장이던 윌리엄 레이히William Leahy 제독은 이렇게 반대 목소리를 높였다. 자신은 여자와 아이들을 무작위로 죽이면서까지 전쟁을 하라고 배우지 않았고, 그것은 야만 시대로의 퇴행이라는 것이다.[4]

그게 퇴행이든 아니든, 어쨌든 놀라운 사실 하나와 설득력 있는 추측 하나가 있다. 사실부터 이야기해 보자. 불과 21년 간격으로 터진 두 번의 세계 대전 이후 오늘날까지 69년 동안 강대국들은 서로 어떤 전쟁도 일으키지 않았다. 다시 말해 세계의 두 강대국은 히로시마에 투하한 원자 폭탄보다 수백 배는 더 강력한 핵탄두를 생산하고 있고, 전 인류를 몇 번이나 죽이고도 남을 만큼 터무니없이 많은 핵무기로 무장하고 있음에도 냉전은 총성 한 번 울리지 않고 끝났다는 것이다.

그 배경을 추측해 보면 이렇다. 인류가 핵에 대해 충분한 공포를 가지도록 언젠가는 핵의 끔찍한 위력을 보여 주어야 했다. 그래서 트루먼은 세계사의 다른 〈행동가들〉처럼 아무것도 예감하지 못한 채 자신의 잔인한 행위에 일종의 축복을 내렸다. 그 결과는 1962년 구체적 사례를 통해 입증되었다. 흐루쇼프가 쿠바에 핵미사일 기지를 설치하려 했지만 케네디가 핵전쟁도 불사한다는 의지로 강하게 밀어붙이면서 결국 흐루쇼프의 기지 건설을 포기시킨 것이다.

이스라엘의 군역사학자 마르틴 판 크레벨트Martin van Creveld는 심지어 핵무기의 효용성을 예찬하기까지 했다. 그는 자신의 규범적 작품 『전쟁의 변하는 얼굴The Changing Face of War』에서 이렇게 썼다. 〈오늘날의 관점에서만 판단을 내리자면 핵무기로 인해 세계는 한층 더 안전한 곳이 되었다.〉[5] 이런 시각에서 보자면, 줄기차게 핵무기 없는 세계를 주창하는 오바마 대통령은 터무니없는 거짓말을 유포하고 있거나, 아니면 제대로 잘못 짚었다고 할 수 있다.

크레벨트의 말에 따르면, 직업 군인들, 특히 〈수백 년 전부터 줄곧 전쟁의 기술을 완성시키고자 노력해 왔고 1939~1945년 동안의 큰 전쟁에서는 수백만 명의 군사를 지휘한〉 장교들에게는 〈전쟁이 실제로 싸우던 방식에서 단순히 겁을 줘서 포기하게 만드는 방식으로 바뀌는 것은 사형 선고나 다름없었다〉.[6] 물론 더는 군복을 입고 싸우러 가거나, 이유 없이 죽을 필요가 없어진 수백만 명의 남자들에게는 사형 선고가 아니었다. 이런 배경하에서 점점 많은 나라들이 국가에 의한 대대적인 자유의 박탈, 즉 보편적인 국방의 의무를 철폐하고 있기 때문이다(11장 참조).

그렇다. 이제 대규모의 군인은 필요 없다. 만일 필요하다면 무인 폭격기 파일럿과 미사일 발사대 기술자, 군인들 대신 활동하는 용병, 그리고 테러리스트를 상대하기 위한 특별한 인간 전투 기계들뿐이다. 유엔의 평화 유지군이 도움이 된다는 주장도 있지만 실제로 도움을 준 경우는 드물다(41장 참조).

히로시마와 나가사키에서의 민간인 대량 살상이 부른 긍정적 효과가 있다면 그것은 나중의 핵 강대국들을 비롯해 전 인류에게 핵의 공포를 심어 준 것뿐이다. 일본과 독일, 베트남에서의 폭격은 수많은 인명을 앗아 갔고, 그것이 전부다. 2차 대전 당시 지옥의 화염 속에서 대도시들을 파괴한 것이 연합국의 승리에 실질적으로 기여한 것은 없기에 그런 식의 국제법 위반은 결코 군사적으로 정당화될 수 없다.

1945년 3월 도쿄에서 미국의 소이탄 공격으로 10만 명이 죽었다. 역사상 최대의 이 공중 대학살은 원자탄 없이 이루어졌다. 1944년 이후 거의 위협을 당한 적이 없는 소수의 폭격기 조종사들이 민간인들을 대량 살상한 형태였다. 그런 식으로 독일에서는 60만 명이 목숨을 잃었다. 그중 여자가 대략 25만 명, 아이가 10만 명이었다. 영국의 역사학자 존 키건John Keegan은 이렇게 정리했다. 〈영국인들은 궁지에 몰린 상태에서 자신들이 적에게 무슨 짓을 하는지 애써 외면하기로 작정했다.〉[7] 사실 영국인들은 독일의 사기를 떨어뜨린다는 명분으로 여자와 아이들에 대한 전쟁을 옹호했지만 〈그로 인해 독일인들의 사기가 흔들린 적은 없었다〉.[8]

군 전략가 배질 리델 하트 경Sir Basil Liddell Hart도 말했듯, 전쟁은 무차별 공습을 통한 민간인 학살로는 결코 단축되지 않는다. 그럴 목적이라면 오히려 전폭기의 연결망과 연료 공급에 집중해야 한다.[9] 늦어도 1944년에는 런던의 모든 연합국들도 이 사실을 분명히 깨달았다. 〈전략폭격사령부의 강경파들만 빼고 말이다.〉[10]

대도시 폭격이 독일과 일본에서는 승리에 아무 도움이 되지 못하더니 급기야 베트남에서는 오히려 융단 폭격을 받은 쪽이 전쟁에 승리하는 아이러니한 일이 발생했다. 전쟁의 역사에서 폭격기 전쟁은 어느 모로 보나 무의미하고 악랄한 한 부분이었다. 그것은 공중으로부터의 인간 사냥이자 학살이었고, 그로써 군인 계급의 명예와도 같았던 오랜 철칙을 깨뜨렸다. 무장한 군인은 무장한 적을 상대로만 싸워야 한다는 철칙이었다(물론 이것은 자의적으로 무시된 적도 많았지만 철저하게 지켜진 경우도 많았다).

게다가 공중으로부터의 살인은 군인이 자신의 시야에 들어온 생명체를 죽이기 전에 잠깐 망설일 수 있는 기회를 원천 봉쇄한다. 조지 버나드 쇼는 독일 도시들을 향한 폭격이 한창이던 1944년에 이렇게 썼다. 〈아무리 전쟁이라고 하더라도 보통의 선한 마음을 갖고 있는 사람이라면 길에서 아이를 안은 여자에게 수류탄을 던지지는 않는다. 하지만 수천 미터 상공의 비행기 안에서는 가정집이 즐비한 시가지를 향해 거침없이 폭탄을 투하할 수 있다.〉[11]

희생자들의 절규를 듣지 못하고 고통스럽게 죽어 가는 이들의 모습을 볼 수 없다는 것은 인간이 잔인해질 수 있는 여지를 확장시킨다. 참혹하기로 유명한 1980~1988년의 이란-이라크 전쟁에서조차 이라크 기관총 사수들은 이란의 소년병들이 줄지어 밀려오는 것을 보고 너무 경악스러워 사격을 멈추곤 했다.[12]

아무리 군인이라도 자신이 저지른 일을 보고 있을 때는 피해자에 대한 일말의 연민이 생길 수밖에 없다. 그러나 핵무기 시대는 그런 연민을 허용하지 않는다. 핵미사일 발사 버튼을 누르는 군인과 앞으로 죽을 수백만 명의 사람들 사이에는 거대한 바다가 놓여 있을 뿐이다. 이제껏 군인이 그렇게 많은 사람들을 그렇게 태연하게 죽인 적은 없었다. 언젠가 그 버튼을 누를 일이 생기지 않는다고 누가 장담하겠는가? 1962년 쿠바 사태 때는 두 당사국이 울분을 꾹꾹 눌러 가며 핵미사일 투입을 포기했지만, 그사이 핵무기 보유국은 8개국, 혹은 9개국으로 늘어났다.

만일 한 개인이 자기 종족 수백만 명을 죽일 힘을 갖고 있다면 그 사회는 살아남을 수 있을까? 옥스퍼드 대학의 저명한 화학자 피터 앳킨스Peter Atkins가 2003년 『갈릴레오의 손가락Galileo's Finger』에서 던진 물음이다. 〈스스로를 파멸시키는 능력은 분명 진보의 불가피한 구성 요소로 보이지만, 그 능력이 인간의 분별력을 훌쩍 앞서 나가는 것은 안타까운 일이다.〉[13]

4. 자살 폭탄 테러범들은 기다리지 않는다

어쩌면 자살 폭탄 테러는 클라우스 폰 슈타우펜베르크Klaus von Stauffenberg 대령이 동시에 두 가지를 달성하고자 했던 1944년 7월 20일에 정말 필요했을지 모른다. 히틀러를 죽이고 쿠데타를 일으키려 했지만, 결국 둘 다 실패로 돌아가고 만 그 일 말이다.

전투 수단 가운데 가장 효과적인 것은 실행자가 살아남을 생각을 하지 않는 암살이다. 이제껏 2001년 9월 11일 뉴욕의 무역센터 두 건물에 충돌해서 건물을 붕괴시킨 그 열 명의 범인들만큼 세계사에 강렬하게 자살 폭탄 테러의 흔적을 남긴 경우는 없었다.

정신이 또렷한 상태에서 스스로 죽을 생각으로 살인을 저지르는 것, 즉 자기 보존의 본능에 명백하게 역행하는 이 섬뜩한 행위는 12세기 아사신*에 관

---

* 아사신은 이슬람 이스마일파의 한 분파로 엄격한 규율과 훈련을 통해 종교적인 적대자와 정적을 암살하는 것으로 유명했다. 그래서 일명 〈암살 교단〉이라고도 한다.

한 이야기로 처음 알려져 있다. 아사신은 〈해시시를 피우는 사람들〉이라는 말에서 유래했는데, 당시 한 시아파 광신도 공동체의 젊은 신도들을 그렇게 불렀다. 1090년 이후 유랑 설교자 하산 이븐 사바흐 주위에 몰려든 젊은이들인데, 이들은 스스로를 진정한 이슬람의 선구자로 인식하면서 스승의 명령에 따라 기독교의 순례자들뿐 아니라(1096년 이후) 반대파의 고위 무슬림들까지 암살했다. 예를 들어 지사와 장군들을 비롯해 칼리프도 두 명이나 이들의 손에 목숨이 끊겼다.

아사신 암살범들은 항상 단도를 품에 숨기고 들어가 목표물을 제거했다. 그런데 동시대인들에게 엄청난 경악을 불러일으킨 건 그다음 행동이었다. 도주할 생각을 하지 않고 마치 기다렸다는 듯이 경호원들의 창칼에 찔려 죽은 것이다. 오늘날의 자살 테러범들은 어쩔 수 없어 희생자와 함께 스스로 목숨을 끊는다면 아사신파는 의도적으로 자신의 목숨을 태연히 내놓았다. 이런 강렬한 인상으로 인해 아사신파는 영어뿐 아니라 라틴어 계열의 언어권에서 〈암살(assassinate, assassiner, assassinare)〉이라는 단어의 뿌리가 되었다.

1292년 마르코 폴로가 귀향길에 페르시아를 지나갈 당시는 몽골 족이 아사신의 성채를 이미 오래전에 침략해서 파괴한 뒤였다. 그럼에도 마르코는 신빙성이 높아 보이는 보고를 하는데, 그 이야기의 핵심은 다음과 같다. 하산 이븐 사바흐는 젊은 사도들이 범행 후 누리게 될 낙원의 생활을 며칠 동안 미리 맛보게 해준다. 우선 그들은 해시시 도취 상태에 빠지고, 성채 안의 그늘진 비밀 정원에서 깨어나고, 비단옷을 입고, 꿀과 젖과 포도주를 마음껏 즐기고, 검은 눈의 아리따운 처녀들에게 시중을 받는다. 코란에 적힌 낙원의 모습이다. 그런데 젊은 사도들은 다시 한 번 해시시 도취 상태에서 깨어나면 낡은 옷을 입은 자신을 발견한다. 스승이 그들에게 설명한다. 범행 뒤에 영원히 누리게 될 낙원을 잠시 맛본 것뿐이라고.

21세기에도 〈도망치지 않는〉 아사신의 전형을 나이지리아 출신의 두 영국 청년이 보여 주었다. 2013년 5월 런던에서의 일이었고, 범인은 28세와 22세였다. 두 사람은 백주 대로에서 한 영국 병사를 난도질했다. 그러고는 피가 뚝뚝 떨어지는 도살장 칼을 손에 쥔 채 경찰에 체포될 때까지 현장에 10분간 가만히 서 있었다. 한 겁 없는 주부가 두 사람에게 대화를 시도하며 범행 동기를 묻자 그들은 그사이 영국군이 죽인 많은 무슬림 형제들에 대한 보복이라고 대답했다.

　역사적으로 보면 12세기의 자살 암살범과 오늘날의 테러리스트들(이들에게 기독교도와 유대인은 파리 목숨이나 다름없었다) 중간에는 〈신이 보내 준 바람〉이라는 뜻을 가진 가미카제(神風)가 있었다. 일본인들은 1281년 몽골의 침략 함대를 절멸시켜 나라를 구한 태풍을 가미카제라 불렀는데, 그 뒤 1944~1945년에 기울어진 전세를 돌리거나 최소한 일본군의 자긍심이라도 과시하려던 비행기 자살 특공대를 그렇게 불렀다. 그런데 가미카제는 과거의 아사신이나 현대의 알카에다와는 달리 군인의 방식이었다. 무장한 군인이 무장한 적군을 공격했다는 말이다.

　자살 비행단은 1944년 10월 필리핀 주둔 일본 해군항공대 사령관 오니시 다키지로 제독이 창설했다. 당시 일본의 점령지 중 마지막 보루였던 필리핀은 풍전등화의 상황이었다. 전투기를 실은 미군의 항공모함은 정말 탁월한 전투 수단이었는데, 그에 비해 일본의 남은 공군력은 절망적인 상태였다.

　오니시는 이런 계산을 했다. 만일 일본 전투기가 미국 항공모함을 공격하면 정확하게 명중할 확률은 희박하고, 기지로 다시 돌아올 가능성도 미미하다. 또한 설령 명중했다고 해도 일본 전투기에 최대한 실을 수 있는 폭탄 250킬로그램으로는 항공모함에 심각한 타격을 입힐 수 없다. 그렇다면 이것은 어떨까? 어차피 폭격 후 기지로 돌아올 확률이 희박하다면 아예 그 가능성을 포기해 버리는 것이다. 그리되면 항공모함에 명중할 확률과 심각한 타격을 입힐 확률은 현저히 높아지지 않을까? 자신이 탄 비행기와 함께 적함으로 돌진하는 조종사는 목표물을 놓치기 어려울 것이고, 폭탄의 위력도 비행기 충돌과 폭발로 몇 배는 더 강해질 것이다. 게다가 항공모함의 여러 부위 중 전투기를 격납고에서 활주로로 옮기는 엘리베이터 샤프트 부분에 명중한다면 적은 몇 주 동안 마비 상태에 빠질 것이다.

일본은 필리핀을 잃고 나자 이번에는 오키나와, 즉 본토에서 자살 특공대를 발진시켰다. 그들은 적의 전함이든 화물선이든 가리지 않고 돌진했다. 이들을 양성하는 시간도 기존의 전투기 조종사에 비해 훨씬 짧았다. 비행기를 몰고 적함에 충돌하는 기술만 가르치면 되기 때문이다. 그런 이유로 자살 특공대의 비중은 와해 중이던 일본군 방위 전선에서 상대적으로 클 수밖에 없었다.

가미카제 모험의 결과는 어땠을까? 비행기 총 1,428대가 돌아오지 못했다. 그중에는 목표물에 도달하기 전에 격추된 자살 특공대와 다른 동행 전투기도 포함되어 있기에 대략 1,100명의 조종사가 목표물에 충돌해 가미카제 죽음을 맞은 것으로 추정된다. 그중에는 제독도 두 명이나 있었다.

자살 비행단은 항공모함 3척과 구축함 14척을 비롯해 총 34척의 미 전함을 침몰시켰다. 파손된 선박도 288척에 이르렀는데, 그중에는 항공모함 36척과 전함 15척이 포함되어 있었다. 제대로 된 교육 과정도 거치지 못한 채 속성으로 양성된 이 조종사들이 만일 보잘것없는 폭탄을 실은 노후한 비행기를 타고 재래식 방식으로 공격했더라면 절대 이런 성과를 올릴 수 없었으리라는 점은 불을 보듯 뻔하다. 물론 그랬다면 절반 정도의 조종사는 살아남을 수 있었겠지만 말이다.

미 해군의 브라운C. R. Brown 부제독은 자살 특공대에 관한 일본 측 이야기의 미국판 서문에서 이렇게 썼다. 〈가미카제 비행단은 우리에게 엄청난 피해를 주었다. 우리 군인 수천 명이 죽고 다쳤다. 오키나와 앞바다에서 우리 전함들이 입은 피해는 석 달 반 가까이 지속된 육상 전투에서 우리의 상륙군이 일본군에 당한 피해보다 훨씬 더 컸다.〉[14]

이처럼 일본인들이 변변찮은 공군력으로 최고의 성과를 거둔 부분에 대해서는 이론의 여지가 없다. 그럼에도 브라운 부제독을 비롯해 서양인 대부분과 많은 일본인들이 고개를 절레절레 흔든 이유는 분명하다. 가미카제가 성공적인 공격이었음에도 일본의 패배는 되돌릴 수 없었고, 일본 군부 역시 그 사실을 잘 알면서도 무의미한 모험을 중단하지 않았기 때문이다. 물론 가미카제 이야기의 저자들은 이렇게 반박한다. 〈비록 군사적으로는 승리하지 못할지라도 일본의 정신에 충직하기 위해 무기를 드는 것은 우리의 의무였다.〉 오니시 제독도 1945년 1월에 이렇게 선언했다. 〈우리가 패배할지언정 가미카제 비행단의 희생정신은 우리 조국이 완전히 붕괴하지 않도록 지켜 줄 것이다.〉[15] 전쟁이 끝났을 때 오니시는 할복자살을 했다.

할복자살, 이는 수치스럽게 무릎을 꿇고 사느니 차라리 영광스럽게 죽겠다는 뜻이다. 일본 귀족에게 이 제의적 자살 행위는 특별한 의미가 있었다. 그들은 이것을 용기와 순종, 후회, 자기 절제의 표현으로 보았다. 할복자살의 방식을 설명하면 이렇다. 먼저 자살할 사람이 단검으로 자신의 배를 왼쪽에서 오른쪽으로 갈라 창자가 쏟아져 나오면 뒤에 서 있던 벗이 장검으로 머리를 베었다. 정말 이런 말도 안 되는 죽음을 선택한 것은 사무라이였다. 그들은 형벌을 면하거나, 가문이나 황제의 명예를 더럽힌 죄악에서 벗어나기 위해 할복자살을 택했다. 어떤 때는 왕이 직접 명예로운 죽음을 택하라는 정중한 말과 함께 보석이 박힌 단검을 보내기도 했다. 그러면 모든 치욕이 씻어졌다.

이런 배경을 알면 가미카제에 대한 이해도 쉬워진다. 1944년 오니시 제독은 처음엔 자원병만 받았다. 그랬는데도 목숨을 내놓겠다는 사람들은 비행기 수가 모자랄 정도로 많이 몰려들었다. 가미카제 조종사로 선발된 마쓰오 이사오 상사는 감격에 젖어 이런 편지를 집으로 보낸다. 〈사랑하는 부모님, 축하해 주십시오! 드디어 영광스럽게 죽을 기회를 얻게 되었습니다. ……유리잔이 깨지는 것처럼 우리의 최후도 매끈하게 빨리 끝나기만 바랍니다!〉[16]

선발된 조종사들은 실제 작전에 투입될 때까지 쾌활하게 지냈다. 대부분 사후의 삶을 믿었기 때문이다. 그래서 죽은 뒤 그들 중에 누가 전사자들의 혼을 모시는 도쿄의 야스쿠니 신사에서 구내식당 책임자를 맡을지를 두고 농담을 주고받기도 했다.

그런데 1945년으로 넘어가면서 자원병 수는 급감했다. 그러자 자원 압력이 가해졌고, 나중에는 아예 가미카제 특공대로 강제 배치시키는 일까지 일어났다. 이렇게 배치된 인원들은 처음엔 곤혹스러워했지만 곧 피할 수 없는 운명에 순응했다. 어떤 이들은 자신이 선택된 군인이고 전쟁의 패자도 적에게 강력한 힘을 보여 줄 수 있다는 감격적인 사실에서 위안을 얻었다. 또 어떤 이들은 오니시가 일깨우려 한 마지막 희망에서 이 행위의 정당성을 찾았을지 모른다. 이런 극단적인 결기가 결국엔 적의 사기를 떨어뜨릴 것이라는 희망이었다. 그랬다. 실제로 가미카제 공격은 미 해군의 승무원들에게 경악을 넘어 끔찍한 공포를 안겨 주었다.

일본에 처음 원자 폭탄이 떨어졌을 때도 마지막 자살 특공대는 적함으로 돌진하고 있었다. 원폭 투하는 〈군인 시대〉의 종말을 알리는 서곡이었는데도 말이다. 어쨌든 그들은 군인 시대를 품위 없이 끝내지는 않았다. 약탈도 노략질도 하지 않았고, 자기는 살면서 남만 죽이지도 않았다. 다시 말해 그들은 단 1초라도 희생자들보다 먼저 죽었다.

노래와 금언에는 죽음에 대한 예찬이 차고 넘친다. 기원전 7세기 무용(武勇)을 찬양한 스파르타의 시인 티르타이오스Tyrtaios는 〈죽음의 검은 그림자〉가

햇빛처럼 감미롭다고 노래했고, 로마의 검투사들은 황제 앞을 지나가면서 〈곧 죽을 자들이 폐하께 인사드리옵니다!〉라고 외쳤으며, 나폴레옹에 맞선 해방 전쟁의 작가 테오도어 쾨르너Theodor Körner는 1813년 전사하기 전에 〈죽은 자들은 행복하고 자유롭다!〉고 썼다. 또한 스페인 외인부대의 용사들은 〈우리의 신부는 죽음〉이라고 노래 불렀고, 쿠바의 피델 카스트로는 〈조국을 위해 죽는 것이 곧 사는 것!〉이라고 외쳤다. 다만 특이한 것은 그런 조국의 찬가를 마지막 순간까지 일관되고 진지하게 받아들인 군인은 일본의 가미카제 특공대가 처음이었다는 사실이다.

자기 목숨을 포기한다는 점 말고는, 1982년 이후 자신의 힘을 과시하고 공포를 확산하기 위해 민간인과 여자, 아이들까지 죽인 광신자들과 가미카제 특공대의 공통점은 없다. 그런 광신자들 무리로는 레바논의 헤즈볼라, 스리랑카의 타밀 타이거, 그리고 근거지를 알 수 없는 알카에다를 들 수 있다.

1991년 소련 제국이 붕괴하자 미국이 세계 유일 권력으로 등장했다. 미국의 정치학자 프랜시스 후쿠야마는 1992년 〈역사의 종말〉을 예언하면서 장차 미국의 주도하에 자유주의적 사회 체제가 전 세계로 퍼지는 데 어떤 걸림돌도 없을 것이라고 전망했다. 물론 그렇다고 영원한 평화까지 약속하지는 않았다. 그런 점에서는 그의 말이 옳다. 1993년에 벌써 그의 동료 학자 새뮤얼 헌팅턴이 〈문명의 충돌〉, 즉 국가가 아닌 문명권 간의 전쟁을 예언했으니까. 앞으로 서양 문명은 중국 문명과 일본 문명, 힌두 문명, 슬라브 문명, 라틴 아메리카 문명, 특히 이슬람 문명과 충돌하게 될 것이라는 말이다.

이슬람권과의 대결은 이미 1982년 11월 11일에 시작되었다. 한 17세 소년이 폭약을 실은 자동차를 몰고 남부 레바논의 이스라엘군 사령부로 돌진해 최소한 이스라엘인 60명을 죽인 것이다. 미국이 처음 자살 폭탄 테러를 당한 것은 1983년 4월이었다. 베이루트 주재 미 대사관에서의 일이었다. 이어 10월에 가공할 만한 피해가 발생했다. 사령부에 있던 해군 241명이 죽고, 1분도 채 지나지 않아 프랑스 공수 부대원 58명이 목숨을 잃었다. 1984년 2월 미국은 레바논에서 전 군을 철수시켰다. 이로써 이 테러를 조직한 이슬람 시아파의 무장 단체 헤즈볼라(〈신의 정당〉이라는 뜻)는 아랍 자살 전쟁의 역사에서 첫 군사적 성공을 기록했다.

1987년 팔레스타인인들은 〈인티파다〉, 즉 반(反)이스라엘 무장 봉기를 공식화했다. 가자 지구와 서요르단, 심지어 이스라엘 안에서도 폭동과 파업, 태업이 일어났다. 처참한 결과를 부른 것은 2차 인티파다였다. 2000년 9월 전직 이스라엘 국방장관 아리엘 샤론이 경찰을 천 명 넘게 대동하고 보란 듯이 동예루살렘의 무슬림 성지 알아크사 사원을 방문한 것이 2차 인티파다를 촉발했다. 그의 그런 행동이 무슬림의 눈에는 지극히 도발적으로 비쳤던 것이다. 이후 대규모 자살 폭탄 테러가 이어졌다. 대부분 몸에 폭약을 소지한 단독 범행이었다. 이스라엘의 통계에 따르면 자살 테러범은 총 143명이었는데, 그중 청소년이 다수를 이루었고 여성도 상당히 많았다. 목숨을 잃은 이스라엘인은 513명이었다. 그런데 그보다 더 나빴던 것은 이제 자기 나라에서도 더는 안전한 장소나 대중교통이 없다는 공포가 온 이스라엘을 휘감은 것이다.

무엇이 이들을 자발적인 자살 테러로 몰아갔을까? 그것도 대부분 젊은 남자들을 말이다. 이들은 천국의 약속을 자구 그대로 믿었다. 범행 전에는 축제를 벌였고 비디오 촬영도 했다. 한 손에는 코란을, 다른 손에는 폭탄을 든 채로. 그들은 알라와 팔레스타인의 자유, 그리고 순교자가 되는 자부심에 대해 이야기했다. 그들의 부모도 이웃에게 존경을 받았고, 자식들을 자랑스러워했다. 한 아버지는 이렇게 말한다. 「저를 순교자 가문의 일원으로 만들어 주신 알라의 은총에 감사드립니다.」[17] 코란에서는 자살을 금하고 있지만, 〈알라의 종교를 위해 싸우고 죽는 사람들〉(곧 순교자들)의 〈행위는 결코 헛되지 않을 것〉이라고 했다. 코란 47장에 적힌 구절이다. 거기에는 이런 대목도 눈에 띈다. 〈만일 너희가 전쟁에서 믿지 않는 자들을 만나면 그들의 목을 베어라!〉 이어진 스물네 행에서도 코란은 비(非)신자들을 죽이라고 선동한다.

오사마 빈 라덴이 본보기로 삼은 것은 두 가지였다. 하나는 레바논과 팔레스타인의 자살 테러였고, 다른 하나는 스리랑카의 타밀 타이거였다. 타밀 타이거는 스리랑카 북동부에서 힌두교를 믿는 소수 민족 타밀 족의 전사들인데, 불교를 믿는 주류 신할리 족에 맞서 독립운동을 펼치고 있었다. 그런데 이들을 갈라놓은 건 종교가 아니라 스스로 지배 민족이라 인식하는 신할리 족의 소수 민족에 대한 차별이었다.

타밀 족의 테러는 1983년 신할리 족 출신 국방장관의 살해로 시작되었다. 1993년에는 대통령까지 죽었고, 2001년 7월에는 폭탄 테러로 콜롬보 공항이 마비되었다. 스리랑카의 관광 산업에 심각한 타격을 준 사건이었다. 일련의 행위들은 중동 형제들과 거의 똑같은 성공을 거두었다. 개인이 수많은 사람의 목숨을 빼앗고 나라 전체를 공포에 빠뜨린 것이다.

1957년 사우디아라비아 거부의 장자로 태어난 오사마 빈 라덴은 1979년 소련 침략자들에 맞선 싸움에 동참하러 아프가니스탄으로 갔다. 그런데 이 싸움은 미국의 대공 미사일과 아랍의 돈, 파키스탄 비밀정보부의 이상한 연합이었다. 어쨌든 빈 라덴은 아랍 국가들에서 자발적으로 찾아온 전사들을 위해 파키스탄에 집결소를 만들었다. 1989년 소련이 아프가니스탄에서 물러가자 그는 사우디아라비아로 돌아갔고, 1991년에는 3억 달러의 유산을 받아 수단으로 향했다. 남부 수단의 기독교 세력과 내전을 벌이는 북부의 이슬람 세력에 힘을 실어 주기 위해서였다.

1996년에는 다시 아프가니스탄으로 갔고, 거기서 〈알카에다〉라는 이름의 테러 조직을 발견하고는 그 수장에 오른 뒤 모든 기독교인과 유대인들을 향해 전쟁을 선포했다. 공격은 1998년에 개시되었다. 케냐와 탄자니아 주재 미 대사관에 같은 날 동시에 자살 폭탄 테러를 가해 200명이 넘는 목숨을 앗아 갔다. 빈 라덴은 비디오 메시지를 통해 〈큰 악마〉(미국)와 〈작은 악마〉(이스라엘)에 대한 전쟁을 부르짖었다.

이로써 알카에다는 다음의 사실을 과시했다. 우리의 목표는 팔레스타인과 타밀 족같이 일부 지역만 해방시키는 것이 아니다. 많은 나라들에 우리의 세포들이 있다. 우리는 전 지구적으로 활동한다. 할 수 있으면 우리를 잡아 봐라! 그렇다. 실제로 클린턴 대통령은 아프가니스탄의 알카에다 양성소로 추정되는 곳들에 미사일 공격을 퍼부었지만 별 소용이 없었다. 3년 뒤 부시 대통령이 악의 뿌리를 뽑는다는 명분으로 아프가니스탄 침공을 명령했을 때도 결과는 달라지지 않았다.

1999년 함부르크 하르부르크 공과대학의 대학생 모하메드 아타는 뜻을 같이하는 학우 세 명과 함께 아프가니스탄으로 향했다. 자신들의 계획을 빈 라덴과 상의하기 위해서였다. 즉, 그들은 〈전 세계적인 이스라엘 커넥션〉을 무너뜨리는 전쟁에서 순교자가 될 것이고, 그러기 위해선 예를 들어 뉴욕의 세계무역센터 건물 같은 큰 목표물을 파괴하겠다는 것이다. 빈 라덴은 그 계획을 받아들였고, 네 사람에게 힘을 주었으며, 그들을 알카에다 훈련장으로 안내했다. 2000년 1월 네 사람은 빈 라덴에게 유언장을 맡긴 뒤 함부르크로 돌아와 미국 비자를 신청했고, 그해 5월 미국으로 들어가 비행술을 배워 놀랍게도 12월에 제트 비행기 조종사 면허증을 취득했다. 이어 빈 라덴의 원격 조종하에 대부분 사우디아라비아 출신으로 이루어진 또 다른 자살 테러 후보들과 협의해 디데이를 2001년 9월 11일로 잡았다.

그날 아침 커터칼로 무장한 테러범 19명이 보스턴에서 여객기 네 대에 올라 조종사들의 목을 가른 뒤 뉴욕의 무역센터 건물을 비롯해 워싱턴 의사당과 국방부 청사를 향해 돌진했다. 다행히 의사당 건물은 몸을 사리지 않은 용감한 승객들의 희생으로 마지막 순간에 충돌을 면했다.

오전 8시 46분 모하메드 아타가 조종한 비행기가 무역센터 쌍둥이 북쪽 건물에 충돌했고, 9시 3분에는 다음 비행기가 남쪽 건물에 부딪혔다. 그제야 이것이 테러라는 사실이 명백해졌다. 9시 59분 남쪽 건물이 먼저 내려앉았고, 10시 28분에는 북쪽 건물마저 무너져 내렸다. 수십억 지구인들의 눈에 가장 끔찍했던 공포와 전율의 순간이었다.

무엇이 이 19명 청년들을 그런 천인공노할 범죄로 내몰았을까? 그것도 레바논과 팔레스타인의 소박한 선구자들과는 다르게 좋은 가문 출신에 고등 교육까지 받은 젊은이들을 말이다. 이들이 코란에서 말하는 천국의 약속을 자구대로 받아들였을 가능성은 낮아 보이지만, 상상 저편의 어떤 숭고한 나라로 들어갈 수 있으리라는 희망을 품은 것은 분명해 보인다. 보스턴 공항에서 너무 늦게 부쳐진 아타의 여행 가방에서 〈자살 테러범들을 위한 교본〉이 발견되었는데, 거기엔 이렇게 적혀 있었다. 〈그대의 가슴을 열고 알라의 이름으로 죽음을 반갑게 맞이하라! 순교자의 사회에서 맞이할 영원한 삶으로부터 떨어져 있는 시간은 한순간일 뿐이다. ……이제 알라를 만날 시간이다. 천사들이 그대의 이름을 부르노라.〉

믿지 않는 자들에 대한 깊고 강한 증오도 그들을 움직인 동인이었을 것이다. 특히 미국에 대한 증오는 상상을 뛰어넘는데, 그 증오로 인해 그들은 자신이 정의롭고 숭고한 일을 하고 있다는 과대망상에 빠졌다. 또한 무역센터 건물이 눈앞으로 돌진해 오고 승객들의 비명이 귓속에 쟁쟁하던 마지막 순간에는 권력의 도취까지 맛보았을 것이다. 나는 죽음보다 강하다. 나는 세계의 중심이다. 나는 역사를 쓰고 있다!

3년 뒤에야 오사마 빈 라덴은 그때까지 줄곧 부인해 왔던 태도를 버리고, 비디오 메시지를 통해 자신이 9.11 테러의 주모자였음을 고백했다. 그러면서 전세계에 퍼져 있는 추종자들을 향해 만일 미국이 정책을 바꾸지 않는다면 새로운 테러를 일으키라고 촉구했다.

마뜩찮지만 우리는 오사마 빈 라덴이 단순히 괴물에 그치지 않고 굉장히 비상한 두뇌의 소유자라는 사실을 받아들일 수밖에 없다. 그는 이전의 누구보다더 큰 힘을 행사했고 세계를 더 크게 변화시켰다. 그의 눈엔 여객기가 신종 무기로 비쳤다. 연료 5만 8천 리터를 채우고 적의 심장부를 향해 날아가는 거대한 폭탄이었다. 게다가 목숨을 선뜻 내놓을 자원병까지 쉽게 모집했고, 상징효과로 볼 때 서방 세계를 한순간에 혼란의 도가니에 빠뜨리고 세속적 세계의당혹감과 경악을 극대화할 목표물까지 발견했다. 세계의 중심인 뉴욕의 랜드마크이자 미국의 힘과 번영의 상징인 세계무역센터였다. 아울러 빈 라덴은 텔레비전 시대에서 가장 극적인 영상을 만들어 냈고, 서구인들은 그 영상을 보며피가 얼어붙는 것을 느껴야 했다.

빈 라덴의 공격으로 미국인들 사이에서는 일상적 삶에 대한 불안감이 퍼지기 시작했다(미국 본토가 군인들에 의해 위협당한 것은 1815년이 마지막이었다). 또한 미국적 자유주의는 힘을 잃었고, 천문학적인 비용이 들어간 아프가니스탄 침공은 수치스럽게 끝났으며, 마지막으로 2001년 이후 비행기를 이용하는 수십억 승객의 공포는 급상승했다. 결국 빈 라덴은 민간인 3천 명의 희생으로독일과 일본, 베트남에서 수백만의 폭탄 희생자로도 도달할 수 없었던 승리를거두었다.

2011년 5월 2일 빈 라덴은 미 해군 특수 부대인 네이비실에 의해 살해되었다. 이제 정규군은 그런 전략적 자살 폭탄 테러에 대응할 방법이 없다.

5. 유격대가 승리한다

1808년 스페인에서 칼과 낫을 든 군중이 프랑스 점령군을 상대로 봉기를 일으키자 나폴레옹은 입에 거품을 물었다. 「뭐, 내 근위병들이 농부 놈들한테 제지를 당해? 무장한 도적 떼한테?」[18] 2차 대전에서는 군사적으로 한창 주가를 올리던 독일군도 유고슬라비아 유격대를 당해 내지 못했고, 1973년에는 미군조차 베트콩에게 허망하게 두 손을 들었다. 2003년에도 미국은 이라크 반군을 제압하지 못했다. 현재 아프가니스탄에서 일어나는 일도, 정확히 결론을 내릴 수 있는 상황은 아니지만 결코 미국에 유리하게 돌아가지 않고 있다.

지구 상에서 최강의 전력을 가진 미군도 피그스 만 침공*이 참담한 실패로 끝난 이듬해인 1962년 케네디 대통령이 내놓은 경고를 별로 심각하게 받아들이지 않은 것이 분명하다. 그의 경고는 이랬다. 장차 미군은 유격대와의 전쟁

* 1961년 4월 피델 카스트로의 쿠바 정부를 전복하기 위해 쿠바 망명자 1,400명이 미군의 도움을 받아 쿠바 남부를 공격하려다 실패한 사건.

에 대비해야 한다. 〈전쟁 수행의 가장 오래된 이 형태는 바로 최현대식 무기의 시대에 결정적인 의미를 지닐 것이다.〉[19]

하지만 그런 케네디도 1961년에는 서방 편에 선 남베트남을 북베트남의 공산주의 세력과 유격대의 침입으로부터 지키려고 군사 고문관을 파견했다. 1964년 미 의회는 존슨 대통령에게 북베트남과의 〈큰 전쟁〉(물론 이런 이름으로 불려서는 안 되는 전쟁이었다)에 돌입할지 말지 결정할 수 있는 전권을 부여했다. 그와 함께 존슨은 남베트남 주둔 미군 병력을 54만 명으로 증강했다. 북베트남의 두 배가 넘는 어마어마한 병력이었다. 정글과 한 몸인 것처럼 신출귀몰하게 움직이는 베트콩 유격대를 포함하더라도 말이다.

미국 종군 기자 마이클 헤어Michael Herr는 1968년 베트남에서 이렇게 썼다. 〈사람을 미치게 만드는 이 섬뜩하고 피비린내 나는 땅! 우리는 원래 우리 땅이 아닌 곳에 가 있었고, 베트콩은 그저 우리가 자기 땅에 있다는 이유로 우리를 죽였다.〉[20] 침략군은 〈수색해서 섬멸하라〉는 표어에 따라 작전을 벌였다. 그러니까 돌격대가 한 지역을 기습적으로 탐색한 뒤 의심되는 것을 모조리 소멸시키는 형태의 작전이었다. 사이공 사령부는 적의 시체를 세는 〈바디 카운트body count〉를 통해 군사적 성공을 전했다. 예를 들어 닥토 전투에서는 베트콩 4천 명이 사망했다는 식이었다. 그러나 마이클 헤어는 말한다. 그것은 아마 수백 명이었을 것이다. 발견된 것은 넷이고.[21]

미국인들은 어마어마한 면적에서 베트콩이 헬리콥터를 피해 숨어 있을 울창한 정글을 에이전트 오렌지(고엽제의 일종)로 초토화시켰고, 베트콩을 네이팜탄의 불꽃 폭풍 속으로 몰아넣었다. 북베트남에 가해진 폭탄 세례는 2차 대전 당시 독일에 가해진 것보다 훨씬 광포했다. 미 공군 참모장 커티스 르메이 Curtis LeMay는 1965년 이렇게 독설을 퍼부었다. 〈너희 북베트남인들아, 공격의 뿔을 거두어라! 그렇지 않으면 우리가 폭탄으로 너희를 석기 시대로 돌려

버릴 것이다.〉[22]

폭격전의 무의미함은 1965년 6월엔 급기야 기괴함의 수준으로까지 이어졌다. 괌 섬에서 B-52 전략 폭격기 32대가 4천 킬로미터나 떨어진 목표 지점을 향해 발진했다. 사이공 북쪽 50킬로미터 지역에 위치한 정글 4제곱킬로미터를 폭탄 400톤으로 완전히 갈아엎는 것이 그들의 임무였다. 여기서 베트콩들의 위험한 비밀 집회가 열린다는, 남베트남 정보부의 첩보가 있었던 것이다. B-52가 임무를 끝내고 기수를 돌리자 다른 전투기들이 달려와 네이팜탄을 쏟아부었고, 이어 미군 헬기 18대가 남베트남 병사 150명을 땅에 내려놓았다. 지면을 이 잡듯이 꼼꼼히 훑으면서 베트콩을 섬멸하라는 뜻이었다.

그러나 베트콩은 산 채로건 죽은 채로건 한 명도 발견되지 않았다. 다만 뜨거운 차 주전자 하나는 발견되었다. 「뉴욕 타임스」는 이 사건으로 미국이 세상의 비웃음거리가 되었다고 보도했다.[23] 그런데 미 사령부는 차 주전자가 바로 얼마 전까지 그곳에 사람이 있었다는 증거라고 밀어붙였다. 어쨌든 이 작전으로 적은 발견하지 못했고, 오히려 미군 8명만 목숨을 잃었다. 필리핀 상공에서 급유를 받던 중 폭격기 두 대가 충돌한 것이다.

폭격기는 유격대엔 가소로운 무기다. 게다가 유격대는 어떤 형태의 정규군보다 인내심이 강하다. 호찌민의 참모 쯔엉찐Truong Chinh은 이렇게 썼다. 〈승리의 관건은 전쟁을 되도록 길게 끄는 것이다. 우리는 적을 지치게 하고 사기를 꺾어 아예 싸울 마음이 없게 만들어야 한다.〉[24] 이 작전은 성공했다. 미군은 대체 누가 베트콩인지 알 수 없었고, 무엇을 보고 베트콩을 구분해야 할지도 몰랐다. 그래서 미군 병사들은 대개 이런 식으로 식별했다. 누군가를 죽인 다음 그 사람이 베트남인이면 베트콩이라는 것이다. 미군은 고문도 많이 했고, 단순한 혐의만으로 사람을 죽인 일도 많았다. 1968년 〈미라이〉라는 작은 마을에서 베트남 주민이 300명 넘게 학살된 것이 대표적인 예이다.

아무리 전력이 우세해도 눈에 보이지 않고 식별 방법도 없고 의지까지 강철 같은 적을 제압하는 것은 쉽지 않았고, 그런 상황이 몇 년 동안 지속되자 고국에서의 비판도 차츰 고조되어 갔다. 미 본토에서는 대학생들이 호찌민의 이름을 리듬에 맞춰 승리의 찬가로 바꾸어 불렀고, 곧 파리와 서베를린에서도 비슷한 일이 일어났다. 이런 상황을 버틸 수 있는 군인은 몇 되지 않을 것이다. 결국 닉슨 대통령은 베트남을 베트남의 운명에 맡기는 것밖에 다른 방법이 없었다. 1973년 미군은 베트남에서 철수했다. 고향에 돌아왔지만 색종이 휘날리는 환영 퍼레이드는 기대할 수 없었다. 오히려 경멸에 찬 눈총을 받는 경우가 많았다. 게다가 4월 30일의 그 치욕적인 철수 장면은 텔레비전 카메라에 의해 세계인들에게 생생히 중계되었다. 사이공 주재 미 대사관 옥상에서 마지막 미국인들이 마지막 헬리콥터를 향해 미친 듯이 달려가고, 지금껏 미국 편에 섰던 베트남인들이 필사적으로 헬리콥터 착륙 받침대에 매달리던 그 장면 말이다.

지상 최고라 자부하는 군대가 그렇게 불쌍한 모습으로 전장을 떠난 적은 일찍이 없었다. 베트남전 전사자 5만 8,256명의 이름이 1982년 이후 워싱턴 베트남전쟁재향군인기념관 내 50미터 길이의 검은 화강암 벽에 새겨져 있다. 오늘날까지도 이걸 보고 〈치욕의 쓰라린 상처〉라고 부르는 사람들이 많지만, 어쨌든 이것은 수천 년 동안 이런 식의 공간에는 빠지지 않고 등장한 영웅적 자세의 동상이 없는 전쟁 기념관이자, 군인 계급의 거대한 공동 묘비라 할 수 있다.

어쩌면 쿠웨이트를 두고 벌어진 6주간의 걸프전(1991)이 옛 스타일대로 힘의 우위가 전세를 가른 마지막 단순한 전쟁일 것이다. 이라크의 사막은 전투기 편대와 기갑 부대의 투입을 가능케 했고, 이들은 오래전에 전의를 상실한 이라크군을 대량 학살했다. 이라크는 전사자만 10만 명이 넘은 반면에 미국은 죽거나 치명상을 입은 군인이 138명이었다.

2003년 두 번째로 이라크로 진격했을 때(좀 철면피한 핑계로 전쟁을 일으켰는

데, 구체적인 것은 17장 참조) 미군은 이번에도 12년 전처럼 손쉽게 승리를 거둘 거라 믿었다. 그래서 부시 대통령은 전쟁 중에 내릴 수 있는 가장 어리석은 판단을 섣부르게 내렸다. 침공 42일째 되던 날인 2003년 5월 1일 전투복까지 갖추어 입고 항공모함 에이브러햄 링컨 호에 착륙해서는 텔레비전 카메라를 보고 이렇게 호기롭게 외친 것이다. 「미션 완료!」

그러나 정작 재앙은 그때부터가 시작이었다. 미군과 미군의 용병들, 연합군을 향한 광신도와 유격대, 테러리스트, 자살 폭탄 테러범들의 작은 전쟁이 개시된 것이다. 거기다 지금까지와는 반대로 시아파에 대한 수니파의 폭격까지 더해졌다. 이제는 두 이슬람 종파의 평화를 강제할 독재자가 없었기 때문이다. 그 과정에서 최소 4,500명의 미군과 20만 명의 이라크 민간인이 죽었다. BBC 방송에 따르면 2006년 4월에만 이라크인들끼리의 싸움에서 1,091명이 목숨을 잃었다. 하루에 서른 명이 넘게 죽은 꼴이다. 2013년 10월까지는 7천 명이 죽었다. 7월에는 바그다드에서 자동차 열두 대가 동시에 폭발해 71명이 숨졌다. 그 후 이슬람 성전은 시리아 내전으로 옮아갔다.

어쨌든 오바마 대통령은 2012년 전몰 장병 추모일에 최소한 미국인의 입장에서는 이렇게 천명할 수 있었다. 지난 9년 동안 이라크 땅에서 싸우거나 죽은 미군이 하나도 없었던 것은 처음이라고.[25] 그러나 그사이에도 이라크인은 종파 간의 계속된 내전으로 수백 명이 죽어 갔다. 오바마가 깨닫지 못하고 있던 것을 「뉴욕 타임스」가 2010년에 노골적으로 확인해 주었다.[26] 이라크전에서 미국은 패배했고, 15만 군인으로 3만의 반군을 제압하려던 시도는 실패했다고.

2004년 한 미군 소위가 일기에 이렇게 썼다. 〈남들은 여기 우리의 삶을 보고 하나의 의미를 부여할 것이다. 고결한 의미건 아니건 간에. 그러나 여기 우리의 삶에는 이 세상 어느 전쟁터에서나 볼 수 있는 비열함밖에 남은 게 없다. 우리는 같은 지역을 차지하기 위해 경쟁 집단과 싸운다. 반면에 토착민들은 잔

뜩 목을 움츠린 채 어느 편에 붙어야 할지 기다린다.〉[27]

　물론 미국의 패배 원인을 이제는 전쟁에서 군인이 승리를 거둘 수 있는 세상
이 아니라는 데에서만 찾을 수는 없다. 「워싱턴 포스트」가 밝힌 것처럼 미국의
전략, 즉 〈살인에서 우정으로의 급격한 변화〉는 사실상 힘들어졌다.[28] 즉 어디
서 날아올지 모르는 폭력과의 기나긴 싸움에서 이라크 민주주의를 이루려는
노력은 어려워졌다는 말이다. 거기다 2004년 이라크 포로들을 고문하고 짐승
취급하는 미군 병사들의 사진이 전 세계에 공개되면서 미국의 이미지는 급격히
추락했다. 벌거벗은 포로들 뒤에서 싱글싱글 웃으며 서 있는 미군 병사 둘, 알
몸의 이라크 포로를 개 줄에 묶어 질질 끌고 가는 여군 헌병 린디 잉글랜드, 또
벌거벗은 남자 다섯 명 앞에서 담배를 꼬나문 채 재미있다는 듯 권총으로 남자
들의 성기를 겨누고 있는 똑같은 여자의 사진이다(전쟁에서는 여성도 종종 인간
의 탈을 벗어던지고 괴물이 된다는 사실은 27장에서 좀 더 자세히 알아볼 것이다).

　그런데 군인 입장에서 이라크전의 패배는 미국이 아프가니스탄에서 당한
대실패만큼 참담하지 않았다. 사나운 전사들이 판치는 황량하기 짝이 없는 이
나라에서는 세계적인 권력 세 나라가 처참한 실패를 맛보았다. 1842년에 보기
좋게 나가떨어진 영국-인도군, 9년간의 침공 끝에 결국 1988년에 철수한 소
련군(공식적으로는 군인 1만 3천 명이 전사했다고 하지만 실제로는 그보다 훨씬 많
고, 아프가니스탄인도 백만 명 이상 죽었다), 그리고 마지막으로 미군이었다.

　그렇다면 월등한 전력을 가진 나라들이 왜 이렇게 허약하게 무너졌을까? 우
선 아프가니스탄이라는 나라의 환경적 특수성을 꼽을 수 있다. 이 나라는 초
원과 사막, 험한 골짜기, 우뚝 솟은 7,000미터 급 높이의 산맥으로 이루어진 고
원 지대인데, 2010년 서배스천 융거는 이렇게 썼다. 〈이 나라는 차축이 부서지
고 헬리콥터가 산산조각 나고 전투 의욕이 곤두박질치는 땅으로서 이런 곳에
서는 군사 작전을 한 시간도 제대로 펼칠 수 없다.〉[29] 거기다 극단적인 대륙성

기후로서 여름에는 40도까지 올라갔다가 겨울이면 영하 25도까지 떨어진다.

어쩌면 침략군의 몰락에는 이 나라 사람들의 특수성도 한몫했을 것이다. 아프가니스탄은 겹겹으로 적대적인 부족들로 이루어진 나라이지만 이들 모두에게는 몇 가지 공통점이 있었다. 우선 척박한 환경에 살다 보니 궁핍에 익숙해져 있었을 뿐 아니라 부족 간의 갈등과 일부 종교적 광신주의로 인한 끊임없는 작은 전쟁에도 이골이 나 있었다. 영국군이 이 나라에서 군사적 재앙을 당한 이듬해인 1843년, 브록하우스 대백과사전이 기록한 내용은 틀리지 않았다. 〈아프가니스탄 사람들의 전략은 단순한 용기와 결코 식지 않는 뜨거운 복수심이었다. 또한 공격하고 기습하면서도 기습을 당하지 말자는 것이 그들의 구호였고, 적의 두려움이 그들의 검이었다.〉

소련군이 철수하자마자 토착 〈성전의 용사 집단〉인 무자헤딘이 권력을 잡아 1992년에 이슬람 공화국을 선포했다. 그러나 1994년에 벌써 그들보다 훨씬 과격한 탈레반에 의해 쫓겨났다. 탈레반은 〈깨달음을 구하는 자들〉이라는 뜻으로 주로 파키스탄 출신의 코란 학교 학생들로 이루어져 있었다. 이들은 파키스탄과 사우디아라비아의 지원을 받아 1998년 아프가니스탄 대부분 지역을 손에 넣고 이슬람 독재 정권을 세웠다. 이 정권하에서는 이슬람 시아파를 포함해 모든 이교도들에게 죽음이 내려졌고, 여자는 학교와 직업에서 배제되었다.

9.11 테러 직후 미국은 1998년 케냐와 탄자니아 주재 미 대사관 자살 폭탄 사건 때와 마찬가지로 제일 먼저 오사마 빈 라덴을 배후로 의심했다. 결국 2001년 10월 7일 부시 대통령은 〈항구적 자유Enduring Freedom〉 작전을 선포했다. 아프가니스탄 내 탈레반 본부와 양성소로 추정되는 곳들을 폭탄과 미사일로 파괴해 버리겠다는 작전이었다. 같은 날 아랍 방송 알자지라는 동굴 앞에 앉아 무장 병사들의 호위를 받으며 태연하게 차를 마시는 빈 라덴의 모습을

내보냈다. 이것은 이슬람 세계에 보내는 신호였다. 그 옛날 무함마드도 메카에서 몸을 피해 영광스러운 승리를 위한 장도에 올랐을 때 지극히 위험한 상황 속에서도 동굴 앞에서 쉬어 가지 않았던가?

다음 날 벌써 미국과 영국의 지상군 일진이 아프가니스탄 땅에 도착했고, 2001년 11월 13일에는 탈레반에 반대하는 부족장들과 연합해서 카불로 진격했다. 12월이 되자 탈레반은 이미 패배가 눈앞인 듯했다. 유엔 안전보장이사회는 〈평화를 수호할 목적으로〉 아프가니스탄에 국제안보지원군ISAF을 보내기로 결정했다.

독일 연방군도 지원군에 동참했다. 1955년에 창설되어 1960년부터는 간간이 외국의 자연 재해 시 지원병을 보냈으며, 1995년에는 처음으로 보스니아 땅에서의 군사 작전에 투입되었고, 2001년 11월에는 연방 의회 결정으로 〈일단 1년 기간〉으로 최대 3,900명까지 아프가니스탄에 체류하게 되었다. 전투가 아닌 재건을 목적으로.

그사이 탈레반은 파키스탄 국경 지대에서 조직을 재정비한 뒤 2003년부터 유격전의 포문을 열었다. 유격전은 독일 연방군까지 전투로 끌어들였을 뿐 아니라 시간이 지나면서 미국을 절망의 구렁텅이에 빠뜨렸다. 탈레반은 부비트랩과 수류탄, 미사일로 적을 죽였다. 그것도 동에 번쩍 서에 번쩍 하는 게릴라 방식이나 자살 폭탄 테러의 수법으로. 결국 어떤 지역도 안정된 곳이 없었고, 국제안보지원군의 어떤 군인도 승리감을 맛보지 못했다.

시간이 갈수록 대부분의 군인들은 이 더럽고 황량한 땅에서 자신이 무엇을 위해 싸우고 죽는지 이해가 되지 않았다. 서배스천 융거는 이렇게 쓴다. 〈군이 자기기만에 빠져 있다는 사실을 알아챈 군인들이 있었다. 2008년 봄 어느 병사가 내게 이런 말을 했다. 「우리가 지금 패배 중이라는 사실을 인정하기 전까지는 우린 결코 이 전쟁을 이기지 못할 것입니다.」〉[30] 2009년 12월 아프가니스탄에 주둔 중인 미군 병력은 6만 8천 명이었고, 오바마 대통령은 3만 3천 명을 더 파병하겠다고 예고했다.

4,900명으로 늘어난 독일 병력은 이제 전투에도 휘말려 들었고, 2013년까지 열아홉 명이 전사하거나 치명상을 입었다. 전사자들은 최고의 예를 갖추어 고향으로 이송되어 매장되었다(2차 대전이 끝나 갈 무렵 매일 수천 명씩 죽어 가던 상황에 익숙하던 사람에게는 이상하게 비칠지 모른다). 그렇다면 숙영지의 상황은 어땠을까? 2012년 현지를 방문한 「쥐트도이체 차이퉁」지의 기자는 이렇게 썼다. 〈천막과 모래 자루, 철조망, 형편없는 위생 시설만 덩그러니 있는 을씨년스러운 곳이었다. 게다가 먼지와 전갈, 손바닥보다 큰 거미들까지 난무했다. 산은 불덩이처럼 뜨거운 데다가 몹시 험했고, 나무와 수풀은 없었다.〉[31] 독일 병사들이 야전에서 보낸 편지에는 이런 글귀들이 있다. 〈아프가니스탄, 정말 악취가 나는 나라다. 곳곳에 폐허와 쓰레기, 총알 자국이 널려 있다. 신도 벌써 오래전에 이 땅을 떠났을 듯하다.〉 이런 대목도 있다. 〈여긴 모든 사람이 범죄자다. 나는 누구도 믿지 않는다!〉 또는 〈여기서 연방군이 해야 하는 가장 미친 짓은 바로 총을 쏘는 것이다.〉[32]

2010년 6월 오바마 대통령은 데이비드 퍼트레이어스David Petraeus 장군을 아프가니스탄 주둔 총사령관에 임명했다. 탈레반 타도에 집중하라는 명확한 임무와 함께. 이로써 퍼트레이어스는 2007년 1월부터 2008년 10월까지 이라크 총사령관으로 있으면서 주창하고 실행한 원칙을 포기했다. 〈군인은 전투를 벌이는 동시에 현지 재건에도 힘써야 한다〉는 원칙이었는데 이라크에서는 웬만큼 성과도 있었다. 그런 그가 이제 이렇게 선포했다. 〈우리는 적의 이빨을 목구멍 속으로 처박아 넣어야 한다. 우리는 결코 늦추지 않을 것이다.〉[33] 이 말과 함께 그는 아프가니스탄으로 무인 전투기를 불러들였다. 그리고 1년이 조금 지난 2011년 9월에 본국으로 돌아와 CIA 국장에 임명되었다.

탈레반은 계속 살인을 저질렀고, 무인 전투기도 그에 뒤지지 않았다. 유엔 집계에 따르면 2010년과 2011년에만 아프가니스탄에서 자살 폭탄 테러로 659명이 숨졌다. 2011년 5월 오사마 빈 라덴이 네이비실의 총에 맞아 죽었지만 바뀐 것은 아무것도 없었다. 아프가니스탄 경찰과 보안군 내로 점점 더 많은 탈레반과 추종 세력이 몰래 숨어들었다. 이런 내부의 적들에 의해 아프가니스탄 병력 13명과 국제안보지원군 61명이 목숨을 잃었다.

2012년 9월 미군 군복을 입고 기관단총과 대전차 로켓포로 무장한 탈레반 16명이 아프가니스탄 최대의 영국군 진영을 공격해 전투기 여섯 대를 파괴하고, 총기를 난사해 부대원 한 명만 빼고 전원을 사살했다. 2013년 1월에는 자살 폭탄 테러범들이 카불 중심부의 경찰 본부와 비밀정보부 본부까지 공격했다. 결국 아프가니스탄에는 안전한 곳이 어디에도 없었다. 「뉴욕 타임스」의 말이다.[34]

재선에 성공한 오바마는 2013년 1월 두 번째 취임 연설에서 이제 〈10년간의 전쟁〉이 끝나 가고 있다고 선언했다. 이라크 주둔 미군은 2011년에 철수했고, 2015년에는 아프가니스탄에도 미 교관과 군사 고문만 남을 거라고 했다(물론 무인 전투기는 언급하지 않았다). 어쨌거나 남는다면 얼마나 남아야 할까? 존 앨런John Allen 총사령관은 필수 인력으로 2만 명을 적시했다. 경계와 병참에 필요한 최소한의 인원이라는 것이다. 2013년 1월 미 펜타곤은 탈레반의 저항이 꺾이지 않았다고 확인했다.[35] 2011년 7월부터 1년 동안 아프가니스탄 주재 미 대사를 지낸 라이언 크로커Ryan Crocker는 고별사에서 이렇게 말했다. 「나는 마지막 탈레반의 목을 내 구두로 누를 수 있을 때에만 탈레반을 무찔렀다고 믿습니다.」[36] 그러나 그 질긴 적들이 기다리기만 하면 승리는 자기들의 것이라는 사실을 알게 한 것은 참으로 어리석은 짓이었다. 지방 군벌인 부족장들은 칼만 갈았고, 대부분의 아프가니스탄 주민들은 어느 편에 붙어야 할지 눈치만 보았으며, 국제안보지원군에서 일하는 아프가니스탄인들은 자신들의 목숨만 염려하는 실정이었다.

자기 안전은 자기가 책임져야 하는 35만 명의 아프가니스탄 병력에 대해 독일 국방장관은 2012년에 이렇게 언급했다. 그들은 기질적으로 문제가 있는 사람들이다. 차량과 기구를 망가질 때까지 사용하고는 〈그다음엔 어떻게 해야 할지 알지 못한다〉.[37] 한 독일 장성도 그들을 가리켜 〈총을 드는 것 말고는 할 줄 아는 게 없는 사람들〉[38]이라고 했다. 독일 연방군과 몇 달 동안 병영 생활을 함께하면서도 신뢰는 물론 동료 의식도 거의 생겨나지 않았다. 대신 아프가니스탄 보안군의 일원이 탈레반이거나 탈레반으로 넘어가는 일은 반복해서 일어났다.

그렇다면 어떻게 그런 일이 계속 일어나는 것일까? 〈10년 동안 전쟁을 하다 보면 왜 전쟁을 하는지 그 이유를 정확히 모를 때가 종종 있다.〉 기자 요아힘 케프너Joachim Käppner의 말인데 그의 말을 좀 더 들어 보자. 아프가니스탄에서 〈서방은 정권이 바뀔 때마다 약간의 전쟁을 원했다. 그러나 결과는 항상 약간의 전쟁이 아닌 너무 무리한 큰 전쟁으로 비화할 때가 많았다〉. 이제 서방 세계 앞엔 두 가지 선택이 있다. 〈과거의 내전 상황으로 다시 치닫는 나라에서 남은 군인들을 빨리 빼내 오든지, 아니면 재차 개입을 하든지 해야 한다. 두 번째 선택은 정말 악몽 같은 시나리오다.〉[39]

〈약간의 전쟁〉, 이것이 서방이 패배한 세 가지 원인 가운데 하나였다. 탈레반은 이 전쟁을 부분적인 전쟁이 아닌 총력전으로 수행했다. 탈레반 중 한 사람이 두 번째 원인을 이렇게 짧은 말로 표현했다. 〈너희에겐 시계가 있을지 몰라도 우리에겐 시간이 있다.〉[40] 시간은 늘 유격대원들 편이었다. 그들은 자기 방어의 원초적 본능에서 힘을 얻고, 제 나라의 익숙한 환경 속에서 생활하고 싸우며, 또 전쟁을 빨리 끝내려고 서두르지도 않는다. 하루빨리 집으로 돌아가고 싶어 하고, 조급한 유권자들의 눈치를 볼 수밖에 없는 정부로부터 월급을 받는 군인들과는 출발부터 다른 것이다.

세 번째 원인은 이 전쟁에선 본래적인 의미의 전쟁터가 없다는 것이다. 그 옛날 위대한 전쟁 유발자들은 타국의 땅을 합병하려고 육상을 휩쓸었다. 알렉산드로스 대왕의 동방 원정이 그랬고, 칭기즈칸의 서방 원정이 그랬다. 2차 대전의 연합국들도 나치를 무찌르기 위해 한 나라의 땅을 완전히 제압해야 했다. 그러나 부시 대통령은 2001년 아프가니스탄이라는 나라가 아닌 〈테러리즘〉을 상대로 전쟁을 선포했다. 카터 대통령의 안보보좌관이던 즈비그뉴 브레진스키Zbigniew Brzezinski는 2004년 이렇게 말했다. 그것은 〈마치 2차 대전이 나치에 대한 전쟁이 아니라 《전격전》에 대한 전쟁이라고 말하는 것과 같다〉.[41] 이번에는 독일 철학자 페터 슬로터다이크Peter Sloterdijk가 2013년에 한 말을 들어 보자. 〈미국은 지구를 수색 지역으로, 국경 없는 전장으로 선포했다.〉[42] 그들은 테러 자체를 추적했지만, 보라, 어떻게 되었는지. 그들은 결국 테러를 찾지 못했다.

2013년 5월 오바마 대통령은 미 의회에서 〈테러리즘에 대해 좀 더 온화한 대응을 약속했다. 테러와의 전쟁도 다른 모든 전쟁과 마찬가지로 언젠가는 끝날 것이다. 만일 사고와 행동을 절제하지 않는다면 우리는 하지 말아야 할 더 많은 전쟁으로 끌려 들어갈지 모른다〉. 「뉴욕 타임스」의 칼럼니스트 로버트 코헨Robert Cohen이 쓴 글 중 일부다. 이로써 오바마는 늦었지만 〈우리가 테러와의 전 지구적 전쟁이라 부르는 그 끝없는 야수〉의 미래에 대한 책임을 떠맡았다.[43]

테러는 오래전부터 예멘에서도 일어났고 지금도 일어나고 있다. 말리와 소말리아에서도 마찬가지다. 아프가니스탄을 어떻게 통제할 수 있을지는 미지수이고, 테러가 다음에 어디서 일어날지도 모른다. 어쨌든 영국의 왕위 계승자 아우인 해리 왕자는 전투 헬기 사격수로 일할 당시 BBC 방송에다 대고 이런 농담을 했다. 「만일 우리 병사들에게 나쁜 짓을 하려는 사람이 있으면 우리는 그들을 아웃시킬 겁니다.」 그는 컴퓨터 게임으로 훈련받은 사람이었다. 「나는 빠른 엄지손가락만으로도 꽤 유용한 사람이거든요.」[44]

누구를 어떻게 불러야 할까?

군인: 한 국가의 정규군에 속하는 사람의 총칭. 한편으로는 전사와, 다른 한편으로는 유격대원, 해적, 테러리스트와 구분해서 사용하는 용어이다. 영어로 〈soldier〉는 용감하고 성실한 전사warrior나 자기 일을 완벽하게 수행하는 사람을 뜻하기도 하지만, 다른 한편으로 자기 일을 떠벌리거나 과장하는 사람을 가리키기도 한다. 속어로 〈to soldier〉는 〈빈둥거리다〉, 〈도망치다〉라는 뜻이다.

용병: 보수를 받고 싸울 준비가 되어 있는 사람. 그렇다면 용병도 군인이다. 좁은 의미로는 한 나라에 매이지 않고 정해진 기간만큼만 그 나라를 위해 싸울 의무가 있는 사람이다. 18세기에 상비군 제도가 생기고 나중에 군 의무 복무제가 확산되면서 〈용병〉이라는 개념은 군인에서 떨어져 나왔다. 지금도 프랑스에는 외인부대의 형태로 용병 제도가 남아 있다. 1990년 이후 용병들(주로 과거의 직업 군인들)은 아프리카 내전에서 많이 활동한다. 이라크와 아프가니스탄에서도 〈보안 회사〉 형태의 용병들이 중요한 역할을 하고 있다(41장).

전사: 실제 전투에 참여하는 군인. 병참과 참모부에서 근무하는 군인들과 구별해서 사용한다. 좁은 의미로는 근접전에 참여하는 군인을 가리킨다. 군사 심리학에서는 전투를 통해 자신의 능력을 입증하고, 허공이 아닌 실제의 적에게 사격을 하는 군인을 뜻한다.

용사: 1. 군인에 대한 아주 오래되고도 장중한 표현(예를 들어 용사비). 2. 원시 문화권이나 훈 족, 몽골 족처럼 구성원 전부가 전쟁에 나가는 유목민 무리나 부족, 민족의 남자들을 가리키는 통상적인 명칭(군인은 이런 남자들 중에서 선발한 정예 요원이다).

전투원(원래는 전사): 국제법상 한 국가의 정규군 구성원을 가리킨다(여기에 위생병이나 군종병은 포함되지 않는다). 민간인과 구분해서 사용하는 개념이다. 제네바 협약에 따르면 전쟁 포로가 된 전투원은 〈인간적으로〉 대우받아야 하고, 평화 조약이 체결되면 지체 없이 석방되어야 하며, 부상병도 적의 의료 서비스를 받을 권리가 있다. 유격대원도 일정한 규칙을 준수하는 한 전투원으로 간주된다(물론 테러리스트는 포함되지 않는다). 미국의 무인 전투기 투입에 대한 여러 비판들 중에는 드론이 전투원과 비전투원을 구분하지 않고 무차별적으로 공격한다는 점도 포함되어 있다.

유격대원(빨치산): 일명 게릴라 전투원. 한 국가의 정규군에 속하지 않으면서 적의 침입에 맞서 기습, 교란 활동을 벌이는 비정규 부대원. 유격대원은 1949년 이후 전투원의 지위를 부여받았다. 단 책임감 있는 지휘관 밑에 속해 있고, 무기를 노출하고, 전시법을 준수하고, 전투 시 멀리서도 알아볼 수 있는 표식이 있을 경우로 한정한다.

게릴라 요원: 군사적 역량이 부족한 쪽은 열세를 극복하기 위해 전투지 주민의 물질적, 정신적 지원을 등에 업고 전투를 벌이는데, 그들의 비정규 요원을 가리킨다. 역사적으로는 나폴레옹군의 침략에 맞선 스페인 국민의 전투에서 유래했는데, 이들의 전쟁을 〈작은 전쟁〉이라고 한다. 국제법상으로는 유격대

원이다.

해적: 해상에서 선박을 공격해 약탈 행위를 일삼는 사람들. 특히 15~18세기 사이에 횡행했다. 당시는 〈적의 상선 나포 허가증〉을 당국에서 받아 노획물을 정부와 나누었다는 점에서 어느 정도 합법화되어 있었다. 하지만 1982년의 해상법 협정 이후 해적선은 어느 나라 군함도 발견 즉시 나포해서 재산을 압수하고 자국 법에 따라 처벌할 수 있게 되었다.

테러리스트: 정치적, 종교적 이유로 끔찍한 폭력 범죄를 저지르는 광신도나 추종자들. 경악을 확산시켜 힘을 얻으려 한다. 1982년 이후에는 자살 폭탄 테러가 자주 발생하고 있다.

군벌: 중앙 권력의 힘이 약할 경우 지방에서 생겨나는 독자적인 군사력을 갖춘 토호 실권자. 군벌 문제는 특히 아프가니스탄에서 심각한데, 아프리카 여러 나라에서도 확산 일로에 있다. 중국에서도 1920~1928년까지 장제스(蔣介石)가 승리를 거둔 데는 군벌의 역할이 컸다.

탈영병: 군무, 특히 전투를 회피할 목적으로 부대를 멋대로 벗어난 군인. 적의 진영으로 넘어간 자도 포함된다. 군형법에서는 〈군무 이탈죄〉라고 부른다. 탈영병은 고대 이후 모든 군대의 핵심 문제였다(40장).

약탈병: 전장을 벗어나 후방에서 빈둥거리며 약탈을 일삼는 군인. 특히 30년 전쟁과 나폴레옹의 러시아 원정에서(1812) 심각한 문제였다(38장).

6. 컴퓨터가 떠맡는다

    한 독재자가 유럽을 정복할 목적으로 800만 남자들에게 무기를 들라고 외치던 시대는 지났다. 거대한 공장에서 수백만 톤의 강철을 군함과 탱크, 대포로 만들던 시절도 지났다. 지구의 패권을 차지하기 위한 다음 전쟁, 어쩌면 마지막이 될지도 모를 그 전쟁은 총성 한 방 들리지 않고, 군인도 필요 없고, 피한 방울 흘리지 않을지도 모른다. 국제법 전문가들은 이를 두고 과연 전쟁이라고 불러야 할지 논쟁을 벌일 수도 있다. 그러나 그 전쟁의 결과만큼은 분명 참혹할 것이다.

    이른바 사이버 전쟁이다. 세계 권력을 두고 벌어지는 컴퓨터 간의 경합이자, 해커와 전략가들의 결투다. 적의 비밀을 캐내고 적을 교란하고 적에게 겁을 주고, 적을 마비시키고, 적의 기간망을 파괴하는 것이 목표다. 포탄 한 방 날아가지 않지만 머리를 잘 쓰고 돈도 많이 들이고 술책도 잘 꾸며야 한다. 「뉴욕 타임스」의 시각이 정확하다면 세계 패권을 향한 미국과 중국의 전자전은 이미 오래전에 시작되었다. 2013년 이런 기사가 실렸다. 〈세계 최대 두 경제 대국들 간의 사이버 냉전은 점점 치열해지고 있다. 이 전쟁은 여러모로 지난 몇십 년 동안의 다른 전쟁보다 덜 위험하지만 훨씬 복잡하면서도 악의적이고 치명적이다.〉[45]

해커 전략가들은 이미 네 단계에 걸쳐 지구의 패권을 건 전자전에 성큼 다가섰다. 어쩌면 이게 마지막 전쟁이 될지 모른다.

1단계: 〈교란과 마비〉. 2007년 4월 에스토니아 수도 탈린에서 소련의 전몰자 기념비가 별로 유명하지 않은 한 광장으로 옮겨졌다. 그에 분개한 러시아 해커들이(추정이다) 에스토니아 곳곳의 서버를 마비시키고 관청과 은행, 언론사 웹사이트를 감염시켰다. 2008년 8월 2일 러시아와 조지아 공화국은 남(南)오세티야 문제로 전쟁을 벌이면서 사이버상에서도 치열하게 맞붙었다. 러시아 해커들은 조지아 대통령의 얼굴을 히틀러의 흉측한 얼굴로 바꾸어 놓는 데 성공했다. 2013년 3월 20일 북한의 소행으로 추정되는 사이버 공격으로 한국의 컴퓨터 3만 대가 일시 마비되었다.

2단계: 〈산업 첩보전〉. 일본 소니사는 2011년 수억 건의 고객 정보를 도난당했다. 독일에서도 대기업 70퍼센트가 그런 위험에 빠진 적이 있거나 실제로 그런 일을 당했다고 연방 내무부가 2013년에 발표했다. 유럽 우주 항공업체 EADS도 해킹으로 정보가 유출되었다. 「뉴욕 타임스」와 「월스트리트 저널」은 자신들도 해커 공격의 대상이라고 보도했다. 공격자는 중국으로 추정되었다. 「뉴욕 타임스」는 2013년 8월에 또다시 공격을 받았다. 이번에는 시리아 전자군의 소행이라는 흔적까지 분명히 남아 있었다. 그렇다면 그들의 임무는 두 가지다. 시리아에 대한 군사 공격과 관련해서 미국 내의 논쟁이 어떻게 진행되고 있는지 포괄적인 정보를 얻고 싶었고, 그다음엔 미 군부에 자신들도 사이버전을 치를 준비가 되어 있으니 조심하라는 메시지를 던지고자 한 것이다.

3단계: 〈군사 첩보전〉. 미 국방부는 2013년 5월 중국으로부터 사이버 공격을 받았다고 공식 발표했다. 전문가들은 공격 원점이 상하이의 사이버 본부임을 확인했다고 덧붙였다. 장차 사이버전이 가장 치열하게 전개될 곳은 바로 이 군사 첩보 영역이다. 생각해 보라. 과거에 스파이를 양성하고 배치해서 기밀 정보를 빼내는 것이 얼마나 힘들고 비용이 많이 들었던가! 그건 리하르트 조르게, 마타 하리, 앨런 핑커턴 같은 유명 스파이들이 활약하던 시대에 이미 확인된 바 있다.

4단계: 〈방해 공작〉, 물리적 힘의 행사. 2010년 사이버 공간의 실질적 힘을 처음으로 과시한 사건이 발생했다. 이란 핵시설 컴퓨터에 스턱스넷Stuxnet*이 침투해 우라늄 농축 시설의 원심 분리기를 마비시킨 것이다. 결국 이 시설은 오작동을 일으켜 몇 년 동안 무용지물이 되었다. 전문가들은 고도의 전문 기술이 필요한 이런 형태의 복잡한 테러라면 국가 단위에 준하는 조직적 지원 없이는 불가능하다는 데 의견을 모았다. 그런데 그사이 이 테러가 오직 이란만을 노린 것인지, 이란만이 정말 절박한 목표였는지 의심케 하는 사건들이 줄지어 일어났다. 이란을 공격한 것과 같은 바이러스가 전 세계 수천 개 시스템 속으로도 파고들었기 때문이다. 독일 지멘스사도 그 피해자 중 하나다.

그렇다면 공격자의 목표는 무엇이었을까? 아마 새로 개발한 컴퓨터 바이러스의 현장 실습, 시험 운전, 현실 조건하에서의 테스트였을 것이다. 다시 말해, 이 바이러스는 무엇을 할 수 있을까? 우리는 그것을 어떻게 조종할 수 있을까? 그것은 얼마 동안이나 발견되지 않을까? (실제로 이란 기술자들은 시스템 오작동의 원인을 필사적으로 찾았지만 바이러스는 몇 개월 동안 발견되지 않았다.) 이 바이러스는 어떤 방어책을 불러일으키고 방어책은 언제부터 바이러스를

---

* 발전소, 공항, 철도 같은 기간 시설을 파괴할 목적으로 만들어진 웜 컴퓨터 바이러스.

잡게 될까? 바이러스 유포자는 찾을 수 있을까? 오늘날까지 스턱스넷의 유포자는 공식적으로 확인되지 않고 있다. 다만 「뉴욕 타임스」는 2012년 6월 그것이 미국과 이스라엘의 솜씨일 거라고 주장했다.[46]

이것이 사이버 공간에서 있었던 실질적인 힘의 첫 과시였다. 이 사건 직후 미국도 이런 힘의 제물이 될 수 있다는 점을 미 국방장관 리온 파네타Leon Panetta가 지적했다. 〈제2의 진주만은 우리의 전력 공급망과 보안망, 금융 시스템을 파괴하는 사이버 공격이 될 수 있다.〉[47] 실제로 2013년 봄 미국의 한 감옥에서 전자문 500개가 누군가에 의해 열리는 일이 일어났다.

5단계: 이는 바로 〈사이버 전쟁〉이다. 전문가들은 장차 이 전쟁이 찾아올 거라고 염려한다. 우세한 전자 기술을 사용하고픈 유혹이 너무 크기 때문이다. 게다가 이 전쟁이 탱크나 군인 없이 치를 수 있다는 점도 매력적이지 않을 수 없다. 이 전쟁에서는 타국 군대가 몇 주 후 국경 지대로 진격해 올 거라는 비밀 정보부의 경고가 필요 없다. 군대가 실제로 움직이는 일은 없기 때문이다. 인공위성도 발사된 핵미사일을 격추하려고 미사일이 공중에 떠 있는 15분 동안 굳이 좌표를 찾으려고 애쓸 필요가 없다. 이제 미사일은 발사되지 않기 때문이다. 해커 수천 명이 몇 달 동안의 준비를 거쳐 단 1초의 사전 경고도 없이 갑자기 다른 나라의 전력망과 상수도망, 통신 시설 대부분을 붕괴시킨다. 지하철이 정지하고, 엘리베이터가 멈추고, 송유관과 가스관이 마비되고, 느닷없이 댐의 수문이 열리고, 세 시간 뒤엔 화학 공장이 폭발하고, 이틀 뒤엔 증권 거래소의 시스템이 망가진다. 어쩌면 이 악성 유해 프로그램은 벌써 어딘가로 잠입해서 영문도 모른 채 자기 일에 열심인 사람들을 하수인으로 삼아 그 나라의 기간망을 파괴하고 있을지 모른다.

대개 젊은 해커들로 이루어진 수천 명의 사이버 전사들은 1만 킬로미터 떨어진 거리에서 일종의 컴퓨터 게임처럼 사이버전을 수행한다. 자부심이 강하고 양심의 가책도 느끼지 못할 것이다. 자신도 피 한 방울 흘리지 않지만 자기 손에 피를 묻히는 일도 없기 때문이다. 이스라엘 고등학교에서는 국가 정보학 전문가들이 사이버 전사의 유망한 미래를 홍보하고, 인도에서는 사이버 보안을 담당할 전문가가 50만 명이나 양성되고 있다.[48] 해커, 그는 미래의 전사다! 총 한 방 쏘지 않지만 전 군보다 더 많은 것을 파괴할 수 있다.

군대 역시 닥쳐올 재앙에 속수무책이다. 적이 누군지 알 수도 없다. 심지어 적은 군의 미사일과 무인 폭격기, 전투기, 위성까지 멋대로 조종하고, GPS 시스템을 교란하고, 군부대를 매복 장소로 유인하고, 존재하지도 않은 전장을 진짜처럼 꾸며 지휘관의 모니터에 띄워 놓을 수도 있다.[49]

모든 컴퓨터가 마비되면 기술적으로 낙후한 나라들에 다시 한 번 기회가 생길 수 있다. 아무리 발달한 컴퓨터도 전자 장치에 연결되지 않은 군인들은 어떻게 할 수가 없기 때문이다. 그래서 러시아와 중국에서는 장차 도래할 사이버전의 위험 때문에 소규모 기계화 부대를 유지하고 있는 것으로 추정된다. 그런 이유로 베를린 자유대학의 사이버 전문가 잔드로 가이켄Sandro Gaycken은 고도로 기술이 발달한 나라들에 똑같은 것을 권고한다. 즉 자기 책임하에 행동하고, 나침반을 읽을 수 있고, 야간에도 독자적으로 작전을 수행할 수 있는 군인들로 이루어진, 서로 연결되지 않은 군대를 창설하라는 것이다.[50]

미군 내의 이런 부대가 바로 최대 1만 명의 개인 전사들로 이루어진 특수 부대Special Force다(〈그린베레〉라는 별칭으로도 유명하다). 1952년에 창설된 그린베레는 낙하산으로 적의 후방에 침투해 〈목표 인물〉을 죽이거나 납치하고, 적의 기간망을 파괴하고 포로들을 구출하는 것이 임무였다. 그러기 위해 그들은 극한의 생존 훈련을 받고, 고문을 이겨 내는 법을 배우고, 최소한 외국어 하나는 유창하게 구사해야 했다. 예를 들어 러시아어, 중국어, 아랍어, 체코어, 우르두어(파키스탄 공용어) 등이다. 베트남전에서는 갈수록 그린베레의 투입이 많아졌다. 미국의 종군 기자 마이클 헤어는 그들 중 한 명에게 이런 찬사를 보냈다. 〈그는 훌륭한 킬러였다. 우리가 가진 최고의 용사 중 하나였다.〉[51]

요즘은 네이비실이 더 유명하다. 하이테크 장비로 무장한 극강의 전투 기계다. 이 이름은 2011년 5월 2일 오사마 빈 라덴을 비롯해 그의 아들, 남자 셋, 여자 하나가 이들의 손에 사살된 이후 널리 회자되었다. 이들은 특수 제작한 정밀 무기와 야간 투시경, 헤드폰, 마이크, 비디오 카메라로 무장한 채 작전을 수행한다. 그 덕분에 9천 킬로미터 떨어진 백악관에서도 처형 장면을 실시간으로 확인할 수 있다. 네이비실은 1962년 케네디 대통령에 의해 창설되었다. 그는 게릴라전이 미래의 중대한 위협 요소라는 사실을 일찍 깨달았기 때문이다. 이 부대는 원래 해군 소속이지만 작전 영역은 해상에 국한되지 않는다. 〈실SEAL〉이라는 말도 〈바다sea와 하늘air, 땅land〉의 줄임말이다. 물론 이 말은 해군을 연상시키기도 한다. 〈바다표범seal〉을 의미하기 때문이다.

두 부대의 공통점은 다년간 복무 경험이 있는 지원병만 받는다는 것이다. 지원병들은 일주일의 지옥 훈련을 통해 테스트를 받고, 탈진할 때까지 추격자들에게 쫓기고 혹사당한다. 먹을 것도 별로 없고 잠도 거의 자지 못하면서 25킬로그램 배낭을 메고 강행군을 한다. 그래서 지원자 중 60~80퍼센트가 이 과정을 버티지 못하고 중도에 포기하거나 낙오한다. 이 혹독한 훈련을 무사히 끝낸 군인들 사이에서는 오래전부터 내려오는 말이 있다. 〈유일하게 쉬운 날은 어제였다.〉 그런데 바로 이들, 그러니까 온갖 정보로 무장하고 정보에 따라 움직이는 이들이 사이버전에서는 맨 먼저 무장 해제를 당할 것이다. 그러면 남는 것은 결국 그린베레다. 어떤 전자 장치에도 연결되지 않은 채 늘 적 후방에서 독자적으로 작전을 수행하는 특수 요원들의 시간이 시작되는 것이다.

그런데 이런 군인들로도 사이버전에서는 더는 승리를 거둘 수 없다. 그렇다면 사이버전의 위협에 처한 국가들은 어떻게 해야 할까? 이것이 바로 미국이 가진 최대의 고민거리다. 지상 어디에도 미국만큼 많은 컴퓨터로 조종되는 나라는 없다. 최첨단 시스템을 무기로 최대의 파괴 잠재력을 갖고 있지만, 그만큼 그들의 시스템 역시 사이버 공격에 취약하고 피해도 엄청나게 클 수밖에 없다. 클린턴과 부시의 안보보좌관이었던 리처드 클라크Richard A. Clarke는 이렇게 요약한다. 〈잠재적인 적은 우리가 그들에게 입힐 수 있는 것보다 훨씬 더 많은 상처를 우리에게 입힐 수 있다.〉[52]

따라서 시사 주간지 『타임』이 1995년에 언급한 대로 실행하는 것만으로는 충분치 않다. 즉, 〈미국은 컴퓨터를 내일의 파괴 무기로 바꾸는 일에 박차를 가해야〉[53] 한다고 했지만, 그보다 더 시급한 것은 실은 외부 사이버 공격에 대한 취약성부터 줄이는 일이다. 국가가 통제하는 제2의 인터넷망GovNet 구축을 통해서 말이다. 이것은 정보의 자유로운 접근에서 벗어나 오직 정부와 에너지 공급사, 항공과 우주 비행 기관, 그리고 관련 연구자들만 접근할 수 있는 시스템이다.[54]

잔드로 가이켄은 저서 『사이버 전쟁: 전쟁터로서의 인터넷』에서 공업국들에, 외부 공격에 취약할 수밖에 없는 거대 네트워크를 원점으로 돌리라고 조언한다. 한마디로 〈탈(脫)네트워크〉를 추진하라는 말이다! 〈완벽한 네트워크로 연결된 군대는 하나의 유일 시스템, 즉 슈퍼 시스템에만 자신의 거의 모든 능력을 의존할 수밖에 없고, 그것은 많은 약점을 노출시킨다.〉 어쩌면 〈정치적 여론의 매개체로서 자유로운 인터넷의 구상〉은 원래 정신 나간 짓이었는지 모른다.[55] 물론 이런 식으로 급격히 사고를 바꾸는 것은 어렵다. 처음에는 모든 중요 서류를 인쇄하는 일부터 시작하자. 그것이 사이버 돌격대로부터 기밀을 지키는 손쉬운 길이다.

2013년에 열린 독일 유럽보안학회 심포지엄에서는 추가로 이런 권고가 나왔다. 앞으로 도시를 설계할 때는 외부 공격으로 인한 시스템 장애의 위험성을 고려해야 하고, 시민들과 아이들에게(역할 놀이의 형태가 가장 좋다) 긴급 상황에 적응하는 법을 가르치라는 것이다. 과학 기술적 재앙에 대처하려면 유연성과 탄력성, 내구성이 필요하다.[56]

클라크는 이렇게 쓴다. 미국에는 이런 사이버 〈도발과 관련해서 적절한 수준의〉 복수로 상대를 위협하는 방법이 아직 남아 있다.[57] 그것은 핵미사일이 될지 모른다. 그보다 훨씬 오래된 형태의 복수, 즉 군인을 통한 복수는 이제 누구도 생각하지 않는다.

내일의 전사들: 너드와 기크

사이버 전쟁의 군인은 컴퓨터 팬이거나 광이다. 이들을 내부 관계자들 사이에서는 몇 년 전부터 〈너드nerd〉, 또한 최근에는 〈기크geek〉라고도 부른다.

사전적 의미에 따르면 팬fan은 열광적 추종자이고, 광freak은 멍청이, 공상가, 중독자, 괴짜를 가리킨다. 너드는 두덴 온라인 사전에 의하면 〈머리는 매우 좋지만 사회적으로 고립된 컴퓨터 팬〉(거의 광 수준이다)을 가리킨다. 〈레오leo〉 온라인 사전에서는 너드를 컴퓨터광, 전공 바보, 지능은 아주 좋지만 사람들과 어울리지 못하는 사람, 또는 지루하거나 별난 사람으로 번역한다.

기크는 미국 전문가 집단에서 너드와 상당히 비슷한 의미로 사용된다. 레오 사전에서는 컴퓨터광, 야심가, 골방 학자라는 말로 번역하는데, 런던 정치경제대학의 국제 관계학 교수 크리스토퍼 코커Christopher Coker는 2013년 자신의 저서 『기크 전사들: 21세기 테크놀로지는 전쟁에 대한 우리의 생각과 전쟁 방법을 어떻게 바꾸고 있는가』에서 〈기크〉라는 말에 새로운 의미를 부여했다. 우선 그는 기크와 너드를 구분한다. 기크란 〈무언가를 성취해 내는〉 너드라는 것이다. 그러니까 이들은 선진 공업국의 군 전략가와 정보 관계자들이 찾는 유형으로서, 특정 조직 안에서 높은 보수를 받으며 목표가 뚜렷한 일을 하거나 경우에 따라서는 파괴 작업도 수행할 의사와 능력이 있는 사람을 가리킨다.

미 국방부는 2013년 고용한 해커 수를 900명에서 5천 명으로 늘리려고 했다. 국가안전보장국NSA은 2013년 스스로 유능한 해커라고 생각하는 고등학교 졸업생들을 상대로 해커 경연 대회를 열었다. 이 대회에는 700명이 참가했고, 패스워드와 낯선 암호를 풀고 네트워크 곳곳의 약점을 감지해 내는 능력을 테스트해 40명이 채용되었다.

대개 30세 미만 남자로 이루어진 이 전사들이 장차 타국에서 산업 첩보 활동을 벌이고, 군사 기밀을 빼내고, 또는 필요할 때는 타국의 전력망을 마비시키고, 댐의 수문을 개방하고, 비행기를 추락시키고, 또 마지막으로 총 한 방 쏘지 않고 적을 무릎 꿇게 하는 임무를 맡게 될 것이다.

2부

모든 것은 어떻게 시작되었는가

7. 인간 사냥

증오는 무척 지속적인 즐거움이다.
인간은 사랑할 때는 서두르지만 증오할 때는 느긋하다.
바이런, 『돈 주앙』

평화란 인간의 자연 상태이고, 인간은 원래 선한데 소유와 거주, 진보 때문에 타락했을 뿐이라는 루소의 비장한 주장은 가소로울 정도로 잘못된 말이다. 우리 인간이 원숭이에서 분리된 이후 우리와 줄곧 동행해 온 것은 싸움과 살인, 전쟁이었다. 루소가 왕좌에 올린 그 〈야만적인 인간들〉은 2차 대전에서 유럽인들끼리 서로 죽인 것과는 비교가 안 되게 서로를 죽였다. 콜럼버스 이전의 아마존 지역에서는 대략 원주민의 30퍼센트(남자들만이 아니었다)가 폭력으로 목숨을 잃었다. 2012년 미국의 인류학자 로버트 워커Robert Walker가 해당 문헌들을 모두 분석한 뒤에 내놓은 수치다.[58] 프로이트에 따르면 〈태초의 인간들은 다른 동물들보다 훨씬 잔인하고 악의적이었다. 그들은 당연하다는 듯이 서로를 죽이고 또 죽였다〉.[59]

인간은 동물을 사냥하고 동물은 다른 동물을 사냥한다. 동족을 사냥하는 생물은 지금껏 단 두 종만 알려져 있다. 인간과 쥐다. 사냥의 특징은 매복과 술

책, 그리고 사냥감에 대한 생존 기회의 박탈이다. 직접 그물과 삼지창을 들고 결투하듯 곰과 겨루면서 사냥감에게 생존 기회를 준 스웨덴의 칼 12세 같은 사냥꾼은 예외적인 존재다.

인간 사냥의 흔적을 좇아가려면 종교 교리나 미국 헌법, 프랑스 혁명, 혹은 독일 기본법에서 말하는 〈인간의 평등〉에 관한 규정은 모두 잊어야 한다. 만약 〈세계사〉라는 것이 그 기나긴 세월 동안 단지 민족들 간의 살해가 교대로 일어난 것에 지나지 않는다고 한다면 그건 인간의 다수가 다른 부족이나 민족, 인종을 자신들과 동등한 권리를 가진 존재로 보지 않았다는 데 그 이유가 있다. 〈우리는 타인들보다 고귀하다. 엄밀하게 말해서 우리만 인간이다. 다른 것들은 원시 인간이나 하류 인간, 야만인, 동물, 그리고 말살이 업적이 되는 사냥감이다.〉 구석기 시대부터 최소한 1945년까지 무수한 민족들이 그렇게 생각하고 행동한 것에 대한 증거 자료는 정말 지천에 흘러넘친다.

〈인간〉이라는 개념을 만들어 생물학적으로 인간에 해당하는 모든 존재에게 동일하게 적용한 것은 일정한 문화 단계에 도달한 뒤에나 가능했다. 뉴기니 섬의 왈라루아 족은 인간과 동물, 이런 식으로 구분한 것이 아니라 왈라루아 족과 비(非)왈라루아 족으로 구분하면서 비왈라루아 족을 자신과 혈연적으로 가까운 종족이라기보다 동물에 더 가깝다고 생각했다. 이게 바로 인간이 좀 더 높은 수준의 문화에 도달하기 전까지 다른 부족과 종족을 등급별로 구분한 방식이다. 물론 오늘날에도 뉴기니와 아마존 밀림에 사는 마지막 원시 부족들은 다른 종족과 부족을 여전히 그렇게 구분한다. 이웃 부족이 자신들과 같은 언어를 쓰고 관습이 같아도 그들이 외부인, 즉 적이거나 동물 집단이라는 의식은 바뀌지 않는다.

〈한 부족이 다른 부족과 인접해 살게 되면 필연적으로 전쟁과 평화가 반복되는데, 그것을 보면 우리의 본성 속에는 전쟁과 친숙한 면이 있는 게 분명하다.〉 미국의 문화 인류학자 루스 베네딕트Ruth Benedict의 말이다. 〈그런데 평화적 상태의 가능성을 결코 상상하지 못한 민족들도 있었다. 그들에게 평화란 그들의 눈엔 결코 인간이 될 수 없는 적대적인 부족을 인간이라고 인정하는 것과 똑같았기 때문이다.〉[60]

유럽인들도 이들보다 더 똑똑하지 않았다. 그리스 문화는 타 민족에 대한 경멸을 토대로 번창했다. 경멸은 두 가지 방식으로 이루어졌다. 즉 그리스 내에서는 타 민족을 노예로 부렸고, 외부적으로는 〈야만족〉이라는 개념을 통해 그리스 세계를 외부 세계와 엄격히 구분했다. 야만족(barbarian. 원래는 〈더듬거리는 사람〉이라는 뜻)은 그리스어를 잘 못하고, 그래서 교양이 없고 거칠고 잔인한 모든 족속, 이방인, 적을 지칭하는 말이었다.

아메리카 대륙이 발견된 이후인 16세기에 유럽에서는 인디언을 인간으로 간주해야 할지를 두고 학문적인 연구가 이루어졌다. 물론 인디언들 역시 나름 자부심이 대단했다. 아메리카의 첫 흑인 노예들을 〈검은 원숭이〉라고 부른 걸 보면 말이다. 어쨌든 고대와 아메리카의 발전에서 엄청난 역할을 했던 노예 제도를 살펴보면 노예 주인들이 인간 종의 모든 구성원을 인간으로 존중하는 것과는 얼마나 거리가 먼 사람들이었는지 여실히 드러난다. 흑인에 대한 이런 태도는 오늘날까지도 미국 사회에 집요하게 남아 있다. 게다가 미국인들은 그사이 인디언에 대한 인간 사냥을 집단 망각 속에 집어넣었다.

타인을 인간으로 보지 않거나 4류 인간으로 여긴다면 동물처럼 사냥할 수도 있다. 맹수를 노리듯 숨어 있다가 갑자기 공격하기도 하고, 함정을 파놓고 잡을 수도 있고, 독화살로 죽일 수도 있다. 실제로 원시 시대 부족들은 맹수에게 돌진하듯 인간 사냥에 나섰다.

유럽인들도 근대까지 그런 일을 아무렇지도 않게 자행했다. 콜럼버스가 아이티 섬에 도착한 것이 1492년인데, 1533년 이 섬 인디언 원주민들은 상당수가 천연두로 죽거나 학살당했다. 테네리페 섬과 나머지 카나리아 제도의 원주민인 구안체 족은 1500년경에 일부만 남고 몰살되었다. 스페인 점령군이 그들을 동물처럼, 아니 동물로 생각하고 재미 삼아 마구 쏘아 죽인 것이다. 브라질에서도 노예가 충분히 확보되자 남아도는 인디언들은 엽총과 피에 굶주린 사냥개들의 즐거운 사냥감이 되었다. 그것도 19세기 후반기까지. 비슷한 일이 오스트레일리아에서도 일어났다. 요새와 농장의 젊은 백인들은 일요일이면 인간 사냥에 나섰다. 원주민들을 상대로 독을 놓기도 했다. 그러나 뭐니 뭐니 해도 역사상 가장 큰 인간 사냥은 아메리카 노예 시장을 위한 흑인 생포였다. 16~19세기까지 아프리카에서 배로 수송된 흑인의 수는 천만에서 천오백만 명에 이른다.

1904년 독일령 아프리카 남서부에서 식민 압제에 저항하는 원주민 봉기가 일어났다. 식민지 시대에서 발생한 몇 안 되는 대형 봉기 중 하나였다. 소를 치는 유목 민족인 헤레로 족 8만여 명이 나라의 절반 정도 지역에서 폭동을 일으켜 독일인 백여 명을 죽였다. 이 소식에 충격을 받은 것은 베를린 총참모부만이 아니었다. 진노한 황제는 즉시 그 지역 사정을 잘 모르는 로타르 폰 트로타 소장을 빈트후크로 급파했다. 황제의 의도는 명확했고, 트로타 장군 역시 황제의 뜻을 충실히 행동으로 옮겼다. 대포와 기관총으로 헤레로 전사 6천 명을 사살하고, 남은 구성원들을 황야로 내쫓은 뒤 보초선을 구축해 한 명도 빠져나가지 못하게 차단했다. 이렇게 해서 갈증과 굶주림으로 6만 명 넘게 목숨을 잃었다. 이로써 독일의 식민 통치자들은 잔인성 면에서 악명 높았던 영국과 동등한 수준으로 올랐다. 심지어 많은 역사가들이 이 헤레로 족 학살을 후대에 선례가 된, 20세기 최초의 홀로코스트로 간주한다.

근대의 유럽 인간 사냥꾼들에 대해선 똑같이 인간 사냥에 나섰던 원시 부족들에 비해 딱 한 가지 참작해 줄 요소가 있었다. 그들은 노예가 필요하거나, 짐승 같은 종자를 박멸하거나, 아니면 단순히 재미로 사냥한 것이지 결코 인육을 먹기 위해 사냥한 것은 아니라는 점이다. 식인 풍습은 과거에 세계 곳곳에 존재했고, 19세기에도 유럽을 제외한 모든 대륙에 퍼져 있었다. 이런 풍습이 생긴 이유는 부족들마다 판이하다. 어떤 부족은 적의 용기와 힘을 자기 것으로 만들거나 마술적 힘을 얻으려고 적의 인육을 먹었고, 어떤 부족은 적에게 최고의 모멸감을 주려고 했고, 또 어떤 부족은 죽은 혈육의 살을 먹음으로써 고인에 대한 존경심을 표하려고 했으며, 또 마지막으로 많은 부족들은 단순히 사람 고기를 즐겼다. 이 경우에는 포로를 잡으면 일부러 살을 찌웠다. 게다가 잘 대접하며 여자까지 제공했다. 아마존의 한 인디언은 유럽인 연구자에게 이런 이야기를 했다. 「굶주림은 고통스럽다. 만일 적을 때려죽였을 경우 그냥 썩게 내버려 두는 것보다 먹는 것이 훨씬 낫다.」[61] 『몽골 족의 비사(秘史)』에 따르면 칭기즈칸을 배반한 한 장수는 이렇게 떠벌렸다고 한다. 그의 과거 주군은 인육을 먹고 자랐다. 「사내 몸 하나를 꿀꺽 삼키고도 식욕이 멈추지 않는 사람이었어!」[62] 아즈텍 족은 포로를 〈사람 고기〉라고 통칭해서 불렀다. 포로의 가슴에서 심장을 꺼내 태양신에게 바친 뒤 시신의 가죽을 벗겨 뒤집어쓴 채 스무 날 동안 춤을 추었고, 인육은 함께 나누어 먹었다. 아즈텍의 왕 몬테수마는 침략자 스페인인들을 물리치거나 그들에게 마법을 걸거나, 아니면 최소한 화해의 손짓이라도 하기 위해 스페인 진영에 사절을 보낼 때는 포로들도 함께 딸려 보냈다. 〈원할 경우 포로들의 피를 마시라는 뜻이었다.〉[63]

무시무시한 이방인들이 식인종일 거라는 생각은 아즈텍 족의 관념 세계에는 결코 낯설지 않았다. 거꾸로 교양 있는 서양인들은 이 식인 풍습을 어떤 식으로든 이해해 보려고 거듭 노력했다. 〈만일 죽은 적의 몸을 굽고 먹어 치우는 것이 산 채로 적을 괴롭히고 학대하는 것과 같은 의미를 담고 있다면 나는 그런 야만적인 행위가 그렇게까지 역겹지는 않다.〉[64] 몽테뉴가 한 에세이에서 밝힌 내용이다. 독일의 아프리카 연구자 레오 프로베니우스Leo Frobenius는 1903년에 출간된 『전쟁의 세계사』(부당하게 잊힌 책이다)에서 이렇게 밝혔다. 〈만일 미개한 문화의 인간이 강 건너편 이웃을 《다른 종》처럼 느낀다면 그들을 사냥한 짐승처럼 잡아먹지 못할 이유가 어디 있겠는가?〉[65] 아직도 완전히 사멸되지 않은, 피로 맺는 형제애의 풍습도 그렇다. 혈연으로 맺어지지 않은 남자들이 서로 핏방울을 섞어 형제가 되겠다는 이 서약은 타인의 몸 일부를 자기 속에 받아들이겠다는 뜻과 다르지 않다.

그리스와 게르만 설화에서도 식인 풍습은 〈복수〉의 형태로 등장한다. 물론 적의 살을 먹음으로써 적에게 복수하려는 초보적인 형태가 아니라 복수하려는 남자의 아들을 죽여서 만든 음식을 아무것도 모르는 아비에게 먹여 복수하는, 정말 끔찍하고 비열하기 짝이 없는 형식이었다. 트라키아의 왕비 프로크네는 자기 여동생을 강간한 남편 테레우스에게 그런 식으로 복수했다. 자신과 남편 사이에서 태어난 두 아들을 도륙 내어 아비의 식탁에 올린 것이다. 소포클레스는 이것을 드라마의 소재로 삼았다(『테레우스』. 작품은 남아 있지 않다). 니벨룽겐 노래의 가장 오래된 판본에 해당하는 에다의 〈아틀리 노래〉(아틀리는 훈 족의 아틸라 왕을 가리킨다)에서도 아틸라의 아내 구드룬이 비슷한 행동을 한다. 자신의 오빠들을 죽인 남편에게 복수할 생각으로 아들을 죽여 남편에게 먹인 것이다. 식사가 끝나자 그녀는 남편에게 이렇게 외친다.

> 검의 수호신인 당신,
> 당신은 방금 두 아들의
> 피가 뚝뚝 떨어지는 심장을
> 꿀과 함께 달콤하게 씹어 먹었어요![66]

위대한 시인들은 판타지 속에서나마 식인 풍습의 여지를 열어 둔다. 호메로스의 『일리아드』에서는 아킬레우스가 헥토르에게 이렇게 말한다. 「네 살을 갈기갈기 찢어 날것으로 삼키고 싶을 정도로 분노가 절절 끓는구나!」[67] 조너선 스위프트의 풍자 작품에서도 식인의 모티브는 집요하게 되풀이된다. 예를 들어, 걸리버는 마지막 여행에서 사람 기름으로 방수 처리를 하고 사람 가죽으로 돛을 단 돛단배를 만든다.[68] 다른 대목에서는 가난한 집 아이들을 부자들의 식탁에 올리기 위해 살을 찌우게 함으로써 더블린의 사회 문제를 해결하자고 제안하기도 한다. 이 제안은 처음엔 소름 끼치는 방식으로 사회적 불평등을 꼬집는 말처럼 들리지만, 작가가 이 장면을 즐기듯이 상세히 묘사하는 것을 보면 원시적 식인 모티브도 함께 진하게 배어 나오는 듯하다. 직접 들어 보자. 〈어린아이 하나로 친구들의 식탁에 올릴 푸짐한 요리 두 접시를 만들 수 있다. 가족끼리 먹을 때는 엉덩이나 넓적다리 살로 만든 요리가 꽤 먹을 만하다. 특히 겨울철에는 후추와 소금으로 양념해 놓으면 사흘 뒤 근사한 요리를 맛볼 수 있다.〉[69]

위급한 상황에서 살기 위해 사람을 먹는 일은 역사 시대의 유럽에서도 자주 있어 왔다. 예를 들어 갈리아 도시 알레시아가 카이사르군에 포위되어 식량이 떨어지자 갈리아인 크리토그나투스는 이렇게 말한다(카이사르가 전하는 말이다). 「나는 이제 우리 선조들도 과거에 했던 일을 추천합니다. ……성에 갇혀 지금 우리처럼 식량 부족으로 모두가 죽을 위기에 처했을 때 선조들은 나이로 미루어 전쟁에 아무 도움이 되지 않을 사람들을 죽여 그 고기로 연명했습니다.」[70] 끔찍한 기아가 휩쓸던 30년 전쟁 와중에도 처형된 범죄자들을 먹는 일은 드물지 않았다. 믿을 만한 보고에 따르면 심지어 알자스의 감옥에서는 죄수들을 죽이기도 했다. 그것 말고는 먹을 게 없었기 때문이다. 1847년에는 아메리카 백인들이 인육에 손을 댔다. 〈도너 리드단Donner-Reed-Party〉이라는 한 이주 개척단이 유타 주에서 출발해 새 길로 소금 사막을 가로지른 뒤 시에라네 바다 산맥을 넘어 약속의 땅 캘리포니아로 가려고 했다. 도중에 많은 사람들이 기아로 목숨을 잃자 나머지 사람들은 죽은 이들의 고기로 간신히 연명했다.

그런데 이런 일들은 인간 사냥의 극단적 경우이자 예외적 사건으로서 전쟁과 아무 관련이 없는 것처럼 비칠 수도 있다. 그러나 아무리 거북살스러워도 이 사건들은 전쟁과 두 가지 관련이 있다. 첫째, 사람 고기 사냥은 우리가 나중의 발전 단계에서 〈전쟁〉이라고 부르는 행위의 가장 오래되고 추악한 형식이다. 둘째, 극단적 사례로서 식인 행위는 인간이 자기 종족에 대해 어떤 짓까지 할 수 있는지를 여실히 보여 준다. 현대전을 비롯해 인류의 모든 전쟁에서는 이보다 결코 크게 뒤지지 않는 끔찍한 행위들이 저질러졌다. 대다수의 사람들은 다른 문화권의 사람들을 자신과 똑같은 인간으로 보는 능력이 없거나 떨어진다. 이런 무능력과 미미한 능력이 극단적으로 표출된 것이 식인이고, 그것은 좀 더 부드럽지만 그와 유사한 형태로 현재까지 이어져 오고 있다.

희한하게도 유대교와 기독교, 이슬람교는 가끔 이러한 위험한 성향을 부추겼다. 여호와가 이스라엘 백성에게 하는 말을 들어 보자. 〈너희는 여호와 하느님의 성스러운 민족인지라 주님께서 지상의 모든 민족들 가운데 오직 너희를 주의 백성으로 선택하였나니…… 너희는 다른 모든 민족들보다 먼저 축복받고…… 너희 주 하느님이 주신 모든 민족을 《잡아먹고》 저들을 불쌍히 여길 필요가 없나니…… 주님께서는…… 너희 손에 저들 왕의 운명을 내줄 것이고, 너희는 저들의 이름을 하늘 아래서 죽여야 할지니, 너희가 저들을 몰살할 때까지 누구도 너희에게 저항치 못할지니라〉(신명기 7장).[71] 루터는 1529년 이렇게 소리 높였다. 터키에 맞서 싸우는 사람은 〈신의 적과 그리스도를 모독하는 자들, 다시 말해 악마와 싸우는 것이다. ……그러니 무고한 피를 흘리게 할지 모른다는 걱정은 할 필요가 없다〉.[72] 무슬림도 모든 비무슬림을 〈믿지 않는 자들〉로 간주했고, 코란은 그들을 죽이라고 선동했다(22장). 1894~1896년에 터키인들은 기독교를 믿는 아르메니아인들을 학살했고, 마지막으로 1915년에는 어린아이들까지 모조리 도살했다.

〈타민족〉에 대한 멸시와 인간 사냥에 대한 이데올로기적 토대는 프랑스 혁명 과정에서 대두한 민족 국가 개념과 함께 새로운 절정을 맞았다. 사실 종교적으로 별 차이가 없거나 믿음이 결정적인 역할을 하지 않는 민족들 사이에 증오의 씨앗을 뿌리는 것은 쉽지 않았다. 그러나 민족 국가의 등장과 함께 그것은 성공을 거두었다. 1800년 제1통령 보나파르트 나폴레옹은 밀라노에서 병사들에게 이렇게 외쳤다. 「위대한 민족의 땅을 감히 모욕하려는 미친 자들에게는 반드시 저주가 내린다는 사실을 세상에 보여 줘라!」[73] 여기서 미친 인간들은 오스트리아였다. 1809년에는 거꾸로 독일 작가 클라이스트Heinrich von Kleist가 〈게르만의 자식들에게〉라는 시를 써서 프랑스인들에게 증오를 퍼부었다.[74]

모든 들판과 도시를

저들의 뼈로 하얗게 물들여라.

까마귀와 여우조차 거부하는 저들의 시신을

물고기에게나 줘버려라!

저들의 시체로 라인 강을 막고

저들의 유해를 구부러뜨려 거품을 일으키고

팔츠 지방을 휘감고 돌아 시체들을 물러 터지게 하라.

그리고 그것으로 국경을 삼아라.

(합창)

사냥꾼이 길목에 숨어 늑대들이

쫓겨 오기만을 기다리는 것처럼 몰이사냥을 펼쳐라!

적들을 쳐 죽여라! 세계 법정은

너희들에게 그 이유를 묻지 않을 것이다.

그렇다. 몰이사냥이 다시 찾아왔다. 적을 향한 집단적 몰이사냥이다. 이웃은 죽어 마땅한 늑대였다. 1915년 지크문트 프로이트는 이렇게 한탄했다. 〈학문조차 감정에 치우치지 않은 공평 무사한 객관성을 상실하고 있다. 깊이 분노한 학문의 종들은 적을 물리치는 데 힘을 보태려고 학문적 무기를 끄집어낸다. 인류학자는 적을 열등하고 퇴폐한 족속으로 낙인찍고, 정신 분석학자는 적이 심적, 정신적 장애를 앓고 있다는 진단을 내놓는다.〉[75]

나치의 선전장관 괴벨스는 1943년 이렇게 설교했다. 「너희는 지상에서 가장 용맹스럽고 근면한 민족의 자식이라는 사실을 항상 명심하라!」[76] 그와 함께 역사상 가장 끔찍한 인간 사냥이 절정으로 치달았다. 유대인에 대한 사냥이었다. 전 국가적인 행정 지원을 등에 업고 과거의 어떤 다른 인간 사냥도 결코 이르지 못한 수준으로 완벽하게 이루어진 인간 사냥이었다.

물론 연합군도 독일인들을 사냥과 말살의 대상으로 삼는 일에 재주가 없진 않았다. 〈루스벨트 대통령은 크림 반도에서 독일군의 피해 규모를 전해 듣고는 무척 기뻐했을 뿐 아니라 독일인들에 대해 1년 전보다 훨씬 피에 굶주려 있다고 말했다. 그러면서 덧붙이길, 스탈린 총사령관이 독일군 장교 5만 명의 처형을 위해 건배를 들어 줄 것을 바란다고 했다.〉 나중에 모스크바 주재 미국 대사로 근무했고, 1945년 2월 얄타 회담 당시에는 루스벨트의 통역가로 일한 찰스 볼런Charles Bohlen이 보고한 내용이다. 〈그러자 스탈린 총사령관도 모든 사람이 1년 전보다 더 피에 굶주려 있다고 화답했다. 독일과의 전투에서 정말 많은 피를 흘렸기 때문이라는 것이다. ……독일인들은 야수이고 인간 존재의

창조적 활동에 대해 사디스트적인 증오에 사로잡혀 있는 것 같다고 말하자 루스벨트도 그에 동의했다.〉[77]

정상 회담이 이런 수준이라면 일리야 예렌부르크Ilya Ehrenburg가 붉은 군대를 향해 다음과 같이 선동했다는 말도 그리 놀랍지 않다. 〈영광스러운 붉은 군대여, 죽여라, 죽여라, 죽여라! 독일인들에게는 무고함이 없다. 살아 있는 것은 물론이고 태어나지 않은 것들에게도 없다. 스탈린 동지의 명령에 따라 저 파시스트 짐승들을 밟아 으깨어 영원히 동굴 속으로 처넣어라!〉 기본적인 생각은 같지만 이보다 한결 순진한 표현이 바로 1945년 휴전 뒤 서방 연합군에 내려진 독일인들에 대한 친교 금지령이었다. 독일인들을 가까이하지 말라는 이 말 속에는, 독일인은 우리의 형제, 좁은 의미에선 우리와 같은 인간이 아니라는 뜻이 담겨 있다.

그럼 동서로 분단된 두 개의 독일이 1950년대에 재무장을 시작했을 때 독일 땅에서 자주 등장한 이 주장은 어떤가? 〈이제 독일인이 독일인에게 총을 쏘는 날이 올 수도 있지 않은가!〉 그렇다. 독일인들 간에 동족상잔의 비극이 벌어질 수 있다는 말은 맞다. 게다가 실제로 같은 민족끼리 총을 쏘는 일이 벌어진다면 그건 정말 끔찍한 일일 것이다. 그러나 이것은 절반의 진실일 뿐이다. 이렇게 주장하는 사람들은 만일 독일인이 프랑스인이나 폴란드인, 혹은 러시아인에게 총을 쏜다면 훨씬 덜 끔찍할 거라고 가정하고 있다. 타민족은 동족과는 달리 양심의 가책 없이 총을 쏠 수 있다는 것이다. 결국 인간은 인간이되 같은 인간은 아니라는 뜻이 깔려 있다.

오늘날의 군대 보직에서 사냥꾼과 상당히 유사한 것이 저격병이다. 〈몸을 숨긴 채 정확한 조준 사격으로 목표물을 죽이는 것〉이 저격병의 임무다. 저격병은 실제로 처음엔 사냥꾼과 산지기들 중에서 모집했는데, 소총이 발명된 18세기에 프랑스와 바이에른, 브란덴부르크 지역에 처음 투입되었다. 200미터 떨어진 거리에서도 적을 명중시킬 수 있는, 총열이 긴 총이었다. 1805년 트라팔가르 해전에서 넬슨 제독은 프랑스 전함의 돛대에서 사격한 저격병의 총에 맞아 척추가 으스러졌다. 1915년 남부 티롤의 콜 디 라나 산에서는 오스트리아와 이탈리아 산악병들이 불과 80미터 거리에서 총격전을 벌여 일대가 군인들의 무덤으로 변했고, 쌍방의 취사병 10여 명까지 송장이 되었다.

2011년 아프가니스탄에서 저격수 교육을 받은 한 독일 상사는 『슈피겔』지와의 인터뷰에서 이렇게 밝혔다. 「목표 인물을 제거하라는 명령을 받는 순간 그건 내게 사람이 아니라 임무의 대상일 뿐입니다.」 총을 쏜다는 건 정밀 기계공의 작업과 비슷하다. 「지랄 같은 이 더러운 땅에 있다 보면 정말 누구라도 총알로 날려 보내고 싶은 마음뿐입니다.」 그러나 그런 기회는 그에게 주어지지 않았다. 62일 뒤 독일 저격 부대는 총 한 방 쏘지 않고 철수한 것이다. 철수하면서 허공으로 총을 쏘았다고 하는데, 화가 나서 그런 것인지, 아니면 신이 나서 그런 것인지는 알 수 없다.[78] 총알이 목표물에 명중하면 매복지에 숨은 사냥꾼은 환호성을 지르며 기뻐한다. 그런 만족감을 느끼는 것은 군인도 마찬가지다. 1914년 한 영국군 대위는 벨기에 이프르에서 독일군을 향해 마치 새 사냥을 하듯 조준 사격을 했다. 독일 병사가 또 하나 나타나면 그의 부하는 이렇게 소리쳤다. 「중대장님, 새 출현!」[79] 1차 대전에서 전투기 조종사도, 잠수함 함장도, 부대 지휘관도 아니면서 근접전에서의 무공을 인정받아 〈푸르 르 메리트〉 훈장을 받은 몇 안 되는 독일 군인 중 한 명인 돌격대장 에른스트 윙거 소위는 이렇게 보고한다. 《〈땅!〉 하는 금속성 굉음과 함께 권총의 안전장치가 뒤로 튕겨 나온다. 사람의 자제력을 잃게 하는 소리다. 이빨로 수류탄의 안전핀을 뽑을 때도 빠지직 소리가 난다. ……우리는 사냥꾼의 고조된 흥분과 야생 동물의 공포라는 두 강렬한 감정 사이에서 파르르 떨고 있다.》[80]

예나 지금이나 모든 군인이 사냥꾼은 아니었다. 오히려 몰이꾼의 역할만 한 군인들이 많았다. 총을 쏘지 않거나 쏘는 척만 하는 군인들이었다(28장). 어쨌든 나중에는 원시적 인간 사냥 외에 기사도적인 형태의 다른 전쟁 방식이 등장했다. 일대일 싸움이 그것인데, 남자 대 남자의 결투, 혹은 약속된 전장에서 군대 대 군대의 대결을 의미했다. 전쟁의 역사에서 퍽 진기한 현상이었다.

8. 일대일 결투

지금껏 둘이서 전쟁을 결정하고 수백만 명이 그걸 견뎌 내야 했던 것이
지구의 불행이었다면, 이도 물론 아니함만 못하지만
수백만 명이 결정하고 둘이서 싸우는 것이 한결 나을 듯하다.

장 파울

〈전쟁이란 일대일 결투의 확장에 지나지 않는다.〉 군 전략가 카를 클라우제
비츠Karl Klausewitz의 말이다. 〈무수한 일대일 결투를 간단하게 생각하고 싶으
면 두 명의 레슬링 선수를 떠올려 보라. 각자 물리적 힘으로 상대방을 눌러 자
기 뜻을 관철시키려는 것이 레슬링이니까.〉[81]

인류의 전쟁사에서는 클라우제비츠가 일대일 결투라고 지적한 것과 비슷
한 형태로 전투가 일어난 짧은 시기가 있었다. 그러니까 원시 시대의 인간 사
냥(물론 클라우제비츠는 이것에 대해 아는 것이 많지 않았다)과 1차 대전의 집중
포화(이것에 대해서도 전혀 알지 못했다) 사이에 실제로 남자 대 남자의 결투가
있었다. 물론 전쟁사의 예외적인 형식이었지만. 훈 족과 아바르 족, 몽골 족과
카자크 기병대는 적과 힘을 겨룬 것이 아니라 그냥 말을 타고 짓밟아 버렸다.
30년 전쟁의 용병들도 무자비하게 적을 도륙 냈으며, 유럽인들도 아메리카 대
륙과 아프리카, 오스트레일리아, 시베리아 지역에서 누구에게도 뒤지지 않을

광기로 인간 사냥에 나섰다.

이런 학살의 전통에서 어떻게 싸움과 죽임의 그런 제식화된 전쟁 형식이 나올 수 있었는지 퍽 놀랍다. 추측컨대 일대일 결투는 많은 원시 문화에서 전해져 내려오는 〈전사들의 춤〉과 격투 시합에 뿌리를 두고 있는 듯하다. 같은 부족의 두 사람이 나와 엄격한 규칙에 따라(춤의 형식을 띨 때도 많았다) 가짜 싸움을 벌이거나 몽둥이로 힘을 겨루었다. 그것이 그리스인들의 올림피아 레슬링 경기와 훗날 중세 기사들의 무술 경연 대회로 발전했다. 오늘날에도 권투 시합과 대학 펜싱 시합의 형태로 그 흔적이 남아 있는데, 둘 다 심각한 부상을 막기 위해 보호 장구를 착용하고 혈투 전후에 상대에게 깍듯하게 예의를 표하는 절차를 거친다.

목숨을 건 최초의 결투는 성경을 통해 우리에게 익히 알려져 있다. 기원전 1000년경에 일어난 것으로 추정되는 이 결투는 장 파울이 위에서 요구했던, 수백만 명의 전쟁 대신 벌어진 진정한 일대일 대결이었다. 블레셋의 장군 골리앗은 이스라엘군에 이렇게 제안한다. 〈너희 중 하나를 뽑아 내게로 내려보내라…… 만일 그가 나를 죽이면 우리는 너희 종이 되겠노라〉(사무엘상 17장). 로마의 역사가 리비우스는 기원전 6세기 로마와 알바니아 간의 전쟁이 양쪽 세 쌍둥이의 대결로 결정 났다고 보고한다. 즉, 이 여섯 명의 전사들 가운데 로마인 하나만 마지막까지 살아남음으로써 알바니아 민족이 로마에 복속되었다.

2인 결투가 전투의 서막을 의미하거나 전투 결과의 징조로 해석된 경우도 드물지 않았다. 타키투스의 책에 이런 내용이 적혀 있다. 〈게르만인들은 어떻게든 적의 진영에서 병사 하나를 산 채로 붙잡아 온 다음, 자기편에서도 정해진 순번에 따라 한 전사를 뽑아 적과 맞붙게 했다. 각자 자기편의 무기를 사용하게 하면서. 여기서 누가 승리했느냐가 앞으로 전개될 전체 전쟁의 결과에 의미심장한 전조로 해석되었다.〉[82] 호메로스에 따르면 기원전 1200년경의 트로

이 전쟁은 스파르타 왕 메넬라오스와 그의 아내 헬레네를 납치한 파리스 사이의 결투로 막이 올랐고, 이어 다른 양자 대결의 순서로 넘어갔다. 〈그들은 늑대들과 비슷하게 서로를 향해 사납게 달려들어 일대일로 물어뜯으려 했다.〉[83]

위대한 정신적 인물들은 전쟁의 승패를 대규모 군대의 힘이 아닌 두 사람의 결투에 맡기고자 하는 발상에 매력을 느낄 수밖에 없다. 1855년 27살의 황제군 장교로 크림 전쟁에 참전한 톨스토이는 포위된 세바스토폴 요새에 있으면서 다음과 같이 사색에 잠겼다. 〈만일 전쟁을 치르는 한쪽이 다른 쪽을 향해 각자의 군대에서 군인을 한 명씩 제대를 시키자고 제안하면 어떨까? ……이어 두 번째 군인을 집으로 보내고, 또 세 번째, 네 번째 군인을 계속 내보내는 것이다. 각각의 군대에 단 한 명만 남을 때까지…… 그다음엔 복잡하게 뒤얽힌 정치적 문제들을 남은 두 군인의 싸움으로 결정하는 것이다. 한쪽은 도시를 공격하고 다른 쪽은 도시를 방어하게 하면서.〉[84]

윈스턴 처칠도 비슷한 생각을 했다. 〈나는 왜 우리의 국가 지도자들이 올림픽 경기처럼 각 나라가 일정한 규모의 군대를 대표로 내보내 전쟁을 치르게 하는 국제 협정을 맺지 않는지 의문이다.〉 처칠이 1949년에 쓴 젊은 시절의 착상이다. 〈영국은 아마 최고의 군인들로 구성된 완벽한 군 대표단을 내보낼 수 있을 것이다. 아무튼 그런 협정이 맺어지면 세계의 권력은 분산될 것이다. 하지만 빅토리아 시대의 장관들은 아무 생각이 떠오르지 않는 모양이다.〉[85]

전군을 이끌고 전장으로 행진하는 왕들도 전쟁을 일종의 일대일 결투로 보는 경우가 많았다. 앞서 언급한 클라우제비츠의 이론을 훌쩍 뛰어넘는 인식이다. 고대와 중세의 많은 군대들은 원래 결투에 나선 족장이나 제후를 도우려고 그들 주위에 모인 씨족이나 부족이었다. 그래서 자신들의 왕이 싸움에서 지거나 죽으면 그들은 상대방 진영에 항복해 버렸다. 〈아르메니아인들은 왕이 죽는 것을 보는 순간 클로비스(프랑크 왕. 466~511)에게 무릎을 꿇고 이렇

게 말했다. 「왕이시여, 부디 저희를 죽이지 마시옵소서. 저희는 이미 폐하의 백성입니다!」⟩[86]

거꾸로 칭기즈칸은 패배한 적의 왕을 잡지 않으면 승리로 생각하지 않았다. 그래서 1218년 중앙아시아 호라즘 제국의 왕이 도주하자 부대를 두 방향으로 나누어 수천 킬로미터 이상 뒤쫓게 하면서 도중에 적장에게 피신처를 제공한 모든 도시들을 무참히 짓밟아 버렸다. 근대까지 이어진 바로크 시대의 왕위 계승 전쟁도 왕들이 군대를 어느 정도까지 사적인 싸움의 보조 수단으로 생각했는지 명확히 보여 준다.

군 자체가 일대일 결투의 당사자이자 파이터로 나서기도 했다. 이 희한한 모델을 발명한 것은 그리스 도시 국가들이었다. 적대적인 두 군대는 전장에서 만나기로 약속했다. 장소와 시간을 정한 뒤 밀집 대형, 특히 팔랑크스 대형(14장에서 자세히 다룰 것이다)으로 서로를 향해 돌진해서 장창으로 적의 몸을 찔렀다. 상대 대형이 무너져 많은 적이 죽거나 쓰러지면 전투는 끝났다. 그리고 승자는 패자를 약탈하거나 몰살시키지 않았다. 살인을 위한 살인을 저지르지 않고 음험한 계략도 쓰지 않은 기사도적인, 그리스인들만의 ⟨결투 윤리⟩[87]였다. 고전적인 인간 사냥꾼들에게는 이해가 안 되고 웃기는 이야기였다.

1차 대전은 그때까지의 역사에서 가장 큰 군대가 참여했고, 수적으로 볼 때 다른 어떤 전쟁보다 일대일 결투와는 거리가 멀었다. 그러나 세계적인 분쟁을 ⟨둘 중 하나의 죽음⟩으로 결판내려고 했던 남자들 간의 결투는 1차 대전 중에도 여전히 한자리를 차지하고 있었다. 에른스트 윙거는 말한다. ⟨전쟁의 모든 자극적 요소 가운데 좁은 전투 대형을 사이에 두고 벌어지는 두 돌격대장의 대결만큼 강렬한 것은 없다. 여기서는 후퇴도 동정도 없다. 자신들의 나라에서 참전 용사 묘지를 본 이들은 누구나 그것을 안다. 딱딱하고 결연한 얼굴, 피에 굶주린 듯한 날카로운 눈. 자신들에게 주어진 시간을 감당해 냈지만 어느 책

에서도 거론하지 않는 남자들이다.〉[88]

　그런데 1차 대전이 심지어 일대일 결투를 촉진하고 새로운 형태의 숨 막히는 결투를 만들어 낸 영역도 있었다. 전투기 사이의 대결이 그것이다. 두 전투기는 서로 선회하다가 사격을 가한다. 둘 중 하나가 추락할 때까지. 그것도 둘 사이의 거리가 30~40미터밖에 되지 않는 때도 많았다. 1차 대전에서 전투기 조종사로서 혁혁한 전과를 올렸고 2차 대전에서는 공군 대장을 지낸 에른스트 우데트Ernst Udet는 상공에서의 첫 승리에 대해 이렇게 썼다. 〈적기의 몸체가 마치 하늘에서 내동댕이쳐진 거대한 횃불처럼 쌩 하고 내 곁을 지나 밑으로 떨어진다. ……개구리처럼 팔다리를 벌린 한 남자도 함께 추락한다. ……순간 그게 사람이라는 감정은 들지 않는다. 내겐 오직 한 가지 감정밖에 없다. 승리, 승리, 승리! 내 몸속에서 뜨거운 피가 왈칵왈칵 힘차게 돌기 시작한다.〉 우데트는 적군인 한 프랑스 조종사에 대해서도 이야기한다. 그 조종사는 우데트의 기관단총에 장전 장치 고장이 발생한 것을 알아차리자 손을 흔들더니 방향을 틀어 돌아갔다고 한다.[89]

　이런 형태의 결투가 엄청난 인기를 끈 것은 우연이 아니었다. 1차 대전에서 적기 81대를 격추한 전설적인 전투기 조종사 만프레트 폰 리히트호펜Manfred von Richthofen의 거창한 전투 보고서는 『빨간 전투기』라는 책으로 출간되어 독일에서 무려 120만 부가 팔렸다. 리히트호펜이 공중전에서 전사했을 때는 오스트리아 조종사들이 무덤 옆에 도열해 예포를 쏘았고, 영국 공군기 한 대는 양철통에 장례식 사진을 담아 빨간 전투기의 비행장으로 내려보냈다.

　그런데 이런 결투자들의 언어를 조명해 보는 것도 꽤 쓸모가 있는데, 리히트호펜의 회고록은 저자의 의사와는 무관하게 많은 것을 노출하고 있다. 거기 적힌 내용을 살펴보자. 〈우리는 적기들 사이를 민첩하고 유쾌하게 돌아다니며 하늘을 청소했다.〉 이런 대목도 있다. 〈영국인 한 명을 사살하고 나면 내 사냥

열정은 십오 분 정도 가라앉는다. 그래서 적기를 두 대 연이어 격추하는 일은 없다.〉〈날씨가 무척 안 좋아 우리는 많이 잡아 오라는 《사냥꾼 인사》를 받지 못했다.〉[90] 그렇다. 이건 바로 인간 사냥꾼의 언어다. 그러니까 전쟁의 극단적인 두 가지 특성은 서로 다르면서도 깊이 스며들어 있다.

군인들로선 1865년 4월 9일 율리시스 그랜트 장군과 로버트 리 장군이 62만 명의 사망자를 낸 끔찍한 미국 남북 전쟁을 끝내려고 만나 고결한 기사처럼 대화를 나눈 것을 조그만 위안으로 삼을 수 있을지 모르겠다. 그 자리에서 남군 총사령관 리 장군은 남군의 항복을 제안했는데, 그랜트 장군은 그때의 일을 이렇게 기록한다. 〈그 말을 듣는 순간 나는 오랫동안 용감하게 싸워 온 적장의 패배가 전혀 기쁘게 느껴지지 않았다. ……우리는 즉시 예전의 군 시절에 대한 대화에 빠져들었다. ……대화가 어찌나 재미있던지 나는 우리가 만난 목적조차 잊어버렸다. 그러다 리 장군이 마침내 그 이야기를 다시 끄집어내면서 내게 항복 조건을 말하려고 이 자리를 청했다고 설명했다. 나는 남군이 무기를 내려놓는 것밖에 바라는 게 없다고 대답해 주었다.〉[91]

훗날 기사도적인 전쟁의 정점을 찍은 사건은 두 번의 세계 대전 중에 있었는데, 당시의 생존자들은 여전히 이 사건에 대해 즐거운 기억을 갖고 있다. 때는 1916년, 장소는 독일의 식민지령 동아프리카였다. 독일 사령관 파울 폰 레토프포어베크Paul von Lettow-Vorbeck와 영국 남아프리카군 사령관 얀 스뮈츠Jan Smuts 사이에 기이한 우정이 싹텄다. 포어베크 대령은 스뮈츠에게 자신이 준장으로 진급하고 〈푸르 르 메리트〉 훈장까지 받게 됐다는 사실을 알렸고, 다시 전투에 나서지 않겠다는 서약과 함께 영국군 장교 포로들을 풀어 주기로 했다. 또한 진격해 오는 스뮈츠군에 밀려 후퇴하면서 중상을 입은 부하들을 놔두었다. 스뮈츠 사령관이 자신의 부하들을 잘 치료해 줄 거라는 믿음이 있었던 것이다.

1942년 사막의 전사 버나드 몽고메리와 에르빈 로멜 장군은 직접 만나지는 않았지만, 그들 사이에도 2차 대전에서는 한 번도 없었던 페어플레이 정신이 흘렀다. 전투가 끝나면 양쪽 진영은 당연하다는 듯이 총기를 내려놓고 부상병을 수습했고, 영국군 야전 병원에 식수가 떨어졌다는 이야기를 들은 로멜은 식수차에 흰 깃발을 달아 적진으로 보냈으며, 영국군은 답례로 위스키와 콘비프 통조림을 화물차에 가득 실어 보내 주었다. 저녁이면 양쪽 진영 천막에서는 독일의 사랑 노래인 릴리 마를렌의 노래가 울려 퍼졌다. 지금은 아흔이 넘은 당시의 참전 용사들은 아직도 영국군 독일군 할 것 없이 매년 만나는데, 2012년에도 이집트 엘알라메인의 전장에 모여 자신들의 고결한 지휘관들을 기리곤 했다.

그런데 피아 구분 없이 그렇게 엄청난 인기를 누린 로멜도 실은 자신과 〈같은〉 인간, 즉 백인종끼리의 이 공정한 싸움이 자신과 〈다른〉 인간, 즉 황인종에 대한 공동의 인간 사냥으로 대체되길 바랐다. 그는 포로로 잡혀 온 한 뉴질랜드 장군에게 격분해서 이렇게 호통 쳤다. 「당신도 알아야 합니다. 북방의 최고 민족이자 군인인 우리가 여기 이 망할 놈의 사막에서 서로를 결딴 내려고 덤비는 것은 범죄란 말이오! 당신은 볼셰비키의 앞잡이로 나서고, 우리는 저 일본인들과 동맹을 맺는다는 게 말이나 되는 소리요! 황인종의 위험에 맞서 공동 전선을 펼치지 않고 말이오. 이건 정말 수치스러운 일이오. 정말 부끄럽고 수치스럽소!」[92] 어쨌든 이건 굉장히 중요한 단서다. 기사도적인 전투로 유명한 그 독일 총사령관이 실은 경기 규칙을 지키는 전쟁에 신물이 나 있다는 것을 보여 주기 때문이다. 실제로 그는 인간 사냥에 굶주려 있었다. 공산당과 황인종에 대한 인간 사냥이었다. 네덜란드의 문화 인류학자 요한 하위징아Johan Huizinga는 이렇게 썼다. 〈인간 본성이 아무리 폭력을…… 억제하려고 애써도 막상 전투를 벌이는 사람들은 이기려는 소망이 워낙 강해서 인간의 머리로 상

상할 수 있는 온갖 폭력적 행위들을 마다하지 않을 만큼 악마로 변한다.〉[93]

그사이 아프리카 대륙에서의 인간 사냥은 살육의 도가니로 변해 버렸다. 1994년 르완다에서는 백만 명 가까운 사람들이 고문당하고 찢기고 도살되었다. 콩고 민주 공화국에서도 1998년부터 피비린내 나는 작은 전쟁이 온 나라를 휩쓸고 있는데, 적대적인 민병대와 퇴락한 전직 군인들은 같은 인간에게 설마 그런 짓을 할 수 있을까 싶은 만행을 태연히 저지른다.

9. 전쟁은 언제부터 있었을까?

전쟁을 벌이는 국가들을 떠올리면 나는 마치 도자기 상점에서
미친 듯이 몽둥이를 휘두르는 술 취한 두 인간을 보는 듯한 느낌이 든다.
몸에 난 혹이야 시간이 지나면 낫겠지만 그것만으로 끝나는 것이 아니라
나중에 자신들이 끼친 손해까지 착실하게 변상해야 하기 때문이다.

데이비드 흄

〈전쟁〉은 우리가 그 말을 사용하는 순간부터 있어 왔다. 언제부터 전쟁을
했고, 어떤 연유로 했을까? 일대일 결투와 인간 사냥이 씨족과 부족의 영역을
넘어 국가와 민족으로 확장되면서부터? 보편적으로 인정되는 규정은 없다.
클라우제비츠는 전쟁의 역사적 개념 규정을 시도하지 않았고, 1907년 헤이그
만국 평화 회의 협정도 전쟁에 관한 명확한 경계를 설정하지 않았으며, 유엔
역시 개념 정의 대신 1945년의 헌장 전문(前文)에 〈미래 세대들을 전쟁의 재앙
으로부터 지키기로〉 단호히 천명하는 데 그쳤다.

1950년의 한국전은 유엔 용어로 〈무장 경찰 행위〉라 불렸다. 베트남전에서
미국 대통령은 1964년 의회로부터 전쟁 수행이 아닌 〈미 전력에 대한 온갖 무
장 공격을 격파하기 위해 필요한 모든 조치를 내릴 수 있는〉 전권을 위임받았
을 뿐이다. 북베트남의 통킹 만에서 미 구축함이 적의 공격을 받은 이후의 일
이다. 이 조치로 미군 5만 8천 명과 베트남인 250만 명이 목숨을 잃었다.

1999년 나토의 세르비아 폭격은 〈인도주의적 개입〉으로 불렸고, 미군의 아프가니스탄 상륙은 〈항구적 자유〉라는 이름으로 실행되었다. 물론 부시 대통령이 주창한 〈테러와의 전쟁〉이라는 틀 안에서의 작전이었지만. 독일은 처음엔 아프가니스탄에 평화 유지군으로 참여했다가 나중에 탱크와 전투 헬기가 없다는 이유로 〈안정화 작전〉에 투입되었고, 그러다 마침내 2010년 구텐베르크 국방장관의 입에서 대담하게도 〈전쟁〉이라는 말이 튀어나왔다.

정치적 고려로 인한 개념적 은폐만 배제한다면 〈전쟁〉이라는 말은 인간 사냥의 극적인 상승을 의미한다. 인간 사냥은 7천 년 전 오늘날의 이라크 땅인 유프라테스, 티그리스 강 유역에서의 농경 생활과 함께 시작되었다. 그것은 곧 인간의 정착 문화, 즉 지구 역사상 처음 나타난 땅에 대한 절대적 소유와 함께 시작되었다는 말이다. 농부들은 사냥꾼처럼 도망칠 수가 없었고 사냥꾼을 피해서도 안 되었으며, 사냥꾼이나 유목민에 맞서 자기 땅을 지켜야 했다. 나중에는 이웃의 농경민들로부터도 자신의 비옥한 땅과 강 유역, 오아시스를 지켜야 했다.

이마누엘 칸트는 이렇게 썼다. 〈유목 생활은 유유자적할 뿐 아니라 사람이 살지 않는 드넓은 땅에는 가축의 먹이가 떨어질 날이 없었기에 생계 기반도 무척 든든하다. 반면에 농경 생활은 매우 고되고, 변덕스러운 날씨에 의존해야 하고, 따라서 생계 토대는 불확실하다. 또한 농사를 지으려면 한곳에 고정적인 집을 짓고 땅을 소유해야 할 뿐 아니라 그것을 지킬 충분한 힘도 갖고 있어야 한다. 유목민들은 방목의 자유를 제한하는 땅의 소유를 지독히 싫어할 수밖에 없다.〉[94]

땅을 가진 인간들에 대한 증오는 성경에도 나온다. 이스라엘 민족은 약속의 땅으로 가는 길을 농경 도시들이 가로막자 예리코의 모든 인간과 동물을 죽이고 도시를 불태워 버렸다(여호수아 6장).

수확이 끝나면 두 가지 측면에서 전쟁 충동이 새로 일어났다. 하나는 수확물에 대한 욕심이 농부들을 향한 공격으로 이어졌고, 다른 하나는 농부들도 겨울철이 되면 사냥꾼들보다 시간과 힘이 남아돌아 전사로 돌변할 수 있었다. 고대의 군대는 대개 광에 곡식이 그득하면 출정했다. 프리드리히 대왕이 일으킨 세 번의 전쟁도 두 번은 8월말이고 한 번은 12월이었다. 물론 흉년이 들거나 날씨가 도와주지 않아 광이 빌 때도 대륙 곳곳을 전쟁의 피로 물들이고 싶은 유혹이 모락모락 피어오르곤 했다. 민족 대이동 시기의 게르만 족처럼.

이렇듯 세상에는 전쟁이 있었다. 이것은 거리낌 없이 자행된 조직적 학살로서 〈인간 이성과 인간 본성을 밑바닥까지 외면한〉 광포한 발전이었다. 1812년 전쟁에 대해 톨스토이가 쓴 글이다. 〈수백만 명의 인간들이 과거 세계의 어떤 법정 기록에도 남아 있지 않을 만큼 어마어마하게 많은 악행과 사기, 배반, 도둑질, 강도, 방화, 살인을 서로 저질렀다.〉[95]

전쟁으로의 추락은 문화의 상승과 발맞추어 진행되었다. 영국의 역사 철학자 아널드 토인비는 〈역사의 초기 단계에서부터 전쟁이…… 주도적이고 확고한 내부 장치가 아니었던〉 문화는 없었다고 말한다.[96] 다른 말로 풀이하자면 인간 사회가 원시적 상태에서 〈문화〉라 불리는 상태로 진입하는 순간 일대일 결투와 인간 사냥이 〈전쟁〉이라 불리는 단계로 급속히 넘어갔다는 것이다. 이렇듯 전쟁과 문화는 지금껏 누구도 떼어 놓을 수 없는 부부 사이처럼 끈끈하게 연결되어 왔다. 아니, 그 이상이다. 문화가 세련될수록 전쟁도 더욱 거칠어지기 때문이다. 문화가 발달한다는 것은 과학이 발달한다는 뜻이고, 과학이 발달한다는 것은 기술이 발달한다는 뜻이고, 기술이 발달한다는 것은 결국 훨씬 무시무시한 무기들이 개발된다는 뜻이다.

기원전 네 번째 천년기에 메소포타미아 도시 국가들에게 전쟁은 이미 오래전부터 잘 알려져 있던 문화 장치였다. 기원전 두 번째 천년기에서 기원전

612년 니네베의 파괴에 이를 때까지 아시리아인들(스파르타인, 로마인, 노르만 족, 몽골 족, 아즈텍 족, 터키인, 스위스인, 프로이센인과 더불어 인간 역사의 대표적인 전쟁 민족 가운데 하나이다)은 이웃 나라들 전체와 잔인한 전쟁을 치렀다. 그 때까지 지상에서 일어난 가장 큰 전쟁이었다. 또한 병영과 무기고, 식량 창고 시스템을 처음 고안한 것도 아시리아였다.

로마군은 처음엔 주로 농부로 이루어진 시민군이었다. 100명 단위 부대(백인대)를 편성했고, 백인대장이 이 부대를 이끌었다. 수년에 걸쳐 천천히 승진 하는 외인부대원들이 〈전투하는 직업 장교의 효시였다. 이들은 500년 동안 거의 중단된 적이 없는 전쟁에서 로마의 무기로 승리를 거두는 데 필요한 전투 기술과 기율을 전수했다. ……그들의 야망은 오직 역사상 처음으로 명성을 얻은 군인이라는 직종 안에서 출세하는 것이었다〉.[97] 로마 제국은 아우구스투스 황제의 승리 때까지 세계 제국의 꼴을 갖추어 가는 과정에서 대내외적으로 끊임없이 전쟁을 치러야 했다. 그중에는 제국의 존폐가 경각에 달린 적도 여러 번 있었다. 훗날 우리가 〈팍스 로마나〉라고 부르는, 기원후 200년 동안 이어진 로마의 평화도 게르만 족이나 아시아 쪽 국경 지대에서 지속적으로 벌어진 전쟁의 대가였다. 3세기 이후부터 진행된 세계 제국의 붕괴 역시 수백 년 동안 전쟁의 혼란을 불렀다. 어쨌든 참혹한 역병과도 같은 대규모 전쟁은 고대부터 시작되었다고 할 수 있다.

훗날 20세기에야 이름을 얻은 두 가지 종류의 전쟁은 벌써 고대부터 뚜렷이 모습을 드러냈다. 제한전과 총력전(혹은 절대전)이 그것인데, 전자는 일대일 결투, 후자는 인간 사냥과 연결되어 있다.

역사적으로 결투의 기사도 정신에 입각해 전쟁을 제한전으로 한정시킨 국제법적 협정의 첫 사례는 이른바 암피크티오니아 동맹, 즉 기원전 7세기에 델포이 신전을 지키려고 결성된 그리스 12부족의 정치-종교 동맹이었다. 동맹국들은 이따금 서로 전쟁을 벌이기도 했지만 동맹에 속한 도시들을 파괴하지 않고 도시의 물을 끊지 않고 도시의 올리브 나무를 베지 않기로 맹세했다.

알렉산드로스 대왕도 엄격히 제한된 범위에서만 페르시아 제국과 전쟁을 치렀다. 만일 토착민들에게 관용을 베풀지 않거나 그들의 마음을 얻지 못했다면 그 작은 군대로 페르시아라는 거대한 세계 제국을 손에 넣지 못했을 것이고, 자신이 죽을 때까지 그 제국을 하나로 묶어 둘 수 없었을 것이다. 알렉산드로스는 페르시아의 큰 인물들을 조정으로 끌어들여 총독으로 삼았고, 그들의 풍습을 받아들였다. 또한 기원전 324년에는 고대 페르시아 수도 수사에서 그리스인과 페르시아인의 대규모 합동 결혼식을 거행했다. 만 명의 마케도니아 병사들은 현지 처녀들과, 장수들은 귀족 집 여식들과, 자신은 페르시아 공주와 결혼한 것이다.

유럽에서는 9세기부터 30년 전쟁 전까지 제한전의 시대가 열렸다. 물론 다른 대륙의 민족들과 벌인 전쟁을 열외로 한다면 말이다. 전쟁은 기사와 용병들에겐 생업이었지만, 두 직업군의 수는 미미했다. 프랑스와 영국 사이의 백년 전쟁(1338~1453)에서조차 전장인 프랑스는 황폐화하지 않았고, 나라의 존립이 심각하게 위협받지도 않았다.

서양 세계에 다시 제한전의 축복이 내린 것은 1648년에서 프랑스 혁명까지였다. 그 뒤부터는 국민의 상당수가 무장한 채 전쟁에 참여하면서 전쟁사의 새 페이지가 열렸다(11장에서 자세히 논의될 것이다). 물론 그 뒤에도 1866년의 프로이센-오스트리아 전쟁 같은 예외가 있었고, 세계 대전 중에 제한전의 인도주의적 정신이 어느 정도 살아 숨 쉬던 전장과 전투도 간간이 있었다. 1942년 아프리카에서 몽고메리와 로멜 장군의 훈훈한 이야기가 그랬고, 1915년 에른스트 윙거가 보고한 전쟁 일화가 그랬다.

윙거의 이야기를 좀 더 자세히 들어 보자. 연일 비가 쏟아지면서 참호 속이 진창으로 변하자 독일군이든 영국군이든 할 것 없이 모두 흉장(胸牆)으로 기어 올라와야 했다. 〈이미 양측 병사들은 철조망을 사이에 두고 술과 담배, 군복 단추 같은 물건들을 활발하게 주고받으며 교류해 온 상태였다. ……그런데 갑자기 저쪽 진영에서 땅 하고 총성이 울리더니 우리 병사 하나가 총에 맞고 참호 속 진창으로 떨어져 죽었다. 그와 동시에 양쪽 진영 병사들은 재빨리 두더지처럼 참호 속으로 숨어 들어갔다.〉 이어 윙거 소위는 상대편 영국군 장교를 중립 지대로 오라고 한 뒤 그런 비겁한 짓이 어디 있느냐고 거칠게 항의했다. 그러자 영국군 장교는, 그건 사실 자기 부대원의 짓이 아니라 이웃 중대원이 쏜 총알이라며 미안해했다. 〈우리는 마치 운동 경기에 참여한 선수들처럼 서로에게 존중을 표하며 한참을 더 이야기했고, 마지막에는 기념품이라도 교환하고 싶은 기분이 들 정도였다. 그래도 현실은 현실, 우리는 면담이 끝나고 3분 안에 전쟁을 계속 진행하기로 엄숙하게 선포했고, 저쪽에서는 우리 쪽에 《구텐 아벤트Guten Abend》라고, 우리는 저쪽에 《오 르부아Au revoir》라고 인사한 뒤 나는 부하들의 안타까운 눈길을 무릅쓰고 상대 진영을 향해 총을 한 방 발사했다.〉[98]

미리 선포한 전쟁은 대개 제한전이었고, 선전 포고는 결투 도덕의 표현이었다. 중세에서 기사 개인이나 한 가문이 다른 개인이나 가문에 대해 벌인 사적 전쟁은 장갑을 던지거나 결투장을 보냄으로써 시작되었다. 결투와 전쟁이 뒤섞인 이런 형식은 위법적 행위나 불륜 시의 자기 구제, 피의 복수, 또는 단순한 강도 행위에서 사용되었다(여기에서 강도 행위란 기사가 일반적인 기사도적 형식을 유지하면서 노상강도 짓을 하고 약탈하는 행위를 가리키는데, 역사적으로 〈강도 기사〉라는 말이 우리 입에 착착 달라붙는 것을 보면 우리가 기사와 강도를 매우 가까운 관계로 느끼고 있음을 알 수 있다). 유럽 대륙에 만연한 이 사적 전쟁의 고리를 끊고자 나선 것이 교회였다. 11세기 이후 교회는 특정 요일에 사적 전쟁을 금지하는 〈신의 평화령〉을 선포했는데, 처음에는 그 요일이 주말로만 한정되었다가 나중에는 수요일 저녁부터 월요일 새벽까지로 확대되었다. 만일 이를 어기고 폭력을 행사하는 사람이 있으면 파문하겠다는 무시무시한 위협도 뒤따랐다. 이렇게 해서 전쟁은 월요일부터 수요일까지만 가능했다. 이런 날에도 시간을 정해 놓고 규칙적으로 싸워야 했다. 교회의 힘이 막강했던 중세에는 충분히 상상할 수 있는 일이었다. 그런데 중세의 유럽 외에 많은 원시 부족과 이스라엘 민족, 게르만 족 역시 끊임없이 전쟁을 벌이면서도 종교적인 이유로 창칼을 내려놓는 시기들이 있었다. 올림픽 경기 중에는 전쟁을 중단한 그리스인들처럼 말이다.

만인에 대한 만인의 전쟁을 제한하려는 세속적인 시도는 〈왕의 평화령〉이었다. 나중에 이것은 〈국가 평화령〉으로 이름이 바뀌었는데, 어쨌거나 광장이나 교회 같은 특정 장소에서의 폭력을 금지하고, 아울러 성직자와 상인, 통행증 소지자 같은 특정 사람에게도 폭력을 행사하지 못하게 한 조치였다. 그 뒤 1495년 막시밀리안 1세가 보름스의 제국 의회에서 〈항구적 왕의 평화령〉을 선포하면서 사적 전쟁에 대한 권리는 종국적으로 폐지되었다. 같은 시기 중앙 아메리카에서는 인디언 원주민들에 대한 콜럼버스의 인간 사냥이 막 시작되고 있었다.

결투보다는 인간 사냥에 한결 친숙한 여러 전투적 민족들조차 선전 포고의 제식이 있었다. 몽골의 쿠빌라이 칸은 1274년 일본을 침략하기 전 8년 동안 일왕에게 사신을 여섯 번 보내 자발적으로 무릎 꿇을 것을 요구했고, 아즈텍 족은 이웃 부족들을 침공하기 전에 세 번에 걸쳐 각각 20일의 기간으로 최후 통첩을 보냈다.

반면에 선전 포고 없이 바로 무력 행사에 들어가기의 명수는 20세기의 일본인들이었다. 그들은 1904년 중국 뤼순 항에 정박 중이던 러시아 함대를 기습

했고, 1941년에는 진주만 공습을 전격 감행했다. 히틀러 역시 1812년의 나폴레옹처럼 1941년에 선전 포고 없이 소련을 공격했다. 총력전이 효과적인 인간 사냥의 일환이라는 관점으로 보면 적에게 미리 경고하는 것은 결정적인 기회를 스스로 놓쳐 버리는 정말 바보 같은 짓이 아닐 수 없다.

모든 전력을 쏟아부어 상대가 완전히 섬멸될 때까지 전쟁을 벌인다는 절대전의 개념은 1903년 페르디낭 포슈Ferdinand Foch 프랑스 원수에 의해 정립되었고, 그와 유사한 총력전의 개념은 1935년 에리히 루덴도르프Erich Ludendorff 장군이 쓴 같은 제목의 책으로 확립되었다. 이 사실만 보면 총력전이 20세기의 산물이라는 의견에 동조하기 쉽다. 그러나 클라우제비츠(1780~1831)는 벌써 19세기에 문명화된 유럽의 한 현상으로 〈국민 전쟁〉의 개념을 주창하면서 이 전쟁의 특징으로 무엇보다 〈엄청난 수의 국민이 동원된 군대〉[99]를 제시했다. 클라우제비츠의 책을 읽다 보면 이런 발전 양상에 대한 만족감을 엿볼 수 있는데, 특히 〈인도주의적인 인간〉들을 조롱하는 대목에서는 더더욱 그렇다. 즉 이들은 〈너무 큰 상처를 주지 않으면서 적을 인위적으로 무장을 해제시키거나 굴복시키는 방법이 있고, 그것이 진정한 전쟁 기술의 경향〉[100]이어야 한다고 믿고 있다는 것이다.

클라우제비츠의 이런 생각에 반하는 최고의 이론가는 기원전 4세기 중국에서 살았던 손자(孫子)다. 중국 밖에서는 20세기에야 이름이 알려지기 시작한 이 사상가는 자신의 책 『손자병법』에서 이렇게 권한다. 모든 위험을 피하라. 승리가 확실할 때만 싸워라. 겁을 줘서 물러나게 하는 것이 싸워서 무찌르는 것보다 낫다. 〈싸우지 않고 이기는 것이 병법의 최고봉이다.〉[101]

영국의 군사학자 배질 리델 하트 경은 손자에 대해 이렇게 말한다. 〈손자는 클라우제비츠보다 눈이 밝고 통찰력이 깊은 사람이다. ……클라우제비츠의 기념비적인 작품 『전쟁론』이……『손자병법』의 가르침을 통해 어느 정도 균형을 이루었더라면 유럽 문명은 두 번의 세계 대전으로 인한 대규모 파괴를 피할 수 있었을지 모른다.〉[102]

한편 루덴도르프의 눈에는 클라우제비츠의 이론조차 너무 소심하게 비쳤다. 그래서 1935년에는 클라우제비츠의 모든 이론을 〈뒤엎어야 한다〉고 강력히 주장했다. 〈전쟁과 정치는 한 민족의 생존에 복무한다. 그중에서 민족적 삶의 감정이 가장 고도로 표출된 것이 전쟁이다. 따라서 정치는 전쟁 수행에 복무해야 한다.〉[103] 그 반대가 아니라는 말이다.

〈총력전〉이라는 개념은 단순히 전쟁에 동원한 것만을 두고 따져서는 안 되고 사망자와 불구자, 노예화된 사람의 규모도 함께 고려해야 한다. 이런 점에서 보자면 총력전은 전쟁 자체의 역사만큼이나 오래되었고, 인간 사냥과 바로 연결된다. 아시리아 군인들은 야자나무 열매가 인간과 가축의 생존에 아주 중요한 자원이라는 걸 알면서도, 아니 어쩌면 알았기에 야자나무 숲을 파괴했는지 모른다. 또한 그들은 적의 농토에 잡초를 심고 소금을 뿌렸다. 제3차 포에니 전쟁(기원전 149~기원전 146)에서 로마인들이 카르타고의 폐허에서 그러했던 것처럼.

메로빙거 왕조(5~8세기)의 프랑크군은 노획물로 가져갈 수 없는 것은 모두 파괴하곤 했다. 〈니메스를 공격한 군인들은 주변 땅을 초토화하고, 가옥에 불을 지르고, 파종 씨앗을 불태우고, 올리브 나무를 베고, 포도밭을 짓밟았다.〉[104] 카롤루스 대제도 작센 전쟁(772~804)을 전면적으로 펼쳤다. 적에게 강제로 세례를 받게 하고, 주민을 강제로 이주시키고, 4,500명의 작센 인질을 처형했다.

칭기즈칸과 그 후계자들의 기마 부대도 전면적인 섬멸 작전을 펼쳤다. 포로와 민간인을 도륙 냈고, 죽은 자가 만 명이 되면 그 기념으로 시신 한 구를 땅에 거꾸로 세워 두었다. 1258년에는 이라크를 침공해 바빌로니아의 위대한 시절에 수백 년에 걸쳐 건설한 관개 시설을 파괴했는데, 이라크가 지금도 가난에 시달리는 것은 이 총력전에 뿌리가 닿아 있다.

스페인 침략자 에르난 코르테스Hernán Cortés는 1520~1521년 1년 6개월에 걸쳐 기병 15명, 보병 4백 명, 대포 6문으로 아즈텍 문명을 말살했다. 이는 최소한의 전력을 투입한 총력전의 극단적인 사례인 동시에, 게임 규칙을 지키며 전쟁을 치르는 측이 총력전을 펼치는 측과 맞붙으면 무참히 깨질 수밖에 없다는 사실을 보여 준 슬픈 본보기였다. 아즈텍 제국을 붕괴로 이끈 것은 스페인군의 기병과 화력도 아니었고, 지옥의 화신과도 같은 적에 대한 멕시코 인디언들의 공포도 아니었다. 그것은 엄격한 규칙에 따라 성전을 치르는 편과 오직 전면적 침략과 파괴에 대한 냉혹한 의지로만 가득 찬 한 줌 백인 군인들과의 충돌이었다.

그런데 유럽인들은 인디언들을 상대로 드러낸 잔인성을 16세기와 17세기 종교 전쟁에서도 자기들끼리 똑같이 보여 주었다. 특히 독일인들에게 피해가 컸던 30년 전쟁이 총력전이 아니라면 어떤 전쟁이 총력전일까? 이 전쟁으로 무려 독일인의 절반이 목숨을 잃었다. 빈과 외젠 공작의 군대를 향해 진군하던 도중에 집을 불태우고 부녀자들을 능욕하고 민간인들을 학살한 터키인들의 만행도 물론 이에 못지않았다. 1689년 팔츠 공국의 왕위 계승 전쟁에서 루이 14세는 프랑스 쪽에 위험이 될 수도 있을 국경 지대에 대규모 군대들이 집결하는 걸 막기 위해 팔츠 공국의 화려한 수도 하이델베르크를 비롯해 전 지방을 불타는 황무지로 만들어 버렸다.

1793~1794년에는 프랑스 서부의 농촌 지방인 방데가 섬멸전의 제물이 되었다. 이 지방 농민들은 가톨릭 사제들의 선동으로 파리의 독재 정권에 폭동을 일으켰다. 그러자 국민 공회에서는 폭동 지역으로 두 군대를 급파하면서, 반란에 참여한 남자들을 모조리 처형하고 부녀자와 어린아이, 가축은 추방하고,

숲은 불태워 버리라는 임무를 내렸다. 10만 명이 넘는 남자가 목숨을 잃었는데, 그중 많은 수가 2인 1조로 결박된 채 루아르 강에 빠져 익사했다. 하루 만에 어린아이 500명이 살해되기도 한 이 전쟁은 프랑스 역사의 어두운 단면으로 남아 있다.

투입된 인원과 물자 면에서 총력전이었던 전쟁이 근대에만 있었던 것은 아니다. 펠로폰네소스 전쟁(기원전 431~기원전 404)에서는 아테네인들이 필사적으로 인원과 물자를 투입했고, 제2차 포에니 전쟁에서는 로마의 자유인 계급 10퍼센트가 수년 동안 전쟁에 참여할 정도로 로마인들은 전쟁에 모든 걸 쏟아부었다. 그 정도 규모라면 루덴도르프도 흐뭇한 미소를 지었을 게 분명하다. 그럼에도 총력전의 새 시대가 프랑스 혁명 및 그것으로 야기된 국민 무장과 함께 열렸다고 한다면 이것은 국민의 수가 증가하고 군사적 기술 수단이 한층 무시무시해진 데 그 이유가 있을 것이다.

니체는 1888년 후대인들이 자신들의 시대를 〈경외심 어린 마음으로 전쟁의 모범적인 시대라 부를 것〉이라고 말했다.[105] 톨스토이는 인민 전쟁이 나폴레옹에게로 총칼을 돌리고, 러시아군이 모종의 게임 규칙에 따라 움직이는 군대를 인간 사냥의 기술로 가차 없이 절멸시켰을 때 인민 전쟁의 찬가를 불렀다. 〈이미 힘차게 위협적으로 치켜 올라간 적이 있던 인민 전쟁의 몽둥이가…… 무지렁이처럼 소박하기는 하지만 온전히 합당한 방식으로 다시 힘차게 올라갔다. 몽둥이는 마치 벽에 못을 박듯 반복해서 프랑스군을 내리쳤다. 침략군이 모조리 쓰러질 때까지. 1813년의 프랑스군처럼 예술의 규칙에 경의를 표하지 않는 민족에게 영광을! 자신의 검을 우아한 동작으로 아량 있는 승리자에게 넘기지 않는 민족에게 영광을! 시련의 순간에 오히려…… 가장 튼튼한 몽둥이를 들고 당연하다는 듯이 경쾌하게…… 후려치는 민족에게 영광을!〉[106]

미국 남북 전쟁(1861~1865)에서 남군과 북군은 둘 다 총동원령을 내렸다.

심지어 남군에서는 소년과 노인까지 징집했다. 1864년 북군의 윌리엄 셔먼 William T. Sherman 장군은 남부로 진군하면서 초토화 지시를 내렸다. 도시와 다리, 가옥, 창고를 닥치는 대로 파괴하고, 밭을 짓밟고, 목화를 불태우고, 가축을 죽이고, 철로를 망가뜨렸다. 사람들은 셔먼이 남겨 둔, 외롭게 우뚝 솟은 시커먼 굴뚝을 〈셔먼의 보초〉라 불렀다.

1864년부터 1870년까지 브라질과 아르헨티나, 우루과이는 파라과이를 상대로 말살 전쟁을 펼쳤다. 이 전쟁으로 무려 130만 명이 목숨을 잃었는데, 그 중에서 파라과이는 주민의 3분의 2가 죽었다. 한때 번창했던 파라과이는 이 전쟁의 여파를 오늘날까지도 극복하지 못하고 있다. 그런데 희한한 것은, 미국의 남북 전쟁은 대서양 양쪽 대륙에서 무수한 소설과 영화, 낭만적 상상의 소재가 된 반면에 인디언을 향한 인간 사냥 이후 가장 끔찍했던 이 파라과이 전쟁에 대해서는 아무도 말하지 않는다는 것이다.

근대의 전쟁 희생자 수

	군인 희생자	민간인을 포함한 총 전쟁 사망자
30년 전쟁(1618~1648)		최소 5,000,000
7년 전쟁(1756~1763)	850,000	
나폴레옹전쟁(1803~1815)	1,500,000	
미국 남북 전쟁(1861~1865)	620,000	
파라과이 전쟁(1864~1870)	500,000	1,300,000
프로이센-오스트리아 전쟁(1866)	30,000	
보불 전쟁(1870~1871)	188,000	
러일 전쟁(1904~1905)	145,000	
제1차 세계 대전	10,000,000	
스페인 내전(1936~1939)	320,000	600,000

	군인 희생자	민간인을 포함한 총 전쟁 사망자
제2차 세계 대전	17,000,000	60,000,000
소련	11,000,000	26,000,000
독일	4,000,000	7,500,000
일본	1,400,000	
미국	290,000	
한국 전쟁(1950~1953)	1,000,000	5,000,000
베트남 전쟁(1964~1973)	2,500,000	
이란-이라크 전쟁(1980~1988)	900,000	

존 키건의 보고에 따르면 2차 대전에서 독일 민간인은 360만 명이 목숨을 잃었다. 그중 200만 명은 피난 중에 죽었고, 100만 명은 1945년에 동쪽에서 도주하다가, 나머지 60만 명은 폭격으로 죽었다.[107]

보어 전쟁(1899~1902)에서 허버트 키치너Herbert Kitchener가 이끄는 영국군은 총력전의 양상을 한 단계 더 업그레이드시켰다. 보어인들의 땅만 유린한 것이 아니라 여자와 아이들을 모두 강제 수용소에 집어넣은 것이다. 여기서 그들이 가한 탄압은 1896년 쿠바에서 처음 그런 조치를 취한 스페인인들을 훌쩍 뛰어넘었다. 싸우다 죽은 보어인은 4천 명밖에 안 된 반면에 수용소에서 질병과 기아로 죽은 사람은 2만 명이 넘었다.

1차 대전은 투입된 인원과 물자 면에서 그전의 모든 총력전을 가볍게 뛰어넘었다. 그러나 전투 지역 외의 민간인들은 독일에 대한 금수 조치의 예외적 적용으로 살아남을 수 있었다. 러시아 내전(1918~1921)과 스페인 내전, 중국 내전(1946~1949)에서는 몽골 전쟁 이후 오랫동안 없었던 대학살과 피비린내 나는 인간 사냥이 자행되었다.

스페인에서는 1936년 2월부터 6월까지 교회 160곳이 불에 타 무너졌고, 269명이 정치적 이유로 암살되고 1,287명이 테러로 부상당했으며, 정당 사무실 69곳이 파괴되었고, 총파업이 113차례나 일어났다. 하지만 이는 내전이 아니라 스페인인들에게는 익숙한, 프랑코Francisco Franco 반란 이전의 정치적 상황이었다. 269명의 정치적 살인으로는 전쟁이 되기에 충분치 않다. 정치적 이유로 28만 명이 살해당하고 군인이 32만 명 정도는 죽어야(스페인 내전의 희생자 수) 우리는 전쟁이라고 부른다. 스페인 내전의 역사적 현장에 있던 어니스트 헤밍웨이는 이 상태를 이렇게 간결하게 보고한다. 〈이것은 우리가 지금껏 경험한 적이 없던 새로운 형태의 전쟁이다.〉[108]

그러나 역사상 가장 끔찍했던 전쟁은 무엇보다 가스실과 융단 폭격, 원자폭탄을 새로 개발한 2차 대전이었다. 〈우리는 악마에 씌었었다. 그것도 과거 우리의 선조들을 괴롭힌 그 어떤 악마보다 더 소름 끼치는 악마에.〉 토인비가 내린 총평이다.[109]

한국전과 베트남전, 아프가니스탄 전쟁 역시 끔찍했다. 그렇다면 오늘날의 사정은 나아졌을까? 콩고 민주 공화국 동부에서는 온 나라를 휩쓴 몇십 년 동안의 혼란도 모자라 1998년부터 잔인한 소규모 전쟁이 끊임없이 이어지고 있다. 민병대원들을 비롯해 탈영한 정규 군인들이 서로 총부리를 겨누고 싸우는데, 그 싸움에 종종 아이들이 동원되기도 한다. 이 전쟁에서는 자기편 외의 모든 인간이 적이다. 지금껏 300만 명이 넘게 죽었고, 부녀자들에 대한 강간은 일상으로 벌어진다. 2007년 스위스 언론인 오이겐 조르크Eugen Sorg는 이렇게 썼다. 〈아프리카에서 《동정》은 더는 문화를 이끄는 주도적 감정이 아니다. 패자는 경멸당하고 승자는 두려움 속에서 떠받들어진다. 복수는 자부심의 계명으로 존중받는다.〉[110] 살인이 저질러지지 않을 때는 한낮의 폭염 때뿐이다.

용어 정리

전쟁: 국가나 민족들 사이의 갈등을 무력으로 해결하려는 행위. 그러나 대개는 비슷한 힘을 가진 세력끼리의 무력 행사가 웬만큼 지속될 때 전쟁이라고 한다. 물론 비슷한 힘과 일정한 시간은 국제법적으로 규정된 조건은 아니다. 게다가 전쟁에 대한 정의는 정치인과 역사가, 언론인의 입맛에 따라 달라진다. 만일 비슷한 힘끼리의 무력 행사가 아니거나 일정 기간 지속되지 않을 경우 침략이니 개입, 정복, 기습 같은 말들이 사용된다. 물론 입장에 따라서는 해방이니 정벌이니 경찰 행위니 하는 말을 쓰기도 한다. 컴퓨터 공격은 무기 없이 순식간에 일어나는 무력 행사이지만 〈사이버 전쟁〉이라는 말은 이미 자리를 잡았다.

헤라클레이토스는 전쟁을 〈만물의 아버지, 혹은 만물의 왕〉이라 불렀고, 몽테뉴는 〈인류의 전염병〉, 프리드리히 대왕은 〈명성의 랑데부〉, 클라우제비츠는 〈다른 수단으로 하는 정치적 교류의 연장〉, 에른스트 윙거는 〈화려한 피투성이 놀이〉라 불렀다. 또한 오스발트 슈펭글러는 전쟁이라는 근원적 상태가 정신적 수단을 통해 연장된 것을 정치라 했고, 헤겔은 개인의 독립을 위해선 때로 큰 동요가 필요하기에 국가는 틈나는 대로 전쟁을 벌일 필요가 있다고 말했다. 이 책에서는 전쟁을 〈양심의 가책 없이 자행되는 상호 간의 대학살〉로 정의한다.

침략: 국제법적으로 타국에 대한 일방적인 무력 행사, 특히 불법적인 군사 공격을 가리킨다. 1928년의 켈로그-브리앙 부전(不戰) 조약에서는 침략 전쟁을 포기하기로 결의했고, 1945년 유엔 헌장에서는 타국에 대한 무력 행사의 위협도 불법으로 간주했다.

공격 전쟁: 국제법에서는 대개 침략과 동일한 의미로 쓰이지만, 침략에는 두 가지 허점이 있다. 첫째, 침략의 전형적인 형태인, 압도적 힘의 우위에 있는 세력에 의한 침공은 대부분 전쟁으로 불리지 않는다. 둘째, 클라우제비츠의 정의에 따르면 〈본래적인 의미의 전쟁은 공격이 아니라 방어와 함께 일어난다. ······침략자는 언제나 평화를 표방하고, 그래서 아주 조용히 쳐들어가길 좋아한다. 그걸 막으려면 전쟁을 할 수밖에 없다〉. 이런 측면에서 보자면 히틀러의 체코 침공도 전쟁으로 간주되지 않는다. 체코인들은 총 한 방 쏘지 않았기 때문이다. 사이버전은 공격 전쟁의 개념을 완전히 와해시켰다.

비대칭 전쟁: 전력이 비슷하지 않은 세력끼리의 무력 분쟁. 따라서 통상적인 규정에 따르면 전쟁이 아니다. 사례 1. 1991년 미국 대 이라크(이라크군 전사자 약 10만 명, 미군은 전사자와 중상자를 합쳐 382명). 사례 2. 정규군 대 유격대 혹은 테러리스트(2001년 이후 아프가니스탄에서 나타난 현상이다).

내전: 한 국가 안에서 패권을 잡기 위해 벌어지는 무장 충돌. 반군과 정부군의 충돌일 수도 있고, 적대적인 정당끼리의 패권 다툼일 수도 있다. 국제법상 명확한 규정이 없기에 국가 간의 전쟁보다 잔인할 때가 많다. 경계도 명확치 않다. 아래로는 폭동과 반란, 위로는 전쟁과 경계가 모호하다. 스페인 내전은 외세가 개입했고, 전선도 뚜렷했다. 미국의 남북 전쟁에서도 전선이 존재했다. 게다가 남부 주들이 먼저 독립을 선포했기에 〈내전〉이라는 명칭은 북부의 주장이 반영된 것이다. 남부에는 그런 명칭을 사용할 권리가 없을 테니까. 따라서 예전에 좀 더 통상적으로 사용된 〈분리 독립 전쟁〉이라는 명칭이 미국 내전에는 더 잘 어울릴 듯하다.

정의로운 전쟁: 좁은 의미(아우구스티누스와 토마스 아퀴나스의 규정이다)에서는 선을 촉진하고 합법적인 권력 당국에 의해 선포된 전쟁을 가리킨다. 구 동독에서는 〈제국주의 침략에 맞선 사회주의 조국의 방어 전쟁, 제국주의 통치 세력과 식민주의, 신(新)식민주의에 맞선 민족적 해방 전쟁과 방어 전쟁, 수구 반동적 세력에 맞선 혁명적 내전〉[111]이 정의로운 전쟁이었다. 반면에 넓은 의미에서는 전쟁을 일으킨 거의 모든 나라가 자신들의 전쟁이 정당하다는 것을 내세우는 선전책의 일환이다. 부시 대통령(재임 2001~2009)이 이라크와 이란, 북한을 가리켜 〈불량 국가〉라고 정의 내린 것이 대표적이다.

성전: 십자군 원정처럼 공격자가 붙인 이름으로서 한 민족이 신의 이름으로 수행하는 모든 전쟁을 가리킨다. 성경에는 이렇게 적혀 있다. 〈너는 여호와 하느님의 성스러운 민족이라······ 주 하느님께서 보내신 모든 민족을 멸할지니〉(신명기 7장). 코란 9장 5절을 보자. 〈믿지 않는 자들을 발견하면 모두 죽여라! 그들을 잡고 포위하고 숨어서 기다려라!〉 이슬람의 지하드(원래는 알라의 일에 모든 것을 쏟는다는 뜻만 있었다)는 1979년 소련의 아프가니스탄 침공 이후에야 성전을 위한 요구로 받아들여졌다. 2001년에는 탈레반이 미국에 성전을 선포했다.

총력전: 아래 세 종류의 전쟁 행위에 대한 불분명한 상위 개념. 1903년 포슈 원수가 정립했고(절대 전쟁), 독일어권에서는 1935년에 에리히 루덴도르프에 의해 확립되었다.

1. 두 번의 세계 대전처럼 각 나라의 군사력뿐 아니라 경제력, 기술력을 총동원한 전쟁

2. 민간인들에 대한 대학살도 자행된 전쟁(30년 전쟁, 1942~1945년 영국의

융단 폭격, 히로시마 원폭)

3. 상대를 완전히 굴복시키는 것을 목표로 삼은 전쟁(유럽 열강들의 식민지 전쟁, 동유럽에서의 히틀러), 혹은 완전한 섬멸을 목표로 삼은 전쟁(북아메리카 인디언들에 대한 학살)

총력전은 1648~1913년까지 주로 유럽에서 일어난 제한전과 대비된다. 국제법학자 카를 슈미트Carl Schmitt는 1927년 〈자상한 전쟁〉의 개념을 주창했다.

10. 군인은 언제부터 있었을까?

군인의 존재는 사형 제도 다음으로 인간 세계에 아직 남은 야만성의 가장 끔찍한 잔재다.
하지만 아무 생각 없이 희생하면서 종종 큰 명성을 얻기도 하는 이들만큼
국가의 관심과 사랑을 받을 자격이 있는 족속도 없다.

알프레드 드 비니Alfred de Vigny(1835)

군인은 살인자일까? 그렇다. 1931년 쿠르트 투홀스키가 정치 주간지『세계 무대』에서 답한 내용이다. 1991년 한 독일 사회 교육학자는 자신의 자동차에 이 문구를 붙이고 다니다가 대법원까지 올라가는 법적 논란 끝에 악의적인 경멸과 근거 없는 비방을 이유로 유죄 판결을 받았다. 그는 즉시 헌법 소원을 제기했고, 1994년 8월 25일 연방 헌법재판소로부터 그 행위가 〈허용된 표현의 자유〉 범위 내에 있다는 판정을 받았다.

이 판결을 가리켜 독일의 한 장성은 연방군뿐 아니라 1500만 전현직 군인의 명예를 심각하게 훼손한 터무니없는 오판이라고 비난했다. 독일 국민의 76퍼센트도 이 판결을 잘못된 것으로 보았다.[112] 국제법에 의하면 군인은 전시법을 지키는 한 살인자가 아니다. 그러나 전시법은 1907년 이후에야 서서히 성문화되기 시작했고, 빠져나갈 구멍이 많아 수백만 명의 군인이 이를 지키지 않았다. 하물며 군인이면서 군인이 아닌 용병과 해적, 유격대원은 말해 무엇하겠는

가! 사실 이들을 역사적, 현실적, 법률적인 측면에서 군인과 구분하기란 상당히 어렵다.

　해적 이야기부터 해보자. 시대와 지역에 따라 바이킹, 버커니어, 바르바리 등 그 명칭조차 다양했던 해적은 인간 역사만큼 긴 시간 동안 바다의 주인 노릇을 했다. 로마 제국은 기원전 1세기까지도 안마당이나 다름없던 지중해를 해적으로부터 간신히 지켜 냈고, 1816년에는 알제리 해적들이 엘베 강 하구까지 출몰했다. 노르만 족의 바이킹은 8~11세기까지 역사상 가장 피비린내 나는 해상 약탈 행위를 자행했고, 아일랜드와 카스피 해 사이에 그들이 건설한 작은 나라들의 수를 감안하면 가장 성공적인 해적 왕국이라고 할 수 있다. 물론 네덜란드에 많은 해외 자산을 안겨 주고 영국을 세계 제국으로 이끈 여러 해전이 해적 행위가 아니라고 우길 수 있다면 말이다.

　사실 그렇게 우기려면 많은 선의를 전제해야 한다. 네덜란드와 영국인들의 해전을 해적 행위와 갈라놓는 선은 종이 한 장만큼 얇기 때문이다. 그 종이의 이름은 〈나포 허가증〉이었고, 이것이 프랜시스 드레이크Francis Drake나 월터 롤리Walter Raleigh 같은 해적들을 영국 왕실의 충직한 가신으로 변신시켰다. 비유적으로 말하자면, 사냥 방법에는 전혀 변화가 없는데 사냥 허가증 한 장으로 밀렵꾼을 적법한 사냥꾼으로 바꾼 식이다. 엘리자베스 1세(재위 1558~1603)는 그때까지 자력으로 해전을 치르던 무장 선박의 소유주, 즉 해적에게 영국의 위임하에 행동한다는 증명서를 발부했다. 그로써 드레이크는 예전과 똑같이 스페인의 선박들을 나포하면서도 적법성을 유지할 수 있었고, 노획물도 영국 왕실과 나누었다. 이로써 영국은 스스로 노골적인 전쟁 행위에 가담하지 않으면서도 스페인 세계 제국을 뒤흔들 수 있었다.

　〈당시 스페인인들에 의해 낯선 세계의 대도(大盜)라 불렸던 드레이크는 스페인 항구와 뱃사람들에게는 공포의 대상이었다.〉[113] 처칠이 『영어권 민족들의 역사』에서 쓴 내용이다. 오늘날의 관점에서 보면, 나포 허가증의 소지자가 노획물의 상당수를 차지할 권리가 있었다는 점에서 그들은 당연히 해상 강도였다. 1, 2차 대전에서 해상 봉쇄에 나선 전함이나 잠수함 함장들도 상선을 나포했지만 그것으로 치부를 하지 않았기 때문이다. 그럼에도 당시에는 허가증이 있는 사람은 해적 행위를 한 것이 아니라 적대국 상선을 나포했을 뿐이라고 인정받았다. 물론 그 차이가 무엇이건 1856년 해상법과 관련한 파리 선언에서는 나포도 해적 행위로 간주되었다.

그러나 미국 남북 전쟁에서 남부 연합의 제퍼슨 데이비스Jefferson Davis 대통령은 그런 선언 따위에는 눈 하나 깜짝하지 않고 북부의 해상 봉쇄를 돌파하는 남부 선박들에 나포 허가증을 발부했다. 승무원들에게는 당연히 오랜 관행에 따라 노획물의 절반을 주었다. 남군의 한 해군 소위는 이런 선박에 탄 장교들에 대해 이렇게 썼다. 〈그 사람들은 정말 아무 근심 걱정 없이 먹고 마시고 즐기기만 했다. 내일 당장 죽을지도 모르기에 오늘 마음껏 즐기자는 심사였다. 이들의 질펀한 향연을 보면서 나는 과거 서인도 제도의 해적들도 자신들의 비밀 항구에서 이런 식으로 시간을 보내지 않았을까 하는 생각이 들었다.〉[114] 목숨을 내건 해적이나 다름없던 이런 사람들은 미국의 남부 연합뿐 아니라 영국과 프랑스에서도 열광적인 환영을 받았다.

1917년 피아 구분 없이 용맹과 기사도 정신으로 존경을 받았던 〈바다의 악마〉 펠릭스 폰 루크너Felix von Luckner 백작은 무엇을 했는가? 그는 경순양함 〈바다 독수리〉 호에다 독일 군기와 함께 하얀 해골을 그린 빨간 해적 깃발을 달고 바다를 누비면서 자랑스럽게 외쳤다. 〈세계 대전에 참여한 전함들 가운데 해적 깃발을 달고 달리는 배는 우리가 유일하다!〉[115] 그러니까 그는 모범적인 군인이면서 옛 해적 시대를 꿈꾸는 사람이었다.

2차 대전 후에도 해적이 나타나리라고는 어떤 함대도 예상하지 못했다. 해적들은 우선 필리핀 수역과 말라카 해협(수마트라 섬과 싱가포르 사이)에서 상선들을 습격했다. 1982년 유엔은 해양법 협약을 맺어 모든 나라가 해적을 격퇴하고 해적선을 몰수하고, 해적들을 체포해서 피해를 본 선박의 본국으로 데려가 법정에 세울 것을 의무화했다. 그러나 큰 효과는 없었다. 특히 2001년부터 2012년까지 아프리카의 뿔 지역(소말리아 앞바다, 특히 홍해와 수에즈 운하의 길목에 위치한 아덴 만)에서의 해적 행위는 지난 수백 년 동안 유례가 없을 정도로 국제 사회의 큰 골칫거리로 떠올랐다. 중무장한 소말리아 해적들은 쾌속정을 타고 빠르게 접근한 뒤 배에 기어 올라가 상선 수백 척을 나포했다. 2008년에만 42척이 해적들의 손에 넘어갔고, 그중에는 대형 유조선도 한 척 포함되어 있었다. 해적들이 그해에만 해운 회사들로부터 받은 몸값이 무려 3천만 달러에 이른다고 한다.

2011년에야 해적들의 성공도 잦아들었다. 상선들끼리 미리 위험과 정보를 주고받는 경보 체계를 구축했고, 미 해군이 나서 나포된 선박을 되찾았으며, 많은 해운 회사들이 뱃전에 철조망을 설치하고 무장 보안 병력을 승선시켰기 때문이다. 그런데 체포된 해적들을 유럽 법정에서 처벌하는 것은 그리 간단치 않아 보인다. 예를 들어 2011년 소말리아 해적 10명을 2년 가까이 함부르크 지방 법원에 세웠지만, 6천 킬로미터나 떨어진 범행 현장에서 일어난 일을 증명하기란 쉽지 않았다. 게다가 그들이 본국에서 겪은 고통스러운 가난과 극단적인 생존 조건을 모른 척할 수도 없었다. 아마 전쟁을 일으킨 어떤 정치인도 이들만큼 정상 참작 요인이 많을 수는 없을 것이다.

어쨌든 결론적으로 해적은 군인이 아니었고, 많은 군인들처럼 그렇게 끔찍한 만행을 저지르지도 않았다. 그저 사익을 위해 자력으로 싸우는 전사였기에 군인이라는 개념에서 탈락시켜야 한다.

유격대원뿐 아니라 의용군, 혹은 의용대의 경우도 군인과의 경계 설정이 어렵다. 의용군은 군사령관의 위임이나 승인 하에 소규모 전쟁을 치르는, 특히 적의 배후에서 활동할 때가 많은 민간 지원병들의 소단위 부대를 가리키는데, 프리드리히 대왕과 이탈리아의 주세페 가리발디가 이 부대들을 적극 활용했다. 특히 가리발디는 의용군과 함께 1848년 오스트리아로 진격했고, 1860년에는 나폴리와 시칠리아로, 1862년에는 로마로, 1870년에는 프랑스에서 프로이센으로 진격했다.

19세기 초 프로이센의 뤼초Adolf von Lützow 남작이 이끌던 의용군은 독일에서 명성이 자자했다. 물론 군사적 성공으로 거둔 명성이라기보다 같은 부대에서 싸운 시인 아이헨도르프나 〈체조의 아버지 얀〉 같은 저명인사들과 당시 인기 있던 〈뤼초의 거칠고 대담한 사냥〉이라는 노래 덕분이었다. 1919~1921년까지 독일 패잔병들로 구성된 의용군은 명성과 함께 악명도 높았다. 그들은 발트 3국 지역에서 러시아인들과 싸웠고, 오버슐레지엔 지방에서는 폴란드에 맞서 싸웠으며, 독일에서는 공산주의 봉기를 진압했고, 또한 신생 독일 국가사회주의노동당(나치)이 준군사 단체 〈베어볼프Wehrwolf〉를 창설하는 데 큰 역할을 했다.

가톨릭계 과격 무장 단체인 아일랜드 공화군IRA은 영국으로부터의 완전한 독립을 위해 1919~1921년까지 전시법을 완전히 무시해 가며 영국군과 맞서 싸웠고, 프랑스계 알제리인들은 비밀군사조직OAS을 만들어 1961~1963년까지 드골 대통령의 알제리 포기 정책에 격렬히 저항했다. 국제법적으로 배척된 이 두 단체에 비해 좀 더 행복했던 의용군은 팔레스타인 지하에서 활동한 유대인 준군사 조직인 하가나Haganah와 이르군Irgun이었다. 이 두 단체가 없었다면 아마 이스라엘은 이 땅에 존재하지 못했을 텐데, 이스라엘이 건국되자마자 이 단체 조직원들은 즉시 정규군으로 재편되었다. 하루 전만 해도 테러리스트와 다를 바 없는 유격대원이었던 남자들이 1948년 5월 14일 건국과 함께 국가

정규군으로 변신한 것이다. 이를 보면 다음의 사실이 뚜렷이 드러난다. 한 조직의 일원으로서 다른 조직과 싸우는 모든 남자들, 그리고 사람을 죽이면서도 전혀 양심의 가책을 받지 않고 처벌도 염려하지 않는 남자들을 정규군과 엄격하게 구분하는 것은 거의 불가능하고 의미도 없는 일이라는 것이다. 결국 정규군이든 의용군이든 동기는 비슷했고, 고통도 피비린내 나는 만행도 똑같았다.

아무튼 우리는 한 부족의 모든 남자가 전쟁에 나가는 것이 아니라 일부만 국가의 명령으로 전쟁 수행에 특별한 능력을 갖춘 인간으로 양성될 때, 즉 훈련과 무장, 전투 명령을 통해 다른 나머지 남자들과 확연히 구분될 때 그런 사람들을 좁은 의미에서의 〈군인〉이라고 지칭한다. 그런 면에서 앞 장에서 설명한 큰 싸움으로서의 〈전쟁〉이 존재하는 한 군인도 존재해 왔다. 기원전 4000년경 고대 바빌로니아 시대의 한 부조에 벌써 투구를 쓰고 창과 방패를 든 병사들이 전투 대형으로 서 있는 모습이 나온다.

군인과 용병의 경계를 지어야 하는 문제가 아직 남아 있다. 어원에 따르면 용병은 보수를 대가로 고용된 병사다. 물론 병역 의무로 복무하는 사람도 봉급을 받지만, 대개 용병이라고 하면 돈을 주는 고용주에게 일정 기간 전사로서 복무할 의무가 있는 남자를 가리킨다. 이 관계에서는 고용주에 대한 내적인 속박이나 애착 같은 것은 추호도 없다. 조국이나 다른 이상에 대한 애착도 없다. 이것이 징집, 즉 강제적인 모집과의 차이이다. 징집의 경우는 어떤 형태로든 내적인 애착을 기대하고, 또 그런 애착이 있기에 보잘것없는 봉급을 받고도 복무할 수 있다고 생각한다.

그런데 2011년 독일처럼 보편적인 병역 의무 제도가 폐지되었을 경우 지원병을 모집해야 하고, 그들에게 적절한 봉급을 지불해야 한다. 군인은 조국에 의무를 지는 한 계속 군인이라 불릴 수 있다. 반면에 용병은 자신의 몸을 팔거나(이런 행위는 중앙아프리카에서 가장 끔찍한 방식으로 일어나고 있다), 보안 회사에 고용된 사람들이다. 이런 보안 회사는 이라크와 아프가니스탄에서 미군들을 위해 온갖 더러운 일들을 대신 해주는데, 이 부분에 대해서는 41장에서 자세히 알아볼 것이다.

병역 의무는 기원전 두 번째 천년기에 아시리아에서 최초로 시행되었다. 왕이 전쟁을 원하면 일반 국민과 노예 중에서 일정한 수가 징집되었다. 거기다 유목 부족들이 지원군으로 추가되었다. 기원전 8세기에는 직업 군인들로 이루어진 상비군이 있었는데, 토인비는 이를 가리켜 〈사회적 타락이 한 단계 더 진전하는 징후〉라고 썼다.[116]

지금껏 존재한 가장 철저하고 지독한 보편적 병역 의무는 스파르타인들이 고안해 냈다. 모든 자유로운 스파르타 시민은 7세에서 60세까지 군인이었다. 오직 아들을 셋 이상 낳은 남자만 일찍 병역을 면제받을 수 있었다. 사실 소수의 지배 계급 입장에서는 다수의 피지배 계급을 다스리려면 이런 혹독한 대가를 치를 수밖에 없었다. 병역 의무를 진 4천 명의 자유 시민이 30만에 육박하는 노예(헬로트)와 법적 지위가 낮은 자유인 계급(페리오이코이)을 통제하려면 그 수밖에 없었던 것이다. 대부분의 원시 문화에서는 당연시되었고 지금도 당연시되는 모든 남자의 상시적 전쟁 의무는 스파르타에서 엄격한 법으로 극단화되어 문화 민족에 강제되었다.

고대 군대의 규모와 관련해선 상상력이 풍부한 동시대인들에 의해 터무니없이 부풀려졌다. 예를 들어 헤로도토스는 페르시아의 왕 크세르크세스가 420만 대군을 이끌고 그리스로 쳐들어왔다고 했고, 고대 로마의 전기 작가 코르넬리우스 네포스는 기원전 490년 마라톤 전투에 페르시아군 11만 명이 참전했다고 전한다. 반면에 한스 델브뤼크Hans Delbrück는 명저 『전술사』에서 이 전투에 참여한 페르시아군은 기껏해야 6천 명을 넘지 않았을 것이고, 그래서 수적으로 그리스군보다 우세하지 않았을 거라고 추정했다.

그리스 역사가 투키디데스에 따르면 펠로폰네소스 전쟁(기원전 431)이 발발했을 때 아테네의 병력은 대략 3만 2천이었다. 그것도 중무장병 13,000, 기병 1,200, 궁수 1,600, 그리고 도시 성곽을 지키는 청소년병과 노인병이 16,000명이었다. 아테네는 이 전쟁의 틀 안에서 진행된 시칠리아 원정(기원전 415년)에 군사 6,400명을 보냈다. 〈그중 선발 목록에 따라 징집된 아테네인은 1,500명〉[117]이었고, 나머지는 그리스의 다른 지역이나 소아시아에서 온 용병들이었다. 아테네인과 용병, 거기다 시칠리아 동맹군까지 더해 아테네군은 시라쿠사 앞에 이르렀을 때 4만의 군사를 헤아렸다. 그때까지 지구 상에 나타난 최대의 군대 중 하나였다.

기원전 401년 1만 3천 명의 그리스 용병 부대는 페르시아의 아르타크세르크세스 2세에게 반기를 든 그의 동생 키루스 왕자의 휘하에 들어갔다. 그리스 역사가 크세노폰의 『아나바시스』에는 전쟁에서 진 용병 부대의 유명한 퇴각 장면이 묘사되어 있다. 키루스가 전사하자 그리스 용병들은 어이가 없을 정도로 당연하다는 듯이 승자 아르타크세르크세스 2세에게 엎드려 충성을 맹세한다. 「저들은 키루스에게 충성을 바쳤듯 대왕께도 큰 충성을 바칠 것입니다.」[118] 용병들이 전쟁 중재자에게 한 말이다. 오늘은 자신들에게 봉급을 주는 주인을 섬기지만 내일은 그의 철천지원수가 될 수도 있는 용병의 진면목을 명확히 보여 주는 대목이다.

유럽 역사에서 최초의 위대한 군대 조직가는 알렉산드로스 대왕의 부친인 마케도니아의 필리포스 2세(재위 기원전 359~기원전 336)였다. 알렉산드로스는 훗날 자신의 부대원들에게 이렇게 연설한다. 「선왕께서는 보위에 올랐을 때 가진 것도 없이 떠도는 너희들을 받아들이셨다. 동물 가죽으로 옷을 지어 입고, 산악 지대에서 양을 키우고, 그 양을 지키기 위해 일리리아인과 트라키아인, 트리발리인들을 상대로 힘들게 싸우던 너희들을 말이다. 선왕께서는 너희에게 군인의 외투를 내리셨고, 너희를 산에서 내려오게 했으며, 이웃의 야만족과 싸워 이길 수 있는 방법을 가르치셨다.」[119] 모든 남자가 병역 의무를 지고, 군대가 동시에 시민 공회이기도 했던 마케도니아의 전통 덕분에 필리포스 2세는 4만에 이르는 기율 잡힌 국민군을 창설할 수 있었다. 거기서 귀족은 장교와 기병을, 농민은 병사를 맡았다.

로마는 농민군으로 시작했다. 그런데 군 복무가 점점 길어지고 출정 거리까지 점점 멀어지면서 이 군대는 시민군으로서의 원래 성격을 상실했다. 그러자 집정관이자 총사령관이던 마리우스(기원전 156~기원전 86)는 직업 군인으로 이루어진 상비군으로 이 군대를 대체했다. 주로 무산 계급의 시민이 상비군에 들어갔는데, 그중에는 로마의 끝없는 전쟁으로 삶의 터전을 잃은 농민도 포함되어 있었다.

아우구스투스(재위 기원전 27~기원후 14)는 상비군의 규모를 약 33만 명으로 줄였다. 라인 강과 유프라테스 강까지 포괄하고, 변경 지대에선 하루도 잠잠할 날이 없던 거대 제국을 지키기에는 많지 않은 병력이었다. 아우구스투스 치하에서 로마 시민들은 서서히 군대를 떠났다. 대신 야만족(대부분 게르만 족) 용병들이 그 자리를 채웠다. 이 용병들은 훨씬 싸게 부릴 수 있었을 뿐 아니라 언제든 싸울 준비가 되어 있었다. 로마인들에게는 점점 보기 힘들어져 가는 속성이었다. 기원후 4세기, 상비군의 규모는 마침내 75만 명가량으로 불어났다. 그런데 이들 야만족 무리는 제국 바깥보다 제국 안에서 싸울 일이 많았고, 약탈과 강도질을 자행했으며, 칼과 탐욕으로 제국의 멸망을 촉진했다.

비잔티움군은 장기 복무한 군인이나 야만족 동맹군에게 변경 지대의 토지를 하사한 그리스와 로마의 본보기를 따랐다. 이것은 꽤 영리한 정책이었다. 군인들의 생계를 책임지지 않으면서도 국경 지대에 늘 군인을 둘 수 있었기 때문이다. 게다가 이 군인들은 봉급이나 왕이 아닌 자신의 터전과 생존을 위해 싸웠기에 좀 더 강인한 전투력을 발휘했다.

정착촌 부대, 즉 국경 지대에서 농사를 지으며 국경을 지키는 군인촌의 역사는 아주 오래되었다. 알렉산드로스 대왕은 농민 군인들의 이주를 통해 거대 제국을 관리하려고 했고, 로마인들을 비롯해 나중에는 스페인인, 포르투갈인, 터키인들도 동일한 제도를 시행했다. 카자크 족은 러시아 황실에 복속된 뒤 캅카스 산맥과 시베리아에서 농민군으로 정착해 국경을 지켰다. 18세기의 북아메리카에서는 〈미니트맨minuteman〉이라는 부대를 운영했는데, 평소에는 총을 등에 둘러메고 쟁기로 밭을 갈다가 인디언이 쳐들어오면 순식간에 쟁기를 버리고 총을 들었던 농부 군인이었다.

모든 남자가 전쟁에 나섰던 훈 족은 군인이 아니라 전사였다. 〈봄이 되면 훈 족은 전쟁에 나간 남자들로 인해 온 나라가 텅텅 빌 정도로 큰 군대를 소집했다.〉 북유럽 신화집 『에다Edda』에 실린 카탈라우눔 전투(451)에 관한 부분인데, 훈 족의 남자는 열두 살부터, 말은 두 살부터 출정했다. 당시 총 병력이 16만 5천 명에 이르렀다고 하는데 좀 과장된 것이 분명해 보인다. 동고트 족은 훈 족과 싸웠고, 서고트 족은 승승장구하던 로마인들과 싸웠다.

프랑크 왕국의 기사 계급은 8세기에 형성되었다. 한편으로는 중무장한 핵심 기병대에 대한 프랑크군의 의존도가 점점 높아졌고, 다른 한편으로는 말과 장비를 유지하려면 어느 정도 재력이 있어야 했기 때문이다. 기사 계급의 생성과 함께 자유인 계급 중에서 싸울 수 있는 모든 남자를 징집하던 방식, 즉 총동원령은 더는 의미가 없어졌다. 그래서 프랑크 왕들은 가신들에게 봉토를 내림으로써 왕실 재정의 짐을 더는 방향으로 넘어갔다. 달리 말하자면, 최상위 지주인 국왕은 기사들에게 자신의 땅을 빌려주었고, 그 대가로 기사들은 왕에게 충성을 바치고 전쟁에 나갈 의무를 졌다. 1037년부터는 봉토의 상속까지 가능해졌다. 하사건 대여건 봉토는 왕에 대한 불충이 확인되었을 때만 취소될 수 있었다.

　이런 봉토 제도는 모두에게 도움이 되었다. 기사는 토지를 소유함으로써 부를 축적할 수 있었고, 그 대가로 1년에 보통 40일만 군무를 수행하면 되었다. 왕도 막강한 기사군을 아무 비용 없이 운용할 수 있었다. 732년 푸아티에에서 아랍인들을, 955년 레히펠트에서는 헝가리인들을 무찌르고, 1241년 레그니차에서 몽골 족의 폭풍 같은 돌격을 막아서고, 십자군 원정에서 팔레스타인을 정복한 것도 모두 기사들이었다.

　15세기에 이르자 기사들은 서서히 〈란츠크네히트Landsknecht〉, 즉 갑옷과 검, 창을 직접 조달하는 보병 용병들로 대체되었다. 막시밀리안 1세는 1487년부터 황국의 농부와 평민들 가운데서 용병을 모집했다. 16세기 이후 용병으로 고용된 이들은 주로 가난한 사람들과 떠돌이였다. 이렇게 돈을 받고 군무를 수행하는 이들이 땅을 하사받은 이들을 밀어냈다. 여기에는 무엇보다 네 가지 이유가 있었다.

　첫째, 화기의 출현으로 기사들이 착용하던 갑옷과 투구의 위력이 확 줄어들었고, 그와 함께 보병에 대한 기병의 우위도 사라졌다. 둘째, 고도의 훈련을 받은 몇몇 용병 특수 부대는 화기의 사용 없이도 기사들을 압도하는 것으로 드러났다. 기사들은 기강이 없었을 뿐 아니라 힘든 훈련을 받으려 하지 않았고, 시간이 가면서 전투보다는 마상 무술 대회에만 집착하는 경향을 보였다. 셋째, 도시들의 번창(독일에서는 13세기 이후)으로 기병들로서는 도저히 넘볼 수 없는 성곽이 도시 둘레에 세워졌다. 시민들은 향토방위군이 되어 도시 성곽을 빙 둘러 보초를 섰고 적의 공격 시에는 즉시 소집되었다.

　마지막으로 용병은 기사에 비해 정확히 봉급을 받는 동안만 무기를 들고, 무기를 드는 동안만 봉급을 받는 장점이 있었다. 더 길지도 짧지도 않았다. 용병은 기사들과는 달리 군무 중에 일찍 성으로 돌아가는 일도 없었고, 사람들

1. 1918년 슬픈 눈으로 세상을 바라보는 독일의 한 무명용사. 세계열강들이 미친 듯이 〈빨려 들어간〉(1916~1922까지 영국 총리를 지낸 로이드 조지의 표현) 세계 대전의 막바지 무렵이다. 이 병사가 죽었는지, 또 적을 얼마나 죽였는지는 아무도 모른다. 다만 이런 군인들이 수백만 명 아무 의미 없이 비참하게 죽어 간 사실만큼은 분명히 안다.

2. 알렉산드로스 대왕(폼페이의 모자이크). 기원전 326년 군사 3만 5천을 이끌고 인도로 원정을 떠났다가 11년 동안의 끔찍한 행군 끝에 군사 1만과 함께 돌아왔다.

3. 기원후 173년 로마 군단은 게르만 족을 다시 물리친 뒤 우두머리의 목을 쳤다. 로마의 마르쿠스 아우렐리우스 원주(圓柱)에 새겨진 조각.

4. 천하무적 팔랑크스 대형으로 싸운 그리스의 중무장 보병(호플리테스). 칼과 방패, 청동 갑옷을 합치면 무려 30킬로그램이나 되었다. 거기다 말의 털로 장식한 투구까지 썼다. 기원전 6세기의 작품으로 높이 13센티미터. 베를린에 보관되어 있다.

5. 기병용 창이든 보병용 창이든 장창은 5미터까지 길었다. 용병들은 이런 장창을 들고 서로를 찔러 죽였다. 1530년경 한스 홀바인 주니어의 그림(빈의 알베르티나 박물관 소장). 그림에는 묘사되어 있지 않지만, 흘러내린 피는 강이 되어 흘렀고, 그들 자신과 가족들의 비통한 절규는 하늘을 찔렀을 것이다.

6. 화가는 현장에 있지 않았지만 공격자의 광란, 승리와 경악 사이의 잔인한 살육을 잘 표현해 냈다. 라이프치히 전투에서 브란덴부르크의 경기병들. 1900년경 유명 화가였던 리하르트 크뇌텔의 작품이다. 말은 3천 년 동안 아무것도 모른 채 이런 살육의 악의 없고 반가운 조력자 역할을 했다.

7. 1806년 베를린, 나폴레옹이 근위대를 사열하고 있다. 근위대는 주군을 끔찍이 사랑했지만 1812년 러시아 원정에서는 주군에 의해 사정없이 혹사당했다.

8. 1863년 7월 4일 게티즈버그, 전투 이튿날 아침. 시체들이 말없이 누워 있다. 전쟁 역사상 처음으로 촬영한 사진이다.

이 자신을 필요로 하지 않을 때는 봉급도 받지 않았다. 그에 비해 기사는 전투 후 봉토를 받았다. 그래서 땅은 점점 줄어든 반면에 화폐 경제의 활성화와 더불어 도시에 돈은 점점 넘쳐났고, 기사의 수는 거의 늘지 않은 반면에 신용 대출과 함께 용병 부대는 하룻밤 사이에 생기곤 했다.

군 병력(1700년까지)

	시대	전투에 투입된 병력	총병력
마라톤 전투, 페르시아군	기원전 490년	6,000	
시칠리아 원정, 아테네군	기원전 413년	40,000	
알렉산드로스 대왕 아시아 출정	기원전 334년	50,000	
칸나이 전투, 카르타고군	기원전 216년	50,000	
수에비 족(카이사르 이후)	기원전 1세기		100,000
로마의 상비군	기원후 10년		330,000
로마의 상비군	4세기		750,000
푸아티에 전투, 기병대 잉글랜드 습격 시	732년	8,000	
정복왕 윌리엄 1세의 군대	1066년	50,000	
십자군 원정	1204년	33,000	
유럽 공격, 몽골군	1237년	120,000	
아쟁쿠르 전투, 프랑스군	1415년	50,000	
네덜란드로 진격한 스페인군	1566년	11,000	
터키의 예니체리	1591년		49,000
발렌슈타인군	1626년	40,000	
스웨덴 상비군	17세기		15,000
프랑스 상비군	1690년		220,000

임의로 정해진 기간 동안 복무를 하는 군인, 즉 상비군은 고대부터 오직 두

가지 방식, 즉 봉급 아니면 〈강제〉의 방식으로만 유지될 수 있었다. 오스만 제국은 일찌감치 강제의 방식을 선택했다. 터키 술탄은 1330년 기병대와 용병부대 외에 오스만 제국의 핵심 부대로 예니체리 군단, 즉 왕실 친위대를 창설했다. 유급 상비군이었던 이 부대는 대내외적으로 막강한 권력 기구였는데, 이후 많은 군사적 전통의 산실로서 세계사적인 역할을 수행했다. 예니체리는 처음엔 전쟁 포로와 노예들 중에서 뽑았지만, 나중에는 주로 〈데브쉬르메〉라는 제도를 통해 양성했다. 신하들 가운데 기독교 집안의 미성년 아들들을 잡아다가 군 복무와 함께 비기독교적 기율을 주입시켜 불굴의 전사로 양성하는 제도였다. 예니체리는 1521~1703년까지 네 명의 술탄을 실각시킬 정도로 막강한 힘을 자랑했는데, 1826년 마흐무트 2세에 이르러서야 더 강한 권좌의 힘에 의해 강제 해산되었다.

유럽은 처음엔 〈자원 모집〉을 선택했다. 원하는 사람이나 모병관의 꾐에 넘어간 사람은 누구나 군인이 될 수 있었다. 16세기에 스페인을 필두로 포르투갈과 프랑스, 네덜란드, 영국이 머나먼 대륙에서 약탈을 일삼았는데, 이들이 유럽으로 가져온 금은보화는 왕들이 경제적으로 대규모 용병대를 상시 운용할 수 있을 정도로 엄청났다. 이렇게 해서 16세기에 가장 열성적으로 식민지 개척에 앞장섰던 스페인의 군대가 당시 세계에서 가장 강하고 훌륭한 군대였다(스페인어 〈infanteria〉가 오늘날 〈보병〉을 가리키는 일반적인 말이 된 것도 이와 무관하지 않다).

용병 제도는 민간인들에겐 역사적 퇴보나 다름없었다. 용병이라면 누구나 할 것 없이 봉급 외에 약탈로 주머니를 채우려 했기 때문이다. 근대 용병 제도의 초기부터 통치 계급에게도 골칫거리였던 용병 무리가 있었다. 이들은 상부의 명령 없이도 알아서 전리품 사냥에 나섰는데, 그중 가장 악명 높았던 이들이 아르마냐크와 콘도티에리였다.

콘도티에리는 14, 15세기에 이탈리아 도시 국가들에서 용병으로 활약하다가 계약이 끝나자마자 무법자로 돌변해 약탈을 일삼고, 방화의 위협이나 폭력으로 상납금 조의 돈을 쥐어 짜내던 용병 무리와 특히 그 대장을 가리키는 말이었다. 이런 용병대장 중에는 독일 기사들이 많았다. 그러니까 강도 기사에서 범죄 단체로 넘어가는 것은 종잇장 한 장의 차이밖에 없었다. 여기서 새삼 고결한 기사와 사악한 강도, 모범적인 군인과 추악한 군인을 명확하게 구분하는 것이 얼마나 어려운 일인지 또 드러난다.

더 나쁜 용병 무리는 아르마냐크였다. 처음에는 1410년부터 아르마냐크 백작이 모집한 부대를 가리키는 말이었는데, 이 부대는 서서히 난폭해지더니 나중에는 누구의 주문도 없이 생업으로 전쟁을 벌였다. 이들은 자기들만의 표시로 팔에 하얀 완장을 찼는데, 이에 따라 〈레 방드les bandes〉라 불리기도 했다. 레 방드는 그냥 〈띠〉라는 뜻이지만, 여기서 범죄 단체나 강도 무리를 뜻하는 〈bande〉와 〈bandit〉라는 말이 나왔다. 1439년 아르마냐크는 알자스 지방을 유린했다. 프랑크 왕국의 샤를 7세는 스위스와 싸우던 오스트리아로부터 5천의 지원군을 요청받자 아르마냐크 4만 명을 내보냈는데, 스위스인들이 1444년 성 야콥 전투에서 1만 5천에 이르는 아르마냐크를 학살하자 나라의 걱정거리를 이런 식으로 처리한 것에 크게 안도했다. 나머지 병력은 프랑스군에 의해 계획적으로 분산되었고, 일부는 알자스 지방과 팔츠 지방에 정착했다. 그러나 여기서도 농민들의 공격으로 학살당해 나중에는 〈불쌍한 바보〉라는 이름만 얻게 되었다.

이 강도 무리들의 고전적인 짝은 바로 이들을 무찌른 스위스인들이었다. 스위스인들의 만행이 드러난 것은 1476년 부르고뉴 전쟁이 처음이었다(이 전쟁은 14장에서 소개될 것이다). 그다음에 학살과 노략질의 수준을 극단으로 끌어올린 포악한 군인들이 나타났다. 30년 전쟁의 용병들이다. 이들과 비교하면 훗날 병역 의무로 징집된 군대는 분명한 진보였다.

그런데 이런 패악은 용병들이 원래 포악한 족속이라기보다는 봉급을 비롯해 군 운용에 드는 모든 비용을 절감하려던 군주들의 탓이 훨씬 더 컸다. 스페인 장군 암브로시오 스피놀라(Ambrosio Spinola, 1569~1630)는 네덜란드에서 전쟁을 벌이면서 재앙을 부르는 원칙, 즉 〈전쟁은 전쟁이 먹여 살린다〉는 원칙을 세웠다. 독일 황제군의 총사령관 알브레히트 폰 발렌슈타인은 이 원칙을 철저히 지켰다. 상속과 정략결혼, 몰수, 황제의 봉토로 거대한 땅을 소유한 그는 이 재산을 기반으로 4만에 이르는 군대를 창설하고 무장했는데, 이 군대는 생계에 필요한 돈을 스스로 조달했다. 말년의 로마 제국이 보인 그 추악한 행태를 그대로 따라 한 것이다. 당시 로마군은 국고가 비면 전쟁에 나섰고, 그래서 로마군 연대의 출몰은 피아 구분 없이 재앙의 신호탄으로 여겨졌다.

용병에게 조국이 얼마나 의미가 없었는지는 스위스 용병들보다 지구 상에 훨씬 멀리까지 퍼져서 활동했던 독일 용병들이 극명하게 보여 준다. 독일 수병들은 1500년부터 영국 함대에서 복무했고, 독일 보병 용병들은 1527년부터 프랑크 왕국을 위해 일했으며, 17세기의 명장으로 이름을 떨친 베른하르트 작센-바이마르 공작은 1635년 부하 1만 8천 명을 데리고 프랑스 궁정으로 들어갔다. 심지어 뮌스터의 주교 제후 베른하르트 폰 갈렌은 1665년에 군인 장사를 하기도 했다. 자신의 군대를 영국과 프랑스, 스페인에 돈을 받고 빌려준 것이다. 1688년에는 브란덴부르크 군인들이 아일랜드에서 싸웠고, 1704년에는 독일 3개 연대가 베네치아 조정의 부름을 받고 코르푸 섬에서 터키인들과 싸웠다. 헤센-카셀의 제후 프리드리히 2세는 1776년에 2,100만 탈러를 받고 1만 7천 명의 백성을 영국에 임대했고, 이들은 독립 전쟁에 나선 미국인들과 맞서 싸워야 했다. 1791년에는 뷔템베르크의 한 연대가 네덜란드 궁정의 주문으로 자바 섬에서 피바람을 일으켰고, 1675년 페어벨린에서 스웨덴군과 맞서 싸운 브란덴부르크의 총사령관 게오르크 폰 데어플링거Georg von Derfflinger는 오스트리아 출신으로서 그전에는 스웨덴 용병으로 일한 바 있었다.

이처럼 데어플링거는 당시 최고의 군대였던 오스트리아군에 있다가 반세기 뒤 최고의 군대가 된 스웨덴군에서 근무했다. 스웨덴 왕 구스타브 아돌프(재위 1611~1632)는 보편적 병역 의무에 가까운 제도를 도입해서 남자들에게 15년 이상의 병역을 부과했고, 그로써 혹독한 훈련을 거친 잘 무장한 군대를 구축했으며, 거기다 스코틀랜드와 독일 용병들까지 보충했다. 아돌프의 군대에는 복무규정이 명문화되어 있었고, 야전에서의 즉결 심판이 가능했으며, 엄격하게 분류된 장교단이 존재했다. 또한 당시로서는 정말 혁명적인 일이 아닐 수 없는 질서정연한 보급 체계가 마련되어 있었다. 이로써 군인들이 더는 약탈에 의지할 필요가 없었다. 물론 그렇다고 해서 약탈 행위가 근절된 것은 아니지만, 일상적 궁핍에 의한 약탈이 불법적 월권행위로 낙인찍히는 계기가 되기는 했다.

스웨덴군은 칼 12세 치하에서 절정과 몰락을 동시에 경험했다. 칼 12세는 1700년 열여덟 살의 나이로 러시아군과 폴란드군, 덴마크군을 차례로 격파했지만, 1709년 폴타바 전투에서 러시아의 표트르 대제에게 패배하면서 영원히 군사 강국 스웨덴의 위상에 종지부를 찍었다. 그사이 유럽에서는 최강의 군대로 프랑스군이 급부상하고 있었다. 루이 14세의 전쟁대신이었던 루부아 후작 Marquis de Louvois은 22만 병력의 상비군을 구축했고, 스웨덴의 모범에 따라 군기를 확립하고 일사불란한 보급 체계를 완비했다.

이로써 스웨덴과 프랑스, 프로이센뿐 아니라 나중에는 대부분의 유럽 국가들에서, 군주를 대신해 일종의 기업가처럼 부대 내 모든 일을 재량껏 처리하던 최고 지휘관 대신 왕실 직속의 장교단이 등장했다. 그리고 오늘은 여기, 내일은 저기 고용되어 약탈을 일삼던 용병들을 밀어내고, 엄격한 규율에 따라 움직이는 장기 복무 용병들이 서서히 등장하기 시작했다. 이들은 적과 벼룩, 천연두보다 상관들의 학대와 시달림을 더 못 견뎌하던 사람들로서 이제는 전쟁터와 야전 침대 사이를 오가던 과거의 고달픈 삶을 마감하고 제대로 시설을 갖춘 병영에서 주로 생활하게 되었다. 이는 민간인들에게 커다란 진보였고 왕에게도 엄청난 군사적 이점을 안겨 주었다. 물론 약탈을 저지르던 용병들에게는 나쁜 방향으로의 퇴보였지만.

11. 카르노의 군인 공장

모든 정부는 한 사람도 예외 없이 시민으로만 군대를 구성해야 한다.
···막돼먹은 인간이나 정신병자, 불구, 그리고 노예로 생계를 이어 가는 사람들만
소집에서 배제되어야 한다. 그 외에는 누구든 조국을 위해 싸워야 하고,
누구든 무기를 사용하는 법을 배우지 않고 국가가 지정한 연례 군사 훈련을
성실히 이행하겠다고 맹세하지 않는 한 시민이 될 수 없다.

스피노자, 『국가론』(1677)

프로이센 왕의 군대만큼 훈련을 많이 받고 외국으로부터 험담도 많이 받은 군대는 없었다. 프로이센 교관들의 훈육 방식이 실은 영국 해군이나 훗날 프랑스 외인부대보다 훨씬 덜 야만적이었는데도 말이다. 군대에서 고문을 폐지하고 제대 군인을 위한 노인 복지 혜택을 도입한 것은 프로이센이었다. 또한 세상의 절반이 모범으로 삼은 군대도 바로 이 프로이센군이었다. 그렇게 욕을 많이 먹었던 군대가 말이다.

17세기까지도 이런 식의 발전을 엿볼 만한 기미는 전혀 없었다. 1640년 브란덴부르크의 대선제후이자 프로이센 공작이던 프리드리히 빌헬름이 권좌에 오를 당시 프로이센에는 오합지졸에 불과한 수천 명의 용병들밖에 없었다. 그 중에서 그는 쓸 만한 병사 2,500명을 추려 내어 그 군대로 출발했다. 그러던 것이 1688년 대선제후가 세상을 떠날 무렵에는 3만의 상비군으로 불어나 있었다.

그의 손자 프리드리히 빌헬름 1세(재위 1713~1740)는 프로이센군을 8만 3천으로 불렸다. 그로써 인구수에서 유럽의 열세 번째에 해당하던 프로이센은 프랑스, 러시아, 오스트리아 다음으로 많은 병력을 갖춘 국가로 부상했다. 이 병력을 유지하기 위해 프리드리히 빌헬름 1세는 1733년 〈칸톤 제도〉를 도입했다. 프로이센 연대 하나하나에 병무 행정 지구(칸톤)를 하나씩 배정해 필요한 수만큼 신병을 충원하게 하는 제도였다. 칸톤의 모든 젊은 남자들은 병역 의무를 졌고 병무 기록부에 빠짐없이 등록되었다. 하지만 실제로 징집되는 인원은 소수에 지나지 않았다. 프로이센은 주로 외국 출신의 용병만으로 군대를 꾸린다는 원칙을 확고히 따랐기 때문이다. 칸톤은 용병 지원자가 충분하지 않을 때만 부족분을 메우는 역할을 했다. 따라서 이론적으로는 보편적 병역 의무였지만 실질적으로는 농민들에게만 해당되었다.

〈프로이센의 연대를 불멸로 만든 것은 칸톤이다. 상실한 연대원을 항상 칸톤이 보충해 주었기 때문이다.〉 프리드리히 대왕(프리드리히 2세)이 7년 전쟁을 겪은 뒤 칸톤 제도를 칭송한 말이다. 그러나 프리드리히 역시 칸톤을 최후의 수단으로 이해했고, 그래서 유언을 통해 후계자들에게 이렇게 권고했다. 전시에는 무엇보다 작센에서 군대를 징집하고, 상실한 연대원은 우리 진영으로 넘어온 적의 병사로 보충하라고. 프로이센에 필요한 16만 군사 가운데 프로이센 출신은 7만이 넘지 않아야 한다는 뜻이었다.[120]

프리드리히 빌헬름 1세는 칸톤 제도로 군대의 양 문제만 해결한 것이 아니라 기발한 착상으로 군대의 질도 높였다. 국왕에 대한 기사 계급(당시는 귀족 계급이었다)의 군무 의무를 부활시킨 것이다. 그런데 과거의 기사 계급이 종자 및 하인들과 함께 하나의 부대 역할을 했다면 이제 프로이센 귀족은 용병과 징집병으로 이루어진 군의 우두머리 역할을 맡았다. 게다가 과거의 기사들은 1년에 몇 주만 왕에게 봉사하면 되었지만, 이제 귀족 장교단은 몇 주의 휴가 기간에만 군무에서 면제될 수 있었다.

이처럼 프로이센군 속에는 기사군과 용병군, 상비군, 충성스러운 가신(家臣)의 장점이 한데 어우러져 있었다. 거기다 지주와 농민의 상하 관계가 군대의 위계질서 형태로 계속 이어졌다. 그러니까 농민은 병사를, 지주는 장교를 맡은 것이다. 옛날 마케도니아의 필리포스 2세가 시행했던 이 제도는 엄정한 군기 확립을 위한 탁월한 선택이었다.

귀족은 원치 않은데 억지로 제복을 입을 필요는 없었다. 그러나 〈군인왕〉이라 불리는 프리드리히 빌헬름 1세는 도덕적인 압박을 통해 귀족들에게 제복을 입히는 방법을 알고 있었다. 그는 자신을 비롯해 왕실 가족과 국가에 스파르타식 생활 방식을 강요했을 뿐 아니라 항상 공개 석상에 제복을 입고 나타났다. 국왕으로서는 칼 12세 이후 처음이었는데, 동시대인들은 그걸 보고 〈군주를 하사관〉으로 추락시키는 짓이라며 수군거렸다. 어쨌든 빌헬름 1세 때문에 기사군의 몰락 이후 무도한 용병과 〈믿지 않는 자〉의 표시에 지나지 않았던 복장이 지존의 지위로 올라갔다. 빌헬름 1세는 귀족들을 위해 장교단을 만들고, 장교를 왕실 시종에 임명하고, 어린 사관생도를 시동으로 뽑았다. 그러다 보니 젊은 귀족 입장에서는 〈왕의 제복〉을 입지 않는 것은 가당치 않는 일이었다.

어쨌든 이렇게 해서 옛 기사군보다 훨씬 규모가 큰 용병군이었던 프로이센군의 수뇌부에는 왕에 대한 충성심과 애정으로 똘똘 뭉친 장교단이 자리하게 되었다. 일반 병사들까지 조국에 대한 사랑을 갖게 하는 것은 절대주의 왕정 시대의 왕들에게는 불필요한 일, 아니 거의 상상조차 할 수 없는 일처럼 비쳤다. 그래서 프리드리히 대왕은 제1차 슐레지엔 전쟁(1740~1742)의 승리를 프로이센군의 〈경탄스러운 기율〉과 〈애국심에 불타는 장교들, 불의에 매수되지 않는 노련한 관료들〉 덕으로 돌렸다.[121] 애국심은 오직 장교들만의 것이라고 믿었기에 대왕은 제2차 슐레지엔 전쟁(1744~1745)이 끝나자 주저 없이 〈오스트리아와 작센 포로들〉로 군대를 보충했다.

1806년에도 프로이센 장교 7천 명 가운데 평민 출신은 695명뿐이었다. 그것도 평민은 대개 포병이나 별 이름 없는 병과에서 근무했다. 그러나 역사의 시계는 프로이센에서만 멈추어 있었다. 그 이유는 귀족 출신의 장교 프리드리히 빌헬름 폰 슈토이벤Friedrich Wilhelm von Steuben이 1779년 한 독일 친구에게 보낸 편지에 어느 정도 담겨 있다. 프로이센군에서 17년간 근무했고 1762년에는 대위 신분으로 프리드리히 대왕을 수행했으며, 1778년에는 독립 전쟁에 나선 미국 군대의 훈련총감으로 활약한 인물이었다. 〈솔직히 고백하자면, 난 미국 장교 200명보다 여기 있는 외국 장교 6명이 더 힘드네. ……독일 남작과 프랑스 후작 상당수는 벌써 여길 떠났네. 나는 남작이나 후작이라는 인간들이 언제 또 지원을 할지 늘 걱정이네. 여긴 공화국 군대네. 귀족이라고 해서 저잣거리의 장삼이사보다 조금도 나은 게 없어. 그런데도 귀족이랍시고 어깨에 힘이나 주고 다니면 이 생활에 적응하기가 쉽지 않지. 우리의 포병 장군도 보스턴에서 책 인쇄업을 하던 사람이네.〉[122]

독립 전쟁에서 승리를 거두자 미 의회는 1784년 웨스트포인트와 피트 요새의 무기고 방어에 필요한 최소한의 병력 80명만 남기고 모든 군인을 군무에서 해제했다. 이로써 미국은 같은 시대 바이마르 공국의 군사참사관이자 추밀고문관이었던 괴테의 연애편지나 배달하던 바이마르 경기병대보다 조금 큰 규모의 상비군만 유지했다. 역사상 최초로 헌법에 만인의 평등을 명기한 미 의회는 조지 워싱턴의 절박한 호소에도 모든 동시대인들의 눈이 휘둥그레지는 영웅적인 시도를 했다. 인간들의 땅에서 군인 없이 평화를 유지하려고 했던 것이다. 그러나 불과 3년 뒤 상비군과 민병대는 부활했다.

몇 년 뒤(1793) 프랑스 혁명과 함께 거센 피바람이 일면서 오늘날까지도 그 영향에서 완전히 벗어나지 못한 두 사건이 세계를 강타했다. 루이 16세의 처형과 대량 징집이 그것이었다. 대량 징집은 청년 장군 보나파르트 나폴레옹의 상관이자 1793~1795년까지 프랑스 전쟁장관을 지낸 라자르 니콜라 카르노Lazare Nicolas Carnot의 작품이었다. 일련의 군역사학자들은 나폴레옹의 빛나는 승리에는 나폴레옹 자신보다 카르노의 공이 더 컸다고 주장한다. 이 주장의 진위야 어떻든, 분명한 것은 카르노가 동원한 대군이 없었다면 나폴레옹은 결코 유럽을 정복할 수 없었으리라는 사실이다. 그래서 카르노는 나중에 마지못해 의무적으로 군에 끌려가야 했던 젊은이들에게 욕을 먹어도 할 말이 없을 것이다.

감히 일국의 왕을 처형한 프랑스인들에 대한 유럽 군주들의 보복이 두려워 프랑스 국민 공회는 1793년 8월 23일 법안 하나를 급히 통과시킨다. 신체 건강한 모든 미혼 남자에게는 18~25세까지 군 복무의 의무를, 같은 연령대의 기혼 남자에게는 군수 공장 노동의 의무를, 26~40세까지 신체 건강한 남자에게는 유사시 전쟁에 나가야 할 의무를 지운 것이다. 〈청년들은 전쟁터로 나가고, 기혼 남자들은 무기를 만들거나 중요한 군수 물자를 수송하고, 여자들은 천막과 옷을 만들거나 야전 병원에서 근무해야 했다. 또한 아이들은 붕대와 반창고를 만들고, 노인들은 거리로 나가 전사들의 용기를 북돋우거나 타국의 왕과 공화국의 적을 향한 증오를 설파해야 했다.〉[123]

이것이 카르노의 계획에 따른 대량 징집이었다. 1788년 카르노는 이 계획을 프랑스 혁명이나 절박한 동기도 없이 준비했고, 1792년부터는 복지위원회의 반대에 맞서 힘차게 밀어붙였다. 프랑스는 유럽 군주와 민족들을 향해 대규모 몰이사냥에 나설 채비를 하고 있었다. 세계를 바꾼 보편적 병역 의무 제도가 시행된 것이다.

그렇다면 카르노의 이 제도는 어떤 점에서 새로울까? 고대 아시리아에도 징집제가 있었고, 스파르타의 모든 남자들은 무기를 들었으며, 프랑크 왕국의 군 동원령은 자유 계급의 모든 남자들에게 내려지고 도시 민병대의 동원령도 모든 시민에게 해당되지 않았던가! 오스트리아-헝가리 제국에서도 16세기 이후 유사시 향토방위대에 복무해야 할 제도가 있었다. 심지어 스웨덴의 국왕 구스타브 아돌프는 15세 이상의 남자에게 병역 의무를 부과했고, 프리드리히 빌헬름 1세는 칸톤 제도를 시행했다. 그렇다면 프랑스의 징병 제도는 이것들과 어떻게 다를까? 세 가지 차이가 있다.

첫째, 그때까지 병역 의무 제도를 시행한 나라들은 통상적으로 신체 건강한 모든 남자를 소집한 것이 아니라 굉장히 많은 남자를 원천적으로 제외했다. 이를테면 병역 의무를 진 스파르타 시민 계급은 그 나라에서 극히 일부였고, 로마군은 처음엔 유산자만, 마리우스 이후에는 주로 무산자만 소집했다. 게다가 징집 과정에서도 대리인을 보내거나 돈으로 빠질 가능성은 거의 어디에나 존재했다.

둘째, 1793년 이전까지 징집의 이론적 가능성은 대개 제한적으로만 사용되었고, 병역 의무자들 가운데 거의 항상 소수만 소집되었다. 프로이센 칸톤 제도도 징집의 토대로 계산된 것이 아니라 신병 충원을 위한 보완적 성격을 띠었다. 물론 프랑스 징병 제도도 모든 병역 의무자를 소집한 것은 아니지만 그들 중 대다수를 차출한 것은 사실이다.

셋째, 1800년경 프랑스는 인구 2700만 명으로 유럽에서 인구가 가장 많았다. 지구 상에서는 중국과 인도만 프랑스보다 많았다. 당시 오스트리아-헝가리 제국의 인구는 1400만, 영국은 1100만 명, 미국은 500만 명이었다. 하필 세계에서 가장 거대한 문명국가였던 프랑스가 국민을 무장시키는 쪽으로 넘어가자(1795년 당시 프랑스군의 병력은 120만 명이었다) 유럽은 그들의 말발굽에 유린될 수밖에 없었다.

그런데 이런 식으로 징집된, 역사상 최초의 백만 대군은 훈련과 장비가 턱

없이 부족했다. 1796년 나폴레옹이 밀라노로 진격할 당시 프랑스군의 모습을 본 한 이탈리아 목격자는 이렇게 기술한다. 〈과거 프리드리히의 군사들을 본 사람들은 모두 이 군대를 보고 깜짝 놀랄 수밖에 없었다. 프랑스 군인들은 천막도 없이 땅바닥에서 잠을 잤고, 일정한 질서도 없이 아무렇게나 행군했으며, 군복 역시 여러 색깔의 찢어진 천을 더덕더덕 기운 누더기를 입고 있었다. 무기가 없는 병사도 많았고, 포병도 별로 눈에 띄지 않았으며, 기병이라고 해도 말을 탄 기병은 드물었다. 보초들도 근무 중에 앉아 있는 경우가 다반사였다.〉[124]

1839년 알렉시 드 토크빌Alexis de Tocqueville은 프랑스 징집 제도와 함께 유럽 전장에 나타난 새로운 요소를 다음과 같이 적확하게 집어냈다. 〈15세기에 유럽 열강들을 벌벌 떨게 했던 스위스 동맹군이 오늘날엔 그 힘이 왜 정확히 그들의 주민 수만큼 축소되었을까 하는 의문에 대해, 나는 스위스인들이 그사이 수적으로 이웃 민족들과 비슷해졌고 이 민족들도 다시 스위스인들과 비슷해진 것에서 답을 찾는다. 이제는 오로지 수가 그들 사이에서 차이를 만들어 내기에 승리는 규모가 더 큰 부대에 돌아간다. 병력이 전투의 승패를 좌우한다는 것은 오늘날 유럽을 휩쓴 민주 혁명의 한 결과이기도 하다. ……수가 승리의 결정적인 요소이기에 모든 민족은 가능한 한 많은 인간을 전장으로 데려가기 위해 사력을 다해야 한다.〉[125]

나폴레옹은 수의 마력을 가차 없이 발휘했다. 1805년 울름 요새에서 잡혀 온 오스트리아 장군들 앞에서 거만한 표정으로 이렇게 뻐겼다. 「20만 명이 내 한마디에 언제든 무기를 들 준비를 하고 있는 데다가 여섯 주 만에 훌륭한 군인으로 변신할 수 있소. 허나 그대들의 신병들은 어떤가? 억지로 움직일 뿐 아니라 1년이 지나서야 쓸 만한 군인이 되지 않은가!」[126] 그런데 엄청난 대군을 부리는 것을 좋아하던 나폴레옹도 대리인을 입대시키거나 돈을 주고 군무에서 빠지는 관행을 막지는 못했다. 프랑스 자체의 인구도 월등히 많은 데다가 지원해 줄 타 민족들도 있었고, 거기다 군 면제로 벌어들이는 돈도 아주 반가웠기 때문이다. 이로써 프랑스 징집제에서도 재산 있는 자들은 다시 군역을 면제받을 수 있었다.

나폴레옹의 적들 사이에서는 프랑스를 무찌르려면 국민 무장에 나선 프랑스인들을 따라 해야 하는 게 아닌가 하는 문제를 두고 격렬한 논쟁이 벌어졌다. 그런데 이 논쟁 속에는 세계관과 관련한 반목이 층층이 쌓여 있었다. 예를 들어 루터는 용병 제도를 반대할 이유가 전혀 없다고 주장한 데 반해 루소는 1762년 오직 시민만 군인이 되어야 하고 누구도 군인을 직업으로 삼아서는 안 된다고 단호히 밝혔다. 1795년, 그러니까 카르노의 대량 징집법이 통과되고 2년 후, 프로이센의 쾨니히스베르크에서 이마누엘 칸트는 영국인들이 미국의 독립 전쟁에서 추진한 인간 장사에 대한 부정적인 인상을 근거로 용병 제도를 격렬히 비난했다. 〈봉급을 받고 죽고 죽이는 행위는 인간을 타자, 즉 국가의 손아귀에서 놀아나는 단순한 기계나 도구로 사용하는 것이나 다름없다. 그것도 우리 자신 속의 정의로운 인간성과는 결코 하나가 될 수 없는 그런 국가의 손아귀에서 말이다.〉[127]

오스트리아와 안스바흐에서 용병으로 근무했고, 미국 독립 전쟁에서는 영국 용병으로 나가 자신의 동포 슈토이벤과 맞서 싸운 아우구스트 폰 그나이제나우August von Gneisenau는 1808년 프로이센 군제개편위원회의 일원으로서 이렇게 말했다. 〈상비군 제도로 국가의 사기와 국민의 단결심은 땅에 떨어졌다. 국민 대다수가 조국 방어의 의무에서 벗어났기 때문이다.〉[128] 그의 이런 생각에는 어쩌면 미국 국민군의 성공적인 데뷔가 영향을 끼쳤을지 모른다. 같은 해 슈타인 남작Freiherr vom Stein은 상비군이 민병대와 결합되면 〈대범하고 전사적인 민족성이 형성되고, 머나먼 땅에서 지루한 침략 전쟁이 가능해지고, 우

세한 적의 기습에 총력전으로 맞서는 것)이 충분히 가능하리라고 썼다.[129]

프로이센의 프리드리히 빌헬름 3세는 직업 군대를 확립하고 싶어 했지만 군 개혁가들에게 설득당해 1808년 국민 무장을 실시했다. 다른 나라를 무력으로 제압하려면 국민 무장이 군사적으로 필요한 것은 사실이다. 물론 그게 승리를 백 퍼센트 보장해 주는 것은 아니다. 예를 들어 나폴레옹 패배의 최대 수혜자였던 영국인들은 용병제를 고수했고, 심지어 국민 무장의 열렬한 옹호자였던 히틀러조차 용병제의 장점을 인정했다. 〈영국은 용병 부대와 독특한 민병대 체계로 이루어져 군 조직을 운용했는데, 섬나라라는 특수 상황에서 생존과 관련한 이익을 지켜 나가기에 충분한, 아니 적합한 군 조직으로 보인다. …… 영국은 자국의 이익을 지키기에 충분할 때는 용병들을 내세워 싸웠고, 더 많은 인원을 전투에 투입할 필요가 있을 때는 바로 자원병을 모집했으며, 조국이 풍전등화의 위기에 처했을 때는 즉시 보편적 병역 의무제를 도입했다.〉[130]

그렇다. 나폴레옹의 병사들이 활개를 치던 대륙에서는 병역 의무가 급박하게 필요했을 것이다. 클라우제비츠의 냉철한 분석을 들어 보자. 〈일반적인 경우, 합리적으로 국민 전쟁을 치르는 나라는 그런 전쟁을 경멸하는 다른 나라들에 비해 상대적으로 우세할 수 있다. 상황이 그렇다면 다음의 문제만 남는다. 인간들의 전쟁을 이런 식으로 새로 보강하는 것이 과연 권장할 만한 일일까? 이는 전쟁 자체에 대한 의문만큼이나 명확히 답해져야 할 문제이다. 우리는 이 두 문제를 철학자들에게 떠넘긴다.〉[131]

어쨌든 카르노는 1793년에 이미 전쟁과 군제의 발전 방향을 확정 지었고, 오직 그를 따라 하는 사람만이 그를 이길 수 있을 거라는 전망이 나왔다. 이후 이 게임은 150년 이상 점점 수위를 높여 가며 진행되었다. 프로이센은 프랑스보다 한 걸음 더 나아갔는데, 1807년부터 군제개혁위원장을 맡아 프로이센의 군 체계를 획기적으로 개혁한 게르하르트 폰 샤른호르스트Gerhard von Scharnhorst 장군은 카르노의 스승이나 다름없었다. 샤른호르스트는 단기 군사 교육 방식을 도입했다. 이것은 얼마 지나지 않아 〈절름발이 제도〉라는 비아냥거림을 받았고, 신병들은 〈병신〉이나 〈불구〉라는 소리를 들었다. 단기 교육의 맹점에 대한 지적이었다. 아무튼 단기 군사 교육을 마친 프로이센 신병들은 예비대(1814년 이후로는 향토방위대)에 편성되었고, 이렇게 해서 정규군은 4만 2천 명뿐이었지만 왕이 명령만 내리면 언제든 다시 제복을 입을 수 있는 훈련받은 군인의 수는 점점 증가했다.

카르노도 1788년 정책 지침서에서 이 제도를 제안했지만 프랑스에서는 실현되지 않았다. 그래서 프랑스에서는 국가가 필요할 때 훈련받지 않은 남자들만 소집될 수밖에 없었다. 프로이센은 언제나 필요한 만큼 신병을 채울 수 있는 상비군의 이념을 처음으로 실행한 나라였고, 그래서 프로이센군은 전투 부대이자 동시에 전 국민의 군사 학교였다.

미국 남북 전쟁에서 북군 역시 남부 연합군의 예에 따라 1863년 일반 병역 의무제를 도입했다. 그러자 뉴욕 시에서 폭동이 일어났다. 병역 의무자 등록 사무실은 불타 무너졌고, 상품 창고는 습격당했다. 게다가 폭도들은 흑인 아이들만 모아 놓은 고아원에 불을 질렀다. 누구나 군대에 가야 하는 것이 모두 흑인 노예들 때문에 벌어진 일이라고 생각한 것이다. 뉴욕 신문들은 대부분 폭도들 편을 들었다. 이들은 「뉴욕 타임스」처럼 반대한 신문사가 있으면 해당 신문사를 찾아가 편집장에게 무기를 안겼다. 당신이나 군대에 가라는 뜻이었다. 결국 게티즈버그에서 온 군대가 폭도들을 유혈 진압했다. 비공식적인 집계지만 75~1,200명이 목숨을 잃었다고 한다. 그 뒤로 세간에서는 입대를 앞둔 병역 의무자들을 〈수갑 찬 지원병〉이라 불렀다. 「전쟁은 부자들이 일으키고, 싸움은 가난한 인간들이 하는 게 무슨 경우냐!」 한 가난한 남자의 한탄이다.

1871년 대규모 독일군이 동맹군의 도움 없이 처음으로 프랑스군을 무찔렀다. 세계가 깜짝 놀란 일대 사건이었다. 도스토옙스키는 1877년 독일인들에 대해 이렇게 썼다. 〈이길 때도 극히 드물었지만 질 때도 그리 많지 않았던 민족이 갑자기 적을 물리쳤다. 그것도 거의 매번 어디서건 승리를 거두었던 적을 상대로 말이다. ……대군의 모범적인 체계와 아주 새로운 원칙에 따른 특색 있는 군 개혁이 승리의 필수 요건이었다.〉[132]

이후 거의 모든 유럽 국가들과 일본까지 독일의 모범에 따라 대규모 군을 유지하고 참모본부를 창설했다. 독일의 참모총장 몰트케는 이렇게 썼다. 〈왕조의 목적을 위해 소규모 직업군 부대를 한 도시나 지역으로 출정시켰다가 나중에 시간이 지나면 겨울 병영으로 돌아오게 하거나 평화 협정을 체결하던 시대는 이미 지났다. 지금의 전쟁은 전 국민에게 무기를 들 것을 요구한다.〉[133]

19세기 말에도 중세의 잔재는 여전히 남아 있었다. 터키에서는 1878년에야 살인과 약탈을 일삼는 깡패 같은 의용군 무리가 해체되었다. 〈바시 보수크 bashi-bosuq〉라는 무리였는데, 이 말은 원래 〈거지〉를 지칭했지만 나중에는 〈삐딱한 인간〉이라는 뜻으로 바뀌었다. 터키 군인들은 이 말을 터키의 모든 비(非)군인들에게 사용했다. 군인으로서 자부심의 표현이었다. 끝으로 쿠르드와 체르케스 의용군에게도 그런 이름이 붙었다. 술탄의 이름하에 자비로 출전해서 이집트에서는 나폴레옹에, 크림 전쟁에서는 러시아군에 맞서 싸웠고, 1876년에는 불가리아 폭도 1만 6천 명을 진압한 의용군이었다. 이처럼 터키인들은 거지와 민간인, 비정규군, 이 모두를 바시 보수크, 즉 〈삐딱한 인간〉이라 불렀다.

다른 나라들보다 훨씬 개화된 미합중국도 1898년 갖가지 삐딱한 인간들의 도움으로 쿠바에서 전쟁을 치렀다. 소규모 직업 군대가 있었지만 전투 능력이 떨어져서 〈러프 라이더Rough Rider〉 같은 의용군의 도움이 절실했다. 러프 라이더는 훗날 대통령이 된 시어도어 루스벨트가 카우보이, 플레이보이, 사냥꾼,

백수건달들 중에서 대원들을 선발해 과거의 용병 연대장처럼 스스로 지휘권을 잡은 의용 기병 연대였다. 1917년 미국은 제한적 병역 의무제인 선발 징병제selective service를 도입했다. 이 제도 덕분에 1918년 1차 대전이 막바지에 이르렀을 때 매달 25만 명의 군인을 프랑스 전선으로 보낼 수 있었다.

종전과 함께 세상을 경악스러운 불행으로 몰아넣은 군비 경쟁과 대량 군대의 시대는 이제 마침내 끝날 거라고 모두들 희망했다. 그러나 희망은 희망일 뿐이다. 프랑스는 지상에서 가장 큰 규모인 74만 상비군을 유지했고, 17년 뒤 독일도 〈다시는 안 된다!〉던 맹세를 휴지 조각처럼 찢어 버리고 재무장을 시작했다. 1935년 히틀러가 베르사유 조약을 어기고 병역 의무제를 다시 시행한 것이다. 그로부터 4년 뒤 이전보다 훨씬 심각한 세기 최대의 재앙이 대지를 휩쓸었다.

스웨덴의 군역사학자 토르스텐 홀름Torsten Holm은 프랑스에서 일어난 이 군제 혁명에 대해 이렇게 썼다. 〈프랑스 국민들은 자신의 자유를 제약할 정말 크고 중대한 외부 개입에 익숙한 민족이었다. 법으로 정해진 군역의 의무는 그들을 국가의 농노로 만들었다.〉[134] 그 뒤 벌어진 대량 탈영 사태에 대해서는 40장에서 자세히 알아볼 것이다.

〈제복을 입은 시민!〉 1950년 이후 독일이 재무장을 시작하면서 독일 청년들을 군대로 유혹하기 위해 내건 달콤한 슬로건이었다. 그 아래엔 이렇게 적혀 있었다. 〈이젠 군대에 있어도 과거처럼 꼭두각시 인형 노릇을 하지 않아도 됩니다. 군복을 입어도 여러분은 여전히 시민입니다.〉 이는 샤른호르스트의 구상에 가까운 퍽 합리적인 생각이었다. 그런데 이상한 건 각 나라 국민들이 어떻게 그렇게 빨리 잊을 수 있느냐는 것이다. 150년 전만 해도 일반 시민이 제복을 입는 것은 혁명적인 사건이었기 때문이다. 2천 년 가까이 제복은 귀족이나 강도 같은 용병들의 전유물이었다. 게다가 〈제복을 입은 시민〉이라는 달콤한 선전 구호도 독일 연방군이 아프가니스탄으로 진격하는 순간 공염불이 되고 말았다.

오늘날까지 100만 넘게 대군을 유지하는 나라는 중국과 러시아뿐이다. 이런 군대는 대내적으로 막강한 힘을 행사할 뿐 아니라 이웃의 작은 나라들에는 심리적 위축감을 불러일으킨다. 그러나 핵전쟁에서는 대군도 별 의미가 없고, 사이버전에서는 비웃음만 당할 뿐이다.

군 병력(1740년 이후)

	시대	투입된 병력	총병력
영국 육군	1740		30,000
프로이센군	1745		156,000
로이텐 전투, 오스트리아군	1757	72,000	
아메리카의 헤센 군단	1776	17,000	
오스트리아-헝가리 제국 상비군	1792		305,000
프랑스 국민군	1795		1,200,000
나폴레옹 대육군	1812	450,000	
프로이센군	1815		385,000
미국 남북 전쟁 북부 연합군	1865		1,500,000
쾨니히그레츠 전투, 프로이센군	1866	220,000	
독일 야전군	1870	219,000	
일본 야전군	1904	270,000	
프랑스 상비군	1913		827,000
독일 야전군	1918	8,100,000	
스페인 내전, 공화국군	1937		450,000
독일 상비군	1939		1,000,000
독일 야전군	1941	4,200,000	
독일 야전군	1942	8,000,000	

	시대	투입된 병력	총병력
공격에 나선 연합군	1944	2,630,000	
소련군	1944		27,000,000
독일과 일본에 맞선 미군	1945		8,290,000
베트남전, 미군	1973	540,000	
미군	2013		2,400,000

3부

어떤 무기로 싸웠을까?

12. 칼과 화살

이 대목에서 그들은 옛 시대의 전쟁들을 떠올렸다.
슈베이크는 포위한 성 안으로 악취탄을 날리던 시절에도
그런 악취 속에서 싸우는 게 결코 쉬운 일이 아님을 진지하게 증명했다.
야로슬라프 하셰크Jaroslav Hašek, 『착한 병사 슈베이크』

〈군인은 악마의 무기다.〉[135] 2,500여 년 전 노자가 한 말이다. 그렇다면 군인의 무기는 무엇일까? 어떤 보조 수단이 군인의 역할에 딱 맞았고, 어떤 물체로 적에게 가장 큰 타격을 줄 수 있었을까? 적의 비슷한 무기들을 효과적으로 막을 수 있는 방법은 무엇이었을까? 또 역사 과정 속에서 인간들은 어떤 동물과 탈것을 전쟁에 이용하고 어떤 전술을 펼쳤을까?

특정 상황에서 무기로 사용할 수 없는 물체는 거의 없다. 예를 들어 태양도 공격하는 적의 눈을 멀게 하는 도구로 사용하거나, 시라쿠사의 아르키메데스처럼 햇빛과 화경(火鏡)을 이용해 로마 전함들에 불을 붙였다면 그것도 무기였다. 물도 마찬가지다. 1674년 네덜란드인들은 제방에 뚫은 구멍으로 홍수를 일으켜 루이 14세의 군대를 격퇴했을 뿐 아니라 두 번의 세계 대전에서도 플랑드르에서 비슷한 홍수 작전이 펼쳐졌다. 농민이 전쟁을 벌이는 곳에서는 언제나 두엄을 치는 삼지창도 무기였다. 1705년 뮌헨의 농민 전투가 그랬고, 스페인 왕위 계승 전쟁이 그랬으며, 1809년 프랑스군에 맞선 티롤인들이 그랬다.

미국 텍사스 주의 가축 사육자들이 개발한 철조망도 진지전에서는 효과적인 무기였는데, 그 옛날 갈리아 계통의 네르비 족도 가시덤불을 쌓아 카이사르군의 진격을 막았다. 택시 역시 전쟁 도구였다. 파리의 군사령관 조제프 시몽 갈리에니Joseph Simon Gallieni 장군은 1914년 군인들을 택시와 옴니버스 5천 대에 실어 재빨리 마른 강 전선으로 내보냄으로써 전세를 바꾸는 데 크게 기여했다.

초창기에는 사실 자살 도구나 다름없었던 비행기도 시간이 지나면서 차츰 무기로 개량되었다. 1911년 이탈리아 비행기들은 오스만 제국령 트리폴리에 1킬로그램 폭탄을 떨어뜨렸고, 1914년 가을에는 영국 정찰기 조종사가 하늘에서 만난 독일 조종사에게 권총을 발사해 비행기를 추락시켰다. 그러다 마침내 1915년 프랑스와 독일의 치열한 경쟁 끝에 프로펠러 사이로 기관총을 발사하는 전투기가 탄생했다.

유럽인들이 아메리카 대륙을 침략할 때 가장 효과적인 무기는 말도 화승총도 아닌 바로 천연두였다. 당시 유럽에서도 아직 무시무시한 질병이었던 천연두는 에르난 코르테스의 병사들에 의해 옮겨져 그 바이러스와 한 번도 접촉한 적이 없던 멕시코 인디언들을 절반가량 절멸시켰다. 심지어 나중에는 의도적으로 몇 번 세균 감염을 시킨 적도 있었다. 일례로 영국 식민지 장교들은 명확한 의도를 갖고 천연두 환자가 덮고 자던 이불을 인디언들에게 선물로 주기도 했다. 화학적 전투 수단은 역사가 긴 무기 중의 하나였다. 처음에는 적이 지나가는 길목에 독 묻은 나무 핀 같은 것들을 눈에 안 띄게 흙에 파묻는 형태였으나, 나중에는 특히 남미 인디언들이 즐겨 사용한 독화살의 형태로 발전했다.

계략도 무수한 전쟁에서 전력이 월등한 적을 따돌리는 훌륭한 무기였다. 〈모든 전술의 뿌리는 속임수이다.〉[136] 손자가 단호히 주장한 말이다. 속이 텅

텅 빈 목마는 그리스인들이 트로이인들을 속여 넘겨 승리를 거두는 데 결정적인 역할을 했다. 한니발도 계략을 써서 칸나이 앞에서 로마군의 위협적인 포위망에서 벗어날 수 있었다. 황소 2천 마리를 한데 몰아넣고 뿔에다 섶나무를 묶은 뒤 한밤중에 섶나무에다 불을 붙인 것이다. 그러자 공포와 통증으로 반쯤 미친 황소들이 한꺼번에 돌진했고, 로마 병사들은 혼비백산 도망쳤다.[137]

칸나이 전투에서 한니발 휘하의 누미디아 용병 5백 명은 거짓으로 로마군에 투항했다. 그런 다음 전투가 벌어지자 갑옷 속에 숨겨 둔 비수를 꺼내 뒤에서 로마 병사들의 오금을 베어 버렸다.[138] 바이킹 족도 거짓으로 후퇴하면서 적을 함정에 빠뜨리는 수법으로 악명이 높았다. 그들의 한 우두머리는 포위된 도시의 주교에게 자기 진영으로 와줄 것을 정중히 청했다. 목숨이 얼마 남지 않은 것 같은데 기독교적인 절차로 죽고 싶다는 것이었다. 〈신실한 성직자는 적의 개종에 무척 기뻐하며 청을 흔쾌히 수락했다. 그러나 기독교 방식으로 매장하기 위해 바이킹 우두머리의 시신을 도시 성곽 안으로 옮겼을 때 유족인 것처럼 장례 행렬을 따르던 종자들은 백전노장 바이킹 용사들의 본색을 드러내며 즉시 무자비하게 칼을 휘두르며 불을 질렀다.〉[139]

마지막으로 뷔르템베르크 지방의 작은 도시 크라일스하임에는 도저히 분류할 수 없는 방어 무기가 있었다. 1380년 도시가 포위되었을 때 여성 시장은 커다란 엉덩이를 까서 성벽 아래 적에게 보여 주었고, 그걸 본 적들은 깜짝 놀라 도망쳤다고 한다.

정식 무기들 가운데 아주 오래되고 과거에 널리 사용한 것이 몽둥이와 돌이었다. 몽둥이는 때리는 데 사용되었는데, 시간이 지나면서 그런 목적에 좀 더 효과적인 곤봉으로 대체되었다. 그 밖에 몽둥이는 던져서 적을 맞히는 용도로 쓰기도 했다. 이것이 발전해서 오늘날의 부메랑이 되었다.

그에 못지않게 돌도 다방면으로 쓰였다. 주먹 도끼를 쥐는 순간 손은 망치로 변했고, 산악 지대에서는 아래의 적에게 돌 세례를 내렸으며, 나중에는 요새 성벽에서 공격자들에게 돌을 던지거나 바위를 굴렸다. 일대일 결투에서도 서로 돌을 던졌는데, 심지어 『일리아드』의 영웅들도 그렇게 싸웠다. 〈돌에 맞아 눈두덩에서는 뿌지직 소리가 났고, 머리뼈도 버티지 못했으며, 눈알은 빠져 먼지 날리는 땅 위에서 굴러다녔다.〉[140]

고대에 무척 많이 사용된 효과적이고 무시무시한 무기는 무릿매*였다. 성경에서 다윗도 이 무기로 갑옷 입은 골리앗을 쓰러뜨렸다. 〈다윗은 개천에서 매끈한 돌멩이 다섯 개를 골랐고…… 주머니에서 새총을 꺼내…… 블레셋 사람의 이마에 명중시켰고, 돌이 블레셋 사람의 이마에 파고들자 블레셋 사람은 땅바닥에 고꾸라졌다〉(사무엘상 17장 49절). 페르시아인과 그리스인, 카르타고인, 로마인, 아즈텍 족도 이 무기를 사용했는데, 고대의 가장 유명한 무릿매는 로도스 섬에 있었다. 아테네인들은 로도스의 무릿매 명수 700명을 시칠리아로 데려갔다.

남아메리카 인디언들이 오늘날에도 사용하는, 무릿매와 비슷한 무기는 〈볼라〉였다. 볼라는 줄에 매단 돌만 날린 것이 아니라 줄도 함께 날렸다. 밧줄이나 끈에 돌이나 금속 구슬을 여럿 묶어 말과 인간, 야생 동물들을 향해 날렸는데, 이것이 목표물의 다리에 명중하거나 휘감기면 목표물은 십중팔구 힘없이 쓰러졌다.

근접전과 결투에서 널리 사용된 고전적인 두 무기, 즉 창과 칼은 청동기 시대에 개발되었다. 몽둥이나 돌과의 차이점은 섬세한 가공 기술이 필요하고 대부분 두 가지 소재를 조합했다는 사실이다. 다시 말해 상대를 베고 찌르기 위해 나무나 대나무에다 그보다 더 단단한 물질인 뼈와 돌, 금속을 연결한 것이

---

* 작은 돌을 끈에 매달아 끈의 양끝을 잡고 휘두르다가 한쪽 끝을 놓아 돌을 멀리 던지는 팔매.

다. 철로만 만든 칼도 몽둥이에서부터 시작된 발전 과정의 마지막 단계였을 뿐이다. 즉, 몽둥이에다 돌 조각이나 상어 이빨(오세아니아 지방)을 박아 넣은 것이 칼의 시초였다. 이런 형태의 몽둥이는 중세의 가시 박힌 철퇴와 비슷했다. 어쨌든 이로써 전사들은 적의 몸에 좀 더 끔찍한 상해를 가할 수 있었다.

오늘날과 비슷한 모양으로 칼을 만들어 보편적 무기로 격상시킨 시기는 청동기 시대였다. 호메로스의 영웅들도 동검(銅劍)으로 싸웠다. 〈몸들 사이에서 검과 양날의 창이 맞부딪치면서 청동 금속의 날카로운 소음이 난무했다.〉[141] 지중해권을 중심으로 기원전 첫 번째 천년기에 동검을 몰아낸 철제 검은 나중에 로마인과 기사들의 주 무기이자 왕의 권위를 나타내는 상징이 되었다. 대개 50~70센티미터 길이의 단검과 비수 사이에는 경계가 뚜렷하지 않았다. 무엇보다 게르만 족이 쓰던 작스(Sax. 한쪽에만 날이 있는 단검의 일종) 같은 단검은 비수와 마찬가지로 찌르는 무기로 사용될 때가 많았기 때문이다. 초기에 칼과 비수로 사용한 도구는 가오리 가시(오세아니아)나 아즈텍 문명의 사제들이 포로의 가슴을 가를 때 썼던 부싯돌 칼이었다.

역사상 사냥과 전쟁의 가장 일반적인 무기인 창도 처음엔 나무와 대나무 자루에 뼛조각이나 돌 조각을 부착했다. 가끔 전투에 사용되기도 했지만 주로 사냥용으로 만들어진 창은 투척용 단창이었다. 게르만 족의 〈게르〉, 로마의 〈필룸〉, 메로빙거 왕국의 〈앙공〉이 그런 투척용 창이었는데, 길어야 2미터를 넘지 않았다. 그런데 전쟁에서는 찌르는 용으로 3~5미터 길이의 장창, 즉 랜스가 주를 이루었다. 마케도니아의 〈사리사〉, 로마의 〈하스타〉, 그리고 훗날 30년 전쟁의 용병들이 썼던 〈파이크〉가 이런 장창에 속한다.

투척용 창은 한 번만 쓰고 버려야 하는 단점이 있었다. 던진 사람이 투척 후에 달려가 창을 집어 오거나 적의 몸에서 뽑아 올 시간적 여유가 있을 때만 창을 재차 사용할 수 있었기 때문이다. 물론 장창도 적의 몸에서 힘껏 당겨서 뽑아야 할 때가 많았다. 헥토르가 파트로클로스를 죽인 뒤의 장면은 이렇게 묘사되어 있다. 〈그[헥토르]는 상대의 몸에다 발을 대고 청동 창을 힘껏 뽑고는 상대를 바닥으로 밀어 버렸다.〉[142]

많은 민족들에게서 창과 칼을 막을 유일하고도 보편적인 보호 장구는 방패였다. 방패는 버드나무 가지를 엮거나, 단순히 튼튼한 나무로 만들거나, 혹은 나무에다 모피나 가죽을 덧대거나, 아니면 소가죽이나 청동, 쇠로 만들었다. 호메로스의 작품에서 아이아스는 〈살찌게 키운 황소 일곱 마리의 가죽을 잇달아 붙이고〉[143] 그 위에다 청동을 입힌 방패를 들었다. 어떤 건 어른 키만 했고(고대 크레타), 어떤 건 둥글었다(로마인들과 바이킹 족). 방패 다음으로 널리 사용된 보호 장구는 모피, 가죽, 청동, 철로 만든 투구인데, 이것은 오늘날에도 아직 사용되고 있는 유일한 고대 장비이다.

원시 민족들조차 단순히 머리 보호를 넘어 몸통까지 장비를 둘러 보호하려고 했다. 여러 겹 덧댄 모피와 아마, 가죽이 이런 목적에 사용되었다. 아시리아인들은 여기서 한 걸음 더 나아가 여러 겹 덧댄 천과 가죽에다 자잘한 금속 조각을 부착시킨 비늘 갑옷을 개발했다. 이런 갑옷을 완성시킨 것은 기원전 4세기 이후의 페르시아인들이었다. 이로써 이들은 전사들을 철갑으로 무장시켰을 뿐 아니라 군마의 가슴과 이마에도 그런 보호 장구를 달았다. 그리스인과 로마인은 다리 보호대도 사용했는데, 가슴은 방패로 보호할 수 있었기에 다리 보호대 하나만 착용하고 전투에 나갈 때도 많았다.

무릿매나 투척용 몽둥이, 투척용 창보다 훨씬 더 먼 거리의 적에게 타격을 가한 무기는 화약 발명 이전에 널리 사용된 세 번째 고전적인 무기 활이었다. 활은 화약 발명 100년 뒤 총기가 개발되어 그보다 훨씬 먼 거리를 사정거리 안에 두는 데 성공하기 전까지 가공할 무기였다. 슈펭글러는 이렇게 썼다. 〈그것[활]은 은밀히 숨어서 활동하는 교활한 무기다. 적과 대면할 위험조차 없다.〉[144] 그렇다. 인간은 활의 개발과 함께 총기가 발명되기 전까지 인간 사냥에서 가장 효과적인 도구를 얻었다. 인간의 근육 힘은 활을 통해 기계적 에너지로 전환되었고, 그로써 약자도 강자를 죽이는 일이 가능해졌다.

활보다 더 오래된 것은 화살이다. 입으로 불어 침이나 작은 화살을 날리는 바람총이 그것인데, 사람들은 이것을 이용해 매복지에 숨어 동물이나 적에게 작은 독화살을 발사했다. 남미와 인도네시아 원주민들이 많이 사용한 원시 무기였다. 화살은 활이 임무를 다하고 사라진 뒤에도 오랫동안 사용되었다. 일례로 1914년 독일 비행기들은 지상의 프랑스 군인들에게 철화살을 쏘아 댔다.

활은 지구 상에서 상이한 두 가지 형태로 퍼져 있었다. 남반구에서는 나무 몸체와 식물성 섬유 시위로 이루어진 어른 키만 한 활이 주를 이루었다. 반면에 아시아와 북아메리카에서 사용된 활은 더 짧았지만 위력은 비할 바가 아니었다. 시위는 동물 힘줄로 만들었고, 탄력이 좋은 목제 궁체는 동물 뿔을 길게 잘라 바깥쪽을 보강한 뒤 나무껍질과 실, 훗날 좀 더 발전한 단계에서는 가죽과 동물 힘줄을 감았다. 활에서 시위를 제거하면 남방 활은 일직선의 나무대만 남는 반면에 북방 활은 장력 방향과는 반대로 굽은 쪽으로 순식간에 튕겨나갔다.

이런 활은 시위를 거는 것 자체가 힘과 기술을 요하는 힘든 과정이었다. 또한 쏘려고 시위를 당기는 것도 목표물과는 상관없이 그 자체로 수많은 남자들에게 하나의 즐거움이었다. 오디세우스가 활을 시험하는 장면을 함께 보자. 〈오디세우스는 커다란 활을 쓰다듬으며 이리저리 유심히 살펴보았다. 마치 현 하나를 가볍게 줄감개에 감아 돌리고, 양 창자를 꼬아 만든 줄을 양쪽으로 잡는…… 칠현금 전문가의 모습 같다. 곧이어 그는 힘들이지 않고 커다란 궁체에 팽팽하게 시위를 걸더니 오른손으로 시위를 힘껏 잡아당겼다. 손이 시위를 놓는 순간 활이 노래를 불렀다. 제비의 목소리와 비슷하다고 할까! ……오디세우스의 화살은 목표로 삼은 안티노스의 목에 정통으로 맞았고, 화살촉은 말랑말랑한 목을 그대로 통과해 뒤통수까지 관통했다.〉[145]

활은 무엇보다 아시아의 무기였다. 아시리아인은 활을 즐겨 사용했고, 남러시아 초원의 스키타이 족과 페르시아인은 활의 명수였다. 폼페이우스는 그리스와 동방 출신의 궁수 3천 명을 각별히 대우했고, 카이사르 군대는 적의 화살 세례를 무척 두려워했다.[146] 비잔티움 군대에서 용병으로 열렬한 환호를 받았던 아라비아의 사라센인들은 세계에서 가장 뛰어난 궁수로 인정받았다.

화약이 없던 시절의 세 가지 기본 무기 창과 칼, 활은 근대 깊숙한 시기까지 거의 모든 민족들이 전쟁을 치를 때마다 반복적으로 나타났다. 또한 그 변형들도 많았다. 예를 들면 원시 부족들과 고대 민족들이 사용한 것처럼 근육의 힘을 지렛대 원리로 보강해 줌으로써 투척용 창을 좀 더 멀리 던지게 해준 투척판이 있었고, 또 창을 던지고 나서 도로 끌어오기 위해 창에다 줄을 묶은 것도 있었다. 어쨌든 기본 무기와 유사하고 그에서 출발한 무수한 다른 형태의 무기들이 있었지만, 모두 한결같이 다른 인간들의 머리통을 좀 더 효과적으로 박살 내거나 심장을 뚫어 버리는 데 적합한 도구들이었다. 예컨대 전투용 망치, 다양한 형태의 타격용 무기, 혹은 어떤 때는 베기도 하고 어떤 때는 아메리카 인디언들의 가벼운 토마호크처럼 날리기도 하는 전투용 도끼들이 있었다.

밧줄이나 그물 같은 부드러운 무기로도 적을 제압할 수 있었다. 아무리 용감한 검사도 이 무기에 걸리면 무기력하게 발버둥을 치다가 교활한 공격자의 은총만 바라는 가련한 처지가 되고 말았다. 로마 검투사들의 대결에서는 대개 한쪽은 칼과 방패를 들고 다른 쪽은 투망과 삼지창, 비수를 들었는데, 투망 검투사가 상대의 몸을 그물로 씌우는 데 성공하면 싸움은 끝난 것이나 진배없었다. 아즈텍 족도 적과 전투를 벌일 때 비슷한 방법을 구사했다. 적을 죽이는 것이 아니라 사로잡아 제단의 제물로 바치는 것이 목적이었기 때문이다. 동물과 사람을 포획하는 데 널리 사용된 또 다른 무기는 올가미 밧줄이었다. 이집트인과 훈 족도 이 무기에 친숙했고, 스페인인들은 테네리페 섬의 관체 족에게 이것을 배워 아메리카에서 써먹었다.

올가미 밧줄보다 사냥에 더 자주 사용된 것은 마름쇠*와 함정이었다. 거의 모든 원시 민족이 이 무기를 사용했고, 심지어 로마인도 갈리아 족을 상대로 이것을 써먹었다. 카이사르는 알레시아를 포위 공격할 때 포위된 자들의 급습이나 포위망 돌파 시도를 막으려고 성곽 둘레에 둥글게 인간 함정을 설치했다. 〈나무줄기와 굵은 나뭇가지를 톱으로 자른 뒤 끝 부분을 뾰쪽하게 깎았다. 그러고는 사람 키 깊이의 구덩이를 잇달아 팠다. 자른 나무들은 구덩이 안에 말뚝처럼 박아 넣었고…… 뾰쪽한 말뚝이 나뭇가지들 사이에 삐죽 솟아올라 있었다.〉 구덩이 앞에는 마름쇠를 묻어 놓았다. 함정의 효과는 여실히 증명되었다. 〈접근하던 갈리아인들은 영문도 모른 채 마름쇠를 밟고 구덩이 안으로 속속 떨어졌다.〉[147]

이로써 우리는 역사 시대 초기에 벌써 모든 민족이 기본적인 무기를 친숙하게 사용했음을 확인할 수 있다. 근접전에서는 몽둥이와 칼, 창, 포획용 그물을 사용했고, 동물 사냥처럼 거리를 두고 벌인 싸움에서는 투척용 몽둥이와, 무릿매, 투척용 창, 화살을 사용했다. 인간이건 동물이건 구분을 두지 않았던 마름쇠와 함정은 근대에 들어서야 한층 더 악랄한 무기인 대인 지뢰에 그 악명을 넘겨주었다.

---

* 적의 침투를 저지하거나 지연시킬 목적으로 지면에 깔아 놓은, 끝이 송곳처럼 뾰쪽한 서너 개 발을 가진 쇠못.

13. 말

나는 황제, 즉 〈세계영혼〉이 도시를 살피러
말을 타고 지나가는 것을 보았다. 여기 한 점에 집중한 채
말 위에 앉아 세계를 굽어보고 다스리는
그런 개인을 보는 것은 정말 놀라운 감정이 아닐 수 없다.

게오르크 W. F. 헤겔, 1806년 예나에서

인간이 그때까지 발명한 모든 무기보다 더 효과적이었던 것은 전사와 민족들을 공황 상태에 빠뜨리고 역사를 만들어 간 한 아이디어였다. 그전까지 사냥의 대상에 지나지 않았던 동물을 인간들의 전쟁터로 끌어들인 것이다. 그 동물은 말이었다. 물론 처음엔 승마용 말이 아닌(이것은 훨씬 나중에 나타났다) 수레용 말이었다. 이륜 수레 앞에 두세 마리 말을 매달고, 수레 위에는 마부나 전사, 혹은 한두 명의 방패 든 군인이 섰다. 이것이 전투용 마차, 즉 전차(戰車)였다. 오스발트 슈펭글러는 전차의 세계사적인 의미를 다룬 한 논문에서 이렇게 밝혔다. 〈전차의 등장으로 속도가 무기로서 전쟁사에 첫발을 들여놓았다.〉[148]

전차는 중동 지역에서 기원전 세 번째 천년기, 그러니까 수메르인이 바퀴를 발명한 지 오래되지 않은 시점에 등장했는데, 전쟁에 대단위로 투입된 것은 기원전 1720년경이 처음으로 알려져 있다. 이집트 침공을 위해 소아시아에서 폭풍처럼 밀려온 힉소스 족의 전차들이었다. 그들 앞에는 나무 한 그루 없는 건

조한 평원이 펼쳐져 있었다. 전차가 달리기 딱 좋은 환경이었다. 이런 곳에서는 전차의 강점이 여실히 발휘되었다. 그러니까 빠른 공격이 가능했고, 도주하는 적을 월등한 속도로 추격했고, 질주하면서 충돌하는 말의 위력은 가공할 만했고, 적보다 높은 위치에서 창칼을 휘둘렀고, 전차 난간 덕분에 전차원의 하반신은 안전하게 보호되었고, 머리와 가슴 공격은 방패로 충분히 막을 수 있었고, 거기다 보병과 달리 방패의 무게까지 전투력을 소진할 필요가 없을 정도로 가벼웠던 것이 전차의 장점이었다.

이렇게 해서 전차는 기원전 1500년경 히타이트 제국과 아시리아, 그리스, 저 멀리 중국에서까지 적진을 일거에 무너뜨리는 역사상 첫 번째 속도전의 무기로 자리 잡았다. 손자는 전쟁을 하려면 〈말 네 필이 끄는 빠른 전차 천 대, 말 네 필이 끄는 보급용 마차 천 대, 갑옷 무장한 병사 십만〉[149]이 필요하다고 썼다. 아킬레우스는 전차 위에서 가공할 모습으로 트로이 진영을 미친 듯이 휘젓고 돌아다녔다. 그런 그를 호메로스는 〈불덩이 소용돌이〉 같다고 표현했다.

> 그가 악령처럼 무시무시한 모습으로 미친 듯이 창을 휘두르자
> 적은 우수수 스러지고 대지는 피로 흥건하니⋯⋯
> 저기 숭고한 자 아킬레우스 앞에서는
> 말들이 적의 방패와 바닥에 쓰러진 시신을 짓밟으며 돌진했고,
> 전차 밑 차축과 소담스럽게 장식된 안장은 선연한 피로 물들었노라.[150]

그러나 시간이 지나면서 전차는 훨씬 더 효과적인 무기에 뒤로 밀렸다. 바로 승마용 말이었다. 인간은 수천 년 동안 말을 사냥하고 먹기만 하다가 말을 길들인 뒤로는 천 년 가까이 수레를 끄는 용도로만 사용한 것처럼 보인다. 말을 승마용으로 사용하려면 우선 쓸 만한 마구(馬具)를 만들어야 했고, 그와 함께

새로운 전투 방법도 고안해야 했다. 물론 그 뒤에도 장애는 여전히 남아 있었다. 야생마는 오늘날의 말들보다 훨씬 작아서 건장한 남자를 태울 수 없었던 것이다. 게다가 무겁게 개량한 말을 길들이는 데도 또 수백 년의 시간이 필요했다.

정착 민족들은 〈말〉이라는 새로운 전쟁 도구를 다양한 방식으로 활용했다. 아시리아인들은 처음엔 보병이 말을 탔다. 진격할 때는 말을 타고 가다가 전장에 도착하면 내려서 싸운 것이다. 근대의 경기병들처럼 말이다. 그리스군은 전군의 최고 10퍼센트까지 기병을 육성했다. 알렉산드로스 대왕은 30만 보병에다 기병 5천을 끌고 아시아 원정을 떠났다. 상당한 규모의 기병대였는데, 알렉산드로스는 대개 기병대 선봉에 서서 싸웠고, 전투를 결정지은 것도 대부분 기병대였다. 카르타고군은 누미디아 용병들로 이루어진 막강한 기병대를 운용했다(여기서 누미디아는 기마 유목 민족들이 고대에 정착한 알제리 동부를 가리킨다). 누미디아 기병들은 칸나이 전투(기원전 216)에서 로마군에 치욕적인 패배를 안기는 데 결정적인 역할을 했고, 14년 뒤에는 거꾸로 로마의 용병으로 자마 전투에서 카르타고군에 재앙을 안겼다.

기병용 말은 단독으로 움직이기에 한층 빠를 뿐 아니라 전차와는 비교가 안 될 정도로 유연성이 뛰어나고 환경 조건에 제약을 덜 받았다. 적을 위축시키는 면에서도 기병용 말이 전차보다 훨씬 강력했다. 이유는 분명했다. 근접전에서는 방향을 트는 데 어려움이 따르는 전차보다 기병용 말을 피하기가 한결 어려웠고, 일반적으로는 평화 상태에서도 이제 언제든지 기습 공격이 가능해졌기 때문이다. 이것은 몽골 장수 수부타이가 분명하게 증명했다. 1241년 자신의 군대와 함께 사흘 만에 480킬로미터를 달려갔으니 말이다. 인간은 기원전 첫 번째 천년기에 당시까지 가장 빠른 전투 수단이자 이동 수단을 손에 넣은 뒤 19세기 중반까지 적극 활용했다.

그런데 희한하게 로마인들은 활도 그렇지만 말도 별로 이용하지 않았다. 로마 군단의 병사 6천 가운데 기병은 약 3백이었고, 그것도 대부분 게르만 용병이었다. 그러나 이것은 전술상의 문제라기보다 말이 많지 않던 이탈리아의 환경적 요인이 더 크게 작용한 것으로 보인다.

어려서부터 직접 말을 접해 본 적이 없는 사람은 말이 어디로 튈지 모르는 동물이라고 생각하기 쉽다. 크세노폰은 메소포타미아에서 그리스 용병들에게 이렇게 소리친다. 「너희는 지금 겁을 먹고 있을지 모른다. 우리는 기병이 없고 적은 기병이 많은 것을 보고 말이다. 하지만 생각해 보라. 지금껏 전투에서 말에게 물려 죽거나 맞아 죽은 사람은 없다. ……기병은 마상에 묶여 있다. 그들은 우리를 두려워할 뿐 아니라 말에서 떨어지지 않을까 노심초사한다. 반면에 우리는 어떤가? 안전한 땅 위에 버티고 서 있으니 훨씬 힘차게 적을 때려 부술 수 있지 않은가!」[151] 이는 페르시아인들의 정서에는 가당치도 않는 소리였겠지만, 그리스인들은 충분히 이해했을지 모른다. 프리드리히 대왕은 또 뭐라고 썼던가? 「부왕께서는 내게 형편없는 기병대를 남기셨다. ……기병이라는 것들이 말을 무서워하고, 말에 오를 생각을 하지 않고, 훈련도 보병처럼 걸어서 받으려고 한다.」[152] 끝으로 칭기즈칸은 말로써 전인미답의 역사를 만들어 갔지만 결국 말에서 떨어져 죽었다.

말에 비하면 지극히 미미하지만 그래도 전투에서 일정한 역할을 한 다른 동물이 있다. 낙타는 기원전 1100년경 이후 처음엔 짐 운반용으로 사육되다가 나중엔 타고 다니는 용도로 사용되었다. 팔레스타인에서 유목 생활을 하던 미디안 족에 관해 성서에는 이렇게 기록되어 있다. 〈그들의 낙타는 해안의 모래처럼 셀 수 없을 정도로 많았다.〉[153] 고대뿐 아니라 오늘날의 많은 남유럽 국가들에서 전형적인 짐 운반용 동물은 나귀였다.

그렇게 효과적이지는 않아도 무척 유명한 고대의 전투용 동물은 코끼리였다. 그런데 코끼리를 일종의 탱크처럼 처음 사용한 것은 세간의 통념과는 달리 카르타고가 아니었다. 코끼리는 원래 인도와 중국에서 위압용 무기로 사용되다가 그리스인들에 의해 코끼리 전술이 지중해권으로 유입되었다. 알렉산드로스 대왕의 군대는 기원전 331년 가우가멜라 전투에서 처음으로 전투 코끼리들과 마주쳤는데, 그때는 불과 15마리밖에 되지 않아서 전투에 별 영향을 끼치지는 않았다. 그러나 기원전 326년 인도의 포루스 왕이 인더스 강의 지류 히다스페스 유역에서 전투 코끼리 200마리로 알렉산드로스군을 막아섰을 때는 상황이 완전히 달랐다. 200이라는 숫자는 알렉산드로스군에 재앙을 안기기에 충분했던 것이다. 거대한 코끼리들이 미친 듯이 울부짖으며 돌격해 오자 말들은 겁을 먹고 꽁무니를 뺐고, 병사들의 가슴도 경악으로 가득 찼다. 코끼리들은 그리스군을 무참히 짓밟았고, 단단하고 날카로운 엄니로 적을 들이받았으며, 무장한 전사들을 긴 코로 들어 올려 땅바닥에 사정없이 내동댕이치거나 등에 층지어 앉아 있던 인도의 궁수와 창병들에게 넘겨주었다. 코끼리가 상처를 입고 주저앉기 전에는 이들을 무너뜨릴 방법은 없어 보였다.

코끼리들은 부상당하면 한층 난폭해졌는데, 이것이 적에게는 기회가 되었다. 이 야수들은 광분하면 적과 아군을 구분하지 않았기 때문이다. 그래서 아이러니하게도 알렉산드로스는 코끼리 덕분에 이 전투에서 최후의 승리자가 될 수 있었다. 사정은 이랬다. 화살과 창에 꽂혀 고통으로 포효하던 코끼리들은 월등히 우세한 마케도니아 기병대와 무시무시한 팔랑크스를 피해 도망치던 인도 병사들을 마구 짓이겼다. 또한 마케도니아 병사들은 뒤에서 살금살금 접근해서 코끼리의 발꿈치를 도끼로 내리쳤다. 이후의 상황은 불을 보듯 뻔했다. 백 마리가 넘는 코끼리들은 고통스러운 비명을 지르며 마구 날뛰었고, 곧 전장은 아수라장으로 바뀌며 코끼리의 피와 인도 군인들의 피로 물들었다. 알렉산드로스군의 승리를 확증 짓는 순간이었다.

알렉산드로스는 회군하는 길에 코끼리 80마리를 데려갔고, 몇 마리와 함께 바빌론에 도착했다. 기원전 280년에는 그리스 이피로스의 피로스가 코끼리 부대를 이끌고 이탈리아로 진격했다. 그렇다면 로마인들이 전장에서 이 거대한 동물을 처음 만난 것은 카르타고와의 전쟁 때가 아니라는 말이 된다. 하지만 코끼리를 앞세워 로마에 끔찍한 패배를 안긴 건 분명 카르타고군이었다(바빌론으로부터 소식을 전해 듣고 전투용으로 길들이기 시작한 아프리카 코끼리들이었다). 1차 포에니 전쟁에서 레굴루스 군단은 카르타고의 성문 앞 튀니스 전투에서 절멸에 가까운 참패를 당했다(기원전 255).

기원전 218년 한니발은 코끼리 40마리가량을 끌고 알프스를 넘었다. 이 행군에서 살아남은 코끼리는 몇 마리 되지 않았고 칸나이에서는 한 마리도 전투에 참여하지 못했으므로, 로마군이 카르타고의 이 거대한 동물들을 누르고 최초로 승리를 거둔 것은 자마 전투가 된다. 지난날 겁에 질린 레굴루스 군단이 한곳에 몰려 코끼리들에게 짓밟혔던 것과 달리, 스키피오 군대는 코끼리들에게 길을 터주고는 곧장 포위해서 동물들이 쓰러질 때까지 창과 화살을 날린 것이다. 2차 포에니 전쟁(기원전 201)의 승패를 결정지은 이 전투에서 로마인들은 카르타고에 승리를 거두었지만 코끼리 부대의 위험성을 충분히 목격했고 카르타고에 이 〈육중한 무기〉를 금지시켰다. 기존의 코끼리를 모두 넘겨받은 뒤 다시는 코끼리를 길들이지 못하게 한 것이다.

기원전 2세기 로마는 이제 자기 쪽에서 마케도니아와 스페인, 갈리아 군대를 상대로 코끼리를 투입했다. 그 이후로는 개선 행렬과 서커스 공연에서만 코끼리를 볼 수 있었다. 델브뤼크는 『전술사』에서 이런 결론을 내렸다. 〈승패는…… 코끼리로 결정되지 않았다.〉[154] 코끼리의 위용에 위축되지 않은 군인은 그들보다 더 강했다. 이 동물은 상처의 고통과 시끄러운 전투 소음에 사로잡히면 드물지 않게 자기 진영으로 돌아서서 돌진했기에 이들을 전투에 투입하는 것은 사실 위험이 따랐다. 알렉산드로스와의 전투에서 코끼리가 오히려 인도인들에게 재앙이 된 것처럼 말이다. 그래서 카르타고인들은 그 위험을 줄이려고 코끼리 기수에게 끌을 하나 들려 보내 위급 시 코끼리 정수리에 끌을 박아 넣게 했다.

세계사에서 승마용 말이 큰 족적을 남긴 것은 세 번 있었다. 말발굽 소리는 세 번 다 유럽 대륙 깊숙한 곳까지 천둥처럼 울려 퍼졌다. 테이프를 끊은 것은 아틸라의 훈 족이었는데, 이들은 유럽을 말발굽으로 짓밟다가 451년 파리 동쪽 카탈라우눔 평원에서 로마군과 게르만 족에 의해 격퇴되었다. 두 번째 주자는 아바르 족이었다. 이들은 552~626년 동안 거의 패배를 모르고 유럽을 휘젓고 돌아다니다가 오늘날의 헝가리 땅에서 마침내 무릎을 꿇었다. 이들이 수십 년 동안 승리를 거둘 수 있었던 데는 당시 유럽 기사들이 몰랐던 장비 덕이 컸다. 가죽 안장에 단단히 달아 놓은, 기수의 발을 잡아 주는 금속 등자가 그것이었다. 등자는 말의 전투 효과를 극적으로 변화시켰다. 기병은 더 이상 팔로 창을 던지지 않고 창을 겨드랑이에 단단히 낀 채 등자에 서서 돌진하면서 말의 추진력을 이용해 적의 몸속으로 창끝을 찔러 넣었다. 브리태니커 사전은 등자를 가리켜 〈총포 화약이 발명되기 이전에 무기사의 가장 중요한 발명〉이라고 치켜세웠다.

마지막으로 말과 함께 세계사를 쓴 세 번째 민족은 1216~1241년 동안 칭기즈칸과 그 아들들이 이끈 몽골 족이었다. 25년 동안 그들은 초원 지대를 기반으로 거대한 세계 제국을 말발굽으로 다졌고, 고려에서부터 크림 반도와 튀링겐 숲까지 바다처럼 넓은 땅을 침략했다. 그런 그들에게 말은 삶의 핵심이자 때로는 성역이었다. 한 몽골 족장이 적에 의해 늪으로 쫓겨 어쩔 수 없이 말을 버리고 혼자 빠져나가자 추격자들은 더 이상 쫓지 않고 내버려 두었다. 말이 없는 사람은 적이 될 수 없었기 때문이다. 아라비아의 역사가 이븐 알아티르(Ibn al-Athir. 1160~1234)는 저서『세계사』에서, 몽골 기병 하나가 온 마을을 점령하고 다른 기병 하나가 아랍인 18명을 서로 묶게 한 뒤 자신을 뒤따라오게 하는 것을 보면서 등골이 오싹할 정도로 경악했다고 기록하고 있다.

몽골 족은 5열 전투 대형을 짰다. 앞의 두 줄은 창칼로 무장한 기병으로 말과 함께 가죽 가슴 갑옷을 착용했다. 나머지 세 줄은 갑옷을 입지 않은 궁수와 투척용 창병이 도열해 있었다. 이들은 기습적으로 옆으로 빠져 적에게 화살을 날리고 창을 던졌다. 그런 다음 다시 기병들 뒤로 돌아가면 이번에는 기병들이 달려가 창칼로 적을 도륙 냈다.

칭기즈칸은 도시를 끔찍이 싫어했다. 그래서 모든 도시를 파괴했다. 하지만 주민들은 전의를 보이지 않고 항복하면 살려 주었다. 예를 들어 공황 상태에 빠져 있던 이슬람의 중심지 부하라와 사마르칸트 주민들처럼 말이다. 이들은 땅에서 솟은 것처럼 갑자기 천둥 치는 말발굽 소리와 함께 눈앞에 나타난 몽골 기병들을 보고 기겁할 수밖에 없었다.

전투에서 말이 중요한 이유는 기병과 말 자체의 전투력과 속도 때문도, 공격당하는 자에게 가하는 심리적 압박 때문도 아니다. 오히려 기병 자신에 대한 심리적 효과가 훨씬 더 크다. 기병만 말을 달리는 게 아니라 말도 주인을 달리게 하면서 서로 상승 작용을 하는 것이다. 게다가 말에 올라탄 상태로 힘들이지 않고 빠르게 내달리다 보면 당연히 밑에서 움직이는 것들에 대한 사냥과 약탈, 살해의 유혹이 생겨난다. 그래서 모든 시대를 통틀어 가장 대담하고 폭력적인 민족은 기마 유목 민족이다. 칸트가 몽골 족을 가리켜 〈말을 타고, 그래서 전투적인 민족〉이라고 간명하게 표현한 것도 그 때문일 것이다.[155]

몽골 족에게는 그들을 움직이는 또 다른 중요한 동력이 있었다. 엘리아스 카네티Elias Canetti는 자신의 대표작『군중과 권력』에서 이 동력을 지적했다. 칭기즈칸은 유례없이 가혹한 기율로 기병들을 다스렸던 것이다(30장에서 소개될 것이다). 부하들은 이 〈명령의 가시〉를 견뎌 냈다. 처벌의 공포 속에서도 상관의 명령을 묵묵히 따랐다는 말이다. 이유는 자신도 즉시 명령 대상, 즉 말에게 가혹한 명령을 내릴 수 있었기 때문이다. 이 명령이 기병과 말에게 군사적으로 꼭 필요한 전진 충동을 일깨웠다.

1241년 기독교 기사군이 유일하게 몽골군에 맞서 보았지만, 슐레지엔 지방의 레그니차에서 절멸에 가까운 참패를 당했다. 이후 몽골 기병들은 유럽 전체를 유린할 수도 있었지만 그러지 않았다. 몽골군은 남쪽으로 기수를 틀어 체코의 브르노를 약탈하고 헝가리를 폐허로 만든 뒤 오늘날의 폴란드와 루마니아로 철수했다.

14세기에 화기(火器)가 나타났다. 이것은 보병보다 기병에 더 큰 타격이었다. 물론 그렇다고 말의 역할이 완전히 끝난 것은 아니었다. 남은 기병들은 자신에게 적합한 화기를 만들려고 노력했다. 그렇게 해서 15세기에 짧은 핸드 캐넌*이 등장했고, 16세기에는 둥근 손잡이가 달린 권총이 개발되었다.

30년 전쟁은 기병에게 과거의 의미를 일부라도 되돌려 주는 기회가 되었다. 구스타브 아돌프가 고대의 알렉산드로스 대왕처럼 적에게 갑작스러운 충격을 가할 목적으로 기병대에 첫 공격을 맡기는 전술을 택한 것이다. 거기다 끔찍한 전쟁 말기에는 온 지역이 황폐화되고 더는 징발할 물자가 없어 오직 기병만이 목표 지점으로 빨리 이동할 수 있게 된 환경도 작용했다. 1642~1651년의 영국 내전(대반란 혹은 청교도 혁명)에서는 기사군의 몰락 이후 처음으로 기병대가 다시 전투의 승패를 결정짓기도 했다. 이 기병대의 이름은 장군이자 나중에 독재자가 된 올리버 크롬웰이 혹독하게 훈련시킨 광적인 〈철기대Iron-side〉였다.

---

* 나무통 끝에 화약과 함께 탄환을 장전한 뒤 화구에 불을 붙여 발사하는, 가장 원시적인 개인 화기.

프리드리히 대왕은 화기가 발명된 지 400년이 지났음에도 기병의 공격 본능을 잘 살린 주도면밀한 작전을 펼치면 여전히 전투를 결정지을 수 있다는 인식하에 기병대에 지극한 애정을 쏟았다. 토마스 만은 그런 프리드리히의 생각을 다음과 같이 격정적으로 표현했다. 〈공격 정신, 즉 빠르고 박력 있는 실행 의지는 갖은 수단으로 이 부대의 뼛속까지 스며들었다. 이는 시대의 모든 미적 취향과 상반되고 오히려 야만적인 것에 인접해 있었다. ……기필코 전투를 벌여라! 공격하고 또 공격하라! 매일 끊임없이 공격하라! ……쓸데없이 쏘지 말라! 무엇보다 너무 서둘러 쏘지 말라! 스무 걸음, 열 걸음 떨어진 거리에서 적의 코에 《강력한 총탄을 날리고 이어 적의 갈비뼈에 대검을 꽂아라!》 《국왕께서는 모든 기병대 장교에게 어떤 상황에서도 적에게 공격을 허용하지 말 것을 강조하셨다. 프로이센은 공격을 받는 것이 아니라 적을 공격해야 한다.》 빠른 속도로? 아니, 그 정도로는 부족하다. 먼지바람을 일으키며 전속력으로 내달려야 한다. 《그런 다음 물 샐 틈 없이 대형을 이루고 말을 큰 소리로 몰아붙여 적을 쳐부수어야 한다.》 《먼지바람》, 《적의 코에 강력한 총탄을》, 《갈비뼈에 대검을 꽂고》, 이 말들 속에는 거칠고 과격하고 악의적이고 무조건적이고 위험한 무언가가 담겨 있다.〉[156]

자이틀리츠Seydlitz 장군은 기병대로 로스바흐 전투(1757)와 초른도르프 전투(1758)를, 치텐Zieten 장군은 토어가우 전투(1760)를 승리로 이끌었다. 치텐 장군이 지휘한 〈후사르〉는 원래 헝가리 경기병 부대인데, 1721년 프로이센에 도입되어 프리드리히 치하에서 강군으로 자리 잡았다. 국왕은 이 부대를 로마 시대의 누미디아와 파르티아 기병과 비교할 정도로 아꼈다.

말은 대부분의 역사 시대에서 군인의 가장 중요한 우군이거나 적이었다. 1811년 독일 소설가 장 파울Jean Paul은 이렇게 썼다. 〈기병대에서 절반 이상의 의미를 차지하는 말은 불속으로도 뛰어들어 용감하게 싸운다. 그러나 정부 관

보를 보면 보병보다 말에 관한 이야기는 적고, 모든 명예는 장교들에게 돌아간다.〉

미합중국이 1865~1891년까지 인디언 박멸 또는 정복을 위해 벌인 큰 전쟁에서는 또다시 말이 핵심적인 역할을 했다. 당시 인색한 의회 때문에 재정 지원을 제한당한 백인들은 그 옛날 유럽 침략자들에게서 말을 처음 본 인디언들보다 말이 적었다. 그것도 스페인의 말과 기사를 처음 보면서 켄타우로스 같은 반인반마의 괴물이라고 생각한 사람들보다도 말이다. 아무튼 인디언이 말을 처음 접하고 나서 300년이 흘렀고, 한 아메리카 군사 역사학자는 〈지상 최고의 경기병〉은 바로 수 족과 코만치 족 같은 프레리 평원의 인디언들이었다고 평가했다.[157]

말과 살인적인 화기의 마지막 대충돌은 1898년 수단의 옴두르만 전투에서 일어났다. 허버트 키치너가 지휘한 영국-이집트군은 나일 강변에서 병력이 세 배나 많은 만디군을 기관총으로 거의 몰살시켰다. 그런데 이 주력군과 산맥 하나를 사이에 두고 기병들의 전투가 동시에 벌어지고 있었다. 여기서는 영국의 창기병 연대(윈스턴 처칠이 지휘관이었다)가 말을 타고 공격했는데, 마치 시간을 백 년 전으로 돌려놓은 것 같은 풍경이었다.

이 전투 1년 뒤 처칠은 이렇게 썼다. 〈다른 쪽에서 벌어진 전투는 대학살이었을 것이다. 그러나 여기서는 공정한 전투가 벌어졌다. 우리도 창칼을 들고 싸웠기 때문이다.〉[158] 처칠은 훗날 이 학살을 〈야만인들에 대한 과학 무기의 유례없는 승리〉라고 불렀고,[159] 다른 자리에서는 당시의 기병전을 이렇게 기록했다. 〈옴두르만 같은 전투는 다시는 없을 것이다. 그것은 휘황찬란한 장엄함이 전쟁에 영광을 부여하곤 하던, 진실로 극적인 긴 전투 사슬의 마지막 마디였다.〉[160]

그런 영광은 두 번의 세계 대전과 함께 끝났다. 물론 1914년에도 독일 경기병과 창기병, 흉갑기병은 전쟁에 나갔고, 빌헬름 2세는 1914년 8월 6일 이렇게 선포하기도 했다. 〈마지막 숨이 붙어 있을 때까지 기병과 말이 우리를 지켜 줄 것이다.〉 동시대인들에게는 결코 터무니없는 말로 들리지 않았을 것이다. 게다가 수레를 끄는 말은 이전의 그 어떤 전쟁보다도 더 중요한 역할을 했다. 대포와 탄약을 비롯해 대군에 필요한 모든 보급용 물품을 수없이 날랐기 때문이다. 1914년 한 해에만 독일에서 70만 마리가 넘는 말이 동원되었다.

기병의 영광을 필사적으로 지키려는 마지막 시도는 1939년 9월에 있었다. 폴란드 창기병 부대가 독일 탱크를 향해 돌진한 것이다. 물론 처참한 몰살로 끝났다. 2차 대전에도 말 수백만 마리가 동원되었다. 특히 독일에서는 1943년 이후 연료 공급이 원활하지 못하자 점점 더 많은 말이 필요하게 되었다. 1945년에 동프로이센에서 서부로 피난민들을 실어 나른 것도 만 대에 달하는 마차들이었다.

어쩌면 미래의 사이버전에서도 또다시 말이 필요할지 모른다. 이 충직하고 고결하고 아날로그적인 동물은 어떤 컴퓨터로도 농락하거나 제어할 수 없을 테니까.

14. 보병과 수레

> 오물이 굳어 딱지를 이룬 얼굴, 형편없이 수척한 몰골, 부상으로 지친 발걸음으로
> 잿빛 군대가 잿빛 거리를 휘청거리며 지나간다. 나도 따라 휘청거리며…
> 고통스러운 고단함으로 부르튼 입술, 헝클어진 머리, 초점을 잃은 시선,
> 넝마 같은 옷. 나는 묵묵히 휘청거리며….
> 에른스트 얀들Ernst Jandl, 『전장에서 온 편지』(1943)

기관총의 등장은 기병대에 종지부를 찍었다. 하지만 이 말이 그 이전에는 기병이 보병보다 항상 강했다는 뜻은 아니다. 어떤 공격도 그리스의 보병 밀집 대형인 팔랑크스를 뚫지 못했고, 오스트리아 기병대는 1315년 스위스 밀집 대형에 참패를 당했으며, 프랑스 기사단은 1346년 영국군 궁수들에게 무릎을 꿇었다. 그러니까 제대로 된 전투 대형에다 효과적인 전술을 펼치고 사기까지 높을 경우 보병이 말과 기병에게 승리를 거두었던 것이다.

팔랑크스의 전투는 전쟁사에서 가장 조직적인 결투라고 부를 만했다. 올림픽 경기(기원전 776년 이후)의 제식을 차용했거나 그에서 힌트를 얻어 새로 만들어진 것으로 추정되는데, 스파르타에 도입된 것은 기원전 7세기였다. 이후 4백 년 넘게 다른 팔랑크스를 만나지 않는 한 패배를 몰랐다. 서로 맞붙을 양쪽 진영은 언제 어디서 만나기로 사전에 약속을 했다. 상호 조율에 의한 군사 대결이었던 셈이다. 각 군은 중무장 보병(호플리테스)으로 이루어져 있었다.

이들은 창과 짧은 칼에다 흉갑, 투구, 다리 보호대, 방패를 착용했는데, 모두 합쳐 약 25킬로그램이나 나갔다. 보병들은 최소 여덟 줄에서 간혹 스무 줄까지 직사각형 대열로 서서 적을 향해 천천히 돌진한 뒤 적의 선두 대열을 무너뜨리려고 했다.

이해하기 쉽게 묘사한 델브뤼크의 글을 보면 팔랑크스는 다음과 같이 기묘한 방식으로 돌아갔다. 〈팔랑크스에서는 기껏해야 앞 두 줄만 실제 전투에 참가했다. 그것도 둘째 줄은 적군과의 충돌 시 1열의 빈틈을 메울 뿐이었다. 나머지 줄들은 쓰러지거나 부상당한 동료를 즉시 대체하는 데 사용되었는데, 사실 이보다 더 핵심적인 용도는 앞줄에 선 병사들에 대한 물리적이고 도덕적인 압박이었다. ……팔랑크스의 뒷줄들은 무기를 사용할 일이 거의 없었기 때문에 대략 넷째 줄부터는 모든 전사에게 보호 장구 일체를 지급하는 것이 쓸데없는 짓으로 비칠 수 있다. 그러나 무장하지 않은 사람은 무장한 사람을 상대로 싸울 수 없다. 그렇다면 무장한 사람 뒤에 무장하지 않은 사람을 몇 줄 세워놓는 것은 과시 이상의 의미는 없을 것이다. 게다가 뒤에 있는 병력은 앞줄이 앞으로 나가게 압박하는 것이 주목적인데, 만일 뒷줄로부터 실질적인 지원을 받지 못할 거라는 사실을 의식하게 되면 앞줄들은 진격할 마음이 상당히 줄어들었을 것이다.〉[161] 어쨌든 실제로는 빨리 앞으로 나가지 않을 경우 밟혀 죽을 위험이 있을 정도로 뒷줄의 압박은 거셌다.

여기서 팔랑크스의 결정적인 강점이 나온다. 개인은 이 단단한 대형 속에 들어가면 용기를 얻고, 전체 대형도 구성원 하나하나의 불타는 전의에 의존할 필요가 없다는 것이다. 한 덩어리의 단단한 대형 속에서 동료들과 빽빽하게 어깨를 맞대고 서면 불안에 떨던 개인들도 위로를 받고, 안전에 대한 기대가 높아지는 것을 느낀다. 예를 들어 거위들도 전선을 형성함으로써 여우의 기를 꺾곤 한다. 심지어 덩치 큰 캐나다 거위들은 팔랑크스와 비슷한 대형을 형성하면서 여우들을 막아서는데, 이런 대형은 거위들에게 여우를 공격할 대담성도 부여한다. 결국 팔랑크스는 겁쟁이를 늑대로 바꾼다. 아니, 최소한 자신이 불안에 떠는 겁쟁이라는 사실을 늑대에게 숨길 수는 있다.

마케도니아의 필리포스 2세는 기존 스파르타식 팔랑크스에 두 가지 변화를 주면서 더욱 효과적인 팔랑크스를 만들어 냈다. 첫째, 팔랑크스의 약점이던 측면을 경무장 부대(활, 무릿매, 투창)나 기병대로 보강했고, 둘째, 그때까지 2미터에 불과하던 창 길이를 약 5미터로 늘림으로써 팔랑크스의 전방을 난공불락으로 만들고자 했다. 창이 길어지면서 적군은 팔랑크스의 1열에 도달조차 하기 어려웠던 것이다. 자주 있는 일이지만 여기서도 화가 복으로 작용한 듯하다. 즉 마케도니아는 군사 대부분을 중무장할 만큼 부유하지 않았기에 필리포스는 갑옷을 입지 않고도 적을 따돌릴 수 있는 방법을 찾아낸 것이다.

그런데 5미터 길이의 창(사리사)으로 무장한 병사는 셋째 줄과 그다음 줄들이었던 것으로 보인다. 반면에 앞 두 줄이 들고 있던 창은 상대적으로 짧았다. 세 번째 줄이 내민 창끝과 대형 밖에서 일직선을 유지해야 했기 때문이다. 넷째와 다섯째 줄의 사리사도 앞 동료들 사이를 지나 1열 밖으로 삐죽 삐져나와 있었다. 이로써 적은 첫 충돌 시 그전보다 3~5배나 많은 창과 맞서야 했다. 뒷줄 병사들은 앞 사람 어깨 위에 장창을 올려놓았는데, 이는 공격 시 뒤에서 앞으로 끊임없는 밀어내는 물리적 도덕적 압력의 효과가 있었고(전사들 뒤에 추진기가 달려 있는 셈이다), 전술을 펼칠 때는 결속감과 간격을 유지하는 데 도움이 되었다. 이것이 알렉산드로스 대왕이 전 세계 절반을 정복하는 과정에 함께한 공격 머신이었다. 장창이 가시처럼 빽빽하게 튀어나와 있는 이 마케도니아의 팔랑크스는 한 세기 반 동안 적수가 없었다. 로마 집정관 아이밀리우스 파울루스는 이 팔랑크스를 가리켜 〈지금껏 본 적이 없는 섬뜩하고 무시무시한 모습〉이었다고 적었다.[162] 이제 세계는 패배를 모르는 마케도니아 팔랑크스와 역시 막강한 전력을 자랑하던 로마 군단의 결전을 긴장된 마음으로 기다렸다. 기원전 197년에는 키노스케팔라이에서, 기원전 168년에는 피드나에서 드디어 결전이 열렸고, 두 번 다 로마가 승리를 거두었다.

당시의 역사가 폴리비오스는 이렇게 서술한다. 〈독창적이고 위력적인 전술을 구사하는 그들의 팔랑크스는…… 어떤 형태의 다른 전투 대형도…… 무너뜨릴 수 있는 확고한 힘을 갖고 있었다. 그들의 공격을 막아설 것은 없었다. 그렇다면 로마군의 승리는 어떻게 설명되어야 할까? 팔랑크스의 문제점은 적응력 부족이다. 사실 예측할 수 없는 상황이 항상 생길 수밖에 없는 게 전쟁이다. ……그러나 팔랑크스는 성공적인 작전 수행을 위해서는 항상 특정한 상황과 특정한 지형이 필요했다. 그렇지 않고 구덩이와 협곡, 바위, 개천 따위가 나타나면 팔랑크스 대형은 쉽게 흐트러졌다. ……게다가 군대는 갖가지 형태의 지역을 행군하고, 야영하고, 적보다 먼저 요충지를 점령하고, 포위 공격을 감행하고, 예상치 못한 난감한 환경에 대비해야 한다. 그러나 마케도니아의 팔랑크스는 이 모든 작전에 너무 서툴렀다. 반면에 로마의 전술은 어떤 작전에서도 항상 동일한 성능을 보여 주었다. 군인 하나하나가…… 어떤 지형, 어떤 상황, 어떤 환경에서도 고르게 훌륭한 적응력을 보였기 때문이다.〉[163]

로마군의 성공은 단위 부대들의 높은 유연성과 군사들의 혹독한 훈련에 그 비밀이 있었다. 그들은 칸나이의 참패를 교훈 삼아 경직된 팔랑크스를 200명 단위의 보병 중대로 해체했는데, 이 중대들은 마케도니아처럼 공동 전선을 형성하기도 했지만 자율적으로 전선의 구멍을 메우고 기민하게 방향을 틀고 독자적인 작전을 수행할 수도 있었다.

게다가 로마인들은 장창 대신 투척용 짧은 창(필룸)을 사용했고, 병사들은 이 창을 대개 두 자루씩 지참했다. 그리스인들이 단순히 보조 무기 삼아 갖고 다닌 칼도 로마 병사들은 주 무기로 삼았다. 그들은 마케도니아의 장창 때문에 쉽게 다가갈 수 없는 거리에서 창을 던진 다음 적이 동요하는 틈을 타 마구 칼을 휘두르며 적진을 깨고 들어갔다.

그 밖에 로마군의 승리에서 빼놓을 수 없는 결정적인 공신은 혹독한 노동과 고생을 견뎌 내도록 훈련받은 병사들의 강한 인내력이었다. 사실 이들만큼 일을 많이 한 군인은 그전에도 없었고, 이후에도 드물었다. 로마 군단은 먼 거리도 빠른 속도로 행군하도록 훈련받았다. 일례로 30~35킬로미터를 다섯 시간 만에 주파했다. 그것도 30킬로그램의 군장을 하고서. 또한 긴 행군이나 전투 뒤에 하루도 편히 쉬지 않았다. 여건이 허락하거나, 필요하다고 생각될 경우 행군 뒤 즉시 진지 구축에 나선 것이다.

그래서 병사들은 삽과 도끼, 톱을 늘 휴대하고 다녔다. 또한 보루용 말뚝도 항상 지참했다. 나무가 없는 지형으로 들어갈 경우 보루를 치기 위해서였다. 기원전 134년 스페인의 누만티아를 포위 공격하면서 첫 전투에서 패배를 당하자 로마 군단 사령관 스키피오 아이밀리아누스는 짐을 끄는 동물들을 싹 팔아 치운 뒤 전 병사에게 보루용 말뚝 7개와 30일치 식량을 들고 행군하게 했다. 그게 벌이었다.

〈비르투스virtus, 오푸스opus, 아르마arma〉, 즉 용기, 신고(辛苦), 무기는 리비우스에 따르면 적을 이기는 수단이었다.[164] 특히 로마군의 간난 가운데 진지를 구축하는 작업은 핵심 역할을 했는데, 〈오푸스〉라는 말에 〈진지 구축〉이라는 부수 의미가 생길 정도였다. 델브뤼크는 이렇게 썼다. 〈보루 작업은 힘만 들고 보람은 별로 없어 보이는 일이지만 로마의 세계 정복에 결코 용기나 무기보다 역할이 적지 않았다.〉[165] 그렇다. 그건 사실이다. 전쟁 중에도 용기와 무기는 별로 사용할 일이 없는 데 반해 전쟁의 일상은 노동과 간난이었다.

로마 군단은 수백 년 동안 기병의 별 도움 없이 당시 알려진 세계의 민족 대부분을 격파했다. 그러나 378년 아드리아노플 전투에서 로마 군단에 치명적인 참패를 안긴 것은 갑옷을 입은 고트 족의 창기병이었다. 〈산 위에서 번개가 내려치듯 빠른 속도로 고트 족 기병들이…… 로마군에게 질주해 오더니…… 닥치는 대로 병사들을 무참히 도륙 냈다.〉[166] 당시의 한 로마인이 쓴 기록이다. 얼마 뒤 테오도시우스 1세(재위 379~395)는 이 고트 족 기병들을 용병으로 고용함으로써 600년 가까이 스코틀랜드부터 페르시아에 이르는 모든 곳에서 늘 승리의 진군가를 불렀던 로마 군단을 해체해 버렸다.

그로부터 약 800년 동안 유럽의 전장을 지배한 것은 중무장한 유럽 기병이었다. 물론 보병보다 수적으로 월등해서 그런 것은 아니었다. 기병의 우위는 무엇보다 로마 군단의 패배에서부터 스위스 근위대의 승리에 이를 때까지 전투력 강한 보병이 없었다는 데 그 원인이 있다. 아드리아노플 전투에서 참패를 당한 로마 군단은 이미 그전부터 튼튼한 진지 구축 작업을 포기하고 있었고, 단순히 편리함의 이유만으로 투구와 갑옷도 없이 전투에 나가기도 했다. 1734년 몽테스키외는 이렇게 썼다. 〈내가 보기에 전술을 잘 아는 나라일수록 보병으로 작전을 펼치고, 전술에 대한 이해가 떨어질수록 기병을 증강하는 듯하다. ……보병은 기율 없이는 아무짝에도 쓸모가 없는 데 반해 기병은 기율이 없이도 나름 효과를 발휘한다는 데 그 이유가 있다.〉[167]

보병의 연전연승은 1302년 벨기에의 코르트리크 전투에서 플랑드르 길드군이 프랑스의 기사군에게 승리를 거두면서 시작되었다. 플랑드르군은 쓰러진 기사들의 황금 박차를 전승 기념품으로 수거해 대성당에 걸어 놓았다. 1314년 배넉번 전투에서는 1만 명이 안 되는 스코틀랜드 창병이 중무장한 기사 3천을 앞세워 돌진하는 2만 5천의 영국군을 무찔렀다. 〈단 하루 만에 영국 기사가 그렇게 많이 죽은 일은 일찍이 없었다〉고 처칠은 썼다.[168] 1315년 스위스의 옛 주(州) 슈비츠, 우리, 운터발덴은 모어가르텐 전투에서 수적으로 월등한 오스트리아 기사들을 격파했다. 이 전투의 승리로 스위스 군인들은 수백 년 동안 거의 넘어설 수 없는 전사이자 가장 인기 있는 용병으로 환영받는 전통이 만들어졌다.

마케도니아의 필리포스 2세와 마찬가지로 스위스 보병의 성공도 초창기엔 가난과 관련이 있었다. 즉, 스위스에는 말과 기사 장비를 구입할 형편이 되는 사람이 얼마 없었다. 그래서 그들은 다시 마케도니아의 장창을 집어 들었다. 길이 3.85~5.15미터에 이르는 이 〈파이크〉 장창은 미늘창으로 보완되었다. 미늘창은 장창 머리의 양쪽에 도끼와 철 갈고리를 몇 개 부착한 것으로 찌를 수도 내려칠 수도 있는 다목적 무기였다. 특히 창끝 갈고리는 상대 갑옷의 이음새 부분에 걸어 기사를 말에서 끌어내리는 도구로 사용되었다.

스위스군의 전투 대형은 고대 팔랑크스의 재현이었다. 〈게발트하우펜 Gewalthaufen〉이라 불리는 이 밀집 대형은 스무 줄이나 그 이상의 줄로 이루어진 사각 대형인데, 전투를 개시하는 전위대와 보급 행렬을 지키는 후위대를 통해 다양한 변화가 가능했다. 이 두 부대는 주로 밀집 대형 앞뒤에서 비스듬하게 행군했는데, 전위대와 본대에서 발생할 수 있는 약간의 도주병들로 인해 이어질 전투를 망치지 않도록 하기 위해서였다. 로마 군단 이후 유럽에서 이들만큼 기율이 강하고 군사 훈련을 많이 받은 군대는 없었다. 그래서 스위스인들은 아드리아노플 전투 이후 천 년 동안 숨죽이고 있던 보병이 다시 강력한 공격 무기로 우뚝 서는 데 결정적인 공을 세웠다.

고향 땅을 지켰든, 용병으로 남의 나라를 지켰든 스위스 군인들은 기율이 잡혀 있었고, 고용주에게 충성을 다했으며, 강한 전투력까지 자랑했다. 게다가 16, 17세기처럼 몹시 궁핍한 시절에도 다른 용병들에 비해 탐욕과 잔인성이 덜했다. 프랑스는 18세기에도 스위스 근위대 1만 5천 병력을 유지했는데, 요새의 왕실 재화를 지키는 것이 그들의 임무였다. 또 1792년 튈르리 궁전 습격 때 목숨을 버리면서까지 성난 군중들로부터 루이 16세를 구한 것도 스위스 근위대였다. 1859년 스위스는 자국 남자들에게 외국 용병으로의 진출을 금지했다. 다만 1505년에 창설된 이후 오직 스위스인들만 뽑는 교황 근위대는 예외로 두었다. 이 근위대는 어쩌면 앞으로 싸울 일이 거의 없는 유일한 군인일지 모르고, 이것이 이 마지막 스위스 용병들의 전도양양한 미래일 수 있다. 게다가 그 옛날 스위스 근위대의 전투력과 충성심을 생각해 보면 병역 의무군이 더 진보적이고, 가치 있고, 믿을 만하고, 또는 대체 불가능하다고 단순히 믿는 사람들도 좀 고민에 빠질 것이다.

보병에 힘을 실어 준 또 다른 요소는 쇠뇌였다. 활처럼 쏘는 이 쇠뇌는 화기가 발명된 뒤에도 오랫동안 사용된 굉장히 강력한 무기였는데, 손자의 책에 언급된 것으로 보아 기원전 4세기에 벌써 중국에서 사용되었던 것으로 보인다. 그러던 것이 1100년경 십자군 참전 병사들에 의해 유럽으로 유입되었다. 이것은 근육 힘으로 직접 당기는 것이 아니라 지렛대나 권양기 같은 장치를 이용해 손이나 발로 당기는, 생선 뼈 또는 강철로 만든 활이었다. 쇠뇌의 화살은 일반 화살보다 짧고 굵었는데, 단거리에서는 당시에 존재하던 대부분의 호신 장구를 관통할 수 있었다. 또 다른 형태의 쇠뇌는 목제 자루에 일종의 총열 같은 것이 가려진 채 달려 있었고, 거기서 납이나 대리석, 진흙으로 만든 탄환이 발사되었다. 이런 탄환은 200미터 떨어진 거리에서도 갑옷을 뚫을 수 있었다. 그래서 1139년 교황청 라테라노 공의회는 너무 잔인한 무기라는 이유로 쇠뇌의 사용을 금지했다.

그러나 역사상 최초의 명시적인 무기 금지 조치는 성공하지 못했다. 영국의 사자왕 리처드는 1199년 프랑스에서 한 성을 공격하다가 적의 쇠뇌에 치명적인 부상을 입고 세상을 떠났다. 제네바, 베네치아, 가스코뉴 출신의 쇠뇌 궁수들은 14세기와 15세기에 유럽 도처에서 용병으로 인기를 끌었다. 코르테스도 1519년에 쇠뇌 궁수들을 멕시코로 데려갔고, 원주민들은 스페인인들의 화승총이나 말에 못지않게 이 무기에 기겁을 했다. 〈화살이 쌩 하고 날아가는 소리 자체가 고통이자 공포였다.〉[169]

그사이 영국에서는 이상한 일이 벌어졌다. 성능 면에서 초기의 무기들을 한참 뛰어넘던 쇠뇌가 13세기에 이르러 수천 년 동안 내려오던 원시적 무기에 밀려난 것이다. 쇠뇌의 모태가 된 활이 그 주인공이었다. 영국인들은 가스코뉴에서 데려온 쇠뇌 용병들을 집으로 돌려보내고 활의 기술과 전술을 발전시켰다. 이후 활은 13~16세기까지 기병뿐 아니라 쇠뇌와 화승총을 상대로도 의미 있는 승리를 이끌어 냈고, 그로써 영국 궁수들 역시 열렬히 환영받는 용병으로 자리 잡는 데 성공했다. 일례로 독일 기사단은 이들을 모집해 폴란드와의 전투에 투입했다.

그렇다면 영국인들은 활로 어떻게 그런 성공을 거두었을까? 그들은 주목(朱木)으로 만든 웨일스의 긴 활을 들었고, 시위를 귀까지 깊숙이 당김으로써 관통력을 높였다. 이전의 그리스인과 아랍인, 노르만 족은 통상적으로 시위를 가슴까지만 당겼다. 이런 방식으로 영국인들의 활은 사정거리가 약 350미터에 이르렀다. 400미터로 알려진 쇠뇌에 비해 별로 뒤지지 않았고, 손에 쥐고 발사하는 초창기 화기보다는 확실히 멀리 나갔다. 영국 활의 최고 기록은 560미터에 달한다고 한다.

짧은 거리에서는 굵은 쇠뇌살이 기사들의 보호 장구를 뚫는 데 더 위력적이었지만, 비무장 병사를 상대할 때는 얇은 화살이 더 효과적이었다. 화살만으로도 상대의 몸을 완전히 뚫을 수 있었기 때문이다. 영국 궁수들은 주로 보호 장구로 가려지지 않은 얼굴이나 말을 겨냥했다. 1분에 여섯 발을 쏠 수 있는 속도는 쇠뇌보다 네 배나 빨랐다. 쌩 하고 날아가 채찍처럼 딱 소리를 내며 꽂히는 화살은 그 자체로 공포였다. 특히 그전까지 불가능해 보이던 거리까지 극복했다. 수적으로 훨씬 월등한 프랑스 기사군를 무력화시킨 것도 그런 화살

우박이었다. 1346년의 크레시 전투, 1356년의 푸아티에 전투, 그리고 1415년의 아쟁쿠르 전투에서 그랬다.

활쏘기는 영국 귀족들의 스포츠가 되었다. 시인 제프리 초서(Geoffrey Chaucer. 1340~1400)는 영국의 장궁을 사용하는 궁수를 이렇게 묘사했다. 〈그의 외투와 모자는 초록색이다. 공작깃이 달린 날카롭고 반짝거리는 화살은 허리 아래 정연하게 갖추어져 있다. ……알록달록하게 장식된 띠는 시위를 놓기 전 궁수의 손목을 보호해 준다.〉[170]

팽팽하게 당긴 밧줄이나 시위로 무거운 돌을 던져 성벽을 부수거나 적군을 으스러뜨리는 방법도 있었다. 화약 발명 이전의 대포였던 셈이다. 이런 무기는 제작 방식과 사용 목적에 따라 투척용, 파쇄용, 사출용으로 나뉜다.

투척용 무기의 대표 격은 투석기이다. 이것은 기원전 2세기 아시리아의 공성(攻城) 전문 기술자들이 처음 발명한 것으로 알려져 있는데, 밧줄이나 힘줄 따위를 꼬아 나무팔에 연결한 뒤 팽팽하게 잡아당겼다. 이렇게 당겨진 나무팔이 펄쩍 튀어 오르는 순간 50~80킬로그램의 돌들이 큰 포물선을 그리며 수백 미터를 날아갔다. 기원전 149년 카르타고인들은 이런 투석기 2만여 대를 로마인들에게 넘겨야 했다. 그래서 곧이어 발발한 3차 포에니 전쟁에서는 투석기가 없어 카르타고인들은 여자들의 머리카락을 잘라 투석기용 밧줄로 삼았다고 한다.

사자왕 리처드가 1191년 팔레스타인의 아코를 공격하던 장면을 한 동시대 역사가는 이렇게 묘사한다. 〈배로 운반되어 온 투석기들이 하나하나 뭍에 올랐을 때 우리는 보았다. 용맹스러운 잉글랜드 국왕과 신하들이 발리스타* 목조 부품들을 어깨에 메고 1마일 넘게 모래땅을 지나 옮기는 것을. 모두들 두

---

* 그리스 로마 시대에 개발된 대형 투척용 무기. 돌, 화살, 창 등을 날렸다.

발로 걸었고, 나귀처럼 짐을 잔뜩 실은 채 얼굴은 땀으로 범벅이 되어 있었다. ……발리스타는 밤낮없이 적의 성 안으로 돌 세례를 내렸다. ……돌 하나가 열두 명을 죽인 것은 지금 우리가 여기 존재하는 것만큼이나 사실이다.〉[171] 십자군이 소아시아의 이즈니크를 공격할 때(1096)는 투석기로 죽은 터키 병사들의 머리를 성 안으로 날려 보냈다. 〈터키인들에게 공포를 안기기 위해서였다.〉[172]

투척용 무기와 마찬가지로 파쇄용 무기도 아시리아의 발명품이었다. 철제 첨두가 달린 거대한 나무 기둥을 운반체에 달아 성벽까지 수송한 뒤 탄력을 이용해 적의 성벽을 힘차게 쾅쾅 찍었다. 벽이 갈라져 틈이 생길 때까지 백 번이고 이백 번이고 내려쳤다. 대개 탈것에 실어 운반하는 이런 성벽 파쇄용 무기들(배터링 램, 스크루 등)은 적의 요새 바로 아래에서 작전을 수행했는데, 적군이 성벽 위에서 던지는 돌덩이나 역청을 바른 횃불, 끓는 기름을 어떻게 막느냐가 최대 관건이었다. 그래서 대개 두꺼운 널빤지나 나무 덩굴 같은 것을 지붕 삼아 머리 위에 받치면서 계속 물을 뿌려 가며 성벽을 부수었다.

반면에 사출용 병기는 기원전 400년경 시라쿠사의 그리스인들이 처음 만들었다. 캐터펄트, 스코피온, 〈화살 대포〉라는 이름으로 알려진 이 무기는 철제 활을 이용해 무거운 화살이나 불화살을 발사했다. 이 철제 활은 크기뿐 아니라 운반용 큰 발사체 안에 활을 끼워 넣고 시위를 도르래 줄의 도움으로 당긴다는 점에서 전통 활과 차이를 보였다.

기원전 212년 한 로마 병사의 창에 찔려 죽은 시라쿠사의 물리학자 아르키메데스는 그전부터 로마의 침략자에게는 눈엣가시였다. 〈하늘과 별의 탁월한 관찰자였을 뿐 아니라 더 경탄스러운 것은 대포와 병기의 걸출한 발명가였기 때문이다.〉 리비우스가 찬탄한 말이다. 〈그는 멀리 있는 배들을 향해 엄청난 무게의 돌을 발사했고, 그보다 가까이 있는 배들에는 더 가볍지만 훨씬 많은 돌을 발사했다. ……성벽을 향해 사각 지대로 살금살금 다가오는 배들에게는 기중기로 호된 맛을 보여 주었다. 사슬로 단단히 연결된 기중기의 철제 집게가 성벽 위로 삐죽 솟아 있었는데, 기중기의 무거운 납덩이가 쌩 하고 떨어져 적선의 고물에 명중되면 배의 이물은 공중으로 붕 떠버렸다.〉[173]

역사를 통틀어 호모사피엔스가 싸우거나 동족을 죽이기 위해 개발한 무기는 이런 것들 말고도 정말 다양하고 무수했다. 게다가 이 무기들은 갈수록 더 잔인해졌다.

스위스의 영웅 빈켈리트에 대한 진실

살지도 않았으면서 세상에 많은 공을 남긴 사람이 있을까? 있다. 아르놀트 폰 빈켈리트Arnold von Winkelried가 그랬다. 그것도 600년 동안이나. 2차 대전에서도 그는 다시 한 번 스위스의 강인한 정신력을 보여 주는 숭고한 상징으로 떠올랐다. 1386년 스위스 동맹군이 오스트리아군을 몰아낸 그 유명한 젬파흐 전투에서 빈켈리트는 동료들에게 〈내가 그대들에게 길을 열어 줄 것이다!〉라고 외쳤다. 그러고는 오스트리아군 진영으로 돌격해 손에 잡을 수 있을 만큼 적의 창을 붙잡아 자신의 가슴을 향하게 함으로써 동료들에게 돌파구를 열어 주었다고 한다. 전해 오는 이야기에 따르면 그렇다는 말이다. 브록하우스 대백과사전도 1847년에 〈정말 대단한 인물!〉이라고 환호했다.

그런데 룬체른에 뿌리를 둔 빈켈리트 가문의 아무개가 젬파흐 전투에서 영웅적인 행위를 했다는 것은 1533년의 연대기에서 처음 주장된 이야기다. 1577년의 다른 연대기에는 그 영웅의 이름이 〈에르니 폰 빈켈리트〉라고 적혀 있다. 1783년 한 취리히 신학자는 신이 〈빈켈리트〉라는 인물 속에서 〈가장 고통스러운 죽음을 고통 없이 죽을 영웅적 용기를 일깨웠다〉고 선언했다.[174] 그로부터 3년 뒤, 그러니까 젬파흐 전투 400주년에 샤프하우젠 출신의 저명한 역사가 요하네스 폰 뮐러Johannes von Müller는 심지어 빈켈리트가 〈내가 그대들에게 길을 열어 줄 것이다!〉라고 외치는 소리를 실제 들은 것처럼 기록했다. 이후 이것은 빈켈리트의 말로 자리 잡았다. 젬파흐 전투 600주년에 스위스의 비판적 역사가 한스 슈투츠Hans Stutz가 꼬집은 말이다.[175]

또 다른 위대한 역사가 야콥 부르크하르트Jacob Burckhardt는 이렇게 썼다. 〈이상적 인물로 길이 남는 위대한 남자들은 세상, 특히 그 국민들에게 숭고한 가치를 지닌다. 이 인물들은 국민에게 파토스, 즉 격정적으로 흠모할 대상을 선사하고, 위대함에 대한 모호한 감정을 통해 국민들의 마음을 이지적으로 저 밑바닥까지 움직인다. 또한 그 행위에 대한 고결한 척도를 계속 지켜 가게 하고, 그 민족이 일시적인 굴욕에서 벗어나 다시 힘차게 일어날 수 있도록 돕는다.〉[176]

이런 이유로 20세기가 지나는 동안 빌헬름 텔의 역사적 실존성이 부정되면서 그에 낙담했던 스위스 애국주의자들에게는 빈켈리트만큼은 도저히 빼앗길 수 없는 인물이 되었다.

15. 불

양쪽 군대만큼 아름답고 민첩하고 화려하고 정연한 것은 없었다.
나팔, 피리, 오보에, 북, 대포가 일찍이 지옥에는 없었던 하모니를 만들어 냈다.
먼저 각 진영에서 발사한 포탄이 약 6천 명을 쓰러뜨렸고,
이어 화승총이 불을 뿜더니······ 지표면을 더럽히는
구천에서 만 명에 이르는 불쌍한 악한들을 치워 버렸다.
볼테르, 『캉디드』

대포와 소총이 나오기 오래전에 벌써 불은 무기로 사용되었다. 민간인을 포함해 수많은 군인들이 끔찍한 불의 고통 속에서 목숨을 잃었다. 중세 초기 세계에서 가장 큰 도시이자 역사상 가장 오랜 시간을 버텨 낸 요새였던 콘스탄티노플은 불을 무기로 활용할 줄 알았기에 수차례 고비를 넘길 수 있었다.

최소한 기원전 두 번째 천년기부터는 성을 포위 공격하는 병사들은 성벽 위에서 끓는 기름(끓는점이 200도이기에 끓는 물보다 더 효과적이다)이나 역청을 바른 횃불, 불을 붙인 섬유 뭉치가 떨어질 것을 각오해야 했다. 기원전 429년 스파르타군은 플라타이아이를 공격할 때 성벽 아래 섶나무 다발을 쌓고 또 다른 다발은 성 안으로 던져 넣은 뒤 역청과 유황을 바른 나무에 불을 붙였다.

해전에서도 불은 결정적인 전투 수단으로 자주 사용되었다. 물론 목조선일 경우에만 가능한 이야기였는데, 즉 19세기까지 불은 효과적인 무기였다. 사람이 타지 않은 배에다 나무나 짚 따위를 잔뜩 실은 뒤 불을 붙여 적선으로 띄워

보내거나(화선[火船]), 숯과 섬유 뭉치, 유황, 역청을 넣은 나무통에 불을 붙여 적선으로 던지는 두 가지 방법이 주로 쓰였다.

그러나 불을 이용한 전술에는 두 가지 약점이 있었다. 적선에 몇 미터 이내까지 접근해야 하고, 불을 붙인 나무통이 물에 떨어지면 효과가 없었다는 것이다. 시리아 출신으로 아랍인들을 피해 콘스탄티노플로 도주한 건축가 칼리니코스Kallinikos는 665년경 새로 둥지를 튼 이 도시에 수백 년 동안 적에게 공포를 불어넣은 비밀 병기를 선사했다. 불의 두 가지 단점이 없는, 〈그리스의 불〉이라고 부르는 무기였다. 이것은 물이 닿아도 계속 탔고 심지어 물에서도 점화가 가능한, 그야말로 무시무시한 속성이 있었다.

이런 속성 덕분에 수력을 이용해 상당히 멀리 떨어진 적에게 쏘는 것도 가능했다. 그러기 위해선 반(半)액체 상태의 걸쭉한 연소 물질을 청동관에 채운 뒤 이 관을 강력한 펌프와 호스에 연결했다. 이어 펌프질을 하면 물의 힘으로 연소 물질이 밀려 나가면서 동시에 점화까지 이루어져 적의 함선을 향해 꺼지지 않는 불줄기를 길게 내뿜었다. 이 신비한 화염 방사기가 콘스탄티노플을 구해 준 것은 최소한 두 번이었다. 673년과 717년에 아랍인들이 공격했을 때였다. 결국 그리스의 불은 비잔티움 사람들에겐 나라를 지켜 주는 완벽한 무기였지만, 수천의 아랍인들에게는 뜨거운 죽음의 구렁텅이로 몰아넣는 섬뜩한 무기였다.

이 세계적인 도시는 전쟁에 없어서는 안 될 이 병기의 비밀이 새어 나가지 않도록 철저히 감시했다. 그래서 오늘날까지도 의견만 분분할 뿐 〈그리스의 불〉의 제조 방법을 명확히 아는 사람은 없다. 다만 전문가들은 유황, 역청, 송진, 석유 같은 당시의 일반적인 연소 물질 외에 꺼지지 않는 석회(소석회와 생석회)가 함유되었을 걸로 추정한다. 이 석회는 물이 유입되면 원래의 연소 물질을 점화하기에 충분할 만큼의 열이 발생했다.

1차 대전 때 사용된 화염 방사기는 50미터 거리에서도 적군을 숯 덩어리로 만들 정도로 위력적이었다. 그러나 가장 효과적이면서 잔인한 화염 무기는 단연 미군이 한국전에 사용해서 대성공을 거두고 베트남에서 무자비하게 퍼부은 네이팜탄이었다. 이것은 젤리 형태의 벤진 혼합물 400리터가 담긴 양철 폭탄인데, 떨어져 충격을 받으면 자동으로 점화되어 곳곳에 달라붙고 2,000도 이상의 열을 발생시켰다. 한국전에서는 중공군 탱크를 불의 무덤으로 만들었고, 베트남에서는 베트콩과 민간인 수만 명을 숯덩이로 만들었다.

화약도 종이나 도자기와 마찬가지로 중국인들의 발명품임이 분명하다. 유럽에서는 영국 수사이자 자연 연구자인 로저 베이컨(1219~1294)이 화약을 처음으로 언급했는데, 그래서 가끔 화약의 발명자로 불리기도 하고 〈사술〉을 부린다는 이유로 두 번이나 감옥에 갇히기도 했다. 그와 함께 독일 수사 베르톨트 슈바르츠Berthold Schwarz도 종종 〈불붙는 약초〉, 즉 흑색 화약의 발명가로 칭송받았다. 그러나 그 역시 기껏해야 〈악마의 약초〉를 개선한 사람이거나 〈불을 내뿜는 관〉의 발명자일 뿐이다. 이 두 가지는 14세기 초엽에 주목을 끌기 시작한 대포와 총기의 원시 형태였다.

초기 형태의 흑색 화약은 총포를 위한 폭발 재료가 아니라 탄환의 추진 장치로 사용되었다. 1232년 중국 허난성의 카이펑(開封)을 지키던 사람들은 몽골 침략자에게 불 로켓을 쏘며 저항했다고 하는데, 몽골군은 나중에 중국 기술자들을 이용해 이 신무기를 자기 것으로 삼은 뒤 1241년 레그니차 전투에서 독일과 폴란드 기사들에게 써먹었다. 아랍인들도 1288년 이런 원시 형태의 로켓으로 스페인의 발렌시아를 공격했다.

1330년경에야 화약 대포가 출현했다. 물론 그렇다고 포탄의 추진 동력원 안에서 화약이 서서히 연소되던 방식이 포신 속에서 일거에 폭발하는 시스템으로 바로 넘어간 것은 아니었다. 베네치아인들이 키오자 해전에서 제노바군을 무찌를 당시(1379) 로켓 발사체가 결정적인 역할을 했다. 또한 1792년에는 연합군의 불 로켓 폭격이 베르됭을 쑥대밭으로 만들기도 했다. 현장에 있던 괴테는 이렇게 묘사했다. 〈별똥별처럼 꼬리가 달린 불 로켓이 아주 천연덕스레 공중으로 날아갔고, 곧이어 적진에서 불꽃이 일었다.〉[177]

같은 해 영국군은 인도 마이소르 왕국에서 적의 화포 공격으로 심각한 타격을 입었다. 병력 5천의 화포 부대가 3미터 길이의 대나무 작대기를 지지대로 사용해 2킬로미터나 떨어진 영국군 진영까지 경량 로켓을 비 오듯이 퍼부었던 것이다. 영국군 대령 윌리엄 콩그리브 경Sir William Congreve은 곧 불 로켓을 개발해 영국군의 주요 무기로 삼았다. 이를 바탕으로 영국 함대는 1807년 2만 5천여 개의 불 로켓을 코펜하겐에 퍼부어 도시를 불더미로 만들었다.

불 로켓의 군사적 사용은 19세기 후반에 중단되었다가 제2차 세계 대전에서 소련의 동시 다발 로켓포인 카튜샤 로켓과 독일의 견인식 로켓포인 네벨베르퍼의 형태로 다시 등장했다. 둘 다 불과 폭발력을 동시에 갖춘 로켓포였다. 거기다 독일에서는 대전차 무기 판처파우스트와 영국을 겨냥한 장거리 로켓까지 개발되었다.

그런데 14세기부터 20세기까지 이런 발전의 중심축은 포로 넘어간다. 19세기에도 로켓이 아직 제법 큰 역할을 했던 것조차 거의 잊힐 정도로 말이다. 1330년경에 선보인 최초의 화약 대포는 포신이 나무나 구리로 만들어졌고, 최고 10센티미터 구경으로 쇠뇌와 투석기처럼 굵은 화살과 납 탄환을 발사했다. 그러다 14세기 중반에 무거운 사석포(射石砲)가 등장했다. 〈봄바드bombard〉라고도 불리는 이 사석포는 돌 탄환을 쏘는 중세의 전장식 대포였는데, 차츰 요새전에서 투석기와 파쇄용 무기를 대체했다. 1411년에는 브라운슈바이크에서 〈파울레 메테Faule Mette〉라는 이름의, 9톤에 이르는 거대한 사석포가 제작되었다. 장약 35킬로그램으로 350킬로그램의 바위 덩어리를 발사할 수 있는 슈퍼 캐넌이었다. 당시의 어떤 성벽도 이 대포의 공격을 버티지 못했는데, 대포 이름에 〈게으르다〉는 뜻의 파울faul이 붙은 이유는 이 대포가 기동성이 떨어질 뿐 아니라 하루에 한 번밖에 쏘지 못할 때가 많았기 때문이다.

포가 세계사에서 처음으로 결정적인 역할을 한 것은 1453년의 콘스탄티노플 함락 때였다. 터키군은 몇 주 동안 3중 벽으로 유명한 이 도시의 성벽에 사석포 70대로 망치질을 하듯 돌 포탄을 퍼부어 결국 성벽을 무너뜨렸다. 그것도 400킬로그램의 돌들로 말이다. 이 공격을 위해 술탄 메메트 2세는 거대한 대포를 아드리아노플에서 가져오게 했는데, 보스포루스까지 끌고 오느라 황소 60마리가 42일간 강행군을 했다고 한다. 결국 과거에 여러 번 〈그리스의 불〉때문에 목숨을 건진 이 단단한 요새도 화약이라는 〈중국의 불〉에 무너지고 말았다.

1523년 공성(攻城)용 포는 팔츠 주의 란트슈툴에 위치한 제국 기사 프란츠 폰 지킹겐Franz von Sickingen의 유명한 요새 난슈타인을 절딴 낼 정도로 발전했다. 이로써 기사들의 역할은 끝났다. 수레에 실은 가벼운 포도 이 전투에 함께 투입되었다. 1519년 코르테스가 멕시코 땅으로 깊숙이 진격할 때 끌고 다닌, 포신이 긴 캘버린 야포 여섯 문을 본 당시 한 아즈텍 족 목격자는 이렇게 보고한다. 〈천둥이 치는 것 같은 불대포 소리는 정신을 아득하게 만들고…… 그 복부에서 탄환이 발사되면 불이 비 오듯 내리고 불꽃이 튀고, 매캐한 유황 냄새에 머리가 아팠다. 탄환이 산에 부딪히면 산이 내려앉고 나무에 부딪히면 나무가 산산조각 났다.〉[178]

15세기 중반부터는 쇠 탄환(때로는 달구어진 탄환)이 등장해 19세기까지 사용되었다. 동그란 형태 외에 길쭉한 포탄도 거의 동시에 개발되었다. 그러니까 속이 빈 철제 탄환에 요새전 때는 납을, 가옥과 도시를 겨냥할 때는 소이제나 폭약을 채워 발사한 것이다. 그래서 이제는 두 번의 폭발이 일어났다. 한 번은 포탄을 발사할 때 포신에서 일었고, 또 한 번은 포탄이 목표물에 떨어질 때 포탄 자체에서 일었다.

포의 제작 방법과 성능은 몇백 년 동안 별로 바뀌지 않았다. 포탄은 천 미터 이상 날아가는 경우가 드물었고, 18세기까지 요새전과 해전에서만 포가 승패에 결정적인 영향을 끼쳤다. 포를 다룬 것도 군인이 아니라 대개 그 방면의 기술자들이었다. 포를 만든 주물공이 곧 포병이었던 셈이다. 독일의 경우 1683년 브란덴부르크 대선제후가 처음으로 주물공 직인 조합을 하나의 병과로 만들었다.

표트르 대제(재위 1689~1725)는 교회 종 500개를 녹여 포를 만든 것과 함께 러시아 포병대를 창설했다. 야전에서 처음으로 포가 대단위로 투입된 것은 7년 전쟁이었다. 그런데 오늘날에는 당시 포탄이 어떤 식으로 효과를 발휘했는지 상상하기란 쉽지 않다. 아마 폭발 포탄과 산탄 포탄(충돌하는 순간 납이나 못 같은 탄환이 사방으로 흩어져 나가는 포탄)이 적에게 큰 타격을 입혔을 것이다. 요새 벽을 무너뜨리는 데는 구형 탄환이 사용되었을 것이다. 물론 괴테가 1792년 베르됭 근처에서 목격한 것과 같은 방식도 충분히 가능하다. 〈나는 갑자기 등 뒤에서 쾅 소리에 이어 쌩 하고 끔찍한 소리가 들리는 순간 즉시 몸을 돌려 보았다. ……탄환이 울타리 사이로 통통 튀어 가는 것이 보였다. 포탄이 잔인한 여정을 마치고 멈추자 사람들은 비명을 지르며 포탄을 뒤따라갔다. 맞은 사람은 없었다. 이 둥근 철 덩어리를 장악한 사람들은 즐겁게 승리의 진군가를 불렀다.〉[179]

포탄이 통통 튀어 갔다는 것은 돌멩이가 수면 위를 통통 튀며 날아가는 물수제비와 비슷하다는 뜻이다. 아무튼 이것이 당시의 포 사격 방식이었고, 적의 방위선으로 발사된 둥근 탄환은 충돌 즉시 통통 튀면서 적진을 무너뜨렸다.

1792년 샹파뉴의 발미에서 프로이센과 프랑스의 포병대가 맞붙었다. 무기 역사상 최초의 대규모 포격전이었다. 이 전투의 관전자였던 괴테가 1792년 9월 20일에 기록한 내용을 보자. 〈이날 하루 각 진영에서 만 발의 포탄이 소모되었고, 우리 진영에서는 1,200명이 죽었다. 정말 허무한 죽음이었다. ……마치 소대별 연발 사격을 하는 것처럼 세차게 퍼붓는 포의 엄청난 진동 속에서도 하늘은 갰다. ……오후 1시가 가장 격렬했다. 땅은 그야말로 지진이 난 것처럼 흔들렸다. 그러나 진지는 조금도 변화가 없었다. 앞으로 어떻게 될지 아는 사람은 없었다. 우리 군사들이 라 륀 전진 요새를 다시 점령했다. 그러나 처참한 광경이었다. 포탄으로 뻥 뚫린 천장, 어지럽게 흩어진 짚더미, 그 위에 여기저기 죽은 채 뻗어 있는 군인들, 거기다 간혹 길을 잃고 깃발과 잔해들 속에서 달그락거리는 대포알…….〉[180]

이 포병대 결투에서는 승자가 없었다. 다만 브라운슈바이크의 카를 프리드리히 페르디난트 공작이 지휘하는 프로이센군이 먼저 퇴각했을 뿐이다. 지치고 주리고, 이질에 시달리고, 끊임없이 내리는 비를 저주하면서.

해전에서는 대포 결투의 승리자가 아주 뚜렷이 드러났다. 일례로 1798년 호레이쇼 넬슨 제독의 영국 함대가 프랑스 함대를 무참히 짓밟은 전투가 그랬다(이 전투에서는 포탄 안에 인화 물질이나 화약을 채워 위력을 높이는 기술이 이미 오래전에 발명되었음에도 여전히 단순한 쇠 탄환만 사용되었다). 전장은 알렉산드리아 서쪽 아부키르 앞바다였다. 거기엔 프랑스 전함 13척이 나폴레옹 군대를 이집트로 수송하기 위해 얕은 해안에 정박해 있었다. 저녁 어스름할 무렵 영국 범선 11척이 서서히 접근했다. 넬슨은 그중 5척을 해안과 적함 사이의 좁은 해로로 침투시켰다. 총 550문의 포로(각 배에는 50문의 포가 있었다) 적을 양쪽에서 협공하기 위해서였다. 이어 오늘의 우리로서는 상상하기 어려운 야만적인 전투가 펼쳐졌다.

넬슨의 배들은 프랑스군에 〈권총 사정거리〉까지 접근해서 닻을 내렸다. 당시의 권총 사정거리는 기껏해야 30미터밖에 되지 않았는데, 그렇다면 양측 함대는 서부의 총잡이처럼 서로 마주보고 한쪽이 쓰러질 때까지 포를 쏠 생각이었다는 이야기다. 밤이 깊어지면서 천여 문의 포가 불을 뿜었다. 그것도 1초에 10여 발씩, 몇 시간 동안, 흔들리는 갑판 등불에 의지한 채. 목표는 분명했다. 쇠 탄환으로 적함의 선체에 구멍을 뚫고, 돛대를 부수고, 적군에게 상해를 가해 결국 적함을 침몰시키거나 나포하거나, 항복을 받아 내는 것이었다.

영국군의 포 한 문에는 고도로 훈련받은 수병 열다섯이 달라붙어 극한의 속도로 일했다. 사격이 한 번 끝나면 도르래가 달린 2톤의 대포를 배 안쪽으로 끌어당겨 뜨거워진 포신을 물로 식히고, 포문 안쪽을 씻고 닦은 뒤 새로 장전을 준비했다. 그러니까 발사용 화약을 싼 아마천 자루와 16킬로그램의 쇠 탄환을 차례로 포문 속에 넣은 것이다. 그러고 나면 포신을 다시 선체 벽의 구멍으로 밀어 넣고 나무 지렛대로 포신을 조정한 뒤 화약심지에 불을 붙였다. 이 모든 과정이 1분 안에 끝났는데, 프랑스군에 비해 배나 빠른 속도였다. 이렇듯 넬슨의 수병들은 몇 시간씩 굉음과 화약 연기 속에서 온몸이 땀으로 범벅이 된 채 주위에서 동료들이 피를 흘리고 쓰러지더라도 긁히고 화상 입은 손을 쉬지 않고 놀렸다. 이튿날 동틀 무렵 전투의 결산표가 나왔다. 프랑스 전함 1척이 폭발하고, 네 척은 침몰하고, 여섯 척은 나포되고, 두 척은 도주했다.

그러나 20세기의 재앙과도 같은 무기 발전과 비교하면 이조차 얼마나 순진한가! 폭발적으로 성장한 공업 기술이 1, 2차 세계 대전 당시의 비대한 병역 의무군에 비옥한 토양이 되어 주면서 정말 말도 안 되는 양의 강력한 살상 무기를 공급했다. 1916년 7월 솜 강 전투에서 연합군은 엿새 동안 포격을 퍼부었고, 40킬로미터에 이르는 전선에서 무려 3천만 발이 넘는 포탄이 발사되었다.

〈별안간 나는 지옥의 발코니 위에서 내려다보는 것 같은 광경을 목격했다.〉 프랑스 소설가 조르주 뒤아멜Georges Duhamel이 솜 강 전투에 대해 쓴 글이다.

〈인간의 손에 의해 저질러진 이 얼마나 참혹한 뇌우인가! 증오와 파괴욕이 만들어 내는 이 얼마나 잔혹한 폭발인가! 마치 거인의 군대가 거대한 땅덩어리를 대장간 모루 위에 놓고 계속 망치로 쿵쿵 두드려 무수한 불꽃이 튀는 모습과 비슷하다고 할까! 한순간 튀었다 바로 사라지는 수많은 섬광은 지속적으로 움찔거리고 튀어 오르는 불꽃이 되어 대지와 밤을 환히 밝혔다. 하늘에선 유산탄이 무지갯빛으로 반짝거리면서 사방으로 흩어졌다. 마치 벌겋게 달구어진 쇠를 스팀 해머로 내려칠 때 생기는 불꽃처럼.〉[181]

1917년 독일은 중포(重砲) 7천여 문을 전선에 배치했다. 150밀리미터 포탄한 발은 2천 개 조각으로 아주 잘게 쪼개지며 터졌다. 1918년 3월 독일 포병대의 공격에 대해 에른스트 윙거는 이렇게 보고한다. 〈이제껏 들어 본 적이 없는 무시무시한 굉음과 함께 불바다의 서막이 올랐다. 미친 듯이 땅을 구르는 천둥소리가 쾅 하는 육중한 대포 소리까지 집어삼키며 대지를 흔들어 댔다. 등 뒤에서 무수한 대포가 쏘아 대는 거대한 죽음의 포효는 그전까지 우리가 이겨 낸 가장 치열한 전투까지 어린애 장난으로 느껴지게 할 정도로 끔찍했다.〉[182] 이렇듯 전쟁사의 막간극에 해당하고, 접근을 전제로 치러지던 일대일 결투가 이제는 훨씬 잔인한 인간 사냥으로 후퇴해 버렸다.

이어 대포는 〈열차포〉의 개발에 이를 정도로 한껏 기세를 높였다. 이 포는 열차 궤도로만 수송이 가능할 만큼 크고 무겁다고 해서 붙여진 이름인데, 그중 가장 유명한 것이 〈파리 대포Paris-Geschütz〉였다. 1918년 3월 독일군은 또다시 적의 수도 파리에 접근했다. 사정거리 130킬로미터의 전무후무한 초대형 포로 적의 중심부를 초토화시킬 수 있는 거리였다. 여기서 독일군은 포탄 180발을 쏘았다. 포탄은 3분 이상 공중을 날아갔는데, 포물선의 꼭짓점이 무려 상공 40킬로미터에 달했다. 그때까지는 인간이 생각해 보지 못한 높이였다 (이 높이를 처음 넘어선 것은 〈복수 병기〉라는 뜻의 〈V2〉 로켓 폭탄이다).

역사상 가장 강력한 포는 800밀리미터 열차포인 〈도라 포〉였다. 800밀리미터 구경은 세계 신기록인데, 포 자체가 너무나 거대했으므로 이동하기 위해서는 포의 좌우 넓이에 맞춰 한 쌍의 평행 선로를 목적지까지 새롭게 깔아야 했다. 이 포는 1942년 6월 차축 40개가 달린 디젤 증기 기관차 두 대로 운반되어 두 개의 선로 위에서 소련의 세바스토폴 요새로 포탄 48발을 발사했다. 포탄 하나의 무게는 7톤에 달했고, 그중 하나가 실제로 지하 30미터의 탄약고를 파괴하기도 했다. 그러나 그 뒤 이 병기는 전쟁사에서 영원히 사라졌다. 〈엄청난 투자에 비해 극히 초라한 성과밖에 내지 못한 기술적인 불합리성〉이 이유였다고 1952년 스위스 군인들이 확인해 주었다.[183] 그러나 당시 독일의 전시 선전 뉴스에서는 대포의 천둥 같은 굉음을 오페라 서곡의 절정을 알리는 북소리와 연결시키면서 이 무기를 과학 기술의 종합 예술로 포장했다. 게다가 〈굉장히 소중한〉이라는 괴벨스의 수식어가 더해지면서 나온 지 7년 된 이 포는 열광적인 환호를 받았다.

14세기, 그러니까 초기 화약 대포가 나오고 얼마 지나지 않아 초보적인 핸드 캐넌이 첫선을 보였다. 개인 단위로 사용이 가능한 휴대용 화기였는데, 불붙은 노끈을 점화구에 갖다 대어 불을 붙여 격발하는 방식이었다. 이 핸드 캐넌을 바탕으로 15세기에 그럭저럭 쓸 만한 보병 무기인 아쿼버스가 개발되었다. 5~30킬로그램에 이르는 이 초기 화승총은 그 무게 때문에 갈고리처럼 생긴 전용 받침대 위에 놓고 사격을 했는데, 여기서 발사되는 100그램 정도의 납탄은 거의 모든 갑옷을 뚫을 수 있었다.

이 무기와 함께 기사 계급의 종말은 최종 확정되었다. 1521년 『광란의 오를란드』로 유명한 이탈리아 시인 아리오스트Ariost는 화약에 대해 이렇게 한탄했다. 〈너[화약]로 인해 명예로운 군 복무는 사라졌고, 너로 인해 전쟁의 명성도 몰락했으며······.〉[184] 용병대장 파올로 비텔리는 이 핸드 캐넌에 격분해서 포로로 잡은 소총수들의 눈알을 파고 손목을 잘라 버렸다.

1520년경부터 좀 더 가벼운 화승총인 머스킷이 사용되었는데, 이후 150년 동안 보병의 화기로 자리 잡았다. 물론 그렇다고 과거의 무기들이 완전히 밀려난 것은 아니었다. 예를 들어 머스킷 보병 부대가 궁수들에게 무참히 패한 일도 있었다. 1541년 카를 5세의 군대가 알제리의 터키군과 맞붙었는데, 이 스페인 황제 군대는 비 때문에 믿었던 머스킷을 제대로 써먹지 못해 결국 터키의 궁수들에게 승리를 내주고 말았다. 화승총으로 무장한 가톨릭 용기병(龍騎兵)으로 30년 전쟁에 참여한 한스 야콥 크리스토프 폰 그리멜스하우젠은 1669년 이런 주석을 내놓았다. 〈지금 이 시대는 정말 보잘것없는 기병이 세상에서 가장 용맹스러운 영웅들을 쏘아 죽일 수 있을 만큼 나 같은 인간을 위대하게 만든다.〉[185]

소총수는 7~10킬로그램의 머스킷과 사격 받침대 외에 탄환 약 15발과 기름걸레, 총기 광내는 도구, 꽂을대(총기에 화약과 탄환을 밀어 넣을 때 사용하는 도구)가 든 가죽 주머니 하나, 그리고 화약과 3~5미터의 화약심지가 든 작은 목조함을 늘 갖고 다녔다. 〈나는 머스킷에 탄환 두 발을 장전한 뒤 막 화약을 재고 점화관 뚜껑에다 수지를 발랐다. 용의주도한 머스킷 보병이라면 비가 내릴 경우에 대비해 점화관 위의 점화구와 화약을 보호하려고 그렇게 했다.〉[186] 그리멜스하우젠의 이야기이다. 그는 몇 걸음 떨어지지 않은 거리에서 발사한 탄환의 효과를 이렇게 설명했다. 〈분위기가 심상찮을 경우 나는 즉시 장전하고 적의 이마에 총알을 발사했다. 그러면 적은 비틀거리다가 마침내 바닥에 쓰러졌다. ……총에 맞은 적의 이마는 움푹 들어갔다.〉[187] 에스토니아의 나르바 전투(1700)에서는 칼 12세의 옷깃 장식에 탄환이 꽂히기도 했다.

사격의 성공은 소총수가 얼마나 제대로 된 상태의 화약을 얼마나 올바른 양만큼 점화관에 재느냐에 달려 있었다. 스웨덴의 국왕 구스타브 아돌프가 처음으로 알맞은 화약 양을 담은 종이 화약통을 도입했다. 또한 당시의 소총에 가장 적합한 전술을 개발한 사람도 그였다. 보병을 세 줄로 세워 진군하게 한 뒤 1열은 한쪽 무릎을 꿇고 사격하고, 2열은 앞줄 병사의 머리 위로, 3열은 2열의 틈새로 총을 쏘게 한 것이다.

1600년경까지도 보병의 절반이 장창을 들었지만 1640년경 프랑스에서 총검이 발명되면서 장창의 역할은 끝났다. 총검은 근접전에서 총에다 끼워 사용할 수 있는 대검이었다. 이것과 함께 수석총이 사용되었다. 화약심지를 갖고 다닐 필요 없이 방아쇠를 당기면 용수철 작용으로 격침이 부싯돌을 때리면서 장약에 불을 붙이는 방식의 총이었는데, 부싯돌flint을 이용한다고 해서 〈플린트〉라 불렸다. 부싯돌로는 30~50발을 쏠 수 있었고, 이 총의 최대 사격 거리는 250미터에 달했다. 물론 터키와 영국 궁수들의 사정거리에는 아직 미치지 못했지만 대단한 발전이었다. 프로이센의 보병 부대가 7년 전쟁에서 사용한 수석총은 사정거리가 120미터였지만 효과적인 사격이 이루어지려면 대개 80미터 이내여야 했다.

프로이센 병사들은 다년간의 훈련과 새로운 철제 꽂을대의 도움(목제 꽂을대는 부러질 때가 많았다)으로 1분에 네 발을 쏠 수 있었고, 그로써 적의 보병들에 비해 일반적으로 두 배가량 우월했다. 각 대대는 〈회전식 사격 방식〉을 택했다. 즉 대대 예하에는 8개 사격 소대가 있는데, 먼저 1소대와 3소대, 5소대, 7소대가 차례로 사격한 뒤 이어 2소대, 4소대, 6소대, 8소대가 사격했고, 그 사이 1소대는 다시 장전을 마치는 식으로 돌림 노래처럼 사격을 이어 갈 수 있었다. 이로써 이 부대는 명중률 면에서 활보다 떨어지는 수석총 시대에 최상의 화력을 자랑할 수 있게 되었다.

이런 상황은 18세기에 군에서 라이플 소총이 주류로 등장하면서 바뀌었다. 강선이 있는 긴 총열에서 탄환을 발사해 탄도의 안정성을 높인 소총이었다.

이로써 이제 모든 사수는 100미터 떨어진 거리에서도 목표물을 맞힐 가능성이 생겼다. 미국 독립 전쟁(1775~1783)에서는 이 병기 덕분에 산병(散兵) 전술까지 생겨났다. 떼 지어 돌진하고, 흩어져 싸우고, 엄폐물에 몸을 숨기고, 매복해서 적을 노리는 전술이었다. 수석총 시대의 사격 소대와는 달리 움직이지 않는 상태에서 적의 다음 사격을 기다리지 않았다는 말이다.

산병 전술은 병사들에 대한 믿음에서 출발했다. 그러니까 독자적으로 움직이는 소총수가 전투를 피해 덤불로 숨어들지 않을 거라는 믿음이 있어야 가능한 전술이었다. 스파르타-마케도니아 팔랑크스와 스위스의 게발트하우펜 대형, 프리드리히 대왕의 사격 소대는 대원 모두를 사기로 똘똘 무장시킬 필요가 없으면서도 긴밀하게 맞물려 돌아가는 대열의 정밀한 움직임에 따라 함께 움직이는 전투 기계에는 아주 효율적인 장치였다. 그래서 마케도니아 팔랑크스의 한 병사가 대열에서 이탈하려면 베네치아 두칼레 궁의 단단한 납 감옥을 탈주하는 것만큼이나 큰 도전이 필요했을 것이다. 반면에 산병들은 아무 엄폐물에나 숨어 잠깐 눈을 붙이는 것은 일도 아니었다. 그런데도 산병 전술을 펼친 것은 병사들이 그런 행동을 하지 않을 거라는 믿음이 있었기 때문이다.

〈모든 전술은…… 양극단에서 움직인다. 한쪽은 개별 군인의 용맹성과 전투력이고, 다른 쪽은 이런 개인의 능력을 하나로 묶는 전술적 단단함이다.〉 델브뤼크의 말이다. 좀 더 들어 보자. 〈이 양극단의 구체적인 유형을 들면…… 한쪽 극단은 오직 개인의 능력에만 초점을 맞춘 기사이고, 다른 쪽 극단은 개인의 탐탁찮은 요소들까지 받아들여 쓸모 있는 것으로 만들 만큼 개인을 전투 기계의 부품으로 밀어 넣는 프리드리히 대왕의 보병대이다.〉[188]

실제로 미국의 산병 부대는 영국군을 포함해 프리드리히 대왕의 방식에 따라 3열로 서서 어깨를 걸고 싸운 독일 지원군에 승리를 거두었다. 약관의 나이에 미국 장군으로 활약하고 1789년에는 민병대 격인 파리 국민군을 지휘한 라

파예트Lafayette 후작 같은 프랑스 장교들은 미국의 이런 전술을 프랑스로 가져왔는데, 마침 혁명 이후의 프랑스에서는 미국과 똑같은 조건이 형성되어 있었다. 즉 국민군에 들어온 사람들은 조국을 계급 없는 사회로 바꾸려는 열정 하나만 가득했을 뿐 군사적으로는 아는 것이 전혀 없었던 것이다. 적의 사격에 대한 정확한 대처 방법과 요령도 모르고, 회전식 사격을 가르치는 프로이센식 군사 훈련도 받지 못한 이 자유의 전사들에게는 결국 개인이 알아서 공격하고 사격하게 하는 전술 말고는 다른 선택의 여지가 없었다.

「내일부터 모든 신병들에게 총을 몇 번 쏘게 하라!」 나폴레옹의 참모장 알렉상드르 베르티에Alexandre Berthier가 1800년 알프스의 협곡을 넘기 직전에 내린 지시다. 「적을 맞히려면 눈대중으로 목표물을 어떻게 조준해야 하는지, 또 어떻게 장전해야 하는지도 가르쳐야 한다.」[189] 내일부터 사격을 가르치라니! 그것도 중요한 전투를 앞둔 병사들에게! 그러나 승리는 감격과 증오로만 똘똘 뭉쳐 있던 이 오합지졸 같은 국민군에게 돌아갔다.

1805~1806년의 군사적 재앙 이후 오스트리아와 프로이센의 많은 부대들은 분명 좀 더 성공적으로 보이는 프랑스군의 전술을 내키진 않지만 받아들이기로 결정했다. 그러나 기대한 효과는 나타나지 않았다. 이 전술의 장점은 무엇보다 멀쩡히 서서 사격하는 적을 아군이 몸을 숨긴 채 손쉽게 타격하는 것인데, 양쪽 다 산병 전술을 펼치게 되면 어느 쪽도 산병 전술의 고유한 장점을 취할 수가 없었던 것이다. 그렇다고 예전의 전술로 돌아갈 수도 없는 노릇이었다. 반면에 러시아군은 1812년 나폴레옹이 상상도 하지 못할 만큼 느슨한 산병 전술을 펼쳐 대성공을 거두었다. 도주하던 가운데 공포에 떨며 자기들끼리 한 덩어리로 뭉친 프랑스군을 추위에 떠는 야생 동물을 사냥하듯 몰아붙인 것이다(38장).

나폴레옹 시대에는 신무기가 나타나지 않았다. 1836년에야 튀링겐의 기계공 요한 니콜라우스 드라이제Johann Nikolaus Dreyse가 무기 역사상 최초로 후장식 총을 개발했다. 그러니까 예전처럼 앞쪽 총구에서 탄알과 화약을 꽂을대로 밀어 넣지 않고 총신 뒤쪽에서 장전하는 총이 개발된 것이다.

이로써 예전에는 1분에 두 발(프리드리히 대왕의 군대에서 훈련을 받은 병사들은 네 발)을 쏠 수 있던 것이 이제는 대여섯 발로 사격 속도가 빨라졌고, 거기다 사정거리까지 800미터로 늘어났다. 프로이센군은 발 빠르게 드라이제의 후장식 총을 1841년에 도입했고, 이 결단이 1866년 쾨니히그레츠 전투에서 승리를 거두는 데 밑거름이 되었다.

쾨니히그레츠 전투 1년 전에 미국 남북 전쟁이 끝났다. 19세기 최고의 기술력을 드러내고, 그와 함께 1, 2차 세계 대전에 사용된 미래 무기와 보조 수단을 특징적으로 미리 선보인 첫 전쟁이었다. 이 전쟁에서 처음 등장한 후장포와 속사포, 연발총(한 발씩 장전하는 것이 아니라 여러 발을 클립에 끼워 장전하는 방식)은 첫 시험대를 무사히 통과했다. 남북 전쟁에 참전한 미국 작가 앰브로스 비어스Ambrose Bierce는 한 포전(砲戰)에 대해 이렇게 썼다. 〈병사들은 지옥에서 온 악마나 다름없었다. 김이 나는 살갗은 화약으로 거뭇거뭇했고 곳곳이 핏자국투성이였다. 그들은 포신 받침대와 탄약통, 지렛대, 대포 발사끈 사이를 쉴 새 없이 오가며 정말 미친 사람처럼 등골 빠지게 일했다. 포가 반동으로 밀리면 부은 어깨와 피 흘리는 손으로 포 바퀴를 밀어 무거운 포를 다시 원래 위치로 끌어올렸다. 발사 명령 같은 건 아예 없었다. 귀청이 찢어질 듯한 발사 소리와 폭발 소리, 철제 물건들의 울부짖음, 날아가는 나무 조각 소리로 떠들썩한 이런 곳에서는 어차피 들리지도 않았다.〉[190]

16. 강철과 가스

어쨌든 다양한 전쟁 발명품이 있어.
예를 들어 독으로 사람을 죽이는 가스 마스크도 그중 하나야.
그걸 머리에 뒤집어쓰면 넌 독가스에 질식해 죽어.
우리가 하사관 학교에서 배웠던 것처럼.
야로슬라프 하셰크, 『착한 병사 슈베이크』

가스가 나오기 전에 기관총이 먼저 나왔다. 연속으로 총알을 발사해 여러 명을 동시에 죽이는 대량 살상용 무기였다. 이 무기의 등장과 함께 걷거나 말을 탄 모든 형태의 공격은 마침내 종언을 고했다.

〈머리 위로 기관단총이 따따따 요란하게 불을 뿜었다. 기차 위에 늘어서 있던 터키 병사들은 우박처럼 쏟아지는 총알 세례에 픽픽 쓰러지며 털 뭉치처럼 지붕에서 굴러 떨어졌다. 기관단총이 기차를 따라가며 비 오듯 총알을 퍼부었고 누런 나무 조각이 구름처럼 흩날렸다.〉[191] T. E. 로런스Lawrence가 1917년 터키 열차 습격 사건을 묘사한 대목이다. 1926년 드레스덴에서 발간된 독일의 『세계 대전 노래집』에는 이런 구절이 있다.

기관총아, 기관총아,
우리는 너를 버리지 않아, 그럴 바엔 차라리 우리가 죽고 말겠어.

......

너는 적에게 차례로 죽음의 고통을 안겨.

그보다 기쁜 일이 있을까?

따따따, 계속해서 불을 뿜어 줘, 내 기관총아,

적의 뼛속까지, 적이 아주 좋아하도록!

　적의 뼛속까지 여러 발을 동시에 발사하는 총기는 그 자체로 역사가 아주 길다. 15세기에 벌써 머리가 빨리 돌아가는 사람들은 핸드 캐넌 여러 개를 수레 위에 나란히 설치한 뒤 동시에, 또는 약간의 시간차를 두고 차례로 발사하는 아이디어를 냈다. 핸드 캐넌이 64개까지 설치된 이 무기를 두고 당시의 군인들은 눈에 보이는 대로 〈오르간 포〉니 〈죽음의 오르간〉이니 〈비명의 포〉니 〈우박 총〉이니 하고 불렀다. 그런데 이 죽음의 오르간은 효과가 별로 없었던 모양이다. 17세기에는 사용되었다는 기록이 없으니 말이다. 그러다 한 프랑스 기술자가 1775년 루이 16세 앞에서 24개 총열이 달린 죽음의 오르간을 선보였다. 그러나 왕은 그에게 은총을 내리지 않고 오히려 인류의 적이라며 쫓아 버렸다.

　그런 프랑스였지만 1867년에 〈미트라외즈〉를 군에 도입했다. 총열이 25개 달린 연발총인데, 각 총열마다 1분에 다섯 발을 발사할 수 있었다. 하지만 제작 비용이 너무 높은 데 반해 명중률은 형편없어서 프랑스군은 보불 전쟁(1870~1871)에서 이 무기로 별 재미를 보지 못했다. 미국 남북 전쟁에서는 회전 손잡이로 총열 다발을 돌려서 발사하는 〈리볼버 포〉가 사용되었다.

　화약 가스의 반동이나 압력으로 장전과 발사가 자동으로 이루어지는 현대적 의미의 기관총, 즉 대량 살인 병기는 1884년 미국인 기술자 H. S. 맥심Maxim이 발명했다. 그러나 독일의 무기심사위원회는 1892년 〈방어에도 충분

치 못하고 공격에는 더더욱 쓸모가 없다〉는 이유로 맥심의 기관총을 채택하지 않았다.[192]

그러다 세계 대전이 일어나면서 프리드리히 대왕식 특별 훈련을 받은 프로이센군처럼 병사 하나가 1분에 4발을, 또 1890년의 현대적 후장총처럼 12발을 쏘는 것이 아니라 1분에 600발을 발사할 수 있는 병기가 전투에 어떤 의미가 있는지 모두들 똑똑히 인식하게 되었다.

그럼에도 1914년 8월 독일 보병은 알자스 지방의 뮐하우젠 전투에서 마케도니아식 대형으로 군가와 만세를 부르며 프랑스 기관총 부대의 사정권 안으로 돌진했다. 물론 프랑스 보병도 모랑주 전투에서 독일 기관총 부대를 향해 돌진했다. 3주 후 롱위 전투에서는 독일 기병대가 말발굽을 울리며 돌진하다가 동일한 운명을 맞았고, 1914년 가을에는 랑게마르크 전투에서 독일 의용 연대가 대열을 맞춘 채 〈모두의 머리 위에 우뚝 선 독일, 독일〉이라는 군가를 부르며 영국의 기관총으로 행진하다가 몰살당했다. 전장에 묻힌 독일군의 수는 무려 4만 5천 명에 달했다. 이로써 팔랑크스 대형은 스파르타에서 발명된 지 2,600년 만에 플랑드르의 진창 속으로 가라앉았다.

컨베이어 벨트처럼 연속으로 죽음을 부르는 기관총 소리는 세계 대전의 전선에서 일상적으로 들을 수 있는 소음이 되었다. 러시아의 한 전쟁 소설에서는 이렇게 묘사되어 있다. 〈기관총은 보이지 않게 끝없이 누비질을 하는 것처럼 정적의 조각들을 기워 나갔다.〉[193] 이번에는 독일의 전쟁 소설을 보자. 〈그의 손에 들린 생명 없는 강철이 어느 순간 움찔거리고 포효하면서 러시아인들의 몸을 어지럽게 날려 버리는 물건으로 탈바꿈했다. ……그는 저들이 어떻게 저렇게 소리 없이 죽어 갈 수 있는지 의아했다.〉[194]

기관총의 궤멸적 위력 때문에 필연적으로 참호가 생겨났다. 다시 말해 각자 200만에 가까운 병력을 출전시켜 나폴레옹식 공격으로 빠르게 승패를 결정지으려는, 역사상 가장 큰 두 야전군이 전쟁 발발 후 6주 만에 스위스에서 북해에 이르는 방대한 지역에 참호 띠를 파놓고 만난 것이다. 이전의 전쟁에선 모든 군대가 전쟁터를 찾아 전투를 벌였고, 나폴레옹은 본대 하나와 양 측면을 보호하기 위한 두 개 군단을 대동하고 모스크바로 진격했다. 그러나 이제는 양상이 바뀌었다. 대군이 땅에 참호를 파고 대치하는 전선이 생긴 것이다.

군인이 땅을 판 것은 새로운 일이 아니었다. 로마군, 스웨덴 왕 구스타브 아돌프의 군대, 프리드리히 대왕의 프로이센군도 아주 힘겹게 진지를 구축하곤 했다. 물론 전투용이 아니라 대개 야영할 때 적의 기습 공격에 대비하기 위해서였다. 전사 보호용의 참호는 산병 전술과 마찬가지로 미국 독립 전쟁에서 처음 등장한 미국인들의 발명품이었다. 소총수들은 머스킷을 장전하고 조준할 때 적의 탄알로부터 몸을 숨기려고 가슴 높이의 낮은 참호를 팠다. 나무나 구덩이처럼 자연 엄폐물이 없을 때도 산병들은 삽으로 직접 참호를 만들었다. 두 군대가 상당 시간 참호 속에서 전투를 벌인 최초의 진지전은 크림 전쟁(1853~1856)이었다.

1차 세계 대전을 통틀어 삽으로 파낸 흙과 포탄으로 뒤집힌 흙의 양이 얼마나 될지는 정확히 가늠할 길이 없지만, 유사 이래 가장 많은 흙이 움직였을 수는 있다. 어쨌든 이 전쟁에서는 전투 참호와 함께 참호끼리 연결된 광범한 교통호 체계도 갖추어졌다. 1915년부터 참호는 어른 키 높이의 두 배, 혹은 심지어 세 배까지 깊이 팠는데, 그 때문에 보초와 소총수들은 적을 보려면 계단을 올라가야 했다. 병사들의 머리는 땅 위로 삐죽 올라왔고, 모래주머니나 철제 방패로 가려졌다. 거기다 참호 바닥에는 지하 1~12미터 깊이로 벙커를 설치했고, 이 벙커들은 지하 갱도로 연결되었다.

〈참호 진지는 겉으론 황량해 보이지만 실제론 강력한 지하 성채 같은 모습이었다. 성채 내부에선 규칙적으로 경계 업무와 군사 업무가 이루어졌고, 경보가 울리면 몇 초 만에 모든 군인이 자기 위치로 올라갔다.〉에른스트 윙거가 쓴 글이다. 〈그렇다고 이곳 분위기를 너무 낭만적으로 상상하지 않는 것이 좋다. 오히려 흙과 가까이 접촉할 경우에 그렇듯 이곳에선 졸음과 권태로움이 지배한다.〉[195] 참호 앞에는 가시철조망을 설치해 놓았다. 적의 돌진을 어렵게 하는 타당하면서도 효과적인 수단이었다. 이것은 보어인들이 처음 사용했는데, 당시엔 이것을 못마땅하게 생각하는 사람들도 많았다. 그때까지 가시철조망은 미국의 가축을 상대로만 사용되었기 때문이다.

기관총의 등장은 군인들을 참호 속으로 들어가게 했을 뿐 아니라 공격자보다 방어자를 더 우위에 서게 했다. 또한 참호전은 수년 동안 지루하게 이어질 수밖에 없었고, 그럼에도 뻥 뚫린 전장에서 치렀던 과거의 전투보다 손실은 훨씬 경미했다. 이제 참호에 타격을 입힐 수 있는 도구는 박격포나 일대를 완전히 초토화시키는 집중 포격뿐이었다. 어쨌든 1917년 총알에도 끄떡없는 영국 탱크가 나타날 때까지 기관총은 군사적으로 성공적인 작품이었다. 그전에 참호를 향해 가스 공격이 이루어지기도 했지만 역겨움만 불러일으켰을 뿐 별 성공은 거두지 못했다.

1915년 4월 22일 당시 세계 화학 산업을 주도하던 독일은 그 능력으로 무엇을 할 수 있는지 여실히 보여 주었다. 독일군은 벨기에의 이프르 전투에서 동풍이 불 때 강철통에 담긴 황색 염소 가스를 영국군 참호가 있는 서쪽으로 날려 보냈다. 그전까지 해충에게만 사용하던 것을 이제 인간에게 사용한 것이다. 과거의 원시 부족들도 저지르지 않은 비열하기 짝이 없는 인간 사냥이었다. 물론 원시 부족에게 화학적 지식이 있었다면 또 어땠을지는 모른다고 하더라도 말이다. 가스가 날아오자 영국군은 공황 상태에 빠졌다. 이프르 5킬로미터 북쪽, 오랫동안 치열하게 교전만 했을 뿐 독일군의 공격이 번번이 실패로 돌아갔던 랑게마르크는 단 15분 만에 가스에 굴복했다. 물론 독일군 자신도 가스의 효과에 놀라고 공포에 질려 적진으로 쉽사리 진입하지 못했다.

그사이 연합군 증원 병력이 도착했고, 가스탄이 적의 참호로 날아갔다. 1917년 독일은 일명 〈겨자 가스(옐로 크로스)〉라 불리는 화학 무기를 실전에 투입했다. 화학전의 시작과 함께 재빨리 보급된 적의 방독면을 뚫고 들어가 피부를 상하게 하는 가스였다. 독일은 1918년 3월 마지막 공격에 대비해 겨자 가스탄 50만 개를 준비했다.

가스 공격이 병사들의 사기에 미친 영향은 엄청났다. 〈포탄이 쾅쾅 떨어지는 소리들 사이로 퍽 하고 가스탄 특유의 소리가 섞여 들린다. 폭발음들 사이로 다급하게 종이 울린다. 땡땡땡! 날카로운 금속음이 사방으로 알리는 메시지는 하나다. 가스, 가스, 가스!〉(레마르크) 〈우리 넷은 잔뜩 긴장한 채 누워 가능한 한 숨을 약하게 들이쉰다. 방독면을 쓴 첫 몇 분이 생사를 결정한다. 이 방독면은 가스를 차단할 수 있을까? 야전 병원에서 본 끔찍한 모습이 기억난다. 수일 동안 숨도 제대로 못 쉬면서 가슴을 부여잡고 조금씩 구토를 하는 가스 중독 환자들이었다.〉[196]

하지만 가스 공격의 실질적인 효과는 기대에 훨씬 미치지 못했다. 가스에 중독된 사람들 중에 사망자는 2퍼센트밖에 되지 않았기 때문이다. 반면에 총포로 인한 사망자는 평균 25퍼센트였다. 어쩌면 이런 미미한 효과 때문에 2차 대전 때는 독가스가 더는 사용되지 않았는지 모른다.

1, 2차 세계 대전에서 결정적인 역할을 한 것은 전차였다. 영국군은 우연한 기회에 깨달음을 얻었다. 1914년 벨기에 전선에서 임시로 강철판을 두르고 기관총을 부착한 차량이 독일 기병대 전체를 격파한 것이다. 그 뒤 장갑에다 무한궤도까지 장착한 전차가 1916년 솜 강 전투에 처음 투입되었다.

1917년 11월 캉브레 전투에서 영국군 전차 350대는 포병의 사전 지원 없이 독일 전선으로 곧장 돌진했다. 이것은 이 전쟁의 돌파구를 여는 의미 있는 사건이었다. 그것도 영국 전문가들의 확신에 따르면 만일 영국 사령부가 이 성공의 규모에 스스로 그렇게 깜짝 놀라 당황하지 않았다면 전쟁을 끝낼 수도 있었을 결정적인 돌파구였다. 군수장관에 새로 부임한 윈스턴 처칠은 전차의 대량 생산에 박차를 가했고, 그로써 1918년 연합군의 반격이 성공을 거두는 데 핵심적인 역할을 했다. 독일군 최고사령부는 영국이 전차를 대량으로 투입하면서 하루 만에 7개 독일군 사단이 궤멸하자 결국 1918년 8월 8일 항복을 선언했다. 레마르크는 이렇게 썼다. 〈무심하게 쐐기꼴로 돌진하면서 장애물을 타고 넘는 이 전차들은 거침없는 절멸 도구이자, 포효하며 연기를 내뿜는 철갑 함대이자, 죽은 자건 부상당한 자건 가리지 않고 짓이겨 버리는 불멸의 강철 괴물이었다.〉[197]

독일군은 1차 대전에서 저질렀던 실수, 즉 1918년 당시 전차 45대로 연합국 전차 3,500대에 맞섰던 터무니없는 실수를 2차 대전에서는 반복하지 않으려고 했다. 그래서 기갑 부대를 육성해 전투를 결정짓는 기병대로 삼았다. 그와 함께 도입된 것이 전격전이었다. 2,400년 전 〈속도가 전쟁의 정수〉[198]라는 손자의 가르침, 그리고 100년 전 〈빠르기가 승리의 비결〉[199]이라는 미 육군사관학교 교수 데니스 하트 머핸Dennis Hart Mahan의 가르침은 두 세계 대전 사이에 한 이론가와 한 실행가에 의해 일관적인 전략으로 발전했다. 영국의 군사 이론가 배질 리델 하트 경과 독일의 기갑 부대 장군 하인츠 구데리안Heinz Guderian이 그 주인공이었다.

전쟁의 역사를 새로 쓴 구데리안의 아이디어는 무엇보다 전차를 보병 지원용으로 넓은 전선에 앞장세워 보낸 것이 아니라(프랑스군은 1차 대전의 긍정적인 경험에서 여전히 이 작전을 고수했다) 끝처럼 적의 전선에 집중 투입했다. 그러니까 전차를 〈찔끔찔끔〉 투입한 것이 아니라 번개처럼 〈대단위로 투입해서〉 적진을 일거에 무너뜨린 것이다.

앙투안 생텍쥐페리가 1940년의 프랑스 패배를 두고 내놓은 다음 분석은 다 맞지는 않다. 〈양측의 무장 경쟁은 전 국력을 쏟아붓는 것이나 다름없었다. 그렇게 보자면 아군 4천만 농민 대(對) 적군 8천만 공장 노동자의 대결이었다.〉[200] 그러나 이런 분석과는 달리 연합군이 실제로 준비한 전차는 4,000대인 데 반해 독일 군수 산업이 준비한 전차는 2,500대였다. 이런 열세에도 독일이 승리를 거둔 것은 전격적인 대단위 투입 작전 덕이었다.

1942년 캅카스 산맥 깊숙한 지점까지 진격한 히틀러의 전차는 1943년 6월 하르키우 북쪽 쿠르스크에서 마지막 참담한 패배를 당했다. 스탈린그라드 참패 후 어떻게든 주도권을 다시 잡으려던 독일군의 노력이 수포로 돌아간 것이다. 아무튼 독일군은 쿠르스크 전투에서 2,700대 전차로 소련군 전차 3,600대에 맞섰는데, 이것은 전쟁사 최대의 전차전이면서 마지막 대규모 전차전이기도 했다.

우랄 산맥 저편에서 소련은 매달 독일 군수 공장에서 만들어지는 것보다 다섯 배 많은 전차를 생산해 냈다. 그만큼 전차의 손실을 메우는 속도는 훨씬 빨랐다. 게다가 전차의 성능도 독일 것과 대등했다. 쿠르스크에서 소련군은 베를린 진격을 필사적으로 막으려는 독일의 마지막 저항을 무참히 박살 냈다. 찢기고 불타오르는 전차 수천 대 안에는 수만 명의 병사가 처참한 몰골로 죽어 있었다.

한국전(1950~1953)에서는 다시 한 번 많은 전차가 투입되었다. 〈과학 기술 시대의 전투 코끼리〉였다.[201] 그러나 이런 전차도 베트남 정글에선 힘을 쓰지 못했다. 대신 전투 헬기가 다목적용으로 투입되어 큰 활약을 펼쳤고, 수송과 구급 목적 외에 지상의 병사들에게 심리적 안정까지 안겨 주었다. 미국의 베트남 종군 기자 마이클 헤어는 이 헬기를 가리켜 〈가장 섹시한 물건〉이라고 썼다. 그는 전투 헬기를 이렇게 묘사한다. 〈구원자이자 파괴자이자 구급대원이자 전투원으로서 신속하고 유연하고 교활하면서도 인간적인 무기였다. 뜨거운 강철, 기름, 정글의 축축한 범포. 한쪽 귀에는 로큰롤, 다른 쪽 귀에는 총소리. 연료, 열기, 빵빵한 삶, 그리고 죽음.〉[202]

무기에 대한 열광의 시대가 다시 찾아왔다. 무기는 활에서 로켓에 이르기까지 모든 전사와 많은 군인들에게 신성시되었고, 또 신성시되고 있다. 아킬레우스의 무기는 불과 대장간의 절름발이 신 헤파이스토스가 만들었고, 알렉산드로스 대왕은 아킬레우스의 방패로 일컬어지는 〈신성한 방패〉를 트로이의 폐허에서 찾아내 인도로 갖고 갔으며, 아틸라는 전쟁의 신으로부터 직접 무기를 받았다고 주장했다. 거의 모든 원시 부족들이 특별한 제식과 함께 무기를 생산했는데, 그런 제식을 치르는 남자들은 금욕을 하고 주문을 외웠다. 칭기즈 칸의 몽골 족은 무기를 만드는 대장장이가 부족의 세속적 구심점이자 종교적 중심점 역할을 했다. 1942년 V2 로켓을 처음 발사할 때 〈페네뮌데 실험 센터〉 소장은 그 순간의 심정을 이렇게 표현했다. 〈이날을 위해 우리는 10년을 일해 왔다. 나는 기쁨의 눈물을 흘렸다고 고백하는 것이 전혀 부끄럽지 않다.〉[203]

노골적이건 은밀하건 무기에 대한 많은 군인들의 사랑은 그 무기를 사용하고픈 유혹에 쉽게 빠져들게 한다. 호메로스는 뭐라고 했던가? 〈그[오디세우스]는…… 오른손으로 시위를 힘껏 잡아당겼다. 손이 시위를 놓는 순간 활은 노래를 불렀다. 제비의 목소리와 비슷하다고 할까! ……오디세우스의 화살은 목표로 삼은 안티노스의 목에 정통으로〉 맞았다.[204] 알프레드 드 비니는 이렇게 썼다. 〈나는 우리 같은 인간을 위해 군도의 강철 속에 존재하는 일종의 자성(磁性)과도 같은 성질을 해명코자 한다.〉[205]

〈총은 군인의 마누라다.〉 최소한 1945년까지 독일 하사관들 사이에서 관용구처럼 사용되던 말이다. 크리스티안 그라베Christian D. Grabbe의 희곡 『나폴레옹』에서는 전쟁이 끝나고 평화라는 괴물이 무슨 형벌처럼 주어지자 보병 출신의 샤스쾨르는 한숨을 쉬며 이렇게 넋두리한다. 「오 나의 카빈총이여, 이젠 네 개머리판으로 대갈통 대신 나무 궤짝이나 박살 낼 수밖에 없겠구나!」[206] 1914년 뤼티히 요새의 전차들을 박살 낸 420밀리미터 박격포는 〈뚱뚱한 베르타〉라는 애칭을 얻었다. 에른스트 윙거는 이렇게 보고한다. 〈「장전, 조준!」 명령이 내려지면 우리는 은밀한 쾌감에 사로잡혀 길쭉한 실탄을 탄창에 끼웠다.〉[207] 러시아의 그리고리 바클라노프Grigorij Baklanow는 전쟁 소설에서 이렇게 썼다. 〈죽은 자들은 부끄러워하지 않는다.〉 동료들이 〈원한에 찬 분노와 달콤한 복수심으로 독일인들을 향해 기관총에서 길게 이어지는 죽음의 불꽃을 내뿜었기 때문이다〉.[208]

무기란 결국 이 모든 것일 수 있다. 즉 경배의 대상이자 쾌감의 원천이자, 사람의 손을 끌어당기는 자석이었다. 물론 모든 군인에게 그랬다는 것은 아니다. 다수의 군인은 그렇지 않을 수도 있지만, 그렇게 생각한 군인이 많았다는 사실은 부인할 수 없다. 무기를 든 사람은 그것을 사용하고픈 유혹에 빠진다. 무기를 사용하면서 쾌감을 느끼는 사람은 위급한 상황에서 어쩔 수 없이 무기를 사용하는 사람과는 분명 그 가해의 범위가 다르다. 오늘날 이 세상의 모든 군인은 과거에 창을 던지기 위해 사용하는 힘보다 훨씬 적은 힘으로, 그러니까 손가락 하나만 까딱 움직이면 과거에 수만의 창을 잡은 수만의 손이 죽인 것보다 더 많은 사람을 죽일 수 있다.

그러나 이보다 더 나쁜 것은 실제로 손에 들고 사용하지는 않지만 언제든 음흉하게 죽음의 마수를 뻗칠 수 있는 치명적인 무기들이 있다는 사실이다. 지뢰가 그중 하나인데, 2차 대전의 끔찍한 유산인 이것은 아무 위험 없이 땅속에 매장되어 있다가 군인이건 민간인이건 가리지 않고 죽이고 신체를 토막 낸다. 인권 기구들의 추산에 따르면 지상에서 매년 2만 명이 지뢰로 해를 입는데, 그중에는 그냥 뛰놀다가 당한 아이들도 많다. 지금도 80개국 이상에 매장되어 있는 1억 개의 지뢰가 희생자를 기다리고 있다. 오래전에 끝난 전쟁의 섬뜩한 잔재이거나, 다음 전쟁을 위한 투자이다.

1997년 오타와에서 125개국이 지뢰를 전면 금지하기로 합의했다. 이 운동을 이끈 사람들은 그 공을 인정받아 그해 노벨 평화상을 받았다(이 운동의 가장 유명한 지도자인 영국 다이애나 왕세자비는 수상 직전에 자동차 사고로 목숨을 잃었다). 그런데 나머지 40개국은 2013년까지도 이 협약에 서명하지 않았다. 그중에서 가장 단호한 나라는 미국, 러시아, 중국, 이스라엘이다. 오바마 대통령은 2009년에 다시 한 번 지뢰를 포기할 수 없다고 분명히 밝혔다. 그러면서도 전 세계의 지뢰를 제거하는 데 그때까지 13억 달러를 지출했다.[209]

형체가 없으면서도 가장 음흉하고 악랄한 무기는 독가스와 생화학 무기인데, 모든 국가들이 공식적으로는 어쨌든 이 무기를 추방한 것처럼 보인다. 온 인류를 소리 없이 몰살시킬 수 있는 박테리아와 바이러스, 곰팡이, 기생충에 대해 보관조차 금지한 것이다. BBC 방송이 1981년에 폭로한 바에 따르면 처칠은 1944년 탄저균 공격을 준비하라는 지시를 내렸다고 한다. 베를린을 필두로 함부르크와 프랑크푸르트에 균을 뿌릴 생각이었다. 만일 그 지시가 실행되었다면 이 도시들은 향후 백 년은 사람이 살지 못하는 땅이 되었을 것이다. 전문가들은 강대국들이 오늘날에도 비슷한 생화학 무기를 준비해 두고 있으리라는 사실을 추호도 의심하지 않는다.

이 무기를 비롯해 무인 전투기와 핵무기, 사이버전을 고려하면 슬픈 결론만 남는다. 수백만 명이 더는 군인이 되지 않는 것은 좋은 일이지만 군인이 없어진다고 해서 미래의 전쟁이 덜 끔찍해지지는 않으리라는 것이다.

4부

무엇을 위해 죽었는가?

17. 이유, 핑계, 착각, 그리고 거짓말

바람결에 어떤 구호가 휘날리든 상관없다.
문과 골통은 박살 나게 되어 있으니까.
오스발트 슈펭글러, 『서양의 몰락』

세계사의 수많은 전사와 용병, 군인은 무엇을 위해 싸웠을까? 예를 들어 인도에서의 그리스인들, 스코틀랜드에서의 로마인들, 크림 반도에서의 노르만인들, 중국에서의 포르투갈인들, 우크라이나에서의 스웨덴인들, 아메리카에서의 헤센인들은 무엇을 위해 싸웠을까? 또 영국인들은 아프리카 사막에서, 흑인들은 베르됭에서, 독일인들은 캅카스에서 무엇을 위해 비참한 죽음을 맞이했을까?

〈무엇을 위해서?〉라는 말은 바로 새로운 물음들과 연결된다. 전쟁이 일어나려면 보통 족장이나 총사령관, 국가 지도자가 전사와 용병, 군인과 협력해야 하는데, 그런 협력은 대부분 다음 세 가지 형태로 이루어진다.

1. 총사령관과 병사들이 공동의 열정으로 움직이는 경우(20장).
2. 병사들이 구타와 협박, 강압에 의해 전쟁터로 끌려가거나 훈장과 술, 음악

에 넘어가 싸우고 사냥하고 죽이고 죽는 경우(5부).

3. 반대로 병사들이 총사령관에게 출정을 재촉하는 경우. 실제로 이런 일이 있 었다(25장).

이 세 경우는 각각 평계와 착각, 거짓말과 뒤섞여 나타난다. 여기서 다섯 가 지 새로운 문제들이 나온다. 이 문제들은 규정할 수는 있지만 해결은 제한적 으로만 가능하다.

1. 원칙적으로 모든 전쟁의 시초엔 최소한 한 가지의 착각은 불가피하다. 자신 이 이길 거라는 생각이 그것이다. 만일 결과를 알았다면 당연히 나폴레옹도 히틀러도 러시아 내부 깊숙한 곳까지 진격하지 않았을 것이다. 기습 공격을 당한 쪽에서도 〈이 싸움을 해야 할지〉를 두고 착각할 수 있다. 1939년 폴란 드는 히틀러를 격퇴할 수 있을 거라고 믿었다. 고도의 군사력을 갖춘 동맹 국 프랑스가 지체 없이 반대편에서 견제 공격을 해주리라 예상했기 때문이 다. 그러나 프랑스는 공격하지 않았다. 반면에 그보다 6개월 전 체코슬로바 키아는 자신이 독일의 상대가 안 될 거라고 판단함으로써 전쟁을 피할 수 있었다. 물론 체코의 이 행동에 대해 처칠은 〈아직 미숙한 수준의 독일군에 게 지레 겁을 먹고 체코군 35개 사단을 헐값에 넘긴 꼴〉이라고 평했다.[210]

2. 전쟁에는 이유가 필요 없다고 말하는 역사가와 인류학자들이 있다. 인간은 원래 못 말릴 정도로 공격적이고, 인간 사냥과 결투를 즐기는 성향을 타고 났으며, 모든 원시 문화가 그것을 증명한다는 것이다. 그래서 문명국가들 사이에서 평화가 상당 기간 반복해서 찾아온 것이 놀라운 일이고, 그 이유 를 밝히는 것이 오히려 필요할지 모른다.

3. 전쟁의 원인은 정확히 알 수 없다. 역사는 승리자들의 것이고, 승자는 당연

히 전쟁 이유를 모두 패자 탓으로 돌리기 때문이다. 그렇다고 패자들에게서 전쟁의 진실을 발견할 수도 없다. 그들 역시 자신들 입장에서 전쟁을 정당화하기 때문이다.

4. 우리가 전쟁 원인을 알 수 없는 이유는 또 있다. 승자조차 수많은 동기와 우연, 착각들 속에서 자신을 전쟁으로 내몬 핵심 원인을 알지 못할 때가 많기 때문이다. 1차 세계 대전의 얽히고설킨 원인들이 전형적인 예이다.

5. 전쟁 원인을 거론하는 것은 위험하다. 독일의 전 대통령 호르스트 쾰러Horst Köhler가 그와 관련해서 호된 경험을 했다. 그는 2010년 5월 아프가니스탄에서 돌아오는 비행기 안에서 한 기자에게 이렇게 말했다. 「독일처럼 대외 무역 의존도가 높은 나라는 비상시 우리의 이익, 예를 들어 안전한 통상로를 지키기 위해 군사적 개입도 필요하다는 사실을 염두에 두고 있어야 합니다.」 영국 정치인들은 지난 300년 동안 지극히 당연하다는 듯이 그렇게 말하고 그렇게 행동해 왔다. 그러나 독일 대통령은 이 단순한 진실을 말했다가 곳곳에서 욕을 먹고 결국 사임하고 말았다.

나아가 이런 점도 고려해야 한다. 톨스토이의 『전쟁과 평화』를 빌려 말하자면, 〈정말 하찮기 그지없는 개별 원인들을 정말 엄청난 결과들과 비교하게 되면〉[211] 전쟁 동기란 어차피 아무것도 아니라는 사실이다.

따라서 전쟁 원인과 동기에 대한 문제를 다룰 때는 극도로 조심해야 한다. 그 자체가 이중적이기 때문이다. 또한 진실이라고 믿었던 원인도 결코 진짜 원인과 일치하지 않을 수도 있다. 단순한 동기와 착각, 핑계, 거짓은 제쳐 놓더라도 말이다.

20세기의 〈근원적 재앙〉인 1차 세계 대전만큼 원인이 복잡하고, 많은 논란을 부른 전쟁은 없다. 영국 역사가 존 키건은 묻는다. 〈성공과 세계적인 부, 권력, 그리고 정신적 문화적 성취의 절정에 오른 부유한 대륙이 왜 그렇게 악의적이고 살인적이고 지역적인 분쟁의 놀음판에 자신이 지금껏 이룩하고 세상에 내놓을 수 있는 모든 것을 내걸었을까? 게다가 전쟁 발발 몇 개월 뒤 갈등을 신속하게 해결할 희망이 사라졌을 때조차 왜 전쟁 세력들은 군사적 대립을 중단하지 않고 오히려 전면전을 위한 전시 체제로 돌입함으로써 수많은 젊은 이들을 무의미한 쌍방 간의 살육전으로 내몰았을까?〉 전쟁 수행 국가들이 표면적으로 내건 모든 이유는 사실 전쟁의 대가를 생각하면 일고의 가치도 없었을 뿐 아니라 일부는 해롭고, 일부는 아무 의미가 없다는 것이 키건의 생각이었다.[212]

아무튼 승자들의 답은 간단하다. 베르사유 조약 제231항에는 이렇게 적혀 있다. 〈동맹군과 연합국은 독일과 그 동맹국이 모든 손실과 피해를 야기한 당사자로서 그에 대한 책임이 있음을 선언하고 독일은 그 사실을 인정한다.〉 이로써 독일의 〈단독 책임〉은 문서상으로 확정되었다. 결국 승자들은 승리와 피해 보상으로만 만족하지 않고 패자에게 일종의 도덕적 열등감까지 안겼다. 이는 모든 역사적 진실과 동떨어진 이해할 수 없는 극단화였다. 존 키건은 썼다. 〈역사가들은 1차 대전의 책임을 특정 국가에만 돌리는 행위를 이미 오래전에 그만두었고, 책임 문제에 못지않게 이론이 분분한 전쟁 원인으로 관심을 돌렸다.〉[213]

그런데 한 역사가만 1961년에도 정확한 전쟁 원인을 안다고 생각했다. 독일 역사가 프리츠 피셔Fritz Fischer였다. 그는 『세계 권력 장악』이라는 책에서 다음 주장으로 센세이션을 일으켰다. 독일은 어떤 대가를 치르더라도 세계 권력이 되기를 원했기에 전쟁 의지가 충만한 쪽은 오직 독일뿐이었다는 것이다. 그러나 피셔의 논거에는 두 가지 구멍이 있다.

첫째, 세계 권력의 장악 욕구는 예부터 세계사의 가장 강한 동력이었다. 로마와 몽골, 스페인과 영국이 그랬고, 1945년에서 1990년까지 미국도 소련과 그런 경쟁을 펼쳤다. 대영 제국은 타민족 정복을 통해 1914년까지 전 세계 육지 면적의 23퍼센트를 손에 넣었다. 영국 본토의 109배에 달하는 크기였다. 이런 정복욕은 상당 부분 인종적 우월감에서 비롯되었고, 그런 우월감은 히틀러에 이르러 절정에 달했다. 가령 남아프리카의 케이프 주 식민지 총독이자 중앙아프리카 식민지 〈로디지아〉를 정복한 세실 로즈Cecil Rhodes는 이렇게 확신했다. 〈앵글로색슨 족은 진화의 정점으로서 제국의 영향력을 전 세계로 확장하라는 신의 명령을 수행해야 한다.〉[214] 2003년 미국의 이라크 기습 공격도 순전히 세계 권력의 오만함에서 비롯되었다. 이처럼 세계 권력을 꿈꾸거나 세계 권력의 지위를 유지하려 하거나, 또는 그 과정에서 통상적인 범위를 넘어설 만큼 무도한 짓을 하는 것은 지구 상에서 아주 흔한 일이다.

둘째, 피셔의 비난은 독일이 군이 더는 세계 권력을 장악하려고 노력할 필요가 없었다는 점을 고려하면 순수 이론적으로도 반박의 여지가 있다. 독일은 이미 당시 영국, 프랑스, 러시아, 미국과 함께 세계 5대 강대국으로 자리 잡았다. 그것도 미국 다음 두 번째 강대국이었다. 독일의 산업은 미국에 이어 세계 2위였고, 영국의 산업을 크게 앞서 있었다. 독일의 함대는 영국 다음으로 규모가 컸고, 병력은 러시아 다음이었지만 전투력은 그들을 훨씬 능가했다. 그래서 독일군은 명실공히 〈세계에서 가장 우수하고 강력한 군대〉로 여겨졌다.[215] 거기다 독일은 자연 과학까지 단연 세계 선두였다. 1901년부터 1914년까지 물리학과 화학, 의학 분야에서 수여된 49개 노벨상 중에서 독일이 14개를 차지했고, 미국은 2개밖에 받지 못했다.

그런데 이런 강대국 독일이 1914년 위기를 느낄 만한 충분한 이유가 생겼다. 군역사학자 마르틴 판 크레벨트의 말에 따르면, 영국은 독일 산업의 막강한 영향력을 시기했고, 프랑스는 〈1871년 이후 영향력이 토막 나고 자존심에 상처를 입은 것에 복수의 칼날을 갈고〉있었다.[216] 거기다 러시아까지 프랑스의 지원 약속(1914년 7월 16일)을 등에 업고 같은 해 7월 30일 경쟁 세력들 중에서 처음으로 국가 총동원령을 내렸다. 키건에 따르면 바로 이 사건에서부터 〈발동이 걸린 군사 퍼레이드는 일정한 방향으로 걷잡을 수 없이 치닫기 시작했다〉.[217] 이로써 독일 제국은 포위되었다. 오스트레일리아 역사가 크리스토퍼 클라크Christopher Clark는 1914년 당시의 권력자들을 〈몽유병자〉라 부르며 이렇게 말한다. 〈우리는 이 세상을 착한 사람과 악당으로 나누는 제임스 본드식 사고에서 벗어나야 한다. 어찌 보면 당시 모든 국가가 악당일 수 있다. 그들은 하나같이 공격적이고, 자기 망상에 빠져 있고, 약탈에 굶주린 제국주의자들이다. 게다가 자신이 약자에다 공격을 당하고 있다고 느끼기에 힘을 드러낼 필요가 있다고 생각했다.〉[218]

이것이 역사학계 주류의 견해였다. 1916년부터 영국 전시 내각 총리를 지낸 데이비드 로이드 조지David Lloyd George 역시 1933년 회고록에서 같은 맥락의 의견을 표명했다. 〈당시의 국가들은 합당한 이유도 당혹스러움도 없이《전쟁》이라는 펄펄 끓는 마법의 솥단지 속으로 미끄러져 들어갔다.〉[219]

전쟁에 대한 경악의 순간이 찾아오기는 했지만 그때는 이미 너무 늦은 뒤였다. 모든 군인이 그런 건 아니지만, 각국 정부와 국민, 그리고 1914년 8월 전쟁 채권 발행을 승인해 준 독일사회민주당도 아주 당연하다는 듯이 군대들이 곧 충돌해 몇 개월 내로 전쟁이 결판날 거라 믿었다. 만일 그 전쟁이 4년에 걸친 전면전으로 확대되고, 온 나라와 제국이 파괴되고 황폐해지고, 국민 경제가 파탄 나고, 1천만 명이 죽으리라는 사실을 조금이라도 내다볼 수 있었다면 그들은 아마 전쟁을 시작하지 않았을 것이다.

이 같은 무지도 전쟁의 한 원인이었다. 대규모 군대, 살인 무기를 엄청나게 생산해 낼 수 있는 거대 군수 산업, 전쟁에 대한 열광으로 기꺼이 전장으로 향한 국민, 이 세 요소가 모이면 얼마나 큰 에너지로 폭발할지 어떤 정치 지도자도 예감하지 못했다. 1930년 처칠은 썼다. 〈잔인하지만 장대했던 과거의 전쟁은 이제 잔인하면서 지저분해졌을 뿐이다. 모두 민주주의와 과학 탓이다.〉[220] 골로 만Golo Mann도 비슷한 말을 했다. 〈역사적으로 한 쌍을 이룬 서로 밀접하게 연결된 두 힘〉, 즉 민족주의적 민주주의와 거대 산업은 〈1916~1917년엔 전쟁으로 치유할 수 없는 상처를 남겼고, 1940~1945년엔 유럽 국가 시스템의 몰락을 야기했다〉.[221]

물론 다른 나라들과 비교해서 특별히 독일 제국에만 존재한 전쟁 동인도 두 가지 있었다. 첫째, 세계 최고의 군대를 보유하고 있었다고 가정한다면 그 뛰어난 도구를 사용하려는 유혹에 빠질 가능성은 커진다. 이 유혹은 1913년에 세상을 떠난 육군 참모총장 알프레트 폰 슐리펜의 작전 계획으로 더욱 힘을 받았다. 두 개 전선에서 동시에 진행되는 전쟁에서 승리하려면, 러시아를 상대로는 적은 병력으로 지연 작전을 펼치고 그사이 프랑스에 대대적인 공격을 퍼부어 40일 안에 무릎 꿇린 다음 러시아에 집중한다는 계획이었다. 그러나 이 계획은 서부 전선에서 프랑스와 벨기에의 강한 저항과 동부 전선에서 소련군의 예상보다 빠른 진격으로 결국 전쟁 5주 만에 실패로 돌아가고 말았다.

둘째, 별로 야망이 없어 보이는 상비군도 예부터 〈나를 사용하라〉는 유혹을 불러일으킨다. 1636년 코르네유의 비극 『르 시드』에서 주인공 로드리고는 말한다. 〈내 아버지를 둘러싸고 있던 전사들의 무리가 내게는 끊임없는 유혹이었다.〉[222] 실러는 발렌슈타인에 대해 이렇게 말한다. 〈그[발렌슈타인]의 마음을 유혹한 것은 권력이다. 그가 보유한 병력만이 그의 범죄를 설명해 준다.〉[223] 스물여덟 살의 프로이센 왕 프리드리히 2세가 1740년 슐레지엔을 강탈한 것도 부왕 프리드리히 빌헬름 1세가 유럽에서 네 번째로 강한 군대를 남겨 준 것과 당연히 관련이 있다.

1795년 이마누엘 칸트는 이렇게 썼다. 〈상비군은 점차 완전히 폐지되어야 한다. 늘 전쟁을 준비하고 있는 것 같은 인상으로 다른 나라를 끊임없이 위협하기 때문이다. 상비군이 각국의 끝없는 군비 경쟁을 부추기는 요인이 되고, 그 유지에 들어가는 평화 비용이 결국 짧은 전쟁을 치르는 것보다 더 큰 부담이 된다면 상비군 존재 자체가 그 부담에서 벗어나기 위해 침략 전쟁을 벌이는 원인이 된다.〉[224]

하지만 대군이 전쟁의 유혹이 될 수 있다는 사실이 1914년의 독일에는 해당되지 않는다고 말하는 사람도 있다. 영국 역사가 니얼 퍼거슨Niall Ferguson이 그렇다. 그는 1998년 전쟁의 참상에 대한 고발로 많은 주목을 받은 『전쟁의 비애The Pity of War』에서 독일 군부는 자신들이 강하다고 느껴서가 아니라 약하다고 생각해서 전쟁으로 기울었다고 주장했다. 러시아와 프랑스는 병력을 합치면 독일의 두 배에 이르고 무장 속도도 훨씬 더 빠를 수 있었다. 프랑스는 어차피 〈고도의 군사력을 갖춘 나라〉였고, 러시아는 프랑스의 돈으로 독일 국경 방향으로 철도망을 설치해 병력을 한층 신속하게 서부로 이동시킬 수 있었기 때문이다.[225] 따라서 독일 군부는 당연히 이 우월한 두 세력에 선수를 치고자 했고, 사라예보 암살 사건 전에 이미 선제공격을 결심하고 있었다. 퍼거슨은 말한다. 〈독일 총참모본부의 염려는 충분히 납득할 만하다.〉[226]

보스니아의 수도 사라예보, 여기가 시작이었다. 세르비아 왕국은 북쪽의 이웃 나라 보스니아를 대세르비아 제국으로 합병하고 싶어 했다. 그러다 보니 1908년 오스트리아-헝가리 제국이 보스니아를 차지한 뒤 갈등은 필연적이었고, 1914년 6월 28일 오스트리아 황태자가 사라예보 거리를 지나간 것은 경솔한 짓이었다. 세르비아 민족주의자들은 황태자를 살해했고, 오스트리아는 7월 28일 세르비아에 전쟁을 선포했다. 이는 암살 사건 한 달 뒤에 일어난 일인데, 이렇게 시간이 지연되면서 열강들의 동맹 기구가 움직일 시간이 생겼다.

러일 전쟁 패배(1905) 이후 영토 확장의 시선을 발칸 반도로 돌린 러시아는 프랑스와의 동맹을 믿고 7월 30일 오스트리아를 발칸 반도에서 몰아내려고 총동원령을 내렸다. 그러자 독일이 즉각 동맹국 오스트리아를 도우러 나섰고, 선제공격의 군사적 이점을 확보하려고 8월 1일에는 러시아에, 8월 3일에는 러시아 동맹국인 프랑스에, 8월 4일에는 프랑스로 가는 길목에 위치한 벨기에에 전쟁을 선포했다. 이것이 영국에는 독일과의 전쟁에 나서게 하는 구실이 되어 주었다.

제2차 세계 대전이 제1차 세계 대전에서 비롯되었고, 히틀러가 없었다면 2차 대전이 발발하지 않았을 거라는 점에 대해서는 거의 모든 역사가들이 의견을 같이한다. 헨리 키신저Henry Kissinger는 말한다. 2차 대전의 근본 책임은 히틀러에게 있지만, 〈베르사유 전후 체제가 히틀러의 계획에 날개를 달아 주었다〉. 승전국들이 독일에 굴욕감을 안김으로써 다음 전쟁의 씨앗을 뿌렸다는 것이다.[227]

이를 토대로 히틀러의 선동과 권력 장악이 시작되었다. 히틀러는 점점 많은 사람들이 몰려드는 강당에서 베르사유 조약의 치욕과 엄청난 배상금, 수치스러운 굴욕에 대해 울부짖으며 〈이런 사디스트적인 잔인함〉에 대해 게르만 민족은 분노와 격분으로 들고일어나야 한다고 외쳤다.[228] 또한 자신이 권력의 정점에 있을 때에만 이 위대한 과업을 완수할 수 있다고 믿었다. 자기처럼 천재성과 의지력이 결합된 인물이 앞으로 다시는 나오지 않을 거라고 생각했기 때문이다.[229]

그런데 히틀러가 그 때문에 2차 대전을 도발했다고 믿는 것은 너무 짧은 생각이다. 그는 폴란드의 절반만 독일에 합병하기를 원했을 뿐 그 외 다른 의도는 없었고, 영국과의 전쟁도 결코 원치 않았기 때문이다. 오히려 세계 대전으로의 확전을 예견한 사람은 처칠이었다. 영국과 프랑스는 히틀러의 체코 침공을 보면서 1939년 3월 31일 폴란드에 안전 보장을 약속했다. 이 부분과 관련해서 처칠은 2차 세계 대전에 관한 저서에서 〈바로 얼마 전 하이에나의 탐욕으로 체코슬로바키아 약탈에 가담한 폴란드〉라고 썼다. 그런데 그런 폴란드를 지키려면 독일에 선전 포고를 해야만 했는데, 그러면 〈분명 수백만 명이 죽게〉될 거라고 보았다.[230]

영국과 프랑스는 9월 3일 폴란드와의 조약에 충실하게 독일에 전쟁을 선포했다. 물론 군사적 행동에 적극 나설 능력도 의지도 없는 상태였다. 처칠은 프랑스가 60개 사단을 끌고 곧바로 라인 강을 건널 거라고 생각했다. 그러나 현실은 달랐다.[231] 히틀러 전기 작가 앨런 블록Alan Bullock에 따르면 〈프랑스는 여러 측면에서 우세한 전력에도 불구하고 개입에 대한 의지를 전혀 보이지 않았고, 영국 공군 역시 독일 도시들에 전단을 뿌리는 정도에 그쳤다〉.[232] 결국 폴란드의 안전 보장은 이루어지지 않았고, 대신 유럽 대륙 절반에서 끔찍한 일이 일어났다.

1939년 9월 17일 소련이 폴란드 동부로 침공했을 때 영국과 프랑스는 조약에 따라 스탈린에게도 전쟁을 선포했어야 했다. 그러나 그렇게 하지 않았다. 반면에 히틀러가 런던에 폭격 지시를 내리는 동안 독일로 원자재와 생필품을 실어 나르는 소련 화물 열차의 행렬은 점점 길어져만 갔다.

유럽 서부에서 히틀러가 원한 것은 없었다. 영국과 프랑스의 선전 포고가 없었다면 히틀러는 덴마크와 노르웨이, 네덜란드, 벨기에, 프랑스를 공격하지 않았을 것이다. 어쩌면 유고슬라비아와 그리스까지 포함해서 말이다.[233] 그랬다면 서유럽이 해방되어야 할 일은 없었을 것이고, 세계 대전 대신 히틀러와 스탈린 간에만 전쟁이 있었을 것이고, 서유럽은 별로 호감이 가지 않는 두 대국이 서로 갈기갈기 찢는 모습을 지켜보기만 했을 것이다. 미국 역사가 패트릭 뷰캐넌Patrick J. Buchanan의 확신에 찬 말이다.

미국 외교관으로 소련 전문가이자 냉전 전략가인 조지 케넌George F. Kennan 은 1951년 소름 끼칠 정도로 냉정하게 두 세계 대전을 결산했다. 〈만일 지금 의 유럽에 1913년의 독일이 있다면, 다시 말해 보수 온건파가 지배하고, 활력 과 자신감이 넘치고, 유럽에서 러시아의 힘을 견제할 수 있는 그런 독일을 다 시 얻게 된다면 그걸 반길 사람은 별로 없을 것이다. 그러나 오늘날 우리가 처 한 문제들을 고려해 보면 그것도 그리 나쁠 것 같지는 않다. 지난 두 세계 대전 을 결산하면 우리는 다음의 사실을 알게 된다. 그 전쟁들이 가져다준 이익이 있다고 해도 그것을 인식하기란 상당히 어렵다는 사실을.〉[234] 두 전쟁으로 1억 명이 넘게 목숨을 잃었다.

그 뒤에도 전쟁은 계속되었다. 또다시 명확한 이유와 명확한 전선이 존재하 는 전쟁들이었다. 1950년 6월 25일 북한군은 소련제 전차 100대를 앞세우고 38선을 넘었다. 1945년 연합국이 일본에 승리한 뒤 미국과 소련이 각각의 영 향력 행사 구역으로 합의한 선이었다. 스탈린이 세력권을 확대하고자 노골적 인 폭력을 앞세워 이 선을 넘자 미국은 유엔의 지원을 등에 업고 반격에 나서 원래의 상태로 돌려놓았다. 처음의 돌은 쓰러뜨려선 안 된다는 도미노 이론의 원칙에 따라서 말이다.

1964년부터 미국은 한국전 때와 동일하게 충분히 납득할 만한 이유를 내세 우며 남베트남에 게릴라를 침투시킨 공산주의 북베트남에 맞서 싸웠다. 북베 트남의 게릴라 전술은 미군에게만 유리했을 명확한 전선 형성을 회피한 노회 한 전술이었다. 그로 인해 완전히 진이 빠진 미군은 1973년 결국 치욕적인 철 수를 결정할 수밖에 없었다.

한국에서든 베트남에서든 양측의 동기는 분명했다. 미화도 거짓말도 없었 다. 그러나 히틀러는 1939년 9월 1일 제국 의회에서 폴란드의 선제공격에 〈응 사하고 있다〉고 뻔뻔하게 거짓말을 했다. 실제로는 그 전날 폴란드 게릴라로 변장한 나치 친위대가 독일의 글라이비츠 방송국을 공격했는데도 말이다.

2003년 3월 부시 대통령이 미국의 이라크 공격을 정당화하기 위해 내세운 이유들, 즉 이라크를 무장 해제해서 이라크 국민을 해방시키고 세계를 이라크 〈대량 살상 무기〉의 위험으로부터 구하려고 한다는 건 아마 거짓말이었을 것이다. 대량 살상 무기는 발견되지 않았으니까. 2007년, 그러니까 미국이 거듭된 폭탄 테러와 게릴라, 자살 테러로 낙담하고 있을 때 부시는 다시 한 번 알카에다가 이라크를 새로운 근거지로 만들려고 한다고 강조했다. 그러자 「뉴욕 타임스」는 순환 논법을 들어 부시를 비난했다. 〈알카에다가 이라크에 있기 때문에 우리가 이라크에 관여해야 한다고 하지만, 거꾸로 보면 우리가 이라크에 있기 때문에 알카에다도 이라크에 있는 것이다.〉[235]

미국의 이라크 공격과 관련해서 그사이 정치인과 역사학자들의 견해는 상당히 일치한다. 부시는 2001년 9.11 테러에 대한 복수를 원하는 미국인들의 간절한 열망을 읽어 내고, 자국민과 세계에 미국의 힘과 결행 능력을 보여 주고자 했다는 것이다. 그러나 고작 그것을 증명하려고 미군 4,500명과 이라크군 1만 명, 이라크 민간인 16만 명이 목숨을 잃었고, 미국의 위신과 명망은 땅에 떨어졌다.

1941년 루스벨트 대통령이 진주만에서 은밀하게 꾸민 일에 대해서는 별다른 이름이 붙지 않았지만 기만 전술일 가능성이 높다. 여기서 분명한 것은 루스벨트가 일본을 극단적으로 자극했다는 사실이다. 우선 그는 전면적 석유 봉쇄로 일본의 석유 수요량 85퍼센트를 차단했다. 그런 다음 진주만에 1차 대전 때 사용하던 전함 8척만 남기고 항공모함 두 척을 철수시켰다. 거기다 하와이 주둔 미군은 일본의 기습 공격 가능성에 대해 너무 늦게, 너무 허술하게 경고를 받았고, 결국 일본군 공격으로 미군 2,349명이 목숨을 잃었다. 미국 전역이 분노에 휩싸였고 온 국민이 복수를 외쳤다. 이제 미국이 공격을 받은 상황이기에 루스벨트는 1940년 선거에서 자신이 내건 엄숙한 공약, 즉 우리가 공격을 받지 않은 한 다시는 전쟁에 나가지 않겠다는 약속에서 벗어날 수 있었다. 당시 미국의 개입을 열렬히 바라고 있던 처칠은 미국의 참전이 결정되는 순간 〈벅찬 감정에 휩싸여 안도의 단잠을 잤다〉고 썼다.[236] 미국은 2차 대전 중에 미국 역사상 최고의 경제 성장을 이루어 냈다. 1944년 전 세계 군수 물자의 40퍼센트를 생산한 곳이 미국이었다.

당시의 국민을 비롯해 후대인들까지 고귀한 동기로 전쟁을 일으켰다고 추앙하는 정치인도 있다. 물론 그 자신은 결코 그런 의도로 전쟁을 일으킨 것이 아니었는데도 말이다. 〈노예 해방자〉 에이브러햄 링컨이 그 주인공이다. 1861년 2월 미국 남부 7개 주가 연방 탈퇴를 선포하더니 민주적 방식으로 〈미연합국〉이라는 독립 국가를 창건하고 독자적 헌법까지 마련했다. 아주 훌륭한 민주주의적 절차였다. 그래서 면밀하게 보면, 3월에 대통령에 선출된 링컨이 남부의 독립을 허용하지 않은 건 교만한 월권 행위였다. 이성적 판단에 따라 그 행위를 중지했더라면 남부가 전쟁의 포화로 뒤덮일 일도 없었고 62만 명이 애꿎게 목숨을 잃을 일도 없었다. 링컨에게 노예 해방은 기껏해야 부차적인 문제였다. 그는 1862년에 이렇게 썼다. 〈내 최고의 목표는 노예 제도를 유지하느냐 폐지하느냐가 아니라 연방을 구하는 것이었다. 단 한 명의 노예를 해방시키지 않고도 연방을 구할 수 있다면 나는 그렇게 할 것이고, 모든 노예를 해방시켜 연방을 구할 수 있다면 또한 그렇게 할 것이며, 일부만 해방시키고 나머지는 그대로 둠으로써 연방을 구할 수 있다면 그 또한 그렇게 할 것이다.〉[237]

노예가 해방되면 링컨은 그들을 〈외국〉으로 이주시키려 했다. 그러다 종전 직전에야 〈매우 지적인 흑인〉에게 선거권을 부여하라고 권고했다. 모든 흑인에게 선거권이 주어진 것은 링컨이 죽은 지 5년 뒤(1870)의 일이다.

링컨 대통령은 게티즈버그 전투에서 승리를 거두기 전, 이 전투는 물론 전체 전쟁까지 결정지을 결정타를 먹였다. 1863년 1월 1일 이제부터 〈남부 주의 모든 노예는 자유〉라고 공표한 것이다. 그런데 이것은 도를 넘은 자의적 행위였다. 의회만이 결정할 수 있는 사안을 본인이 독단적으로 결정해 버린 것이다. 그것도 일단 남부에 승리한 뒤에야 가능한 일을 말이다. 게다가 링컨은 자신이 직접 해방시킬 수 있는 노예들, 다시 말해 북부 4개 주의 노예는 해방하지 않았다.

이것은 거짓과 위선으로 가득 찬 행위로 비치기도 하지만 골로 만처럼 〈심리전 행위〉로 볼 수도 있다. 세상 사람들의 눈에는 어쨌든 남부 연합을 공격하는 측(영국 상류층도 목화를 간절히 원하던 섬유 산업계와 함께 북부 편에 설지 심각하게 고민했다)이 노예제 폐지를 위해 싸우는 선구자로 보였을 테니까.[238] 그런데 시간이 흐르면서 후대인들은 양면적 감정을 보였다. 한편으론 링컨을 우러러보면서도 다른 한편으론 봇물처럼 터져 나온 옛 남부에 관한 영화와 소설에 공감을 표한 것이다.

이처럼 국가의 주요 행위는 평화 시보다 전쟁을 둘러싸고 해석이 훨씬 다양하다. 1945년 이후 독일 내에 널리 퍼져 있었던 것처럼, 역사적 판단에 자책감을 담으려는 소망이 더해지면 다음과 같이 이상한 일이 벌어질 수 있다. 2006년판 브록하우스 대백과사전은 보불 전쟁(1870~1871)의 원인으로 〈유럽 대륙에서 프로이센의 헤게모니를 장기적으로 보장하려는 비스마르크의 의지〉[239]를 유일하게 꼽은 반면에 브리태니커 백과사전은 〈프로이센의 비상에 제동을 거는 것과 함께 꺼져 가는 제국의 영광을 대외 정책의 성공으로 되살리려는 프랑스의 결연함〉[240]을 유일한 원인으로 적시했다.

이런 배경하에서 지금까지의 논의를 체계적으로 개괄해 보면 다음과 같이 구분할 수 있다.

I. 통치자가 공포하는 전쟁 이유와 근거, 슬로건, 핑계, 구실. 가령 로마는 타민족에 사절단을 파견하고, 사절단은 거기서 무례한 행동으로 나쁜 대접을 받고, 그걸 이유로 로마는 군대를 출정시켰다. 또 다른 예로 러시아의 표트르 대제는 자신이 익명으로 여행 다닐 때 스웨덴 치하의 리가에서 합당한 예우를 받지 못했다는 이유로 1700년에 스웨덴과 북방 전쟁을 벌였다. 또한 국민이나 지도자가 합당한 이유 없이 전쟁에 나서기를 거부할 경우 일부러 구실을 만들어 전쟁을 벌일 수도 있다. 이때 그 구실이 얼마나 정당한지 근거를 밝히려는 노력은 대개 미미하다.

II. 전쟁 계기, 즉 전쟁으로 치닫게 하는 결정적 사건. 일반적으로 이런 계기는 없지 않았다. 특히 전쟁 기운이 감돌 때면 거의 늘 있어 왔다. 때로는 우연한 사건으로, 때로는 부정한 방법으로. 하지만 대개 이런 계기는 이미 가득 찬 물통에 물 한 방울을 더해 통을 넘치게 하는 것일 뿐이다. 예를 들면 프라하 창문 투척 사건(30년 전쟁), 영국 찰스 1세의 선박세 징수(영국 내전), 보스턴 항에 정박된 배의 차 상자를 바다에 내던진 보스턴 차 사건(미국 독립 전쟁), 종교적으로 금지된 동물 기름을 바른 총포를 인도 병사들에게 사용하라고 지시한 영국의 부당한 처사(세포이 항쟁), 사라예보 암살(제1차 세계 대전) 등이 있다.

III. 실질적 원인, 결정적 이유. 앞서 언급한 비유로 설명하자면, 이것은 어떤 계기로 흘러넘치는 상태에서 적당한 구실을 곁에 붙인 통 그 자체이다. 이렇게 적힌 구실은 통 안의 내용물과 관련이 있는 경우도 있지만 대부분은 그렇지 않다. 실질적인 전쟁 원인의 경우 또다시 다음으로 구분된다.

1. 통치자나 국민이 깨닫고 있는 전쟁 원인은 대개 통치자의 말이나 행동을 통해 간접적으로 밝혀진다. 일례로 독일은 〈생활권〉이 필요했고, 히틀러는 〈권력〉이 필요했다. 프랑스 시사 평론가 레몽 아롱Raymond Aron은 권

위 있는 저서 『국가들 사이의 평화와 전쟁』에서 이것을 〈가시적 원인〉이라 불렀다. 그러나 이것도 진짜 전쟁 원인들 중 일부에 불과하다. 통치자와 국민은 잘 깨닫지 못하고 있지만 배후에서 작용하는 최소한 세 종류의 동인이 있기 때문이다. 다음 2번과 3번이 그것인데, 레몽 아롱은 이것을 가리켜 〈심층적 원인〉이라 불렀다.

2. 통치자나 국민의 마음속에 있지만 정작 본인은 잘 모르는 동인이 있다. 프리드리히 대왕과 나폴레옹이 일으킨 전쟁에는 분명 내면의 타오르는 야망이 한몫했고, 어쩌면 눈에 띄게 작은 키가 그 야망을 키웠을지 모른다. 히틀러의 경우는 한때 급사로 근근이 살아야 했던 세상에 복수하려는 마음이 있었을 것이다. 티무르는 절름발이였다. 1915년에 프로이트가 쓴 글에 따르면 각 민족은 〈현재 자신의 이익보다〉 무언가 뜨거운 열정에 더 격하게 따르는 경향을 보인다. 〈그들에게 이해관계는 기껏해야 열정을 합리화하는 도구일 뿐이다. 다시 말해 열정 충족의 근거를 대기 위해 이해관계를 앞세울 뿐이다.〉[241]

3. 배후에서 조종하는 막강한 실력자들이 전쟁 원인일 수도 있다. 이들이 통치자에게 미치는 영향력은 가늠하기 어렵다. 심지어 통치자 자신도 그걸 모를 때가 있다. 볼리비아와 파라과이의 끔찍한 차코 전쟁(1932~1935)은 한편으론 두 국가 사이의 영토 분쟁이었지만, 다른 한편으론 그란차코 지역의 유전을 차지하기 위한 두 석유 회사(스탠더드 오일과 로열 더치)의 싸움이었다. 막강한 군수 산업은 백 년 전부터 전쟁으로 막대한 이익을 보았다. 마르크스주의자들처럼 전쟁 책임을 모두 그들에게 돌리는 것도 잘못이지만, 이익과 권력을 향한 개별 산업의 욕망을 전쟁 원인에서 배제하는 것도 잘못이다.

IV. 전쟁 발발을 가능하게 하거나 유리하게 하는 주변 상황과 환경 요인이 있다. 예컨대 두 나라 사이의 역학 관계가 바뀌거나, 공격욕을 자극하는 신무기나 전쟁 기술이 발명되거나, 새로운 운송 수단과 통신 수단의 개발로 그전까지 도저히 닿지 못하던 민족 간의 거리가 갑자기 확 줄어드는 경우다.

V. 전쟁 과정에서 생겨난 목표가 전쟁을 발발케 한 원인을 은폐하는 데 기여하기도 한다. 미국 역사가 퀸시 라이트Quincy Wright는 전자를 〈최종 원인〉, 후자를 〈동력(動力) 원인〉이라 부른다.

끝으로 위로의 말을 하자면, 〈주사위가 던져져 칼을 든 이후 전쟁을 시작한 자가 누구인지 아는 전쟁은 아직 없었다〉. 독일 작가 율리우스 슈테텐하임Julius Stettenheim의 작품에 등장하는 종군 기자 비프헨이 탄식조로 하는 말이다. 그는 1878~1904년까지 신문에 〈매일 전투 실황을 전해야〉 했다. (〈아무도 빠져나가지 못했다! 나도 그중 하나였다.〉) 쇼펜하우어는 분노에 차서 소리친다. 〈역사의 여신 클리오는 거리의 매춘부가 매독에 감염된 것처럼 철저히 거짓에 감염되었다!〉[242] 미국 작가 서배스천 융거는 2010년 아프가니스탄에서 이렇게 담담하게 썼다. 〈군인들은 전쟁의 도덕적 토대에 별 관심이 없어 보인다. 전쟁이 승리로 끝날지 패배로 끝날지도 그들에겐 별 의미가 없다. 농부가 세계경제에 별 관심이 없듯 군인들도 그런 문제에 관심이 없다.〉[243]

18. 영토와 전리품을 위해

〈땅의 점령〉이라고 하면 처음엔 전혀 악의가 느껴지지 않는다. 그냥 어느 땅에 머무르면서 개간하고 씨를 뿌리고 수확한다는 의미로 다가온다. 다시 말해 붙박이로 정착한 서식지를 고향으로 느낀다는 말이다. 서식지나 자기 영토를 표시하는 것은 많은 곤충과 물고기, 새, 포유류의 근원적 행위이다. 이들은 일정한 구역의 땅과 물, 공중을 차지한 뒤 방향 물질이나 춤, 노래(일례로 나이팅게일은 〈나 여기 살아!〉 하고 노래한다)로 영토를 표시하고 그곳을 방어한다. 그것도 다른 생물종이 아닌 동종의 생물로부터. 왜냐하면 무엇보다 동족이 적합한 생활권을 놓고 다투는 경쟁자이기 때문이다.

그런데 자연에서 동물의 서식지는 유동적이고 계절과 함께 바뀔 수 있다. 사슴이 무리와 함께 강을 따라 이동하거나 새로운 오아시스를 발견하는 것처럼 말이다. 반면에 인간 농부에게는 선택의 여지가 없다. 무조건 곡식이 익어 가는 땅에 뿌리를 내려야 한다. 간혹 그런 땅을 평화롭게 획득할 때도 있었다(물론 동물들에게는 피해를 줄 수밖에 없지만). 9세기 노르웨이인들이 이주하기 시작한 아이슬란드처럼 사람이 살지 않는 땅일 경우에 말이다.

그런데 사냥꾼이나 사슴이 격분해서 자유로운 땅에 대한 원초적 권리를 주장하면 싸움과 유혈 사태가 벌어졌다. 이것이 전쟁 발생의 고전적 이유이다 (9장). 비옥한 땅의 소유자는 싸움을 통해서만 몰아낼 수 있었고, 패자는 황량한 땅에 살아야 했다. 칸트는 이런 사실에 근거해서, 자연이 전쟁을 수단으로 삼아 지구 곳곳에 사람을 뿌리 내리게 했다는 결론을 내렸다.[244]

하지만 정착 공간과 사냥 지역으로 쓸 땅은 지구 육지의 절반가량에 지나지 않는다. 나머지는 바위와 모래, 얼음으로 된 황무지다. 인간은 10세기경 마지막 대규모 비옥한 땅인 뉴질랜드를 차지했다. 세계 인구는 현재 70억을 넘어 곧 100억에 가까워지고 있는데 남아 있는 땅은 더 이상 없다. 세계적으로 남은 마지막 좋은 땅을 차지하려는 경쟁이 시작되었고, 중국 투자자들은 아프리카와 동남아시아에서 대규모로 〈토지 점령〉을 추진 중이다. 그건 미국과 아랍에미리트도 마찬가지이다. 이것은 수많은 소규모 전쟁의 동인을 제공하고 있고, 어쩌면 대규모 전쟁의 불씨가 될지도 모른다. 인류 최후의 전쟁으로서 말이다(43장).

지상에 아직 충분한 땅이 남아 있었을 때도 영토 점령은 잔인한 방식으로 이루어졌다. 이스라엘인들은 40년의 방랑 끝에 비옥한 땅 가나안에 이르렀을 때 신의 이름으로 그곳의 남자들을 처단하고 여자와 아이들, 가축을 손에 넣었다(신명기 20장).

민족 이동은 그 자체로 큰 정치적 바람이었다. 그리스인들은 시칠리아로, 게르만 족은 로마 제국으로 이동했는데, 주로 농경에 악영향을 끼친 기후 변화나 고향 땅에서 부양의 한계를 넘는 인구 증가가 주원인이었다. 리비우스에 따르면 기원전 6세기에 갈리아는 암비가투스 왕이 조카 둘에게 그들을 따르는 백성들을 데리고 〈신들이 새의 비행 모습을 보고 지정해 주는 새로운 고향〉으로 가라고 할 정도로 인구가 많았다고 한다.[245]

아랍인들의 거센 유럽 진군도 단순히 이슬람의 영향 때문만이 아니라 6세기까지 오아시스 경제로 활짝 꽃피운 아라비아 반도의 황폐화도 영향을 끼쳤다. 프리드리히 대왕의 말을 들어 보자. 〈작은 나라건 큰 나라건 정부의 기본 원칙은 확장 욕구라고 할 수 있다.〉[246] 프리드리히 자신도 평생 슐레지엔을 위해 살았다. 첫 번째 전쟁에서는 슐레지엔을 프로이센에 합병시켰고, 두 번째, 세 번째 전쟁에서는 슐레지엔을 다시 내놓지 않으려고 싸웠다. 어쩌면 존 키건의 말이 옳을지 모른다. 〈우리가 기록으로 알고 있는 시대 중에서 전쟁으로 인한 이득이 전쟁으로 인한 비용보다 컸던 시기는 상당히 많아 보인다.〉[247] 물론 승리자에게만 해당되는 말이지만.

싸워서 획득한 영토가 물인 경우도 있었다. 유프라테스 강과 티그리스 강이 합쳐져 이라크와 이란 국경을 따라 페르시아 만까지 150킬로미터를 흘러가는 샤트알아랍 강 때문에 최소한 25만 명이 목숨을 잃었다. 이 강은 두 나라의 유조선이 지나다니는 중요한 통로였는데, 미국이 소련에 대한 보루로 무장시킨 이란은 1975년 이 강의 중간에 경계선을 설정함으로써 실질적인 수로 통제에 나섰다.

1979년 팔레비 왕조가 무너지자 아야톨라 호메이니는 이슬람 혁명을 일으켜 테헤란의 미 대사관을 무력으로 점령했다. 그러자 미국은 같은 해 쿠데타로 정권을 장악한 사담 후세인의 이라크에 군사 지원을 했다. 그로써 이란을 칠 만큼 충분히 군사력이 강해졌다고 생각한 독재자 후세인은 1980년 샤트알아랍 강의 지배권을 가져오기 위해 공격에 나섰고, 호메이니는 소년 병사 수만 명을 죽음으로 내보냈다(42장). 8년에 걸친 전쟁으로 수많은 사람이 죽었지만, 두 인접국은 여전히 물에 대한 권리를 놓고 다투고 있다.

1494년 스페인과 포르투갈은 단순히 하나의 강이 아니라 대양을 나누어 가졌다. 대서양을 가로질러 브라질 동쪽을 지나가는 서경 46도를 기준으로 유럽 이외의 모든 땅을 서쪽은 스페인이, 동쪽은 포르투갈이 가지기로 토르데시야스 수도원에서 합의한 것이다. 역사상 가장 대담하고, 이론적으로 완벽한 이 영토 획득은 1세기 가까이 다른 유럽 열강들에 의해 존중되었다. 물론 인디언과 흑인은 그 때문에 피를 흘리거나 노예가 되어야 했다.

그다음엔 영국과 네덜란드, 프랑스가 나서서 식민지 선두 주자인 스페인과 포르투갈에게서 영토를 빼앗거나 서로 영토 전쟁을 벌였다. 17세기 초에는 카자크 족이 베링 해협까지 아시아 전역으로 밀고 들어가 시베리아를 차르의 품에 안겨 주었다. 크림 전쟁은 다르다넬스 해협을 차지하려는 러시아의 욕망으로 촉발되었고, 러일 전쟁은 러시아의 팽창욕과 한국과 만주를 차지하려는 일본의 팽창욕이 충돌하면서 빚어졌으며, 2차 대전은 독일과 일본의 영토 확장 야망으로 발발했다. 이처럼 로마와 스페인, 영국, 프랑스, 러시아, 일본, 독일의 정복욕을 종합적으로 고려하면 역사상 상당히 많은 전쟁이 영토 확장과 관련되어 있음을 알 수 있다.

정복 전쟁에 상응하는 것이 공격받은 자들의 방어 전쟁과 억압받은 자들의 해방 전쟁이다. 자신들의 나라와 삶을 지키려는 싸움이다. 그런데 해방 전쟁(나폴레옹에 맞선 독일)이니, 해방 투쟁(스페인에 맞선 네덜란드, 터키에 맞선 그리스)이니, 독립 전쟁(영국에 맞선 미국)이니 하는 명칭이 붙여지는 경우는 그리 많지 않다. 이런 명칭은 승리자나 세상의 여론을 자기 쪽으로 끌어들일 줄 아는 사람들에게나 부여되기 때문이다.

유럽의 시야에서 벗어난 민족에게 〈자유의 투쟁〉이라는 월계관이 씌워질 가능성은 전혀 없었다. 두 대륙 전체를 빼앗김으로써 역사상 가장 큰 영토를 강탈당하고, 미국의 나머지 땅마저 1865~1898년까지 943번의 전투를 통해 완전히 몰수당한 인디언들이 그랬고, 1857년 세포이 항쟁에서 영국인들을 몰아내려 한 인도인들이 그랬으며, 1851~1864년까지 태평천국의 난으로 청나라의 수탈에 저항한 중국 농민들이 그랬다.

공격자의 궁핍이나 탐욕에 의해 반복적으로 발발하는 영토 전쟁은 〈약탈 전쟁〉의 하위 개념으로 분류할 수 있다. 그것도 빈번한 특수 경우로서 말이다. 금, 원료, 노예, 여자, 가축처럼 누구나 갈망하는 다른 노획물을 포함하면 모든 전쟁 원인 중에서 다수가 언급된 셈이다. 플라톤은 대화록 『소피스테스』에서 약탈, 노예 포획, 압제, 그리고 온갖 전쟁 행위를 〈폭력적인 인간 사냥〉[248]이라는 개념으로 묶었다. 볼테르는 〈전쟁에서는 오직 도둑질만 자행된다〉[249]고 말했으며, 쇼펜하우어는 〈모든 전쟁의 기원은 도둑 같은 욕심〉이라고 정의하며 볼테르의 말에 동조했다. 영국 역사가 G. L. 디킨슨Dickinson은 다음과 같이 총평을 내놓았다. 〈전쟁을 하는 모든 국가는 두 가지 목표가 있다. 하나는 자신의 것을 지키는 것이고, 다른 하나는 남의 것을 더 많이 빼앗아 오는 것이다. 오직 이것만이 내전을 제외한 모든 전쟁의 원인이다.〉[250]

약탈과 착취를 일삼은 전형적인 제국이 로마였다. 〈로물루스와 그 후계자들은 시민과 여자, 또는 농경지를 손에 넣으려고 거의 끊임없이 이웃 나라와 전쟁을 벌였다.〉 몽테스키외의 말이다. 계속 들어 보자. 〈그들은 패배한 민족의 전리품을 가득 싣고 도시로 돌아왔다. ……로마에서는 커다란 환호성이 터졌다. 여기서 개선 행진의 전통이 생겼는데, 이 행진은 나중에 로마라는 도시가 커지는 주원인이 되었다. ……로마는 상업과 수공업으로 먹고사는 도시가 아니었기에 개별 시민이 부를 축적할 수 있는 유일한 길은 약탈이었다.〉[251]

토인비도 2세기의 로마에 대해 비슷하게 썼다. 〈로마 상인들은 수익성을 높이기 위해, 원로원 의원들은 축산업과 대농장에 값싼 노동력을 확보하기 위해 식민지 주에서 부와 주민을 강탈해 갔다.〉[252] 기원전 168년 피드나 전투에서 마케도니아를 완전히 제압한 로마는 세금을 철폐했다. 그 때문에 카이사르는 〈갈리아 땅을 침략하고 착취했고…… 그를 통해 세상에서 가장 큰 부자가 되었다〉.[253] 오스발트 슈펭글러의 말이다.

아시리아의 전쟁도 연례행사 같은 약탈 출정이었고, 이 나라는 그런 약탈 행위로 유지되었다. 1667년과 1697년 사이 루이 14세가 독일과 네덜란드를 상대로 벌인 정복 전쟁도 공격을 당한 두 나라에서는 약탈 전쟁이라 부른다. 물론 다수의 전쟁이 약탈의 성격을 띨 수밖에 없다는 점에서 이 몇 번의 전투만 유독 그렇게 부르는 것이 부적절해 보인다고 하더라도 약탈은 약탈이다. 미국은 인디언을 상대로 대규모 약탈 전쟁을 벌였고, 1846~1848년까지는 멕시코와 전쟁을 벌여 텍사스를 빼앗았다. 칠레는 1879년에서 1883년까지 이웃 나라 볼리비아와 페루와 전쟁을 치렀다. 아타카마 사막에 매장된 초석(질산칼륨)을 독점함으로써 다른 나라들과의 전쟁에서 우위에 서기 위해서였다. 초석이 없으면 화약을 만들 수 없었기 때문이다.

전리품 자체도 두 가지 방식으로 전쟁 원인이 된 경우가 적지 않았다. 첫째, 전쟁은 노획물을 노리고 벌어지는데, 전쟁에 승리한 측들은 노획물을 두고 다툼을 벌이고, 그것이 다음 약탈 전쟁을 촉발한다. 가령 프로이센과 오스트리아는 1864년 덴마크로부터 슐레스비히-홀슈타인을 빼앗았다. 프로이센은 슐레스비히를 점령하고, 오스트리아는 홀슈타인을 차지했다. 그러다 1866년 프로이센군이 홀슈타인까지 합병하자 오스트리아는 프로이센에 대항하기 위해 연방군에 동원령을 내렸다(그러나 쾨니히그레츠 전투에서 프로이센에 패했다). 1차 발칸 전쟁(1912~1913)에 이은 2차 발칸 전쟁(1913)도 비슷한 이유로 발발했다. 불가리아, 세르비아, 몬테네그로, 그리스가 발칸 동맹을 맺어 알바니아와 마케도니아의 터키인들을 몰아냈다. 그런데 강화 조약에 서명하기도 전에 그리스와 세르비아는 동맹국인 불가리아에 맞서 연합 전선을 구축하고 몇

주 뒤 이 나라를 기습 공격했다. 승리의 노획물을 불가리아와 나누지 않기 위해서였다.

전리품이 전쟁 원인이 되는 두 번째 경우를 살펴보자. 가장 많이 약탈한 강도는 충분히 납득할 만한 이유에서, 혹은 추적 망상까지 이를 수 있는 불안감 속에서 약탈당한 쪽의 복수를 두려워한다. 그래서 만일을 대비해 약탈당한 쪽을 재차 공격한다. 위대한 아시리아의 왕들과 사마르칸트의 티무르가 그랬다.

희한한 일이지만 수천 년 동안 굉장히 중요하게 여겨져 온 전리품은 인간 자신이었다. 지배욕이 강한 왕들이 신하로 삼은 인간들, 노동과 전쟁에 쓸 남자들, 배우자로 삼은 여자들이 그랬다. 또한 예외적으로 아즈텍 족처럼 포로로 잡은 인간을 제물로 썼고, 많은 원시 부족들처럼 식량으로도 필요했다. 농경 생활의 시작과 함께 농사일을 할 일꾼도 필요했는데, 특히 포에니 전쟁 이후의 로마처럼 토지가 주로 대지주 소유일 때는 더더욱 노동력이 절실했다.

그리스와 로마 문화는 노동처럼 가치가 떨어지는 일은 원칙적으로 노예들이 한다는 전제에서 출발했다. 이집트와 아시리아, 바빌로니아는 피라미드, 신전, 궁전, 용수로를 건설하는 데 많은 노예가 필요했다. 아프리카는 근대까지도 수백 년 동안 아랍의 인간 사냥꾼들에게 치를 떨었다. 이들이 아프리카 흑인들을 잡아 아메리카 대농장에서 일할 노예로 포르투갈 중개인들에게 넘긴 것이다. 모든 예니체리(오스만 제국의 전사)는 자신이 잡은 포로를 개인적인 노획물로 여겨 노예로 삼았다.

심지어 군인으로 삼을 남자를 얻을 목적으로 전쟁을 벌이는 경우도 있었다. 현재의 군인으로 내일의 군인을 생산하고, 이 군인들이 다시 내일의 전쟁에 투입되어 모레의 군인을 조달하는 일종의 〈영구 기관perpetuum mobile〉이었다. 이와 짝을 이루는 것이 나폴레옹의 다음 말이었다. 〈나는 군인들로 엄청난 돈을 벌고, 그 돈으로 다시 군인들을 사들인다.〉[254] 노예 용병인 이집트의 맘루크는 원래 전쟁 포로들을 길들여 새 주인을 섬기게 한 군인이었다. 프리드리히 대왕은 2차 슐레지엔 전쟁 뒤 자신의 군대 대부분을 오스트리아와 작센의 포로들로 충원했다. 수공업자와 건축 기술자, 요새 기술자는 칭기즈칸과 티무르가 탐내던 전리품이었고, 1945년 독일의 로켓 기술자는 미국과 러시아가 서로 차지하려고 다투던 노획물이었다.

어느 시대나 원시 부족들의 가장 잦은 전쟁 동기는 가축이나 여자를 약탈하려는 매우 직접적인 욕망이었다. 로마도 마찬가지였다. 여자들에 대한 집단 약탈이 아무렇지도 않게 로마 역사의 서두를 장식한다. 리비우스는 이렇게 쓴다. 〈얼마 지나지 않아 로마는 모든 이웃과 겨룰 수 있는 힘을 얻었다. 그러나 여자는 너무 없었다.〉 로마의 구혼자들이 이웃 종족들에게서 전혀 받아들여지지 않자 로물루스는 대규모 운동 시합을 개최해 이웃 종족들, 특히 사비니 족을 로마로 초대했고, 이들은 대량으로 몰려왔다. 〈마침내 계획된 폭력이 시작되었다. 신호가 떨어지자 로마 전사들은 사방에서 몰려나와 처녀들을 약탈했다. 그것도 대부분 닥치는 대로 아무 여자나 손에 넣었다. ……처녀들의 부모는 쓰라린 마음을 안고 달아날 수밖에 없었다.〉[255]

훈 족이 젊은 그리스 처녀들을 대량으로 약탈한 것도 역사적 사실이다. 몽테스키외는 이렇게 적었다. 〈그들은 인간 사냥에 나섰다. 세상에서 가장 못생긴 종족이기에 여자들도 마찬가지로 추했다. 그런데 그리스 여자들을 본 뒤로 다른 여자들은 눈에 들어오지 않았다.〉[256] 그 밖에 여자 약탈과 거래는 무수한 결투의 원인이 되었고, 그런 식의 결투가 단 한 명의 여성을 쟁취하기 위한 씨족과 종족 간의 전쟁으로 확대되기도 했다. 헬레네의 약탈이 트로이 전쟁을 부른 것처럼. 「미쳤어. 여자 하나 때문에 전쟁을 하다니! 그건 발기 불능 환자들이나 하는 사랑 방식이라고!」 프랑스 작가 장 지로두Jean Giraudoux의 작품에서 도적의 어머니 헤쿠바가 하는 말이다.[257]

모든 약탈과 노략질, 영토 정복의 배경에는 대개 또 다른 합리적인 이유가 있었다. 배불리 먹고 부자가 되고 권력을 쥐고, 또 최소한 이 위험한 행성에서 자기 자리를 지키고 싶었던 것이다. 그러나 오스발트 슈펭글러는 모든 민족 이동의 원인을 굶주림으로 보는 것은 너무 피상적인 해석이라고 하면서 이런 궁핍에 지극히 단순한 다른 욕망이 섞여 있다고 주장했다. 〈강하고 단순한 이 인간들 속에는 드넓은 공간으로 이동하고 싶은 원초적 충동이 있었다. 영혼의 가장 깊숙한 곳에서 모험욕과 대담함, 운명적 출정, 권력과 노획물에 대한 집착, 그리고 우리가 상상할 수 없는 행위에 대한 열렬한 동경, 즐거운 학살과 영웅적인 죽음에 대한 갈망에서 일어나는 충동이었다. ……자기 땅에 머물러 있는 자는 겁쟁이였다. 아니면 십자군 전쟁, 코르테스와 피사로의 원정이…… 그저 삶의 비참한 곤궁에서 비롯된 일일 뿐일까?〉[258]

모험욕도 어느 정도 전쟁을 일으키는 또 다른 비합리적이고 치명적인 동기로 작용했다(25장에서 조명할 것이다). 열광이 한 예다. 열광은 종종 한 남자에게 집중된다. 세계를 정복한 자신들의 최고 사령관에 대한 열광이다. 마케도니아 병사 3만 명은 8년이나 알렉산드로스 대왕을 따라 인도까지 갔다가 지금의 델리 300킬로미터 앞에서 되돌아왔다. 이것은 더는 영토 획득이 아니었고, 고도로 조직화된 피비린내 나는 역사의 오만이었다. 열광이 고향을 〈조국〉으로 미화하면서 수십만 명의 사람을 죽음으로 내몬 일은 많았다.

19. 조국을 위해

> 입대할 때가 됐다고 생각했지만 어디서도 연락이 없었다.
> 나는 길거리를 돌아다니며 불끈 주먹을 쥐었다.
> 외국인을 만나면 이를 갈았고, 멱살을 잡고 얼굴을
> 때리고 싶은 충동을 간신히 억눌렀다.
> 나는 매일 밤 적의 목을 베고 조국을 위해 피를 흘리는 꿈을 꾸었다.
>
> 라도예 도마노비치Radoje Domanović

사라예보 암살 사건 6년 전에 죽은 세르비아 풍자 작가 도마노비치의 작품은 그렇게 시작한다. 〈8월 2일 동원령이 내려졌다. 해군에 대한 열광이 광풍처럼 일었다.〉[259] 이것은 풍자가 아니라 1914년 〈바다의 영웅〉이라 불린 독일의 펠릭스 폰 루크너 백작이 묘사한 당시의 실제 분위기였고, 그 혼자만의 생각도 아니었다. 독일과 오스트리아, 영국과 프랑스에서는 수백만 명이 대로와 광장으로 나와 위대한 전쟁에 환호했다. 출정하는 군인들의 목에는 화환이 걸렸고, 교회 종소리는 힘차게 울려 퍼졌으며, 성직자들은 대중에게 정의가 조국 편에 있음을 확신시키며 성스러운 전쟁에 나가라고 목소리를 높였다.

「프랑크푸르트 차이퉁」지는 1914년 8월 1일 베를린에서 〈이제껏 들어 보지 못한 환호성이 울려 퍼졌다〉고 보도했다.[260] 프로이트는 빈에서 이렇게 썼다. 〈30년 만에 처음으로 나는 내가 오스트리아인임을 느낀다. ……거기엔 용맹스러운 행위가 주는 낯선 감정과 독일의 확고한 지원이 큰 역할을 했다.〉[261] 남동쪽 전선으로 향하는 열차에는 〈세르비아를 타도하자!〉라는 구호가 선명하게 적혀 있었다. 체코 작가 야로슬라프 하셰크의 소설 『착한 병사 슈베이크』에서 주인공은 말한다. 「오늘 전쟁이 일어나면 나는 자원해서 온몸이 부스러질 때까지 우리 황제를 위해 싸울 것이다.」[262] 1913년 스물다섯의 오스트리아 화가 아돌프 히틀러는 바로 그 황제를 피해 달아났다. 오스트리아-헝가리 제국의 군 복무를 피해 일부러 뮌헨으로 이주한 것이다. 그러나 전쟁이 나자 곧바로 독일군에 들어갔다. 그는 『나의 투쟁』에서 이렇게 썼다. 〈나는 당시 격한 감격에 압도되어 무릎을 꿇고는 그 시대에 살아가고 있음을 진심으로 하늘에 감사하다고 말한 것이 지금도 전혀 부끄럽지 않다.〉[263]

로맹 롤랑Romain Rolland은 8월 5일 파리에서 이렇게 적었다(1년 뒤 노벨 문학상을 받았다). 〈유럽에서 나타난 이 격한 발작의 특징은…… 사회 민주주의 계열이나 가톨릭처럼 민족 전쟁을 가장 극렬히 반대했던 정파들조차 한목소리로 전쟁에 찬성하고 동조했다는 사실이다. 어느 나라건 할 것 없이 사회주의자들은 전쟁에 참가하면 자기들의 이념적 자유를 지킬 수 있을 거라고 확신했다. 가톨릭 사제들도 어느 나라에서건 신도들에게 참전을 촉구했다. 심지어파리의 아메트 추기경은 전쟁에 찬성하는 교서까지 작성했다. 그로써 독일 주교들뿐 아니라 헝가리의 세르비아계 정교회 주교들과도 의견을 같이했다. 교구 신자들에게 세르비아에 있는 형제들을 공격하라고 부추긴 헝가리의 정교회 주교들과 말이다.〉[264]

서른아홉의 해군장관 윈스턴 처칠은 런던에서 〈영국민은…… 누구에게도 무릎 꿇지 않는 민족의 뜨거운 피로 돌진했다〉고 썼는데, 그의 마음속에는 숨길 수 없는 열정이 들끓고 있었다.[265] 신문들에도 셰익스피어의 희곡 『헨리 5세』(백 년 전쟁 당시 아쟁쿠르 전투의 승리자)에 나오는 시구가 실렸다.

9. 1914년 8월의 베를린. 유럽의 다른 대도시 파리와 빈, 런던에서도 환호가 울려 퍼졌다. 골로 만은 신이 〈모두와 함께할 것〉이라고 썼다. 그러나 서양 세계에 돌아온 건 어리석은 재앙의 칼춤이었다.

10. 2년 뒤, 1916년 11월 네 달째 솜 강에서 전투가 벌어졌다. 역사상 가장 피비린내 나는 격전 중 하나로 꼽히는 이 전투는 영국의 처참한 패배로 끝났다. 전투 첫날 영국군 2만 명이 전사했다. 독일 예비대 병력이 포격으로 폐허가 된 소도시 바퓸을 지나 전선으로 터벅터벅 이동하고 있다.

11. 1917년 프랑스 아라스 인근의 독일 후방. 병사들이 망중한을 즐기고 있다. 전쟁 중에도 이런 기회는 많았다. 게다가 민간인이 놀고먹는 것과는 달리 욕먹을 걱정도 없었다.

12. 상공의 일대일 결투 장면. 결투는 상대적으로 덜 수치스러운 전쟁 형식이다. 1918년 독일 전투기와 영국 전투기가 맞붙어 충돌하고 있다.

13. 1916년 역사상 가장 도착적인 살육전이었던 베르됭 전투에서 죽어 가는 프랑스 병사들. 오직 적을 지상에서 제거하는 것만이 목표였다. 10개월 만에 30만 명이 넘는 병사가 목숨을 잃었고, 그러고도 전쟁은 2년 더 지속되었다.

14. 1918년 4월의 플랑드르. 〈겨자 가스(옐로 크로스)〉라는 독가스에 눈이 먼 영국 병사들. 줄지어 야전 응급 센터로 이동하고 있다. 1915년 독일 측에서 먼저 사용한 독가스는 집중 포격만큼 많은 병사들을 죽이지는 않지만, 적에게 공황 상태를 불러일으키는 참으로 추악한 전투 수단이었다. 1988년 이라크에서도, 2013년 시리아에서도 살포되었다.

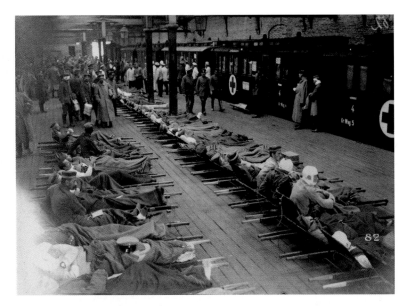

15. 1917년 캉브레. 부상병 수천 명이 수송을 기다리고 있다. 이 중에 많은 이가 죽고, 많은 이가 전쟁의 상흔을 평생 간직한 채 불구로 살아갔을 것이다.

16. 1919~1921년 러시아-폴란드 전쟁에 참가한 카자크 기병들. 폴란드에서 수많은 약탈과 살인을 저지른 그들이 모스크바에서 승리의 환호를 즐기고 있다. 그렇다. 전쟁을 사랑한 남자들은 어디든 있었다.

지금 영국 젊은이들의 가슴은 용광로처럼 활활 타오르고,

여자를 홀릴 때 입는 비단옷은 옷장 속에 걸려 있다.

무기를 만드는 대장간은 한창 성업 중이고,

모두의 마음속엔 명예에 대한 생각만 가득하다.[266]

니얼 퍼거슨에 따르면 로이드 조지도 〈근대에는 일찍이 없었던 열광〉을 목격했다고 한다.[267]

골로 만은 당시를 회고하며 이렇게 정리했다. 〈1914년 8월 초의 유럽은 한마디로 환호의 도가니였다. 곳곳이 전쟁의 기쁨과 광분, 환성으로 떠나갈 듯했다. ……런던 거리에서도 사람들은 흥겹게 몰려다니며 전쟁을 외쳤다. ……전쟁은 짧고 멋질 뿐 아니라 해방의 성격을 띤 흥분된 모험이 될 거라고 다들 생각했다. 또한 신이 모두와 함께할 것이고, 승리할 거라고 자신했다.〉[268] 이렇듯 수백만 명이 맹목적인 기쁨에 취해 집단 자살의 무덤으로 걸어 들어갔다.

지원병도 넘쳐 났다. 〈회사원이나 신출내기 초등학교 교사 같은 평범한 이들뿐 아니라 영웅들까지 일상의 지루함에서 벗어나 뜨거운 모험이 숨 쉬는 삶의 휴가 속으로 뛰어들었다.〉 골로 만의 말을 계속 들어 보자. 〈그 뒤 곧 깃발이 물결을 이루었고, 첫 승리를 알리는 대포 소리가 울려 퍼졌다. ……1914년 8월 전쟁의 가장 아름다운 측면과 가장 거짓된 측면이 뒤섞여 나타났다.〉[269]

졸업 시험의 수고를 덜어도 될 독일 고등학교 졸업반 학생에게는 전쟁이 얼마나 큰 유혹이었을까! 교사들은 학생들에게 조국을 위해 자원하라고 독려했고, 학급 전체가 어깨를 걸고 병영으로 들어가기도 했다. 바이에른 주의 대학 총장들은 8월 3일 이런 호소문을 발표했다. 〈학생 여러분! 이제 뮤즈들은 침묵하고 전쟁의 시간이 찾아왔습니다. 동부의 야만인들로부터 위협받는 우리 독일 문화와 서부의 적들로부터 질시받는 독일적 가치를 지키기 위한 투쟁

에 나설 때입니다. ……해방 전쟁의 감격이 뜨거운 횃불처럼 타오르고 성스러운 전쟁의 날이 밝았습니다.〉[270] 평화주의자인 여성 조각가 케테 콜비츠는 전선으로 향하는 아들을 기차역까지 바래다주며 작별 선물로 괴테의 희곡 『파우스트』를 건넸다. 스물다섯의 오스트리아 철학자 비트겐슈타인은 위장병 때문에 군 면제를 받을 수 있었음에도 자원해서 전쟁터로 향했다.[271]

수천 년 전의 정착 생활에서 〈고향〉이라는 감정이 싹텄고, 어느 정도 발달한 문화에서는 땅을 지켜 나가는 가운데 조국애가 생겨났다. 그런데 많은 민족들이 비옥한 땅이든 척박한 땅이든 단순히 자기 땅을 지키는 데 만족하지 않고 무력으로 영토를 확장하는 쪽으로 넘어갔다. 궁핍한 것도 아니고 특별히 잔인한 성격도 아니었는데 말이다. 아무튼 그 과정에서 야심 찬 지도자는 대중에게서 맹목적인 투쟁욕과 열광을 이끌어 내려면 자신의 목표를 그럴듯하게 포장하는 기술을 터득하고 있어야 했고, 작가들도 흔쾌히 그 장단에 맞추어 춤을 추어야 했다. 1813년 독일 작가 에른스트 모리츠 아른트Ernst Moritz Arndt가 노래 부른 것처럼.

성스러운 전쟁으로 힘차게!
마르켄 땅을 위해 싸우자,
부모와 아내와 자식을 위해!

시인 테오도어 쾨르너도 독일인들에게 이렇게 소리쳤다.

조국의 거룩한 땅에 비하면
드넓고 무한한 세상이 다 무슨 소용인가?

땅 만세, 전쟁 만세! 이로써 전쟁은 농경지 방어 이상의 의미를 띠게 되었다. 그러나 침입자로부터 자기 집을 지키려는 사람은 전쟁의 열광에 취하기보다 오히려 이를 악물고 차갑고 결연하게 대응한다. 1809년의 티롤인들처럼 침략자로부터 조국을 지키기 위해, 또는 1813년의 독일인들처럼 찬탈자를 몰아내기 위해 무기를 든 사람들, 다시 말해 다른 목적 없이 오직 지키기 위해 무기를 든 사람들은 과연 열광할 수 있을까? 정당방위를 위해 집을 떠나야 하는 사람은 분노하거나 단호하거나, 또 경우에 따라선 암울한 투쟁욕으로 가득 찰 수는 있어도 전쟁에 열광하거나 감격하지는 않는다.

침략 전쟁에 반대하는 사람들은 전쟁 전이나 전쟁 중의 모든 열광을 불신의 시선으로 바라본다. 전쟁 중인 조국에 대한 열광은 대부분 다른 나라를 공격하거나 정복하는 조국에 대한 열광이기 때문이다. 그렇다면 이것을 단순히 〈조국에 대한 열광〉이라고 말하는 것은 잘못이고, 오히려 〈정복에 대한 열광〉이라고 해야 하지 않을까? 노획물과 복수, 승리에 대한 열광 말이다.

걸출한 총사령관(예를 들어 나폴레옹)만큼 명성과 승리를 확실히 보장하는 사람은 없었다. 그들은 수많은 군인들로 하여금 자신에게 열광하도록 만들고, 자신을 위해 온갖 고난과 고통을 견디며 목숨까지 내놓게 하는, 정말 헤어날 수 없는 재앙과도 같은 남자들이다. 톨스토이가 『전쟁과 평화』에서 나폴레옹의 러시아 출정과 관련해서 썼던 말은 너무 단편적이다. 〈황제가…… 군대에 진군 명령을 내리지 않았다면 전쟁은 없었을 것이다. 또한 모든 하사관이 다시는 군대에 들어가지 않겠다고 마음먹었다면 전쟁은 일어나지 않았을 것이다.〉[272] 그렇다. 모두가 정말 그렇게 마음먹는다면 말이다! 그러나 하사관을 포함해 모든 군인에게 승리의 화신과도 같은 총사령관만큼 큰 기쁨을 안겨 주는 대상은 없다. 총사령관은 최악의 전쟁 원인 가운데 하나이다.

20. 개선장군을 위해

> 용맹스러운 작센인들이여! 그대들은 지난 사건들에서 많은 불행을 겪었다.
> 이제 그대들의 머리 위에 앉아 그대들의 실추된 명예를 세워 주기 위해 황제가 왔다.
> 그대들 중에 불만을 품고 적진으로 도망치거나 항복하는 자들은
> 그대들의 작센 땅과 전 민중에 불행을 안겨 주는 인간들이다.
> 나폴레옹, 1813년 10월 9일 작센군에 보낸 서신 중에서
> (독일어를 할 줄 안다고 나선 마구간 총감독 아르망 콜랭쿠르가 받아 적었다고 한다)

위대한 장수, 정복자, 승리자들은 어떻게 수십만의 군인을 전쟁터로 이끌어 갈 수 있었을까? 그것도 종종 파멸의 구렁텅이나 다름없는 곳으로 말이다. 또 어떤 특별한 점이 있었기에 그들은 승리의 월계관을 거머쥘 수 있었을까? 그 것도 외적으로 우세해 보이는 적들을 상대로 말이다. 게다가 때로는 몰락이라 는 대가를 치르면서도 그들이 좇았던 목표와 지향점은 무엇이었을까?

역사상 나폴레옹만큼 수많은 군인을 열광적으로 사로잡은 총사령관은 없 었다. 〈황제 만세!〉라는 외침은 10년 동안 유럽 대륙의 절반에서 울려 퍼졌고, 그 외침 속에는 누구도 따라가지 못할 명성과 영광, 고통과 죽음까지 아낌없 이 선사하는 한 위인을 섬긴다는 자부심이 담겨 있었다. 나폴레옹은 엄청난 대 승을 거둔 아우스터리츠 전투(1805) 하루 전날 병사들에게 약속했다. 「승리 가 한순간이라도 위태롭게 보일 경우 너희는 황제가 최선봉에 서 있는 모습 을 보게 될 것이다! 프랑스 전 민족과 프랑스 보병의 명예가 백척간두에 서 있

다.」[273] 이 말을 들은 7만 5천 프랑스 병사들은 잠자리로 쓰던 짚더미를 막대기와 대검에 꽂아 불을 붙인 뒤 머리 위로 흔들며 목이 쉬도록 〈황제 만세〉를 외치고 춤을 추었다.

1812년 러시아 원정에서 실패하고 폐위되어 엘바 섬으로 추방(1814)된 뒤에도 나폴레옹의 매혹은 시들지 않았다. 1815년 3월 1일 그는 근위병 400명과 함께 프랑스 해안에 상륙했다. 〈그는 해안을 따라 거닐며 제비꽃을 땄고 올리브 나무 숲에서 야영을 했다. 몇 개월 전 그를 목매달아 죽이고 싶어 했던 사람들은 너무 놀라 할 말을 잃고는 되돌아갔다.〉 프랑수아 드 샤토브리앙François de Chateaubriand이 유명한 저서 『무덤 저편의 회상』에서 쓴 말이다. 작가의 말을 좀 더 들어 보자. 〈적들은 그를 찾지도 보지도 못한다. 그는 사하라 사막의 강렬한 햇살을 받으며 앉아 있는 사자처럼 눈부신 명성의 햇살에 가려 보이지 않는다.〉 해안에 당도한 지 닷새째 되던 날 나폴레옹을 체포하기 위해 파견된 1개 대대는 그가 다가가 소리치자 무기를 내려놓는다. 「병사들이여, 내가 너희 황제다. 나를 알아보겠느냐? 너희 중 황제를 죽이려는 자가 있다면, 그래, 내가 여기 있다!」[274] 일주일 뒤 군사 8천이 그를 따르고, 3주 뒤 그는 파리에 있는 왕의 궁전에서 잠을 잔다.

수만 명의 군인을 마법처럼 자신에게 끌어당기고, 자신은 거의 칼 한 번 휘두르지 않고도 그 수많은 군인을 죽음으로 몰고 가게 한 힘은 대체 어디서 나온 것일까? 〈군 지도자에 대한 경탄은 열정과 광신, 광란으로 바뀌어 우리 같은 평범한 인간을 노예와 광인, 맹인으로 만든다.〉 알프레드 드 비니의 작품에 나오는 나폴레옹군의 한 늙은 군인이 하는 말이다. 무엇 때문일까? 그 군인이 다시 이유를 밝힌다. 〈내 눈에는 이 남자에게 할당된 명성이 지상에서 가장 커 보이기〉 때문이다.[275]

명성이 높은 왕이나 장군 밑에서 복무하는 군인은 더불어 명성을 누린다.

정복자의 군인들은 승리의 빛에 감싸여 있고, 늘 행복이 그들 편에 있음을 안다. 위대한 남자에 대한 아군의 경탄과 적의 두려움은 그들에게도 일부 할애되고, 정복한 땅에서는 그들이 주인이다. 따라서 자신들의 자부심을 높여 주고, 승리를 보장하는 전쟁을 이끄는 남자에게, 그리고 자신들이 꿈꾸는 권력과 위대함, 영웅 정신의 화신인 남자에게 열광적으로 환호한다.

이런 점에서 하이네가 한 시에서 두 명의 프랑스 보병에 대해 쓴 내용은 결코 과장이 아닐 것이다. 러시아에 포로로 잡혀 있다가 돌아와 〈황제가, 황제가 갇혀 있다〉는 사실을 알게 되자 그중 한 사람이 이렇게 말한다.

> 형제여, 내 청을 하나 들어주오.
> 내가 이제 죽는다면
> 내 시신을 프랑스로 가져가
> 프랑스 땅에 묻어 주오…….
>
> 나 그렇게 무덤에 누워
> 보초처럼 조용히 귀 기울일 것이오.
> 언젠가 대포의 굉음과
> 힘찬 말발굽 소리가 들릴 때까지.
>
> 그러다 말을 탄 황제께서 내 무덤 위를 달리고
> 많은 칼이 쨍그랑거리고 번쩍거리면
> 나 그때 무기를 들고 무덤에서 나와
> 황제를, 우리 황제를 지키리라![276]

괴테는 하이네나 헤겔보다 더욱 열렬하게 나폴레옹을 사랑했다. 에커만과의 대화에서 나폴레옹을 열아홉 번이나 찬양했고, 궁정 화가 다비드가 여러 관점으로 표현한 나폴레옹의 모자 그림을 아들에게 선물하기도 했다.

이처럼 자신을 위해 죽을 필요가 없었던 시인들까지 매료시켰다면 나폴레옹은 대체 자신의 병사들에게는 얼마나 위대한 초인이었을까? 그것도 실제로는 선두에 선 적이 한 번도 없는 장수였는데 말이다. 반면에 2차 대전 당시의 에르빈 로멜Erwin Rommel 장군은 선두에 서서 싸웠다. 처칠은 하원에서 〈전쟁의 참상을 넘어 이렇게 말해도 된다면〉이라는 단서를 달면서 적장인 로멜을 가리켜 〈위대한 총사령관〉이라고 불렀다.[277] 1942년 이집트로 진격할 당시 로멜의 병사들은 그를 사랑했다. 그는 언제나 승리를 예약한 사람처럼 보였고 언제나 그들과 함께했기 때문이다.

불굴의 정신으로 최전선에 서서 근접전도 마다하지 않는 총사령관은 전투 지휘관인 동시에 왕관을 쓴 전사였다. 그런 사람은 병사들에겐 우상이나 다름없었다. 사령관의 바로 이런 모습 속에서 일반적인 전쟁 원인과 사적인 전쟁 원인, 통치자의 동인과 싸우는 자들의 동인, 총사령관의 동기와 일개 병사들의 동기는 하나가 되었다.

기원전 338년 알렉산드로스는 마케도니아 기병대 선두에 서서 싸워 카이로네이아 전투의 승리에 결정적인 역할을 했다. 아시아 대원정을 하는 동안에도 거의 매번 일개 병사처럼 싸운 데 그치지 않고 대부분의 다른 마케도니아 병사들보다 더 치열하게 싸웠다. 일반 병사들보다 더 대담하고 능숙했을 뿐 아니라 그가 쓴 투구의 하얀 깃털 장식이 적을 끌어당겼기 때문이다. 그라니코스 전투(기원전 334)에서는 들고 있던 창이 부러지자 남은 동강으로 계속 싸웠고, 투창에 부상을 당한 상태에서도 페르시아의 군주 미트리다테스를 죽였으며, 적이 휘두른 검에 투구가 쪼개졌을 때는 간발의 차로 죽음을 면했다. 이소스 전투(기원전 333)에서는 페르시아군을 향해 말을 타고 가장 먼저 강으로 뛰어들었고, 페르시아 왕의 전차로 돌진했으며, 다리에 부상을 입기도 했다. 인도에서 돌아올 때는 포위된 도시의 성채로 기어 올라갔다가 사다리가 부서지는 바람에 성첩 위에서 홀로 인도 병사 여럿을 칼로 죽였고, 화살에 폐가 찔렸다.

훗날 기독교에 의해 〈배교자〉라 불린 로마 황제 율리아누스도 363년 서른한 살의 나이에 용맹스럽게 싸우다 전사했다. 알렉산드로스처럼 병사들과 온갖 고난을 함께 나눈 빛나는 영웅이었다. 당시의 목격자는 이렇게 전한다. 〈그는 무거운 갑옷을 입고 숨 막힐 듯 빠른 속도로 행군을 이끌었다. 어깨는 땀에 젖고 수염과 머리카락은 먼지로 뒤범벅이었지만, 두 눈은 꺼지지 않는 별빛처럼 반짝였다.〉[278] 〈사자 심장 리처드〉라는 별명을 가진 영국의 리처드 1세도 전투 중에 죽었다. 동시대인들이 알렉산드로스 대왕의 재림으로 여겼고, 그 자신도 알렉산드로스나 카이사르처럼 되겠다는 야심을 키운 스웨덴의 칼 12세도 마찬가지였다. 볼테르가 어쩌면 〈역사상 가장 비범한 인간〉일 수도 있다고 부른 인물이었다.[279] 아직 총소리 한번 들어 보지 못한 열일곱 살의 왕 칼은 상륙 보트에서 가장 먼저 물에 뛰어들어 코펜하겐으로 진격했다(1700). 클리슈프 전투(1702)에서는 근위대 선두에 서서 병력이 두 배에 이르는 아우구스트 2세의 군대와 맞서 싸웠고, 크라쿠프 기습 공격 때는 포를 발사하려던 폴란드 포병에게서 도화선을 친히 빼앗기도 했다. 스몰렌스크(1708)에서는 십여 명의 칼미크인(몽골 족)을 칼로 죽였고, 오스만 제국으로 망명한 1713년에는 병사 스무 명으로 예니체리군의 절반을 꼼짝 못하게 만들었다.

〈칼 12세는 베테랑 군사 1만 5천을 휘하에 거느렸는데, 영웅적인 왕에 대한 군사들의 열광은 신격화에 이를 정도로 대단했다.〉[280] 프리드리히 대왕이 쓴 글이다. 볼테르도 이렇게 썼다. 〈그는 새벽 4시에 일어나 매일 세 차례 말을 탔고, 술은 전혀 입에 대지 않았으며, 식사 시간은 겨우 15분이었고, 군사를 매

일 훈련시켰다. 그가 아는 즐거움은 오직 한 가지, 즉 유럽을 떨게 하는 일이었다.〉[281]

그렇다면 수많은 군인을 맹목적으로 혹은 열광적으로 따르게 하고, 그들 중 살아남은 자들에게 명성과 명예, 전리품을 나누어 주는 남자, 즉 승리자의 특징은 무엇일까? 무엇보다 다음 네 가지를 꼽을 수 있다.

1. 〈승리〉라는 유일한 지상 최고의 과제를 위해 자신이 가진 모든 것을 투입할 줄 안다.
2. 군중을 규모 있게 움직이고 군인을 부릴 줄 아는 능력이 있다. 거기다 군인에게 동기를 부여할 줄 아는 능력까지 있으면 금상첨화다. 물론 으뜸은 그들을 열광시킬 줄 아는 능력이다.
3. 시간과 공간, 무기와 자원 같은 주변 상황을 최상으로 활용할 줄 안다. 가령 프리드리히 대왕은 약소한 프로이센군에 유리한 〈지치기 작전〉을 펼쳤고, 나폴레옹은 부유한 프랑스의 이점을 살려 〈섬멸 작전〉을 펼쳤다.
4. 전투와 전쟁을 위한 완벽한 기획과 그 기획을 번개처럼 바꿀 수 있는 순발력. 스당 전투와 쾨니히그레츠 전투에서 승리를 거둔 헬무트 폰 몰트케Helmuth von Moltke 장군이 주창한 이런 순발력은 〈적과의 직접적인 첫 접촉〉 이후 언제든 상황에 따라 작전 계획을 바꿀 수 있다는 인식에 기초하고 있다.

알렉산드로스 대왕은 철저한 계획가였고, 세세한 것까지 살피는 신중함으로 출정과 공격을 준비했으며, 무기와 보급, 후방과의 연결 체계, 집결지, 대규모 공격을 위한 최적의 시점을 세밀히 점검했다. 카이사르는 행군과 승리 뒤 아무리 힘들더라도 즉시 방어 진지를 구축하던 로마의 철옹성 같은 전통 덕분에 큰 군사적 이득을 취할 수 있었다. 물론 병사들은 진지 구축을 위해 늘 삽과 도끼, 톱을 갖고 다녀야 했지만.

나폴레옹은 1800년 제1통령으로서 이렇게 말했다. 〈나는 이제껏 내가 예상하지 못한 일과 맞부딪힌 적이 없고, 내가 이루어 낸 일에 놀라지 않은 유일한 사람이다.〉[282] 프로이센 총참모본부는 극단의 가능성까지 열어 놓고 철두철미하게 계획을 짜기로 유명한 기구였다.

전투, 그러니까 〈알지 못하는 거대한 두 육체적, 정신적 힘이 서로를 제거하기 위해 나선 현장〉(에리히 루덴도르프의 표현)에서 총사령관에게 절실한 것은 생사를 건 속기 체스를 둘 태세와 기술이다. 누가 기회와 위험, 상대의 기만전술을 더 빨리 알아채고, 누가 그 후 더 먼저 움직이는가? 또한 누가 평정심을 유지하고, 누가 주도권을 쥐는가? 이것이 승패의 관건이다.

잘 언급되지는 않지만 성공적인 총사령관이라면 반드시 갖춰야 할 마지막 특성이 있다. 〈남의 고통에 대한 둔감함〉이다. 아군이건 적군이건 군사들이 피를 흘리든, 비명을 지르든, 고통스럽게 죽든 그것을 냉정하게 바라보지 못하는 사람은 승리할 수 없다. 그래서 클라우제비츠는 군 지휘관들에게 〈피 흘리는 희생자에게서 느끼는 가슴 찢기는 고통을 마음속으로 이겨 낼 것〉을 요구했다.[283] 니체는 비슷한 생각을 좀 극단적인 경구로 표현했다. 〈타인에게 크나큰 고통을 가하고자 하는 힘과 의지를 느끼지 못하는 사람이 어떻게 큰일을 이루어 낼 수 있겠는가? 고통을 느끼는 건 하찮다. 그건 나약한 여자와 노예도 대가의 경지로 할 수 있는 일이다. 큰 고통을 가하고 그 고통의 비명을 들으면서도 마음의 동요나 괴로움으로 파멸하지 않는 것, 그것이 바로 위대함이다.〉[284]

군사 작전상의 철저함과 잔인한 살인욕 사이를 명확하게 구분하는 것은 쉽지 않다. 나폴레옹은 아우스터리츠 전투에서 승리가 확정된 뒤에도 러시아와 오스트리아 병사들이 얼어붙은 호수 쪽으로 도주하자 호수를 향해 포격할 것을 명령했다. 적군을 익사시키기 위해서였고, 실제로 그렇게 되었다. 또한 1812년 러시아 원정에서 아군 병사 40만 명이 맞아 죽고 굶어 죽고 얼어 죽었는데도 나폴레옹은 왜 그렇게 명랑했을까? (이 부분은 38장에서 다룰 것이다.)

이처럼 총사령관과 군사들의 이해관계가 맞아떨어지지 않은 때도 있었다. 그렇다고 양측이 조화롭게 잘 맞추어 나간 적이 훨씬 더 많았다는 사실을 잊어서는 안 된다. 주로 명예욕 때문이었지만 복수욕 때문일 때도 더러 있었다. 심지어 호전적인 군인들은 주인에게 전쟁을 물어다 주기도 했다.

21. 명성과 복수를 위해

나폴레옹은 추남이었다. 162센티미터의 단신에 다리는 짧고 얇았으며, 상
체는 통통하고, 피부와 눈동자는 누르스름하고, 오른쪽 입꼬리는 늘 아래로
약간 처져 있었다. 입술과 오른쪽 어깨는 종종 경련을 일으켰고, 화가 나면 왼
쪽 허벅지 근육이 눈에 띄게 떨렸다. 사부아 공작 외젠은 작고 허약했으며, 앙
상한 얼굴에 코는 길쭉했다. 젊은 사제였을 때는 〈꼬마 수도원장〉이니 〈마담
클로드〉라는 놀림을 견뎌야 했다. 그런 그가 스무 살 때는 군인이 되어 합스부
르크 왕가에 복무했고, 서른 살에 원수가 되어 투르크와 프랑스에 승리하면서
당대 최고의 군사 지휘관이라는 칭송을 받았다. 553년 이탈리아에서 고트 족
을 물리친 비잔티움의 사령관 나르세스Narses는 왜소하고 볼품없는 인물에다
환관이었다. 그런 사람에게는 다른 건장한 남자들을 사지로 내보내는 것이 이
중의 만족이었음에 틀림없다.

이 세 남자의 삶을 보면 정신 의학자 알프레트 아들러Alfred Adler가 주장한

〈과잉 보상〉의 개념이 퍼뜩 떠오른다. 신체적 열등감을 과도한 명예욕으로 보상받으려 했다는 말이다. 그러나 남에게 깊은 인상을 주고자 하는 욕망은 모든 인간, 아니 적어도 대다수 남자들의 원초적 본능이다. 또한 모든 전쟁에서 사령관과 장교, 일반 병사들이 가장 쉽게 공유하는 충동이기도 하다. 심지어 네덜란드 문화사가 요한 하위징아는 명성에 대한 갈망을 전쟁의 주요 원인으로 보았다. 〈고대에서 오늘날에 이르기까지 모든 대규모 침략 전쟁의 본질은 경제적 측면과 정치적 고려에 대한…… 그 어떤 해석보다 오히려 모두가 쉽게 공감할 수 있는 명성의 개념으로 더 잘 설명할 수 있다.〉[285]

클라우제비츠는 특히 장교들의 경우 조국애나 그 비슷한 동기가 그들의 결정적인 동인일 거라는 주장을 단호히 물리친다. 그의 말을 들어 보자. 〈전투의 뜨거운 충동 속에서 인간의 가슴을 채우는 모든 훌륭한 감정 가운데 명성과 명예에 대한 영혼의 갈망만큼 강력하고 항구적인 것은 없다는 사실을 인정해야 한다(다만 독일어에서는 이 갈망을 《공명심》이니 《명예욕》이니 하는 말과 연결시켜 폄하하고 있다). 이 자랑스러운 갈망이 오용될 경우 전쟁을 통해 인류에게 전대미문의 불의를 야기할 수 있지만, 그 감정이 근본적으로 인간의 가장 고귀한 본성에 속한다는 사실은 변하지 않는다. 또한 그것은 전쟁에서 야수와 같은 육체에 영혼을 불어넣는 생명의 숨결이기도 하다. 그 밖의 다른 감정들, 예를 들어 조국애, 이념적 도취, 복수, 온갖 종류의 열광 같은 것들이 얼마나 더 보편적이고 더 고결할지는 몰라도 그것들만으로는 부족하다. 공명심과 명예욕은 전쟁에 빠져서는 안 될 강력한 감정이다.〉[286]

무수한 지도자들을 이끈 힘이 명성에 대한 갈망이라는 사실에 대해 역사가들은 거의 이론을 달지 않고, 많은 군사령관들도 이 사실을 스스럼없이 드러낸다. 〈밀티아데스의 승리로 나는 잠들 수가 없구나.〉[287] 테미스토클레스의 말이다. 카이사르는 다음과 같이 썼다. 〈라인 강 우측에 18일 동안 체류하면서 명성과 이익을 위해 충분히 일했다고 생각하고 갈리아로 퇴각했다.〉[288] 여기서의 명성이 카이사르의 명성이 아니면 누구의 명성이겠는가? 뱅자맹 콩스탕은 루이 14세에 대해 이렇게 썼다. 〈그의 정복은 원래적인 의미의 정복욕보다 도도한 군주의 불손과 방자함에서 비롯되었다.〉[289] 토인비는 말한다. 1648~1775년 사이에 벌어진 전쟁은 대부분 〈왕들이 시간을 때우기 위한 심심풀이 전쟁〉이었다고.[290]

프리드리히 대왕은 명성에 사로잡힌 사람이었다. 1756년에 그가 쓴 글을 보자. 〈외줄타기를 하는 사람에게는 돈을 주지만 평평한 땅에서 걸어가는 사람에게는 아무것도 주지 않는다. 세간의 명성은 거대한 고난을 극복한 사람들만의 것이다.〉[291] 대왕은 로스바흐 전투의 승리 뒤 이렇게 환호했다. 〈이제 세상은 2만의 프로이센군이 5만의 프랑스군과 독일군[오스트리아군]을 물리쳤다고 할 것이다. 나는 이제 평화롭게 무덤에 누울 수 있다. 내 민족의 명성과 명예를 구했기 때문이다. 우리는 장차 불행할 수는 있어도 더 이상 불명예스럽지는 않을 것이다.〉[292]

호레이쇼 넬슨은 열일곱 살에 〈나는 영웅이 될 것이다!〉[293]라고 선언했고, 실제로 1805년 트라팔가르 해전의 승리와 장렬한 전사로 영국의 가장 위대한 영웅이 되었다. 하이네는 1828년 마렝고 전투가 벌어진 곳을 둘러보며 나폴레옹에 대해 이렇게 썼다. 〈보나파르트 장군은 여기서 명성의 독주를 힘차게 들이켰고, 그 술에 취한 상태에서 통령과 황제, 세계 정복자가 되었다가 세인트헬레나 섬에 닿아서야 겨우 술에서 깰 수 있었다.〉[294]

프리드리히 대왕과 나폴레옹의 군대는 군인들을 모집하는 데 전혀 어려움이 없었다. 자신의 피로 명성을 쟁취할 수밖에 없음에도 그런 명성을 갈구하는 남자는 널려 있었기 때문이다. 1차 슐레지엔 전쟁이 발발했을 때 프리드리히 대왕은 뭐라고 했던가? 〈군인은 행운을 기대하고 진급을 생각한다.〉[295] 〈몇 달 전 학교를 떠난 한 학우가 경기병 군복을 입고 팔에 붕대를 맨 채 나타나면 우리는 보고 있던 책이 부끄러워 선생들의 머리 위로 책을 던져 버렸다〉(알프레드 드 비니).[296] 〈가슴에 훈장을 달기 위해, 이 훈장에다 영광스러운 흉터까지 더하기 위해…… 나는 기꺼운 마음으로 내일 죽음을 향해 돌진할 것이다〉(윌리엄 포크너의 소설 『병사의 보수』에서 열아홉 살 장교 후보생 줄리언 로가 하는 말).[297] 〈보통 노예의 정신 상태는 섬뜩하다. 세상을 잃었기 때문이다. 그러나 우리는 만물을 지배하는 승리의 탐욕에 몸뿐 아니라 영혼까지 내맡겼다〉(T. E. 로런스).[298]

물론 지도자가 아닌 일개 군인으로서 명성을 얻고, 현대 군에 복무하는 무수한 익명의 군인들 중에서 두각을 나타내는 것은 극소수나 가능하다. 그런 점에서 지난 두 차례 세계 대전의 행운아는 전투기 조종사들이었다. 〈열여섯 번째 적기를 격추시켰다!〉 1916년 독일 공군의 리히트호펜은 환호성을 올렸다. 〈그로써 나는 전투기 조종사 가운데 선두에 올랐다. 내가 도달하고자 한 목표였다. ……어떤 이유에서인지 나는 어느 날 내 전투기를 새빨간 색으로 칠할 생각을 했다. 모든 사람의 뇌리에 나의 붉은 새가 단단하게 각인된 것을 생각하면 성공작이었다.〉 프랑스인들은 리히트호펜을 〈붉은 악마〉라 불렀고, 독일 언론은 영국이 붉은 악마를 격추시키는 군인에게 진급은 물론 빅토리아 십자훈장과 현금 5천 파운드, 개인 전투기까지 선사하기로 했다는 소식을 보도했다.[299]

리히트호펜은 아군과 적군 모두에게서 유명세를 누렸고, 경탄과 부러움을 받았고, 두려움의 대상이 되어 훈장을 받았고, 언론의 칭송을 즐기고 승리를 만끽했다. 그렇게 하늘의 크고 밝은 별이 된 사람은 행복할 수밖에 없다. 그것도 전쟁이 아닌 평화 시였다면 당연히 다른 사람에게 돌아갔을 명성을 통해서 말이다.

그렇다면 전투기 조종사나 잠수함 함장처럼 주목을 끌지 않는 위치의 군인이 명성을 얻을 가능성은 있을까? 있다. 우선 사병의 신분으로도 훈장을 받고 진급을 할 만큼 전과를 올려 개인적인 두각을 나타낼 수 있다. 그러나 무엇보다 집단적인 명성을 얻을 가능성이 더 크다. 전투와 남성다움의 아우라를 물씬 풍기는 제복을 통해, 민간인이나 다른 군인에게 깊은 인상을 줄 유명 전투의 참가를 통해, 그리고 승리로 존경심을 불러일으키거나 출구가 없는 상황에서도 영웅적 행위로 적에게 공포심을 자아내는 군대나 엘리트 부대의 일원이었음을 통해.

이런 군대나 엘리트 부대는 특유의 방식으로 집단적 명성을 키우는 데 신경을 쓴다. 개인이 그러면 나쁘게 보이지만 집단에게는 관대하게 허용되는 허풍과 힘자랑이 그것이다. 「남부 연합군 한 명에 양키는 다섯이 덤벼야 돼!」 1861년 불 런 전투에서 승리한 미국 남부 연합군의 허세에 찬 말이다. 애국 문필가 페르디난트 퀴른베르거Ferdinand Kürnberger는 1871년에 이렇게 썼다. 〈일어나라, 승리의 독일 민족이여! 승리하라!〉 빌헬름 2세는 1914년 8월 4일 제국 의회 앞에서 〈이제 우리는 저들을 도리깨로 타작할 것이다!〉라고 외쳤다.

두 차례 세계 대전에서 독일 군인들은 〈적으로 둘러싸인 세상〉에 맞서는 상황을 일종의 반항적이고 우쭐거리는 만족감으로 받아들였던 것 같다. 〈우리는 포위되었고 표면상의 전력도 열세이지만 그렇기에 더더욱 저들에게 우리의 힘을 보여 줘야 한다!〉 이는 독일인들의 전형적인 심리 상태였으며, 전력이 우세한 군대는 결코 취할 수 없는 명성을 얻을 더없이 좋은 전제 조건이었다. 1차 대전 당시 지상의 51개 나라 가운데 30개국이 독일과 전쟁 상태에 놓여 있었다. 그러나 독일 병력을 전선으로 수송하는 화물 열차에는 이런 글귀가 적혀 있었다. 〈적들의 선전 포고를 기꺼이 받아들이노라!〉 적이 많으면 명성을 얻을 일도 많다는 뜻이다.

〈포위〉를 당해야만 비로소 실제 전쟁 분위기를 느끼는 것이 독일의 전매특허라고 하더라도 어느 민족에게든 열세가 명성의 원천임은 부인할 수 없다. 설령 테르모필레 전투에서 전사한 레오니다스처럼 전력 열세가 실제로 패배로 이어진다고 하더라도 말이다. 그의 묘비에는 이렇게 적혀 있다. 〈나그네여, 스파르타로 가거든 법이 명한 대로 우리 여기 잠들어 있다고 널리 알려 주게나.〉

명성을 얻을 만한 행위를 했는데도 그 사실을 아는 사람이 없어서 명성을 얻지 못하는 것만큼 억울한 일은 없다. 그러니 널리 알리라는 것이다. 「나는 제군들이 한 일을 황제에게 전할 것이다.」 1944년 일본 가미카제 비행단을 창설한 오니시 제독이 한 말이다. 마지막 비행을 앞둔 자살 특공대의 고별 편지에는 거의 언제나 다음과 같은 말들이 적혀 있었다. 〈미약한 저의 노력이 일구어 낸 결과를 뉴스로 확인해 주십시오.〉 〈오늘 이 자리에 사진사가 몇 명 와서 사진을 찍었는데 내 얼굴이 잘 나왔기를 바랍니다.〉[300]

전사 후에도 전쟁 보도를 통해 깊은 인상을 주려면 행복한 결말과 연결된 영웅적 행위가 필요하다. 하지만 그런 영웅적 행위를 하지 않더라도 전쟁에 참가한 군인이라면 누구나 명예와 자긍심을 느끼는 순간이 있다. 남들, 특히 여자에게 전투 경험과 고통에 대해 이야기할 때이다. 「맹세컨대 우리는 나중에 부인들에게 이날에 대해 말하게 될 것이다.」 루이 9세의 십자군이 곤경에 처했을 때 수아송 공작이 용기를 북돋우려고 소리친 말이라고 하는데, 발미에서 후퇴할 때 괴테가 이 말을 다시 상기시켰다.[301] 처칠은 자신의 경험을 토대로 전시 복무를 〈명성으로 향하는 찬란한 길〉이라고 부름으로써 나이 든 남자와 젊은 여자들의 눈에 참전 용사들이 영광스럽게 비치도록 했다.[302]

나폴레옹과 관련해서도 믿기 어려운 이야기가 있다. 한 평민 의원의 젊은 아내인 루이즈 튀로에게 마음을 뺏긴 스물다섯 살의 청년 장군 나폴레옹은 〈그녀에게 가능한 한 많은 관심을 쏟으면서 늘 자신의 마음을 증명하려고 애썼다. 그러던 어느 날 그녀와 함께 콜 디 텐다 산 근처를 산책하다가 갑자기 그녀에게 전투 장면을 잠깐 보여 주어야겠다는 생각이 들어 부하들에게 적의 성문 초소를 공격하라고 명령했다. 결과적으로 프랑스군이 승리를 거두었지만 처음부터 아무 의미가 없는 전투였다. 게다가 일시적인 기분에 따른 이 공격으로 많은 사람들의 목숨만 잃고 말았다. 이 일을 두고 나폴레옹은 나중에 몹시 자책했다고 한다〉.[303]

어떤 때는 군인들이 구경꾼들 앞에서 싸우기도 했다. 그럴 경우 울타리 너머의 관객들 때문에 싸우는 건 아니지만 관객들의 존재가 전사들의 싸움에 영향을 줄 수밖에 없는 건 사실이다. 전사들은 시험을 치르는 기분으로 구경꾼들 앞에서 창피를 당할 수도 찬사를 받을 수도 있었기 때문이다. 민족 대이동기의 게르만 전사들은 아내들이 지켜보는 가운데 싸웠고, 그에 자극받아 더더욱 죽을힘을 다해 싸울 때가 많았다. 1861년 워싱턴의 주민들은 말과 마차를 타고 불 런의 전투 현장으로 달려갔다. 남북 전쟁의 첫 전투에서 아군이 이기는 것을 지켜보고 싶어서였다. 〈관객들은 모두 무척 흥분해 있었다. 내 옆에서 오페라 안경을 들고 구경하던 한 부인은 엄청난 총포 소리에 정신을 잃을 정도로 놀라면서도 감탄을 쏟아 냈다. 「대단해요! 세상에! 정말 멋지지 않아요?」〉[304] 그러나 이 전투에서는 구경꾼들이 응원하던 쪽이 패했다.

1871년 보불 전쟁의 패배 이후 파리코뮌 봉기가 일어나 시가전이 벌어졌을 때 시민들 바로 앞에서 싸우다 죽음을 맞은 한 병사가 있었다. 관객의 눈을 의식해 굉장히 연극적인 모습으로 총격전을 벌인 시민군이었는데, 영국 기자 아치볼드 포브스Archibald Forbes는 그 장면을 생생하고 감동적인 필치로 그려 냈다. 〈붉은색 바지를 입은 자그마한 남자, 그는 여전히 옛 프랑스 보병의 전형이었다. ……병사는 격정적으로 총을 쏘았다. 비장한 표정으로 장전하더니 다시 거창한 몸짓으로 총을 쏘았다. 곳곳에서 사람들이 큰 소리로 《브라보!》를 외치며 박수갈채를 보냈다. 얼마 뒤 그는 마치 연극을 하는 것처럼 우리에게 수신호를 보냈다. 라파예트 거리 쪽으로 총을 쏘겠다는 뜻이었다. 그런데 생각이 바뀌었는지 이내 오스만 거리 쪽으로 총을 쏘았다. 그러다 몸을 돌려 이번에는 동료들에게 신호를 보냈다. 마치 무대 가장자리에서 연기를 하는 배우 같은 몸짓이었다. 정부군이 쏜 총알이 나무와 나뭇잎들 사이로 쏟아졌고, 그도 마침내 쓰러졌다. 한 여자와 내가 얼른 달려 나가 그를 데려왔지만 이미 숨을 거둔 상태였다.〉[305]

연극적인 몸짓을 곁들이며 모범적으로 싸운 이 프랑스 군인은 총에 맞고 쓰러지는 순간 분명 행복했을 것이다. 주변 상황의 은총 덕분에 대부분의 군인에게는 허락되지 않은 일이 그에게는 허락되었다. 자신이 무명으로 남지 않을 것이고, 이승에서의 마지막 순간에 적어도 몇 사람은 자신을 흥미롭게 주시하고 있다는 사실을 알면서 죽은 것이다. 한마디로 아무 가치 없이 허망하게 스러지는구나 하는 감정에서 벗어날 수 있었다. 2차 대전에서 독일 병사들은 극히 절망적인 상황에서 이 감정을 종종 이런 말로 표현했다. 「우리는 국방군 전시 뉴스에 이름도 올리지 못하고 여기서 뒈지는구나.」 뒈지는 것만으로도 이미 충분히 비참한데, 사후 명성을 얻을 희망은 전혀 보이지 않고 고향의 여자들에게 자랑할 기회도 없고, 심지어 스파르타에 가서 자신의 일을 알려 줄 나그네도 없이 완전히 무명으로 삶을 마감한다는 사실은 죽어 가는 자를 더더욱 비참하게 만든다.

군인의 명성과 관련해 시대를 뛰어넘어 해당되는 말이 있다. 1592년 몽테뉴가 쓴 글을 보자. 〈사실 명예를 얻은 행위 뒤에는 목격자만 없을 뿐 무수한 훌륭한 행위들이 가려져 있다. 모든 사람이 적진에서 돌파구를 뚫거나 선두에 설 수는 없다. ……덤불과 도랑 사이에서 기습을 당하기도 하고, 이름 없는 마을에서 목숨을 걸어야 하고, 불쌍한 소총수 네 명을 헛간에서 몰아내야 하기도 한다. ……면밀히 들여다보면 가장 빛이 안 나는 일이 가장 위험한 일이다. 우리 시대의 전쟁에선 유명한 전투보다…… 다른 이름 없는 곳의 소전투에서 용감한 남자들이 더 많이 죽어 갔다. 이건 어디서나 증명되는 일이다. ……만여 명의 병사가 불구가 되거나 목숨을 잃은 전투에서 사람들의 입에 오르내리는 군인은 열다섯이 되지 않는다. ……한 제국을 정복할 경우 명성을 얻으려면 사령관이나 왕이어야 한다. 또한 수적으로는 항상 열세여야 하고, 카이사르처럼 서른두 번의 전투에서 승리를 거두어야 한다. 만 명의 성실한 전사와 몇몇 위대한 중대장이 죽음도 불사하며 용맹스럽게 그를 수행하다 전사했지만, 그들의 이름은 아내와 자식들이 살아 있는 동안에만 기억될 뿐이다.〉[306]

이것이 죽은 자의 명성과 관련해서 영원히 통용되는 진실이다. 물론 그걸 안다고 해서 달라지는 것은 없고 별 의미도 없다. 명성은 다양한 층위로 나누어져 있다. 정말 급할 때는 명성이라는 말과는 별로 어울리지 않는 초라한 것들로 스스로를 위로하기도 한다. 역사서의 색인에 등장하거나, 부대 역사 기록물이나 군 명령서, 또는 신문에 얼핏 실리는 경우가 그렇다. 또한 단 한 명이라도 적이나 동료, 민간인, 여성에게 강한 인상을 줄 때도, 자기가 속한 부대가 사람들이 두려움과 존경심으로 입에 올리는 부대일 때도 위로를 받는다. 심지어 단 한 번이라도 타인의 시선을 받거나, 남들보다 더 용감하거나 더 남자다웠다는 인정의 말을 들을 때도, 아니 남들만큼 용감했다거나 남들 못지않게 용감했다는 말을 들을 때도 그렇다. 이 모든 것이 명예를 바라는 영혼의 갈망에 생기를 불어넣는다. 그래서 클라우제비츠는 다른 무엇보다 이 갈망이 군인들을 적과 죽음으로 전진하게 만든다고 했다.

명성은 복수와 형제다. 만일 국가 지도자가 모욕을 당하고도 복수하지 않으면 명예는 훼손되고 명성은 약화된다. 아시리아 왕 사르곤 2세(재위 기원전 721~기원전 705)는 무사시르의 왕이 자신에게 선물을 바치지 않고 발에 입까지 맞추지 않은 것에 모욕감을 느껴 징벌대를 보내 그곳 주민들을 모두 내쫓아 버렸다.

구약성서는 복수의 외침으로 가득하다. 〈주님께서 말씀하시길, 복수는 나의 것이라, 내가 보복하리라〉(신명기 32장 35절). 〈겁내는 자에게 이르기를, 마음을 굳게 먹고 두려워 말라! 보라, 너희 하느님이 오시어 복수하실 것이다〉(이사야 35장 4절). 또한 카인의 손자 라멕은 이렇게 자랑한다. 〈나는 내게 상처 입힌 자를 죽였고, 나를 피 흘리게 한 소년을 죽였다〉(창세기 4장 23절).

혈족 간의 복수도 개인적인 복수와 거의 차이가 없다. 그래서 혈맹을 맺는다는 것은 마치 서로 혈족이라도 되는 것처럼 동지에 대한 복수의 의무를 진다는 것을 의미했다. 아테네의 연설가 이소크라테스(기원전 436~기원전 338)는 통일 그리스가 페르시아에 대해 복수 전쟁을 해야 한다고 역설했다. 결국 마케도니아 왕 필리포스 2세가 이 전쟁을 선포했고, 그의 상속자 알렉산드로스가 전쟁을 수행했다.

카이사르는 헬베티 족의 한 부족을 섬멸하고 나서 이렇게 만족감을 표했다. 〈이로써 나는 국가에 가해진 치욕뿐 아니라 개인적인 수치도 되갚았다. 티구리니 족은 내 장인의 조부를 죽인 원수이기 때문이다.〉[307] 장인의 조부를 죽인 사람들에게까지 복수를 해야 한다고 생각하는 족속이라면 복수심과 전쟁욕으로 얼마나 똘똘 뭉쳐 있겠는가!

원시 부족들 사이에서는 대개 인간 사냥의 형태로 나타나는 혈족 간의 복수가 전쟁의 가장 빈번한 원인이었다. 코르시카, 몬테네그로, 캅카스는 20세기에 들어서까지 그런 형태의 복수를 자행했다. 19세기 영국인들이 들어오기 전까지 뉴질랜드를 천 년 동안 지배해 온 마오리 족의 문화도 복수심에 뿌리를 두고 있었다. 사내아이들은 아주 어릴 때부터 약탈과 살인뿐 아니라 모욕도 용서할 수 없는 일이라고 배웠다. 〈마오리 족은 자신들이 당한 모욕을 수 세대가 지나도록 잊지 않았다. 그들의 복수심은 적을 죽여 시신을 먹어 치우고, 긴 꼬챙이에 적의 머리를 높이 매달아 상징적으로 모욕을 가한 뒤에야 가라앉았다.〉[308] 칭기즈칸은 성문을 열어 주지 않은 모든 도시에 끔찍한 보복을 가했다. 부유한 도시 부하라를 정복했을 때는 수천 명 주민들의 마지막 도피처였던 거대한 이슬람 사원으로 밀고 들어가 부하들에게 소리쳤다. 「풀을 잘라 말에게 먹여라!」 몽골 병사들은 칭기즈칸의 말을 제대로 알아들었다. 살육과 약탈을 독려하는 소리였던 것이다. 몽골 역사서에 따르면 개와 고양이까지 이 도시에서 달아났다고 한다.

프랑스와 프로이센/독일은 200년 동안이나 복수 경쟁을 치렀다. 1757년 프로이센군이 로스바흐 전투에서 프랑스군에 승리함으로써 프랑스에 치욕을 안겼다. 그로부터 수십 년 뒤 나폴레옹은 예나 전투의 승전 공고문에 다음의 문장을 넣는 것을 잊지 않았다. 〈예나 전투로 로스바흐의 치욕을 씻었다.〉[309] 며칠 뒤 그는 로스바흐 전쟁터를 찾아 기념비를 철거해 파리로 가져갔다. 1871년에는 독일이 알자스 지방을 합병했다. 이것은 1914년 프랑스가 전쟁에 참가하게 된 주동기가 되었다. 1919년 알자스-로렌 지방은 다시 프랑스 영토가 되었고, 1940년엔 독일 땅이 되었다가 1945년에 다시 프랑스로 넘어갔다. 1918년의 휴전 협정은 콩피에뉴 숲에서 포슈 원수의 특급 열차 안에서 맺어졌는데, 독일은 1940년 같은 장소, 같은 열차 안에서 프랑스와 휴전 협정을 체결했다. 세세한 부분까지 똑같은 방식으로 되갚아 주려 했던 것이다.

클라우제비츠는 이렇게 썼다. 〈민족적 증오는…… 많건 적건 개인적 적대감을 대변한다. 그런데 개인적 증오뿐 아니라 처음엔 아무 원한이 없는 상황에서도 전투 자체가 적대감에 불을 지른다. 높은 곳에 있는 누군가의 지시로 우리에게 가해지는 폭력은 그 누군가를 향한 보복과 복수심을 불태우기 때문이다. ……인간이라는 것이 그렇다. 아니, 원한다면 모든 동물이 그렇다고 봐도 된

다.⟩[310]

증오를 설파하고 복수의 씨앗을 뿌리는 일, 또는 총사령관이 손을 쓰지 않아도 전쟁 그 자체가 전사들에게 증오와 복수를 불러일으킬 거라는 믿음, 이 두 가지 요소가 인간을 군인으로 만드는 검증된 수단이다. ⟨군인이 적을 죽이는 이유는 분노 때문이다.⟩ 손자는 그렇게 썼다. 윙거 소위의 병사들도 이렇게 소리쳤다. 「7중대의 복수를 하자! 브릭센 대위의 복수를 하자!」 이어 우리는 권총을 꺼내고 철조망을 넘었다.⟩[311] 엘리아스 카네티는 간결하게 말한다. ⟨최초의 사망자는 나머지 군인들에게 자신도 그렇게 될 수 있다는 위기감을 전염시킨다. ……그래서 전쟁의 불씨를 당기고자 하는 권력자는 최초의 사망자를 멀리서 데려오거나 허구로라도 만들어 내야 한다는 사실을 잘 알고 있다.⟩[312]

물론 복수심으로만 전쟁이 일어났다면 전쟁 횟수는 급격히 줄었을 것이다. 인간을 집단 학살로 내몬 데에는 탐욕과 살인욕, 광신과 현혹 같은 요소도 추가되어야 한다. 1795년 칸트는 역사상 최대의 군대와 전쟁, 그리고 최대의 전쟁 피해를 모르는 상태에서 이렇게 썼다. ⟨우리가 법적 강제에 따르지 않고 끊임없이 싸우기만 하는 야만인들의 무법적 자유를 몹시 경멸하듯…… 문명화된 민족은 그런 타락 상태에서 하루빨리 벗어나고자 노력함이 타당하다. 그러나 모든 국가는 그 대신 오히려 외부의 법적 강제에 따르지 않는 것을 국가적 위엄으로 내세우고, 국가 원수 자신은 위험에 빠지지 않으면서 자신의 명령 한마디에 수많은 백성이 자기들과 아무 상관이 없는 일을 위해 희생할 수 있도록 만드는 것에서 지존의 영광을 찾는다. 유럽 야만인과 아메리카 야만인의 주된 차이는 아메리카 야만인은 적을 잡아먹었다면 유럽 야만인은 제압한 적을 잡아먹는 것보다 훨씬 교묘하게 이용할 줄 알았다는 점이다. 다시 말해 그들은 제압한 적으로 신하의 수를 늘렸고, 그로써 더 큰 전쟁에 필요한 도구의 양을 확대했다.⟩[313]

22. 종교를 위해

신은 모두와 함께한다. 유사 이래 종교와 전쟁은 떼려야 뗄 수 없는 관계를
유지해 왔다. 무수한 사람이 자신의 신을 위해 죽었고, 신의 이름 아래 수백만
명이 목숨을 잃었다. 〈신은 우리와 함께!〉 독일 병사들의 허리띠 버클에 새겨
진 글귀인데, 그들은 어떤 적을 상대할지 어떤 형태의 전쟁을 치를지 모르는
상태에서도 이 어마어마한 문구가 새겨진 허리띠를 오래전부터 몸에 두르고
다녔다. 그건 히틀러 전쟁에서도 마찬가지였다.

〈그들은 서로 죽이기 위해 만나 수만 명을 죽이거나 불구로 만든 뒤, 그렇게
많은 사람을 죽일 수 있게 해주신 것에 주님께 감사의 예배를 올렸다.〉[314] 톨스
토이가 한탄한 말이다. 1945년 8월 9일 나가사키에 투하할 원자 폭탄을 비행
기에 싣는 현장에 있었던 한 목격자는 이렇게 진술한다. 〈폭탄 적재 의식에는
학자와 장교로 이루어진 정선된 소수의 인원만 참여했다. ……분명 역사상 가
장 위대하고 지적인 산물 가운데 하나일 그 자그마한 《대상》을 둘러싸고 엄숙

함에 가까운 야릇한 분위기가 흘렀다. ……명령서의 집행 의식은 무척 감동적인 성직자의 기도로 마무리되었다.〉[315] 그로부터 12시간 뒤 나가사키는 지옥의 도가니로 변했고 3만 6천 명이 목숨을 잃었다.

분명한 건 한 종교에서 끌어온 전쟁 동기가 다른 종교의 신봉자들에게는 기괴하기 짝이 없게 보인다는 사실이다. 아즈텍 족은 스스로 영원히 전쟁을 치를 수밖에 없는 숙명을 타고났다고 생각했다. 신들이 태양을 만들었는데, 그 태양이 멈춰 서자 신들은 자신들의 피로 태양을 움직이려고 서로를 죽였다. 게다가 아즈텍 족 역시 태양이 계속 움직일 수 있도록 날마다 인간의 피를 태양에 바쳐야 했다. 그것은 신의 태양에 대한 성스러운 의무이자, 이 땅이 영원히 어둠에 잠기지 않도록 해준 것에 대해 인간이 치러야 할 대가였다.

그래서 사제들은 해마다 적어도 2만 명의 몸에서 심장을 꺼내야 했고, 그런 제물을 찾기 위해 쉴 새 없이 전쟁을 벌여 포로를 잡았다. 아즈텍 족에게 포로로 잡힌 스페인인들은 사제가 몸을 가르려고 돌칼을 대면 비명을 지르며 발버둥을 쳤다. 아즈텍 족 입장에서는 태양을 돌아오게 하려고 하는 일일 뿐인데 그렇게 완강하게 저항하는 이방인들이 도무지 이해가 되지 않았을 것이다. 어쨌든 종교적 신념에 뿌리를 둔 아즈텍 족의 모든 전쟁은 〈성스러웠고〉, 영토 점령은 부차적인 문제였다. 1325년부터 1519년까지 오늘날의 멕시코 땅에서 일어난 일이었다.

구약성서에서 유대인의 신 여호와가 자기 백성들에게 전쟁을 명하고 출정을 결정하는 대목은 헤아릴 수 없이 많다. 〈여호와께서 여호수아에게 이르시길, 보라, 내가 예리코의 왕과 용사를 비롯해 이 도시를 모두 네 손에 맡기셨다〉(여호수아 6장 2절). 〈이스라엘의 하느님 여호와께서 시혼과 그 모든 백성을 이스라엘의 손에 맡기시니 이스라엘인들이 그들을 쳐 죽였다〉(판관기 11장 21절). 그리스와 로마인들은 전투에 앞서 신들에게 승리를 요구했고, 승리 뒤에는 신들의 제단을 세웠다. 심지어 『일리아드』에서는 신들이 전투에 개입해 직접 싸우기도 했다.

기독교에서는 신의 이름으로 수행된 각 전쟁의 정당성이 문제시될 때가 많았지만 대체로 통일적인 해법이 제시된다. 아우구스티누스와 토마스 아퀴나스의 교리에 따르면 전쟁이 선을 장려하고 훼손된 법을 다시 세울 목적에 이용될 때, 적법하고 적절한 방법으로 전쟁이 치러질 때, 합법적인 정권이 전쟁을 선포할 때 〈정의로운 전쟁bellum iustum〉이라고 부를 수 있다고 했다. 다만 이 개념 규정에서는 합법성과 정당성의 문제를 누가 결정하느냐가 관건이었다.

만일 교황이 결정했다면 신자들에게는 의심의 여지가 없다. 그래서 1208년 남프랑스의 카타리파(派)를 물리치려고 십자군을 소집한 인노켄티우스 3세도 정당했다. 카타리파는 스스로 〈순결파〉라 칭하며 금욕 생활과 예수의 순수한 가르침으로 돌아가야 한다고 설파했다. 또한 예수는 인간이 아니라 천사였기에 실제로 죽지도 않고 부활하지도 않았다고 믿었으며, 로마 교황의 권위도 인정하지 않았다. 교황청이 이런 집단을 가만둘 리 없었다. 교황은 십자군을 보냈고, 그들은 교황의 축복 속에서 약탈과 살인을 자행했다. 특히 알비와 툴루즈가 심각한 피해를 입었으며, 그래서 이 사건을 〈알비파 전쟁〉(~1229)이라고도 부른다. 그 뒤 설립된 종교 재판소는 이교도들을 일부는 학살하고, 일부는 고문으로 개종시키고, 일부는 화형에 처했다. 세계 역사상 가장 나쁜 전쟁 중 하나였다. 니콜라우스 레나우Nikolaus Lenau는 서사시 「알비파」에서 이렇게 탄식한다.

오 신이여, 당신의 이름이 무엇이건
믿음이 이런 결실로 이어지는 것은 고통입니다![316]

교황 우르바누스 2세는 예루살렘의 성묘를 해방시킬 목적으로 1095년 제1차 대규모 십자군 원정대를 소집했다. 그러면서 십자군 원정에서 전사하거나 중도에 죽은 사람은 모두 〈신의 순교자〉가 될 것이고, 원정에 동참한 것만으로도 참가자의 모든 죄가 사해질 것이라고 선포했다.[317]

이로써 몽테스키외의 분노에 찬 해석도 역사적 근거가 있는 셈이다. 그는 이렇게 말했다. 〈유럽에서는 갑자기 비신자들로 더럽혀진 이 땅에서 그들을 몰아내기 위해 무기를 잡으면 자신이 저지른 모든 죄를 용서받을 수 있다는 생각이 확산되었다. ……그로써 유럽은 전쟁으로 자신의 숱한 악행을 속죄하려는 사람들, 그러니까 자신이 가장 좋아하는 일로 자신의 죄를 갚으라고 제안받는 사람들로 넘쳐 났다.〉[318]

십자군 원정 초기의 거대한 이념은 우선 정치 경제적 권력 게임으로 변질되었다. 이탈리아의 도시 국가 베네치아, 제노바, 피사는 인기 있는 동방의 향료와 향수, 비단을 무역할 수 있는 기회를 포착했고, 그럴 목적으로 팔레스타인의 주요 항구들을 정복하는 일을 도우면서 막대한 경제적 이득을 취했다. 십자군 이념을 통한 부의 축적이었다.

심지어 베네치아 상인들은 십자군 기사군을 이교도의 나라인 투르크가 아니라 기독교 도시인 콘스탄티노플로 몰고 가는 데 성공했다. 콘스탄티노플은 베네치아의 동방 무역에 방해가 되는 마지막 강력한 경쟁 도시였던 것이다. 당시 비잔티움 제국은 황위 계승 다툼으로 어수선했고, 그런 상황에서 어차피 믿음까지 강해 보이지 않는 황제가 십자군에 약속한 지원금 지급을 거절하자 신의 이름으로 출정한 이 경건한 십자군은 거대한 도시를 약탈하기 시작했다. 프랑크와 베네치아는 노획물을 나누었다. 〈해가 뜨자 그들은 성 소피아 성당으로 밀고 들어갔다. ……제단실을 부수고, 성스러운 그림이 그려진 제단화 4점과 제단 위의 성스러운 탁자와 십자가 12개를 파괴했다. ……그런 다음 제단 위의 잔 40개를 약탈했고…… 복음서와 예수상이 새겨진 거룩한 십자가, 제단보, 순금 향로 40개를 가져갔다.)[319] 이처럼 십자가가 새겨진 기사군의 외투는 실제로는 모든 전쟁의 가장 빈번한 원인, 즉 약탈에 대한 욕구를 은폐하는 깃발에 불과했다.

십자군 원정은 대의명분상으로는 기독교 성지를 해방하려는 종교 전쟁이었지만, 동시에 이슬람과 변절한 비잔티움 교회를 상대로 벌인 권력 다툼이기도 했다. 또한 종교가 허울 좋은 장식과 구실로 이용된 관습 전쟁이었고, 프랑크족이 동방으로 진출한 민족 이동이었고, 서구 제후들의 영토 획득 전쟁이었고, 이탈리아의 강력한 해상 국가들이 투르크와 비잔티움 제국을 상대로 벌인 경제 전쟁이었다. 그 과정에서 직접적 이익을 가장 많이 챙긴 측은 베네치아였다. 물론 교황에게도 이익이 있었다. 토지와 권력과 돈이 수중에 들어온 것이다. 어쩌면 영혼도 떼 지어 들어왔을지 모른다. 그 전쟁으로 수십만 명이 죽었으니까 말이다.

그 밖에 십자군 원정의 결과는 무엇일까? 많은 역사학자들의 일치된 판단은 다음과 같다.

1. 십자군 원정은 비잔티움 제국을 약화시켜 투르크 족이 유럽으로 진출하는 길을 터주었다. 그들은 1453년 콘스탄티노플을 정복했고, 1529년에는 빈의 코앞까지 진격했다.
2. 십자군 원정은 그때까지 관용적 종교였던 이슬람에 증오의 씨앗을 심어 놓았다. 오사마 빈 라덴은 서양인들을 〈십자군 전사들〉이라고 불렀고, 모든 이슬람교도들이 여전히 그렇게 여기고 있다.
3. 원정에서 살아남은 십자군 기사들은 달라져서 돌아왔다. 그들은 로마 제국 붕괴 이후 가난한 땅으로 머물러 있던 알프스 이북의 유럽으로 돌아와

둥근 지붕과 첨탑으로 이루어진 화려한 이슬람 사원, 뾰족한 아치형 창문과 페르시아 양탄자가 즐비한 궁전, 그리고 금과 청금석에 관해 이야기했다. 그런 이국적 풍요로움과 다양한 형식에 대한 감탄 속에서 12세기 루아르 강변에 아름다운 성들이 처음 등장했다. 1140년에는 파리 근교에 생드니 성당의 초석이 놓였고, 1194년에는 최초의 고딕 양식 건축물인 샤르트르 대성당 건립이 시작되었다.

4. 십자군은 유럽 열강들이 지중해를 안마당처럼 사용할 길을 열어 주었다. 그들은 항상 수적으로 열세인 군대를 이끌고 장장 3천 킬로미터나 떨어진 곳에서 놀라운 승리를 거두었다. 그것은 16세기에 유럽이 나머지 세계를 굴복시키기 시작한 침략 전쟁의 시운전이었다.

따라서 십자군 원정에는 프리드리히 엥겔스가 세계사의 과정에 대해 인상적으로 언급한 고전적 문구가 딱 들어맞는다. 〈각자가 원하는 것이 다른 모두에 의해 저지당하면 누구도 원치 않은 결과가 나온다.〉

종교가 동력 역할이나 허울 좋은 장식 역할을 한 다른 전쟁도 대부분 비슷하다. 카롤루스 대제의 작센 전쟁(772~804), 후스 전쟁(1420~1453), 17세기 아일랜드의 가톨릭교도를 향한 피비린내 나는 전쟁에서 종교적 동인은 프랑크 왕국, 체코, 영국 권좌의 이해관계와 절묘하게 맞아떨어졌다. 30년 전쟁 역시 단순히 구교와 신교의 싸움이나, 유럽 각국과 영혼에 대한 권력을 되찾으려는 교황의 투쟁만이 아니라 황제와 영주들 사이의 갈등, 황제와 보헤미아 신분제 의회 사이의 갈등, 합스부르크 왕가와 부르봉 왕가 사이의 갈등이었고, 또 다른 측면으로는 발트 해 지역을 놓고 벌어진 독일과 스웨덴, 덴마크 3국의 패권 다툼이기도 했다.

이런 전쟁들의 원인에 종교가 얼마나 크고 작은 몫을 했건, 영혼에 대한 권력은 거의 언제나 육체에 대한 권력을 통해서만 획득할 수 있었다. 다시 말해 무기로 승리를 거두어야만 예수나 무함마드도 장기적으로 뿌리를 내릴 수 있었고, 가톨릭을 비롯해 정교회, 신교, 개혁파, 영국 국교회, 청교도 각 파의 교리 해석도 지속적인 승리가 가능했다.

따라서 십자가의 기치 아래 수행된 이 전쟁에 대해서는 다음과 같은 질문을 던질 이유가 충분하다. 그때 아무도 종교를 거론하지 않았다면 그 전쟁은 완전히 다른 식으로 전개되었거나 아예 일어나지 않았을 수도 있지 않았을까?

불과 80년 만에 오늘날의 중국에서 대서양, 그리고 사하라 사막에서 캅카스에 이르는 거대 제국을 건설한 이슬람의 놀라운 승리 행진은 십자군 전쟁과는 완전히 달랐다. 이슬람교를 창시한 예언자 무함마드는 632년에 죽었다. 후계자 아부 바크르는 아라비아 부족들을 통일했고, 그 후계자들은 634년 칭기즈칸의 전쟁사에서나 볼 수 있는 폭풍의 질주를 시작해 페르시아 제국과 북아프리카 전체, 스페인의 서고트 제국을 정복하고 피레네 산맥 건너 프랑크 왕국의 론 강 하구까지 진출했다. 또한 아라비아인들은 수백 년 동안 스페인 남서쪽 코르도바를 유럽에서 가장 번창한 도시이자 건축술과 학문을 꽃피운 세계적 문화 중심지로 만들었다.

그들에게 자극을 불어넣은 것은 분명 새로운 종교였다. 무함마드는 예수와 다르게 가난 대신 부를 설파했고(자기 일의 진척에 도움이 된다면 대상 행렬을 약탈하는 것도 마다하지 않았다), 평화 대신 전쟁을 부르짖었다. 〈알라의 길에서 벗어난 자들을 잡아 죽여라〉(수라 4:89). 〈알라께 저항하는 자들은 십자가에 매달리거나 손발이 잘리는 대가를 치르리라〉(수라 5:32). 〈비신자에겐 고통의 형벌이 내린다는 사실을 전파하라〉(수라 9:3). 〈이웃의 비신자들과 싸워 너희의 혹독한 매서움을 보여 주어라〉(수라 9:123).

이처럼 아라비아인들은 훗날의 몽골 족이 새 무기와 새 전술, 가혹한 기율이라는 삼박자에 기대어 세계를 정복한 것과는 달리 이슬람의 가르침에 기대어 그저 말과 낙타를 타고 세 대륙의 민족과 국가를 무릎 꿇렸다. 무함마드는 점점 쇄도하는 새 신도들에게 검으로 보호된 낙원, 즉 젖과 포도주와 꿀이 흐르고, 언제나 맑은 물이 샘솟고, 금실로 수놓은 비단 침구 위에 검은 눈의 아리따운 처녀들과 누울 수 있는 그늘진 정원을 영원히 약속했다(수라 25, 36, 47, 55, 56).

이슬람 세계 제국은 신앙, 즉 관념의 힘에 뿌리를 둔 역사상 유일한 제국이었다. 그 힘이 얼마나 견고하고 대단한지는 오늘날 우리가 다시 느끼고 있다. 1096~1291년까지 일곱 번의 십자군 원정에서 소규모 기사군이 이슬람 세계의 심장부를 강타한 이후 무슬림은 서양의 힘과 압도적인 과학 기술에 굴욕감을 느꼈고, 그런 이슬람이 이제 반격에 나서고 있다.

〈전사들도 행복할 수 있을까?〉 마르틴 루터는 1526년에 이렇게 물으면서 부정과 긍정을 동시에 담은 답을 내놓았다. 〈전쟁을 시작한 자는 옳지 않고, 칼을 먼저 뽑은 자가 패하거나 마지막에 벌을 받는 것은 지당하다. ……그러나 세상 만물에 섭리의 손길이 닿아 있기에 신은 아무 동기 없는 전쟁을 우리에게 명령하지는 않았을 것이다.〉

어쨌든 신앙심이 깊은 군인이라면 죽어 가는 순간에도 위안은 남아 있다. 1812년 나폴레옹군의 한 장군은 러시아에서 포탄의 불길 속에서도 너무나 태연히 서 있는 적의 병사들을 보았다. 〈그들은 죽어 가면서도 늘 품에 지니고 다니던 성 니콜라우스의 초상에 입을 맞추었다. 곧 천국으로 올라갈 거라는 믿음 속에서 자신을 그곳으로 인도하는 포탄에 감사했던 것이다.〉[320]

23. 약탈과 전승 기념품을 위해

추위에서 살아남은 것은 우박이 가져가고,
우박에서 살아남은 것은 가뭄이 가져가고,
가뭄에서 살아남은 것은 군대가 가져간다.
투르의 그레고리우스 주교(540~594년)

전사들을 몰아 댄 근원적인 충동 가운데 또 다른 하나는 노획물에 대한 욕구였다. 국가와 그 지도자들이 땅과 인간, 지하자원, 금 같은 굵직굵직한 것을 강탈해 갔다면(18장) 일반 병사들은 패물과 여자를 비롯해 먹고 마실 수 있는 모든 것을 앗아 갔을 뿐 아니라 아무짝에도 쓸모없는 물건들까지 다 가져갔다. 약탈을 위한 약탈이었다.

역사적으로 보면, 부를 얻기 위한 싸움이 노동이나 기껏해야 투기라는 수단으로만 진행되어야 한다는 견해는 그리 오래되지 않았다. 수천 년 동안 모든 민족과 개별 전사들에게 부자가 될 수 있는 정상적인 수단은 노동이 아닌 전쟁이었다. 전설 속 영웅들은 노동으로 천천히 부를 쌓아 나갈 만큼 성실하거나 근면한 사람들이 아니었다. 생각해 보라. 니벨룽겐의 보물을 찾으려고 살인까지 저지르지 않았던가! 타키투스는 그 게르만 전사들에 대해 이렇게 쓴다. 그들은 〈고향에서 논밭을 일구어 수확을 기다리는 것보다 적과 싸움을 벌여 부상당하는 것을 더 반길 사람들이다. 피로 얻을 수 있는 것을 땀으로 얻는 사람은 게으르고 비겁한 자라고 여겼다〉.[321] 루터도 약탈을 인정했고, 심지어 괴테는 엄격하게 보자면 약탈에 가담까지 했다. 「신이 우리에게 승리를 내린다면 명예와 명성은 우리가 아닌 신의 것이어야 합니다.」 1526년 병사들에게 무슨 말을 해야 좋을지 묻는 한 사령관에게 루터가 답하는 내용이다. 「하지만 노획물과 급료는 우리의 공적과는 상관없이 신의 선의와 은총으로 선사된 것이기에 우리가 취해도 된다고 봅니다.」[322] 괴테는 1792년 군인들이 있는 자리에서 〈군량미 조달〉 명목으로 프랑스 창고를 부수고 포도주 두 병을 가져갔다.[323]

1899년의 헤이그 지상전 협약에 따르면 괴테의 행위는 약탈로 분류될 수 있다. 이유는 이렇다. 우선 포도주는 긴박한 전시 물품이 아니고, 둘째 설령 그렇다고 해도 괴테는 돈을 지불하지 않았다. 마지막으로 괴테는 전투원이 아니기에 그 행위 역시 애당초 전시 물품 조달에 해당되지 않는다. 물론 괴테 시대에는 아직 지상전 협약이 없었다는 점은 고려하자. 그런데 협약이 체결된 뒤에도 약탈은 여전했다. 국제법을 별로 대단한 구속으로 여기지 않았을 뿐 아니라 그 법 자체도 굶주린 군인들의 포악한 주먹에 쉽게 찢어질 정도로 체계가 느슨했기 때문이다. 2차 대전 당시 독일 병사들 사이에서는 이런 농담이 나돌았다. 〈상관에게 제대로 경례하지 못하는 닭은 모두 잡아먹어야 한다.〉 착한 병사 슈베이크도 이렇게 말한다. 〈전쟁은 도둑질에서도 용감함을 요구한다.〉[324]

노획의 동기는 프리드리히 대왕과 클라우제비츠를 비롯해 많은 사람들이 그렇게 치켜세운 전쟁 동기인 명예욕과 밀접한 관련이 있다. 아시리아와 로마의 사령관은 무엇으로 명성을 얻었는가? 다름 아닌 개선 행렬 중에 선보인 노획품을 통해서였다. 뱅자맹 콩스탕이 바이킹에 대해 하는 말을 들어 보자. 〈전적으로 약탈과 도적질만 일삼았을 것으로 보이는 민족들조차 부의 획득이 주목적은 아니었다. 북방의 영웅들은 살면서 쟁취한 모든 재물을 장작더미 위에 놓고 태워 버렸다. 다음 세대들이 자기들만의 새로운 영웅적 행위로 새로운 재물을 얻도록 하기 위해서였다. 그들에게 부는 위신의 상징이나 향유의 수단이라기보다 쟁취한 승리의 영광스러운 증명서였다.〉[325] 원시 부족의 전사들은 자신이 승리자임을 증명하는 트로피, 즉 전승 기념품 없이는 감히 집으로 돌아갈 생각조차 하지 못했다.

트로피는 그리스인들이 전투에서 승리한 뒤 세운 전승 기념비인 〈트로파이온〉에서 유래했다. 그들은 적에게서 빼앗은 무기와 군기를 올리브 나무나 참나무, 또는 말뚝에 걸었고, 나머지 노획물은 나무 발치에 차곡차곡 쌓아 두었다. 원시 부족들이 전승 기념품으로 열렬히 탐했던 적의 머리통이나 머리 가죽, 귀, 손, 생식기는 그중에 없었다. 어쨌든 전승 기념품에 대한 욕구는 오늘날의 문명국가에도 여전히 남아 있다. 사람에 따라선 그리 썩 좋게 보지 않을 수도 있지만, 사냥으로 잡은 동물의 뿔과 머리, 모피로 거실을 장식하는 것이 그것이다.

초창기의 인간 사냥꾼은 인간과 동물을 특별히 구별하지 않았기에 죽은 적의 신체 일부를 천막에 걸어 두거나 허리띠에 매달았다. 가장 인기 있는 전승 기념품은 단연 머리통이었다. 거기에는 식인 풍습에서도 발견되는 여러 이유가 조합되어 있었다. 즉, 죽은 혼령의 힘을 자기에게 묶어 두려 했거나, 죽은 자의 영혼이 농경지를 비옥하게 할 거라 믿었거나, 적에게 특별한 치욕을 안기고 싶었거나, 아니면 단순히 유능한 전사의 표식으로 간직하고 싶었던 것이다.

오세아니아의 많은 섬에서는 신붓감에게 적의 머리통을 보여 주지 못하는 젊은이는 결혼할 수가 없었다. 인도네시아의 몇몇 부족에서는 적에게 머리가 잘린 동족의 시신은 죽은 적의 머리통과 함께 묻어야만 장례를 치를 수 있었다. 이는 곧 영원한 전쟁을 의미했다. 머리통 같은 전승 기념품은 다른 이유로 유발된 전투의 승리를 증명할 뿐 아니라 그 자체가 또 다른 전쟁 이유였기 때문이다. 함께 묻을 머리통이 필요하니 또 적을 죽여야 했던 것이다.

다윗은 죽은 골리앗의 머리통을 잘라 예루살렘의 사울 왕에게 가져갔다.[326] 아시리아인들은 적의 머리통 하나하나에 상금을 내걸었는데, 벽에 새긴 조각을 보면 병사 하나가 적의 머리통 몇 개를 잘랐는지 기록하는 서기의 모습이 나온다. 아시리아의 어떤 왕은 전투에 직접 참가하지 못하게 되자 승리의 기쁨을 함께 누리려고 적의 머리통을 마차에 실어 오게 했고, 외국의 제후를 맞을 때는 대전에 적의 머리통으로 피라미드를 쌓게 했다.[327] 1099년 십자군이 안티오키아를 공격할 때 퓌의 주교는 투르크인의 머리를 잘라 오는 사람에게 상금을 주겠다고 약속했다. 〈주교는 적의 머리통 몇 개를 받자 긴 장대에 꽂아 도시 성벽 앞에 세우게 했다. ……그것을 본 적은 두려움에 떨었다.〉[328]

머리 가죽scalp은 북아메리카 인디언들의 전승 기념품으로 유명하다. 물론 지금의 미국 땅에 살았던 모든 인디언이 머리 가죽을 벗기지는 않았다. 게다가 머리 가죽을 벗겼던 인디언들도 처음엔 전승 기념품으로 적의 머리통을 잘랐는데, 편의를 좇는 유럽인들 때문에 머리 가죽을 벗기게 되었다. 다시 말해, 영국의 식민지 당국과 미국 관청은 인디언을 죽인 사람에게 상금을 주겠다고 약속하면서 살해의 증거로 여러모로 처치 곤란한 머리통보다 머리 가죽을 선호한 것이다. 인디언들은 동족을 죽이는 일에 열심히 협력했고, 그 이후 머리 가죽을 벗기는 관습이 생겼다.

아메리카의 다른 원주민들은 적의 이를 뽑아 목걸이로 만들었고, 몽골인들은 레그니차 전투가 끝나자 죽은 기독교 병사들의 오른 귀를 잘라 자루 9개에 가득 채워 칸에게 보냈으며, 몬테네그로 군인들은 1912~1913년의 발칸 전쟁에서 적의 코와 윗입술만 골라 잘라 냈다.

다른 대륙에서는 적의 손발이 잘려 나갔고, 아프리카에서는 종종 남자의 생식기가 승리의 증거로 쓰였다. 예를 들어 파라오 메르넵타(재위 기원전 1223~기원전 1210)의 한 원정에서는 이집트 병사들이 적의 생식기를 잘랐고, 현대에 들어서도 프랑코가 1936년 무어인 지원 부대에 적의 시신을 거세하지 못하도록 명령을 내린 데에서도 드러나듯이 아프리카에는 아직 그런 전통이 남아 있었다.

근대에 들면서 전승 기념품은 적의 시신 대신 다른 물건, 즉 깃발이나 검 같은 상징적 의미가 있는 대상으로 바뀌었다. 나폴레옹은 1806년 포츠담을 방문했을 때 점령군 병영 교회에서 프리드리히 대왕 근위대의 군기를, 상수시 궁에서는 프리드리히 대왕의 검을 가져오게 해서 호국 영령의 성전이나 다름없는 파리 앵발리드 돔에 걸었다. 그러면서 이렇게 격정적으로 말했다. 「노병들이여, 역사상 가장 위대한 총사령관이 바치는 이 전승 기념품을 거룩한 경외심으로 받아 주오!」[329] 승리자가 약탈을 포기하려면 그 경외심은 얼마나 거룩해야 했을까? 나폴레옹은 프리드리히 대왕의 시계와 테이블 종을 친히 가져갔는데, 나중에 이 물건들은 세인트헬레나 섬의 작은 거실 벽난로 위에 놓여 있었다.

독일인들 중에는 아직도 살해한 적에 대한 선명한 상징물을 기억하고 있는 사람이 많다. 전차 그림이 그려진 흰색 완장이 그것인데 2차 대전 때 독일 병사에게 수여된 표창 가운데 가장 찬란하고 받기 어려운 상 중 하나였다. 이 완장을 차고 있으면 근접전에서 적의 전차를 격파하고 그로써 적을 서너 명 죽였다는 것을 의미했다.

수많은 전사를 전장으로 내몰고 전쟁을 미화하게 만든 훨씬 더 큰 동인은 사실 전승 기념품이라기보다 오히려 물질적 가치가 있는 노획물이었다. 2,400년 전 손자는 이렇게 가르쳤다. 〈싸울 때는 바람처럼 빨라야 하고, 기습하고 약탈할 때는 불과 같아야 한다. ……군대는 부유해지길 원해서 약탈한다.〉³³⁰ 이번에는 투키디데스의 말을 들어 보자. 고대 그리스인들은 〈무방비 도시들을 습격해서 얻은 재물로 생계비의 대부분을 충당했다. 그것은 결코 창피한 일이 아닌 명예롭고 용감한 일이었다〉.³³¹

기원전 396년 로마인들은 근 10년의 포위 공격 끝에 에트루리아의 경쟁 도시 베이를 정복하자 악랄한 약탈이 어떤 것인지 만천하에 보여 주었다. 갖고 갈 수 있는 재산은 모두 가져간 것도 모자라 주민 중 일부를 살해하고 일부는 노예로 팔아 버렸다. 〈인간의 재산을 모두 베이에서 로마로 옮기고 나자 이번에는 신들에게 바친 공물과 신들 자체를 옮기는 작업이 시작되었다. 물론 이 일은 [리비우스의 생각이다] 약탈의 일환이라기보다 지당한 숭배의 마음으로 진행되었다.〉³³² 무역과 수공업이 거의 없던 도시 로마로서는 다른 도시들이 축적한 부로 먹고살 수밖에 없었다. 역사상 타의 추종을 불허하는 생계형 약탈 국가였던 셈이다.

3세기에 이르자 로마의 약탈욕은 로마의 신민들에게까지 뻗쳤다. 약탈에 습관이 붙은 로마 병사들은 마땅한 적이 보이지 않자 갈리아 땅에 있던 로마 제국의 대도시 리옹과 오툉을 약탈했다. 비잔티움 성채 역시 로마 주둔군에 의해 약탈당했다.

야만족으로 불리던 고트 족과 반달 족도 로마의 예를 따랐다. 410년과 455년 두 차례에 걸쳐 로마로 쳐들어가 도시를 약탈의 아수라장으로 만들어 버린 것이다. 프랑크 왕국 초기(5~8세기) 나라를 좌지우지하던 무인 계급은 전적으로 노략질한 물건으로 먹고살았고, 약탈할 적이 없을 때는 자국 농부와 교회 재산을 빼앗아 갔다. 비잔티움 제국의 기록에 따르면 테우데베르트 1세(재위 534~548)의 이탈리아 원정은 한마디로 대재앙이었다. 프랑크군의 3분의 1이 루르 강가에서 몰살당했고 나머지는 알프스 너머로 퇴각해야 했기 때문이다. 그러나 프랑크 측 입장에서는 살아남은 병사들이 노획물을 싣고 고향으로 돌아갔기에 그리 손해 본 장사는 아니었다고 할 수 있다.

이교도인 바이킹과 잔인한 투르크 족은 물론이고 기독교도인 십자군과 신실한 스위스 용병들도 늘 수레에 노획물을 가득 싣고 다녔다. 〈그대 나라의 부와 그대 신하들의 재물, 그중에는 당연히 여자와 아이들도 포함되는데, 그것들이 어떻게 약탈의 제물이 되었는지 아는가!〉 1268년 술탄 바이바르스가 물밀 듯한 반격으로 안티오키아를 정복했을 때 프랑크 왕국의 보에몽 6세에게 보낸 편지 내용이다. 〈가족이 없던 우리 병사들에게 갑자기 여자와 아이가 생겼고, 가난한 자는 부자가 되었고, 종이었던 자는 시중을 받았다. ……그대 기사들이 우리의 말발굽 아래 짓밟히고, 우리 병사들이 그대의 보물을 50킬로그램 단위로 나누고, 금화 한 닢에 이 도시의 귀부인 넷이 팔려 나가는 장면을 그대가 보았더라면!〉[333]

귀족 에르난 코르테스와 돼지치기 출신 프란시스코 피사로Francisco Pizarro의 인솔 아래 멕시코와 페루를 약탈한 스페인 탐험가들은 황금 찾는 일에 혈안이 되어 있었다. 피사로는 잉카 제국의 종교 의식에 사용하던 황금 제기를 녹여 모든 탐험대원들에게 50킬로그램씩 나누어 주었다. 〈그들은 마치 원숭이처럼 금을 냉큼냉큼 집어 갔다.〉 금에 환장한 스페인인들에 대해 아즈텍 사람들이 한 말이다. 〈그들은 금에 굶주린 것 같았고, 돼지를 찾듯 금을 찾았다.〉[334] 1527년 카를 5세 휘하의 스페인 용병과 독일 용병들은 약탈에 대한 기대감으로 급료도 거의 받지 않은 채 로마로 쳐들어가 도시를 처절하게 약탈했다. 역사책에 〈사코 디 로마Sacco di Roma〉, 즉 〈로마의 약탈〉로 기록된 사건이다.

역사상 가장 잔인하면서도 장시간 지속된 광적인 약탈은 30년 전쟁 당시의 용병들에 의해 저질러졌다. 〈몇몇은 즐거운 잔치라도 벌이려는 듯 가축을 도살하고 끓이고 굽기 시작했지만 다른 인간들은 집안을 휘젓고 돌아다니며 난동을 피웠다.〉 그리멜스하우젠 소설의 단순한 주인공 짐플리치시무스는 아버지 집이 약탈당하는 장면을 이렇게 묘사한다. 〈어떤 이들은 장에 물건이라도 내다 팔려는 듯 온갖 천과 옷가지, 가재도구를 커다란 보따리에 바리바리 챙겼고, 어떤 이들은 양과 돼지를 검으로 찌른 것만으로는 성이 차지 않는지 짚과 갈대 더미까지 쿡쿡 찔렀다. 또 어떤 이들은 침대 요 속의 깃털을 모두 꺼내고는 그 안에다 돼지고기같이 말린 고기와 가재도구를 채워 넣었다. 그 위에서 자면 잠이 더 잘 올 것처럼. 또 다른 인간들은 앞으로 여름 같은 건 다시는 오지 않을 것처럼 화덕과 창문을 부수더니 침대와 책상, 걸상, 벤치까지 불태워 버렸다. ……우리 하녀는 마구간에서 놈들한테 얼마나 욕을 봤던지 두 발로 걸어서 나오지 못할 정도였다. ……그들은 하인을 묶어 땅바닥에 꿇어앉히고 재갈을 물린 뒤 역겨운 냄새가 진동하는 오물통을 쏟아부었다. 그러고는 낄낄거리며 그것을 스웨덴 음료라고 부르더니 인간과 동물을 강탈할 수 있는 다른 집으로 안내하라고 윽박질렀다.〉[335]

한 독일 도시의 기록을 보면 황제군이 들어와 숙영하는 장면이 나온다. 황제군은 〈제멋대로 살았다. 매일 진탕 먹고 마시고 연회를 벌였고, 날마다 옷을 갈아입었다. 병원과 뮌스터 교회를 약탈했고, 주민들을 무장 해제한다는 구실로 집집마다 장롱과 궤짝을 열게 한 뒤 마음에 드는 것이 있으면 가져갔다〉.[336] 슐레지엔 남작 프리드리히 폰 로가우(1604~1655)가 쓴 시를 보자.

집, 농장, 창고, 헛간을 턴 것은
빵 한 조각을 얻기 위해서라고 했고,
도시, 땅, 사람, 가축을 유린한 것은
군주의 직무를 대신 수행한 것이라 했고,
오입질하고 술 마시고 도박하고 욕한 것은
병사들에게 용기를 찾아 주기 위한 것이라 했고,

그러다 마지막에 악마에게 간다면

그 역시 천사들의 수고를 덜어 주는 것이라 했다.[337]

병사들이 개별적으로 약탈을 하다가 맞아 죽는 일은 19세기까지 많은 군에 커다란 손실이었다. 1799년에 자행된 프랑스군의 텔아비브 약탈에 대해 나폴레옹은 훗날 이렇게 썼다. 〈병사들은 여자를 찾아 미친 듯이 거리를 돌아다녔다. 총성이 울리면 여자들은 비명을 질렀고, 그러면 병사들은 즉시 집 안으로 뛰어 들어가 그 안의 모든 여자를 욕보였다. 이런 광포한 행위와 병자들에게서 빼앗은 모피와 투르크 옷가지 때문에 아군에 페스트가 번졌다.〉[338]

이런 사건들 때문에라도 총사령관들은 병사들의 약탈 욕구에 고삐를 죄지 않을 수 없었다. 그런 시도는 이미 고대에도 있었다. 카이사르의 전언에 따르면 갈리아에서는 노획물을 숨겨 놓고 혼자 가지려는 전사는 죽도록 고문을 당했다. 모든 병사는 반드시 노획물을 상부에 내놓아야 했고, 그중 일부는 신들에게 바쳐졌다.

나중에도 약탈 권리의 조정과 제한은 윤리적 관점이 아닌 오직 군사적 관점에 따라 이루어졌다. 약탈이 전투를 지연시키고 군기를 약화시켰기 때문이다. 가령 1393년 스위스의 전시 규정인 〈젬파흐 협정〉에는 이렇게 적혀 있다. 〈우리는 약탈에 대한 생각 없이 충직한 남자로서 적을 물리치고 전장을 사수하는 데 한마음 한뜻으로 각자 최선을 다한다. ……전투에서 승리를 거두고 지휘관이 약탈을 허용할 시간이 올 때까지. 그 뒤에는 누구나 원하는 자는 약탈할 수 있다. 그러나 노획물은 지휘관에게 제출해야 하고, 지휘관들은 공평하고 정직하게 부대원 모두에게 분배해야 한다.〉[339]

반면에 약탈을 눈엣가시 같은 인간들을 길들이는 수단으로, 그것도 평화 시에 이용한 것은 루이 14세 당시의 전쟁장관이던 루부아 후작의 가학증적 아이디어였다. 1681년 그는 프랑스 신교도들을 개종시킬 목적으로 용기병들을 일부러 신교도 지역에 배치했다. 사나운 군인들이 신교도들을 잔인하게 짓밟고 약탈하리라는 확신 속에서.

전쟁터에서의 약탈 행위는 신앙심으로도 원천 봉쇄되지 않았지만 지연되는 경우는 종종 있었다. 예루살렘의 대주교는 1099년 십자군에게 다음과 같이 설교했다. 「전투가 끝나기 전에 약탈할 생각을 하는 자는 모두 파문할 것이다. 그러나 전투가 끝나면 주님께서 예비해 놓으신 모든 것을 차지하는 기쁨을 누릴 수 있을 것이다.」[340] 볼테르는 칼 12세의 군대에 대해 이렇게 썼다. 〈스웨덴 병사들은 전장에서 기도문이 낭독되기 전에는 죽은 적을 약탈하기 위해 몸조차 구부리지 않았다.〉[341]

프리드리히 대왕의 군대에서는 다른 많은 것과 마찬가지로 약탈도 원칙적으로 금지되었다. 1차 슐레지엔 전쟁에서 프리드리히 대왕은 단언했다. 〈단 한 집도 약탈당하지 않았고, 어떤 주민도 상하지 않았다.〉[342] 그러나 2차 슐레지엔 전쟁에서는 다음 사실을 인정할 수밖에 없었다. 〈그 지역에 고통을 가하지 않으면서 8만 명 병력을 먹여 살리기란 사실 불가능하다.〉[343] 1768년 그의 유언장에는 이렇게 적혀 있다. 〈전쟁에서 기병은 쉽게 보충된다. 기병의 일은 보병만큼 손실이 크지 않을 뿐 아니라 노획물을 얻을 기회도 더 많기 때문이다. 약탈은 개인의 이익만을 알고 명성이 무엇인지는 모르는 대다수 인간들에겐 뿌리치기 힘든 유혹이다.〉[344]

제1차 세계 대전에서도 많은 군인들이 헤이그 지상전 협약에도 불구하고 독자적으로 약탈 행각을 벌였다. 수차례 터키 열차 습격 조직을 만들어 아랍인들에게 약탈의 축제를 선사했던 T. E. 로런스는 당시의 상황을 이렇게 묘사한다. 아랍인들은 〈성난 야수처럼 열차로 돌진하더니 뭔가에 썬 사람처럼 정신없이 약탈하기 시작했다. ……계곡은 광란의 도가니였다. 아랍인들은 미친 듯이 날뛰었다. 모자도 쓰지 않고 반라 상태에서 소리를 지르며 닥치는 대로 총을 쏘고 주먹을 휘둘렀으며, 화물칸 문을 강제로 연 뒤에는 커다란 자루를 들고 비틀거리며 나와 선로 근처에서 칼로 북북 찢어 쓸 만한 것은 챙기고 필요 없는 것들은 모두 박살 내버렸다. ……양탄자 더미와 남자 옷, 여자 옷이 형형색색으로 어지럽게 흩어져 있었다. 그중에는 시계와 냄비, 식료품, 패물, 무기도 눈에 띄었다. 히잡을 쓰지 않은 남루한 차림의 여자 삼사십 명이 머리를 움켜쥔 채 미친 듯이 비명을 지르며 서 있었지만, 아랍 남자들은 여자들에겐 눈길 한 번 주지 않고 계속 약탈과 파괴만 이어 갔다. 이 짓도 질릴 때까지〉.[345]

  유럽도 예외는 아니었다. 윙거 소위는 1917년 이렇게 썼다. 〈이웃 참호의 병사들은 정신없이 뒤엉켜 죽은 자들의 피 묻은 물건 중에서 쓸 만한 것들을 찾아내느라 바빴다. 나는 그 인간들을 쫓아 버렸다.〉[346] 죽은 자들도 독일 병사들이었다. 독일군은 1917년 〈힌덴부르크선(線)〉*으로 후퇴하기 직전 전방 15킬로미터 지역을 완전히 파괴해 버리기로 결정했다. 윙거의 수기를 보면 그 파괴 과정이 얼마나 악랄했는지 생생히 나온다. 〈전 중대원이 힘을 합해 벽을 무너뜨리거나 지붕 위에 올라가 벽돌을 부수었다. 주민들이 남겨 둔 양복과 여자 옷, 실크해트를 쓰고 여기저기 돌아다니는 병사들의 모습도 곳곳에서 눈에 띄었다. 그들은 파괴자의 섬뜩한 눈빛으로 집의 대들보를 찾아내 밧줄로 묶고 집이 완전히 내려앉을 때까지 구령에 맞추어 밧줄을 잡아당겼다. ……문득 정신 병원이 떠올랐다. 그곳과 비슷하게 한편으로는 웃기고 한편으로는 역겨운 느낌이 들었다.〉[347]

  2차 대전은 어땠을까? 처벌한 약탈 행위에 대한 통계는 있지만 드러나지 않은 약탈에 대한 자료는 없다. 1945년 소련군은 이렇게 소리쳤다. 「독일 여자들

---

* 1차 대전 서부 전선에서 독일군이 설정한 방어선.

은 너희의 먹잇감이다!」 노먼 메일러Norman Mailer의 소설 『벌거벗은 자와 죽은 자』에서도 잔인한 장면들이 묘사되어 있는데, 술 취한 미군들은 태평양의 한 섬에서 〈전리품〉을 찾아 헤매고, 미군 병사 마르티네스는 〈죄의식과 즐거움이 뒤섞인 감정으로〉[348] 일본군의 시체를 개머리판으로 내리쳐 금니를 꺼낸다. 아우슈비츠 집단 수용소를 지키던 나치 친위대 병사 몇몇은 상당량의 금니를 녹여 고향으로 보내기도 했다.

현대전에서는 약탈 행위가 상당 부분 억제되었지만 완전히 근절되지는 않았다. 무기가 힘을 발휘하는 순간 가난한 자가 부자가 되고 종이 시중받는 위치에 오르는 것은 〈대다수 인간들에겐 뿌리치기 힘든 유혹〉(프리드리히 대왕)이기 때문이다. 승리는 단순히 성공과 개선 행진, 명성만을 의미하지 않는다. 수많은 전사와 군인들에게 승리란 늘 세상이 내 것이거나, 적어도 내 손으로 움켜쥘 수 있는 만큼은 내 것이라는 사실을 의미했다.

폭력으로 한없는 탐욕을 펼칠 수 있는 상황에 빠지고, 권력과 소유에 취하고, 약탈할 가치가 없어서 승리자의 눈에 존재할 필요가 없다고 생각되는 모든 것을 파괴해 버릴 수 있는 것, 이런 황홀경의 상태가 전투와 전쟁을 부추기는 중요한 동기로서 수백만 명의 남자들에게 영향을 끼쳤다. 약탈의 원초적 즐거움과 칼을 통해 자신의 행운을 쟁취하려는 욕망을 대체할 평화로운 수단은 없다.

24. 게으름과 만족을 위해

우리 모두에겐 끔찍한 전쟁의 기억이 있다.
나는 주사위 도박에서 89달러를 잃었다.
월리엄 포크너, 『병사의 보수』에 등장하는 군인 조 길리건의 말

군대와 소방대는 한 가지 공통점이 있다. 평소에는 별로 쓸 일이 없다는 것이다. 독일에서 병역 의무를 진 남자들은 1956년부터 2001년 아프가니스탄 파병 때까지 45년 동안은 사람에게 총을 쏘게 되지 않을까 걱정을 할 필요가 없었다. 대부분의 전쟁에서도 장시간 싸우지 않을 때가 많았다. 일례로 1939년 10월 독일이 폴란드에서 승리를 거두고 덴마크와 노르웨이를 공격할 때까지 6개월 동안은 전투가 벌어지지 않았다.

「나는 전쟁 중에도 평화가 있고 전쟁 중에도 평화로운 시간이 있다고 말하고 싶습니다.」 브레히트의 서사극 『억척어멈과 자식들』에 나오는 군목의 말이다. 「전투와 전투 사이사이에 맥주를 마실 수 있고, 심지어 행군 중에 깜박 졸 수도 있으며, 길가 옆 도랑에서 턱을 받치고 눈을 붙일 수도 있습니다. 물론 돌격 시에 카드놀이를 할 수는 없습니다. 그건 밭을 갈 때도 마찬가지입니다. 그러나 승리를 거둔 뒤에는 얼마든지 할 수 있습니다.」[349] 이 점에서 브레히트는

클라우제비츠와 생각이 비슷하다. 클라우제비츠는 〈전쟁 중 군의 기본 상태는 정지해 있거나 아무것도 하지 않는 상태이고, 오히려 행동이 예외〉라는 사실을 마뜩치 않아하면서도 인정한 것이다. 그러고는 나폴레옹 치하에서야 전쟁 수행이 자신이 원한 〈절대적 활동력의 수준〉에 이르렀다고 덧붙였다.[350]

그런데 전선에서 포탄이 날아가는 중이라고 해도 대개 실제 전투에 참가한 군인보다 후방에서 지원하는 군인이 훨씬 더 많다. 미군의 경우는 그 수가 무려 전투 병력의 10배가 넘는다. 그래서 군인이 되어도 실제로 목숨을 걸 일은 많지 않을 수 있고, 전쟁이 터져도 살아 돌아올 가능성은 여전히 높다.

그래도 위험은 있고, 그런 위험을 떠올리면 전쟁 중에 한가함을 누릴 수 있는 몇몇 상황은 놀랍기까지 하다. 전투 장소와 떨어진 곳에 있거나, 전투 중이더라도 교전이 벌어지지 않는 시간이면 군인들은 종종 노인들조차 부러워할 삶을 산다. 심지어 낭만적인 냄새를 물씬 풍기는 순간도 드물지 않다. 예를 들어 남태평양의 야자수 아래에서 기지개를 켜고, 머나먼 이국의 향기에 취하고, 캅카스 산맥의 5천 미터 봉우리에 오른다. 또는 침낭에 누워 별이 쏟아질 것 같은 밤하늘에 감탄하고, 모닥불가에 앉아 온몸이 온기로 나른해지는 안락함을 느끼기도 한다. 민간인일 때도 거의 느낄 기회가 없던 순간들이다.

스페인 내전 중에 프랑코군의 한 조종사가 기록한 하루 일과를 보면 군인의 삶에서 살인과 사치와 낭만이 얼마나 밀접하게 연결되어 있는지 드러난다.

8:30 가족과 아침 식사.

9:30 전선으로 출발. 적 포병대에 폭격. 적 진지와 화물차 행렬에 기관총 난사.

11:00 간단하게 골프를 침.

12:30 온다레타 해변에서 일광욕, 잔잔한 바다에서 수영.

13:30 카페에서 게 요리에 맥주를 한잔하며 담소.

14:00 집에서 점심 식사.

15:00 짧은 낮잠.

16:00 두 번째 출격. 오전과 동일.

18:30 영화 관람.

21:30 바에서 아페르티프*로 맛좋은 스카치 한잔. 활기찬 프로그램.

22:15 레스토랑에서 저녁 식사. 군가, 사교, 감격.[351]

　스페인 조종사들은 공격할 때 투우장의 투우사처럼 〈알 토로(황소를 향해)!〉라고 외쳤다고 한다. 어쨌든 군인 계급은 평화 시에는 별로 할 일이 없지만 생계는 보장된 직업이다. 심지어 18세기 이후에는 많은 나라에서 은퇴 후 복지 혜택과 사회적 존경까지 받았다.

　1919~1935년까지 사회 경제적으로 큰 위기의 시대에 독일 제국군은 경제적 안정의 아성으로 여겨져 많은 사람이 물밀듯이 군대로 몰려가고, 그중 일부만 받아들여질 정도였다. 불황 때는 직업 군인이 인기라는 사실은 국제적으로 공통된 경험이다. 1914년 레마르크의 소설에서 독일 용병 하이에는 이렇게 말한다. 「평화 시의 군에서는 걱정할 게 없어. 매일 먹을 걸 줘. 안 주면 큰 소리로 항의하면 돼. 게다가 자기 침대도 있고, 일주일마다 신사처럼 깨끗한 속옷도 줘. 그뿐이 아냐. 일과가 끝나면 그다음은 자유야. 술집에 가도 아무도 뭐라 하는 사람이 없어!」[352] 아라비아 사막의 영웅 T. E. 로런스 대령은 1922년 이렇게 썼다. 새로운 삶을 시작하려고 가명으로 영국 공군에 들어간 해였다. 〈이제 앞으로 7년 동안은 어떻게 먹고살아야 할지 골머리를 앓을 필요가 없다. ……군에 자원하는 사람은 삶에서 실패했다는 것을 고백하는 것이나 다름

* 식전에 식욕 증진용으로 간단하게 마시는 술.

없다.〉[353] 영국 소설가 D. H. 로런스는『채털리 부인의 사랑』에서 한 준장의 입을 빌려 비슷한 생각을 드러낸다. 〈군은 《삶》이라는 전쟁터로부터 나를 지켜주었다.〉[354] 1949년 한 미국 전문가 위원회의 조사를 통해, 미국 군인은 군 당국으로부터 무엇보다 사회적 인정과 민간에서 살아가는 데 도움이 될 직업 교육, 군대 내에서의 안락한 생활 여건, 부상과 전사 위험의 최소화를 기대한다는 사실이 드러났다.[355]

안락한 생활 여건은 오늘날 실제로 제공되고 있다. 심지어 전쟁 중인 아프가니스탄의 국제안보지원군ISAF도 틈틈이 그런 생활을 누린다. 그것도 1944년의 참전자들이 봤더라면 깜짝 놀랄 수준으로 말이다. 2009년 한 독일 병사가 아프가니스탄에서 보낸 편지에는 이런 내용이 적혀 있다. 〈병영은 그 자체로 하나의 작고 온전한 세상이다. 자신이 원하기만 하면 이 나라와 이곳 사람들과 접촉할 일은 없다.〉 병영 안에는 영화관과 피트니스 센터가 구비되어 있고, TV도 하루 반나절은 언제든 볼 수 있었다(편지에 이런 대목이 있다. 〈위성 안테나가 눈에 덮이면 최악이다〉). 빵과 햄은 하루 종일 제공되었고, 저녁 7시부터는 당직 근무만 아니면 맥주와 포도주도 마실 수 있었다.[356]

물론 이건 사치가 아니다. 그건 분명하다. 오히려 정말 전쟁을 하고 있는지 의심될 정도로 사치를 일삼았던 이들은 과거의 장교들이다. 미국 남북 전쟁 당시 자원했던 남부의 부유한 장교들은 1861년 야회복과 털실로 짠 슬리퍼, 연회용 은 식기는 물론이고 흑인 노예까지 대동하고 출정했다. 런던 「타임스」의 한 통신원이 쓴 기사를 보자. 〈어느 천막이건 손님 접대는 기가 막혔다. 샴페인과 레드 와인, 프랑스 파이 같은 것들이 가득 담긴 상자가 천막 밖에 즐비했다. ……어느 큰 천막 안에는 젊은 남자들이 불가에 모여 있었다. 그들은 레드 와인을 따서 큰 양동이에 붓더니 펀치를 만들었고, 다른 이들은 하인들을 도와 장군의 연회용 테이블을 차렸다. 열기와 담배 연기, 시끌벅적한 소리, 축배, 음

주, 악수, 우정의 맹세가 천막 안에 가득했다.〉[357]

보어 전쟁 때 영국 장교들도 침대와 옷장, 거실 가구, 주방 기구 등을 가져갔다. 2차 대전 당시 해외에서 싸운 미군 병사 한 사람당 5~10톤의 장비가 수송되었고, 매달 1톤의 보급품이 지급되었다. 주로 무기와 탄약, 장비였는데, 그 장비라는 것이 상당 부분 유럽 병사들은 꿈도 못 꿀 사치품이었다. 고대 중국에서는 장갑을 입힌 이륜 전차 3대와 보병 72명으로 구성된 1개 중대에 25명 가량의 요리사와 하인, 말 관리인, 나무꾼, 물지게꾼이 따라다녔다.

독일 출신의 난폭한 용병인 란츠크네히트도 군대에서 뿌리칠 수 없는 근원적인 욕망 두 가지를 채울 수 있었다. 간혹 배불리 먹고 취하도록 술을 마셨던 것이다. 뷔르츠부르크 후작 주교의 관저인 마리엔베르크 성채의 수비군은 1631년 매일 1인당 포도주 두 병을 마셨다. 이것은 따분하기 짝이 없는 군 생활에서 매우 큰 위안거리였는데, 스웨덴군이 성채로 밀고 들어와 수비군을 마지막 한 명까지 도륙 냈을 때는 마취제나 다름없었다.

그런 시대에는 직업 군인을 어떻게 충분히 확보할 수 있었을까? 무엇보다 떠돌이, 급사, 허드레 일꾼, 소농처럼 고정 봉급에 눈이 휙 돌아갈 만한 인간들은 널려 있었다. 이론적으로 보면 용병 모집은 굉장히 정직한 일이었다. 용병 대장들이 악대와 함께 지방을 돌아다니면서 창칼을 가진 평판 좋은 남자들에게 계약금과 일정한 월급을 제시하는 방식으로 신병을 모집했다. 그러던 것이 30년 전쟁 중에는 평판이니 자발성 같은 건 완전히 무시되었다. 일례로 짐플리치시무스는 미성년자임에도 약탈당한 하나우 지역을 배회하던 중 군인들에게 붙잡혀 갔다. 〈화승총을 든 소총수 둘이 다가와 나를 붙잡더니 수비대로 데려갔다.〉[358]

프리드리히 대왕과 그의 부왕이 프로이센군을 구축할 때 동원한 방법은 특히 악명 높았다. 물론 러시아군과 영국 해군도 그에 뒤지지 않는, 아니 오히려 훨씬 더 추악한 방법을 썼지만 항상 언론에서 최악의 평을 받은 것은 프로이센이었다. 하인리히 만의 작품에서 프리드리히 빌헬름 1세는 이렇게 말한다. 「저 끝에 있는 병사는 내가 참 좋아하는 녀석이네. 돈 한 푼 들이지 않고 데려왔거든. 폴란드에서 연시(年市)가 열렸을 때 납치해 왔지.」[359] 분명한 것은 일단 징집된 사람은 자유의지를 상실하고, 프리드리히 빌헬름이 1713년에 공포한 법령에 따라 〈폐하께서 황공하게도 복무에서 면제해 줄 때까지〉 군에 남아 있어야 했다는 사실이다. 볼테르는 1759년의 소설 『캉디드』에서 〈불가리아인들〉(그는 프로이센 사람들을 이렇게 불렀다)의 징집 방식에 대한 풍자로 프리드리히 대왕의 분노를 샀다.

푸른 제복을 입은 남자 둘이 캉디드를 식사에 초대하자 캉디드는 공손하게 말한다. 「말씀만 들어도 고맙기 그지없지만 저는 제 음식값을 지불할 돈이 없습니다.」 그러자 푸른 제복 하나가 대답한다. 「무슨 말이오? 당신처럼 건장하고 건실해 보이는 사람이 돈을 내다니, 그럴 필요 없소. ……자, 어서 여기 앉으시오. 우리가 대신 내리다. 게다가 당신 같은 남자가 돈이 없다는 게 말이 되오?」 그가 캉디드에게 몇 탈러를 쥐여 준다. 캉디드는 돈을 받고 자리에 앉는다. 「혹시 당신은…… 사랑하지 않습니까?」 「그걸 어떻게 아셨습니까? 전 키네공드 양을 사랑합니다.」 그러자 푸른 제복이 말한다. 「아니, 우리가 묻는 건 불가리아인들의 왕을 사랑하지 않느냐는 말이오.」 「전혀요. 본 적도 없는 걸요!」 「뭐요? ……그럼 당신은 폐하의 건강을 위해 무조건 축배를 들어야 합니다.」 「그런 일이야 기꺼이 하죠.」 캉디드가 술을 마시자 푸른 제복이 말한다. 「자, 이제 됐어.」 두 사람은 즉석에서 캉디드의 두 발을 묶더니 연대로 끌고 가 곤장 서른 대를 때린다.[360]

미국의 남북 전쟁에서 북군은 지원병 부족으로 어려움을 겪었다(병역 의무 제도는 전쟁 발발 2년째인 1863년에야 도입되었다). 그래서 조국에 대한 조직적인 열광으로 이 문제를 해결하고자 나섰다. 〈아직 미온적인 열정을 독려하기 위해 곳곳에서 애국 모임이 개최되었고, 음악가와 연사들은 얼굴이 터질 듯 달아오를 때까지 애를 썼다. ……그런 자리에는 대개 자신이 이렇게 늙지만 않았다면 당장 화승총을 어깨에 메고 전쟁에 나갔을 거라고 비장하게 소리치는 늙은이가 꼭 하나는 있었고…… 자기가 남자라면 즉시 따라나섰을 거라고 외치는 애국심 불타는 소녀도 있었다. 그 밖에 다른 남자 50명이 이름을 적으면 자신도 지원하겠다고 약속하는 남자도 있었다. 그만한 인원은 절대 나올 수 없을 거라는 계산에서 나온 말이었다. ……그러나 다른 건 다 필요 없다. 맨 처음 앞으로 나와 자기 이름을 적고 다른 이들의 격려를 받으며 연단에 서서 그날의 영웅으로 환호받는 남자 하나만 있으면 된다. 그러면 두 번째, 세 번째, 네 번째 남자가 줄을 잇고, 마지막엔 지원 리스트에 서로 먼저 이름을 올리려고 우르르 몰려간다.〉[361]

예나 지금이나 군인, 아니 최소한 하위 계급의 군인들은 민간 생활의 불편함에서 단번에 벗어날 수 있었다. 그러니까 대부분의 민간 직업에서 요구되는 고도의 집중과 고된 노동에서 면제될 수 있었던 것이다. 군에서는 아무 일도 하지 않고 방만하게 시간만 때우는 일이 많았다. 나치 시대 독일 국방군의 전형적인 시간 운영을 보자. 새벽 4시 기상. 중대가 새벽 6시에 기차역으로 가야 하기 때문이다. 기차역 7시 도착. 수송 열차가 10시에 출발하기 때문이다. 하지만 기차는 1시에야 출발한다(현재의 독일 연방군에서는 여객 열차 대신 화물차로 군인들을 수송한다).

군 생활은 전반적으로 빈둥거릴 때가 많고 〈게으름을 피울 수밖에 없는〉 구조라고 할 수 있다. 그러나 톨스토이는 그것을 고결한 게으름이라 치켜세웠다. 〈성서에 따르면 원죄 이전의 첫 인간들은 모든 종류의 노동에서 벗어났기에 행복할 수 있었다. 원죄 이후로도 인간은 게으름에 대한 사랑을 버리지 못하고 빈둥거리는 것을 좋아했지만, 그럴 경우 이제는 욕을 먹었다. 인간은 땀흘려 일용할 양식을 벌어야 할 뿐 아니라…… 게으름을 피우는 것은 죄악이라고 우리의 양심이 말하고 있다. 인간이 게으름을 피우면서도 스스로 유익한 일을 하는 피조물이라고 느낄 수 있으면 태초의 인간이 느낀 행복을 일부라도 되찾게 될 것이다. 오늘날에도 아무 비난을 받지 않으면서 의무적으로 게으름을 누릴 수 있는 온전한 상태가 존재한다. 군 복무가 바로 그것이다.〉[362]

한가함이 당연히 지루함으로 바뀌는 경우도 많다. 그건 사치스럽게 생활하는 고위 장교들도 마찬가지다. 로베르트 무질Robert Musil의 대작 『특성 없는 남자』에서 슈툼 폰 보드베어 장군은 자신이 소령 때부터 다음과 같은 일에는 전혀 관심이 없었다고 회상한다. 〈해가 하늘 꼭대기에 뜨지 않은 오전부터…… 먼지 쌓인 군화를 신은 채 장교 식당에 들어가 아직 많이 남은 낮의 공허함을 포도주로 채우는 생활에도 관심이 없었으며…… 결혼한 장교든 결혼하지 않은 장교든 밤이면 유곽으로 우르르 몰려가 물구나무선 여자들의 치마속으로 샴페인을 부어 대는 일과 후의 생활에도 관심이 없었고, 쓸쓸한 갈리치아의 촌구석 주둔지에서…… 존경과 두려움, 호기심으로 파르르 떠는 아가씨들을 데려와 몸을 팔게 하는, 정말 모르는 게 없는 유대인 남자한테도 관심이 없었다.〉[363]

여자들! 오직 남자로만 이루어진 군인들의 세계 속으로 여자들이 들어오는 방식은 네 가지였다. 첫째, 매일 늘어놓는 숱한 음담패설의 대상으로서. 둘째, 고향의 아내나 애인처럼 그리움의 대상으로서. 셋째, 자신들이 없는 사이 여자들이 혹시 딴짓을 할지도 모른다는 걱정의 대상으로서. 예를 들어 서배스천 융거는 아프가니스탄에 파견된 미군들이 〈고향의 여자들에게 무슨 일이 일어나지 않았을까 하는 불안감으로 가득하다〉고 썼다.[364] 마지막으로 여자는 방탕과 만취에 빠질 때가 많은 군 생활에서 돈으로 성적 욕구를 풀 수 있는 배설의 대상이기도 했다. 가족과 이웃, 법의 통제에서 벗어나 매일이 마지막이 될 수 있다는 두려움이 만들어 낸 욕망이었다.

마케도니아의 필리포스 2세는 야영지에서 여성 류트 연주자를 고용한 고위 장교 두 명을 추방했고, 사자왕 리처드는 십자군 기사들을 아카의 여자들에게서 떼어 내어 다시 진군하게 만드느라 애를 먹었다. 1796년 나폴레옹은 이탈리아에서 오죽했으면 다음과 같은 명령까지 내려야 했을까? 〈앞으로는 어떤 장교든…… 여자를 곁에 두는 것을 엄격히 금한다. 따라서 본 사령관은 24시간 이내에 모든 여자를 포 강 건너편으로 보낼 것을 명한다.〉[365] 심지어 1936년에는 마드리드에서 진격한 스페인 공화군 병영 내에 매춘부가 너무 많아 부대장이 부대 전투력 유지를 위해 여자 몇을 쏘아 죽이게까지 했다.

1944년 프랑스를 해방시킨 미군은 해방군으로서 영웅적 면모를 증명할 기회가 있었지만, 〈섹스에 도취된 프랑스 여자들과의 성적 모험〉에 빠져 스스로를 격하시키고 말았다. 2013년 미국 역사학자 메리 루이스 로버츠Mary Louise Roberts가 주장한 것을 「뉴욕 타임스」가 인용한 말이다.[366] 얼마나 섹스가 성행했던지 미국의 군인 신문 「성조기」가 발행하는 프랑스어 입문서에 〈너의 부모는 집에 있니?〉와 같은 문장이 일상 회화 예문으로 실릴 정도였다. 르아브르의 시장은 도시 바깥에 군인 유곽을 설치할 것을 애걸했지만 미군 측에서 거부했다. 고향땅의 가족에게 좋지 않은 인상을 줄 게 분명했기 때문이다.

지난 수천 년 동안 수백만 명의 승리자들이 수없이 성폭행을 저질렀다. 1949년의 제네바 협약으로는 전쟁 범죄이고, 2002년의 국제 형법으로는 반인도적 범죄인 성폭행은 1992년부터 1995년까지 보스니아에서 또다시 대규모로 저질러졌다. 성폭행은 가해자에게 즐거운 일이 아니라면 결코 일어날 수 없는 일이다. 게다가 처벌받을 위험 없이 그런 행위를 할 수 있으려면 먼저 군인이어야 하고, 그다음엔 승리자가 되어야 했다.

별것 아닌 일도 세계 대전 와중에 일어난 일이라고 하면 갑자기 섬뜩하게 들릴 수 있다. 해군 장교이자 작가였던 루크너 백작은 1917년 상선으로 위장한 〈바다 독수리〉 호로 적국 상선을 나포하고 격침하던 때의 일화를 이렇게 소개한다. 〈멋진 열대의 밤이었다. 우리 해적 떼는 기막힌 노획물을 손에 넣고 기분이 좋아 다들 갑판에 모여 있었다. 앞에서건 뒤에서건 할 것 없이 모두 샴페인을 터뜨렸다. ……친숙한 달이 기분 좋게 싱긋 웃어 주었고, 파도는 뱃머리에 부딪혀 잔잔히 흩어졌다. 남풍이 불어오는 가운데 배 중앙에서는 악단이 「아, 불어라, 사랑스러운 남풍이여!」를 연주하고 있었다. ……해적선 갑판에서 아름다운 선율이 들려오자 포로들은 두렵고 공경스러운 마음에 석상이 되어 버린 듯했다.〉[367]

존 더스 패서스John Dos Passos의 작품에서 미군 병사 댄 퓨즐리는 이렇게 말한다. 「군인이 되는 건 멋진 일이야. 재미있는 건 무엇이든 할 수 있으니까.」[368] 벨기에 작가 닉 질랭Nick Gillain은 1937년 스페인 내전에 자원한 이유를 다음과 같이 함축적으로 밝힌다. 〈모험욕, 게으름, 그리고 쉴 새 없이 내린 비로 망쳐 버린 1936년의 가을!〉[369] 어쨌든 모험욕도 인간을 전쟁터로 내몬 주요 동기 중 하나였다.

25. 모험을 위해

나는 신문에서 외인부대의 상궤를 벗어나는
위험과 결핍, 잔인함에 관한 기사를 자주 읽었다.
그 기사들은 나 같은 악한을 매료시키기에 충분했다.
어떤 노련한 홍보국장도 할 수 없을 만큼.
에른스트 윙거, 『아프리카 놀이』

진기하고 자극적인 체험, 아슬아슬한 시도, 용기와 대담함으로 극복하는 위험, 사전에 나오는 모험의 정의다. 수천 년 전부터 무수한 남자들은 전쟁을 바로 그런 형태로 겪었다. 다시 말해서 전쟁을 고통의 체험으로 견뎌 내야 했다기보다 오히려 평화 시에는 결코 허락되지 않은 갖가지 기회, 즉 자의적 횡포, 약탈, 러시안 룰렛, 승리, 그리고 온갖 범법 행위의 장으로 즐긴 것이다.

온 민족 또는 온 전사가 잔학한 학살에 광적인 집착을 보인 민족이 있었다. 훈 족과 바이킹 족, 몽골 족이 그랬다. 이후 대부분의 문화권에서는 천성이 사납고 싸움을 즐기는 전사는 소수였다. 게르만 족에선 그런 인간을 광전사(狂戰士, berserk), 고대 로마에선 〈로부스티오레스robustiores〉라고 불렀다. 이 말은 〈로부르robur〉, 즉 〈참나무〉로 만든 것처럼 강인한 남자라는 뜻으로 독일어와 영어의 〈robust〉, 이탈리아어의 〈robustezza〉가 이 말에서 나왔다. 서배스천 윙거는 아프가니스탄에 파견된 그린베레 대원들에게서 그런 남자들을 다시 보았다. 이들은 급작스레 위기에 빠지거나, 특히 공격 직전의 상황이 오면 혈당치가 상승하고 행동 욕구로 들끓었을 뿐 아니라 스스로 전능하다고 느낄 정도로 자신감이 상승했다.[370]

이런 전사들이 없었다면 사령관들은 결코 승리를 거둘 수 없었을 것이다. 그들은 대부분 근위대, 엘리트 부대, 공수 부대, 특공대, 또는 네이비실 같은 특수 부대 용사들이었다. 종종 불같이 화를 내며 망설이는 사령관을 전투로 몰아붙인 것도 그들이었다. 그럼 오늘날 유럽의 〈훌리건〉이나 오토바이 폭주족, 화염병 투척 시위대, 검정색 복면을 하고 테러를 저지르는 〈정치적 극좌파〉는 전쟁으로 사나운 성정을 풀지 못해 갖가지 다른 꼬투리를 잡아 난동을 피우는 과거의 로부스티오레스라고 할 수 있지 않을까?

우리 시대에는 소수의 사람에게만 해당되는 이야기이지만, 과거의 많은 문명에서는 위험을 받아들이는 것, 즉 고통과 쾌락이 넘치는 전투적 삶에 대한 긍정은 덜 전투적인 사람들도 따라야 할 공동 재산이거나, 아니면 최소한 인정해야 할 가치였다. 손자는 중국인들에게 가능한 한 기만전술을 많이 써서 가능한 한 싸우지 않고 전쟁을 이겨야 한다고 충고했고, 중세 비잔티움과 근대 아메리카는 싸움을 빨리 끝낼 수 있는 뛰어난 과학 기술 무기에 특별한 관심을 보였는데, 이는 모두 고도의 문명을 이룩한 민족들의 특징이었다. 반면에 원시 사회의 다수와 일련의 문명화된 사회는 전쟁을 남자에게 적합한 삶의 형태이자 남자의 고유한 활동 영역으로 여겼고, 전사를 남자의 완성으로 생각했다.

몽테스키외는 훈 족을 가리켜 〈아들들은 아버지의 과거 전투 이야기를 들으며 불같은 분노에 휩싸이고, 아버지들은 더는 아들처럼 살 수 없다는 사실에 눈물을 쏟는〉 민족이라고 했다.[371] 비잔티움의 역사가 아미아누스 마르켈리누스Ammianus Marcellinus는 4세기에 훈 족의 특성을 이렇게 설명했다. 〈새 희망이 바람결에 살짝 불어올 만하면 얼른 방향을 틀고, 급변하는 감정의 소용돌이에 모든 것을 내맡기고…… 때로는 뚜렷한 이유 없이 하루에도 몇 번씩 동맹군에게 등을 돌렸다 다시 다가가곤 하는 변덕과 분노의 노예였다.〉다른 말로 풀이하자면 훈 족은 땅딸막하고 기형적인 체구에 걸음걸이까지 굼떴지만 말만 타면 몸에 걸친 아마천과 쥐 가죽이 너덜너덜해져 몸에서 떨어져 나갈 때까지 뛰어난 민첩성과 끈기를 보인 민족이었다.[372]

훈 족과 몽골 족, 스파르타인, 아즈텍인, 게르만 족, 바이킹 족은 문화 수준이 특별히 높지도 낮지도 않았는데, 그것이 민족 전체를 전투 기계로 만드는 데 유리하게 작용한 것으로 보인다. 〈그들의 삶은 사냥과 전투 행위가 전부였다.〉[373] 카이사르가 게르만 족을 두고 했던 말인데, 타키투스는 이렇게 덧붙인다. 〈게르만 족은 행동하지 않는 삶을 증오하는 민족이었다. 게다가 섬기는 사람이 달랐던 수많은 종자들을 장시간 하나로 결집시키려면 전쟁과 약탈밖에 없었다.〉[374]

고대 게르만 족과 8~11세기까지 유럽을 공포에 떨게 한 바이킹 족은 속세의 전쟁에 만족하지 못하고 최후의 심판까지 매일 싸워야 하는 사후의 세계까지 발명해 냈다. 그들은 전사자 전체를 묶어 〈발Wal〉이라고 불렀는데, 전쟁터에서 죽은 모든 사람을 통칭하는 간편한 개념을 만들어 냈다는 사실 자체가 이미 독특하다. 전투의 신이자 발의 아버지인 오딘은 〈전사자 선발자〉인 발키리들을 지상으로 내려보내 자신이 선택한 전사자들을 데려오게 한다. 오딘이 곁에 두고서 보고 싶어 했기에 죽어야 했던 전사들이다. 발키리는 엄선된 영웅들을 사자(死者)의 집인 발할라로 인도한다. 기독교의 천국과 동일한 곳이다. 죽은 전사들은 여기서 발키리들이 제공하는 온갖 열락을 맛보고, 날마다 전투에 나가 치명적인 부상을 당한다. 그러나 염소 하이드룬의 젖이 불사의 존재로 만들기에 그들은 영원히 죽지 않는다. 전사들이 치르는 전투는 정말 귀하고 또 귀해서 단 한 번의 죽음으로는 끝낼 수가 없었던 것이다. 이것은 천 년 전, 그러니까 대략 30세대 전의 상상인데, 유럽인들의 핏속에 그 유전자가 전혀 남아 있지 않다고 장담할 수 있을까?

속세에서 바이킹 족이 보인 행동 방식은 그 상상에 일치한다. 그들은 늑대 가죽과 양털로 만든 옷을 입고, 가죽 허리띠에 도끼를 차고 검을 들고 다녔다. 사람과 동물을 약탈하거나 살육했고, 고기는 날것만 먹었다. 또한 영국의 섬들을 유린하고 파리를 노략질했으며, 시칠리아를 정복했고, 볼가 강을 넘어 카스피 해까지 진출하며 약탈과 살인을 서슴지 않았고, 그린란드에서 출발해서 아메리카를 발견했다. 선실도 없는 검은색 배 위에서 아무리 추워도 천막 안에서만 잤고, 다른 어떤 부족보다 부족함을 잘 견디고 전투를 사랑했다. 전투를 사랑한다는 점에서는 아시리아인과 몽골 족 정도가 비견될 수 있지만 바이킹 족의 사랑이 그들보다 훨씬 성스럽고 열정적이었다. 처칠에 따르면 바이킹은 〈지금까지 유례가 없는 가장 대담하고 교활한 해적이자 상어〉였고,[375] 세계사에서 가장 정열적이고 진정한 전사였다. 어쨌든 그 자체가 인간 실존의 한 가능성이었다.

그러나 바이킹 족은 오늘날 우리가 생각하는 것처럼 그렇게 예외적인 존재는 아니었다. 로마 군인들은 자신들의 지휘관인 파비우스를 우유부단하다고 비난했고, 그가 한니발에 대한 공격을 거부하자 반란을 일으키겠다고 위협하기까지 했다. 카이사르는 내전에 관한 보고서에서 자신이 기원전 49년 스페인의 한 진영으로 바로 밀고 들어가지 않고 포위 상태에서 적들을 천천히 굶겨 죽이는 작전을 폈다고 썼다. 〈내가 왜 휘하의 훌륭한 병사들이 다칠지도 모르는 길을 택해야 한단 말인가?〉 그러나 〈이 결정에 병사들은 대부분 동의하지 않았다. 오히려 지금처럼 승리할 기회를 놓치면 나중에는 내가 원해도 싸우지 않을 거라고 공공연히 목소리를 높였다〉.[376]

508년 테오도리쿠스 대왕은 모든 고트인들에게 공포했다. 〈우리는 신의 도움으로 모두의 이익을 위해 군대를 갈리아로 보내기로 결정했다. 군에 출정의 기회를 줌으로써 우리의 의무를 다하기 위함이다.〉[377] 프랑크 왕국의 클로타르 1세(재위 511~558)는 반항하지 말고 순순히 항복하라는 작센의 요구를 받아들이려 했다. 그러자 〈그의 전사들은 화를 내며 거칠게 반대했다. 이어 왕의 천막을 찢고 왕에게 모욕을 퍼붓더니 힘으로 왕을 제압한 뒤 왕이 계속 머뭇거리면 죽이겠다고 위협했다.〉[378] 예나 전투와 아우어슈테트 전투의 승전을 기록한 나폴레옹의 보고서에는 이런 내용이 나온다. 〈황제 근위대라는 것이 그저 하는 일 없이 빈둥거리는 부대라는 걸 알아챈 순간 근위대원들은 불만을 감추지 못했다. 심지어 몇몇은 《돌진!》 하고 소리쳤다. 그러자 황제는 《그게 무슨 뜻이냐?》고 물으며 이렇게 덧붙였다. 「내가 뭘 해야 하는지 나보다 더 잘 아는 걸 보니 애송이 신병이 틀림없구나.」〉[379]

그들은 싸우고 싶어 했고 전쟁을 원했다. 또한 명성, 즉 남들로부터 감탄받길 원하면서도 약탈, 즉 남의 재산을 원했다. 하지만 명성을 얻거나 약탈할 것이 없을 때도, 재물을 통해서건 명예를 통해서건 일정한 성공을 거둘 수 없을 때도 싸우고 싶어 했다. 그들은 위험을 위한 위험을 원했고, 위대한 모험과 대담한 놀이를 소망했다. 〈인간은 원래 모든 것에 질리기 마련이다. 심지어 고뇌와 사랑에도 싫증을 내는 게 인간이다. ……그러나 트로이 사람들은 결코 싸움에 질리지 않았다.〉[380]

〈그것은 젊음과 모험의 유혹이자 모험을 위한 모험이었다.〉 처칠은 젊었을 때 전쟁에 나가고자 한 갈망을 그렇게 풀이했다.[381] 전쟁에 자원한 에른스트 윙거의 말을 들어 보자. 〈전쟁은 분명 우리에게 위대함과 강인함, 장엄함을 가져다줄 것이다. 우리는 전쟁을 남자다운 행동으로, 꽃향기와 피 냄새 물씬한 들판에서 벌이는 즐거운 총싸움으로 여겼다.〉[382] 1945년 프랑스 외인부대 공수 부대원들도 이 세상에 〈소란과 동요, 불화〉를 선사해 줄 것을 신에게 기도 했다. 독일의 한 공수 부대원은 2011년 아프가니스탄에서 전투에 처음 투입된 뒤 이렇게 감격을 토로했다. 〈전투는 우리 속에 숨겨져 있는 정말 끝내주는 감정을 불러일으켰다. 모두가 그날의 일에 도취했고, 빙글빙글 웃거나 소리 내어 웃거나, 아니면 마구 소리를 질렀다.〉[383]

혁혁한 전과를 올린 프랑스 전투기 조종사 샤를 넝제세르처럼 유별나고 못말리는 전사도 있었다. 그는 일곱 번이나 다쳐 나무 의족과 인공 턱까지 달아야 하는 상태였음에도 또다시 전투기에 올랐다. 스페인 외인부대의 창설자 미란 아스트라이도 그에 못지않다. 1936년 한쪽 눈과 한쪽 팔다리만 남은 상태에서, 그것도 남아 있는 한 손의 손가락도 온전치 않은 상태에서 〈죽음 만세!〉라고 외쳐 세비야의 군중을 열광의 도가니에 빠뜨렸다. 가만히 생각해 보면 〈너희는 전면전을 원하는가?〉라는 괴벨스의 외침만큼 황당하고 말도 안 되는 소리였는데 말이다. 아무튼 세비야의 군중들은 그의 외침에 화답해 한목소리로 〈죽음 만세!〉를 외쳤다.[384]

전사들 중에는 허세형 인간도 있었다. 스페인 내전 때 공화군 편에 서서 영국군 중대를 지휘한 조지 네이션 원사는 항상 군복을 깔끔하게 차려입고 전투에 나갔고, 금빛 손잡이가 달린 지휘봉을 들었으며, 죽어 가는 순간에도 자신의 숨이 완전히 끊길 때까지 군가를 부르라고 부하들에게 명령했다. 에른스트 윙거 역시 철모도 쓰지 않고 산책용 지팡이만 든 채 적의 참호로 먼저 달려가 전장에 핀 장미를 꺾었다.

열정적인 전사라고 해서 꼭 억세고 거친 것은 아니었다. 육체적으로 허약한 남자에게도 전쟁은 얼마든지 삶의 묘약일 수 있었다. 〈리히트호펜의 외모는 아주 충격적이었다.〉 리히트호펜을 격추시킨 캐나다 공군 대위 로이 브라운이 그의 시신을 보고 한 말이다. 〈그는 작고 귀여워 보였다. 발도 여자처럼 작았고, 성격은 온순할 것 같았다.〉[385]

훗날 영국 왕좌에 오른 윌리엄 4세는 청년 시절 젊은 넬슨 함장에게 해전 전술 교육을 받고 나서 〈내가 본 함장들 중에서 가장 약해 보이는 풋내기〉라고 썼다.[386]

넬슨은 코르시카 섬의 칼비 점령 과정에서 한쪽 눈을 잃었고, 테네리페 섬을 공격할 때는 오른팔을 잃었다. 1798년 아부키르에서 프랑스 함대를 절멸시킬 때는 이마에 총을 맞았지만 다행히 의식만 잃었다. 1805년 트라팔가르 해전에서는 프랑스 전함의 돛대에 앉아 있던 저격수의 총알에 척추가 으스러지는 부상을 당해 결국 전투 중에 숨을 거두었다. 넬슨은 마지막 순간에 〈내 의무를 다했으니 이제 만족한다〉는 말을 남겼다고 한다. 그렇다. 그는 분명 의무를 다했다. 하지만 의무만 다한 것에 그치지 않는다. 넬슨은 자신의 의무와 성향, 주변 상황이 아름답게 조화를 이룬, 몇 안 되는 행복한 사람들 가운데 하나였다. 그 앞에는 자기실현에 필요한 전쟁이 있었기 때문이다. 만일 넬슨 같은 사람이 평화 시에 태어났다면 무엇을 할 수 있었을까?

특이한 점은 그런 전투적인 삶에 대한 긍정적인 태도가 거칠고 저돌적인 남자에게만 국한된 것이 아니라 넬슨처럼 평균 이상으로 똑똑한 남자는 물론이고 심지어 무척 지적인 남자에게도 나타났다는 사실이다. 사부아 공작 외젠과 프리드리히 대왕, 바이런, T. E. 로런스, 가브리엘레 단눈치오 같은 사람들이 겉으로는 유약해 보이지만 속으로는 뛰어난 교양과 섬세한 정신세계를 갖춘 남자들이다. 이 사람들에게는 괴테가 『친화력』에서 사생활의 극단적인 절망에 빠진 에두아르트 백작에 대해 했던 말이 들어맞을 수 있다. 〈삶의 그런 궁지에 빠지면 결국 시간을 때우고 삶의 공간을 채우기 위해 옛 습관과 옛 성향이 다시 고개를 쳐든다. 그럴 때마다 귀족에게 항상 준비되어 온 도움책은 사냥과 전쟁이었다. 에두아르트는 내적 위험의 균형을 잡기 위해 외적 위험을 갈망했다. 삶이 참을 수 없는 것으로 변할 위기에 처해 있었기에 몰락을 동경했다.

……다시 발발한 전쟁이 그의 그런 의도에 도움이 되었다.〉[387]

기괴한 말이다. 미국의 전쟁사가 퀸시 라이트는 이렇게 표현한다. 많은 개인이 〈불만족스럽고 불편하고 혼란스럽고, 별 수확이 없고 참을 수 없고, 위험하거나 지루하다고 느껴지는〉[388] 삶의 환경에서 벗어나려고 전쟁을 욕망했다. 그래서 그들은 가당찮게도 전쟁을 국가 행위로 여기지 않고, 가뭄에 소나기나 복권 당첨처럼 개인에게 도움이 되는 사건으로 받아들였다. 그런 수많은 개인들의 소망이 있기에 전쟁은 명분과 동기만 생기면 언제든 일어날 수 있었다.

괴테 자신도 사람들이 생각하는 것보다는 좀 더 호전적이었던 것으로 보인다. 1792년의 전쟁 캠페인에서 자발적으로 맡은 적극적인 관객의 역할이 그랬고, 전쟁 기간 동안 그가 하고 다닌 전사 같은 모습(〈머리카락은 삼베 치마 같고 수염은 덥수룩했다.〉[389])도 그랬다. 괴테는 발미 전투에서도 특이한 생각을 적어 두었는데, 〈오늘 여기서 세계사의 새 시대가 열린다〉는 예전 발언보다 훨씬 흥미롭다. 〈이 기병 부대는 쾌적한 풍경 속의 멋진 장식품이었다. ……모두가 밝고 활기차고, 희망이 넘치고 영웅적이었다. 몇 개 마을이 아직 불타고 있었지만 전쟁 장면에서는 피어오르는 연기도 나빠 보이지 않는다.〉

괴테는 계속 써 내려가면서 죄책감 때문인지 자신감 때문인지 자신이 전사의 영혼을 갖고 있다고 고백한다. 〈나는 신병들이 처음 공격할 때 느끼는 공포에 대해 수없이 들었고, 그래서 그게 어떤 것인지 알고 싶었다. 모든 위험에서 용기와 담대함을 불러 일깨우는 정신과 지루함에서 나는 아주 태연히 라 뢴보루로 말을 타고 올라갔다.〉[390] 역시 지루함과 위험에 대한 사랑이었다.

갈채받는 시인이자 여성들의 총아였던 안짱다리 바이런을 그리스 독립 전쟁(1821~1829)으로 내몬 것은 무엇이었을까? 그것도 거기서 고통스러운 열병으로 죽기까지 했는데 말이다. 가장 큰 요인은 당연히 그리스에 대한 열광과 자유였다. 바이런은 전염병이 만연한 불결한 그리스 요새 메솔롱기로 향했고, 대부분의 다른 외국 자원병과는 달리 거기서 묵묵히 잘 참고 견뎌 냈다. 그러나 그리스 병사들의 태만함과 자잘한 불화 때문에 말할 수 없는 분노를 느꼈다. 〈나는 저들이 벌써 며칠 전에 했어야 할 일을 하지 않는 것을 볼 때마다 정부 당국 이하 모든 사람을 저주했다.〉³⁹¹

바이런이 금빛 띠가 달린 푸른 모자를 쓰고 노란 장갑과 녹색 재킷 차림으로 말을 타고 그리스인들의 환호 속에서 요새를 지나갈 때면 늘 하얀 제복에 머스킷 총을 든 그리스 경호대와 부관들, 수많은 하인과 파란색 은색이 섞인 제복을 입은 시동들, 새빨간 제복을 입은 흑인 하나가 뒤따르곤 했다. 그는 서른여섯 살의 나이에 열흘 동안 병상에서 끔찍한 고통을 겪다가 숨을 거두었는데, 죽는 순간까지 전사의 역할에 충실했다.

이복 누이와의 관계 때문에 그랬다는 설도 있지만, 어쨌든 바이런은 1816년 자신이 버린 조국으로부터 용서를 받았다. 그런데 바이런을 〈세기의 가장 위대한 재능〉이라고 칭했던 괴테는 바이런이 고향을 등진 것을 두고 다른 설명을 내놓는다. 〈바이런은 계속 살아갈 수가 없었다. 창작의 힘도 이미 절정에 달한 상태였다. ……곳곳이 너무 비좁게 느껴졌고, 무한한 개인적 자유를 만끽하기엔 세상이 너무 답답했다. 세상이 그에게는 마치 감옥과 같았다. 그가 그리스로 간 것은 결코 자발적인 결정이 아니었다. 세상과의 불화가 그를 그리로 내몰았다.〉³⁹²

세상과의 불화, 더 정확히 말하자면 평화가 지배하는 세상과의 불화였다. 그 반대편 세상은 전쟁이었다. 니체는 1882년 이렇게 썼다. 〈이제는 전쟁이 터지면 한 민족의 고결한 사람들의 가슴속에서도 지금껏 몰래 간직해 온 쾌락이 바로 폭발한다. 그들은 죽음이라는 새로운 위험을 향해 황홀하게 자신의 몸을 내던진다. 조국에 대한 희생을 대가로 드디어 그렇게 오랫동안 갈구해 온 허락, 즉 자신들의 목표에서 벗어나도 된다는 허락을 받아 냈다고 믿기 때문이

다. 그들에게 전쟁은 자살로 향하는 우회로, 그것도 양심의 가책을 받지 않는 우회로이다.〉[393]

로베르트 무질은 오스트리아 대위로 참전한 돌로미티 전선에서의 멋진 밤을 이렇게 묘사했다. 〈이 밤들…… 금박으로 찍어 낸 것 같은 커다란 별들이 총총하고, 초승달은 그 밤 한가운데에 등을 대고 누워 황홀하게 헤엄치고 있었다. ……안전이 보장된 삶에서는 어떤 것도 이렇게 아름답지 않다.〉[394] 허약한 고고학자 T. E. 로런스는 1916년 오스만 제국에 대항하는 아라비아인들의 봉기를 조직했다. 〈이제 나는 전쟁을 별난 취미로 삼았기 때문이다.〉[395] 이탈리아 시인 가브리엘레 단눈치오는 1919년 한줌의 의용병을 이끌고 아드리아 해안의 항구 도시 피우메를 급습했다. 도시의 국제화를 저지하기 위해서였다.

2차 대전을 다룬 최고의 소설 가운데 하나인 게르트 가이저Gerd Gaiser의 『죽어 가는 사냥감』에서 전투기 조종사 벨가스트 대위는 이렇게 소리친다. 「평화? 평화가 뭔데? 순위와 승진, 저지된 야망, 거짓말, 백화점, 중개업, 건강한 섭생 같은 것이 판치는 게 평화 아냐? 자기가 더 잘살려고 남을 끌어내리고…… 증오와 신경과민으로 헐떡거리고…… 그런 일상의 지하실에는 사람들에 의해 감금되었지만 언제든 올라오려고 안달하는 야수들이 있어.」[396]

야수! 그렇다. 야수는 지금도 살아 있다. 어느 시대건 전쟁을 가능하게 하고, 전쟁을 조장하고, 때론 전쟁이 일어나도록 돕고, 언제나 선두에 서서 전쟁을 옹호하는 인간들이 야수다. 사이버전에서는 그들이 어디서 어떤 모습으로 울부짖고 있을지 궁금하다.

26. 피의 도취

우리는 장난으로 죽였고 악마의 군대에서 싸웠다.
우리가 지나온 길 위엔 피가 철철 넘쳐흘렀다.

스웨덴 공수 부대가(1961년에 금지되었다)

우리는 모두 시체를 좋아한다. 우리 선조들은 떼 지어 공개 처형장으로 몰려갔고, 독일 시청자들은 매일 저녁 평균 30편의 범죄물에서 30건의 살인을 즐긴다. 물론 범인이 연쇄 살인범일 경우는 그 이상이다. 독일의 가장 오래된 형사극 〈범행 현장〉은 지금껏 900구가 넘는 시신으로 우리를 즐겁게 했다. 대부분 살인자들의 이야기인데, 우리는 그들의 끔찍한 범행을 보면서 일요일 저녁의 지루함을 몰아낸다.

이런 걸 보면 살인에 대한 우리의 경악은 그렇게 무한정 크지는 않다. 물론 잔인한 죽음의 목격자가 되고 싶지 않은 건 누구나 마찬가지다. 하지만 옛날에는 이교도를 화형하거나 살인자의 사지를 절단하는 장면을 보려고 광장으로 몰려갔다. 또한 전쟁이 내 땅 내 집 앞에서 벌어지면 시민들도 폭도로 변해 용병과 군인들만큼 잔인하게 굴었다. 1871년 5월 파리코뮌의 봉기가 좌절되었을 때도 그랬고, 1936년 스페인 내전이 발발했을 때도 그랬다. 마을의 모든 남자가 창칼에 찔려 죽었고, 일부는 아내들이 지켜보는 가운데 사지가 잘려 나갔다.

이런 폭도와 텔레비전의 살인자들과는 달리 용병과 군인은 언제나 자신을 필요로 하는 곳에서 위탁을 받아 살인을 저지르고 그것으로 명성을 얻는다. 형벌에 대한 두려움 없이 피의 향연을 만끽하는 것이다.

호메로스는 그중 한 예를 후대의 열광적인 독자들에게 전한다. 『일리아드』의 스무 번째 노래에서 아킬레우스는 단 한 번의 돌격으로 많은 전사를 죽인다. 전사 이피티온은 머리에 창을 던져, 데몰레온은 창으로 관자놀이를 찔러, 히포다마스는 창으로 등을 찔러, 폴리도로스는 뒤에서 창으로 배를 관통시켜 죽였다. 또한 드리옵스는 창으로 목을 찔러, 데무코스는 창으로 무릎을 찌른 뒤 칼로 베어, 라오고노스는 투창으로, 다르다노스는 칼로 죽였으며, 목숨을 구걸하는 트로스는 〈칼로 배를 갈라〉, 무틀로스는 칼로 머리를 베어 죽였다. 데우칼리온은 창으로 어깨를 찌른 뒤 칼로 목덜미를 베어 죽였는데 〈목이 투구와 함께 뎅강 떨어져 나가면서 척추에서 골수가 뿜어져 나왔다〉. 리그모스는 창으로 배를 찔러 죽였고, 아레이토오스는 창으로 등을 찔러 죽였다. 〈그[아킬레우스]는 접근을 허용하지 않는 두 손을 피로 물들이며 명성을 얻기 위해 광란의 칼춤을 추었다.〉[397]

이스라엘의 첫 번째 왕 기드온은 자신의 부하들에게 먹을 것을 주지 않았다는 이유로 페누엘 주민들을 〈목 졸라 죽였다〉.[398] 크세노폰에 따르면 〈그리스인들은 적에게 두려움을 심어 주고자 지휘관의 지시도 없이 적의 시신을 동강 내 버렸다〉.[399] 카이사르는 갈리아의 도시 아바리쿰 점령에 대해 이렇게 썼다. 〈우리 측 병사들은 머릿속에 약탈 같은 건 아예 없었다. 오직 케나붐에서 흘린 피와 힘겨운 진지 구축 작업의 분노로 가득 차 여자와 노인, 아이들에게까지 무참히 칼을 휘둘렀다.〉[400]

훈 족이 휩쓸고 간 지역은 〈6년이 지나도 사람 하나 구경할 수 없었다. ……
땅은 앉아서 쉴 곳을 찾기 어려울 정도로 죽은 사람들의 뼈가 지천으로 널려
있었다〉.[401] 고대 북유럽의 서사시집 『에다』에 따르면 고트 족은 훈 족을 격파
할 때 〈막혔던 봇물이 한꺼번에 터지듯 엄청난 수의 인간〉을 죽였다고 한다.[402]

중세 초기, 프랑스 전사들은 싸울 적이 없으면 자국 동포들에게 약탈과 살
인 욕구를 마음껏 발산했다. 선호한 제물은 농부와 성직자들이었다. 〈그들은
일일이 거론할 수 없을 정도로 수많은 잔학한 짓과 살인, 강도, 약탈 행위를 자
기 땅에서 저질렀다.〉[403] 그레고리우스 주교의 탄식이다.

이교도인 바이킹 족은 처음 배를 띄울 때 포로 하나를 용골 아래 놓고 짓눌
러 죽였다. 그 피가 배에 행운을 가져다준다고 믿었기 때문이다. 또한 그들은
적의 시신을 잘라 불쏘시개용으로 사용하는 것을 아주 좋아했다. 하지만 그들
의 가장 잔인한 핏빛 관습은 동료를 죽인 것으로 확인된 적에게 가하는 복수
였다. 일단 적을 바닥에 엎드려 놓고 척추에서 갈비뼈를 부러뜨려 분리시킨 뒤
새의 날개처럼 바깥쪽으로 구부린 것이다. 그들은 이 행위를 가리켜 〈피의 독
수리를 자른다〉고 말했다.

십자군 병사들도 1099년 예루살렘에서 피의 축제를 벌였다. 〈우리 측 병사
들은 인정사정없이 칼을 휘두르며 방어자들을 솔로몬 사원까지 몰아붙였고,
얼마 뒤 사원 안은 우리 병사들의 발목까지 핏물이 찰 정도로 피바다를 이루
었다. ……수없이 널린 시체들은 차마 눈 뜨고 볼 수 없는 지경이었고, 머리부
터 발까지 피범벅이 된 승리자들의 모습도 끔찍하긴 마찬가지였다.〉[404] 사자
왕 리처드는 아카에서 2천 명이 넘는 사라센 포로들을 학살했고, 포르투갈의
주앙 1세는 1415년 〈비신자들의 피로 손을 씻으려는〉[405] 분명한 목표 아래 아
프리카에 군대를 파견했다.

몽골 제국의 설화는 칭기즈칸이 〈오른손에 핏덩이를 들고 태어났다〉고 자

랑스럽게 밝힌다.[406] 게다가 칭기즈칸의 입을 빌려, 무릎 꿇는 적을 내려다보고, 적에게서 말을 빼앗고, 적의 아녀자들이 비통하게 우는 소리를 듣고, 밤에 적의 여인들과 한 이불을 덮고 자는 것이 지상에서 가장 멋진 일이라고 말한다. 그의 전사들은 로스토프 서쪽의 러시아군을 전멸시켰고, 이어 70명의 귀족을 줄로 묶은 뒤 그들의 머리 위에 나무판을 올려놓고 그 위에서 승리의 향연을 벌였다. 1383년 사마르칸트의 티무르는 포로 2천 명으로 살아 있는 둑을 만든 뒤 그 위에 벽을 쌓게 했다. 심지어 1389년에는 델리에서 포로 10만 명을 학살하는 만행을 저질렀다.

1631년 황제군 총사령관 틸리 백작의 군대가 불타오르는 마그데부르크에 입성했을 때의 상황을 실러는 이렇게 보고한다. 〈지금껏 어떤 역사서와 어떤 문학 작품도 알지 못했던 처참한 학살이 시작되었다. 아직 학교도 다니지 않는 어린아이와 힘없는 노인, 여자, 청소년, 높은 신분, 아름다운 여인도 승리자들의 분노에서 비켜나지 못했다. 아낙네와 딸들은 남편과 아버지들이 지켜보는 앞에서 유린당했다. ……곳곳을 샅샅이 뒤지는 저들의 탐욕 앞에는 어떤 비밀스러운 곳도, 어떤 성스러운 곳도 안전하지 못했다. 한 교회 안에서는 목 잘린 여인들의 시신이 53구 발견되었다. 크로아티아인들은 아이들을 불에 던지며 희희낙락했고, 파펜하임의 왈론인들은 어머니의 가슴에 안긴 갓난아기를 찔러 죽였다. 이런 잔인한 광경에 격분한 동맹군 장교 몇이 틸리 백작에게 살육을 중단시켜야 한다고 진언하자 백작은 한 시간 후에 다시 오라고 하더니 이렇게 덧붙였다. 「내가 뭘 해야 할지는 그때 가서 생각해 보지. 지금은 병사들에게 그동안의 위험과 노동에 대한 대가를 주는 게 도리이지 않겠나?」 그렇게 해서 이 소름 끼치는 광경은 연기와 화염으로 병사들의 약탈욕이 시들해질 때까지 광포하게 계속되었다.〉[407]

처칠에 따르면 올리버 크롬웰은 1649년 아일랜드의 도시 드로이다에 〈19세기 그의 숭배자들조차 극도로 당혹스러워할 만큼 잔혹한 테러〉를 가했다고 한다. 처칠의 말을 계속 들어 보자. 〈항복하라는 요구가 수비군에 먹히지 않자 그[크롬웰]는 집중 포격으로 성벽을 뚫어 버릴 것을 명령했고, 이어 자신이 직접 이끈 세 번째 공격에서 마침내 성벽을 뚫고 도시로 쳐들어갔다. 그 뒤의 피의 살육은 어찌나 끔찍했던지 난폭함이 일상이었던 당시의 사람들까지 충격에 빠뜨렸다.〉[408]

국민 총동원령을 처음 도입한 카르노 이후의 대규모 군에서는 상황이 달라졌을까? 군에 동원된 호전적이지 않은 사람들이 완화 작용을 했을까? 그렇지 않았던 것 같다. 동프로이센의 하일스베르크 전투(1807)에 참가한 한 목격자는 프랑스 군인들에 대해 이렇게 썼다. 〈그사이 전투는 위험이 만들어 내는 분노에 취해 군인들이 닥치는 대로 서로를 때려죽이는 지점에 이르렀다.〉[409] 1차 대전 때는 어땠을까? 1914년 8월 한 영국 하사관은 이렇게 쓴다. 〈기관총의 성능에 우리는 어이가 없을 정도로 깜짝 놀랐다. ……적군이 무기력하게 천천히 쓰러지는 모습에서 받은 첫 충격이 지나고 나자 우리는 이 전술에서 놀라운 힘과 기쁨을 느꼈다. 모든 것이 아주 간단했다.〉[410]

윙거의 작품에서 독일 군인들은 말한다. 〈앞서 달려 나가다 보면 광적인 분노가 우리를 사로잡았고, 죽이고 싶다는 강렬한 소망이 우리의 발걸음을 재촉했다. ……전장을 짓누르는 엄청난 파괴 의지가 뇌 속에 응축되어 그들을 핏빛 안개 속에 적셨다. ……돌진 중에 핏빛 안개가 눈앞에 어른거리는 것을 본 전사는 적을 포로로 잡으려 하지 않고 즉석에서 숨통을 끊어 버리려 했다.〉[411]

레마르크 작품 속의 독일 병사들도 이렇게 말한다. 〈수류탄의 굉음과 함께 파편이 어지럽게 팔로 날아들었다. ……우리는 우리를 실어 가는 이 파도, 즉 우리를 잔인한 노상강도로, 살인자로, 악마로 만드는 파도에 휩쓸려 고양이처럼 등을 구부린 채 달렸다. ……네 아버지가 저쪽의 적들과 함께 온다 해도 너는 망설이지 않고 아버지의 가슴에 수류탄을 던질 것이다.〉[412] 푸르 르 메리트 무공훈장을 받은 윙거나 1차 대전과 2차 대전 사이에 독일 군인연맹의 철천지 원수였던 레마르크나 무척 비슷한 경험을 했던 것 같다.

노먼 메일러의 소설 『벌거벗은 자와 죽은 자』에서 새뮤얼 크로프트 하사는 벌벌 떠는 일본군 포로에게 담배와 초콜릿을 건네며 안심시킨다. 포로는 너무 기뻐 눈물을 흘리며 자기 아이들의 사진을 보여 준다. 그 순간 크로프트가 그의 머리에 총을 발사한다. 〈그는 죽은 자의 얼굴에 피어오른 미소를 보며 재미있어 했다. ……그는 시신을 걷어차며 말했다. 「제기랄! 그래, 저 일본 놈은 분명 행복하게 죽었을 거야.」 그의 내면에서 웃음이 터져 나왔다.〉[413]

이것을 보고 문학적 과장이니 병적인 도착이니, 또 어쩌면 예외적 상황이라고 생각할 수도 있다. 그러나 전직 군인 수만 명이 이 소설을 읽고 그 내용이 전적으로 틀렸다고 생각하지 않았고, 일반 독자 수십만 명도 이 책을 읽고 유능한 백전노장 군인으로 묘사된 크로프트 하사의 그 음험한 살인을 전쟁 중의 군인으로서 충분히 가능한 행동으로 받아들였다. 어떤 작가가 현실과 전혀 맞지 않는 도착적 행동을 그리 쉽게 고안하겠는가? 또 이런저런 군인이 어느 외진 헛간이나 기나긴 밤중에 어떤 잔악한 행위를 저질렀는지 누가 다 알 수 있겠는가?

〈그들은 기관단총 개머리판을 가슴에 밀착시킨 뒤…… 실눈을 뜨고 춤추는 총신 정면의 침상을 응시했다. 연속으로 발사된 총알에 나무 침상이 갈가리 찢기고, 몸뚱이들이 침상 위로 튕겨 올랐다가 모래주머니처럼 바닥에 풀썩 떨어졌다. 입을 헤 벌린 채 당황한 표정을 짓는 얼굴들은 곧 피범벅이 된 형체 없는 덩어리로 변했다.〉 빌리 하인리히Willi Heinrich의 소설 『참을성 있는 고깃덩어리』에 나오는 대목인데, 지하 방공호에서 잠자던 러시아 병사들은 적의 기습으로 그렇게 죽어 갔다. 〈그는 총알이 떨어질 때까지 총을 난사하는 동안 어떤 것에도 구애받지 않고 자신을 야릇하게 도취시키는 형언할 수 없는 쾌감을 느꼈다.)[414] 빌리 하인리히의 작품에 나오는 이 남자는 크로프트 하사처럼 유능하고 잔인한 슈타이너 상사였다.

그렇다. 도취! 1981년에 노벨상을 받은 엘리아스 카네티는 대중 심리학의 고전인 『군중과 권력』에서 살해의 모든 욕구가 〈살아남으려는 욕구〉에서 비롯되었다는 테제를 내세웠다. 〈인간의 모든 영생 의지에는 살아남으려는 욕망이 담겨 있다. 인간은 늘 존재하고 싶어 한다. 타인이 더 이상 존재하지 않을 때도 존재하고 싶어 한다. ……생존의 가장 저급한 형태는 죽임으로써 살아남는 것이다. 인간은 먹기 위해 동물을 죽이는 것처럼, 또 눈앞에 무방비 상태로 놓인 동물을 토막 낼 수 있는 것처럼 자신에게 방해가 되는 타인도 죽이고 싶어 한다. ……자신은 존재하고 타인은 더 이상 존재하지 않는다는 사실을 느끼기 위해 타인을 쓰러뜨리고자 한다. ……그는 결코 다시 일어서지 못할 것이다. 그의 무기를 빼앗을 수도 있고, 그의 신체 일부를 잘라 기념품으로 영원히 간직할 수도 있다. 죽은 자를 대면하는 순간 살아남은 자의 가슴속은 다른 어떤 힘과도 비교가 안 되는 독특한 힘으로 가득 찬다. 이 순간만큼 다시 찾아오길 바라는 순간은 없다.〉

카네티에 따르면 전쟁터는 그런 즐거움을 고조시키는데, 여기서 살아남은 자에게는 동료의 시신도 적의 시신 못지않게 반갑다. 〈살아남은 자는 행복하고 선택받은 자로서 주변에 널린 전사자 무리와 마주한다. 방금 전까지 함께 있던 다른 수많은 사람은 죽었는데 자신은 아직 살아 있다는 사실은 엄청난 일이다. 죽은 자들은 무력하게 누워 있고, 그는 그들 가운데 꼿꼿이 서 있다. 마치 그를 살아남게 하려고 전투가 일어난 것 같은 기분이다. ……전쟁에 나가 본 사람이라면 누구나 죽은 자들에 대한 이런 야릇한 우월감을 맛본다. 물론 그런 감정은 죽은 전우에 대한 슬픔으로 감춰질 수도 있다. 그러나 살아남은 사람은 소수고 죽은 사람은 항상 다수다. 죽은 자 앞에 이렇게 살아서 서 있다는 벅찬 감정은 근본적으로 어떤 형태의 슬픔보다 강하다. 그것은 많은 사람 가운데 선택받았다는 감정이기도 하다. ……그런 식으로 자주 살아남은 사람이 영웅이다.〉

카네티는 계속 말한다. 영웅에게는 명성만 중요한 것이 아니다. 〈나는 그들에게 원래 중요한 것이 따로 있다고 생각한다. 즉 자신은 절대 다치지 않을 거라는 불사신의 감정이 그것이다.〉 이 감정을 만끽하려는 소망에서 영웅들은 생존의 순간, 즉 타인을 죽임으로써 자신이 살아 있음을 느끼는 순간을 자꾸 만들려고 한다. 〈쾌락과도 같은 이 생존의 기쁨은 지칠 줄 모르는 위험한 열정으로 바뀔 수 있다. ……영웅과 용병들이 지나온 길을 보면 그것이 더는 떨쳐 버릴 수 없는 중독과도 같다는 사실을 알 수 있다.〉

영웅들의 쾌락만큼 총사령관의 쾌락도 크다. 그는 사람을 직접 죽이진 않지만 대신 전장에서 죽은 수많은 사람과 관련이 있다. 〈한쪽은 그를 위해 죽었고, 다른 쪽은 그에 맞서다 죽었다. 승리를 거듭하는 총사령관은 그들 모두보다 오래 살아남는다. ……적이 제대로 된 전투도 하지 않고 굴복하거나 죽은 자가 얼마 되지 않으면 보잘것없는 승리다. ……지휘관은 살아남길 원하고, 살아남는 것에서 원기를 얻는다. 생존의 순간을 확인시켜 줄 적이 있다면 다행이지만, 그런 적이 없다면 자신을 위해 죽을 부하들이 있다. ……그럴 경우 아군의 손실을 따지는 것은 별로 적절치 않아 보인다. 사람들은 아군의 피해를 알면서도 위대한 남자에게 그 책임을 묻지는 않기 때문이다.〉

카네티는 살아남는 능력이 탁월한 총사령관들이 역사에서 가장 크고 확실한 자리를 차지한다고 결론 내린다. 〈결국 이런 종류의 사후 명성에서 보다 중요한 것은 승패보다 희생자들의 엄청난 숫자다. 러시아 원정 당시 나폴레옹이 실제로 어떤 기분이었을지는 불확실하다.〉[415] 그러나 나폴레옹은 분명히 말한다. 기분이 아주 좋았다고. 이 부분은 38장에서 다룰 것이다.

파라과이 대통령 프란시스코 솔라노 로페스Francisco Solano López는 주변국들과의 끔찍한 전쟁(1864~1870) 와중에 자신의 형제와 장군 둘, 최측근 여럿, 그리고 파라과이의 저명한 시민 수백 명을 총살시켰다. 생존에 위협을 느끼는 독재자가 종종 단행하곤 하는 살아 있는 자들에 대한 숙청이었다. 전쟁 마지막 해의 히틀러도 그랬다. 군인 신분이면서도 군인의 삶을 살지 않고 유대인 학살 기구에서 일한 나치 친위대 대원과 일반 사형 집행인들도 살아남아 있음에 대한 강렬한 도착적 만족감이 없지는 않았을 것이다. 비행기 추락으로 수백 명이 사망했거나 지진으로 수많은 사람이 죽었다는 소식을 대문짝만 하게 보도하는 신문이 잘 팔린다는 사실은 무엇을 말하겠는가?

카네티의 말이 옳다면 폭군과 총사령관들 외에 평범한 일반 군인도 분명 생존의 쾌감을 느낄 것이다. 그렇다면 여기엔 잔인한 메커니즘이 작동한다. 총사령관이 자기 부하가 적을 죽이는 것뿐 아니라 적이 자기 병사들을 죽이는 것에도 도취되어 있다면 그의 병사들은 최소한 두 번째 경우는 예감조차 못하는 가운데 적의 죽음과 전우의 죽음을 심적으로 똑같이 즐기고 있다는 메커니즘이다. 상당히 기괴하게 들릴 수도 있고, 대부분의 참전 군인들은 그렇지 않다고 강하게 부인할 수도 있다. 그러나 프로이트 이후 우리는 인간이 자기 자신의 주인이 아니라는 사실을 알고 있다.

미국 작가 스티븐 크레인Stephen Crane이 1890년에 발표한 유명한 전쟁 소설 『붉은 무공훈장』에는 또 뭐라고 적혀 있던가? 〈그는 전사자들을 생각하면 깊은 경멸감이 솟구쳤다. 그들이 죽은 게 마치 그들 잘못이라도 되는 것처럼.〉[416] 에른스트 윙거의 작품에는 이런 대목이 나온다. 덤불엔 죽은 자의 살점이 더덕더덕 걸려 있고 거리엔 죽은 말들이 널려 있었다. 〈유혈이 낭자한 이 풍경들 사이로 뜬금없이 아주 명랑한 분위기가 흘렀다.〉 또 이런 대목도 있다. 〈열둘 중에 열이 전사하면 나머지 둘은 첫 휴식일 저녁에 술잔을 놓고 마주앉아 죽은 전우들에게 조용히 잔을 바친 뒤 농담을 섞어 가며 그날 겪은 일들을 이야기했다.〉[417]

이번에는 노먼 메일러의 소설을 보자. 미군이 아노포페이 섬에 상륙한 뒤 헤네시가 전사했다. 그의 분대에서 첫 번째이자 그때까지 유일한 희생자였다. 〈마르티네스는 빠르고 경쾌하게 모래를 파면서 그날 처음으로 마음이 차분히 가라앉는 것을 느꼈다. 헤네시의 죽음으로 그전까지 그를 사로잡고 있던 경악이 사라진 것이다. ……크로프트는 헤네시의 죽음으로 인해 그들을 똑바로 바라보는 것이 두려울 정도로 엄청난 힘이 생기는 것을 느꼈다.〉[418]

오오카 쇼헤이의 일본 전쟁 소설 『들불』에는 이런 대목이 나온다. 병사 다무라는 입원한 부상병들이 야전 병원이 불타 내려앉는 모습을 보면서 말한다. 〈저들이 나하고 무슨 상관이지? 나는 호탕하게 한 번 웃어 젖히고는 등을 돌렸다.〉[419]

참전 군인으로 1차 대전에 관한 프랑스 소설 중 가장 유명한 『포화』의 작가이자, 전쟁 중엔 평화주의자였다가 나중에 공산주의자가 된 앙리 바르뷔스 Henri Barbusse는 카네티의 테제와 비슷한 인간 내면의 근원을 지적한다. 돌격 공격 뒤 참호로 돌아온 프랑스 병사들에 대해 그가 쓴 대목을 보자. 〈모든 참상에도 불구하고 이 사람들이 지옥에서 벗어난 것처럼 행복해한다면 그건 실제로 지옥에서 빠져나왔기 때문이다. 그들은 돌아왔고 구원받았다. 언제나 그들 주위를 떠돌고 있던 죽음이 다시 한 번 그들을 비켜 갔다. ……그래서 그들은 짓눌려 죽을 것 같은 피곤함에도, 여전히 몸에 선연히 달라붙어 있는 피비린내 나는 살육의 흔적에도, 자신들의 곁을 떠난 전우들의 죽음에도 생존의 향연을 즐겼고, 꼿꼿이 서 있을 수 있음을 무한히 자랑스러워했다.〉[420]

바르뷔스는 군인들이 살육에도 불구하고 행복했다고 말하고, 카네티는 살육 때문에 행복했다고 말한다. 그렇다면 살육과 행복 사이에는 어떤 형태로건 분명히 연관성이 존재할 것이다. 〈다시 피의 향연이 손짓했다.〉[421] 에른스트 윙거는 공격을 앞두고 그렇게 썼다. 전쟁은 공포의 장이자 인류의 재앙이 분명하지만, 그런 공포를 두려워하지 않고 재앙을 사랑하는 인간이 존재하는 것도 사실이다.

2007년 7월 12일 바그다드에서 헬리콥터 두 대에 탄 미 점령군이 사람들 무리에서 무기로 보이는 두 물체를 발견했을 때 어떤 일이 벌어졌을까? 그들은 민간인 여덟 명을 쏘아 죽였다. 줄리언 어산지Julian Assange가 폭로한 기내 촬영 영상에는 생생한 범행 장면과 사수(射手)들이 즐거워하는 모습이 담겨 있다. 그들 중 하나는 〈하하하, 명중이야〉 하고 소리쳤고, 다른 하나는 〈저 죽은 자식들 꼬락서니 좀 봐!〉 하고 소리쳤다.

쵠케 나이첼Sönke Neitzel과 하랄트 벨처Harald Welzer는 공동 저서 『군인들: 전투, 죽임, 그리고 죽음의 기록』에서 이 장면을 기술하면서 헬기 사수들을 비난하지 않았다. 〈외부에서 볼 때는 냉소적으로 비칠 수 있지만 사실 그것은 일을 제대로 처리했다는 직업적 확인일 뿐이었다.〉 군의 전통에 따르면, 민간인이라도 일단 적으로 간주될 경우 그게 옳든 그르든 하나의 판단에 따라 자동으로 이루어지는 일련의 행위는 모두 정당한 것으로 여겨졌다. 〈전쟁에서 사람이 죽고 죽이고 불구가 되는 것을 보고 격분하는 것은 별로 어울리지 않는다. 전쟁이라는 게 원래 그런 것이기 때문이다.〉[422]

오늘날 턱없이 난동을 피우는 홀리건의 선조로 볼 수 있는 과거의 호전적인 광전사들은 전쟁에서 자신의 잔인함을 여실히 증명했을 뿐 아니라 그런 행위로 처벌을 받기는커녕 오히려 명예를 얻을 기회를 제공하는 전쟁에 환호했다. 전쟁은 소심한 사람에게 대담한 사람이 될 기회를 준다. 피를 맛본 사람은 피의 갈증을 느끼기 때문이다. 나머지 사람들도 쓸 만한 군인이 되도록 강요당하거나, 노회한 술수에 넘어간다. 이 부분에 대해서는 나중에 좀 더 자세히 다룰 것이다. 여기서는 우선 이런 의문만 제기해 보자. 인간의 내면에는 얼마큼의 공격성이 있을까? 다시 말해 외부 자극에 일깨워져 군사적으로 이용될 수 있을 만큼 강한 공격성이 대체 얼마만큼 있는 것일까?

27. 폭력

우리가 온순한 동물이라 여기는 〈인간〉은 대개
훌륭한 교육을 통해 행복한 본성이 형성되었을 때만
가장 신을 닮은 온순한 동물이 된다. 반면에
충분히 교육받지 못했거나, 훌륭한 교육을 받지 못했을 때는
지구가 배출한 가장 잔인한 동물이 된다.
플라톤, 『법률』

오랜 역사에서 남자들이 전쟁에 나가는 결정적인 이유 중의 하나는 여자들에게 힘을 과시하고 자기 여자를 지키고 남의 여자를 빼앗으려는 욕구였다(18장). 오늘날 많은 군대에서 여자가 남자와 똑같은 임무를 맡고 있다는 것은 사실 양쪽 성 모두에 문제를 일으킨다. 아울러 공식적으로는 언급을 꺼리는 두 가지 근본 문제가 제기되기도 한다. 첫째, 여자는 군인의 삶을 감당할 수 있을까? 둘째, 여자는 군 생활에서 남자와 똑같은 자질을 보여 줄 수 있을까?

한 영역에서는 분명 그렇지 못하다. 과거에 전투를 결정짓는 핵심적 요소였고, 오늘날에도 특수 부대 같은 곳에서 강하게 요구되는 육체적 능력이 그것이다. 육체 능력에서 여성이 평균적으로 남자에게 뒤진다는 사실은 스포츠를 통해 입증되었다. 그래서 여자에겐 남자들이 하지 않는 쉬운 자리를 맡기는 것이 모든 국가와 정당, 군대의 일치된 관행이다. 그런 점에서 여자에게 군인이라는 직업은 객관적으로 덜 적합해 보인다.

그런데 공론의 장에서는 터부시되는 이야기이지만, 육체적 능력만큼 군에서 중요하게 여기는 다른 자질과 관련해서는 남녀가 평등하다. 즉 공격성과 잔인성 면에서 남자 못지않은 여자가 많은 것이다. 다만 그런 자질을 군에서 마음껏 발휘할 기회가 드물었을 뿐이다. 이유는 명확하다. 지난 수천 년 동안 전쟁이 남자들의 전유물로만 여겨져 왔기 때문이다. 지금까지 알려진 바로는 유일한 예외가 서아프리카의 다호메이 왕국(오늘날의 베냉 공화국)이었다. 이 나라의 아가드야 왕(재위 1708~1732)은 활과 화살, 나팔총으로 무장한 여전사 여단을 창설했고, 이들에게 내륙의 마을을 습격해 남자와 여자, 아이들을 해변으로 데려가도록 했다. 포르투갈 노예상에게 팔아넘기기 위해서였다. 영국 탐험가 리처드 버튼 경은 1862년에도 여전사 2천 명 이상이 투입된 작전을 직접 보았다고 토로했다.

여성의 잔인함은 군대의 질서가 붕괴된 곳, 즉 내전이나 게릴라전, 혹은 미 여군 헌병이 이라크 포로를 짐승 취급했던 이라크의 아부 그라이브 교도소 같은 곳에서 노골적으로 표출되었다. 1808~1809년 겨울 프랑스 대 스페인의 음험한 국지전에서 여성들에 의해 정말 끔찍한 일들이 수없이 저질러졌다. 〈그들은 짐승 같은 괴성을 지르며 우리 부상병들에게로 달려들더니 차마 눈으로 볼 수 없는 잔인한 방법으로 우리를 먼저 죽이려고 아귀다툼을 벌였다. 그들은 칼과 가위로 부상병들의 눈을 찔렀고, 흘러내리는 피를 보며 미친 듯이 즐거워했다.〉[423] 스페인 내전도 비슷한 본능을 일깨웠다. 〈라 페코사(주근깨 여자)〉라고 불린 한 여군은 흥분한 군중 2천 명 앞에서 하엔 주교와 그 여동생의 숨통을 끊어 버렸고, 〈라 파시오나라(시계꽃)〉라고 불린 광적인 공산주의자 돌로레스 이바루리는 스페인 여성들에게 칼과 뜨거운 기름으로 적에 맞서고, 〈무릎을 꿇고 사느니 두 발로 서서 죽자〉고 부르짖었다.[424]

1920년 교황 베네딕트 15세에 의해 성인품을 받은 프랑스 농부의 딸 잔 다르크는 셰익스피어의 희곡 『헨리 6세』에서는 창녀이자 마녀로 격하되었지만 1801년 실러의 작품에서는 〈오를레앙의 처녀〉로 승화되었다. 1426년 열네 살의 잔 다르크는 〈하늘의 소리〉를 듣고 열일곱 살에 샤를 왕세자(나중의 샤를 7세)를 찾아가 신의 계시를 전한 뒤 그의 마음을 움직여 무장한 군대를 받았다. 그러고는 남장을 한 채 선두에서 군대를 이끌어 영국에 점령된 오를레앙을 해방시켰다. 그 뒤 배신으로 영국의 손에 넘어가 열아홉 살에 이단 혐의로 화형당했다.

잔 다르크에 비하면 아마존 여인들의 전설도 빛이 바랜다. 호메로스는 소아시아의 호전적 여자들에 대해 이야기했다. 그들은 1년에 한 번만 남자를 만났고, 아들을 낳으면 쫓아내 버렸으며, 활을 쏠 때 방해가 되지 않게 하려고 딸들의 오른쪽 가슴을 불로 지져 없앴다. 아킬레우스는 아마존 여왕 펜테실레이아를 죽였고, 훗날 클라이스트는 이 여인을 주인공 삼아 격정적인 희곡을 썼다. 그리스의 동상과 꽃병, 사원 기둥에는 아마존 여인들의 모습이 새겨져 있었고 루벤스는 〈아마존 여전사들의 전투〉를 그렸다.

로마인들은 마르스의 누이이자 전쟁의 여신인 벨로나를 숭배했고, 기원전 2세기의 성서외경 유딧서에 따르면 아름다운 여전사 유딧은 아시리아군 진영으로 몰래 들어가 적장 홀로페르네스의 목을 베었다. 미켈란젤로, 헤벨, 아르튀르 오네게르를 비롯한 많은 예술가들이 이 여인의 모습을 그림과 음악, 언어로 표현했다. 그 밖에 『에다』와 『니벨룽겐의 노래』에 등장하는 크림힐트는 복수의 화신이 되어 하겐과 자신의 남자 형제들을 죽였다.

1542년 스페인 정복자 프란시스코 데 오렐라나Francisco de Orellana는 남아메리카에서 한 거대한 강을 건너면서 인디언들이 이 강을 〈아마조나〉라고 부르는 것을 듣는 순간 아마존 여인들의 전설이 퍼뜩 떠올랐다고 한다. 〈아마조나〉는 원래 인디언 말로 〈엄청난 폭포 소리〉라는 뜻인데, 오렐라나는 이 말을 친숙한 〈아마조네〉 즉 아마존 여인이라는 말로 잘못 알아듣고는 이 원시림에 아마존 여인들이 사는 게 분명하다고 상부에 보고했다.

그런 여성 전사들이 있어야 한다는 목소리도 없진 않았다. 플라톤은 곳곳에 깜짝 놀랄 만한 내용이 담긴 『국가』에서 여자도 남자와 똑같이 자신이 구상한 공산적 이상 국가의 〈수호자〉로 육성하려는 생각을 내비쳤다. 〈수호자 계급의 여성은 여자 옷을 벗고 유능한 전사의 옷으로 갈아입어야 한다. 그래서 국가를 위해 전쟁에도 나가고 다른 수호자 역할에도 참여해야 한다.〉[425] 2차 대전 이후 드디어 여군 모집을 위해 군복 입은 여성이 선전에 등장했다. 특히 이스라엘과 미국에서.

물론 이런 선전에서는 여성의 신체적 약점이나 그들에게도 내재하는, 군 조직에서 매우 환영받을 공격성은 물론이고 여군을 모집할 수밖에 없는 원래의 이유도 거론되지 않았다. 즉 이스라엘 입장에서는 건국 초기의 생존 투쟁에서 여군이라는 잠재력을 포기할 수 없었고, 미국 입장에서는 군 영역에서도 양성평등을 실천해야 할 뿐 아니라 모병제 국가에서 남자만으로는 군의 적정 수를 채울 수가 없었던 것이다.

이스라엘의 마르틴 판 크레벨트는 2001년 이런 상황에 비판적인 책을 썼다. 〈인간 행위 중에서 가장 추악하고 위험한 활동〉에 여자들까지 끌어들인 상황에 깊은 유감을 표하면서, 그로 인해 최소한 남자들의 눈엔 남성 군인의 명예가 쇠퇴하고 남성 숭배의 아성까지 무너지는 결과가 생길 거라고 예상했다.[426] 실제로 군의 가장 중요한 접착제 역할을 하는 집단의식의 형성(33장)에는 좀 더 큰 어려움이 생길 수 있다.

거기다 구체적인 문제들도 있다. 현실적으로 여군에게는 남성과 똑같은 권리와 의무가 적용되지 않는다는 것이다. 여군 비율이 33퍼센트에 이르는 이스라엘의 경우 여군의 실전 배치는 지원에 의해서만 이루어지고 잠수함 근무는 아예 금지되어 있다. 물론 양성 간의 이런 마지막 차단막도 미국과 마찬가지로 2016년부터는 사라질 전망이다. 다른 문제도 있다. 미국의 여군 중에는 특별 육아 휴가가 필요한 홀어머니가 많고, 임신한 사람도 꽤 된다. 그러다 보니 지극히 사적인 영역으로 인해 군 병참 면에서 추가 비용이 발생할 수밖에 없다. 게다가 2013년 펜타곤은 그 전해에 성추행에서 강간에 이르기까지 2만 6천 건의 성범죄가 발생했다고 공식 발표했고, 「뉴욕 타임스」는 여군은 전투에서 부상당하는 것보다 군 내에서 성적인 공격을 당할 위험이 더 높다고 썼다.[427] 2013년 독일 연방군의 여군 비율은 10퍼센트이고, 그중 절반 가까이가 의무대에서 근무한다. 아프가니스탄에 파병된 한 남자 독일 병사는 이렇게 썼다. 〈남자와 여자가 야영지에서 한동안 함께 지낼 경우 어떤 일이 벌어질지에 대해 결코 과소평가해서는 안 된다.〉[428]

아무튼 여성의 군 진입으로도 급진적인 여성주의자들이 예언했던 것처럼 전쟁의 인간화는 이루어지지 않았다. 이것이 판 크레벨트의 결론이었다.[429] 공격성은 남자만의 전유물이 아니기 때문이다.

그러나 남자들의 공격성이 최악으로 가해지는 대상은 무엇보다 여성이다. 보스니아 전쟁에서 승리자들의 근원적인 쾌락인 강간이 다시 한 번 원시 시대처럼 성행했다. 최소 2~5만에 이르는 무슬림 여성이 세르비아인들에게 성폭행을 당했는데, 국제 엠네스티에 따르면 그것도 대부분 학교와 시청 건물 앞에 줄지어 늘어선 군인들에 의한 조직적인 집단 범죄였다.[430] 전쟁에서 죽은 남자는 순교자나 영웅으로 떠받들어지지만 성폭행당한 여자는 가족에게 버림받고 민족적 수치로 여겨지는 것이 현실이다.

따라서 객관적으로는 남자가 훨씬 더 많은 비열한 짓을 저지를 수 있다. 하지만 공격성 자체는 분명 남녀의 공통된 근본 충동이다. 철학자들도 그것이 남자가 아닌 인간에게 내재한 특성이라고 말한다. 토머스 홉스는 1642년 이렇게 썼다. 〈나는 먼저 시민적…… 사회를 벗어난 인간 상태는 만인에 대한 만인의 투쟁과 다르지 않음을 말하고자 한다.〉[431] 칸트 역시 이렇게 말한다. 〈인간의 사악한 본성은 시민적 법적 상태에선 국가의 강압을 통해 상당 부분 가려지지만, 어떤 강제성도 없는 민족 간의 관계에서는 노골적으로 드러난다.〉[432]

이번에는 쇼펜하우어가 윤리학에 관해 쓴 대목을 보자. 〈인간은 다른 목적 없이 오직 고통을 가하겠다는 목적만으로 다른 생물에게 고통을 줄 수 있는 유일한 동물이다. ……어떤 동물도 단순히 괴롭히기 위해 괴롭히지는 않는다. 인간만 그렇게 한다. 바로 여기서 단순한 동물적인 성격보다 훨씬 더 악의적이고 악마적인 성격이 만들어진다. ……모든 인간의 가슴속에는 미친 듯이 날뛰며 타인을 아프게 하고, 그것을 막는 타인에 대해서는 모조리 말살할 기회만 엿보는 야수가 숨어 있다. 그것이 바로 모든 싸움과 전쟁 욕구의 원천이다.〉[433]

지크문트 프로이트는 1915년 세계 대전의 잔혹함에 대해 경악하면서도 상대적인 위안을 찾았다. 〈사실 이 전쟁에서 우리의 세계 동포들이 보여 준 야만적인 태도 때문에 우리가 상처받고 고통스러운 실망을 느끼는 건 잘못된 일이다. ……그들은 우리가 염려했던 것만큼 그렇게 깊이 추락한 것은 아니었다. 문제는 우리한테 있다. 인간은 원래 그런 존재가 아닌데도 그전까지 우리가 인간을 너무 높은 곳에 올려놓았기 때문이다. 민족과 국가들은 서로를 향해 도덕적 제약을 헌신짝처럼 내던짐으로써 한동안 문명의 통제에서 벗어나 지금까지 억눌려 있던 동물적 충동을 일시적으로 충족시키는 일에 열중했다. 그러다 보니 각자 자기 민족들 안에서는 상대적으로 도덕성에 상처를 입을 일이 없었다.〉[434]

예를 들어 T. E. 로런스가 보고한 영국의 학자 리처드 마이너츠하겐Richard Meinertzhagen이라는 사람이 그랬다. 〈어설픈 군인 흉내에 빠진 이 조류학자는 터키인들에 대한 맹렬한 증오를 간계와 폭력으로 거침없이 분출했다. ……그는 아이디어가 넘치고 박식했을 뿐 아니라 은근히 남을 웃음거리로 만드는 교만한 인간이었다. 게다가 적이건 아군이건 인정사정 볼 것 없는 수법으로 기만하는 일에 재미가 들렸다. 가령 고립된 독일군 무리를 붙잡았을 때는 죽이지 않을 것처럼 안심시키면서 돌연 하나씩 차례로 아프리카 전투 곤봉으로 머리통을 내리쳐 죽였다.〉[435]

프로이트는 인간을 이전 단계로 〈퇴행〉시키는 힘이 전쟁에 있다고 말한다.[436] 이런 일은 집단적으로도 일어날 수 있는데, 그 충격적인 예가 1096년의 〈일반 민간인 십자군〉이었다. 성지 예루살렘을 해방시키자는 교황 우르바누스 2세의 호소에 열광한 5만 명 이상의 일반 백성이 고향의 초라한 살림살이를 정리하고 첫 기사군이 출정하기도 전에 처자식을 데리고 팔레스타인으로 진군했는데, 브레히트가 말하는 진짜 〈소시민〉에 해당하는 이 영원히 추방당한 경건한 무리는 기독교 국가인 헝가리에서부터 잔악한 폭력을 여실히 드러냈다.

〈이방인들은 곧 이해할 수 없는 광기에 휩싸여 주민들에게 만행을 저지르기 시작했다. 공용 곡식 창고에 불을 지르고 처녀들을 납치해 겁탈했다. 게다가 유부녀라고 해서 사정을 봐주지 않았고, 음식점 주인의 수염을 뽑거나 그슬었다. ……모두가 닥치는 대로 살인과 약탈을 저질렀고, 그러고 나서는 뻔뻔스럽게도 그런 행위를 자랑스럽게 떠벌리고 다녔다. 그런 포악한 짓은 터키인들이 사는 지역에 가서도 달라지지 않았다.〉 콘스탄티노플에 도착한 순례자들은 〈극악무도하게 행동했다. 도시의 궁전들을 모두 부수고 공공건물을 불태웠으며, 교회 지붕의 납판을 뜯어내 현지인들에게 팔아 치웠다〉.[437]

독일 래퍼 부시도Bushido는 2012년 이렇게 노래했다. 〈나 이제 공격성을 발산하고 싶어. 주먹으로 그 인간 코를 박살 낼 거야. 반쯤 죽은 그 인간과 피를 보면 더 황홀해지겠지. ……그래, 친구. 주말은 그렇게 보내야 돼!)[438] 그의 음반은 많이 팔려 나갔고, 수만 명의 젊은이가 환호했다. 저격수 교육을 받은 한 미군 하사관은 2013년 밤중에 아프가니스탄 마을 두 곳을 어슬렁거리다가 잠자던 민간인 16명을 쏘아 죽였다. 그중에 11명이 어린아이였다.

프랑스 정치 사회학자 레몽 아롱은 전쟁에 관한 탁월한 저서에서 공격성을 이렇게 설명한다. 모든 인간의 유전자에는 공격성이 어느 정도씩 포함되어 있다. 그 양은 개인과 나이, 성에 따라 편차가 있지만, 평균 이상의 공격적인 여자가 평균 이하의 공격적인 남자보다 더 공격적이다. 전쟁에는 생물학적 근원 외에 심리적 사회적 근원도 있다. 성적 충동과 소유욕, 자기 관철 욕구는 인간을 어려서부터 〈거의 불가피하게〉 서로 싸우게 만든다. 모든 인간은 매순간 타인에 대해 〈피해자이자 가해자〉이고, 〈타인과 나눌 수 없는 모든 자산과 권력, 명성은 피할 수 없는 다툼의 대상이다. 이 대상이 나눌 수 있는 물질적 재산이라면 타협이 가능해 보이지만, 폭력을 사용하고픈 유혹은 여전히 남아 있다. 힘으로 원하는 걸 얻을 수 있다면 굳이 타인과 타협할 이유가 어디 있겠는가?〉 그래서 개인의 타고난 공격욕은 공동생활을 통해 더욱 강해지고, 그로써 부족과 민족 내부에는 외부로 유도할 공격성이 충분히 비축되는 셈이다. 아롱에 따르면 바로 이런 점에서 다음의 치명적인 인과관계가 생겨난다.

〈인간은 고통과 냉대에 쉽게 폭력으로 대응한다. 동족과의 끊임없는 경쟁 속에서 자신이 원하는 만큼 만족하지 못할 때가 많기에 육체적으로나 도덕적으로 공격성을 띨 뿐 아니라 자신에게서 사랑과 명성, 돈을 훔쳐 갔다고 생각하는 사람에게 원한을 품는다. 또한 인간은 한 공동체의 구성원으로서 전 민족의 결속에 참여하고, 그런 결속감이 자국인과 외국인을 구별하게 만들고 다른 집단의 구성원을 자신과 똑같은 지위로 인정하지 못하게 한다. ……그래서 전쟁의 역사적 불가피성이 대두한다. 정치 집단은 경계나 내적 연대감이 불확

실할 경우 서로에 대해 지속적인 적대감을 부추기고 때로는 서로를 싸우게 만들기 때문이다.〉[439]

따라서 전쟁은 개개인의 공격성이 응집된 행위이자, 개별 시민에겐 허용되지 않은 약탈과 살인 욕구의 집단적 대리 만족이자, 축적된 개별 증오의 외부 투영이다. 이것이 전쟁 원인의 메커니즘이다.

여건이 허락되면 시민들은 군대 없이도 평소 은폐된 잔인성을 마음껏 발산한다. 1792년 튈르리 궁을 습격한 파리 군중은 스위스 용병 근위대원들의 시신에서 심장을 꺼내 칼에 꽂고 환호성을 지르며 시내를 돌아다녔다. 목격자들에 따르면 1865년 남북 전쟁에서 남부 연합의 수도이자 마지막 보루인 리치먼드가 함락되었을 때 암흑천지가 벌어졌다고 한다. 〈감옥에서 탈출한 도둑과 강도 무리는 거리 양편의 상점으로 밀고 들어가 닥치는 대로 물건을 훔쳤다. ……곳곳에서 혼란과 폭력, 소요, 약탈이 만연했고, 그것만으로는 전쟁의 공포를 보여 주는 것이 부족했던지 이글거리는 불꽃 소리, 요란한 종소리, 수많은 사람의 비명과 울부짖음까지 도시 상공에 울려 퍼졌다.〉[440]

그렇다면 20세기는 어땠을까? 프로이트는 1915년 이렇게 썼다. 〈이 전쟁을 통해 각 나라의 국민들은 국가가 개인에게 불법을 저지르지 못하게 한 것이 실은 그런 행동을 사회에서 근절시키기 위해서가 아니라 소금과 담배처럼 국가가 독점하기 위해서였다는 사실을…… 충격 속에서 확인했다.〉[441] 이번에는 영국 군사학자 휴 토머스Hugh Thomas가 교범적인 저서에서 스페인 내전에 대해 했던 말을 보자. 〈한 달 만에 십만 명에 가까운 사람이 법적 절차도 없이 자의적으로 살해당했다. 주교들은 사지가 찢겨 죽고 교회는 더럽혀졌다. 교육받은 기독교인들 역시 밤이면 밤마다 개화된 지식인과 무지렁이 농부들을 가리지 않고 죽였다. 이런 범죄들은 대부분 양측 다 자신들의 행동이 정당할 뿐 아니라 심지어 고결하다고 확신하는 사람들에 의해 저질러졌다. ……그런데 이

런 일련의 과정들이 온 나라를 혐오감으로 가득 채웠을 것으로 생각한다면 그건 착각이다.〉[442]

베를린 샤리테대학병원의 범죄심리학연구소 소장 한스루트비히 크뢰버 Hans-Ludwig Kröber는 2012년 가차 없이 총평을 내렸다. 〈같은 종을 죽이는 것은 도덕적 의미가 아닌 생물학적 의미에서 지극히 인간적인 행위〉이다. 노획물을 위해서건, 권력을 위해서건, 정당방위로건, 아니면 불안과 분노, 질투, 비열함, 복수심, 파괴욕에 의한 것이건 간에 말이다. 〈폭력은 언제나 존재했지만, 지구의 절반이 어느 정도 문명에 길들여지고 국가라는 울타리가 쳐지는 순간부터 단계적으로 무자비하게 불붙었다. ······폭력은 《인간 조건》에 속하고, 그것을 부정하는 순간 생명이 위태로워진다. 아벨은 죽었다. 우리 모두는 살인자 카인의 후손이다.〉[443]

무엇이 전쟁 범죄인가?

일반적 정의에 따르면 제네바 협약이나 국제법에 위배되는 범죄, 특히 군인에 의한 포로나 민간인의 살해와 학대 행위가 전쟁 범죄다. 헤이그의 국제 형사재판소는 2003년부터 전쟁 범죄의 규정과 처벌에 적극 나서고 있다. 그러나 미국, 중국, 러시아, 이스라엘은 이 재판소를 인정하지 않는다. 심지어 미국은 적극적인 반대자이다. 찔리는 것이 많기 때문일 것이다. 어쨌든 1968년 3월 미군이 베트남 민간인들을 대량 학살한 미라이 전쟁 범죄는 무척 유명하다.

1945~1946년에 열린 뉘른베르크 주요 전범 재판에서는 전쟁 범죄 외에 〈인간성에 반하는 범죄〉와 〈평화에 반하는 범죄〉, 즉 침략 전쟁이 함께 기소되었다. 그런데 이 기소 항목은 개념적으로나 역사적으로 픽 특이하다. 전쟁이 일어나려면 침략은 불가피하기 때문이다. 게다가 법률적으로 보더라도 논란의 여지는 남는다. 아직 형벌로 규정되지 않았던 시절에 저질러진 행위에 대한 처

벌 내용을 담고 있기 때문이다. 이는 죄형 법정주의의 원칙에 어긋나는 것이다.

뉘른베르크 재판에서는 소련도 독일에 대한 심판자로 앉아 있었다. 소련 역시 그 재판에서 제기된 모든 범죄(살인과 학대, 폴란드 침공)를 똑같이 저질렀는데도 말이다. 소련 측 검사들은 독일 피고인들에게 카틴 숲에서 폴란드 장교 4천 명을 집단 학살한 죄를 물었다. 그러나 1990년 옐친 대통령은 그것이 스탈린의 지시로 자행된 학살임을 시인했다.

제바스티안 하프너Sebastian Haffner는 1978년 『히틀러에 붙이는 주석』에서 전범 재판소 자체를 반대했다. 그의 논거는 이렇다. 〈전쟁 중에 발생한 통상적인 잔혹 행위는 《전쟁》이라는 불가피한 예외 상황의 부수 현상으로 다루는 것이 현명해 보인다.〉 과거 같았으면 그런 행위는 모든 전쟁 당사국들에 의해 암묵적으로 사면되었을 것이다. 다만 히틀러의 유대인 학살만큼은 결코 〈전쟁〉 때문에 일어난 범죄가 아니라는 사실을 망각하지 말았어야 했다. 그러지 못한 것은 1945년 당시 전승국들의 실수였다.[444]

또 다른 반대 이유는 이렇다. 〈전쟁 범죄〉라는 말 자체에 이미 두 가지 위험하고 잘못된 전제가 내포될 수 있다. 우선, 전쟁 범죄라고 하면 〈범죄가 아닌 전쟁〉도 있다는 말처럼 들릴 수 있다. 하지만 전쟁 치고 제네바 협약과 국제법을 완벽하게 지켜 가며 진행된 전쟁이 있을까? 둘째, 혹시 그런 전쟁이 있다면 그 전쟁은 받아들여도 될까?

28. 그리고 대체 용기란 무엇일까?

> 전쟁은 힘이 드러나게 하고,
> 모든 것을 엄청난 것으로 끌어올리고,
> 겁쟁이조차 용기를 갖게 한다.
>
> 프리드리히 실러, 『메시나의 신부』

엄밀하게 보면 2001년 9월 11일 항공기 자살 테러를 저지른 자들도 용감했다. 미국 세계무역센터가 붕괴하고 3일 뒤 미국 에세이스트 수전 손택Susan Sontag이 쓴 말이다. 2003년에 독일 출판인협회가 수여한 평화상까지 받은 사람이 말이다. 그녀의 말을 조금 더 들어 보자. 그 테러를 가리켜 〈비겁한〉 공격이라고 말하는 것은 가소로운 일이다. 〈용기는 도덕적으로 중립적인 유일한 미덕인데, 그에 대해 말하자면 자살 테러범들에게 딱 한 가지는 비난할 수 없다. 즉 그들도 겁쟁이는 아니었던 것이다.〉 비겁한 것은 오히려 자신은 안전이 보장된 높은 상공에서 아래쪽 사람들을 쏘아 죽이는 미군 조종사들이라고 했다.[445] 손택의 이 말은 미국을 발칵 뒤집어 놓았다.

언어적으로나 심리적으로나 용기라는 녀석은 퍽 섬뜩하다. 많은 의미가 내포된 이 말은 사실 과거엔 용감함과 아무 관련이 없었고 오늘날에도 그 의미로만 한정되지도 않는다. 하지만 그 의미와 관련이 있을 때는 〈불안〉과 놀랄 정도로 유사하다. 원래 독일어의 〈용기Mut〉는 〈기분〉, 〈분위기〉, 〈심적 상태〉를 뜻했다. 루가의 복음서 12장 19절에 〈먹고 마시고 즐거워하라〉라는 구절이 나오는데, 독일어 성경에서는 〈먹고 마시고 좋은 기분Mut을 가져라〉로 되어 있다. 물론 이 말은 실제로는 〈즐거워하라〉라는 뜻이고, 영어 성경에도 〈be merry〉로 표현되어 있다.

용기는 예로부터 〈분노〉, 〈격분〉을 뜻하기도 했다. 출애굽기 15장 9절에 이런 대목이 나온다. 〈내가 저들에게서 분노Mut를 식히리라!〉 그리고 우리가 누군가에게 〈용기를 내!〉라고 외친다면 그것은 대담하게 행동하라는 뜻이 아니라 잘 될 거라는 확신을 가지라는 뜻으로 들린다. 다른 용례도 있다. 예를 들어 용기가 많으면Hochmut 오만해지기 쉽고, 용기가 넘치면Übermut 기분에 취해 경솔해지기 쉽다.*

이처럼 〈용기〉라는 말은 여러 의미들 사이에서 갈팡질팡하다가 19세기에 들어서야 〈두려움을 모르는 담대함〉의 뜻이 전면으로 뚫고 올라왔다. 우리는 용기의 이 뜻에서 알 수 있다. 〈용기〉란 고상하거나 군인에게 도움이 되는 동기나 특성을 통칭하는 개념이 아니라 오히려 수많은 불안이 들끓는 냄비 뚜껑과도 같다는 것을.

용기는 그저 말에 지나지 않는다. 그러나 불안은 현실로서 육체적 반응으로 측정 가능하고, 전쟁의 승패를 좌우하는 도주와 공황 장애를 일으킨다. 쇠렌 키르케고르는 『불안의 개념』에서 이렇게 썼다. 〈종교 재판소의 대재판관이 준비해 놓은 고문 중에 가장 끔찍한 것이 불안이고, 첩자가 자신을 의심하는 자에게 가장 음험한 공격을 퍼붓는 것도 자신이 불안함을 느낄 때이다. 불안은 현기증과 비슷하다. 아가리를 쩍 벌리고 있는 협곡을 갑자기 내려다보면 현기

* 독일어에는 합성어가 무척 많은데, 여기서 Mut와 연결되어 사용된 〈hoch〉는 영어의 〈high〉, 〈über〉는 영어의 〈over〉를 뜻한다.

증이 난다. 왜 그럴까? 깊은 협곡 때문이기도 하지만 우리의 눈 때문이기도 하다. 아래를 내려다보지 않았다면 현기증을 느낄 이유가 없지 않겠는가?〉[446]

전문가들은 실질적 위험과 연결된 두려움(또는 현실 불안)을 실질적 위험과 상관없는 좀 더 좁은 의미의 불안(신경증적 불안)과 구분한다. 하지만 이 구분은 일상어에서 두 말이 별 차이 없이 사용되고, 내용상으로도 본질적인 차이를 드러내지 못한다는 단점이 있다. 즉 불안감의 폭발이 보호 본능적 행동으로 이어질지, 아니면 뱀 앞에서 꼼짝도 못하고 뻣뻣하게 굳어 버린 토끼처럼 두려움에 따른 마비로 이어질지 이 구분에서는 드러나지 않는다는 것이다. 그 차이는 엄청나게 크다. 보호 본능적 행동은 군사적으로 유익하지만, 마비 현상은 지휘관에겐 악몽이나 다름없기 때문이다.

2차 대전에서 50만 명가량의 미군이 심리 붕괴 문제로 조기 전역했다.[447] 〈군 복무가 면제된 그들은 신경증 환자였을까, 꾀병이었을까?〉 프로이트는 1차 대전 뒤 이렇게 물었다. 〈둘 다였다. 그들은 사람들이 자신의 병을 꾀병처럼 다루고, 그 병이 든 것을 스스로 매우 불쾌하게 여기게 하면 금방 건강해졌다. 그러나 나은 것처럼 보이는 사람도 다시 군대로 돌려보내면 즉시 그 병으로 도피해 버렸다.〉 이런 현상은 국민 군대에선 결코 놀라운 일이 아니라고 프로이트는 말한다. 용병들의 경우는 그런 현상을 걱정할 필요가 없지만.[448]

불안에 따른 장시간의 마비는 자발적으로 군에 들어오지 않은 군인들에게서 자주 관찰되지만, 모두에게서 나타나는 일반적인 현상은 아니다. 다수 군인들에게 나타나는 전형적인 현상은 의료 기관의 치료를 받아야 할 두려움이 아니라 첫 사격이나 돌격 직전에 오금이 저리게 만드는 불안감이다. 그것은 추락하는 비행기와 침몰하는 배 안에서 느끼는 두려움이자, 정글이나 밤중에 혼자 걸으면서 길을 잃을 것에 대한 불안감이자, 억지로 군복을 입은 남자가 자기를 죽이려는 세 남자를 집에서 몰아내려고 어두운 집의 문을 갑자기 휙 열어젖힐 때의 두려움이자, 빠져나갈 구멍이 없는 야생 동물이 느끼는 불안이자, 군대에 의해 상상이 안 될 만큼 힘든 생존 환경에 처해져 있음에도 〈도주〉라는 지극히 자연스러운 행동을 하지 못하는 인간이 느끼는 두려움이다.

> 마셔라, 마셔라, 취한 전사여
> 불안으로 빚은 포도주를······[449]

프랑스 작가 이반 골Ivan Goll이 1940년에 쓴 글인데, 이처럼 전사들은 모든 전쟁에서 불안을 마셨다.

이번에는 톨스토이의 작품을 보자. 〈그는 진격해 오는 프랑스 군인들을 응시했고······ 그들이 가까이 다가오자 눈을 믿지 못할 만큼 두려운 무언가를 느꼈다. 《저들은 누구지? 왜 달려온 거지? ······정말 나를 향해 달려오는 것일까? 왜? 날 죽이려고? 아무 상관도 없는 나를?》 그는 어머니와 가족, 친구들이 자신을 얼마나 사랑했는지 떠올리면서 적이 그런 자신을 절대 죽일 리 없다고 생각했다.〉[450]

노먼 메일러는 1944년 일본군이 점령한 태평양의 한 섬에서 군인 헤네시가 느낀 불안에 대해 이렇게 쓴다. 〈훌쩍거리며 참호에 누워 있던 그는 두려움에 떨며 운명을 원망했다. 그러다 다시 포탄이 터지자 아이처럼 비명을 질렀다. 「그만해, 제발 그만하라고!」 허벅지가 뜨겁고 축축했다. 처음엔 부상을 당했다고 생각했다. 편안하고 평화로운 기분이 들면서 문득 야전 병원 침대가 떠올랐다. 그러나 정신을 차리자 자신이 오줌을 쌌다는 사실을 알아차렸다. 불쾌하면서도 유쾌했다. ······그는 킥킥거렸다. ······이어 기분이 좀 나빠졌다. ······남들이 자신을 혼자 내버려 두고 간 건 아닐까 하는 의심이 솟구쳤다. 「토글리오 하사님!」 그는 소리쳤다. ······대답이 없었다. ······혼자였다. 혼자 있다는 사실에 끔찍한 공포가 밀려왔다.〉그래서 헤네시는 급히 동료들에게로 달려갔고, 일본군의 유산탄이 그의 머리통을 박살 냈다.[451]

노먼 메일러는 한밤의 정글에서 혼자 보초를 서는 병사가 느끼는 불안감에 대해서도 인상 깊게 묘사했다. 싫은데도 어쩔 수 없이 보초 근무를 서게 된 미군 병사 로스는 머리카락을 곤두세운 채 주변에서 나는 소리에 귀를 기울인다. 동물들이 부스럭거리는 소리, 풀벌레 우는 소리, 바람에 속삭이는 나뭇잎 소리……. 문득 보초 수칙이 떠오른다. 정신을 놓고 있다가는 일본군이 소리 없이 다가와 뒤에서 보초의 목을 가른다는…….[452]

혼자 남겨졌다는 기분, 그러니까 그렇지 않아도 억지로 끌려간 군에서 기댈 곳이 전혀 없다는 것은 군인이 처한 가장 터무니없고 소름 끼치는 상황이다. 〈광활하고 황량하게 펼쳐진 이날 밤은 섬뜩하리만치 적막했다. 이런 어둠 속에서 보초나 길 잃은 낙오병을 만나면 인간이 아닌 악마를 만난 것처럼 섬뜩했다. 마치 익숙한 세상 경계 저편의 거대한 폐허를 헤매고 다니는 느낌이었다〉(에른스트 윙거, 『강철 폭풍 속에서』).[453]

그런데 이보다 더 끔찍한 상황이 있다. 군대 전체가 걷잡을 수 없는 도주 충동에 사로잡혀 공황 장애에 빠지고, 인간 본능을 군사적 목적에 어울리는 길로 이끌어야 할 모든 군사 시스템이 무너지고, 도주하는 군대가 적에 의한 파괴보다 더 심각한 자기 파괴 행위를 저지르는 상황이 그렇다. 1812년 겨울 나폴레옹 대육군이 딱 그런 상황에 빠졌는데, 역사를 돌아보면 거의 모든 전쟁에 그런 통제 불능의 집단 도주가 있었다. 이것은 그때까지 간신히 균형을 잡고 있던 군사적 시스템의 요란한 붕괴였고, 강압적 질서의 파괴 뒤에 나타나는 카오스였다. 이 카오스는 질서와 규율 이전에 존재하는 어떤 혼란보다도 더 나빴다.

〈좁은 길은 깜짝 놀라 날뛰는 말들과 아우성치는 남자들로 그야말로 아수라장이었다.〉 불 런 전투(1861)에서 도주하는 북군의 모습을 지켜본 목격자의 진술이다. 〈노새와 짐수레 말에 올라탄 보병들, 마구가 벗겨진 채 기병들과 마찬가지로 겁에 질린 말들, 주인의 말에 올라탄 흑인 하인들, 다치지 않은 군인들이 점령한 구급 마차들, 짐수레에 올라타 자리를 만들려고 길거리로 짐을 던지는 병사들, 거기다 서로 먼저 걸어가려고 고함을 치고 욕을 퍼붓는 사람들, 이 모두가 뒤섞여 도로는 발 디딜 틈이 없었다. ……자원병들은 무기와 장비를 버리기 시작했다. 그래야 이 경주에서 훨씬 유리한 기회를 얻을 수 있다는 듯이.〉[454] 공황 상태는 심지어 승리를 코앞에 둔 군대 안에서도 생길 수 있다. 1944년 12월 독일군의 아르덴 공격 때 도망치기 바빴던 미 8군단이 그랬다.

인간적으로 볼 때 공황 장애는 비극이다. 그것은 적에 의한 부상과 죽음의 위험에서 벗어나려는 시도임에도 적에 의한 공격보다 더 큰 고통을 안겨 주기 때문이다. 부상과 죽음의 위험에서 벗어나려는 시도는 지극히 자연스럽고 전적으로 공감할 수 있다. 물론 일리아드 같은 전쟁 문학은 인류에게 정반대의 성향을 집어넣으려고 노력하지만 말이다. 그러나 누구나 영웅으로 태어나지는 않는다. 그렇다면 군인들이 자기 뜻과는 달리 적의 대검 앞에 자신의 온전한 육신을 내놓으려면 대체 야망이 얼마나 커야 할까?

2차 대전에서 수많은 미군 병사가 적에게 총을 쏘지 못한 것도 불안 때문이었을까? 각 전투에서 미군이 소지한 무기가 실제로 사용된 비율은 평균 15퍼센트밖에 되지 않았다. 〈전투력이 특히 뛰어난 중대의 경우에만 적의 강력한 압박이 있을 때 그 수치가 드물게 25퍼센트를 넘어갔다. 작전 개시부터 종결까지 투입된 전 부대원들을 기준으로 계산했을 때 말이다.〉[455]

1947년 이처럼 어안이 벙벙할 정도로 당혹스러운 사실을 조사한 사람은 평범한 민간 학자가 아닌 미군의 공식 전쟁사가인 S. L. A. 마셜Marshall 대령이었다. 어쩌면 군인이 되기 전 저널리스트로 활동한 그의 경력이 귀감이나 소망으로서의 군인이 아닌 있는 그대로의 군인 모습에 주목하게 만들었는지 모른다. 어쨌든 이 조사를 통해 분명히 드러나는 게 있다. 총을 쏘아야 할 군인이 총을 쏘지 않은 가장 큰 이유는 자신이 죽는 것에 대한 두려움이 아니라 타인을 죽이는 것에 대한 두려움, 즉 모든 문명사회에서 철저히 금기시하는 살인에 대한 두려움이라는 사실이다. 결국 현대전의 인간 사냥은 전사뿐 아니라 사냥꾼도 잘 만들지 못한다. 대다수 군인은 그저 사냥 몰이꾼에 지나지 않는다. 그들은 셰익스피어의 『헨리 5세』에 나오는 하사관 님Nym처럼 행동한다. 님은 말한다. 「나는 싸우고 싶지는 않지만 눈을 감고 창을 내밀고 있을 수는 있어.」[456]

경계선은 분명해 보인다. 군인들 가운데 호전적 유형과 진정한 〈전사〉, 즉 25장에서 언급한 광전사 같은 거친 인간은 대개 소수였다. 그것은 보편적 병역 의무제와 함께 원치 않는 민간인들에게 강제로 군복을 입히기 전부터 그랬다. 그렇다면 병역 의무병들의 전투욕이 미미하다는 사실에 놀랄 필요는 없다.

군인답지 않은 태도는 고향에서의 높은 생활 수준과도 관련이 있어 보인다. 카이사르도 이 점을 벌써 꿰뚫고 있었다. 그는 갈리아에서 가장 용감한 족속으로 벨가이 족을 꼽으면서 〈이들이 로마 제국의 문명에서 가장 멀리 떨어진 곳에서 살고 있다〉는 점을 그 이유로 들었다.[457] 노먼 메일러의 작품에서 미국의 커밍스 장군은 이렇게 짚었다. 〈우리는 세계 최고 수준의 생활을 영위하고 있다. 그렇다면 강대국 중에서 가장 형편없는 전사를 보유하고 있는 것도 무리가 아니다.〉[458]

미군은 신병에게 사격 훈련을 시킬 때 처음부터 사람 형체를 표적지로 사용하지 않고 여러 단계를 거쳐 사람 형체로 접근하도록 정책을 바꾸었다. 또한 사격할 대상도 적이나 군인으로 부르지 않고 〈목표물〉이라고 하거나 〈적 화력의 제압〉이라고 말한다. 기관총이 도입된 뒤로 총 한 방으로 적을 죽일 가능성은 최소치로 떨어졌다. 물론 소총을 난사해도 그 가능성은 어차피 현저히 낮았지만 말이다. 예를 들어 미군은 베트콩 한 명을 죽이는 데 평균 총알 5만 발을 사용했다.

저격병의 경우는 그 비율이 1.4:1로 높아졌다(지금도 이보다 더 높지는 않을 것으로 추정된다). 즉 7발을 발사해 5명을 죽인 것이다. 살아 있는 사람을 목표물로 인식하고, 명백한 살해 의지를 실행으로 옮기는 기술, 그것도 근접전의 혼란 속에서가 아니라 냉정한 정확성으로 실행하는 이 일을 맡을 수 있는 사람은 많지 않다. 그래서 저격병은 대부분 자원병이고, 그 일 자체를 즐길 때가 많다. 종종 다른 동료들부터 기피 대상이 되는 것도 그 때문이다.

앞서 말한 모든 것에서 〈용기〉라고 할 만한 것이 있을까? 그림 형제가 펴낸 독일어 사전은 용기를 〈모험과 위험에 맞서는 굳건한 마음〉으로 규정했고, 클라우제비츠는 〈야망과 조국애, 온갖 종류의 감격과 같은 생동적인 심적 자극〉에서 비롯된 〈가장 필요하고 고귀한 전사의 미덕〉이라 불렀다. 심지어 그는 만용, 〈즉 아무 목적이 없는 무모함조차 경시해서는 안 된다〉고 덧붙였다.[459]

쇼펜하우어에게 용기는 〈단순한 하사관 미덕〉이었고,[460] 몽테뉴에게 용기는 조롱의 대상이었다. 몽테뉴는 에세이 「잔인함에 관하여」에서 한 이탈리아 귀족의 입을 빌려 이렇게 말한다. 〈이탈리아 사람들은 통찰력과 상상력이 어찌나 대단한지 우연한 사건과 위험조차 미리 알아채는 재주가 있다. 전쟁에서…… 위험을 발견하기도 전에 안전하게 대피하는 것이 전혀 이상하지 않을 정도로 말이다. 상대적으로 후각이 덜 날카로운 프랑스와 스페인 사람들은 좀 더 과감하게 앞으로 나아가는 편이지만, 갑작스레 닥친 위험에 놀라 주춤하는 일이 없도록 사전에 위험을 잘 통제하고, 그 뒤부터는 더는 멈추지 않는다. 하지만 독일과 스위스 사람들은…… 뭔가 더 나은 것을 깊이 생각해 낼 재치가 별로 없다. 그건 몽둥이 세례를 내려도 별로 바뀌지 않는다.〉[461]

그렇다면 용기란 무엇일까? 1916년 2월 25일 요새 뒤쪽이 열린 것을 확인하고 부하 두 명만 데리고 세계 최강으로 불리던 베르됭 요새의 두오몽 보루를 과감하게 기습한 독일군 상사 펠릭스 쿤체의 행동이 용기일까? 또는 1855년 치열한 근접전 와중에 세바스토폴 앞에서 전투 소음을 뛰어넘는 스텐토르*의 우렁찬 목소리로 찬송가 「오, 주여, 주의 종들을 구하소서!」를 부른 러시아 종군 사제 사비노프의 행동이 용기일까?

아니면 공수 부대와 권투 챔피언 출신으로 자카르타 주재 영국 대사관 무관이던 프레더릭 워커의 행동이 용기일까? 그는 1963년 폭도들이 대사관으로 몰려왔을 때 빗발치는 돌멩이와 최루탄에도 아랑곳하지 않고 의연하게 대사관 앞을 오가면서 경찰과 시위대의 만류를 뿌리치고 힘차게 백파이프를 불었다. 어떻게 보면 정말 아무짝에도 쓸모없는 행동이었지만, 영국 외교관들은 제국의 품위를 유지하는 데 도움이 되었다고 생각한다.[462]

자신이 생사의 위험에 처해 있다는 사실을 인지하지 못하거나 위험이 초래할 재앙의 범위를 가늠할 만큼 상상력이 없는 사람은 당연히 용기가 필요 없다. 세네카는 말한다. 〈이성이 없는 자는 당연히 죽음을 두려워하지 않는다.〉 계몽주의 시대의 외교관이자 작가인 아베 갈리아니Abbé Galiani도 이렇게 덧붙인다. 〈분별 있는 사람은 결코 용감하지 않다. 그들은 신중하고 정도를 안다. 그건 원래 겁이 많다는 뜻이다. 반면에 용기 있는 자는 항상 어느 정도는 바보들이다.〉[463] 에른스트 윙거는 위험을 대하는 자신의 대범한 자세를 은근히 뻐기면서 〈미숙함의 용기〉에 대해 여러 차례 언급했다. 〈나는 철모를 눌러쓴 채 파이프 담배를 물고…… 용기에 대해 사색했다.〉[464]

군사적으로 유용하고 웬만큼 개념 정의가 가능한 용기의 형태는 적의 사기를 꺾는 용기였다. 과거의 몽골 족처럼 스스로를 무적으로 여기고, 연이은 승

---

* 트로이 전쟁에서 50명의 목소리를 합친 것만큼 큰 목소리를 지녔던 전령.

리와 승리에 대한 절대적인 확신을 적의 항복으로 연결시킬 줄 아는 전사 집단은 늘 승리했다. 스웨덴의 칼 12세도 그런 형태의 용기에 힘입어 잘 무장한 적군을 한 번 이상 격퇴했다. 프리드리히 대왕은 칼 12세의 그런 면을 칭송했고, 그 자신도 비슷한 승리를 여러 번 거두었다. 알프레드 드 비니는 이렇게 썼다. 〈상대가 유명한 적을 지나치게 우러러볼 경우 그 적은 이미 접근만으로도 반쯤 이긴 것이나 다름없다.〉[465]

1939년 프랑스에서는 〈단치히를 위해 죽을 이유가 있을까?〉라는 구호가 널리 퍼져 있었고, 이 물음에 내재된 나약한 심리와 함께 프랑스는 이미 1940년의 전쟁에서 졌다. 거기다 폴란드와 노르웨이, 네덜란드, 벨기에에서 거둔 독일의 전격적인 승리로 사기까지 떨어졌다. 변함없어 보이는 히틀러의 행운에 대한 일종의 공포가 독일군 첫 사단이 국경을 넘기도 전에 이미 적에게 승리를 내준 것이다. 클라우제비츠는 말한다. 전투란 〈적군을 죽이는 것이라기보다 적의 용기를 꺾는 것이다〉.[466]

용기는 동기야 어떻든 군사적으로 유익한 감정 상태에 대한 폭넓은 상위 개념으로서 노획물과 명성, 복수, 쾌락과 모험에 대한 기대감으로 더욱 촉진된다. 그러나 병역 의무군에서는 그런 것에 이끌려 생사를 걸고 전투를 벌이는 사람은 항상 소수에 불과하다. 게다가 그런 소수도 일단 철저한 상명하복과 획일화된 전투 기구로의 편입을 통해 쓸 만한 군인으로 만들어지는 과정을 감수해야 한다.

그렇다면 장군과 장교, 하사관들은 어떻게 병사들을 쓸 만한 군인으로 만들어 냈을까? 그러기 위해 얼마나 교활하고 잔인한 방법을 동원했으며, 어떻게 그 많은 남자들 스스로 본능을 부인하게 만들었을까? 태생적으로 전사와는 거리가 멀고, 그것도 억지로 끌려온 사람들을 말이다. 이 테마는 다음 장들에서 다루겠다.

17. 1941년 독일군의 모스크바 진격은 러시아의 겨울 혹한으로 무산되었다. 이듬해 겨울 스탈린그라드가 잠시 독일의 수중에 떨어졌고, 이제 세 번째 겨울이 시작되고 있다. 1943년 12월 레닌그라드 앞이다.

18. 전쟁이 존재한 이후 포로는 가혹한 운명에 내맡겨졌다. 고대의 포로들은 평생 노예로 살아야 했다. 1941~1942년 독일군에 잡힌 소련군 포로 5백만 명 가운데 절반가량이 목숨을 잃었다. 말살 의지와 인간 경시, 보호 시스템의 붕괴로 많은 사람이 굶어 죽었다. 사진은 크림 반도에서 잡힌 소련군 포로 1만 명이다.

19. 1942년 처칠은 하원 연설에서 〈전쟁의 참혹함을 떠나 이런 말을 해도 된다면〉 하고 단서를 달면서 독일의 에르빈 로멜 원수를 가리켜 〈위대한 야전사령관〉이라고 불렀다.

20. 해전. 1941년 최현대식 영국 전함 〈프린스 오브 웨일스 호〉가 일본군의 폭탄과 어뢰 공격을 받고 싱가포르 앞바다에 가라앉으면서 수병 327명이 함께 수장되었다.

21. 소련군의 포위로 스탈린그라드에 갇힌 독일군. 눈보라가 치는 가운데 수송기에서 완두콩 가루를 내리고 부상자들을 싣고 있다. 독일군 6만 명 이상이 죽었다.

22. 독일군 포로 11만 명이 터벅터벅 걷고 있다. 몇 주 안에 3분의 2가 죽었다. 이미 굶주릴 대로 굶주렸고 티푸스와 이질에 대한 저항력까지 떨어진 상태였다.

23. 1943년 7월 쿠르스크 전투에서 전차 뒤를 따라가는 소련군. 독일은 여기서 스탈린그라드 전투 다음으로 크게 졌고, 이때부터 희망 없는 내리막길을 걸었다.

24. 1944년 10월 히틀러는 마지막 징집령을 내려 14세의 아이들까지 〈국민돌격대〉에 편성시켰다.

25. 1944년 10월 일본의 마지막 징집령. 가미카제 자살 특공대. 1,100명이 죽었다.

26. 1945년 5월 8일 불타는 독일 제국 의회. 마침내 독일군은 백기를 들었다. 베를린을 두고 벌어진 마지막 전투에서 독일과 소련 양쪽 합쳐 17만 명이 죽었다. 사진 속의 군인은 살아 있지만 그것도 잠시일지 모른다. 곧이어 진격해 온 붉은 군대에 포로로 잡힌 독일군 중에서 110만 명이 살아서 돌아오지 못했다.

27. 1954년에 제작된 헨리 무어의 동상 〈방패를 든 전사〉. 미화되지 않은 진정한 전사의 모습이다. 팔 하나, 다리 하나, 두 눈이 없다. 이것이 전쟁이다. 만하임 박물관과 워싱턴 국립미술관에 소장.

5부

무엇으로 강요하고 속여 넘겼을까?

29. 가시로

군대의 면류관은 가시 면류관이고,
그 가시들 중에서 가장 고통스러운 것은 복종의 가시이다.
알프레드 드 비니

용병이건 전사건 군인이건, 천성이 싸우는 걸 좋아하건 강제로 군복을 입었건 일단 군에 들어오면 모두 복종해야 했다. 그렇지 않으면 군대는 전투를 준비할 수 없다. 늘 소수가 명령을 내리고 통제하고, 다수는 이유를 막론하고 지시에 따라야 했다. 대부분은 끔찍한 처벌이 두려워 복종했고, 일부는 냉정한 계산에서 복종했다. 심지어 어떤 경우는 많은 사람이 열광적으로 즐겁게 복종하기도 했다. 이런 열광적인 복종의 정점은 오늘날까지도 참으로 이해하기 어려운 일이지만, 1939년 베를린 제국 의회 앞에 모인 수십만 시민들의 행동이었다. 그들은 〈총통이 명령하면 우리는 따른다!〉고 목이 터져라 외쳐 댔던 것이다.

타고난 전사라고 해서 처음부터 좋은 군인은 아니다. 그들 역시 먼저 군대 질서에 순응하고, 시키는 대로 움직이고, 공격성을 일정한 방향으로 분출시키고, 때로는 전투욕을 수 주일 동안 억제하고 있다가 명령이 떨어지면 바로 폭발시킬 수 있는 법을 배워야 한다. 그것도 건강한 본능을 가진 맹수라면 누구나 두려워 뒷걸음질을 칠 정도로 강한 적을 향해서 말이다. 심지어 그런 명령을 내린 사람이 평소에 죽이고 싶을 정도로 싫어하는 상관이라도 해도 무조건 복종하는 데 길들여져 있어야 한다.

〈맹목적인 복종〉 하면 사람들은 〈프로이센〉을 떠올린다. 그러나 프로이센의 다른 많은 풍습에 대한 세상 사람들의 고정 관념과 마찬가지로 이것 역시 옳기도 하고 틀리기도 한다. 그런 측면에서 프로이센은 대중 홍보에서 완전히 실패한 사례다.

우선 옳은 측면부터 얘기해 보자. 프리드리히 빌헬름 1세가 세운 엄정한 복종의 원칙은 세속 영역에선 스파르타 이후 처음이었다. 병사는 장교에게, 장교는 국왕에게, 왕은 신에게 복종해야 했다. 무조건적인 복종 의무에 대한 의심은 신성하게 정해진 질서를 뒤엎는 행동이자, 왕에 대한 범죄이자, 신의 뜻을 거스르는 죄악이었다. 프리드리히 대왕은 1752년의 유언장에서 이렇게 썼다. 〈남자는 군대에서 맹목적인 복종을 배우면서 만들어진다.〉 이번에는 1768년의 유언장을 보자. 〈기강은 복종과 정확성을 근간으로 한다. 그것은 장군에서 시작해 북 치는 병사에게서 끝나는데, 그것의 토대는 명령에 따르는 것이다. 하급자는 절대 상급자의 말에 이의를 달아서는 안 된다.〉[467] 이런 원칙에 근거해 프로이센 군대에서는 사소한 잘못을 저질러도 태형 20대나 채찍질, 족쇄 같은 형벌이 내려졌고, 도박과 음주에는 곤틀릿*이 가해졌다.

그럼에도 프로이센 군대를 〈맹종〉의 화신으로 떠올리는 것은 옳지 않다. 우선 프로이센의 복종이 언제나 맹목적이었던 것만은 아니고, 다른 한편으로는 그것이 설사 맹목적이었다고 하더라도 그런 복종과 그것의 관철을 위한 엄격

---

* 잘못을 저지른 병사를 양쪽으로 늘어선 동료들 사이로 지나가게 한 뒤, 동료들이 그 병사를 곤봉이나 채찍으로 때리는 형벌.

한 형벌이 결코 프로이센만의 특수성은 아니었기 때문이다. 맹종Kadavergehor-sam은 원래 악명 높은 〈시체Kadaver의 복종gehorsam〉이라는 말에서 시작되었다. 이것은 군대가 아닌 예수회 교단의 규정에서 나온 말인데, 모든 예수회 수사는 아무 의지 없는 시체처럼 고위 성직자의 중개를 통해 신에게 절대적으로 복종해야 한다는 뜻을 담고 있었다. 세속적인 시체의 복종은 고대에도 이미 존재했다. 1515년 마키아벨리는 무자비하게 명령을 따르게 하는 한니발의 단호한 면을 흡족해했다. 〈군주가 전장에 나가 군대를 통솔할 때는 잔인하다는 악평을 두려워해서는 안 된다. 그런 악평 없이는 군대를 결집할 수도, 기율을 세울 수도 없다. 한니발의 놀라운 업적 가운데 특히 주목할 것은 수많은 인종이 섞인 대규모 군대에서 단 한 번도 갈등이 불거지지 않았다는 사실이다. ……그것은 오직 한니발의 비인간적인 잔인함이 있었기에 가능했다. 이런 잔인한 면이 그의 비범한 능력과 합쳐져 병사들의 눈에 그는 존경스럽고 두려운 존재로 비쳤다. ……근시안적인 저술가들은 이런 행위를 경탄하면서도 다른 한편으로는 그 행위의 주원인을 질책한다.〉[468]

갈리아인 베르킨게토릭스는 카이사르에 대한 봉기를 준비하면서 엄격한 규율을 강조했다. 그래서 규율을 세우기 위해 중대한 위반 시에는 죽음에 이르는 고문을 가하고, 가벼운 위반 시에는 한쪽 귀를 자르거나 눈을 파내는 형벌을 내렸다. 러시아군과 나중의 붉은 군대 역시 시체의 복종과 그것을 관철시킬 잔인한 형벌로 유명했다. 특히 그중에서도 러시아 하사관이 가장 악명 높았다. 〈러시아 군인들은 고위 장교들에 대해 경외심이 워낙 뿌리 깊어서 적장인 조아생 뮈라Joachim Murat 원수에게조차 군인으로서의 예를 갖추고 받들어총을 하는 경우가 자주 있었다.〉 폴란드 장군 로만 솔티크가 스몰렌스크 전투(1812)에 대해 쓴 글이다.[469]

군 역사를 통틀어 가장 악명 높고 영향력이 지대했던 학대자 중 한 사람은

1806~1810년까지 러시아 차르 치하에서 전쟁장관을 지낸 알렉세이 아락체예프 장군이었다. 톨스토이에 따르면 그는 〈보병들의 콧수염을 직접 잡아 뜯을〉 정도로 잔인했지만, 〈정작 본인은 경미한 위험도 견디지 못할 정도로 소심한 인간이었다〉.[470] 스페인 내전에서는 공산주의자들에 장악당한 군 정보기관 SIM이 복종을 거부하는 공화파 군인들을 죽도록 고문했다.

잔인한 형벌로 악명 높았던 영국 해군도 19세기까지 맹목적인 복종이 지배했다. 그래서 다른 나라 병영에서는 벌써 오래전에 전근대적인 형벌이 사라졌을 때도 여전히 채찍질과 킬홀링* 같은 형벌이 시행되었다. 외인부대를 포함해 프랑스 식민지 군대도 최근까지 부분적으로 고문 같은 잔인한 수단을 써가며 복종을 강요한 야만적인 군대의 온상이었다.

미국 군대에서도 1861년까지 곤틀릿을 비롯해 채찍으로 때리거나 기둥에 묶어 두는 형벌이 행해졌다. 남북 전쟁 기간에 북군이 사용한 징계 수단으로는, 형구에다 단단히 묶어 두기, 재갈 물리기, 두 팔을 벌리게 해서 대포 바퀴에 묶기, 좁은 상자에 가두기(공기가 잘 통하지 않는 관 같은 상자에 몇 시간 동안 감금했다) 등이 있었다. 노먼 메일러의 소설에서 커밍스 장군은 이렇게 말한다. 「내 밑으로 어떤 인간이 오든 상관없어. 어느 정도 데리고만 있으면 얼마든지 비겁한 인간으로 만들 수 있어. 군은 다들 자기보다 높은 사람을 무서워하고 자기보다 낮은 사람을 경멸할 때 가장 잘 돌아가는 법이지.」[471] 1957년 미국 사회학자 맥스 러너는 뭐라고 했던가? 〈장교 후보생의 인격은 일단 허물어진 다음 자신의 억눌린 공격성을 부하들에게 발산함으로써 스스로 안도감을 느끼는 과정을 통해 다시 조립된다.〉[472]

그런데 프로이센의 복종이, 아니 최소한 국왕에 대한 장군들의 복종이 항상

---

* 죄 지은 사람을 밧줄에 매달아 뱃전 너머로 던진 뒤 배 아래를 지나가게 하는 형벌.

맹목적이지만은 않았음을 보여 주는 사례는 많다. 이를테면 자이틀리츠 장군은 초른도르프 전투(1758)에서 아직 때가 되지 않았다고 판단하고, 세 차례나 거듭된 프리드리히 대왕의 공격 명령을 따르지 않았다. 결국 왕이 당장 공격에 나서지 않으면 명령 불복종으로 처리겠다고 통보하자 장군은 곧바로 전령을 보내 죽이더라도 전투가 끝난 뒤에 죽여 달라고 청했다. 그리고 그는 승리함으로써 목숨을 유지할 수 있었다.

이것은 군이 복종의 문제, 그것도 긍정적 결과로 이어진 복종 거부의 문제를 어떻게 다루는지를 보여 준 하나의 사례였다. 그러니까 〈반란〉이라고 부를 만큼 큰 규모의 명령 거부(40장에서 다룰 것이다)나 즉시 형벌에 처해질 일반 병사의 개인적인 불복이 아니라 승리를 부른 거부 말이다. 이것은 드물지만 분석해 볼 가치가 있다. 군의 기본 원칙들이 이 속에서 충돌하고 교차하고 어긋나기 때문이다. 즉 군은 전투에서 승리하는 것이 목표이고, 승리하려면 복종이 필수적이다. 그래서 복종하지 않으면 승리도 없어야 하지만 복종하지 않았는데 승리할 경우는 어떻게 해야 할까? 복종하지 않으면 승리해서도 안 된다는 걸 엄격히 지킨 군대는 프로이센이 아니라 중국과 로마였다.

『손자병법』에 대한 고대 중국의 한 주석을 보자. 〈돌진해야 하는데 돌진하지 않거나, 후퇴해야 하는데 후퇴하지 않은 자는 참수된다.〉 이 글을 쓴 시인 두목(杜牧)은 명령 없이 공격해서 적군 수 명의 목을 잘랐지만 결국 처형당한 한 용감한 장교의 이야기를 덧붙였다. 장군이 말했다. 〈나는 이 장교가 유능하다고 확신한다. 그러나 그는 복종하지 않았다.〉[473]

카이사르는 로마에 막대한 손실을 안긴 게르고비아 전투(기원전 52) 후 〈로마 병사의 지나친 전투욕과 무분별함〉을 질책했다. 〈그들은 후퇴 신호에도 멈추지 않았다. 참모장교와 부군단장도 그들을 제지할 수 없었다. ……나는 그들의 기백을 높이 샀지만 그들의 무기강과 월권을 책망할 수밖에 없었다. 아무리 용감한 병사라고 하더라도 전투 결과에 대해 장수보다 더 정확한 판단을 내릴 수는 없기 때문이다.〉[474]

물론 명령은 어겼지만 결과가 영웅적 행위와 승리로 나타났을 경우는 대개 관대한 처분이 내려졌다. 부제독 넬슨은 1801년(덴마크의 수도를 포격하기 6년 전이다) 코펜하겐 앞의 해전에서 상관의 후퇴 명령에 따르지 않으려고 누구도 흉내 내지 못할 기발한 방법을 썼다. 제독의 신호를 확인하려고 망원경을 든 넬슨은 기함에 후퇴 신호 깃발이 올라가는 순간 1794년에 실명한 그 눈 위에 다 망원경을 갖다 대고는 신호를 못 본 척했던 것이다.

심지어 브란덴부르크의 장군이면서 홈부르크의 왕자였던 프리드리히는 1675년 페르벨린 전투에서 주군의 명을 어기고도 나중에 칭찬까지 받았다. 명령을 거스르고 스웨덴을 공격한 것이 브란덴부르크의 승리에 기여한 것이다. 전투가 끝나자 선제후 프리드리히 빌헬름이 그를 불렀다. 「전시법으로 엄정히 다루자면 그대에게 죽음을 내려야 마땅하겠지만 신의 가호가 있어, 내 승리에 탁월하게 기여한 장수의 피를 이 손에 묻히지 않게 되었소.」 이 말과 함께 선제후는 앞으론 좀 더 신중하게 행동하라고 당부한 뒤 따뜻하게 안아 주면서 무한한 존중과 우의를 표했다.[475]

좌절한 프로이센 장교 출신의 하인리히 폰 클라이스트는 1809년 빈약하고 별로 독창적이지도 않은 이 이야기를 드라마의 소재로 삼았다. 그러니까 명령과 성공의 첨예한 충돌을 드라마의 핵심 갈등 구조 속에 넣고 대담하고 복잡하게 버무린 것이다. 그러나 이 작품은 베를린과 빈의 궁정 극장에서 단칼에 상연을 거절당했고, 작가가 죽은 지 10년이 지나서야 초연이 이루어졌다.

드라마에서 대제후는 이런 지시를 내린다. 홈부르크의 왕자는 모든 사람들로부터 승리자로 칭송받아 마땅하지만, 다른 한편으론 명령 불복종으로 처형되어야 한다. 다만 자신의 행동이 옳지 않았음을 인정하면 사면을 받을 수 있다. 그러나 왕자는 그것을 원치 않는다.

> 저는 제가 위반한 신성한 전쟁의 법을
> 군대가 보는 앞에서
> 자발적인 죽음으로 찬양하고자 합니다![476]

명령을 위반한 자가 스스로 죽음을 청하는 것, 이것이야말로 대제후가 진정 듣고 싶어 하던 말이었다. 명령은 신성하고, 명령을 따르지 않은 자는 살아남을 가치가 없다는 것이다. 이로써 명령과 복종의 이상은 저 높은 곳에서 활짝 웃음 짓고, 왕자는 사면을 받는다.

그런데 실제로 프로이센뿐 아니라 클라이스트 소위도 뭔가 대단하게 비칠 만큼 그렇게 비인간적이지 않았다. 클라이스트는 군을 떠나기 직전인 스물한 살 때 군대의 모든 규율에 대해 경멸을 털어놓았다.

〈내 본성과 너무 달라 마음으로 끌린 적이 한 번도 없는 군인이라는 신분이 너무 싫어서 군인의 목적을 위해 무언가 함께한다는 것이 서서히 괴로워졌다. 아는 사람들은 모두 놀라워하는 군사적 규율의 크나큰 기적이 내게는 끔찍한 경멸의 대상이 되었다. 내 눈에 장교들은 수많은 훈련 교관으로, 병사들은 수많은 노예로 비쳤고, 연대 전체가 훈련할 때는 폭정의 살아 있는 기념비를 보는 듯했다.〉[477]

엘리아스 카네티는 이렇게 썼다. 〈모든 명령은 억지로 따라야 하는 사람의 마음속에 쓰라린 가시를 남긴다. 군인에게는 그런 가시가 분명 어마어마하게 쌓여 있을 것이다. ……이런 상태의 변화는 진급을 통해서만 가능하고, 상관이 되면 가슴속에 쌓여 있던 가시들이 이제 부하에 대한 명령으로 표출된다.〉[478] 이번에는 사회학자 볼프강 조프스키Wolfgang Sofsky의 말을 들어 보자. 〈군인은 수많은 계명과 금지에 둘러싸여 있어서 명령을 받는 순간 식물처럼 정체되어 있던 행위 욕구가 신속하게 밖으로 실행된다. ……명령은 결코 외적인 강요만은 아니다. 그것은 사람을 행동하게 하거나 죽이게 하는 특별 허가증이기도 하다.〉[479]

1793년 툴롱 함락 뒤 한 장군은 공안 위원회에 출석해 스물네 살의 포병 대위 보나파르트에 대해 이렇게 보고했다. 「이 젊은이를 포상하고 진급시켜야 합니다. 보나파르트 대위는 고마움을 표하지 않으면 스스로 진급할 사람입니다.」[480] 나폴레옹은 즉시 준장으로 진급했다. 알프레드 드 비니에 따르면 그는 사람들이 자신에게 단순히 복종하는 것만으로는 성이 차지 않았다. 아니, 〈거기서 더 나아가 마치 그런 명령을 간절히 원했던 사람처럼 온 마음으로 복종하길 원했다.〉[481]

사령관에게서 승리자의 아우라가 마구 뿜어져 나올 때 부하들이 실제로 온 마음으로 복종하는 일도 있었다. 하지만 전쟁사에서는 죽음으로까지 걸어 들어가는 맹목적인 복종도 있었다. 피도 눈물도 없던 프랑스의 페르디낭 포슈와 독일의 에리히 루덴도르프 장군이 각자 마지막 남은 예비대를 전장으로 끌어들여 수만 명을 죽음으로 내몬 1918년이 그 정점일 것이다. 히틀러가 제6군에 죽음으로 스탈린그라드를 지키라고 명령을 내리기 전까지는 말이다. 어쨌든 그만큼 무자비하고 잔인한 명령은 일찍이 없었다. 승리는 포슈에게 돌아갔지만, 브리태니커 백과사전은 루덴도르프의 〈초인에 가까운 불굴의 실행력과 추진력〉을 치켜세웠다.[482]

그런데 꼭 누가 누구에게 명령을 내려야 하는 것일까? 스페인 내전 중에 공화파 진영에서는 무정부주의자와 국제여단의 많은 구성원들이 상관에 대한 경례 의무를 폐지하고, 음식과 봉급 면에서 장교와 병사를 똑같이 처우해 줄 것을 요구했다. 게다가 일 년에 한 번씩 〈카마론 전투 기념일〉에 프랑스 외인

부대 안에서 일어나는 일을 꿈꾸는 군인들도 무수하다. 이날에는 장교들이 병사들의 아침 식사를 침대로 가져다주었던 것이다.

사실 이런 종류의 일, 즉 장교와 병사에게 동일한 식사를 제공하고 부하들이 상관을 선택하는 일은 역사적으로 벌써 여러 번 있었다. 이것은 그리스 용병 부대에선 일반적인 일이었고, 젊은 한니발이 병사들에 의해 임시 사령관으로 뽑혔다가 백성들에 의해 확정된 카르타고에서도 마찬가지였다. 로마 말기에는 황제도 군인들에 의해 임명되었고, 1917년 소련에서는 적위대들이 장교를 직접 선택했다(너무 자구대로 해석된 이런 공산주의 원칙은 1919년에 다시 폐지되었다). 표트르 대제는 한동안 자발적으로 일반 군인으로 복무했고, 18세기의 프로이센 귀족들은 장교 경력을 하인들과 똑같이 신병 생활부터 시작했다.

봉건적 서열이 무너지고, 명령이 저 위의 초월적 권력에서 나온다는 믿음이 사라진 뒤로는 복종만 어려워진 것이 아니라 명령하는 자의 자기 확신도 타격을 받았다. 클라우제비츠의 다음 말을 믿는 사람이 아직도 있을까? 〈한 지역의 큰 도로들이 집결하는 곳에 있는 오벨리스크처럼 전술의 중심에도 자랑스러운 정신의 확고한 의지가 군왕의 자태로 우뚝 솟아 있다.〉[483] 오스발트 슈펭글러의 말은 또 어떤가? 〈지존은 행동이 아니라 명령에 그 본질이 있다. 이를 통해서야 개인은 자신을 넘어 활동적인 세계의 중심이 된다. 명령의 종류 중에는 복종을 자랑스럽고 자발적이고 고결한 습관으로 만드는 명령이 있다. 나폴레옹에게는 없던 명령이다. ……그러나 카이사르나 프리드리히 대왕처럼 완전한 인격체의 알파요 오메가에 해당하는 이 능력을 가진 사람은 전투가 벌어지는 날 저녁이면…… 신비스러운 권력 감정에 빠진다. ……개인이 자기 자신을 운명과 세상의 중심과 동일하게 느끼는 순간이다.〉[484]

아르놀트 츠바이크Arnold Zweig는 1927년 유명한 소설 『그리샤 중사를 둘러싼 싸움』에서 시대정신을 좀 더 적확하게 포착했다. 〈나는 세상의 상하 관계를 증오하고 경멸한다. 지난 수천 년 동안 벌어진 모든 야만적인 행위는 바로 거기서 비롯되었다. 상하 관계는 악의 원칙이자, 자신의 뜻을 관철시키기 위해 자신의 인간됨만으로는 부족해서 위력이 필요했던 어리석은 아버지들의 원칙이자, 오늘날 유럽을 파멸의 구렁텅이로 빠뜨리고 있는 미친 노인네들의 원칙이다.〉[485]

그러나 어쩌면 우리는 명령하는 자들을 너무 과대평가하고 있는지 모르고, 〈명령〉이라는 말도 잘못 붙인 라벨이자 하나의 허깨비에 지나지 않을지 모른다. 톨스토이가 그런 논리를 폈다. 〈프랑스군이 후퇴했다고 해서 나폴레옹이 그것을 명령했다는 증거는 어디에도 없다. 오히려 그것은 전 군에 작용했다가 되밀려 온 힘이 나폴레옹에게도 동시에 작용했음을 증명하는 것인지 모른다.〉[486]

30. 혹독한 훈련으로

「우리는 여기서 사자들을 길들인다!」
교관들이 우리 앞에서 떠벌린다.
그러나 우리는 순진한 양이고,
양들에게는 그런 사자 취급이 몹시 가혹하다.
T. E. 로런스, 『압인기 아래에서』

    지상에서 내려진 모든 군사 명령을 통틀어 보면 개별적인 내용이야 어떻든 간에 한 가지 공통된 목적, 즉 훈련을 위한 명령이 가장 많은 것으로 드러나는데, 독일 제국에서는 이 훈련을 〈남자 양성〉, 오스트리아 제국에서는 〈조련 과정〉이라 불렀다.

    〈군인을 혹독하게 훈련시키다〉라는 뜻의 독일어 〈drillen〉은 고대엔 〈돌리다〉라는 뜻이었는데, 이 의미는 〈Drillbohrer(도래송곳)〉이라는 말에 아직 남아 있다. 〈돌리다〉라는 의미는 과거엔 좀 더 좁은 의미로 쓰였다. 범죄자를 길쭉한 새장 같은 곳에 집어넣고, 이 기구를 돌리면서 입을 쩍 벌리고 있는 대중들에게 보여 주던 것을 〈drillen〉이라고 했던 것이다. 마치 오늘날의 자동차 신모델 전시장처럼 말이다. 영어에서 〈drill〉은 일반적으로 〈구멍을 뚫는다〉는 의미이지만, 독일어와 마찬가지로 군인을 훈련시킨다는 뜻도 있다.

    군인이 되어야 할 사람은 명령이 잘 스며들도록 당연히 거칠고 모난 구석을 매끈하게 잘 다듬어야 한다. 그가 맨 먼저 배우는 것은 명시적으로 허락되지 않은 것은 원칙적으로 모두 금지되어 있고, 명령 없이는 서 있어도 걸어가서도 안 되고, 어떤 행동을 해야 할지 상관의 입이나 눈을 보고 읽어 내야 한다는 것이다. 야생마를 길들일 때 쓰는 말처럼 군인이 되려는 사람은 일단 〈부러져야 한다〉. 예전의 인간을 박살 내고 녹여 버린 뒤 군대가 원하는 새로운 인간 형태로 구워 내야 한다는 말이다. 미 해군과 그린베레, 네이비실에서는 지금도 그렇게 하고, 러시아와 중국도 다르지 않을 것이다.

타고난 전사 부족은 굳이 혹독한 훈련을 할 필요가 없었다. 그 밖에 어떤 민족은 인간애나 편안함의 이유에서 아들들을 혹독한 훈련에 내맡기는 것을 거부했고, 또 어떤 민족은 훈련의 군사적 유익함을 과소평가해서 훈련을 시키지 않았다. 이런 민족들은 스파르타와 로마, 프로이센, 일본처럼 혹독하게 훈련받은 군대에 의해 제거된 경우가 드물지 않았다.

군사 훈련에는 두 가지 목적이 있다. 하나는 전투 훈련인데 그 목표는 명확하다. 움직임의 메커니즘을 완전히 숙달하는 것이다. 그 메커니즘이 몸에 익으면 전투 부대는 최악의 육체적 심리적 부담 속에서도 팔랑크스와 산개 소대의 대형을 굳건히 유지하고, 전투 중에도 연병장에서 훈련할 때와 똑같이 명령에 따라 정확히 돌진하고 방향을 틀 수 있다.

또 다른 목적은 명령에 대한 절대 복종을 통해 군부대를 전쟁 수행의 완벽한 도구로 만드는 것이다. 군대는 처벌로만 병사들의 반항심을 없앨 수는 없다. 처벌은 기본적인 교육 수단이 실패했을 때 사용하는 임시방편일 뿐이다. 수천 명의 개인을 동시에 움직이고 동시에 고통받게 하면서 복종심을 심어 주고, 그래서 마지막엔 아웃사이더들까지 군대 고유의 법칙에 종속된 한 덩어리로 담금질하는 것, 이것을 심신이 지칠 때까지 매일 밀고 나가는 것이 모든 전술 이전에 필요한 군사 훈련의 과제이다.

대부분의 군에서 말하는 것처럼 한 인간이 군인이 되려면 개성을 죽여야 한다. 다시 말해 다른 군인들에게 피해를 주고, 부대의 결속을 위태롭게 하고, 명령 복종을 어렵게 하는 모나고 돌출한 부분은 깎고 다듬어야 한다. 전투에서 옆 동료와 어깨가 닿을 만큼 가깝게 붙어 있을 일이 없어지면서 동료와의 연대감, 집단 정신은 더욱 중요해졌다. 그렇기에 다른 수천 명과 동시에 일사분란하게 움직이고, 고통과 고생을 함께 나누고, 빠져나갈 구멍이 전혀 없다는 것은 수천 명의 개인을 하나로 단단히 묶는 매우 효과적인 방법이었다.

군사 훈련은 최초로 대규모 군대를 운용한 고대 이집트와 아시리아에서 시작된 것으로 전해진다. 군사 훈련과 관련해서 고대 그리스는 도시 국가별로 상황이 달랐다. 아테네는 스파르타나 마케도니아와 달리 군사 훈련을 중시하지 않았거나 실시할 수 없는 상황이었다. 이 나라에선 전투 중의 비겁한 행동과 도주도 처벌받는 일이 드물었고, 명령을 이행하지 않는 일도 잦았다. 지휘관은 자신의 계획을 두고 병사들과 오랫동안 논쟁을 벌였고, 심지어 애원이나 눈물로 병사들의 마음을 얻고자 할 때도 많았다. 크세노폰은 아테네인들이 체조 선생과 합창단장의 말은 잘 들어도 군 지휘관의 말에는 복종하지 않는다고 한탄했다.[487] 페르시아에서 용병으로 일하던 그리스 군인들에 대해 크세노폰은 이렇게 썼다. 〈클레아르코스는 처음에 부하들을 행군시키려 했다. 그러나 부하들은 그때마다 그와 그의 말을 향해 돌을 던졌다. ……그제야 그는 병사들을 강요할 수 없다는 사실을 깨닫고 총회를 소집한 뒤 그들 앞에서 한참을 울었다.〉[488]

크세노폰과는 달리 페리클레스는 오히려 아테네인들의 훈련되지 않은 상태를 자랑했다. 〈우리는 고통과 수고가 따르는 특별 훈련보다 자연스러운 용기로 위험에 맞선다.〉 투키디데스에 따르면 기원전 431년 펠로폰네소스 전쟁의 첫 출정이 끝난 뒤 페리클레스가 한 말이다. 〈따라서 우리는 다가올 고난을 미리 느끼지 못하는 장점이 있다. 그럼에도 사전에 지속적으로 고난을 겪었던 사람들 못지않게 용맹스럽게 그에 맞서 싸운다.〉[489]

아테네는 전쟁에서 패했다. 그 이유가 반드시 스파르타의 혹독한 군사 훈련 때문이라고 할 수는 없지만, 그런 훈련을 받은 스파르타에 맞서 싸우다 패한 것은 사실이다. 스파르타식 군사 훈련에서 팔랑크스가 생겨났는지, 팔랑크스 때문에 어쩔 수 없이 강한 훈련이 필요했는지는 명확히 단정 짓기 어렵다. 다만 분명한 것은 팔랑크스 대형을 유지하고 그것으로 작전을 펼치기 위해서는 (14장) 혹독한 연습을 해야 했다는 사실이다. 토인비는 말한다. 〈팔랑크스의 핵심은 개별 전사들의 장비가 아니라…… 규율이었다. 규율이 야만적인 전사 무리를 군사적 대형으로 변화시켰고, 이 대형의 정연한 전술적 움직임이 똑같이 무장한 동수의 전사 무리가 무질서하게 힘을 쓰는 것보다 열 배는 더 강한 위력을 발휘했다.〉[490] 군사 훈련에 대한 존경심이 어찌나 강한지 스파르타 전사들은 운동을 하지도, 올림픽 경기에 참가하지도 않았다. 스포츠로 인해 힘들게 몸에 익힌 군사적 움직임의 리듬이 깨질지도 모른다는 염려 때문이었다.

마케도니아의 필리포스 2세는 짐수레를 없애고 땡볕에 짐을 지고 행군할 것을 명령함으로써 보병들에 대한 훈련 강도를 한껏 높였다. 로마 병사들에게도 스파르타식 규율이 강요되었다. 그것도 말할 수 없는 간난과 혹독한 형벌, 그리고 20세기의 어떤 군대도 따라가지 못할 만큼 고약한 혹사와 괴롭힘이 뒤섞인 형태였다. 로마군의 총사령관 술라는 제1차 미트리다테스 전쟁(기원전 88~기원전 85)에서 자기 부대에 공격 정신이 부족하다고 느끼는 순간, 병사들이 〈이 고통을 계속 끌고 가느니 차라리 전투를 하게 해달라고 애원할 정도로〉[491] 병사들을 혹사시켰다. 적과 아군 모두에게 아쉬웠던 로마 군대의 참담한 몰락은 수백 년 동안 이어졌다. 그 후 새로운 엄격함과 질서를 갖춘 비잔티움 제국의 군대가 등장했다. 오랫동안 세계에서 규율이 잡힌 유일한 군대였다.

몽골 족을 승리로 이끈 요인으로는 활화산 같은 전사들의 공격력뿐 아니라 혹독하기 짝이 없는 규율을 빼놓을 수 없다. 칭기즈칸은 기마대를 십진법에 따라 분대 10명, 중대 100명, 연대 1,000명, 군단 10,000명으로 편성했다. 군인들은 흑백 깃발을 이용한 통일된 신호에 따라 일사불란하게 움직이는 훈련을 받았는데, 그 훈련의 무자비함은 프로이센과도 비교가 되지 않았다. 게다가 한 사람이 도주하면 분대 전체가 처형되었고, 승리하기 전에 약탈하는 자도 목숨을 내놓아야 했다. 이렇듯 칭기즈칸은 말의 속도와 기마 민족의 사냥욕, 엄격한 규율을 바탕으로 아시아에서건 유럽에서건 대적할 군대가 없는 최강의 공격 기계를 만들어 냈다.

16세기 네덜란드 독립 전쟁과 스위스 용병 부대 내에서 군사 훈련이 조금씩 실시되다가 근대에 들어 최초로 군사 훈련의 가치를 전면적으로 인정한 군대는 구스타브 아돌프의 스웨덴군이었다. 그런데 이 군대를 모범으로 삼은 두 훈련관은 프랑스인과 독일인이었다. 즉 장 마르티네Jean Martinet와 〈늙은 데사우 사람〉으로 불리기도 하는 안할트-데사우 공작 레오폴트 1세였다.

장 마르티네 중령은 1660년 프랑스군 보병총감이 되었다. 독일에서는 거의 알려져 있지 않지만 프랑스와 영어권에서는 그 이름 자체가 〈악질 상관〉과 동의어로 쓸 정도로 유명한 인물이었다. 그는 오늘날 우리로서는 너무나 당연한 일로 여겨져 이것도 처음엔 누군가에 의해 발명되었어야 했다는 사실도 잊을 만한 일을 군대에 도입했다. 한 부대를 특정 대형으로 정렬하고 움직이게 하는 명령들이었다.

정렬하고 질서 있게 방향을 트는 군대는 30년 전쟁 당시 어디에도 없었다. 스웨덴군에서만 약간의 기미가 있었을 뿐이다. 그 당시에는 무리를 지어 여기저기 아무렇게나 서 있다가 앞으로 돌격하는 것이 대부분이었다. 그 무리를 예외적으로 정렬시킬 필요가 있을 때만 하사관들이 병사들을 일일이 각자 자리로 밀어 넣었다. 이런 상황에서 과거 로마군처럼, 그것도 화기를 든 어려운 여건에서 명령 하나로 전 연대를 일사불란한 집단으로 움직이게 한 마르티네의 시도는 정말 놀라운 혁신이었다. 튀렌 자작과 콩데의 루이 2세 왕자 같은 유명한 사령관들이 전투에서 승리를 거둔 것도 그런 훈련 덕분이었다. 그런데 문맹자와 부랑아, 무지렁이 농민 자식들을 지휘관의 손 안에서 움직이는 꼭두각시 인형으로 만들려면 얼마나 많은 훈련이 필요했을까?

나중에 군 조직화 영역에서 카르노의 이념이 샤른호르스트에 의해 밀려났듯이 마르티네도 군사 훈련 영역에서 독일의 레오폴트 1세에게 선도적 자리를 내주었다. 레오폴트는 1712년부터 1747년 사망할 때까지 프로이센 원수를 지냈고, 프리드리히 1세와 프리드리히 빌헬름 1세, 그리고 나중에 〈프리드리히 대왕〉이라고 불린 젊은 프리드리히 2세까지 총 세 명의 군주 밑에서 일했다.

세간에 알려진 것과는 달리 〈동보(同步) 행진〉, 즉 발맞추어 행진하는 것은 레오폴트의 발명품이 아니었다. 고대 이집트인과 그리스인, 로마인, 15세기 스위스 용병들도 땅바닥의 상태가 허락하면 종종 발을 맞추어 걸었다. 아마 직접 해보면 누구나 알 수 있는 효과 때문이었던 것 같은데, 피곤할 때 남들과 박자를 맞추어 걸으면 한결 수월한 법이다.

동보 행진은 충분한 연습으로 절도 있게 숙달되어 군부대의 일반적인 동작으로 자리 잡고 나서야 비로소 이목을 끌었다. 이 혁신은 1720년 헤센의 한 용병 연대가 시칠리아에서 갖고 들어왔는데, 프로이센에서는 그 소식을 처음에는 거짓말이라 여겼다. 한 사람이 다른 모든 사람과 똑같이 발을 맞추어 걷는 것은 불가능하다고 생각했기 때문이다.[492] 그러나 시간이 지나 프리드리히 빌헬름 1세는 베를린 루스트 정원에서 열병과 분열 시범을 보았고, 1730년에는 전 프로이센군에 이것을 도입하도록 지시했다.

따라서 동보 행진은 레오폴트의 작품은 아니지만 그의 구상과 맞아떨어졌다. 즉 군인들의 동일하고 기계적인 움직임이 그의 오랜 과제를 해결하는 데 큰 도움이 되었던 것이다. 그는 조작하기 까다롭고 명중률이 형편없던 당시 무기의 약점을 어떻게 극복할지 고심을 거듭했는데, 컨베이어 벨트의 움직임처럼 정확한 동작에서 그 가능성을 발견했다. 어깨에 메는 전장총은 발사 준비 상태까지 34번의 조작이 필요했다. 그런 상태에서는 당시의 어떤 군대도 1분당 2발 이상을 쏠 수 없었다. 레오폴트는 34번의 조작에 리듬을 부여해 34번의 소리가 모두 동시에 울릴 수 있을 때까지 철저히 연습시켰다. 그 결과 예전보다 빨리 총을 발사할 수 있었다.

게다가 레오폴트 공작은 부러지기 쉬운 목제 꽂을대를 철제로 바꾸어 발사 속도를 배가시켰다. 또한 각 사격 소대를 명령에 따라 원하는 움직임을 수행하는 하나의 견고한 집단으로 만듦으로써 돌림 노래식으로 돌아가면서 사격하는 방식을 정착시켰다.

사방에서 욕을 많이 먹은 프로이센의 혹독한 군사 훈련은 전적으로 전투 준비라는 목표에 맞추어져 있었고, 그때까지 고안된 어떤 교육 방식보다 전투에 유익했다. 〈조국의 명예를 지켜 주는 군사 훈련은 평화 시에는 존경을, 전쟁 시에는 승리를 가져다주는 원동력이다.〉 프리드리히 대왕이 1752년에 쓴 글이다. 〈군에서 군사 훈련이 요하는 수고와 노력을 회피하는 자는 게으름과 방탕에 찌든 더없이 한심한 인간임에 틀림없다.〉[493]

프로이센 군인들은 훈련을 회피하지 않았다. 다만 프로이센이 프랑스 혁명군에 패배했을 때 프로이센식 군사 훈련의 시대가 끝난 것이 아닌가 하는 물음이 제기되었을 뿐이다. 샤른호르스트도 그렇게 생각하면서 훈련 강도를 완화했고, 프리드리히 대왕 군대의 하사관들이 걸핏하면 병사들을 야만적으로 때리던 벌도 소수의 위법 행위로 제한했다. 그런데 이 개혁 조처는 반대에 부딪혔다. 일례로 슈타인 남작은 매질이 로마인들뿐 아니라 성직자와 독일 기사단

기사들에게도 사용된 〈지극히 합당한 벌〉이라고 주장했다.[494]

늘 그랬듯이, 지상의 거의 모든 군대에서 언젠가는 실시되었을 이 군사 훈련의 짐은 대개 프로이센이 졌다. 하지만 신생 미합중국에서는 과거 프로이센군의 훈련 교관이던 프리드리히 빌헬름 폰 슈토이벤을 두고 〈독립 전쟁 중인 미국에 신이 내린 최고의 선물〉이라고 극찬했다.[495] 슈토이벤은 영어도 못 하는 상태에서 시범 중대를 직접 훈련시킨 뒤 그 부대원들을 신생 군대의 교관으로 보내 오합지졸 같은 산병(散兵)들에게 프로이센의 전투 기술을 가르쳤다. 다만 〈시체의 복종〉은 강요하지 않았다. 그런 게 통하지 않는다는 걸 금방 깨달은 것이다. 즉 미군 병사들에게는 〈이거 해!〉라고 무턱대고 지시하는 것이 아니라 〈이런저런 이유에서 이거 해〉라고 말해야 한다는 것을 얼마 안 가 알아차렸다.[496] 물론 미국도 나중에는 이유를 알고 싶어 하는 병사들의 욕구에 더는 크게 신경 쓰지 않는 쪽으로 바뀌었다.

로베르트 무질은 『특성 없는 남자』에서 오스트리아 군대를 적절하게 비꼰다. 「정신은 질서입니다. 군대보다 질서가 많은 곳이 있을까요? 목깃은 항상 4센티미터 정도 세워져 있어야 하고, 단추 수도 엄격히 정해져 있으며, 심지어 밤에 잘 때도 일렬로 줄을 맞춰서 잡니다. ……과학은 사건이 반복되고 통제될 수 있는 곳에서만 가능합니다. 군대보다 반복과 통제가 많은 곳이 있을까요? 만일 주사위가 일곱 시 때와는 달리 아홉 시에 사각형이 아니라면 그건 주사위가 아닙니다. 행성의 궤도는 탄도학에서 규정해 놓은 포탄의 궤적과 비슷하게 움직입니다.」[497]

같은 내용을 착한 병사 슈베이크의 상관들은 더 거칠게 표현한다. 「너희 같은 멍청이들한테는 규율이 필요해. 그게 없으면 원숭이들처럼 나무에나 올라가고 싶어 할 거야. 군대가 너희를 인간으로 만들어 줘. 너희 같은 얼간이들을! ……이 게으르고 느려 터진 얼간이 멍청이들, 이 전쟁이 이번 세상에서 끝날 거라고는 생각하지 마. 우리는 죽은 뒤에도 다시 만날 거야. 그래서 너희가 완전히 정신이 나갈 때까지 정죄(淨罪)의 불길을 퍼부을 거야, 이 머저리들아!」[498]

혹독한 군사 훈련에 대해 분열적 태도를 보인 한 영국인이 있었다. 혁혁한 전과를 올린 젊은 대령 T. E. 로런스가 그 주인공인데, 그는 1918년의 한 전투에 대해 쓰면서 독일의 규율을 예찬했다. 〈처음으로 나는 여기서 내 형제들을 죽인 적이 자랑스러웠다. 그들은 고향에서 2천 마일이나 떨어진 이 낯선 미지의 땅에서 아무리 강한 인간도 버티기 힘들 만큼 절망적인 상황에 빠져 있었다. 그럼에도 그들의 부대는 굳건히 단결했고, 정연하게 대오를 유지했으며, 말없이 고개를 빳빳이 든 채 터키 군인과 아랍 군인들로 물결치는 전장의 바다를 장갑함처럼 힘차게 뚫고 지나갔다. 그러다 공격을 받으면 멈추어 서서 곧장 전투 자세를 취하며 조준 사격을 했다. 서두르는 일도 없었고, 비명을 지르거나 불안해하지도 않았다. 그들은 아주 훌륭했다.〉[499]

로런스 대령은 체벌도 긍정했는데, 그 사실을 냉소적으로 고백하기도 했다. 〈우리는 목숨 보존의 걱정이 큰 만큼 처벌에 대한 의지도 클 수밖에 없었다. ……처벌할 동기나 욕구가 생기면 우리는 즉시 죄 지은 자의 몸에 몽둥이나 채찍으로 우리의 판결을 새겨 넣었다.〉[500] 동기는 그렇다 치고 욕구가 생겨도 그렇게 처벌한다니, 놀라울 뿐이다!

로런스 대령은 나중에 가명으로 신병이 되었을 때 이번에는 위와 똑같은 이유로 상관들을 비난했다. 〈내가 겪은 일들에 대한 기억이 아직 생생할 때 기록해 두자면, 우리에게 매일 폭력을 행사한 사람들 중 몇몇은 애초에 괴롭히는 것을 즐기는 인간들이었다. 우리가 눈물까지 흘릴 정도로 숨을 헐떡거리면 그들의 눈은 반짝반짝 빛났다. ……그것을 보면서 알았다. 그들은 최선을 다하라는 의미로 우리에게 벌을 주는 것이 아니라 자신들의 욕망을 채우기 위해 우

리를 괴롭힌다는 것을.〉[501]

　걸핏하면 호통을 치고 트집을 잡는 하사관들이 권력에 대한 도취와 가학증적 성향을 어느 정도 갖고 있다는 건 사실이지만 그것이 군사 훈련에 반대하는 전적인 근거는 될 수 없다. 군사적으로 합리적인 문제 제기는 오직 다음뿐이다. 과거의 혹독한 군사 훈련이 오늘날 행여 일어날 수도 있을 전쟁의 형태에도 의미가 있을까? 20세기에는 군대에서 구타 대신 자리를 잡은 것이 가혹한 훈련과 괴롭힘이었다. 상관은 부하의 몸에 손을 댈 수는 없지만 30도가 넘는 날씨에 방독면을 쓰고 완전 군장을 한 채 넓은 연병장을 스무 바퀴 돌게 할 수는 있었다. 또한 상관으로서 해서는 안 될 몇몇 일도 수없이 일어났다. 예를 들어 벌을 준답시고 엎드려뻗쳐를 시키고, 시멘트 바닥에 드러눕게 하거나 물웅덩이 속에서 훈련을 시키고, 진창에서 굴리고, 방독면을 쓴 채 노래를 부르게 하고, 신병들에게 함부로 욕을 퍼부었다. 심지어 나치 시대의 독일 국방군 내에서는 많은 교육 담당 하사관들이 훈련병들에게 장난삼아 성교를 하라고 요구하기도 했다.

　오늘날 여전히 최고 부대에 속하는 미 해병대는 신병들을 혹독하게 훈련시키고 인정사정없이 개성을 말살하는 걸로 유명하다. 우선 신병들은 머리를 짧게 밀어야 하고, 시계와 편지지 외에는 개인 물품을 소지할 수 없다. 또한 기초군사 훈련을 받는 동안에는 걷기와 말하기가 금지되어 있어서 늘 입을 꾹 다문 채 뛰어다녀야 한다.

　그렇다면 군사 훈련뿐 아니라 군대 질서가 뭔지 제대로 알지도 못하던 보어인들이 영국과의 전투에서 뛰어난 전투력을 발휘한 것은 어떻게 해석해야 할까? 이스라엘 군대 역시 프로이센의 관습과 극단적으로 대비될 정도로 군대 내 형식을 소홀히 하는 것으로 유명하다. 병영 내에서 수염을 깎지 않은 병사나 음식을 먹는 보초를 쉽게 볼 수 있을 정도다. 이런 군대가 1948~1949년 이웃 중동 국가들과의 전쟁을 비롯해 1956년 제2차 중동 전쟁에서 놀라울 정도로 탁월한 전투력을 증명한 것은 또 어떻게 해석해야 할까?

제2차 중동 전쟁에 감격해서 그에 관한 책을 쓴 미국의 마셜 대령은 미군 병사들에 대해 이렇게 썼다. 〈내가 제2차 세계 대전에서 만난 정말 유능한 전사들 중에는 군에 오기 전 대부분의 시간을 감옥에서 보낸 이들이 여럿 있었다. ……중대마다 훈련을 받을 때 시종일관 무능력하고 게으르고 제멋대로이고 반항적이다가도 막상 전투만 벌어지면 지치지 않는 공격력과 진심 어린 복종, 신중한 행동의 미덕을 갖춘 전쟁터의 사자로 변하는 군인들이 있었다. 물론 전투가 끝나면 거의 예외 없이 예전 모습으로 되돌아갔지만.〉[502]

그들은 분명 전쟁터의 사자, 즉 타고난 전사들이었다. 그러나 병영이 공포인 것은 일반 병사나 그들이나 마찬가지였다. 그들이 원한 건 혹독한 군사 훈련이 아니라 명성과 위험, 피였다. 군대로선 그들이 전투에 유용하다고 해서 그들의 게으름과 방종을 방치할 수는 없다. 게다가 전쟁터의 사자가 되려면 그런 속성이 필요하다는 믿음이 퍼져 나가서도 안 된다. 어쨌든 이것은 병역 의무군에선 전사가 소수라는 오랜 사실을 보여 줄 뿐이다.

에리히 마리아 레마르크가 쓴 세계적으로 유명한 반전 소설 『서부 전선 이상 없다』의 다음 구절에는 평화주의자들도 분명 묵묵히 동의할 것이다. 〈우리는 연병장에서 받을 수 있는 온갖 고통스러운 담금질을 받으며 분노에 휩싸여 울부짖을 때가 많았다. 몇몇은 그 때문에 병들었고, 심지어 볼프는 폐렴으로 죽기까지 했다. 하지만 우리가 만일 그에 굴복했다면 우리 자신이 하찮게 여겨졌을 것이다. 우리는 강해졌다. 아무도 믿지 않았고, 냉혹하고 거칠어졌으며, 복수심에 불타올랐다. 잘된 일이다. 우리에겐 바로 그런 점들이 없었기 때문이다. 만일 그런 훈련 과정 없이 참호로 보내졌더라면 우리는 대부분 미쳐 버렸을 것이다. 우리는 그 과정을 통해 우리를 기다리고 있는 일에 준비가 되

어 있었다.〉[503]

　결국 이 말은 전쟁처럼 끔찍한 일에 대비하려면 군인들을 악랄하게 괴롭히는 것이 최선이라는 뜻이다. 전쟁과 괴롭힘, 이 둘은 불가분의 관계다.

31. 훈장으로

가슴에 달린 이놈의 훈장들을 어떻게 해야 할지 모르겠다.
이것들 때문에 마차를 끄는 늙은 말처럼 축 늘어진다.
하지만 그 거만한 폭군에게 굴욕감을 준 사람이
나라는 생각에 이 모든 걸 감수한다.

게프하르트 레베레히트 블뤼허Gebhard Leberecht Blücher(1813)

군대는 군인을 백지상태에서 교육시키지 않는다. 자발적 전사건 강요된 군
인이건 대부분 다양한 동인이나 특성을 갖고 군에 들어온다. 그중에는 명확한
것도 있고 아직 드러나지 않은 잠재적인 것도 있는데, 이것들은 군 생활을 통
해 일깨워지고 강화되고 육성되고 통제된다. 4부 〈무엇을 위해 죽었는가?〉에
서 설명한 동기들도 여기에 포함되는데, 예를 들어 한 인간이나 한 가지 일에
대한 열광, 민족적 자부심, 명성과 명예, 인정에 대한 갈망, 노획물과 전승 기념
품, 모험과 위험, 피와 파괴에 대한 욕망이 그것이다. 특히 그중에서도 빠뜨릴
수 없는 것이 인간에게 부정할 수 없는 동물적이고 사회적인 공격성이다. 드러
내 놓고 얘기는 안 하지만 어느 시대나 할 것 없이 군 조직의 첫 번째 과제는 군
인들이 갖고 들어온 이런 다양한 욕망과 특성을 군의 목적에 맞게 변주하는
것이다.

변주 A: 병사들 사이에서 인기 있는 사령관은 그 인기를 이용할 줄 안다. 알

렉산드로스 대왕은 말한다. 「이 모든 역경을 통해 내게 남은 것은 무엇인가? 이 보라색 옷과 왕관뿐이지 않는가? 나는 나 자신을 위해서는 아무것도 소유하지 않았다. ……너희와 똑같이 먹고 똑같이 잤다. 너희 중 미식가들만큼이나 잘 먹지도 않았다고 생각한다. 또한 내가 알기로는, 너희가 편히 잘 수 있도록 친히 보초를 서기도 했다.」[504]

많은 현대 군의 장교들은 솔선수범으로 부하들의 충성심과 명예욕을 자극한다. 즉 맨 앞에서 말을 타고 달리거나 행군하거나 돌격했다. 스스로 죽음을 두려워하지 않는다는 본보기가 됨으로써 병사들을 적진으로 몰아가게 하는 동력을 만들어 낸 것이다. 〈군의 힘은 전선에 선 소대장과 모두의 시선이 향하는 대위와 기병대장에 달려 있다.〉[505] 몰트케가 1869년에 한 말이다. 1914년에만 해도 장교들은 대부분 적의 총알에 잘 노출되지 않는 곳에서 싸우는 것을 거부했다(물론 영웅적인 행위였지만, 빗발치는 기관총 세례로 장교들의 손실이 점점 커지자 계속될 수가 없었다).

변주 B: 사령관이 병사들의 탐욕을 알아채고 충족시켜 준다. 그것도 임박한 약탈의 즐거움(23장)을 암시하거나 금이나 돈, 그 밖의 재물을 나누는 방식으로 말이다.

카이사르를 암살한 브루투스와 카시우스가 안토니우스와 옥타비아누스(훗날의 아우구스투스 황제)에 맞서 싸우다 패배한 필리피 전투(기원전 42)는 이른바 〈황금〉 전투였다. 〈브루투스와 카시우스는 소아시아 신전들에 있는 황금을 수많은 노새 등에 실어 전장으로 날랐다.〉[506] 병사들을 꾈 상급이었다. 몽테스키외는 아우구스투스를 가리켜 〈타고난 비겁함을 끊임없이 내보여 병사들에게 인기를 얻은〉 유일한 로마 사령관이라고 했다. 〈당시 군인들은 사령관의 용기보다 부하들에게 넉넉하게 베푸는 것을 더 높이 평가했기 때문이다.〉[507] 결국 로마 제국 말엽의 많은 황제들은 군인들에게 오직 막대한 재물을 하사함으로써 권력을 유지할 수 있었다.

표트르 대제는 폴타바 전투(1709) 전에 말을 타고 아군 진영을 돌아다니며 모든 병사들에게 보상을 약속했다. 나폴레옹은 1809년 한 연대의 장교들에게 누가 가장 용맹한지 물었고, 그들이 한목소리로 연대 부관을 지칭하자 즉석에서 그를 연금 4천 프랑이 보장된 남작에 임명했다.[508] 히틀러는 제1차 대전 때 최전선에서 싸우는 군인들에게 승리할 경우 국가에서 얼마만큼의 땅을 사유재산으로 내리겠다는 약속을 하지 않았다고 지휘관들을 질책했다.[509]

변주 C: 사령관이 병사들의 명예욕을 꿰뚫어 보고, 그 욕구를 더욱 자극한 다음 훈장과 진급으로 충족시켜 준다.

이미 마음속에 존재하고, 또 외부에 의해 한층 고무된 명예욕을 충족시키는 데는 훈장만 한 것이 없다. 오늘날 우리가 이해하고 있는 〈훈장〉이라는 말은 그리 오래되지 않았고 그 역사도 특이하다. 뿌리가 완전히 다른 세 발전 계보에서 만들어진 역사인 것이다. 하나는 수도회, 또 하나는 올리브 나무 가지, 나머지 하나는 인간 사냥에서 유래한 역사였다.

독일어 〈훈장Orden〉은 원래 〈질서Ordnung〉라는 뜻이었다. 그래서 초창기에 이 말은 엄격한 규칙에 따라 생활하는 수도승 공동체, 즉 〈수도회〉를 뜻했다. 여기서 십자군 시기 동안 수도회의 엄격한 규칙을 기사의 사명과 결합시킨, 다시 말해 수도승 서약을 〈비신자들〉에 대한 투쟁과 연결시킨 종교 기사단이 생겨났다. 그중 대표적인 것이 요한기사단과 템플기사단, 그리고 1198년 아카에서 결성되어 13~15세기 사이에 동프로이센과 발트 3국으로 진출한 독일기사단이었다. 요한기사단은 지금도 존재하는데, 그 가톨릭 분파가 몰타기사단, 개신교 분파가 발라이 브란덴부르크기사단이었다.

수도회와 종교 기사단에 이어 세속 기사단이 탄생했다.* 왕이 자국 귀족들을 받아들여 만든 궁정 공동체였는데, 유명 기사단으로는 1348년 영국에서 결성되어 단원을 왕실 포함 25명으로 엄격히 제한한 가터기사단, 1362년 프랑스 사부아에서 탄생해 나중에 이탈리아 왕국으로 이어진 아눈치아타기사단(왕이 기사단의 일원을 〈사촌〉이라 불렀다), 1429년 부르고뉴에서 창설되어 나중에 오스트리아와 스페인에서도 생겨난 황금양모기사단이 있다.

그렇다면 〈훈장Orden〉은 원래 외부 인사에게 수여하는 것이 아니라 수도회나 기사단의 일원으로 받아들인다는 표식이었다. 물론 오늘날에는 〈가터 훈장〉이라는 말에서 이 표식이 의미하는 원래의 공동체를 떠올리기는 어렵겠지만 말이다. 어쨌든 이 표식을 포기한다고 해서 그 공동체의 존재에는 아무런 영향을 끼치지 못했다.

그런데 종교 기사단과 세속 기사단은 예외 없이 표식을 만들었고, 그런 상황이 18세기가 지나면서 공동체보다 표식의 의미가 강한 〈훈장〉의 제정으로 이어졌다. 하지만 그 경계가 항상 분명하지는 않았다. 예를 들어 프로이센의 검정색 독수리훈장(1701)은 단순한 훈장의 의미를 넘어 세습 귀족의 작위 수여와 결합되어 있었고, 마리아 테레지아 훈장(오스트리아, 1757)과 막스 요제프 훈장(바이에른, 1806)도 기사 칭호와 연결되어 있었다. 다시 말해 훈장을 받은 사람은 즉시 귀족 공동체의 구성원으로 받아들여졌던 것이다.

그러나 프랑스의 생루이 훈장(1693)과 프로이센의 푸르 르 메리트 훈장(1740)은 단순한 공훈 치하 성격의 훈장이었다. 푸르 르 메리트 훈장은 프리드리히 대왕이 볼테르에게 수여했던 것처럼 처음엔 모든 종류의 공훈이 대상이었다가 1810년에 장교들의 전공(戰功)으로 제한되었다. 그러다 1842년에 평화에 대한 항목이 추가되어 오늘날까지 이어지고 있고, 그와 함께 훈장을 받은 사람들은 선정을 통해 일원으로 받아들여지는 세속적 기사단의 성격을 다

---

* 독일어 〈Orden〉에는 수도회를 비롯해 종교 기사단과 세속 기사단, 훈장의 의미가 두루 포함되어 있다.

시 띠게 되었다.

1782년 워싱턴 장군은 군인을 대상으로 무공훈장을 만들었고, 1789년 오스트리아는 하사관과 병사들에게 수여하는 용맹훈장을, 1802년 나폴레옹은 레지옹 도뇌르 훈장을 제정했다. 〈명예의 군단〉이라는 뜻을 담은 레지옹 도뇌르는 그 이름에서 옛 공동체의 의미를 다시 상기시키지만 실제로는 단순히 공적을 기리는 훈장일 뿐이었다. 레지옹 도뇌르 십자훈장은 마리아 테레지아 훈장과 막스 요제프 훈장과 마찬가지로 연금이 함께 지급되었다.

공화정의 프랑스가 〈왕권주의 훈장의 폐해〉를 일소하고 모든 시민의 평등을 공포한 지 몇 년 뒤에 다시 훈장 제도를 도입했을 때 나폴레옹의 이 결심은 처음엔 격렬한 반대에 부딪혔다. 그는 국가최고회의에서 자신의 정당성을 이렇게 주장한다. 「사람들은 훈장을 한낱 장난감이나 싸구려 장식품이라고 말합니다. 좋습니다! 그렇다 칩시다. 하지만 그런 장식품이 사람들을 움직입니다. ……나는 프랑스 민족이 자유와 평등을 사랑한다고 생각하지 않습니다. 프랑스인들은 지난 10년 동안에도 변하지 않았습니다. 다만 그들에겐 하나의 열정이 있을 뿐입니다. 나는 그것을 《명예》라 부릅니다. 그 열정은 각별히 돌보고 육성해야 합니다. 훈장을 수여해야 할 이유도 바로 여기에 있습니다!」[510] 독일의 철십자훈장도 레지옹 도뇌르만큼 유명하다. 프로이센의 프리드리히 빌헬름 3세가 1813년에 제정한 이 훈장은 카를 프리드리히 신켈Karl Friedrich Schinkel이 독일기사단 사제들의 가슴에 달린 십자가를 참고하여 형태를 고안했다. 이 훈장이 명성을 얻은 데는 몇 가지 요인이 있었다. 우선 민족적 열광의 시기에 만들어져 세대를 넘어 조국애의 상징으로 자리 잡았다. 또한 부상으로 귀족 작위와 돈을 내리는 것을 포기했고, 신분을 불문하고 모든 계층에 수여된 유럽 최초의 훈장이었으며, 마지막으로 형태와 재료의 소박한 아름다움도 당시로서는 혁명적이었다.

영국의 빅토리아 훈장도 레지옹 도뇌르나 독일 철십자와 비슷한 명성을 얻었다. 빅토리아 훈장은 1856년 크림 전쟁 중에 제정되었고, 레지옹 도뇌르 훈장과 마찬가지로 연금이 함께 수여되었다. 사실 군인들을 고무하는 데는 그만한 게 없었다.

그러다 19세기를 지나 세계 대전을 겪으면서 일부 혼란스러울 정도로 여러 등급으로 나뉜 다양한 용맹훈장이 등장했다. 이들 모두가 〈훈장Orden〉으로 불리면서 이 단어가 원래 갖고 있던 의미(수도회, 기사단)는 사람들의 의식에서 밀려났다. 어쨌든 서훈 제도는 히틀러 휘하의 독일 국방군 내에서 절정에 이르렀다. 일례로 한 독일 중위는 1944년에 기사철십자훈장을 비롯해 독일황금십자훈장, 공수부대훈장, 황금상이용사훈장, 보병돌격장, 황금근접전투장을 주렁주렁 단 것도 모자라 단독으로 전차를 격파한 공로로 받은 팔띠 2개까지 차고 사진을 찍었다.

장교들은 전투기 조종사와 잠수함 함장들을 부러워했다. 이들은 기사철십자훈장 정도는 쉽게 받을 수 있었는데, 특히 잠수함 함장의 경우는 종종 적함의 침몰을 위조하기도 했다. 장군들은 전선 경험을 증명해 주는 훈장을 가슴에 달지 못하면 부끄러워했고, 일부 장병들은 훈장을 달지 않고 휴가를 갔다가 가족들이 실망하면 어쩌나 걱정하기도 했다. 간단히 말해서, 훈장을 통한 고무 시스템은 독일 국방군 내에서 아무 반발 없이 흔쾌히 수용되었다.[511] 「인터내셔널 해럴드 트리뷴」지는 2012년 잠깐 아프가니스탄 주둔 미군 총사령관을 지낸 데이비드 퍼트레이어스 장군이 총 3일간의 전투로 메달 13개와 휘장 45개를 받았다고 보도했다.[512]

군사적으로 뛰어나거나 모범적인 행동에 대한 표창은 오늘날 우리가 〈훈장〉이라고 부르는 것보다 훨씬 오래되었다. 즉 규정과 관습에 따라 메달을 수여한 것이 아니라 아주 오랜 옛날부터 상징적인 물건을 내리거나 개인적 품성을 기리는 방식으로 존경을 표시한 것이다.

올림픽 경기의 승리자와 마찬가지로 뛰어난 그리스 군인들도 올리브 나무 가지나 그 가지로 만든 화환을 받았다. 마라톤 전투의 승리자 밀티아데스는 아테네 광장 회랑의 공식 전투 그림에서 다른 지휘관들보다 더 두드러지게 묘사된 것으로 상을 받았다. 아테네 사령관들은 나중에 승리자 자세로 서 있는 자신의 동상이 광장에 세워지기를 바랐다. 그 밖에 상급이 주어지는 경우도 많았다. 공을 세운 아즈텍 전사들은 갈대, 깃털, 금으로 새나 나비, 태양 형상을 만들어 어깨에 달고 전투에 나갔다.

심지어 적군에게 상을 주는 일도 있었다. 독일 빌헬름 황태자는 1916년 프랑스군 소령 실뱅 레날에게 다른 장교 포로의 검을 하사했다. 레날 소령이 6백 명밖에 안 되는 병력으로 그 몇 배나 되는 독일군에 맞서 7일 동안 베르됭의 보 요새를 그야말로 한 치의 땅도 빼앗기지 않으려는 각오로 치열하게 방어한 것에 감복했기 때문이다.

이처럼 훈장은 한편으론 수도회나 기사단의 일원으로 받아들인다는 의미에서, 다른 한편으론 명예로운 하사품의 의미에서 탄생했다. 그런데 이 두 기원에서 서훈 제도로 발전하게 된 데에는 어쩔 수 없는 사정이 있었다. 즉 칼 12세를 비롯해 프리드리히 대왕과 나폴레옹은 병사들에게 약탈을 제한하거나 금지하려 했는데, 그로써 전쟁에 나가 물질적 부만 얻지 못하게 된 것이 아니라 남자다움을 증명할 전승 기념품으로서 적의 신체 일부조차 갖고 가지 못하게 된 군인들에게 그 대체품을 찾아 줄 필요가 생긴 것이다. 그래서 찾은 것이 훈장이었다. 인간 사냥과 시체 약탈 행위를 막으려면 다른 선택의 여지가 없었다. 군인은 다른 군인들에게든 아니면 민간인들에게든(특히 집에 있는 부인들) 자신의 힘과 전투욕, 죽음도 불사하는 정신을 입증할 수 있기를 바란다. 따라서 적의 머리 가죽을 벗기지 못하게 하려면 반짝거리는 훈장을 제공할 수밖에 없었다.

결국 훈장은 죽은 적에 대한 약탈과 신체 절단을 금지한 문화적 발전의 결과이거나 최소한 그 징후였다. 여기엔 중요한 군사적 장점 두 가지가 결부되어 있었다. 하나는 약탈이 약탈자를 위험에 빠뜨릴 때가 많았다는 것이고 (23장), 다른 하나는 사령관이 훈장 수여를 조정할 수 있었다는 것이다. 즉 사령관 자신이 포상 기준을 정하고, 적의 살해뿐 아니라 다른 군사 행동들에 대해서도 포상했다. 이로써 훈장에는 어떤 전승 기념품에도 존재하지 않았던 정교한 등급이 생겨난 것은 물론이고 최소한 1945년까지는 군주의 은총까지 담겨 있었다는 점에서 과거 지바로 족이 갈망했던 적의 머리 가죽만큼이나 모든 군인들에게 갈망의 대상이 되었다.

훈장에 대한 허영심은 결코 군대로 한정되지 않았다. 검정색 독수리훈장을 기대했다가 붉은색 훈장에 그친 것에 불평을 터뜨린 프로이센 시민들에 대한 일화는 수없이 많다. 붉은색 훈장을 받고 실망한 어떤 이는 훈장을 서랍 속에 던져 넣고는 〈검정색이 될 때까지 거기 있어!〉 하고 소리쳤고, 또 어떤 장군은 〈이 빨간 걸 내게서 떼어 내 가는 사람이 있으면 내가 검은 걸 줄 텐데!〉라고 탄식했다. 테오도어 폰타네Theodor Fontane의 소설에 나오는 두 일화인데, 폰타네 자신도 붉은색 독수리훈장을 받고 무척 불만이었다고 한다.[513]

톨스토이는 1855년 세바스토폴에서 이렇게 적었다. 〈나는 자신의 야망 때문에 수백만 명을 파멸로 몰아넣은 정복자를 괴물이라고 부르고 싶다. 하지만 사관 후보생 페트루쇼프와 안토노프 소위에게 명예와 양심에 대해 물어보면, 둘 다 고작 작은 별 훈장 하나 더 받거나 봉급을 3분의 1 더 받기 위해 당장 전쟁터로 달려 나가 수백 명을 죽일 각오가 돼 있는 작은 나폴레옹이요, 작은 괴물이라는 사실이 밝혀질 것이다.〉[514]

도스토옙스키도 1862년에 파리에서 이렇게 썼다. 〈레지옹 도뇌르 훈장은 끔찍한 물건이다. 그걸 단 사람은 하나같이 도저히 더는 들어 줄 수 없을 만큼 빼겨 댄다. 그런 인간들하고는 같은 기차를 타고 가는 것도 고역이고 극장 옆 자리에 앉을 수도 없다. ……그 인간들은 남에게 침을 뱉을 만큼 뻔뻔하게 가슴에 단 훈장을 중요시한다.〉[515]

착한 군인 슈베이크도 프라하 출신의 목공 믈리치코에 대해 비슷한 이야기를 한다. 목공은 용맹은장을 받았다. 〈전쟁 초기에 연대에서 포탄에 다리가 잘린 첫 번째 병사였기 때문이다. 인공 다리를 달고 나타난 그는 이제 어디서나 훈장을 뽐내기 시작했고, 자신이 연대 최초의 불구자라고 자랑스럽게 떠들고 다녔다.〉[516]

훈장으로 자신을 높이고 무례하게 구는 것은 허영심의 대표적인 공식일 뿐이다. 2차 대전 때도 기사철십자훈장을 받은 사람들의 어깨 위에 그런 허영심이 적지 않게 반짝거리고 있었을 것이다. 훈장은 단순히 쇳조각 이상의 의미를 갖고 있기 때문이다. 〈병사들은 새로 부임한 지휘관들의 얼굴에서 자신들의 피로 기사철십자훈장을 받고 싶어 하는 눈빛을 읽었다.〉 빌리 하인리히의 작품에 나오는 한 대위의 말이다.[517]

이것이 훈장의 양면이다. 민간 사회에서는 그다지 공감을 얻지 못하는 야심과 명예욕, 시기, 허영심이 군 조직에서는 여전히 매우 유용하다. 오랜 세월이 지났음에도 그것은 변하지 않았다. 군인의 미덕이 민간의 미덕이 되는 경우는 무척 드물다. 아무튼 두각을 나타내고자 하는 군인의 갈망과 국가가 하찮은 비용으로 만든 다양한 색깔의 작은 쇠붙이는 기가 막히게 잘 어울리는 조합이었다.

32. 다채로운 천으로

그는 당시의 황제에게 빌린 제복을 입었다.
그것도 1915년부터 1918년까지 줄곧.
쿠르트 투홀스키, 「이그나츠 브로벨에 대한 추도사」

눈부시게 화려한 색깔의 물고기들은 동종의 물고기에게 극단적인 공격성을 보이는 특징이 있다. 물고기 중에는 사랑이나 투쟁욕으로 충만할 때 화려한 색깔로 온몸을 장식하고, 두려울 때는 보호색으로 위장하는 종이 많다. 수컷 새들이 지나치게 화려한 깃털과 특이한 형태로 눈길을 끌 경우 그것은 암컷을 두고 다른 녀석들과 싸우겠다는 뜻이 아니라 암컷에게 더 멋진 쪽의 선택을 맡긴다는 신호이다.

재미있는 것은 동물의 화려한 색과 특별한 형태를 인간의 제복에 대응해도 비슷한 결과가 나온다는 사실이다. 제복도 실용적인 목적으로만 만들어진 옷이 아니기 때문이다. 물론 기본적으로 입는 옷이기에 실용적이어야 하지만 그 점이 항상 우선시된 것은 아니었고 지금도 아니다. 오늘날 전 세계의 거의 모든 군대에서는 외출할 때만큼은 위장색의 단조로운 군복에다 붉은색 파란색 견장과 특별한 마크, 장식 주름, 장식 금술 은술, 소매 띠로 장식하는 것을 허용하는데, 그게 과연 군사적으로 얼마나 유익한 일일까?

여기서 중요한 것은 합목적성이 아니라 알록달록한 것을 좋아하는 호전적인 남자들의 성향이다. 이러한 성향은 시간이 지나도 뿌리 뽑히지 않았고, 칙칙한 회색과 짙은 녹색의 군복에 둘러싸여도 꿋꿋이 뚫고 나왔다. 수탉(암탉도 마찬가지다)들은 싸움닭처럼 치장하는 것을 좋아한다. 그건 왕들도 마찬가지다. 눈부시게 화려한 색깔은 몇몇 장점이 있기 때문이다. 우선 그런 색깔은 공격성의 표시이고, 공격성의 생성을 돕기도 한다. 또한 그 관련성을 본능적으로 알아챈 적에게 겁을 주어 물러가게 한다. 화려한 색은 군인들의 허영심뿐 아니라 그들 꼭대기에 앉아 있는 주인들의 허영심도 만족시켰다. 손에 쥐고 마음대로 부릴 수 있는 다채로운 꼭두각시들을 보면서 왕들은 얼마나 흡족해했을 것이며, 그런 즐거움을 누리기 위해 그들을 또 얼마나 화려하게 치장했겠는가! 오늘날에도 왕궁 경비대가 앵무새처럼 화려한 제복을 입고 있는 것도 그 때문이다.

전투에 적합하게 군복을 만들어야 한다는 것은 다른 여러 이유들 중 하나일 뿐이고, 그것도 상당히 최근의 일이다. 그런데 군사적 유용성조차 실제 전투를 위한 실용성보다는 심리적 효과에 더 큰 비중을 두고 있는 것처럼 보인다. 제복은 그것을 입은 사람에게 이제부터 자신이 개인이 아니라는 사실을 인지시키는 기능을 한다. 그것은 틀에 맞는 인간을 만들어 내는 수단이자 획일화의 탁월한 수단인 동시에 그 획일화 과정을 가장 눈에 띄게 드러내 주는 상징이기도 하다.

제복의 가장 오래된 형태는 전투를 위한 분장이었다. 분장은 알록달록함이 중요할 때가 많고 실용성은 별 중요하지 않다는 것을 보여 주는 또 하나의 증거이다. 얼굴과 몸에 색을 칠하는 것은 인디언과 흑인들만의 관습이 아니었다. 카이사르의 보고에 따르면 〈브리튼인도 하나같이 전투에서 위협적으로

보이려고 파란색이 나오는 대청(大靑)*으로 얼굴과 몸을 칠했다〉.[518]

인류 초기의 문화권에서는 얼굴과 몸에 색칠하는 관습이 사라진 대신 오늘날의 맥락과 통하는 제복이 서서히 나타나기 시작했다. 후기 아시리아 제국의 군인들은 팔다리가 훤히 드러나는 짧은 투니카에다 끈으로 묶는 긴 장화와 쐐기꼴 투구를 착용했다. 그리스인들은 갑옷 위에다 자줏빛 망토를 걸쳤고, 로마인들은 샌들과 투구에다 〈전투 외투〉를 입었다. 갈리아인들은 칸나이 전투에서 배꼽까지 드러내고 싸웠고, 스페인인들은 가장자리에 자줏빛 장식을 단 하얀 리넨 옷을 입고 싸웠다.[519] 훈 족은 아틸라 왕이든 일반 전사든 모두 리넨이나 쥐 가죽으로 만든 옷을 입었다.

갑옷도 몸을 보호하는 용도로만 쓰이는 경우는 드물었고, 장식이나 도금을 하는 경우가 많았다. 예를 들어 스키타이 족의 흉갑에는 황금 수사슴이 누운 자세로 돋을새김되어 있었다. 역사가 프로코피우스Procopius는 고트 족의 왕 토틸라에 대해 이렇게 썼다. 〈금을 입힌 갑옷을 입고, 투구와 창에 자줏빛 장식까지 달려 있는 것이 진정 군왕의 위엄과 화려함이 넘쳤다.〉 게다가 온몸을 금으로 두른 이 싸움닭은 자신이 할 수 있는 것을 마음껏 과시했다. 〈그는 멋진 말을 타고 달렸고, 자기 진영을 오가며 무기 놀이의 진수를 선보였다. …… 빠른 속도로 내달리며 공중으로 창을 던졌다가 다시 잡았고, 한 손에서 다른 손으로 능수능란하게 바꾸어 잡기도 했다. 마치 어려서부터 이런 무대에서 연습이라도 한 것 같았다. 이런 놀이로 그는 오전을 보냈다.〉[520] 552년 타디나이 전투 전의 일인데, 토틸라 왕은 이 전투에서 숨졌다.

십자군 기사들은 색깔이 다른 커다란 십자가를 기워 놓은 넓은 외투를 갑옷 위에 걸쳤고, 방패는 빨간색 초록색, 아니면 도금을 했다. 종자들은 기사 가문

* 십자화과의 두해살이풀.

의 문장 색깔과 일치하는 옷을 입었다. 칭기즈칸의 몽골 족은 검정색 동물 가죽을 몸에 둘렀는데, 이들의 경우는 공격욕이 눈부시게 환한 색깔로 표현되지는 않았다.

오늘날의 의미에 맞는 제복의 기원이 된 곳은 사실 군대가 아닌 번창하는 도시였다. 도시들은 공동체의 품위와 위엄을 과시하기 위해 시의회 사환과 기마경찰에게 시 문장이 새겨진 옷을 입혔다. 나중에는 몇몇 도시의 시민군도 이런 옷을 입었는데, 예를 들어 1365년 1,500명 베른 시민들은 시의 문장이 그려진 흰 옷에 도끼창을 들고 바젤 시민을 도우러 갔다.

하지만 이렇게 통일성을 갖춘 제복은 오랫동안 예외였다. 30년 전쟁에 참가한 용병들 사이에서는 제복보다 아랫단을 묶는 헐렁한 반바지와 헐렁한 소매가 달린 옷이 더 유행이었다. 거기다 능력이 되는 사람은 위를 접을 수 있는 긴 장화를 신었고, 기병의 경우는 따로 가죽조끼를 걸쳤다. 같은 연대원들끼리는 바지나 양말 색을 통일하는 경우가 많았는데, 나중에는 소맷부리나 가슴 장식으로 같은 소속을 표시하기도 했다. 이는 복무하는 주인이 자주 바뀌는 상황을 고려할 때 퍽 실용적인 방법이었다.

장교들은 좀 더 고급스러운 의상만으로 병사들과 구분되었다. 거기다 종종 장식 띠를 맸고, 나중에는 어깨까지 내려오는 남성용 가발을 착용하기도 했다. 이런 시대에는 아랫단을 묶는 헐렁한 반바지를 입은 예니체리 군대에서만 계급을 표시했다. 9개까지 달 수 있는 말 꼬리를 몇 개 달았느냐에 따라 장교를 구분한 것이다. 칼 12세는 투박한 파란색 천으로 만든 옷과 무거운 장화를 특히 좋아했는데, 그렇게 입고 있으면 결코 장교처럼 보이지 않았다. 프리드리히 빌헬름 1세도 소위들과 똑같은 저고리를 입었다. 그러다 19세기 초에 이르러서야 장교들의 신분 표시는 등급화된 계급장으로 바뀌었다.

전투복이 통일되지 않은 상태에서는 적군과 아군의 구별이 문제였고, 그 경우는 개별적으로 해결할 수밖에 없었다. 그래서 최소한 한쪽 편에서는 완장을 착용하는 일이 많았다. 바르샤바 전투(1656)에서는 스웨덴과 브란덴부르크가 동맹군임을 표시하기 위해 모자에 갈대 짚을 꽂기도 했다. 그런데 18세기에 군복이 도입되었을 때도 그런 식별 수단은 계속 사용되었다. 동맹군을 포함한 아군의 제복이 다양한 탓도 있었고, 적의 군복이 아군과 비슷한 탓도 있었다. 그래서 프로이센 기병대는 1762년 적과 좀 더 쉽게 구분할 수 있도록 하얀 장식 깃털을 달았다. 1813년 나폴레옹에 맞서 싸운 동맹군들은 왼 팔뚝에 흰색 띠를 묶어 서로를 알아보았고, 1864년 독일-덴마크 전쟁에서도 프로이센과 오스트리아가 비슷한 방법을 사용했다. 러시아 내전(1918~1921)과 스페인 내전을 비롯해 같은 나라에서 편을 갈라 싸운 다른 전쟁에서도 완장은 계속 사용되었다.

따라서 군복은 전적으로 피아를 구별할 목적으로만 도입된 것은 아니었다. 오히려 군복이 종종 그런 구별을 더 어렵게 하기도 했다. 그렇다고 제복 착용이 보편화된 근대 최초의 군대인 루이 14세의 프랑스군을 살펴보면 군복이 전투에 적합하게 만들어진 것 같지도 않다. 장식이 많았을 뿐 아니라 소맷부리도 엄청나게 컸고, 모자에도 터무니없이 큰 깃털 장식이 달려 있었기 때문이다.

그렇다면 군의 제복화가 노리는 것은 무엇이었을까? 분명하다. 똑같은 복장이 만들어 내는 기강과 절도의 효과였고, 그것으로 젊은이들의 허영심을 자극해 군으로 끌어들이려는 것이었다. 거기다 자신의 권력 도구들이 개성을 발현해 눈이 어지러워지는 것을 원치 않는 군주의 허영심도 한몫했다. 생각해 보라! 똑같은 제복을 입은 꼭두각시들이 전쟁 발레를 추는 모습은 왕의 눈에 얼마나 흡족했겠는가! 군사 퍼레이드가 루이 14세 때 만들어진 것도 결코 우연이 아니었다. 프로이센군의 구스 스텝*도 인형들의 절도 있는 춤으로 대원수를 기쁘게 해주려는 수단이 아니었을까?

프랑스 귀족들은 마지못해 제복을 받아들였다. 비니에 따르면 그들은 〈모든 사람을 똑같이 만들고, 인간을 옷에 종속시키는〉 일률적인 제복을 싫어했기 때문이다.[521] 프리드리히 빌헬름 1세는 제복을 좀 더 빡빡하게 만들게 했다. 근검절약 정신 때문이기도 했지만 허영기를 차단하려는 생각도 있었을 것이다. 그러다 보니 군복은 시민 세계의 패션과는 동떨어지게 되었다. 물론 근검절약이 생활화된 프로이센에서도 싸움닭의 장식을 완전히 포기하지는 않았다. 보병들은 길고 뾰쪽한 투구를 썼고, 1713년부터는 모든 군인이 길게 내려오는 가발을 착용했다. 그런데 이것들에는 실용적인 면도 있었다. 뾰쪽한 투구는 키 큰 병사들을 더 크게 보이게 해서 적에게 위압감을 주었고, 가발은 목덜미에 꽂히는 칼의 위력을 완화시켜 주었다.

미국 독립 전쟁 와중에는 자원병들의 갈색 사냥 셔츠로 즉흥 군복이 탄생했다. 긴 양말에 무릎까지 오는 반바지, 각반이나 긴 장화 대신 처음으로 편안한 긴 바지가 등장했고, 그 직후 프랑스 혁명군에서도 비슷한 복장이 나타났다.

나폴레옹은 다시 눈부신 색깔의 군복을 도입했다. 흰색 천이 주류를 이루는 옛 근위대의 제복과 탑 모양의 곰 가죽 모자처럼 부분적으로는 상당히 비실용적인 군복이었다. 나폴레옹 근위대는 노란색 가죽을 덧댄 푸른색 상의에 연노랑 바지를 입고, 길쭉한 빨간색 깃털을 꽂은 모자를 썼다. 스탕달은 소설에서 줄리앙 소렐이 어린 시절 〈아버지 집 창가에서 긴 흰색 망토를 걸치고 길쭉한 검정색 장식 털이 꽂힌 투구를 쓴 용기병들이 말을 묶는 모습을 보며〉 군인이라는 직업에 홀딱 빠졌다고 썼다.[522]

나폴레옹의 누이와 결혼한 조아생 뮈라 원수에 대해 동시대인들은 이렇게 보고한다. 〈그는 말을 탄 곡예사나 멜로드라마의 주인공 같았다. 우아한 노란색

---

* goose step. 다리를 굽히지 않고 높이 쳐들면서 행진하는 걸음걸이.

반장화 위에 박차를 단 거대한 긴 장화를 덧신고, 금빛 찬연한 흰색 제복 상의에 금빛 레이스가 달린 빨간색 바지를 입고, 그 위에 화려한 가죽 망토를 둘렀다. 게다가 길쭉한 깃털 장식은 절대 포기할 수 없는지 사각형 폴란드 비단 모자에 그 장식을 꽂고 있었다. 이 모든 모습이 타타르의 군주가 따로 없었다.〉[523]

그런가 하면 나폴레옹은 알렉산드르 1세와 프리드리히 빌헬름 3세의 제복 집착을 비웃었다. 〈틸지트에서 알렉산드르와 프로이센 왕은 쓸데없이 용기병들의 제복이나 고안하고, 훈장을 어느 단추에 다는 게 좋은지 토론하느라 바빴다.〉 아직 세인트헬레나 섬에 있을 때 한 말이다.[524]

그러나 1813년 프로이센군은 지극히 단순한 군복 차림으로 나폴레옹에 맞섰다. 모자에만 한결같이 〈신과 함께 왕과 조국을 위하여〉라는 글귀가 새겨진 양철 십자가를 부착했을 뿐 나머지는 대부분 짙은 색의 천으로 이루어진 군복이었다. 뤼초 남작의 사냥꾼들은 심지어 칭기즈칸 전사들처럼 검은 옷을 입었다. 영국과의 두 번째 전쟁(1812~1814)에서 미국 군인들은 소박한 회색 군복을 입었는데, 당시 필라델피아에는 병사들 수에 맞게 제작할 수 있는 천은 우연히 회색 천뿐이었기 때문이다. 지금도 웨스트포인트의 사관생도들은 치페와 전투(1814)의 영웅들을 기리기 위해 열병식 때 회색 제복을 입는다. 아르헨티나의 가우초(목동) 의용군 대장이자 독재자 후안 마누엘 데 로사스Juan Manuel de Rosas는 1833년 인디언 토벌에 나서면서 군복 색깔 문제로 불같이 화를 냈다. 사람들이 시중에 충분한 초록색 천으로 군복을 만들려고 하자 단칼에 거절하며 〈살코기처럼 붉은〉 천으로 만들어 줄 것을 요구했던 것이다.[525]

초록색이었다면 아르헨티나의 대초원과 얼마나 잘 어울렸을까! 그러나 많은 동물들에게는 당연했고 인디언들에게는 예전부터 익숙했던 위장이 군인들에게는 20세기에 이르러서야 유행했다. 늦어도 산개 전술이 나오면서부터는 위장이 군사적으로 아주 유용했을 텐데도 말이다. 허영심과 싸움닭의 긍지,

일대일 결투의 정신이 군사적 유용성을 오랫동안 뒷방으로 밀어냈고, 군은 그 작은 골방에서 만족해야 할 때가 많았다.

미국 남북 전쟁에서 북군의 〈주아브 병사〉*들은 붉은색 바지를 입고 붉은색 모자를 썼다. 같은 이름의 프랑스 식민지 부대를 모델로 남북 전쟁 전에 형성된 부대였다. 이 부대만 빼놓으면 전장은 파란색이 주를 이루었다. 남부 연합군에는 신발이 없어 맨발로 싸우는 군인들이 많았다. 게티즈버그 전투도 남군의 한 장군이 병사들의 신발 보급 문제를 해결하기 위해 북쪽으로 진격하면서 시작되었다. 북군의 그랜트 장군과 셔먼 장군은 칼 12세와 프리드리히 대왕처럼 볼품없고 지저분한 군복으로 유명했다. 1865년 승리자 그랜트 장군과 말끔히 차려입은 패배자 리 장군이 마주섰는데, 다채로운 천의 광채는 그 천을 입은 사람의 권력이 적을수록 더 중요해지는 것처럼 보인다.

1870년의 프랑스 군인들은 파란색 상의에 붉은색 바지와 모자를 착용했고, 1914년까지도 프랑스 보병들은 붉은색 바지를 입고 전쟁터로 나갔다. 존 퍼싱(John Pershing. 1917년 프랑스 주둔 미 사령관)은 막 별을 단 1906년에 한 호텔에 갔다가 도어맨이 번쩍거리는 장군 제복을 입고 있는 것을 보고 격분해서 그 자리에서 체포해 버렸다. 이 사건은 그러니까 호텔 도어맨이 따라 하고 싶을 정도로 장교들이 여전히 멋지게 꾸미고 다녔음을 말해 준다. 끈으로 졸라맨 허리와 많은 장교들의 윤기 자르르 흐르는 허영심은 풍자 신문에 무궁무진한 소재거리가 되어 주었다.

그러던 것이 제1차 세계 대전 이전에 대부분의 열강들 사이에서 변화가 일어나기 시작했다. 이런 변화의 근저에는 군인이라면 닭처럼 의기양양하게 뽐

---

* 1831년 알제리 주민과 튀니스 주민을 주축으로 편성된 프랑스 보병. 군복 디자인을 비롯해 군의 독특한 풍속이 타국 군에도 영향을 주었다. 미국 남북 전쟁에서는 남군과 북군 양쪽 다 〈주아브〉라 칭하는 의용군 부대가 있었다.

내면서 적에게 돌진하는 것이 아니라 눈에 띄지 않게 접근해야 한다는 인식이 서서히 퍼져 나갔기 때문인데, 이 인식에는 1870~1871년 보불 전쟁에서 경험한 대포의 파괴적인 위력, 1904~1905년 러일 전쟁의 경험, 또 영국 식민지 부대가 착용한 카키색 군복에 대한 만족감이 두루 작용했다. 카키색 군복은 남아프리카의 강렬한 햇빛 아래에서 반바지를 입은 스코틀랜드 군인들이 무릎 화상으로 고생한 뒤 보급되기 시작한 것으로, 보어 전쟁에서도 그 유용성을 입증했다(다만 실용성에 초점을 맞춘 첫 군복이라고 할 수 있는 제복은 그보다 25년 전에 미국에서 먼저 개발되었다고 봐야 하는데, 대대적인 인디언 토벌에 나선 미국 군인들이 모카신 군화와 황소 가죽 군복으로 환경에 맞게 위장한 것이다).

이런 분위기 속에서 독일과 오스트리아, 이탈리아 군대는 1914년에 이미 서로 조금씩 다른 회녹색을 입었고, 영국과 러시아, 일본 군인들은 황토색과 초록색 군복을 입었다. 프랑스 군대만 붉은색 바지를 없앤 뒤에도 청회색 군복을 고집했다.

이런 변화의 군사적 효과는 새로운 색깔의 전투 효용성에만 한정되지 않았다. 그것을 넘어 붉은색과 파란색, 흰색이 풀빛과 칙칙한 색으로 교체된 것은 연대별 병과별 지역별로 다채로웠던 군복 색이 하나의 통합 색깔에 밀려났고, 그로써 역사상 최대 규모의 군대들이 일률적으로 그런 통합 색을 입었음을 의미했다.

그로써 모든 군인을 일률적인 모습으로 찍어 내려는 제복의 힘은 극단적으로 상승했고, 모든 군인은 전쟁에서 하나의 개미로 변신했다. 동시에 칭기즈칸 군대 이후로는 드물었던 일이 현실이 되었다. 피아가 군복의 색과 형태로 쉽게 구분된 것이다. 1916년 이후 철모의 변화도 인상적이었다. 철모는 나라마다 형태가 뚜렷이 달랐고, 참호 속의 적에게서 보이는 것이라고는 철모가 유일할 때도 많았다.

그러나 수컷의 허영심은 이대로 주저앉지 않았다. 1차 대전에 참전한 독일 군인들은 〈크레첸〉이라는 챙 없는 둥근 모자를 점점 싫어했다. 하사관과 일반 병사들이 전투 외 시간에 피켈하우베*나 철모를 벗고 썼던 모자였다. 대신 장교들처럼 챙 달린 모자를 쓰는 것이 수백만 군인들의 꿈이었다. 물론 장교처럼 특별한 띠 장식의 모자가 아니라 계급 차이가 확실히 드러나는 병사들만의 모자를 원했다. 점점 더 많은 병사들이 그 꿈을 이루었지만, 나라에 따라서는 장교들의 격렬한 반대에 부딪혀 꿈을 이루지 못한 병사도 많았다. 그래서 1918년에는 챙 달린 모자가 혁명군의 표식이 되기도 했다. 반대로 두 세계 대전 사이의 독일 군인들은 프랑스군 하사관과 병사들에게 부러움의 대상이 되기도 했다. 장교들이 신은 것과는 달랐지만 병사들도 통이 긴 장화를 신었기 때문이다.

스페인의 반란군 장군 호세 산후르호José Sanjurjo는 1936년 몰래 포르투갈로 빠져나가려고 2인승 비행기를 타면서 무거운 트렁크 두 개도 함께 실으라고 요구했다. 조종사는 짐 무게 때문에 비행기가 비좁은 숲속 공터에서 이륙하는 것이 위험할 수도 있을 거라고 설명했다. 그러나 산후르호는 조종사의 의견을 묵살했다. 결국 비행기는 나무 꼭대기 가지들을 스치면서 불이 났고, 그로써 산후르호와 그의 무거운 가방을 가득 채우고 있던 멋진 열병 제복들도 불에 타고 말았다.

오늘날 가장 완벽한 군복은 미국의 네이비실이 입고 있다. 복장과 장비, 무기 모두 아주 세세한 부분까지 파괴에 최적화되어 있다. 반면에 가장 형편없는 군복을 입은 군인은 아프가니스탄 전방 초소에 배치된 미군이다. 맨몸에 방탄조끼만 걸친 반바지 차림에 군화 끈은 풀어져 있고, 담배까지 물고 있다. 서배

---

* Pickelhaube. 정수리에 뿔 모양의 쇠꼬챙이가 달린 투구.

스천 융거의 눈에 비친 미 병사들의 모습이다.[526]

제복보다 훨씬 오래되었으면서도 제복처럼 소속을 나타내는 또 다른 중요한 상징은 기(旗)였다. 정확히 말하자면 일반적인 기, 문장과 국가를 표시하는 문장기, 군을 상징하는 군기였다. 기는 보통 막대나 밧줄에 매는 얇은 천이고, 문장기는 수평으로 뉘인 막대에 다는 사각형의 두툼한 천이고, 군기는 장대에 다는 상징물이었다. 이 세 깃발은 모든 군인에게 조준점이나 집합점, 혹은 하나의 신호가 되어 주었다. 16세기와 17세기 란츠크네히트 용병대에서 〈작은 기〉를 뜻하는 〈펜라인Fähnlein〉은 하나의 기를 중심으로 모인 작은 부대 단위를 뜻했다. 하지만 이 세 깃발에는 이런 것들보다 훨씬 더 깊은 의미가 담겨 있었다. 이것들은 마술적이고 성스러웠고, 우러러보는 우상이자 믿음과 열정의 대상이었고, 승리의 보증 수표이자 시신을 덮은 명예의 천이었다.

이집트 파라오의 군기에는 적을 무찌를 힘이 담긴 성스러운 상징이 표현되어 있었다. 이집트 신앙에 따르면 군인들은 군기에서 뿜어져 나오는 그 힘을 그저 실행만 할 뿐이었다. 중국에는 기원전 12세기부터 청룡과 백호, 또는 주작을 수놓은 깃발이 있었다. 이 깃발은 왕이나 장수보다 앞서갔고, 그들과 똑같이 귀히 여겨졌다. 또한 깃발 든 사람을 건드리는 것은 범죄 행위였고, 깃발을 잃어버리면 전투의 패배로 간주되었다. 따라서 깃발은 승리의 상징일 뿐 아니라 승리를 불러오는 일종의 물신(物神)이었다.

깃발의 사용에는 냉정한 목적도 있었다. 〈전투 중에는 피아의 구분이 명확하지 않기에 기와 군기가 사용된다.〉[527] 손자가 쓴 말이다. 로마군은 공격과 후퇴를 알리는 신호기를 사용했고, 마리우스의 군 개혁 이후로는 군단과 각 중대별로 다르게 사용하던 군기를 통일시켰다. 로마 군단의 상징물은 제우스의 무기 위에 앉아 있는 입체적인 은빛 독수리였다.

모든 군인에게 기준점 역할을 하던 로마 군기는 군 역사에 등장하는 다른 모든 부대의 군기보다 더 중요했다. 중대 단위로 기민하게 이동하며 작전을 펼치는 중에도 늘 전 부대를 하나로 묶는 구심점 역할을 군기가 했기 때문이다. 물론 군기에는 그런 실용적인 목적을 훌쩍 뛰어넘는 다른 의미도 있었다. 카이사르는 브리타니아 상륙에 대해 이렇게 썼다. 〈우리 병사들이 깊은 바다에 대한 두려움으로 망설이고 있을 때 10군단의 독수리 깃발을 든 병사가 소리쳤다. 「적에게 독수리를 내주고 싶지 않거든 뛰어내려라! 나는 사령관과 국가에 대한 의무를 다할 것이다!」 기수는 이렇게 소리치며 배에서 뛰어내리더니 곧장 독수리 깃발을 들고 적진 한가운데로 돌진했다. 그러자 다른 병사들도 그런 치욕을 당할 수 없다고 서로를 격려하며 배에서 뛰어내렸다.〉[528]

세상의 절반을 무릎 꿇린 칭기즈칸의 몽골 족은 뾰족한 끝이 아홉 개 달린 하얀 기를 자신들의 수호신이 깃든 집이라 여겼다. 무함마드의 성스러운 〈예언자의 깃발〉은 터키 술탄의 금고에 보관되어 있었다. 예니체리들은 금실로 코란 구절을 수놓은 하얀 비단 깃발을 치켜들고 전쟁터로 나갔다.

이전의 일반적인 상징물이나 문장, 혹은 단색을 대신해서 같은 크기의 세 가지 색으로 이루어진 삼색기가 처음 등장한 것은 1574년 스페인에 맞서 독립 전쟁을 벌이던 네덜란드에서였다. 색깔은 주황, 하양, 파랑이었다. 그렇다면 프랑스 혁명으로 삼색기가 전 세계에 퍼지기 훨씬 전에 이미 비슷한 혁명적 운동에 의해 비슷한 표본이 만들어져 있었던 셈이다. 프랑스 민중은 바스티유 감옥으로 쳐들어갈 때 모자에 파리의 문장 색이던 빨간색과 파란색 모자표를 붙였다. 파리 시장이 루이 16세에게 그 모자표를 건넸고, 왕은 부르봉 왕가의 흰색 모자표 옆에 빨간색과 파란색 모자표를 부착했다. 이렇게 해서 탄생한 것이 삼색 혁명기였다.

새로운 상징과 함께 곧이어 오래된 상징도 부활했다. 나폴레옹은 로마의 독수리 깃발을 다시 사용했고, 전투에서 이 깃발을 앞세웠다. 예나 전투(1806)에서는 위험에 빠진 독수리를 구하려고 전선을 바꾸라는 명령까지 직접 내리기도 했다. 나폴레옹이 엘바 섬으로 향하는 배에 승선한 직후 근위대는 독수리 깃발을 불에 태웠고, 〈몇몇은 이 군기와 헤어지지 않으려고 재를 삼켰다〉.[529]

프리드리히 빌헬름 3세는 적의 군기를 대포 한 문이나 장군 한 명의 가치와 똑같이 평가했다. 그래서 그 셋 중 하나를 가져오거나 파괴하는 군인에게는 황금공로훈장을 수여했다. 1865년 패배한 미 남부 연합군의 깃발이 내려지자 〈몇몇 군인은 정신이 나간 사람처럼 대열에서 뛰어나가더니 깃발 앞에 무릎을 꿇고는 뜨거운 눈물을 쏟으며 깃발에 키스를 퍼부었다〉.[530]

참호 속에는 더 이상 군기를 꽂지 않았다. 대신 뒤따라 오는 보급대가 군기를 수송하거나 주둔지에 매달았다. 1942년 미군의 마지막 필리핀 거점인 코레히도르 요새가 일본군 수중에 넘어가자 한 미군 대령은 요새 깃발 일부를 잘라 내어 셔츠 아래에 꿰맨 뒤 나머지는 불태워 버렸다. 그 후 일본군 포로가 되어 죽기 직전에 다른 미 대령에게 그 천 조각을 은밀히 건네주었다. 살아남은 대령에 의해 세상에 알려진 이 찢어진 군기는 지금도 웨스트포인트 박물관에 보관되어 있다.

군인들 사이에서 갈증만큼이나 자주 일었던 냉소주의도 군기 앞에서는 대개 수그러들었다. 스페인 내전에서 공화파가 양측 진영의 색깔(빨강과 노랑)을 〈피와 고름〉이라고 부른 것은 드문 예외 중의 하나였다. 바람에 펄럭이는 다채로운 천은 이정표이자, 파도처럼 밀고 밀리는 전장에서의 쉼터이자, 한 조각 희망이자, 연기와 고통 위에 떠 있는 태양이었다. 그렇다면 이해할 수도, 붙잡을 수도 없는 그 수많은 것들을 위해서도 싸웠는데 바람에 펄럭이는 이 깃발을 위해 싸우지 못할 이유가 있을까?

옷이 사람을 만들듯 제복은 군인을 만들고, 깃발은 종종 쓸모 있는 군인을 만든다. 기는 막대에 매달린 마법의 천 조각이자, 천 조각의 마법이다.

33. 전우들로

군인에게 가르칠 수 있는 최고의 가치는 소속감이다.
소속감이란 군인들이 세상의 어떤 부대보다
자신의 부대를 더 높게 생각해야 한다는 뜻이다.
프리드리히 대왕, 1768년 정치와 관련한 유언 중에서

종교나 이데올로기에 광적으로 열광하지 않거나, 그리로 이끌려는 시도가 전혀 먹히지 않으면서도 죽음을 불사하는 용기를 가진 유능한 군인은 많다. 그럼에도 종교나 세속적 이념의 주입과 세뇌가 과대평가된 이유는 단순히 교회와 군 기구가 그런 증거들을 많이 남겨 놓았기 때문으로 보인다. 전쟁의 진짜 동기를 종교와 세계관, 조국애로 은폐하고, 대내외적으로 과시할 목적으로 장엄하고 호화로운 것을 전면에 내세우고, 전쟁 이유의 상자에다 그럴듯한 라벨을 붙이는 것, 이 모든 것은 대부분의 권력자들이 매우 중히 여기는 것들이다. 그리고 많은 군인이 편지와 회고록에서 이런 라벨을 들먹이는 것을 좋아한다. 민간인들이 원하는 내용이기 때문이다. 게다가 그런 라벨이 항상 틀린 것도 아니다.

그런데 스위스 근위대는 조국이 없었고 오직 자신 자신을 위해 싸웠다. 1944~1945년 미국인들은 많은 독일군 부대가 그렇게 끈질기게 저항한 데에

는 나치에 대한 열광이 자리하기 때문일 것이라고 예상했는데, 실제 그렇지는 않았다는 사실에 퍽 의아해했다. 실제로 필자를 포함해 많은 독일 군인들은 야전 헌병들에게 잡혀 근처 나무에 매달려 죽을지도 모른다는 두려움 때문에 싸웠다. 1945년 2월부터는 그런 일이 자주 있었다. 어쨌든 호라티우스의 생각처럼 실제로 조국을 위해 죽는 것이 달콤하고 명예롭기 때문에 싸운 군인은 극히 드물었다.

그렇다. 〈일선 병사들이 의무감을 느끼는 것은 전투 집단이고, 상관들이 의무감을 느끼는 것은 《장교단》이라는 군 조직이다.〉 쥔케 나이첼과 하랄트 벨처가 영국과 미국에 포로로 잡힌 독일 군인들의 방대한 신문 조서를 분석한 뒤 단언한 말이다. 가족과 애인은 거기에 거의 아무 역할을 하지 못했고, 정치적 이유들도 나치 찬성자이건 반대자이건, 프로이센 출신이건 오스트리아 출신이건 기껏해야 부차적인 역할에 그쳤다. 〈지금은 사라져 가고 있지만 실질적인 《이념의 전사》였던 극소수 집단만 제외하면 독일 군인들의 가장 큰 특징은 자신이 처한 상황에 대해 달관에 가까운 무관심〉과 〈《독일 국방군》 시스템과의 강한 동일시〉였다.[531]

이스라엘군도 〈훌륭한 국민으로 길러 내어 군인으로서 전투 이유를 분명히 인식하게 하는 것이 건전한 군인을 만들어 내고 전투 정신을 고취시키는 최선의 방법〉[532]이라는 테제를 그리 대수롭게 여기지 않는다. 그럼에도 스위스인과 독일인, 이스라엘인은 탁월한 군인이었다. 서배스천 융거는 아프가니스탄에 주둔한 미 전투 부대와 관련해서 〈촘촘한 그물처럼 연결된 집단의 마취에 가까운 효과〉[533]를 언급했는데, 혹자들은 이를 가리켜 남녀관계보다 더 강한 내적 애착이자 유대감이라고 부른다.

심리학에서는 이를 〈집단 결속력〉이라고 하고, 신병 교육과 일요일 설교 시간에서는 전우애, 군 지휘부에서는 단결심esprit de corps이라고 한다. 화학자가

한 화합물을 분리시켜 열과 압력을 가하면 그것이 어떤 행동을 보일지 예견할 수 있는 것처럼 개인들을 하나의 군사 덩어리로 강제로 융합하면 명령과 구속의 압력 및 전투 열기 속에서 단결심이 생겨나리라고 쉽게 예상할 수 있다. 〈훈련이 힘들수록 전우애는 더욱 단단해진다. 그것이 군대의 보편적 경험이다.〉[534]

익숙한 환경에서 벗어나 똑같은 제복을 입은 개인은 자신과 같은 처지의 개인들, 즉 함께 고생하는 동료들과 형제가 된다. 전우는 참호와 병영에서, 고된 훈련과 쏟아지는 포탄 속에서 이 모두를 이겨 내게 하는 버팀목이다. 따라서 부대 안에서 전우들의 신임을 잃는 것보다 끔찍한 일은 없다.

단결심은 혹독한 훈련과 빗발치는 총탄 속에서 저절로 생겨난다. 그건 타고난 전사가 아닌 사람들 사이에서도 마찬가지다. 전쟁 시 군대와 인간의 본능만큼 서로 협력을 잘하는 것은 없다. 군대와 사회학자들은 그 사실을 반갑게 인지한다. 스위스 저널리스트 롤프 비클러Rolf Bigler의 말을 들어 보자. 〈용맹무쌍한 군인은 부대(큰 집단에 대한 소속감)와 전우(작은 집단으로서의 유대감)를 위해 싸우고, 자신의 상급자를 지휘관으로 진급시키기 위해서도 싸운다. ……군인은 불안과 적대감의 바다 속에서 심리적 평화의 이 섬이 존속될 수 있도록 결연히 싸운다.〉[535]

군역사학자 토르스텐 홀름은 이렇게 썼다. 〈군인이 집과 민간 사회를 떠남으로써 잃어버린 것에 대한 대체물이 바로 전우애이다. ……전우가 전사하면 반대편에서 총을 쏘는 집단은 개인적인 원수가 되고, 그 감정이 적에게로 돌진하게 만든다. 결국 군인은 서로를 위해 죽는다.〉[536]

미국의 트레버 뒤피Trevor Dupuy 대령은 군이 조국애의 강화로 병사들의 전투 능력을 키울 수 있다는 가정을 강하게 반박한다. 〈미군의 정신은 우리가 《단결심》이라고 부르는 건드릴 수 없는 불꽃이다. 그 불꽃에 생명력을 주는 것은 승리의 의지다. 이 생명의 불꽃이 없는 군대는 뜬구름과도 같은 애국주의나 어리석은 용기로 잠시 모인 무장 폭도일 뿐이다. ……반면에 승리의 의지와 우리가 단결심이라는 말로 통칭하는 일체감의 정신은 짧게 타오르다 마는 불꽃이 아니다. 단결심은 전통에서 우러나는 통솔과 기율로 이루어진다.〉[537]

단결심은 근위대 같은 엘리트 부대에서 특히 강하게 나타나고 전투력 상승에도 당연히 일조했다. 엘리트 부대원들은 다른 탁월한 부대들과 경쟁했으며, 나머지 일반 부대의 아마추어들에게 자신의 우월함을 과시하길 좋아했다.

그런 우월감이 일부에서 오만방자함으로 표출되는 일도 있었다. 특히 보병을 대하는 기병의 태도에서 그런 것이 많았다. 러시아 소설가 이사크 바벨Isaak Babel은 1920~1921년 러시아-폴란드 전쟁에 참전한 소비에트의 한 카자크 기병대 사령관을 이렇게 묘사한다.〈보병들을 보는 순간 그의 얼굴은 기쁨에 겨워 붉게 물들었다. 그가 손짓으로 소대장을 가까이 오라고 했다. ……두 사람은 1분 정도 귓속말을 주고받았다. ……카자크 기병들이 말에 열심히 박차를 가하며 참호 쪽으로 달려갔다. 참호 속에서는 보병들이 즐거운 표정으로 그 광경을 지켜보고 있었다. 그런데 카자크 기병들이 갑자기 공격을 하기 시작했다. 불쌍한 보병들은 도망쳤지만 너무 늦었다. 기병들의 채찍이 벌써 그들의 찢어진 군복 위로 날아든 것이다.「왜 이렇게 못된 장난을 치는 거야?」내가 아폰카에게 소리쳤다.「재밌잖아!」그가 대답했다.「어이 보병들, 우릴 그런 눈으로 쳐다보지 마!」그가 소리쳤다.「너희 보병은 가서 벼룩이나 잡으라고!」〉[538]

터키의 예니체리 부대원들도 아주 콧대가 높았다. 그들은 금실로 수놓은 모자와, 활처럼 휜 군도, 큰 북을 자랑스러워했다. 게다가 수도승에 가까운 생활 방식을 따라 했다. 예를 들어 수염을 기르지 않고 결혼을 하지 않았으며, 어떤 상거래도 하지 않고 평화 시에도 병영을 떠나지 않았다. 여자들과 담을 쌓은 남자들만의 동맹이자 결사였다. 이런 부대는 오직 자기 자신을 위해 싸웠다. 20세기에도 이와 비슷한 군인 결사체가 사람들의 입에 자주 오르내렸다.

〈내 병사들은 하나같이 이 전투[엘알라메인 전투]에서 자신의 고향뿐 아니라 아프리카 기갑단의 전통을 지키기 위해 싸운다.〉[539] 로멜 장군의 말이다. 나치 무장친위대는 일종의 기사단이었고, 전 세계 모든 공수 부대도 마찬가지였다. 특히 인도차이나 전쟁과 알제리 전쟁에서 악명 높았던 프랑스 외인부대 소속 공수 부대가 그런 성격이 가장 강했다. 이 공수 부대원들은 다른 프랑스 군인들을 〈얼간이〉라 불렀고, 알제리 전쟁에서 적군이 자기 동료를 한 명 죽이면 자신들은 적군 50명을 죽이는 것으로 복수했다. 반면에 적이 〈얼간이〉를 한 명 죽이면 그 복수의 강도는 훨씬 덜했다.

〈그들은 강철처럼 단단하게 뭉친 중무장한 사내들의 조직이었다. ……표범 가죽 같은 위장복을 입고 무섭도록 굳은 얼굴로 마치 앞에 아무것도 없는 것처럼 민간인 무리를 뚫어 보았고, 무뚝뚝한 오만함과 차가운 눈빛 면에서 토텐코프 무장친위대 사단에 결코 뒤지지 않았다. 그들은 그런 모습으로 무대에 등장해 기분 좋은 공포를 즐겼다. 자신들이 불러일으키고, 은밀한 존경심이 가미된 공포를.〉 독일 언론인 프리드리히 지부르크Friedrich Sieburg가 프랑스 공수 부대에 대해 쓴 말이다. 〈부대에서도 대원들의 자신감과 오만함을 키우기 위해서라면 무엇이건 가리지 않았다. 그들은 어디서건 최고의 군인으로 환호를 받았고, 프랑스인들은 그들이 프랑스인이 아니라는 사실에 조금도 개의치 않았다.〉

지부르크는 알제리 주둔 프랑스 총사령관 조르주 카트루Georges Catroux에 대해 이렇게 보고한다. 〈사령관으로서 감탄하고 기대한 부대가 바로 자기들끼리 똘똘 뭉쳐 있고 외부와의 유대감은 전혀 없는 그런 부대였다. 그들은 불평하지 않았고, 집에서 편지도 오지 않았으며, 프랑스에 출산한 아내가 있거나 병상에 누운 어머니도 없었다. ……그들은 어떤 일이나 이념에도 경도되지 않았다. 대신 지상 어디서도 찾아볼 수 없는 독특한 명예감을 갖고 있었다. 한마디로 자신의 임무를 수행해야 할 장군으로서는 조국조차 없는 이 무리보다 더 나은 대상을 생각하긴 어려웠다.〉[540]

그래서 군사적인 측면과 정치적인 측면에서 두 가지 중대한 반론만 없었다면 모든 국가는 어떤 수단을 써서라도 엘리트 군을 양성하려고 했을 것이다. 그러나 그러지 않았다. 우선 군사적인 측면의 반론부터 살펴보자. 어떤 군도 근위대 같은 엘리트 부대로만 이루어질 수는 없고, 근위대의 존재는 그에 속하지 않는 부대의 전투 정신에 대부분 좋지 않은 영향을 끼친다.

정치적 반론은 이렇다. 엘리트 부대는 다른 부대들보다 민간인과 국가 권력에 대해 배타적 계급의식을 발전시키고 기회가 되면 국가 권력을 빼앗으려는 경향이 강하다. 로마 제국 후기의 근위대나 17세기의 예니체리처럼 말이다. 기사도 정신에 입각해서 일대일 결투를 벌이는 집단은 서로를 증오하지 않는다. 그들이 증오하거나 경멸하는 자는 그런 결투를 반대하거나 군인이 아닌 사람들이다. 양쪽이 서로에게 총질을 한다는 사실 때문에 착각해서는 안 된다. 그들은 자기 군의 군수장교나 장관보다 서로를 더 높이 평가할 수도 있다. 프랑스 작가 장 지로두의 탄식을 들어 보자. 「군은 민간의 증오를 배워야 돼. 하지만 너도 알다시피 그런 점에선 실망스럽기 짝이 없어. 적대감을 버리고 서로를 존중하기까지 하니 말이야.」[541] 전장에서 야릇한 우정을 키웠던 영국 사령관 얀 스뮈츠와 독일 사령관 파울 폰 레토프포어베크처럼 말이다(8장).

마지막으로 엘리트 부대의 가장 위험스러운 부분은 그들이 전쟁을 좋아하고, 그래서 할 수만 있다면 전쟁을 일으키려 한다는 점이다.

전우가 죽음을 두려워하지 않는다는 이유만으로 자신도 똑같이 죽을 준비가 되어 있다는 것은 퍽 특이하다. 전우애가 없다면 분명 개인은 죽음을 피하는 쪽을 선호할 것이다. 그런데 사실 압박과 고생, 위험을 통해 손쉽게 전우애를 만들 수 있다는 점을 고려하면 냉철하게 계산된 압박의 산물일 때가 많은 이 전우애를 그렇게 미화하는 것은 적절치 않아 보이기도 한다.

〈군대는 남자들의 수도원이자 유목민의 수도원이다.〉 비니의 작품에 나오는 말이다. 〈곳곳에 진지함과 극기, 침묵이 깊게 스며들어 있는 독특한 삶의 공간이고, 빈한함과 복종의 서약으로 채워진 공동체이다. 민간의 삶과 동떨어진 이 특별한 삶은 수도사들의 삶과 마찬가지로 변하지 않을 것이다. 나는 내가 복무한 연대의 군복을 볼 때마다 심장이 두근거리지 않은 적이 없다.〉⁵⁴²

34. 나팔로

행진곡을 들을 때 거룩한 전율이 엄습하려고 하면 나는
침팬지들도 집단 공격을 부추길 때 박자에 맞추어 소리를 낸다고 속으로 되뇌면서
유혹에 넘어가지 않으려 애쓴다. 함께 노래 부르는 것은
악마에게 새끼손가락을 내미는 것이나 다름없다.
콘라트 로렌츠Konrad Lorenz, 『악이라고 하는 것』

병사들의 두려움을 확실히, 그것도 결정적인 순간에 없애고 공격욕을 불러
일으키려면 뇌가 아닌 위(胃)와 척수를 자극하는 방법을 택해야 한다. 즉 흥분
제와 리듬, 소음을 이용해야 한다는 말이다.

전투는 그 자체로 사람을 일종의 도취 상태에 빠뜨리는 힘이 있다. 〈위험이
만들어 내는 분노에 취해〉, 또는 전사의 눈앞에 어른거리는 〈핏빛 안개〉(26장)
에 젖어 닥치는 대로 적을 죽이는 것도 그 때문이다. 그런데도 역사상 거의 모
든 군대에서는 병사들의 흥분을 일부러 촉진시키고자 했다. 대부분의 원시 부
족들은 출정을 앞두고 전사들에게 술을 먹이고 무아지경의 춤을 추게 함으로
써 미리 전쟁 분위기에 젖게 했다. 그리스군도 팔랑크스를 펼치기 전에 포도주
를 넉넉히 마셨다. 30년 전쟁의 용병들은 화주와 맥주를 잔뜩 들이켰고, 러시
아 보병들은 19세기와 20세기의 모든 전쟁에서 보드카를 마셨으며, 영국인들
은 1916년 솜 강 전투에서 돌격을 앞두고 코냑을 한 사발씩 받았다. 에른스트

윙거는 공격 전에 〈부르고뉴 포도주와 둘만의 친근한 대화〉를 나누었고, 착한 군인 슈베이크는 사색에 잠겨 스스로에게 이렇게 말한다. 〈럼주를 마시면 나도 모르게 기분이 좋아져. 포도주 반 사발과 럼주 4분의 1리터만 마시면 아무하고도 싸울 수 있어.〉[543]

이렇게 술에 취하면 군인은 결코 좋은 사수(射手)가 될 수 없다. 그럼에도 목적은 따로 있었다. 군인을 돌진시키고, 빗발치는 총탄에도 흔들리지 않게 하고, 사냥꾼까지는 아니더라도 최소한 바들바들 떠는 겁쟁이 동물은 아닌 몰이꾼 정도로는 만들어 주고, 상처의 고통을 덜 느끼게 하고, 흐릿한 정신으로 끔찍한 장면을 대면하게 하는 것, 이것이 바로 알코올의 군사적 가치였다.

술보다 강한 독의 효과는 훨씬 더 컸다. 바이킹 족 가운데 광전사들은 미친 듯이 살인 행각을 벌이기 전에 독이 든 광대버섯을 먹었고, 베트남에 파견된 미군들 사이에서는 마리화나와 헤로인이 큰 문제가 되었다. 술을 주듯 마약을 지급한 것은 아니지만 군사 재판과 불명예 제대의 위험에도 수많은 군인이 비밀리에 마약을 복용한 것이다. 『슈피겔』이 인터뷰한 한 하사관은 이렇게 말한다. 「전투 전에 위스키나 맥주를 마시는 것보다 그런 담배를 몇 개비 피우는 것이 더 낫습니다. 술에 취하면 녹초가 되어 잠밖에 오지 않지만 마리화나 같은 독을 쓰면 의식이 또렷해지고, 지금 무슨 일이 일어났는지 정확히 알기 때문이죠.」[544] 물론 마약에 취해 포탄이 터지는데도 방공호로 달려가지 않고 그 광경을 즐겁게 바라보기만 하는 일도 있었다.

이런 미군들은 쓸모 있는 군인이 되기 위해 본성과는 달리 극단적인 행위를 하기도 했다. 국가는 자신의 아들들에게 남을 죽이고 스스로도 죽을 각오를 요구했다. 그러나 많은 아들들이 멀쩡한 정신으로는 사람을 죽이는 그런 끔찍한 일을 감당하지 못했다.

알코올이나 마약과는 비교도 안 될 정도로 널리 퍼져 있고, 어쩌면 효과는 더 크면서 비용은 전혀 안 드는 흥분제가 군가와 전투 함성이다. 여기서 전투 함성이란 인간이 다른 생명을 죽이거나 고통을 주려고 돌진할 때 내는 모든 종류의 포효를 말한다. 분노의 표출이기도 한 이것은 포효하는 자에게는 〈용기〉를, 듣는 자에게는 공포를 준다. 쥐들이 공격할 때 내는 날카로운 소리, 사냥개들이 몰이를 시작할 때 짖는 사나운 소리, 사자가 얼룩말을 덮칠 때 내는 포효, 이 모든 것은 소리를 지르는 것이 생명을 죽이는 것과 얼마나 연관이 많은지, 또 그 소리의 뿌리가 얼마나 깊은지 잘 보여 준다. 동물들은 괴성을 질렀고, 〈아킬레우스는 무시무시한 소리를 내며 폭풍처럼 휘몰아치는 강한 힘으로 트로이군 속으로 뛰어들었다〉.[545]

군 지휘관들은 스스로 그런 소리를 내어 군사들을 독려하기도 하고, 전략적으로 가장 필요한 시기에 소리가 터져 나오도록 조절하기도 했다. 〈여호수아가 백성에게 명하길 너희는 외치지도 너희 소리가 들리게 하지도 말 것이며. ……그러다 내가 명하는 날 큰 소리로 외칠지니!〉(여호수아 6장 10절).[546] 알렉산드로스 대왕은 가우가멜라 전투를 앞두고 지휘관들을 불러 이렇게 일렀다. 병사들을 조용히 진격시키다가 돌격 명령이 떨어지면 가공할 만큼 큰 소리로 군가를 부르게 하라고. 그리스 군가는 〈파이안! 파이안!〉을 외치는 것으로 끝났는데, 〈파이안Paian〉은 〈치유의 신〉으로 호메로스의 작품에서는 다른 신들이 다쳤을 때 치료해 주는 〈신들의 의사〉로 나온다. 나중에는 여러 신들의 별칭으로 불리다가 신들에게 바치는 노래가 되었다.

갈리아 족의 전쟁 함성은 처음엔 웅성거림으로 시작하다가 서서히 커졌고, 그러다 마지막에는 포효와 같은 괴성으로 폭발했다. 소리는 입 앞에 비스듬히 대고 있던 방패의 반향 때문에 더욱 증폭되었다. 리비우스는 이렇게 썼다. 〈울리는 소리를 좋아하는 갈리아 족속은 사나운 노래와 고함, 끔찍한 소리로 온 주변을 가득 채웠다.〉[547] 카이사르는 뭐라 했던가? 〈이제 적들은 자기네들 풍습에 따라 큰 소리로 《승리!》 하고 외치더니 괴성과도 같은 함성을 질렀고, 그와 함께 로마군에게 돌진해서 순식간에 진영을 흩뜨려 놓았다.〉[548]

십자군 원정에서는 터키인들이 더 큰 함성으로 기독교 전사들의 기를 꺾었다. 터키 군사들은 〈알라는 위대하다!〉고 외치면서 서로를 독려했다. 티무르의 〈전쟁 행동 지침〉에는 이렇게 적혀 있다. 〈전위대는 적의 선발대를 혼란에 빠뜨리기 위해 항상 광포한 함성을 지르며 공격해야 한다.〉[549] 코르네유의 작품 속 스페인인들은 이렇게 말한다. 〈우리는 갑자기 은신처에서 뛰어나와 / 하늘 끝까지 함성을 질러 댔다!〉[550] 1800년 마렝고 전투에서의 프랑스군은 어땠을까? 〈뿔피리가 울리고 북소리가 폭풍처럼 휘몰아치자 모두가 한꺼번에 돌격했다. 그들의 함성은 단순한 음성이 아니라 사나운 포효였다!〉[551] 남북 전쟁의 불 런 전투에서 남부 연합군도 마찬가지였다. 〈포탄이 빗발치는 가운데 우리는 귀가 먹먹할 정도로 단 한 번의 사나운 소리로 적을 그들의 진지에서 몰아냈다.〉[552] 윙거 소위는 이렇게 썼다. 〈나는 수류탄을 뽑아 날카로운 외침과 함께 적에게 던졌다. ……멀리까지 울리는 함성, 쉴 새 없이 터지는 총소리, 둔중한 포탄 소리는 공격자들을 독려하고 방어자들을 마비시켰다.〉[553]

미 해병대는 근접전 훈련에서 고함을 지를 것을 가르친다. 군의 설명은 이렇다. 고함은 공격욕의 표시로서 적에게 겁을 준다. 또한 위 속의 공기를 다 비움으로써 혹시 위가 다치더라도 위험을 줄여 준다. 나아가 고함은 아드레날린 분비를 돕는다. 아드레날린은 혈액 순환과 탄수화물 대사를 조절하는 부신 호르몬이다. 두려움과 분노를 통해, 또는 그런 감정을 나타내는 고함을 통해 아드레날린은 빠르게 추가로 분비된다. 이것은 심장 박동과 호흡을 빠르게 하고, 혈관을 좁히고, 장운동을 억제한다. 한마디로 고함은 군인의 신체적 모든 영역에서 조국 방어를 수월하게 해준다.

함성은 인위적 보조 수단을 통해 더 크고 더 날카롭게 만들 수 있다. 즉 최대한 공격적인 주파수로 상승시킬 수 있다는 뜻이다. 소리를 내는 공기 배출이 입을 통해 직접적으로 일어나건, 관악기를 통해 간접적으로 일어나건 피리와 나팔 소리도 살해 의지를 드러내고 자극하는 것이 사실이다.

오늘날까지도 이런 관련성은 결코 사장되지 않았다. 사냥 호른이 길게 울리면 인간들은 동물을 죽이러 출발한다. 재즈의 공격적이고 선동적인 성격 역시 무엇보다 관악기와 타악기만 사용하는 군 행진곡과 동일한 악기를 사용한다는 데서 비롯되었을 것이다(재즈는 미국 흑인들을 군사 행진으로 몰아 대던 놀이에서 유래되었다고 한다). 어쨌든 공격할 때 바이올린을 연주하지는 않는다.

가장 오래되고 보편적인 관악기인 피리는 처음엔 갈대나 뼈로 만들다가 나중에야 목조 피리가 등장했다. 죽은 동물의 뼈나, 과거 식인 풍습에서 일반적이던 죽은 적의 뼈로 피리를 만들었다면 그것은 전쟁 함성의 상승을 돕는다는 피리의 원래 목적과 제법 잘 어울렸다. 로마인들도 뼈로 만든 피리(티비아)를 사용했다.

원시 부족과 고대 문화권의 다른 관악기로는 호른(동물 뿔로 만들었다고 해서 붙여진 이름이다)을 비롯해 나팔과 비슷한 소리를 내는 다양한 형태의 악기들이 있었다. 게르만 족은 활처럼 굽은 청동 호른인 〈루레〉를, 로마인들은 3미터가 넘는 〈부키나〉를 사용했다. 그 밖에는 대부분 대나무와 가죽, 뿔, 금속으로 만든 관 형태의 악기였는데, 로마인들은 이것을 〈투바〉, 성서에서는 〈나팔〉이라고 불렀다. 이것들은 모양과 연주 방식, 음색으로 볼 때 오늘날의 팡파르(밸브가 없고 자연음으로 제한된 트럼펫)와 비슷했다.

이집트인, 그리스인, 로마인, 훈 족 같은 민족들은 호른과 팡파르로 공격 신호를 내렸다. 하지만 팡파르는 단순히 신호와 소통 수단(예를 들어 로마의 투바 주자는 43개의 다양한 신호를 자유자재로 구사할 줄 알아야 했다)에 그치지 않았고, 군사들에게 공격욕을 일깨우고 적에게 위압감을 주는 전쟁 함성이기도 했다. 한마디로 이상적인 군사 도구였다.

게다가 사람들은 군사적으로 유용하기 전에 제식에서만 사용했던 이 악기들에 깃발과 마찬가지로 신들의 힘을 불러내고 승리를 불러오는 마법이 있다고 믿었다.

이런 측면에서 팡파르가 단순히 전쟁 함성을 돕는 데 그치지 않고 무기로도 사용되었다는 성경 구절은 설명이 된다. 기원전 1200년경 여호수아는 이스라엘 백성을 이끌고 예리코 요새를 공격하면서 제사장 일곱에게 나팔을 불며 도시 성벽을 일곱 번 돌라고 지시했다. 〈나팔 소리가 들리자 백성들은 커다란 함성을 질렀고, 곧 성벽이 와르르 무너졌으니〉(여호수아 6장 20절).[554] 사람들은 예리코의 기적을 지진으로 설명하고자 하지만, 성벽 붕괴가 어떤 식으로든 나팔 소리와 관련이 있지는 않았을까, 흥미로운 의문이 드는 건 사실이다.

우선 물리적인 측면을 살펴보자. 몇몇 테너 가수가 노래로 유리를 깨뜨릴 수 있다는 것은 잘 알려져 있다. 그처럼 나팔과 큰 함성이 성벽의 헐렁한 돌 몇 개를 움직여 결국 벽을 무너져 내리게 했을 거라는 추정도 완전히 배제할 수는 없다. 게다가 심리적인 측면도 고려해 볼 수 있다. 공격자들이 내는 섬뜩하고 위압적인 소리는 공격하는 쪽에는 용기를 주고 수비하는 쪽에는 기를 꺾어 의기양양한 공격자들이 순식간에 성벽을 무너뜨렸을 수도 있다.

성경의 또 다른 구절에서는 소리 자체가 이미 무기임이 드러난다. 기드온은 이스라엘 전사들에게 왼손에는 횃불을, 오른손에는 나팔을 들게 한 뒤 3백 개 나팔에서 동시에 터져 나오는 엄청난 소리로 수적으로 월등한 미디안인들을 물리쳤다고 한다.[555] 신약성경에도 이런 대목이 나온다. 〈나팔이 그렇게 분명치 못한 소리를 내면 누가 싸울 생각을 하겠는가?〉(고린토인들에게 보낸 첫째 편지 14장 8절).[556] 사도 바울이 코린트인들에게 물었던 말이다. 즉 나팔 소리가 우렁차게 울려야 사람들의 가슴속에서 전투욕이 북받쳐 오른다는 것이다.

〈북이 전투에 나서라고 외친다.〉 군가 「좋은 전우」에 나오는 구절이다. 북은 나팔과 함께 고전적인 군대 악기로서 가장 오래된 악기 중의 하나다. 인간은 입으로만 소리를 내지 않고 손으로도 소리를 냈다. 단순히 입으로 함성을 지르거나 뼈로 만든 악기를 부는 데 그친 것이 아니라 죽은 동물 가죽을 두드리기도 했다는 말이다. 호른과 나팔처럼 북과 팀파니도 메시지를 전달하고 전투 의지를 고취하는 데 사용되었다. 거기다 전장에 〈리듬〉이라는 제3요소까지 더해 주었다.

북이 등장하기 전에도 손으로 두드려 소리를 내고자 하는 욕구는 존재했다. 예를 들어 많은 원시 부족들과 로마 군단은 방패와 무기를 두드렸다. 아군에게는 두려움을 떨쳐 내게 하고, 적에게는 두려움을 불어넣거나 적의 말에게 겁을 주기 위해서였다. 전투 소음은 대포 소리까지 포함해서 언제나 모르핀처럼 원기를 북돋우고 두려움을 완화시켜 주는 일종의 흥분제 역할을 한 듯하다. 〈전 군이 요란한 고함을 지르며 공격했다.〉 술탄 살라딘의 야파 공격(1192) 현장에 있던 사람이 전하는 말이다. 〈북과 나팔에서 끔찍한 소리가 터져 나왔고, 투척기가 가동되었으며, 공병대가 보루 바닥을 파헤치기 시작했다. 마침내 성벽이 무너졌다. 그 소리가 어찌나 크던지 온 세상이 무너져 내리는 것 같았다. 무슬림들은 함성을 지르며 돌진했다.〉[557]

고대 중국에서는 북과 종, 심벌즈를 전장으로 가져갔다. 신호를 전달하거나, 소리를 통해 단순히 적과 아군이 어디에 있는지 알려 주기 위해서였다. 히다스페스 전투에서 인도인들은 코끼리 뒤에 팀파니 고수들을 배치했고, 아즈텍 족은 중대장 격의 지휘관들 가슴에 작은 북을 달게 했다. 이들의 북소리는 공격 신호로 쓰인 소라 껍데기나 뿔피리보다 훨씬 크고 둔중했다.

북의 가장 결정적인 요소, 즉 위협적이고도 마술적인 요소는 바로 리듬이었다. 손이나 주먹, 북채로 아무렇게나 두드리는 것이 아니라 일정한 박자에 맞추거나, 율동적으로 변주하거나, 아니면 폭풍이 휘몰아치는 것처럼 거세게 가죽을 두드리는 순간 인간은 그 소리에 무릎을 꿇고 자신에 대한 지배력을 내준다. 〈이제껏 사람을 가장 강하게 휘어잡은 소리는 무엇이던가?〉 니체는 묻는다. 〈미친 듯이 울리는 북소리 아니던가! 북을 손아귀에 쥐고 있는 한 왕들은 언제나 최고의 연설가이자 선동가였다.〉[558] 폭풍처럼 몰아치는 북채의 연타는 사람의 신경을 떨리게 하고, 선언과 선전 포고, 처형, 서커스의 공중 회전과 함께하고, 위대함과 위험, 죽음을 알린다.

군사적으로 훨씬 더 중요한 북의 기능은 느린 리듬이다. 이 리듬은 우리 몸의 두 기본 박자인 심장 박동과 발걸음에 힘을 싣고 변화를 주고 속도를 높여 준다. 또한 한 집단 내의 서로 다른 맥박과 걸음 속도를 일률적인 박자로 통일시키고, 함성과 피리, 팡파르의 공격성을 운동과 돌진의 충동으로 바꾸어 놓는다.

리듬은 뇌에 작용하지 않는다. 살육의 현장에서는 뇌를 믿을 수 없다. 리듬은 귀와 피부를 거쳐 신경과 근육에 곧장 전달된다. 팀파니를 쳤을 때 일어나는 공기 진동은 웬만큼 떨어진 거리에서도 피부로 느낄 수 있다. 바로 여기서 열광과 감격이 생겨난다. 리듬은 근육의 긴장도를 높이고, 근육에 운동 충동을 주고, 리듬과 하나가 되고자 하는 욕구를 온몸에 불러일으킨다. 리듬이 단순하고 집요할수록, 그 리듬으로 더 많은 타인의 몸이 동시에 움찔거릴수록 그 충동과 욕구는 더욱 커진다.

스무 명이 함께 짐을 움직이려고 〈영~차!〉 하고 구령을 외칠 때 일부러 요령을 피우거나 일을 망칠 생각이 아니라면 아예 힘을 쓰지 않거나 구령과 어긋나게 힘을 쓰는 것은 이론적으로나 가능할 뿐, 심리학적으로나 현실적으로는 불가능한 이야기이다. 리듬이 한 집단 속에 깊숙이 스며들면 저항할 수 없는 소용돌이가 생겨난다. 팀파니가 울리고 천여 명의 군인이 행진을 시작하면 더는 개인에게 행진을 독려할 필요가 없다. 각 개체들은 집단과 한 덩어리가 되어 북소리에 절로 발을 움직이기 때문이다. 이럴 때는 다른 생각을 할 틈도 없다. 군대 행진곡 속에는 군사 훈련의 인간 개조 작용과 북의 추진력, 팡파르의 전쟁 함성이 결합되어 있다. 그래서 귀 있는 사람이라면 이 행진곡 속에 얼마나 많은 규율과 증오와 동력이 응축되어 있다가 폭발하는지, 어떻게 가슴이 넓어지고 팔 근육이 팽팽해지는지, 어떻게 두려움이 공격욕으로 바뀌는지, 어떻게 크게 울려 퍼진 소리에 이어 적의 머리통이 박살 나는지 들을 수 있을 것이다.

군대 행진곡이 한창 유행한 시기는 18세기와 19세기였고, 유명 작품은 터키의 유산을 토대로 빈과 포츠담에서 만들어졌다.

군악의 주요 악기들은 동방에서 유럽으로 전해졌다. 팡파르와 팀파니는 이슬람 군주의 등장을 알리는 수단이었다. 그래서 이 악기들을 소유하는 것은 이슬람 왕실만의 특권이었다. 그러다 십자군 기사들이 이 악기들을 노획했고, 아울러 제후에게만 이 악기를 사용해야 한다는 전통도 함께 받아들였다. 훗날 이 악기들은 기사들에게서 기병대로 전해졌다. 보병과 일반 시민 계층은 18세기까지 팡파르(당시 알려진 유일한 금관 악기로서 대개 〈트럼펫〉이라 불렸다)와 팀파니를 연주할 수 없었다. 군주는 가장 우렁차고 씩씩한 소리를 내는 이 악기들을 오직 자신만의 것으로 남겨 두었다. 악기들의 이런 서열은 대중적인 금언에도 녹아 있었다.

북 치는 자가 어찌 감히
팀파니 고수의 딸을 넘보랴?

그래서 시 소속의 피리 연주자들은 나팔처럼 생긴 목관 악기 코르넷을 불었고, 보병들은 소리가 높고 날카로운 가로 피리나 스위스 피리를 불면서 거기에 맞춰 높직한 북을 두드렸다. 단조로운 소리였지만 군사적으로 의미가 큰, 전쟁 함성과 율동적인 운동 충동의 결합은 여기서도 이루어졌다. 30년 전쟁 와중에 소리와 신호 음악에서 좁은 의미의 군악인 행진곡이 완성되었다. 한스 작스(Hans Sachs. 1494~1576)는 이렇게 노래했다.

나는 군의 북으로 심장을 깨우고
아군과 적을 놀라게 해.[559]

행진하는 군인들을 위한 음악으로 팡파르를 가장 먼저 수용한 나라는 프랑스였고, 17세기 말경에 팡파르는 맑은 쇳소리가 나는 오보에로 대체되었다. 그 직후 독일과 영국에서도 오보에가 행진곡 악기로 자리 잡았다. 그래서 프리드리히 대왕의 군인들은 북과 오보에 소리에 맞춰 전쟁터로 행진했다.

그러는 사이 오늘날과 비슷한 의미의 행진곡이 등장하는 데 도움을 준 두 가지 사건이 일어났다. 하나는 프로이센과 다른 유럽 군대들이 도입한 동보 행진이었고, 다른 하나는 1683년 터키의 빈 포위 공격이었다. 빈 사람들은 오후 간식 시간이면 예니체리들이 내는 정말 믿기 어려울 정도로 요란한 소리를 들었다. 잘 알려진 팡파르 외에 다른 세 악기가 만들어 내는 소리였다. 터키 병사들의 허리에 둘러져 있는 커다란 팀파니(전문 용어로는 큰북), 세게 맞부딪치면서 쨍 하고 소리를 내는 심벌즈(팀파니와 마찬가지로 아시리아에도 벌써 알려져 있었다), 그리고 터키 크레셴트가 그 주인공이었다. 터키 크레셴트는 반달 모양의 몸체에 사람 귀로 들을 수 있는 가장 높은 소리를 내는 작은 종과 방울들이 달려 있고, 몸체 양쪽 끝에 말꼬리 장식이 매달린 악기였다.

예니체리들의 악기는 빈을 거쳐 점차 독일과 서유럽으로 퍼져 나갔다. 큰북과 심벌즈, 터키 크레센트로 엄청난 소리를 내려면 많은 연주자가 필요했고, 또 때맞춰 그 정도 소리에 걸맞은 대규모 군도 생겨났기에 그때까지 소규모에 머물러 있던 군악대도 40명이 넘는 대규모 군악대로 바뀌었다. 그러니까 비록 퍼레이드용이긴 했지만 오늘날 우리가 알고 있는 군악대 규모와 비슷했다.

나폴레옹 전쟁 중에도 군은 여전히 둔중한 북소리나 행진곡에 맞추어 공격을 개시했다. 그건 미국 남북 전쟁에서도 마찬가지였다. 물론 모든 전투에서 그런 건 아니었지만. 군악은 20세기에 이르기까지 공격 전이나 행군 동안에 병사들의 피로를 덜어 주고 전투욕을 야기하고 오합지졸을 단단한 조직으로 탈바꿈시키는 수단이었다. 아르투로 토스카니니Arturo Toscanini는 1917년 밀라노 스칼라 극장을 잠시 그만두고 군악대장이 되어 전선에서 음악으로 이탈리아군의 공격에 힘을 실어 주었다. 〈전투가 절정으로 치달으면서 오스트리아군의 방어용 총탄이 우박처럼 쏟아지자 토스카니니는 군악대를 전방의 한 지점으로 데려가 높이 솟은 바윗덩어리를 엄폐물 삼아 군악을 연주하기 시작했다. 연주는 이탈리아군이 오스트리아군 진지를 점령했다는 소식이 들려올 때까지 계속되었다.〉[560] 히틀러가 공식 석상에 등장할 때도 나팔수들은 늘 「바덴바일러 행진곡」을 귀청이 찢어질 정도로 힘차게 연주했다.

행진곡보다 더 오래된 군가도 군사적으로 중요한 의미를 띠고 있었다. 군가는 행군하는 부대에 없어서는 안 될 요소로서 병사들의 찌푸린 얼굴을 펴주고, 무거운 발에 날개를 달아 주는 역할을 했다. 또한 소수의 군악대가 만들어 내는 취주악보다 훨씬 더 쉽게 연대감을 느끼게 해주었다. 다시 말해 군가를 부르면 〈우리〉라는 감정이 한목소리처럼 울려 퍼졌다.

그 기원과 성격이 전투적이라는 이유로, 아니면 다른 이유로 행진곡을 높이 평가하지 않는 사람은 빈 고전주의 음악에도 등을 돌려야 할지 모른다. 행진곡이 빈 고전주의와 불가분의 관계에 있기 때문이다. 여기엔 두 가지 이유가 있다. 첫째, 몇몇 비유럽권 민족들(특히 중국)에게는 서양 음악의 리듬 강약이 퍽 특이하고 낯설어서 교향곡도 행진곡으로 들릴 수 있고,[561] 둘째, 행진곡과 행진곡의 모티브가 실제로 위대한 빈 고전주의자들의 작품에서 두드러진 역할을 했기 때문이다.

하이든은 군대 교향곡을 한 편 썼고, 1795년에는 런던에서 더비셔 향토방위대를 위한 행진곡을 두 편 작곡했다. 모차르트는 피아노 소나타 331번 가장조 3악장을 〈알라 투르카〉, 즉 터키풍으로 연주하라고 특별히 기입해 두었다. 슈베르트 역시 두 명이 치는 피아노곡으로 군대 행진곡을 여러 편 썼다. 하이든과 베토벤은 팀파니 소리를 유난히 좋아했고, 특히 베토벤은 표제 음악 「웰링턴의 승리, 또는 비토리아 전투」(Op. 91)에서 빠르고 격렬한 북소리와 머스킷 총소리까지 선보였다. 그의 연작 「아테네의 폐허」(Op. 113)에는 매혹적인 음색과 활력이 넘치는 「터키 행진곡」이 포함되어 있었다. 1809년 프랑스-오스트리아 전쟁 중에 작곡한 피아노 협주곡 5번 1악장에서는 진격하는 군 행진이 주 동기로 두 번 반복되었다. 〈에로이카와 에그몬트 서곡 역시 진정한 군국주의다.〉[562] 베르너 좀바르트Werner Sombart가 1915년 한 말이다. 칭찬의 의미로 쓴 말이지만 경제학자가 아닌 음악 전문가로는 별로 유명하지 않은 사람이었다. 베토벤의 9번 교향곡 마지막 악장에서는 전체 휴지기가 끝난 뒤 환호의 물결 속에서 프리드리히 대왕 시절의 목관 악기들이 예니체리의 세 타악기와 리듬 면에서 분명한 대조를 이루며 행진곡을 시작한다. 〈기쁨이여, 아름다운 신들의 불꽃이여〉라는 주제를 변주한 행진곡이다.

마지막으로 가장 위대한 군대 행진곡도 어쩌면 베토벤의 작품으로 거슬러 올라가야 할지 모른다. 1809년 〈보헤미아 향토방위대를 위한 행진곡〉이라는 제목이 붙은 베토벤의 작품은 프로이센군에 수용되어 1813년에 〈요르크 군단 행진곡〉이라는 제목으로 유명해졌다. 이 작품은 전투 중에 진군 행진곡으로 연주되었고, 나중에는 〈조국애의 샘〉으로 칭송받았다. 어쨌거나 군인들의 활기 없는 몸에 심리적 두려움을 제거하고 운동 충동과 파괴욕을 불어넣기 위해 지난 수천 년 동안 본능과 이성의 정제 과정에 사용되었던 것들을 북소리로 형태화하고 완성시켰다는 점에서 충분히 가치 있는 작품이다.

하이네는 1828년 이렇게 썼다. 〈중요한 일일수록 더욱더 즐겁게 할 수 있어야 한다. 전투의 피비린내 나는 살육, 소름 끼치는 죽음의 낫질은 터키 음악의 마취 효과가 없었다면 견딜 수 없었을 것이다.〉[563] 군인들에게 단순히 귀만 있는 게 아니라 심장도 있다는 사실은 위안이나 다름없다. 아프가니스탄 주둔 독일 연방군의 병영에서 저녁마다 본대 복귀의 신호로 울려 퍼진 음악은 무엇일까? 여전히 릴리 마를렌의 노래였다. 1942년 로멜의 사막 전쟁 당시 양쪽 진영에서 울려 퍼진 바로 그 음악 말이다.

35. 두려움으로

모름지기 일반 병사는 적보다 장교를 더 무서워해야 한다.
프리드리히 대왕, 1763년 5월 11일자 훈령 중에서

앞서 말한 모든 수단이 소용없을 때는 어떻게 해야 할까? 혹독한 훈련, 제복, 이데올로기의 장기 투자가 아무 도움이 되지 않고, 탐욕과 명예욕의 자극이 먹히지 않고, 강제로 입힌 소속감의 외투는 너무 헐렁하고, 또 알코올과 북소리조차 병사들의 뇌를 충분히 도취시키지 못할 때는 내키지 않는 군인들을 어떻게 적의 포화 속으로 돌진시킬 수 있을까? 이데올로기의 감언이설과 끊임없이 부추기는 터키 음악이 여전히 선택지로 남아 있을 수 있다. 그러나 어떤 사람은 신경이 무뎌서 순응하려 하지 않고, 어떤 사람은 군대조차 구제 불능의 겁쟁이로 취급할 정도로 자기 보존 욕구가 강하다. 또한 타고난 전사들도 분위기의 영향을 받는다. 어떤 맹수도 궁지에 빠지지 않고는 우월한 적을 공격하지 않는다. 게다가 카르노 이후로는 전사의 성정을 타고나지 않은 사람들이 주로 전쟁터에 끌려가지 않았던가!

군대로서는 마지막 수단이 있다. 빠져나갈 구멍이 전혀 없는 상태로 옭아매

는 것이다. 단 하나의 구멍만 남겨 두고서 말이다. 적이 있는 방향이다. 군은 돌진을 거부하는 군인들에게 끔찍한 형벌과 보복을 마련해 두었고, 거기서 벗어나려면 앞으로 열려 있는 구멍, 즉 적을 향해 돌진하는 수밖에 없다는 사실을 항상 단단히 숙지시켰다. 제2차 세계 대전에서 붉은 군대 병사들은 정치장교들에게 다음과 같은 말을 귀에 못이 박히게 들었다. 〈군인은 앞으로 돌진하는 것보다 가만히 있거나 달아나는 것이 더 위험하다. 공격 목표를 완전히 제압해야만 살아날 가능성이 있다.〉[564] 이런 형태의 돌진은 〈앞으로의 도주〉나 다름없었지만 전황 보고상으로는 〈공격〉이라고 부르기에 손색이 없었다.

이는 어쩌면 지나치게 꼬아서 보는 시각일 수도 있고, 소련군의 한 가지 특성을 일반화하는 위험도 있다. 그러나 실제로 많은 총사령관과 전문가들이 지난 2,500년 동안 노골적으로 그런 식의 발언을 해왔다. 크세노폰은 스파르타 장군 클레아르코스에 대해 이렇게 말한다. 〈그는 확신에 차서 처벌했다. 기강이 없는 군대는 불필요한 존재로 여겼고, 군인은 항상 적보다 아군의 대원수를 더 무서워해야 한다고 말해 왔기 때문이다.〉[565] 그리스 역사가 폴리비오스에 따르면 로마군도 명령 불복종과 탈영, 비겁함을 죽음으로 처벌했다고 한다. 부대 전체가 그런 죄를 저질렀을 때는 다 죽이지 않고 10명 단위로 제비를 뽑아 그중에 당첨된 한 사람을 죽였다.[566]

표트르 대제는 1708년 레스나야 전투를 치르기 전 후위의 카자크 기병들에게 이렇게 명했다. 「달아나는 자는 누구든 죽여라. 나라고 예외가 아니다. 내가 비겁하게 달아나면 나까지 때려죽여라!」[567] 이번에는 프리드리히 대왕의 말을 들어 보자. 군인은 〈어떤 다른 위험보다 자신의 장교들을 두려워해야 한다. 그렇지 않으면 적의 포 3백 문이 천둥 같은 소리와 함께 불을 뿜어 대는 적진으로 병사들을 내몰 수 없다. 선한 마음으로 병사들을 그런 위험 속으로 내모는 건 불가능하다. 오직 상관에 대한 두려움만이 그렇게 할 수 있다〉.[568] 공화파 장군 엔리케 리스터도 1938년 스페인 내전에서 이렇게 말했다. 「한 치의 땅이라도 적에게 빼앗긴 장교는 병사들의 선두에 서서 그 땅을 되찾아 와야 한다. 그렇지 않으면 총살을 당할 것이다.」 아울러 하사관들에게는 후퇴를 명하는 장교가 있으면 그 자리에서 쏘아 죽이라는 지시를 내렸다.[569] 1945년 2월 히틀러도 비슷한 명령을 내렸다.

이처럼 군은 전쟁 문학에서 〈용기〉라 부르는 군인의 미덕이 실은 두려움에 뿌리를 두고 있다는 사실을 간파하고 그 증거들까지 제시했다. 두려움의 본능을 제대로 아는 사람만이 견고한 땅에 건물을 지을 수 있다. 군 당국이 병사들에게 적보다 더 두려운 존재가 되고, 그로써 두려움을 공격의 원천으로 삼으면서 〈용기〉라고 치켜세우는 것, 그런 속임수로 수많은 병사들의 눈을 멀게 한 것은 정말 존경할 만큼 탁월한 전략이었다. 명령, 특히 공격 명령은 일종의 유예된 사형 선고였다. 이 명령을 따르지 않는 자는 목숨을 잃을 각오를 해야 하기 때문이다.

물론 죽음의 공포가 전적으로 계산된 효과를 내지 못할 수도 있다. 왜냐하면 병사들은 적으로부터도 죽음의 위협을 받고 있을 뿐 아니라 적 앞에서 자신이 비겁하게 행동해도 군 당국이 알아차리지 못하거나 알더라도 좀 더 관대한 처벌을 내릴 거라고 내심 기대하기 때문이다. 그러나 군은 이런 틈을 메우는 수단을 찾아냈다. 전투 중에 즉석에서 처벌을 내린 것이다. 예컨대 고대 페르시아에서는 채찍질로 군인들을 적진으로 내몰았고, 프로이센 하사관들은 곤봉으로 용병들의 등을 사정없이 내리쳤으며, 프리드리히 대왕은 전투 중에 화가 치밀면 T자형 지팡이로 직접 보병들을 때렸다.

이런 직접적인 제재 말고 군이 자기 기구의 틈을 막는 데 더 자주 사용한 방법은 〈겁쟁이〉라는 불명예스러운 딱지였다. 그러니까 아군의 제재보다 적을 훨씬 더 무서워하는 병사들에게 〈치욕에 대한 두려움〉을 무기로 동원한 것이다. 카이사르가 처음 명명한 이 두려움은 전우들과 고향의 사랑하는 사람들이 자신을 비겁한 인간으로 알면 어쩌나 하는 불안에 그 뿌리가 있었다.

동료는 전우이면서 동시에 감시인이었다. 고통을 함께 나누는 동료가 자기보다 고통을 덜 받고 있는 건 아닌지, 자신에겐 허용되지 않은 호강을 누리고 있는 건 않는지, 자신은 감히 하지 못하는 일을 하고 있는 건 아닌지 늘 눈여겨보았던 것이다. 따지고 보면 언제나 곤틀릿 형벌을 내린 것도 전우였다.

사회적인 배척도 결코 가볍지 않았다. 다만 이는 호전적인 사회를 전제로 한다. 스파르타의 전설적인 입법자 〈리쿠르고스의 주목할 만한 업적 가운데 하나는 치욕 속에서 사느니 차라리 죽음을 택하는 것이 명예롭다는 생각을 스파르타에 정착시킨 것이다〉. 크세노폰의 말이다. 계속 들어 보자. 〈용감한 자에게는 확실한 행복을, 비겁한 자에게는 확실한 불행을 안긴 것이 그런 생각을 정착시킨 방법이었다. 비겁자는 길에서건 식탁에서건 남들에게 양보해야 했다. ……한집에 사는 여자들도 부끄러워 고개를 들고 나다닐 수가 없었다. 그러니 비겁자로 낙인찍힌 자는 가족들에게조차 남자답지 못하다는 이유로 욕을 먹었다. ……비겁자에게 이처럼 끔찍한 벌이 내려지는 사회에서는 그런 치욕을 당하느니 차라리 죽는 게 더 낫겠다고 생각하는 것이 하등 놀랍지 않다.〉[570] 스파르타의 어머니들은 전쟁에 나가는 아들들에게 방패를 들거나 방패를 타고 돌아와야지 절대 방패 없이 돌아오지 말라고 신신당부했다.

로마 초기, 전우들의 돌팔매질에서 살아남은 〈비겁자〉도 시민들에게 스파르타와 비슷한 대접을 받았다. 베르킨게토릭스는 갈리아인들에게 이렇게 말했다. 〈어떤 사람도 최소한 두 번은 적진으로 뛰어들어 싸우기 전에는 집에 돌아가지 않겠다고, 부모와 아내에게 돌아가지도 않겠다고 성스럽게 맹세해야 할 것이다.〉[571]

근대에는 그렇게까지 가혹하지는 않았다. 다만 18세기부터 20세기에 이르기까지 프로이센과 독일을 비롯해 다른 나라들에서도 군사 재판 판결에 의해서나, 아니면 평범한 용맹훈장 하나 받지 못했다는 이유로 〈비겁자〉로 낙인찍히면 사회적 오점으로 작용했다. 크림 전쟁에서 싸웠고 군사 심리학의 아버지라 불리는 프랑스 대령 샤를 아르당 뒤 피크Charles Ardant du Picq는 이렇게 솔직하게 털어놓았다. 〈죽음에 대한 공포를 더 큰 공포, 즉 처벌과 치욕에 대한 두려움으로 몰아내는 것이 바로 군사 규율의 목표이다.〉[572]

몇몇 사령관은 빠져나갈 구멍이 없다는 감정을 더욱 고조시켜 오직 앞쪽으로의 도주만이 유일한 구원책이라는 생각을 병사들에게 심어 주는 데 성공했다. 다시 말해 기술적으로나 육체적으로 도저히 빠져나갈 수 없는 상황을 만들어 놓고 병사들 스스로 오로지 싸워서 이기는 길만이 유일한 희망이라고 믿게 만든 것이다.

손자는 이것이 군사들에게 전투 정신을 불러일으키는 탁월한 선택이라고 가르쳤다. 〈병사들을 빠져나갈 길이 전혀 없는 상황으로 몰고 가라. ……절망적인 상황에서는 두려울 게 없고, 출구가 없으면 견뎌 내게 되어 있다. ……장수는 돌아갈 배를 태우고 밥 지을 솥을 부숴 버려야 한다. 마치 발밑의 사다리를 걷어차 버리는 것처럼 퇴로를 차단하라는 말이다.〉[573]

이런 조언을 따른 것은 중국만이 아니었다. 한니발도 알프스를 넘어 이탈리아에 도착하자 군사들에게 말했다. 「지금 너희는 단단한 쇠사슬에 묶인 포로나 다름없는 운명에 처해 있다. 좌우의 바다가 우리의 도주로를 차단하고 있고, 설상가상으로 우리에겐 배 한 척 없다. ……등 뒤로는 방금 가까스로 넘은 알프스가 버티고 있다. 병사들이여! 이제 너희는 적을 처음 만나는 곳에서 승리하거나 죽어야 한다.」[574] 한니발은 자마 전투에서 다른 민족들로 구성된 지원군 병력을 카르타고군의 전선 앞에 배치했다. 아예 도주할 생각을 차단하기 위해서였다. 게르만의 헬베티 족은 갈리아로 출정할 때 자신들의 고향 도시

12곳과 마을 400여 곳, 그리고 곡물 창고를 모두 불태워 버렸다. 〈돌아와 봐야 남은 것도 전혀 없으니 위험을 무릅쓰고 결연하게 싸우게 하기 위해서였다.〉 카이사르 역시 헬베티 족을 공격하기 전에 병사들의 도주 욕구를 차단하려고 자신의 말을 비롯해 모든 말을 보이지 않는 곳으로 데려가게 했다.[575]

에르난 코르테스는 1519년 아즈텍 제국을 정복할 목적으로 군사 4백을 데리고 멕시코 동부 해안에 내렸을 때 자신들이 타고 온 배를 불태워 버렸다. 그것으로 말하고자 한 바는 분명했다. 싸워서 승리하거나 죽는 길밖에 없다! 로이텐 전투 전날 저녁 프리드리히 대왕은 장군들에게 말했다. 「전술 원리와는 맞지 않지만 나는 언덕에 진을 친, 우리 두 배 병력의 적을 공격할 것이다. 그 방법밖에 없다. 그렇지 않으면 모든 것을 잃게 될 테니. 우리는 적을 무찌르거나, 아니면 적의 포격에 모두 파묻힐 것이다.」[576] 승리냐, 죽음이냐! 군함과 전투기 승무원들에게는 자신이 타고 있는 그곳이 개선 마차 아니면 관이었다. 어떻게 보면 전의를 북돋우기 위해 군 당국이 인위적으로 개입할 필요가 없는 군인들이었다.

포신 안에서 장약이 폭발하면 폭발 압력은 균등한 힘으로 사방에 작용한다. 상하좌우뿐 아니라 육중한 잠금 장치가 달린 뒤쪽도 마찬가지다. 만일 빠져나갈 출구가 없으면 폭발 압력은 뒤쪽의 잠금 장치를 폭파하거나 포신을 산산조각 내버릴 것이다. 다행히 포에는 뚫린 구멍이 딱 하나 있다. 적을 향한 앞쪽이다. 그래서 폭발 압력은 앞쪽으로 뚫린 이 구멍을 통해 포탄을 적진으로 날려 보낸다. 군인들을 적진으로 내모는 것도 같은 이치다.

출구를 한 군데만 열어 놓고 뒤에서 강한 압력을 가하는 것, 이것이 무거운 포탄과 내키지 않는 군인들을 앞으로 내모는 방법이었다. 군은 훈련과 제복, 전우애라는 강철 외투를 군인에게 입히고, 처벌과 치욕, 죽음에 대한 위협으로 퇴로를 차단하고, 명령으로 압박하고, 증오와 훈장, 함성, 팡파르 소리로 심지에 불을 붙이고, 그 뒤 폭발 성공이 선포되면 군인은 생물의 모든 본능에 반해 유일하게 뚫린 앞쪽 출구, 즉 적이 있는 곳으로 돌격한다.

적 앞에서의 비겁함

불안Angst**(궁지와 압박에 의한)**: 위협받고 있다는 감정. 브록하우스 백과사전에 따르면 〈가상 또는 실제 위험 속에서 고통스러워하고, 늘 안정되지 못하고 마음을 짓누르는 감정 상태〉이다.

불안angst: 독일어 〈Angst〉에서 차용한 말. 영어에는 없는 포괄적 성격 때문에 심리학자와 저널리스트들 사이에서 널리 쓰인다.

anguish: 괴로움, 고통, 불안, 통증

anxiety: 불안감, 압박감, 불길한 예감

dread: 끔찍한 두려움, 경악

fear: 불안, 공포

angst-ridden: 불안에 시달리는

두려움Furcht: 일상적 언어 영역에서는 고상한 문어체적 표현에 가깝다. 〈불안Angst〉과 동의어로 쓰이지만 그보다는 좀 덜 옥죄는 감정 상태를 가리킨다. 심리학적으로 보자면 두려움은 구체적인 위협에 대해 느끼는 감정이고, 불안Angst은 구체적 대상이 없고 불분명하다.

공황Panik: 진짜 위협이나 가짜 위협에 대해 느끼는 극도의 절망적인 불안감. 이런 감정에 사로잡히면 몸이 마비되거나 아무 생각 없이 도망치려고 할 때가 많다.

용기: 28장에서 정의 내렸다.

비겁함: 경멸의 뜻이 담긴 두려움과 불안을 뜻한다. 두덴 사전의 정의에 따르면 〈모든 위험 앞에서 불안에 떨고, 겁이 나서 뒤로 물러서는 수치스러운 태도〉이다. 브록하우스 백과사전은 〈도덕적 통찰력이 아닌 고통과 거절, 실패, 혹은 처벌에 대한 두려움에서 생긴〉 위험을 회피하는 태도로 정의했다. 마이어 백과사전(1890)에 따르면 비겁함은 〈명예와 수치에 대한 무감각한 감정〉으로 위험이나 고통을 꺼리는 태도이다. 〈비겁자〉는 집단이 자기로부터 떨어져 나가려는 개인을 비방할 때 사용하는 말이기도 하다. 따라서 다른 시각으로 보면 용기 있는 사람이기도 하다. 일반적으로 〈비겁함〉은 적과 대면한 상태에서 군사적으로 부적절하게 행동한 사람을 처벌하기 위해 군사 법정에서 자주 쓰는 말이다.

〈적 앞에서의 비겁함〉: 전투의 의무를 위반하고 도주할 경우 많은 나라에서는 대부분 무거운 징역형을 내리고, 일부에선 사형에 처하기도 한다.

스위스 군형법은 〈적 앞에서의 비겁함〉을 오늘날까지도 엄격히 처벌한다. 독일 연방군은 〈비겁함〉이라는 개념을 없애고, 〈개인적 위험에 대한 공포에서 오는 불복종〉으로 대체했다(말만 다를 뿐 정확하게 같은 뜻이다).

〈심지어 어느 정도의 두려움은 우리가 세상에 존속하는 데 필요하다. 비겁함은 단지 그 정도를 넘었을 뿐이다.〉[577] 쇼펜하우어가 남긴 말이다. 반면에 중국의 격언은 이렇게 가르친다. 〈위험을 피하는 36가지 계책 중 최고는 달아나는 것이다.〉

6부

어떤 꼴로 죽었을까?

36. 불쌍하고 초라하게

인생은 한층 불쾌한 죽음의 유형이다.
게르트 가이저, 『죽어 가는 사냥감』

군인은 다른 어떤 인간 집단보다 타인에게 더 많은 고통을 가할 뿐 아니라 그 자신이 크나큰 고통을 겪는 사람이기도 하다.

그들은 사막의 불덩이 같은 열기에 몸뚱이가 타들어 가는 고통을 느꼈고, 전함의 갑판 밑에서 뜨거운 숨을 헐떡거렸으며, 너무 추워 눈물을 흘렸고, 러시아와 알프스, 히말라야에서는 수만 명이 얼어 죽었다. 배고픔을 견디다 못해 가죽을 씹고 쥐까지 잡아먹었으며, 갈증을 이기지 못해 입술에 오줌을 적시기도 했다. 미친 듯이 울부짖는 포탄에 신음하고 토하고 몸을 뒤틀었으며, 쩍 벌어진 상처를 보며 경악스러운 표정을 짓고 너무 아파 괴성을 지르기도 했다. 그렇게 수백만 명이 비참한 최후를 맞았다. 군인이 겪지 않은 고통은 없을 것이다. 적지 않은 군인이 세상 모든 종류의 고통과 괴로움을 맛보았다. 어떤 때는 차례로, 어떤 때는 몇 가지를 동시에.

〈이 전쟁은 육체적인 간난과 고통의 영역이다. 이런 고통에 파멸하지 않으려면 타고났건 훈련으로 습득했건 그에 맞설 수 있는 육체와 영혼의 힘이 어느 정도 필요하다.〉[578] 클라우제비츠의 말이다. 그런데 이건 냉소적으로 좀 과소 평가된 느낌이 있다. 이 전쟁뿐 아니라 모든 전쟁이 그랬고, 세계 대전의 경우는 훨씬 심했기 때문이다.

1914~1918년까지 프랑스 북동부와 플랑드르 지방에서 양 진영의 참호는 지금껏 존재한 적이 없는 지옥으로 변했다. 독일군, 프랑스군, 영국군, 나중에는 미군까지 수백만 명이 오물과 진창 속에서 생활하며 처참하게 죽어 갔다. 부상병들의 신음과 처절한 비명이 끊이지 않았고, 며칠 동안 치우지 못한 분뇨와 시신 썩는 냄새가 진동했다. 윌리엄 포크너의 작품에 이런 대목이 나온다. 〈매튼 하사는 진창과 어둠, 습기를 느꼈고 음식과 배설물 냄새를 맡았다. 잠이 밀려왔다. 전쟁과 평화 사이에 경계선을 긋기엔 저 하늘은 너무 멀리 떨어져 있었다.〉[579] 레마르크의 작품은 또 어떨까? 〈몇 주 비가 내린다. 잿빛 하늘, 빗물에 짓이겨진 땅, 잿빛으로 죽어 가는 사람들……. 아직 군화를 신고 있는 사람은 흙탕물이 들어오지 않도록 얼른 윗부분을 질끈 동여맨다. 소총도 그렇지만 군복 곳곳에 진흙 딱지가 앉아 있다. 빗물이 흐르는 세상은 모든 게 흐물흐물하고, 물방울이 뚝뚝 떨어지는 대지는 축축하고 질퍽거린다. 그 대지 위에 나선형의 붉은 핏물이 담긴 누런 웅덩이들이 패여 있고, 죽은 자와 다친 자, 심지어 살아남은 자들까지 천천히 가라앉는다.〉[580]

전쟁 역사상 가장 긴 고통의 길을 걸은 병사들은 아마 기원전 334년, 당시 알려진 세계 전부를 정복하겠다는, 알렉산드로스 대왕의 터무니없는 목표를 실현시켜 주기 위해 출정에 나선 마케도니아 병력 3만 5천일 것이다. 아시아를 첫 번째 타깃으로 삼은 원정대는 8년 반 동안 도중에 치열한 전투를 치러 가며 인도까지 진출했다. 그것도 대부분 걸어서. 기원전 329년, 그러니까 행군 6년째 되던 해의 늦겨울에 마케도니아 군대는 3,550미터 높이의 눈 덮인 하와크

고갯길로 험준한 힌두쿠시 산맥을 넘었고, 2주 동안 나무뿌리와 도살한 가축 생고기로 간신히 연명했다. 불을 땔 만한 나무조차 없는 황량한 지대였다.

기원전 326년 마케도니아 군대는 인더스 강을 건넜다. 〈말들의 발굽은 엉망으로 닳았고, 전사들의 무기도 무뎌졌거나 성한 데가 없었다.〉 그리스 역사가 클레이타르코스가 이 원정에 참가한 사람들이 생존해 있을 때 나눈 대화를 토대로 기록한 내용이다. 〈이제 그리스 옷을 걸치고 있는 사람은 없었다. 다들 인도 땅에서 노획한 야만적인 누더기로 흉터 가득한 몸을 가리고 있었다. 그것도 세계 정복자라고 하는 사람들이 말이다. 게다가 70일 전부터 하늘이 뻥 뚫린 것처럼 하염없이 비가 쏟아졌다. 천둥번개와 폭풍까지 동반한 정말 끔찍한 비였다.〉[581] 결국 부하들은 절망에 휩싸여 왕에게 회군을 요구했다. 그러자 알렉산드로스는 이제 세상의 끝도 얼마 안 남았으니 자신과 함께 끝까지 진군하자며 독려했다. 「우리가 지배하는 땅의 경계는 신들이 처음 정해 둔 이 세상의 경계와 일치할 것이다.」[582] 그러나 대왕의 이런 뜻도 고생에 찌든 부하들의 소망을 꺾을 수는 없었다.

그런데 회군 길은 한층 더 끔찍했다. 마케도니아군은 물이 안 나는 게드로시아 황야 지대(오늘날의 이란과 파키스탄 남부 지역)를 가로지르는 데 60일이 걸렸고, 그 과정에서 절반 넘게 죽었다. 〈환자들의 수레에서 가축들을 떼어 내고는 그들의 운명을 그저 하늘에 맡겼다. ……동트기 전에 우물을 발견해서 쉴 수 있으면 행운이었다. 그러나 붉게 빛나는 하늘 아래로 해가 뉘엿뉘엿 기울고, 뜨겁게 달구어진 모래 속으로 상처투성이 발이 푹푹 잠길 때까지 계속 행군해야 할 때가 훨씬 많았다. 그럴 때면 동물들은 가르랑거리다가 풀썩 쓰러졌고, 절름거리던 사람들은 입과 눈에서 돌연 피를 쏟거나 아니면 완전히 파김치가 되어 털썩 주저앉아 더는 일어나지 못했다. 그 가운데에도 병사들은 일정한 대열도 없이 유령 같은 정적 속에서 죽어 가는 동료들 곁을 휘청거리며 지

나갔다.〉[583]

　10년 동안 1만 8천 킬로미터가 넘는 강행군을 한 끝에 생존자 1만 명은 고대의 대도시 바빌론에 도착했다. 알렉산드로스는 즉시 다음 출정을 위해 두 함대의 구축을 지시했다. 하나는 아라비아와 인도로 가는 항로를 확보하기 위한 페르시아 만 함대였고, 다른 하나는 이탈리아와 스페인, 북아프리카를 정복하기 위한, 좀 더 큰 규모의 지중해 함대였다. 그러나 반년 뒤 알렉산드로스는 서른둘의 나이에 이 모든 것을 뒤로하고 숨을 거두었다. 알코올 중독과 도넘은 자기 학대로 쇠약해진 상태에서 말라리아 혹은 아메바성 이질에 걸렸던 것으로 추정된다.

　힌두쿠시 산맥을 넘은 알렉산드로스군의 행군보다 더 유명한 것은 기원전 218년 9월에 알프스를 넘은 한니발의 카르타고군이었다. 그들이 이용한 것으로 짐작되는 고갯길(2,157미터의 리틀 성 버나드 고개, 또는 2,098미터의 몽스니 고개로 추정된다)은 그렇게까지 높지는 않았음에도 겨울이 유난히 일찍 찾아오는 바람에 벌써 눈으로 덮여 있었다. 카르타고군은 산을 넘다가 얼어 죽거나 떨어져 죽어 병력이 절반으로 줄었다. 그러나 진정한 사투는 이탈리아로 내려가는 길에서 벌어졌다. 리비우스는 이렇게 썼다. 〈그들은 미끄러운 얼음 때문에 발을 디딜 곳이 없어 큰 낭패를 보았다. 혹시 손이나 무릎을 딛고 일어서도 몇 순간 지나지 않아 바로 넘어졌다. ……짐을 끄는 동물들은 무게 때문에 바닥이 푹 꺼지는 경우가 많았는데…… 추락 후에 다시 일어서려고 하면 완전히 고꾸라져 마치 덫에 걸린 것처럼 깊고 딱딱한 얼음 속에 갇혀 버렸다.〉[584]

　1800년 5월 나폴레옹은 3만 병력을 이끌고 이탈리아의 마렝고로 진군하기 위해 알프스 산맥의 그레이트 성 버나드 고개(2,472미터)에 도착하자 그곳 여행자 숙소에 여장을 푼 뒤 성 버나드 수도사의 서재에서 한니발의 알프스 횡단을 기술해 놓은 리비우스의 역사서를 갖고 오게 해서 읽었다. 아무튼 프랑스군 역시 오한과 얼음이라는 고통스러운 난관을 비켜 갈 수 없었다. 대포 수백 문은 분해해서 노새와 병사들이 나누어 짊어지고 날랐다. 포신은 속을 후벼 파낸 나무 몸통에 박아 넣은 뒤 각각 20명이 지고 산을 오르고 내려왔다. 1808년 12월 스페인의 시에라 데 과다라마 산맥을 넘을 때도 나폴레옹의 군인들은 정말 혹독한 고생을 했다. 〈반쯤 올라가자 무거운 승마 장화를 신고 있던 원수와 장군들은 더 이상 올라갈 수 없었다. 결국 나폴레옹은 대포 위에 기마 자세로 앉았고, 장군들도 비슷한 자세를 취했다. 육체적 고통을 감당하지 못하고 뒤에 남겨진 낙오병들은 스페인인들의 손에 잔인하게 죽기 전에 스스로 총을 쏘아 목숨을 끊었다.〉[585]

높은 산맥을 넘은 것이 아니라 3년이라는 긴 세월 동안 산속에서 참고 견디며 여름이건 겨울이건 싸운 군인들도 있었다. 그것도 게릴라 요원이 아니라 1차 대전 때 알프스 산맥의 긴 전선을 따라 20세기의 살인 무기로 대치한 수십만 명의 이탈리아, 오스트리아, 독일 정규군들이었다. 이들의 고통 역시 필설로 다 표현할 수가 없었다. 이들은 빙하와 산등성이라는 유례없는 악조건 속에서 정말 치열하게 싸웠을 뿐 아니라 오르틀레스 산과 마르몰라다 산 정상 밑까지 몇 킬로미터씩 얼음 갱도를 파고 들어갔다. 이걸 파내느라 쓰러질 때까지 곡괭이질을 해야 했고, 다 파더라도 얼음처럼 차고 습한 갱 속에서 살아야 했다. 1916년 이탈리아군은 오스트리아군이 점령한 콜 디 라나 산의 정상을 폭파시켜 버렸다. 1918년에는 푼타 산마테오의 가파른 얼음벽과 3,678미터 높이의 산마루에서 아이젠까지 착용한 근접전이 벌어졌다. 자칫 발을 헛디디면 곧장 천 길 낭떠러지로 떨어지는 곳이었다.

그런데 사실 거의 모든 전쟁에서 군인들의 일상은 적병과의 전쟁이 아니라 전염병과 벌레, 설사, 오물과의 전쟁이었다. 1870~1871년의 보불 전쟁은 전투보다 전염병으로 더 많은 군인이 죽은 근대 최초의 전쟁이었다. 사상 최초는 아닐지라도 말이다. 어쨌든 인류가 벌인 모든 전쟁을 합산해 보면 무기로 인한 죽음, 즉 영웅 서사시들이 전하는 영웅적 죽음은 어떤 서사시에도 담겨 있지 않은, 전염병으로 인한 비참한 죽음 다음의 두 번째 사망 원인이었을 뿐이다. 그것도 1위와는 아주 큰 격차로 말이다.

2차 슐레지엔 전쟁에서는 〈100명 이상 이질에 걸리지 않은 연대가 없었고〉,[586] 크림 전쟁에서는 전사자 10명당 전염병 사망자가 무려 37명에 이르렀다. 1866년의 프로이센-오스트리아 전쟁에서도 콜레라로 죽은 군인이 전투로 죽은 군인보다 많았다. 또한 비스마르크조차 전염병 확산의 공포 때문에 헝가리로의 계속적인 진군에 반대했고, 세계 대전에서도 수백만 명의 군인이 이질과 티푸스, 말라리아로 고생했다.

이와 빈대도 군인의 영원한 적이었다. 2차 대전 때조차, DDT를 사용한 서방 연합군을 제외하고는 모든 군인이 해충으로 애를 먹었다. 황제군의 용기병으로 근무한 야콥 크리스토펠 폰 그리멜스하우젠도 어찌나 해충에게 시달렸던지 갑옷까지 벗어던진 채 적에게 달려들었다고 한다. 그의 작품 『짐플리치시무스』에 이런 대목이 나온다. 만일 그의 중대장이 〈빈대나 이만큼 기병들에게 강했다면 온 세상이 뒤집어졌을 텐데〉.[587]

〈전쟁은 그 속에 있으면 끔찍하고 황량하다.〉 미국 남북 전쟁 당시 병사로 참전했다가 나중에 미 연방대법관이 된 올리버 홈스Oliver W. Holmes가 쓴 글이다. 〈장염에 걸린 채 비를 맞으며 맨땅에서 밤을 보내고 시원찮게 아침을 때운 뒤 적을 공격하는 것이 전쟁의 일상이다.〉[588] 독일 국방군에는 이런 격언이 있었다. 〈적과의 전투보다 더 끔찍한 것은 설사다.〉 아프가니스탄 주둔 미 병사들은 꼬박 38일 동안 샤워는 물론 옷도 갈아입지 못하고 벙커 안에서 생활했다.

그렇다면 갈증은 어떨까? 〈우리 측 병사들은 말과 나귀의 혈관을 찢어 피를 마실 정도로 갈증에 시달렸다.〉 1096년 오스만 제국군의 포위 공격으로 제리

고르돈 요새에 갇혀 있던 십자군의 비참한 운명을 기록한 글이다. 〈어떤 이들은 어깨띠나 헝겊을 화장실에 던져 건져 낸 뒤 천에 묻은 물기를 입 안에 쥐어 짜 넣었다.〉[589] 1915년 여름 다르다넬스 해협의 황량한 갈리폴리 반도에서 영국 병사들은 식수 공급을 기대할 수 없게 되자 노새들이 실어 나르는 물통 표면의 습기를 핥기도 했다. 1915년 11월 수백 명의 군인이 갈리폴리에서 눈 폭풍으로 목숨을 잃었다. 그란차코 평원의 늪지대와 열대 황무지에서는 차코 전쟁(1932~1935)으로 죽은 볼리비아 군인이 해골 상태로 수년 동안 무수히 발견되었다. 길을 잃고 헤매다 갈증으로 죽은 사람들인데, 죽을 때까지 가시에 찢기고 뱀과 모기에 시달렸던 것으로 보인다.

마지막으로 군인의 온갖 고통을 포함하고 있을 뿐 아니라 그 고통이 증폭된 상태도 있다. 포로가 그것인데, 수백만 명의 군인이 그 상태에서 별 탈 없이 벗어나기도 했지만 다른 수백만 명은 그 상태를 몇 배는 더 끔찍한 공포로 겪었고, 또 다른 수백만 명은 그 고통을 이기지 못하고 죽었다.

포로로 잡는다는 것은 더는 저항할 수 없거나 저항할 의지가 없는 적군을 확고한 힘의 우위 속에서 무장 해제하고 감금하는 것을 의미한다. 그렇다면 적을 포로로 잡으려면 승자에겐 두 가지가 전제되어야 한다. 즉, 하나는 패자를 살려 두려는 의지이고, 다른 하나는 일정 정도의 시간이다. 역사적으로 보면 훈 족과 아바르 족, 몽골 족은 적을 살려 두려는 의지가 없었고, 과거의 기병대나 1944년 물밀듯이 밀어닥친 노르망디 상륙 부대를 비롯해 돌격대와 공수 부대, 특수 부대는 적군을 포로로 잡아 둘 시간적 여유가 없었다.

포로를 잡으면 죽이거나 고문하지 않으면 평생 강제 노동을 시키는 것이 전쟁사에서 가장 흔한 일이었다. 많은 포로가 승자의 노리개가 되어 살아 있는 상태로 토막 나거나 가죽이 벗겨졌고, 또는 죽은 왕을 기리기 위해 왕의 무덤에 산 채로 묻혔다. 북아메리카 인디언들은 포로를 주로 노동력으로 이용했는데, 몇몇 사람만 죽은 동료의 복수를 위해, 또는 신들에게 제물을 바치거나 승리의 기쁨을 누리기 위해 나무 기둥에 묶어 놓고 고문해서 죽였다.

오직 포로를 잡을 목적으로만 전쟁을 벌였던 아즈텍 족은 잔인함과 자상함이 뒤섞인 이상야릇한 방식으로 포로를 대했다. 멋진 깃으로 포로들의 몸을 장식하고, 알록달록한 물감으로 몸을 칠하고, 얼굴에는 유향 가루를 뿌리고, 포로들과 춤을 추고, 이글거리는 잿더미 속에 그들을 밀어 넣고는 다시 건져 내고, 손에 방어용으로 나무 몽둥이를 쥐여 준 뒤 자신은 검을 들고 달려들고, 그러다 제단에 묶어 놓고 사제들이 날카로운 돌칼로 가슴을 갈라 심장을 끄집어냈다.[590]

문명국가들은 대체로 전쟁 포로를 이렇게 기괴한 방식으로 다루지는 않았지만, 그에 못지않게 잔인하게 다룰 때도 많았다. 펠로폰네소스 전쟁에서는 많은 포로들이 맞아 죽었고, 패배한 아테네인 수천 명은 시라쿠사의 채석장으로 보내졌다. 로마 장군들은 포로들을 개선 행렬에 데려갔다가 행사가 끝나면 노예 시장에 넘겼다. 카이사르는 베네티 족에 승리를 거둔 뒤 〈높은 것들은 모두 처형하고, 나머지 인간들은 모두 노예로 팔아 버리라〉고 지시했다.[591]

11~18세기까지 지중해를 주름잡았던 갤리선과 갤리어스선은 노 하나에 2~8명이 필요했다. 그렇다면 보통 배 한 척에 30~50개의 노가 있었으니 최대 400명의 노잡이가 갑판 아래의 살인적인 더위 속에서 혹독한 노동을 해야 했다. 용병들은 이런 일을 하지 않으려 했기 때문에 갤리선은 대부분 죄수나 포로를 노잡이로 썼다. 1713년 포로로 잡힌 스웨덴 칼 12세의 군인들은 터키의 예니체리 뒤에서 쇠사슬에 묶여 질질 끌려가거나, 아니면 이스탄불에서 노예로 팔렸다.

용병군 시대에는 포로들이 몸값을 지불하고 나서야 자유를 얻을 수 있었고, 16~18세기에는 대개 승자의 군사로 복무했다. 예를 들어 프리드리히 대왕은 자신의 군대를 그런 식으로 충원했고, 손자도 포로를 나중에 군사로 사용하려면 잘 대해 주어야 한다고 가르쳤다.[592] 네덜란드 독립 전쟁에서 네덜란드인들은 스페인 포로들에게서 물건을 빼앗지 않는 것을 철칙으로 삼았다. 물론 이런 노력 하나만으로 포로를 다루는 방식이 하루아침에 개선되지는 않았다. 그래서 이후의 전쟁에서도 여전히 무수한 포로들이 학대와 착취에 시달렸다.

미국 남북 전쟁 당시 남군의 앤더슨빌 포로수용소에서는 북군 1만 5천 명이 굶주림과 질병으로 목숨을 잃었다. 헤이그에서 국제 평화 회의가 열린 1899년과 1907년 사이에도 영국의 남아프리카 강제 수용소에서는 보어인이 2만 명 넘게 죽었다. 그것도 비전투원들을 위한 시설이었기에 사망자는 대부분 여자와 아이들이었다. 헤이그 결의에 의하면 전쟁 포로는 이제 과거처럼 대우해서는 안 된다. 즉 승자의 노획물은 물론이고 전횡과 복수의 대상으로 삼아서도 안 되는 것이다. 이제부터 포로는 개인적인 물품을 소지할 수 있어야 하고, 식사도 신분에 맞게 충분히 제공되어야 하고, 거기다 최단시간 안에 석방되어야 했다.

그러나 세계 대전 중에도 현실은 달랐다. 열세인 측은 자기 군사도 넉넉히 먹일 수 없는 처지였기에, 우세한 측이 굳이 석방을 서두를 이유가 없었기 때문이다. 예를 들어 독일은 1918년 전쟁 포로 63만 5천 명을 신속히 석방했지만, 승리한 연합군 측은 독일군 포로 85만 명을 1920~1922년에야 고향으로 돌려보냈다. 2차 대전이 끝난 뒤에도 연합군은 독일 포로의 송환을 1948년에야 마무리했다. 심지어 소련은 1955년에야 포로 송환 절차를 마쳤다.

물론 그에 앞서 독일에 의한 대학살이 있었다. 처음에는 폴란드군, 그다음엔 소련군에 대한 대학살이었다. 거기다 2년에 걸친 독일 국방군의 포위 공격으로 레닌그라드 주민 60만 명이 기아와 전염병, 추위로 목숨을 잃었다. 폴란드는 히틀러의 해석에 따르면 패배한 것이 아니라 〈지도에서 말소〉되었다. 그래서 폴란드 군인들도 전쟁 포로로 여겨지지 않았고, 전 폴란드 국민과 마찬가지로 슬라브족의 일원으로 다루어졌다. 소련 침공 전 히틀러는 지휘관들에게, 도의니 양심이니 하는 것들은 깡그리 내팽개치고 인정사정없이 밀어붙일 것을 강력히 주문했다. 상대는 열등한 하위 인간이라는 것이다.

독일 국방군은 소련 침공 후 첫 몇 개월 동안의 포위 공격으로 소련군 500만 명을 포로로 잡았고, 그중 절반 가까이가 1941~1942년 겨울에 죽었다. 인명 경시와 관리 체계 붕괴가 부른 유례없는 대량 죽음이었다. 그런데 히틀러에 의해 〈노동력 징발 총책임자〉에 임명된 프리츠 자우켈Fritz Sauckel이 붉은 군대의 포로들 속에서 잠재적 노동력의 가능성을 보면서 포로들의 상황은 개선되기 시작했다. 그의 지시로 포로들에 대한 급식이 나아진 것이다. 원래 노예 주인은 노예를 살려 가면서 부려 먹는 데 관심이 많을 수밖에 없다.

그런데 종전 후 소련으로 돌아온 소련군 가운데 만 명은 처형당하거나 강제 노역형을 선고받았다. 붉은 군대에 들어갈 때 선서했던 것처럼 적에게 투항하는 것은 조국에 대한 배신이었기 때문이다.

독일군은 약 310만 명이 소련 포로로 붙잡혔고, 그중 110만 명이 강제 노역과 굶주림, 추위로 목숨을 잃었다. 스탈린그라드에서 투항한 10만 명 중에서 다시 독일 땅을 밟은 군인은 5천 명에 지나지 않았다.[593] 역사상 1940년대의 독일군 포로와 소련군 포로만큼 그렇게 많은 군인이 그렇게 끔찍한 일을 겪은 경우는 없었다.

학대받지 않고 얼어 죽을 걱정도 할 필요가 없었던 포로도 있었다. 독일 수용소에 있던 약 180만 명의 프랑스군 포로, 영국과 미국 수용소에 있던 700만 명의 독일군 포로가 그랬다. 물론 그들 역시 어떤 돌발적인 행동을 할지 모르는 승자들의 손에 하염없이 자신의 운명을 맡겨야 하는 굴욕을 감수할 수밖에 없었다. 그것도 극도의 곤궁 속에서도 약간의 버팀목이 되어 주던 익숙한 군사적 질서조차 없는 곳에서 말이다. 수십만 명의 패자와 함께 수용소로 내몰린 사람은 한순간에 형체 없는 덩어리 속의 하찮은 존재로 전락하고 말았다.

일본군에 잡힌 미군 포로도 최악이었다. 1942년 4월 필리핀의 바탄 요새가 함락되었을 때 미군과 필리핀군 3만 5천 명은 일본군 포로가 되어 정글을 지나 수용소까지 300킬로미터에 이르는 죽음의 강행군을 펼쳐야 했는데, 그 과정에서 미군 900명과 정확한 숫자는 알 수 없는 무수한 필리핀군이 목숨을 잃었다. 일본인들의 이런 행동에는 현재 자신이 처한 절박함, 개별적 인간 삶에 대한 무관심, 가학과 멸시에 대한 쾌락이 함께 뒤섞여 있었다. 미군 포로들에게는 쌀과 콩으로 끼니를 때우는 것 자체가 충분한 고통이었다. 또한 그런 음식조차 벌레가 우글거렸고, 그래서 정말 배가 고파 못 참겠다 싶으면 나무뿌리로 허기를 달랬으며, 거기다 더위와 전염병, 구타, 고문까지 더해져 일본군 포로수용소는 한마디로 지옥이었다. 물론 그런 미군도 2002년 관타나모 수용소에서 자신의 포로들에게 인간 이하의 짓을 저질렀다.

살아남은 사람도 결코 전쟁에서 벗어나지 못했고, 못하고 있다. 육신은 물론 정신까지 불구가 되는 경우가 허다했기 때문이다. 베트남 전쟁 이후 미군들 사이에서는 전쟁 상처로 인한 직무 스트레스가 화두로 떠올랐다. 2012년 「뉴욕 타임스」 보도에 따르면 아프가니스탄에서 근무한 미군 중에서 정신과 치료를 받아야 하는 사람 수는 부상병 수와 맞먹는다고 한다. 〈아프가니스탄에서 전사한 군인이 한 명이라면 고향에 돌아와 스스로 목숨을 끊은 사람은 25명이었다.〉[594]

이는 전문가들의 표현에 따르면 〈외상 후 스트레스 장애〉의 슬픈 결과였다. 그중에는 고향에 돌아와 운전 면허증을 박탈당한 군인도 있었다. 길가의 장애물들을 보면 아프가니스탄에서 부비트랩에 걸려 죽어 가던 동료들이 떠올라 꼭 교통사고를 냈기 때문이다. 또 어떤 사람은 군대에서의 보초 교대 습관을 잊지 못하고 어머니에게 자신을 깨울 때면 꼭 발목을 흔들며 이름을 불러 달라고 부탁했다고 한다. 어쨌든 그들에게는 민간의 모든 것이 경보나 적, 몰락을 의미할 수 있었다.[595] 그래서 2013년 네이비실의 한 요원은 〈외상 후 스트레스 장애〉 진단이 내려질 가능성이 커지자 스스로 총으로 목숨을 끊었다.

얼마나 많은 미군이 고향으로 돌아와 실제로 그런 정신병에 시달리고 있는지는 불분명하지만, 여러 연구 보고서를 종합해 보면 2~14퍼센트로 추정된다. 물론 여기에는 다음 두 가지 사실을 고려해야 한다. 첫째, 동료나 이웃으로부터 경멸 어린 시선(실제로 이런 시선을 보내는 사람들이 있다)을 받기 싫어서 자신의 증상을 감추는 군인이 많다. 둘째, 통계에 잡히지 않는 이런 인원은 다음의 사람들로 상쇄될 수 있다. 즉, 이 병의 거창한 이름이나 유명세, 그리고 그와 연결된 주위의 배려에 끌려 단순한 정신적 혼란 상태를 그런 심각한 장애로 생각하는 사람들도 있다는 것이다. 객관적으로 보면 인간 정신의 민감성은 지난 백 년 동안 급격히 상승했을지 모른다. 돼지를 직접 칼로 찔러 도살하던 농부라면 오늘날의 도시민보다 피비린내 나는 전투로부터 정신적 상처를 덜 입을 수도 있기 때문이다.

어찌되었건 전쟁 트라우마가 실질적인 전쟁 상처로 인정받고 있는 것은 분명 진보이다. 1차 대전 때만 하더라도 정반대 현상이 일어났다. 전투에 대한 부담으로 탈진한 사람은 누구나 처음엔 꾀병으로 간주되었고, 그러다 기껏해야 신경과민이나 신경 쇠약 판정을 받았다. 그런 사람들은 주로 모욕이나 전기 충격, 굶기기 같은 방법으로 다루어졌는데, 당연히 치료가 목적이 아니라 전투 가능한 상태로 되돌리는 것, 즉 다시 전선으로 돌려보내는 것이 목적이었다. 심지어 의사들은 전기 충격으로 환자의 의지력을 단련시킬 수 있다고 믿었을 뿐 아니라 그런 처치를 받는 것보다 차라리 다시 전선으로 돌아가길 원하는 군인이 많을 거라고 기대하기도 했다.

군국주의가 낳은 최악의 산물을 뽑는 대회가 있다면 당연히 이런 의사들도 참석해야 할 것이다. 이들과 완전히 다른 부류의 의사가 전선 바로 뒤의 야전 병원이나 응급 처치소에서 대단한 활약을 펼친 수천 명의 외과의였다. 이들은 〈6킬로미터 진빙에서는 생명을 죽이는 데 사용하는 징교한 과학 기술을 여기서는 생명을 구하는 데 사용하는 사람들〉이었다. 히틀러의 러시아 원정에 군의관으로 참전한 쿠르트 엠리히Kurt Emmrich의 글이다(〈페터 밤〉이라는 가명으로 출간한 『보이지 않는 깃발』이라는 책에서). 그는 자신이 구하고자 했던 〈그 더러운 피투성이 피조물의 부스러진 몸뚱이〉와 죽어 가는 젊은 영혼의 측량할 길 없는 비참함을 볼 때마다 뜨거운 연민을 느꼈다고 한다.[596]

트라우마 – 스트레스 – 신경증

트라우마: 1. 폭력 행사로 입은 육체적 외상. 2. 강한 정신적 충격이나 동요.

직무 스트레스: 전쟁이나 기습, 심각한 사고, 자연 재앙같이 이례적 스트레스로 유발된 정신적 상처. 베트남 전쟁에서 돌아온 미 병사들의 정신적 붕괴 상태를 통해 처음 알려졌다.

외상 후 스트레스 장애: 〈외상 후 스트레스 신드롬〉이라고도 한다. 트라우마를 받은 후 얼마 뒤부터 지속적으로 나타나는 정신적 장애. 뒤에 나타나는 일종의 스트레스 반응. 베트남전 이후 군사 심리학의 중요 테마로 부상했다.

스트레스 반응: 정신적 트라우마에 대한 반응. 예를 들어 의식적 속박, 수면 장애, 과잉 흥분, 욕구 장애, 과잉 행동, 플래시백과 함께 나타날 때가 많다.

플래시백flash back: 원래는 영화에서 회고하는 장면을 가리킨다. 심리학에서는 과거의 끔찍한 경험이 정신적 트라우마의 형태로 원치 않는데도 계속 떠오르는 것을 의미한다.

스트레스: 1. 압박, 긴장, 부담. 2. 과도한 부담, 과도한 요구, 위협. 3. 이러한 것들에 대한 육체적인 경고 반응. 이런 반응의 과도 증상이 가슴 두근거림과 발한, 공격성이다.

전쟁 신경증: 〈생명의 위기에서 트라우마적 신경증으로의 도주.〉 1918년 9월 부다페스트에서 개최된 제5차 국제 심리 분석 회의에서 규정된 말이다.[597] 신경증(증명 가능한 육체적 원인이 없는 정신 장애. 일례로 우울증)과 〈도주〉라는 개념을 통해 전쟁 신경증에는 불쾌한 것으로부터의 회피라는 뉘앙스가 강하게 배여 있다. 1차 대전과 2차 대전 사이에는 인기 있는 개념이었지만, 이제는 두덴 사전과 브록하우스 백과사전에도 등장하지 않는다. 1차 대전 때는 〈포탄 쇼크shell-shock〉나 〈전투 피로증battle fatigue〉 같은 다소 순진한 표현이 사용되기도 했다.

37. 경악스러울 정도로 끔찍하게

명예의 전장에서 전사한 거라고?
맞는 말이긴 하지. 하지만 명예의 전장은
아주 끔찍할 정도로 젖어 있었어. 그렇다면 이야기가 달라지지.
앰브로스 비어스

전몰장병 기념비? 이것들은 모두 가짜다. 고대 그리스와 로마는 물론이고 현대 프랑스와 독일의 기념비들도 하나같이 품위 있게 죽어 가거나 죽은 군인들의 모습을 보여 줄 뿐이다. 사지가 잘려 나가지도 않고, 피를 철철 흘리지도 않고, 몸에 구멍 뚫린 곳도 없고, 창자가 새어 나오지도 않는 모습이다. 그러나 전쟁에서 죽은 수백만 구의 시체는 이것과는 딴판이다. 이들이 죽기 전에 겪어야 했을 지옥 같은 고통은 어떤 기념비에도 새겨져 있지 않다.

조국을 위해 죽는 것은 달콤하고 명예로운 일이라는 호라티우스의 바보 같은 말에는 여러 가지 변형이 있다. 알렉산드로스 대왕의 버전을 보자. 〈용자는 삶만큼이나 죽음도 달콤하다. 죽음은 불멸의 명성을 남기기 때문이다.〉[598] 북유럽 신화집 『에다』에는 이렇게 적혀 있다. 〈재물은 없어지고 가문도 사라지지만 죽은 자의 명성은 영원할지니.〉

그러나 단연 압권은 루터의 말이다. 그는 터키에 대한 전쟁을 독려하는 군

설교에서 〈그리스도를 모독하는 신의 적, 즉 악마 자체〉에 맞서 싸울 것을 전사들에게 호소했다. 직접 들어 보자. 「너희도 언젠가는…… 한 번 죽게 되리라는 사실을 알고 있을 것이다. 그렇다면 터키인들에 맞선 이 싸움을 너희의 최후로 삼는 것은 어떻겠는가? 주님께서 두 팔을 벌리고 기다리시는 명예롭고 거룩한 죽음 속으로 기쁘게 들어가고 싶지 않으냐? 그리되면 너희는 분명…… 죄악의 구렁텅이가 아니라 주님의 계명과 주님에 대한 복종 속에서 죽을 것이요, 어쩌면 모든 고통에서 벗어나 하늘로 그리스도를 향해 날아가는 순간을 맞볼 것이다. 침대에 누워 오랫동안 죄악과 죽음, 악마와 물고 뜯고 찢고 싸우는 대신 말이다.」[599] 모든 고통에서 벗어난다고? 그렇지 않다. 실질적인 죽음은 다르다. 모든 전쟁의 군인들은 비참하고 쓸쓸하게, 울부짖고 헛소리를 지르며 죽어 갔다. 어떤 판타지도 따라가지 못할 고통의 도가니 속에서. 현대의 섬멸 무기가 개발되면서부터 죽음이 그렇게 끔찍해진 것은 아니었다. 이미 트로이 전쟁 때도 사람들은 그렇게 죽었다.

> 그의 목덜미를 뚫은 청동 창이
> 두개골 아래를 지나 얼굴뼈를 으스러뜨렸더라.
> 이가 떨어져 나가고 두 눈에 피가 가득 고였으니……
> 청동 칼끝이 배꼽까지 뚫고 나오자
> 그는 짐승 같은 괴성을 지르며 풀썩 무릎을 꿇었고,
> 죽음의 구름이 그를 검게 휘감았구나.
> 그는 쏟아지는 창자를 양손으로 추켜올리더니 서서히 고꾸라졌고…….[600]

투키디데스는 시칠리아에서 죽음을 맞이한 그리스인들을 이렇게 묘사한다. 〈아테네인들은 아시나로 강변을 손에 넣기 위해 생각할 수 있는 모든 방법

을 강구했다. ……여기서도 그들은 밀집 대형으로 행진했기에 하나씩 포개져 넘어지면서 서로를 짓밟았고, 창과 다른 무기들로 서로를 찔러 죽이거나 무기에 걸린 채 쓰러져 강물에 휩쓸려 내려갔다. ……스파르타인들은 그리로 내려가 강물 속에서 남자들과 끔찍한 전투를 벌였다.〉[601]

로마인들은 칸나이 전투에서 어떻게 죽었을까? 〈보병과 기병이 뒤섞인 채 로마인 수천 명이 어지럽게 누워 있었다. 싸우거나 도주하다가 들판을 침대 삼아 저렇게 쓰러진 것이다. 심지어 몇몇은 새벽 찬 공기에 의식이 들자 피 칠갑을 한 채로 일어나려고 했다. 그러나 곧 적의 손에 도살되었다. 허벅지와 오금이 잘려 나간 채 누워 있던 이들은 적에게 목을 내밀며 제발 몸 안의 피를 마저 다 쏟게 해달라고 애원했다.〉[602]

이번에는 브란덴부르크의 비트슈토크 전투(1636)에서 죽은 스웨덴군과 황제군의 모습을 보자. 전투가 벌어지자 〈각자 가장 먼저 맞닥뜨린 자를 창칼로 쓰러뜨려 죽음의 선수를 치고자 했다. ……여기엔 주인을 잃은 머리들이 놓여 있고, 저기엔 머리 없는 몸뚱이들이 널브러져 있었다. 어떤 이들은 차마 눈 뜨고 볼 수 없을 정도로 참담한 몰골로 창자를 드러냈고, 또 어떤 이들은 얼굴이 으깨어지고 머리통이 박살 나 있었으며…… 저기 총에 맞아 떨어져 나간 팔에는 아직 손가락이 꿈틀거리고 있었다. 마치 다시 총을 들고 무리 속으로 달려들기라도 할 것처럼〉.[603]

1808년 스페인에서 죽은 프랑스 보병들은 어땠을까? 부대를 잃은 병사들은 스페인군에 붙잡혀 죽을 때까지 고문당했다. 〈고통에 찬 희생자의 비명과 미쳐 날뛰는 가해자들의 야만적인 노래가 우리 뒤에서 지금 무슨 일이 벌어지고 있는지 똑똑히 알려 주었다.〉[604] 1815년 예나 출신의 한 독일 교수가 작곡한 「전쟁 노래」에는 이런 대목이 있다. 〈푸른 들판에서 전사한 사람보다 이 세상에 아름다운 죽음이 있을까?〉

세계사에서 가장 참혹했던 해는 스탈린그라드 전투와 쿠르스크 전차전이 벌어진 1943년이었다. 거기다 하나를 더 꼽는다면 베르됭 전투와 솜 강 전투가 있었던 1916년이었다. 독일군은 중포 540문으로 프랑스 방어 시스템의 기둥인 베르됭에 집중 포격을 가했다. 그렇다고 베르됭을 함락하지는 않았다. 단순히 프랑스 전력에 상처를 입히는 것만으로도 독일군 최고사령부의 의도는 충족되었기 때문이다.[605] 놀랍다. 그저 대량 살상이 전쟁 목표였다니! 아무튼 양측에서 3천만 발에 가까운 포탄을 퍼부어 30만 명이 넘는 군인이 죽었다. 그중 절반가량이 독일군이었다.

1916년 6월 1일 솜 강 일대로 영국군 10만 명이 진격했다. 그중 2만 명이 전투 첫날에 죽고 4만 명이 다쳤다. 지루하게 이어지던 전쟁에서 결정적인 돌파구를 열 목적으로 개시한 영국의 공격은 완전히 수포로 돌아갔다. 〈독일군이 자행한 살육은 마지막엔 그들 자신에게도 역겨움을 불러일으켰다.〉 존 키건의 말이다. 〈그들은 더는 자신들의 생명이 위험하지 않다는 것을 알게 되었을 때 경상을 입은 동료들이 기어서 돌아올 수 있도록 수차례 사격을 중지했다.〉 영국군에게 솜 강의 재앙은 〈역사상 최대의 군사적 비극〉이었다.[606] 이 전투로 양측에서 120만 명의 사상자가 났는데, 2차 대전 당시 미군이 입은 총 피해 규모보다 컸다.

에리히 루덴도르프는 1916년에 벌어진 〈피의 도가니〉 속에서도 위안거리를 찾아냈다. 〈내가 들었던 바에 따르면 베르됭과 솜 강 전투의 상황은 내가 상상했던 것보다 한층 더 암울했던 게 분명해 보인다. 그런 암울한 색채 속에서 유일하게 환한 색조가 있다면 그건 조국을 위해서라면 어떤 가혹한 운명도 견뎌 낼 수 있는 독일군의 영웅적 위대함이다.〉[607]

그렇다면 그 영웅들은 과연 어떻게 죽었을까? 에른스트 윙거의 보고를 들어 보자. 〈등이 갈라지고 허리띠까지 맨살이 드러난 한 형체가 참호 벽에 기대 있었다. 뒤통수에 삼각형의 천 조각이 걸려 있는 다른 형체는 줄곧 날카로운 비명을 질러 댔고……. 깔때기 모양으로 파인 무릎 깊이의 거대한 포탄 구덩이들 사이로 군인들이 계속 지나갔다. 구덩이 속에는 죽은 자들이 곳곳에 널브러져 있었다. 전진하는 군홧발이 물컹거리는 몸뚱이를 밟았다. 몸의 형태는 어두워 보이지 않았다. 길에 쓰러진 부상병들도 급히 나아가는 군인들의 군홧발에 짓밟히는 운명에서 벗어날 수 없었다.〉[608]

T. E. 로런스는 자신이 터키 부상병들에게 가한 운명에 대해 직접 이렇게 썼다. 〈다리의 아치형 일부가 폭발하면서 환자로 가득 찬 열차 첫 칸이 추락했다. 그 충격으로 서너 명만 제외하고 모두 죽었고, 흉물스럽게 찌그러진 차량 끝에서는 죽어 가는 자와 죽은 자가 한 덩어리로 피투성이가 되어 찌부러져 있었다. 아직 숨이 붙은 사람 하나는 혼미한 가운데 《티푸스》라는 말만 계속 외쳤다. 나는 열려 있는 문을 닫고는 그들을 그들의 운명에 맡겨 버렸다.〉[609]

> 그가 전쟁터에 왔을 때
> 퍽 하고 첫 발을 맞았어.
> 이제 뻗어 버린 그 사람이
> 큰 소리로 비명을 질러 대.
> 총에 맞았거든, 총에 맞았거든.

이것은 독일에서 아이들이 부르던 〈그림처럼 아름다운 도시 리페-데트몰트〉라는 노래의 일부인데, 즐기듯이 부상병들을 바라보는 관점을 보여 준다. 1차 대전 때도 그런 관점은 사라지지 않았고, 2차 대전 때에야 이 노래는 더는 불리지 않았다.

전쟁 역사상 최악의 결산표가 나온 것은 1700만 명의 전사자를 기록한 2차 대전이었다. 당시 일본인들은 이렇게 죽었다. 〈땅바닥에 뻗어 있는 팔과 등은 인간의 신체적 비율을 경멸하듯 피부가 허락하는 한 잔뜩 부풀어 있었고, 살가죽은 구리처럼 붉은 빛이 어른거렸다. ……머리통도 벌 떼가 집중적으로 침을 쏜 것처럼 퉁퉁 부어올라 있었다.〉[610]

미군은 어떻게 죽었을까? 〈훌쩍거리며 참호에 누워 있던 그는 두려움에 떨며 운명을 원망했다. 그러다 다시 포탄이 터지자 아이처럼 비명을 질렀다. 「그만해, 제발 그만하라고!」 ……남들이 자신을 혼자 내버려 두고 간 건 아닐까 하는 의심이 솟구쳤다. 「토글리오 하사님!」 그는 소리쳤다. ……대답이 없었다. ……혼자였다. 혼자 있다는 사실에 끔찍한 공포가 밀려왔다.〉 그래서 그는 급히 동료들에게로 달려갔고, 일본군의 유산탄이 그의 머리통을 박살 냈다.[611]

이번에는 러시아인들이 죽어 간 모습을 보자. 〈따뜻한 오두막에서 자다가…… 한밤중에 울린 경보에 소스라치게 놀라…… 그들은 그날 밤 내내 눈 위에서 잠을 잤다. 그것도 영원한 잠을. 미친 듯이 눈보라가 몰아치고 절규하듯이 울부짖는 바람 소리를 들으며.〉[612]

1944년 러시아 땅에서 죽어 간 독일인들은 어땠을까? 〈지옥이 우리를 향해 다가오고 있었다. 숲길을 뚫고, 작은 나무 같은 건 간단히 짓밟으며. 초록색 전차가 굴러 오는 게 보이자 우리는 몸을 돌려 숲 가장자리로 뛰었다. 숲이 갑자기 불타고 비명을 질러 댔다. 부상병들은 비척거리며 우리를 쫓아왔다. 전차가 불을 내뿜자 나무는 불타기 시작했고 양치류는 금방 횃불로 변했다. 불꽃이 메마른 가문비나무로 순식간에 옮겨붙자 나뭇가지가 타다닥 소리를 내며 타올랐다. 나는 한 어린 상등병이 총검을 들고 러시아 군인에게로 달려가는 것을 보았다. 덩치 큰 한 러시아 병사가 유탄 발사기 옆에 무릎을 꿇고 앉아 정신 나간 사람처럼 포탄을 포신 속에 연달아 집어넣는 것도 보았다. 전선이란 없었다. 여기저기서 죽고 죽이는 아비규환만 있을 뿐이었다. 소령의 목소리가 다시 울려 퍼졌다. 「날 따라와! 우리가 돌파구를 연다!」 그러나 그는 곧 풀썩 쓰러졌다. 이번에는 빌트프레트 대위가 보였다. 얼굴은 경악으로 벌게져 있었고, 휘날리는 잿빛 머리카락에 모자도 쓰지 않았다. 그런 그도 불타는 숲 바닥에 쓰러졌다. 전차들이 콰르릉 꿍음을 울리며 우리를 쫓아왔고, 코끼리처럼 천천히 숲을 지나 우리를 숲 가장자리로 몰아댔다.〉[613]

상대적으로 온화한 죽음, 즉 급격한 죽음을 맞이한 군인은 소수였다. 1941년 5월 독일 전함 〈비스마르크〉가 당시 세계 최대 규모의 영국 전함 〈후드〉를 공격했을 때 다섯 번째 포탄이 중앙 탄약실에 명중되면서 후드 호는 둘로 쪼개져 2분 만에 가라앉았고, 그로써 승무원 1,415명도 함께 수장되었다. 살아남은 자는 셋뿐이었다. 물론 2차 대전 중에 독일 잠수함에 타고 있다가 수장된 군인도 총 2만 6천 명에 이르고, 그중에서 잠수함이 어뢰로 마비되었을 때 서서히 질식의 고통을 겪으며 죽어 간 사람도 상당히 많았다.

반면에 전투기 조종사는 빨리 죽었다. T. E. 로런스의 글을 보자. 〈비행기가 방향을 잃고 대지로 질주하면 조종석에 앉아 있던 사람들은 1년과도 같은 몇 분의 시간을 자리에 앉아 충돌을 기다린다. 이 기나긴 추락의 부드러움은 무덤까지 이어지고, 살아남은 사람만 후유증을 겪는다.〉[614] 이번에는 생텍쥐페리의 말을 들어 보자. 〈우리는 죽음의 공포에 대해 잘못 알고 있다. 우리는 폭발처럼 예기치 않은 것을 두려워하고 자기 자신을 두려워한다. 죽음 자체를 두려워하는 것은 아니다. 우리가 죽음을 만나는 순간 그것은 이미 죽음이 아니다.〉[615] 2차 대전 당시 전투기 조종사로 활약했던 게르트 가이저는 죽어 가는 것을 이렇게 보았다. 〈죽음이 뒤에서 비스듬히 그의 조종석과 쾅 충돌하더니 머리를 잡아 마구 흔들고는 구부러뜨렸다. 살아 있는 모든 소리가 매미 울음처럼 날카로운 앵앵거림으로 바뀌어 갔다. 마비시키면서, 숨을 앗아 가면서……. 이제 그 앵앵거림에 색깔이 입혀졌다. 무지갯빛 고리들…… 이어 빙빙

도는 유리창, 비단 쿠션에 짓눌린 듯 숨이 막히고…….〉[616]

오늘날 미군이 헬리콥터 부대로 부상병들을 신속히 구조하는 모습에 익숙한 우리들로서는 과거의 전쟁에서 부상병들이 얼마나 경악스러운 고통에 내맡겨져 있었는지 상상하기란 쉽지 않다. 그것도 최소 몇 시간에서 며칠 동안 말이다. 19세기가 한참 지날 때까지도 무기보다 전염병으로 죽은 군인이 훨씬 많았던 것처럼 적의 무기에 맞아 죽은 군인들 중에서도 오늘날의 기준으로 보면 결코 치명적이라 할 수 없는 상처로 숨진 사람이 다수를 이루었다. 따라서 군인의 죽음 원인 가운데 전염병 다음으로 많았던 것이 바로 부상이었다. 과거 대부분의 전쟁에서는 부상병을 전쟁터에서 후방으로 수송하는 체계가 갖추어져 있지 않았을 뿐 아니라 별로 심각하지 않은 상처나 제때 치료를 받은 상처도 창상의 단독(丹毒)이나 화농으로 죽은 경우가 많았기 때문이다.

그리스인들은 출정을 떠날 때 외과의와 〈화살을 뽑는 사람들〉, 즉 화살촉과 창끝을 제거하고 붕대를 감을 줄 아는 위생병들을 데려갔다. 로마의 아우구스투스는 처음으로 군단마다 의사들 외에 부상병들을 실어 나르는 야전 위생병을 배치했고, 중세의 란츠크네히트 용병 부대에는 300명 단위로 군의관이 하나씩 있었다. 프랑스 의사 피에르프랑수아 페르시Pierre-François Percy 남작은 1800년경 전쟁터에서 응급조치를 실시하고 부상병들을 신속히 후송시킬 구급 체계를 구축해 부상으로 인한 전력 상실을 대폭 줄였다.

하일스베르크 전투(1807년)가 끝난 뒤 러시아 병사 둘이 프랑스군의 눈에 띄었다. 한 명은 팔이 하나 없고 다른 한 명은 다리가 하나 없었다. 〈두 사람은 서로 도와 가며 죽은 말의 뱃살을 잘라 연명하고 있었다. 다른 많은 경우처럼 버림받은 부상병들이었다. 그들 옆에는 물통이 하나 놓여 있었는데, 둘은 거기다 코를 박고 동물처럼 물을 마셔 댔다. 두 사람을 불쌍히 여긴 한 농부가 두고 간 물통이었다.〉[617]

의학적 무지와 열악한 수송 체계, 그리고 쓸모없게 된 군인들에 대한 군과 정치 지도부의 무관심이 대부분의 전쟁에서 부상 군인들이 겪는 재앙을 키웠다. 그러던 것이 19세기 후반에 들어서 변화가 생기기 시작했다. 거기엔 무엇보다 플로렌스 나이팅게일과 앙리 뒤낭이 큰 역할을 했다.

나이팅게일(1820~1910)은 영국에서 여성 위주의 간호 체계를 구축한 뒤 크림 전쟁(1853~1856)에 자발적으로 참여해 야전 병원장을 맡았다. 그 과정에서 부상병 간호 체계의 부실함과 무성의함에 격분했고 그 개선에 주력했다. 크림 전쟁의 또 다른 참가자인 톨스토이는 세바스토폴의 러시아 야전 병원에 대해 이렇게 썼다.

〈의사들은 역겹지만 꼭 필요한 신체 절단 수술을 하고 있었다. 부드럽게 휜 수술 칼이 희고 성한 육체 속으로 들어가는 것이 보인다. 부상병은 갑자기 정신이 드는지 귀청이 찢어질 듯한 비명과 함께 욕을 퍼붓고, 군의관은 잘라 낸 팔을 구석으로 휙 던지고, 같은 방 야전 침대에 누워 있던 다른 부상병은 동료의 수술을 지켜보며 몸을 뒤틀고 신음을 토한다. 육체적 고통 때문이 아니라 자신도 곧 맞게 될 상황에 대한 정신적 고통 때문이다. ……여기서 우리가 보는 것은 웅장하고 아름다운 형식 속의 전쟁이 아니라…… 피와 고통과 죽음에 젖은, 날것의 전쟁이다.〉[618]

크림 전쟁이 끝나고 3년 후(1859) 나폴레옹 3세 휘하의 프랑스군과 이탈리아군은 솔페리노 전투에서 오스트리아를 격파했다. 이 전투의 목격자인 제네바 출신의 앙리 뒤낭은 1862년 『솔페리노의 회상』에서 부상병들의 참상을 노골적으로 묘사했다. 〈동맹국들과 오스트리아군은 서로 맹렬하게 몰아붙였다. 피범벅이 된 시신 위에서 서로를 쳐 죽였고, 개머리판으로 서로의 몸을 내리찍거나 머리통을 박살 냈으며, 사브르와 대검으로 상대의 배를 갈랐다. 손에서 어떤 인정과 관용도 느껴지지 않는 잔인한 도살이자, 피에 취해 미쳐 날뛰는 야만적인 짐승들의 싸움이었다.〉⁶¹⁹ 이 전투로 4만 명이 죽거나 다쳐 전장에 쓰러졌다.

미국 남북 전쟁 당시 총 3만 4천 명의 사상자를 낸 참혹한 치카모가 전투에 참여한 앰브로스 비어스는 〈치카모가〉라는 같은 제목의 소설에서 소름 끼치는 장면을 선보였다. 귀가 먹어 총소리도 비명 소리도 들을 수 없는 한 어린 소년이 죽어 가는 군인들 사이를 즐겁게 뛰어다니며 논다. 소년이 기어가는 한 부상병의 등 위에 올라가자 그는 격분해서 손을 흔들며 소년을 내쫓는다. 〈이어 소년에게 고개를 돌리는데 얼굴에 아래턱이 없다. 윗니에서 목까지 커다란 붉은 구멍만 하나 뻥 뚫려 있고, 가장자리엔 살점과 뼛조각이 너덜너덜 붙어 있다.〉⁶²⁰

1864년, 그러니까 치카모가 전투 이듬해에 뒤낭이 주도한 한 국제 회의에서 부상병과 전쟁 포로를 보호하기 위한 제네바 협약이 체결되었고, 그와 함께 국제 적십자사가 설립되었다. 이로써 이제는 최소한 이론적으로는 모든 문명 국가가 적이건 아군이건 부상병을 보호하고 간호해야 할 의무를 지게 되었다.

미국 남북 전쟁에서 고향의 야전 병원으로 부상병을 수송하는 데 처음으로 열차가 사용되었다. 그런데 얼마 지나지 않아 현대 기동전에서는 부상병 구호가 한계에 부딪혔다. 한창 움직이면서 작전을 펼쳐야 할 시점에 부상병을 간호하는 것은 후퇴 혹은 도주나 다름없었기 때문이다. 하지만 전투 결과는 어찌될지 몰라도 〈전쟁터를 장악하는 것〉은 중요했다. 그래야 아군 부상병들을 구할 시간이 있었기 때문이다. 만일 부상병이 적의 수중에 떨어지면 적은 그들을 몇날며칠 동안 고통과 갈증 속에 내버려 두거나 아니면 그냥 죽여 버렸다.

1차 대전에서도 수십만 명에 이른 부상병의 상황은 나아지지 않았다. 레마르크의 소설에서 독일 위생병들이 본 전장의 상황을 보자. 그들은 포탄이 빗발치는 전장에서 구덩이들 사이를 돌아다니며 부상병들을 구해 내려고 한다.

〈어떤 이들은 한참을 누워 있어야 한다. 우리는 그사이 그들이 죽어 가는 소리를 듣는다. 이틀이나 구해 내려 애썼지만 결국 구해 내지 못한 병사도 있다. 그는 배를 깔고 누워 있다. 몸을 뒤집지 못하는 게 분명하다. 우리가 그를 발견하지 못한 것도 달리는 설명되지 않는다. 바닥에 입을 바짝 갖다 댄 채 비명을 지르면 방향을 가늠하기 어렵기 때문이다. ……둘째 날 남자의 목소리는 점점 낮아진다. 입술과 입도 말라 가는 모양이다. 처음엔 계속 살려 달라고만 외치더니 둘째 날 밤에는 열에 들떠 아내와 아이들과 대화를 나눈다. ……오늘은 그냥 울기만 한다. 그러다 저녁에는 까마귀처럼 쉰 목소리로 사그라진다. 밤새 그의 입에서 나직이 신음이 새어 나온다. ……아침에는 또다시 힘겹게 숨을 내쉬며 가르랑거린다. 며칠 동안 뜨거운 날이 이어지고 죽은 이들은 땅에 묻히지도 못한 채 누워 있다. ……바람이 불어오면 피 냄새도 함께 밀려온다.〉[621]

그런데 19세기 중반까지는 야전 병원으로 용케 후송되었다고 하더라도 대개 살아날 확률은 50퍼센트밖에 되지 않았다. 병원에서의 사망 원인은 대부분 창상 괴저*였다. 심지어 톨스토이는 나폴레옹 전쟁에 참여한 러시아군에 대해 이렇게 적었다. 〈병원에 들어가는 사람은 죽을 게 뻔했다. 그래서 병사들은 열이 나거나 영양실조로 다리가 붓더라도 병원행을 택하지 않고 부대에 남아 계속 근무하는 쪽을 선호했다.〉[622]

신체 일부를 절단할 경우에는 생존 확률이 50퍼센트 이하로 뚝 떨어졌다. 그런 상황이 획기적으로 바뀐 것은 영국 의사 조지프 리스터Joseph Lister가 살균 소독 치료법을 도입하면서부터였다. 그와 함께 그전까지 일반적으로 나타나던 염증이나 화농, 열 같은 현상을 걱정하지 않고 상처를 치료하는 게 가능해졌다.

* 상처에 세균이 침입해서 조직이 괴사하는 상태.

절단 과정에서의 끔찍한 통증도 19세기 중반, 그러니까 1846~1848년 사이에 클로로포름과 에테르의 마취 효과가 확인되면서 획기적으로 줄일 수 있었다. 물론 고대에도 수술 통증을 줄이는 수단이 있었다. 이집트나 중국, 그리스, 로마처럼 고도의 문명국가에서는 수술 전에 해시시나 아편을 먹여 환자를 도취 상태에 빠뜨린 것이다. 이러한 기술은 중세에 들어 잊혔고, 사람들은 알코올에 취하는 정도로 만족해야 했다. 그것만으로 안 될 때는 죽음의 공포로 통증을 잊게 하려고 환자의 목을 조르면서 수술하는 일도 있었다.

그런데 전쟁 시의 군인은 평화 시의 민간인이 느끼는 것과 똑같이 부상의 통증을 느끼지는 않는다. 군인은 고생을 업으로 알고, 오직 적을 죽이겠다는 생각 하나에만 젖어 뛰고 소리치고 싸우는 남자들이기 때문이다. 생텍쥐페리는 말한다. 〈링 위에서 오직 싸움에만 빠져 있는 권투 선수는 상대 주먹이 가하는 통증을 느끼지 못한다. 수상 비행기 사고로 익사의 위험에 처했을 때 나는 얼음처럼 차가운 물이 미지근하게 느껴졌다. 정확히 말하자면 내 의식이 물의 온도를 인지하지 못한 것이다.〉[623]

부상을 명예로운 일로 여기는 경우도 많았다. 예를 들어 백전노장은 흉터를 무슨 훈장처럼 내보이고 다녔고, 독일에서는 부상당한 군인들에게 상이용사 메달을 수여하기도 했다. 또한 윙거 소위는 자신의 글에서 14번의 부상으로 흉터를 20개 얻고, 그중에 총상은 7개, 포탄 상처는 6개라고 꼼꼼히 기록했다.[624]

많은 전사들이 고통의 신음조차 내지 않고 상처를 견뎌 내야 했다. 북아메리카의 인디언이 그랬고, 바이킹이 그랬다. 그런 바이킹에 대해 에다에서는 이렇게 노래한다.

전사는 중상을 당해도
신음 소리를 내지 말아야 하고

거기다 유혈 낭자한 타격을

한 차례 더 입어도

붕대조차 매지 않는다.

이튿날 같은 시각이

돌아오기 전까지는.[625]

　반가운 부상도 있었다. 1, 2차 대전 당시 무수한 군인들이 일명 〈고향 총상〉
을 꿈꾸었다. 이것은 고향으로 돌아갈 수 있을 만큼 부상을 당하는 것을 말
하는데, 군인들이 가장 원한 것은 뼈나 장기가 다치지 않아 지속적인 후유증
을 걱정할 필요가 없는 부상이었다. 그리되면 위험한 전선에서 벗어날 수 있
고, 그로써 생존 가능성도 높일 수 있었기 때문이다. 그래서 전쟁 중인 국가들
의 군사 재판 기록들을 보면 자해 행위, 즉 자기 손에 의한 〈고향 총상〉으로 처
벌받은 사건이 늘 존재했다. 헤밍웨이는 2차 대전을 다룬 『강을 건너 숲속으
로』라는 소설에서 미군 병사들이 전선을 벗어나려고 황달과 성병 같은 병이나
무릎 관절 손상을 얼마나 원했는지 상세히 서술했다.[626]

　원치 않게 다쳤을 경우에도 그 부상이 심적 평화를 불러일으킨 적은 드물지
않았다. 조르주 뒤아멜은 앰뷸런스에 타고 있는 영국 부상병들을 이렇게 묘사
했다. 〈환한 머리에 부드러운 표정, 그리고 경탄스러워하는 눈길이 마치 토머
스 쿡 여행사의 여행객들 같았다.〉[627]

　그러나 1916년 7월 1일 끔찍한 전투가 벌어진 솜 강에서는 달랐다. 예외 없
이 젊은 남자들로 구성된 영국군은 조국에 대한 감격 속에서 나온 자원병이
많았는데, 다들 독일 진영에서 버티기 위해 27킬로그램의 군장을 메고 거의 서
로 어깨를 맞댄 채 독일군 기관총 앞으로 물밀듯이 돌진했다. 한 영국 장교는
이렇게 보고한다. 4주 후 한 포탄 구덩이 속에서 부상병들의 시신을 발견했다.

부상을 당하자 그리로 피해 들어간 것으로 보이는데, 〈텐트 천으로 몸을 감싸고 배낭에서 성경을 꺼낸 채 죽어 있었다〉.[628]

어쨌든 전몰자 기념비에서 하나의 진보가 기록되었다. 헨리 무어Henry Moore가 1954년에 제작한 〈방패를 든 전사〉라는 동상이 그것인데, 만하임 박물관에 보관되어 있는 이 동상은 왼팔과 왼다리, 두 눈이 없다. 그렇다. 이것이 전쟁이고, 이것이 전쟁으로 죽은 군인의 본모습이다.

38. 나폴레옹과 히틀러를 위해

망할 놈의 러시아, 바로 거기서부터 내리막길이었소.
러시아 겨울이 그렇게 춥다는 걸 그 두 사람은 몰랐던 거요.
한 사람은 나폴레옹 보나파르트였고,
다른 한 사람은 우리 총통이었소.
아마추어 장군들 같으니.

독일 국방군 라이만 대령, 1943년 6월 20일
영국군 포로수용소에서 심문 과정 중에 밝힌 내용

견인용 말 16만 필에 군사 40만 명 이상. 1812년 6월 24일 나폴레옹 황제가 러시아를 치려고 프로이센 동쪽의 네만 강을 건널 때의 병력인데, 그때까지 역사상 최대 규모의 원정군이었다. 물론 그중에는 용병을 비롯해 네덜란드와 이탈리아, 크로아티아, 폴란드, 포르투갈, 스페인, 프로이센, 바이에른, 헤센, 작센, 베스트팔렌, 뷔템베르크, 오스트리아, 스위스에서 강제 징용한 병력이 절반을 차지했다. 이 중에서 모스크바에 당도한 병력은 11만 명이었다. 나머지는 티푸스와 발진 티푸스에 걸려 죽거나, 전사했거나 부상당했거나, 목말라 죽거나 탈영했다. 11월 말에 베레시나 강을 건널 때는 4만 명밖에 남지 않았다. 다른 사람들은 추위와 굶주림으로 죽거나, 도살당하거나 행방불명되었다. 12월 10일 이 모든 재앙이 시작된 네만 강을 다시 건널 때는 불과 5천 명밖에 남지 않았다. 역사상 최악의 원정 중 하나이자, 천재적 장수의 믿기지 않는 수치이자, 아군 병력을 정말 파리 목숨보다 중히 여기지 않은 유례없는 인명 경시였다.

왜 이런 미친 짓을 했을까? 나폴레옹은 영국에 원한이 많았다. 영국은 백 년 전쟁에서 프랑스의 절반을 복속시켰을 뿐 아니라 1763년에는 프랑스령 캐나다를 점령했고, 1805년에는 트라팔가르 해전의 승리로 나폴레옹의 정복 계획에 찬물을 끼얹었다. 프랑스 황제는 이 철천지원수에 치명타를 날리려고 1806년에 대륙 봉쇄령을 내렸는데, 러시아 황제 알렉산드르 1세가 그에 보조를 맞추길 거부했다. 게다가 이 차르가 1811년 러시아군을 바르샤바 대공국의 국경 지대까지 진격시킨 것도 나폴레옹이 격분한 이유 중 하나였다. 나폴레옹은 틸지트 평화 조약을 통해 바르샤바 대공국을 러시아에 대한 보루로 생각하고 있었기 때문이다. 마지막으로 자신에게 허리를 숙이지 않는 강대국이 이 대륙에 함께 있다는 사실도 나폴레옹으로서는 참을 수 없는 일이었을 것이다.

「우리가 장차 이루게 될 평화는 러시아가 150년 전부터 유럽에 행사한 재앙적인 영향력에 종지부를 찍는 날이 될 것이다.」 러시아로 출전하는 날 나폴레옹이 만 세상에 천명한 말이다. 측근과의 대화에서는 이렇게 장담하기도 했다. 「이만큼 확실한 승리는 없다.」 혹은 「제국 심장부, 즉 성스러운 모스크바만 파괴해 버리면 그 눈먼 땅덩어리는 그냥 내 손에 들어올 것이다.」[629]

게다가 출정한 군대는 또 얼마나 눈부셨던가! 하지만 그런 군대도 모스크바에서 후퇴할 때만 고역을 겪은 것이 아니라 그리로 진격할 때부터 지옥을 맛보아야 했다. 7월에는 더위와 먼지 속에서 갈증의 고통에 시달렸고, 그다음에는 비와 진창, 벌레로 고생했다. 또한 잠도 대부분 길바닥에서 자야 했다. 숙영할 수 있는 마을은 너무 멀리 산재해 있을 뿐 아니라 있다고 해도 너무 가난해서 잠을 잘 곳이 없었다. 더구나 러시아군은 차르의 지시로 주변의 많은 마을을 이미 불태워 버렸다. 이렇게 해서 나폴레옹군은 보급로도 끊기고 현지에서 생필품을 조달할 수 없는 상황에서 굶주림이 만연했다. 그뿐이 아니었다.

하루에 평균 40킬로미터씩 행군하다 보니 군화가 닳아 찢어져 맨발로 걷는 병사들이 많았다. 한 병사는 고향으로 이렇게 편지를 썼다. 〈차라리 죽고 싶어. 이렇게 행군하다가는 정말 뒈지고 말 거야.〉[630]

9월 7일, 모스크바에서 120킬로미터 떨어진 보로디노에서 마침내 나폴레옹이 그렇게 애타게 기다리던 전투가 벌어졌다. 쿠투조프 원수가 지휘하는 러시아군은 정말 맹렬하고 강인하게 싸웠다. 당시 프랑스 군인들의 말을 들어 보자. 〈그 인간들은 한마디로 자체가 무기였다. 그래서 우리는 그들의 몸을 갈기갈기 찢을 수밖에 없었다.〉[631] 쿠투조프는 러시아군을 정연하게 퇴각시키면서 나폴레옹에게 모스크바로 가는 길을 열어 주었다. 그러나 이미 3만 명의 프랑스군이 죽거나 다친 상태였다. 그때까지 황제에게 남은 병력의 4분의 1이었다.

모스크바는 화염에 휩싸였다. 그전에 사절단이 나폴레옹 앞에 머리를 조아리며 도시의 열쇠를 건네는 일은 일어나지 않았다. 지금까지의 나폴레옹에게는 너무나 당연한 일이었는데 말이다. 어쨌든 모든 정황을 종합해 보면 화려한 돔과 탑이 즐비하고 〈파리에는 없는 궁전이 600개〉[632]나 있는 이 유서 깊은 도시를 불태워 버리라고 지시한 사람은 모스크바 총독인 로스토프친Rostop-chin 백작으로 보인다. 이 화재로 도시의 주를 이룬 목조 건물 대부분이 잿더미로 변했고, 27만 명의 주민 가운데 3분의 2가 도주했다.

1812년 9월 15일, 그러니까 모스크바 입성 다음 날 나폴레옹은 황제 근위대 선봉에서 장중한 음악을 들으며 크렘린 궁으로 들어갔다. 어쩌면 이제야 온 세상의 제왕이 된 듯한 기분을 오롯이 느꼈을지 모른다.

그리고 그는 기다렸다. 새 수도 상트페테르부르크에서 차르의 평화안이 오기를, 아니 최소한 모종의 메시지라도 오기를. 그러나 오지 않았다. 언제나 신속하고 당당한 승리의 화신이었던 사람에게는 당분간 모스크바에 머무르는 것보다 더 나은 생각이 떠오르지 않았다. 그것이 5주 동안 지속되었는데, 병사들의 사기가 떨어지기에 충분한 시간이었다. 그러다 결국 회군을 결정했다. 그것도 러시아의 혹독한 겨울을 뚫고서. 그때는 이것이 얼마나 많은 희생을 부를지 알지 못했다.

아무튼 모스크바에서 약탈에 대한 금지 명령은 며칠밖에 지켜지지 않았다. 그 이후부터는 군인들이 온 거리를 돌아다니며 지하 창고를 털기 시작했다. 특히 그들이 좋아한 먹잇감은 술이었다. 나폴레옹은 고민에 빠졌다. 신속하게 철수할지, 모스크바에서 겨울을 날지, 아니면 내친 김에 상트페테르부르크로 진격할지를 두고서. 그러다 9월 20일 차르에게 다음과 같은 내용의 편지를 보냈다. 이 도시를 불태워 버린 것은 참으로 야만적인 짓이다. 이건 자신이 한 짓이 아니다. 알렉산드로스 대왕이라고 해도 절대 이런 짓은 하지 않았을 것이다. 그러면서 차르에게 단 〈몇 줄〉이라도 답신해 줄 것을 청했다.[633] 그러나 이번에도 답은 오지 않았다.

군인들에게는 아직 지하 창고에 먹을 것이 충분했다. 그것도 빵보다 훨씬 맛있는 음식들로 말이다. 그러나 말들은 굶주려야 했다. 모든 곡식 창고가 불타 내려앉았기 때문이다. 이것이 회군할 때 치명적인 재앙의 요소로 작용했다. 거기다 군 조직은 이해할 수 없을 정도로 느슨해져 있었고, 서쪽으로부터의 보급은 거의 이루어지지 않고 있었으며, 부상자들을 고향으로 수송하는 것도 10월 10일에야 시작되었다. 또한 무엇보다 최악은 사람이 살지 않는 지역을 1,000킬로미터나 지나가야 한다는 것이었다. 그것도 적대적인 농민과 언제 출몰할지 모르는 카자크 기병, 약탈을 일삼는 아군 낙오병들이 득실거리는 지역을 말이다.

황제는 군사 사열을 하고, 프랑스 의장대 공연을 즐기고, 공을 세운 군인들에게 레지옹 도뇌르 십자훈장을 수여했다. 29살의 군 행정 감독관으로서 하인 둘과 함께 마차를 타고 모스크바로 온 앙리 베일은 10월 4일에 이렇게 썼다.

〈심한 설사를 하자 다들 걱정하면서 와인 부족일 수 있다며 우리더러 지하실에 가서 포도주를 몇 병 가져가도 된다고 했다. ……우리처럼 약탈을 약간 즐기러 온 땅딸막한 군수관은 우리가 가져간 물건을 모두 우리에게 선물로 주었다.〉[634] 이 글을 쓴 앙리 베일은 나중에 〈스탕달〉로 이름을 바꾼 뒤 1830년에 『적과 흑』으로 세계적 명성을 얻은 소설가였다.

마침내 10월 19일, 한때 〈위대한 군대Grande Armée〉였던 프랑스군은 모스크바에서 철수를 시작했다. 그것도 몰락을 예고하는 몸 상태로. 이제 나폴레옹은 권위도 없었고, 있다고 해도 행사하길 포기했다. 상부에서는 병사들에게 겨울 행군에 대비해 무엇을 어떻게 준비해야 하는지 아무런 지시를 내리지 않았다. 그저 개인이 알아서 지하실을 뒤져 모피 장화와 모피 모자, 모피 외투를 찾을 뿐이었다. 그러나 대부분의 사람들이 눈에 불을 켜고 찾은 것은 금은보화와 비단 같은 물건이었다. 그들은 행군에 필요한 양식이나 물품 대신 이런 아무짝에도 쓸모없는 물건들을 배낭에 꾹꾹 챙겨 넣었고, 배낭에 들어가지 않는 것들은 심지어 수레에 싣기도 했다. 와인과 리큐어, 값비싼 도자기, 말안장, 러시아 사열식용 예복 같은 것들이었다.

처음엔 온화한 10월의 날씨 속에서 행군 분위기는 더할 나위 없이 좋았다. 다만 다리를 건널 때 뒤에서 끝없이 밀려오는 행렬을 정리하는 사람이 없는 바람에 일대 혼잡이 생겨 다들 얼굴을 찌푸렸을 뿐이다. 행군 질서 같은 건 아예 존재하지 않았다. 얼마 가지 않아 카자크 기병들이 긴 행렬을 따라붙더니 짐수레를 약탈하고 낙오병들을 짓밟았다. 여기서 참으로 이해하기 힘든 의문이 치민다. 황제와 장군 오십 명이 있었으면서도 어떻게 그런 재앙의 조짐을 눈치채지 못할 수 있고, 나중에라도 재앙을 돌리려고 아무 시도조차 하지 않을 수 있었을까? 심지어 나폴레옹은 10월 31일까지도 겨울의 혹한을 예고하는 날씨 예언자들을 오만하게 비웃기까지 했다.

혹한은 11월 5일에 시작되었다. 비와 우박, 북방 폭풍이 휘몰아치더니 마침내 눈까지 내렸다. 처음엔 마차에 누워 있던 부상병들이 얼어 죽었고, 그다음엔 오래전부터 삐쩍 말라 있던 말들이 얼어 죽었다. 마차는 멈추어 섰고, 말고기는 가장 중요한 양식이 되었다. 그런데 말 시체는 이튿날 아침이면 딱딱하게 얼어붙어 칼로 베어 내기 힘들었기에 굶주린 병사들은 말들이 기력을 잃고 쓰러지자마자 더는 볼 것 없이 산 채로 말의 배를 갈랐다. 개와 고양이 고기를 특식으로 즐긴 지도 이미 한참이 지났다. 날이 갈수록 아침에 일어나지 못하는 사람이 점점 많아졌다. 그중에는 모스크바에서부터 갖고 온 그 아무짝에도 쓸모없는 물건들을 꼭 껴안고 죽은 이들이 많았다. 11월 9일 스탕달은 스몰렌스크에서 이렇게 썼다. 〈한곳에 정착해 사는 작가라면 천 년이 지나도 그런 게 있는지 예감조차 못할 물건들을 보았다.〉[635] 기온은 급기야 영하 20도까지 떨어졌다.

러시아에서 퇴각한 지 여섯째 주 되던 11월 26일 지렁이처럼 길게 늘어선 군행렬의 선두가 민스크 동쪽의 베레시나 강에 도착했다. 아직 전투 능력이 있는 1만 5천 명의 병력이었다. 그들 20~30킬로미터 뒤에서는 절름거리는 사람, 영양실조로 눈이 퀭한 사람, 부상병, 넝마 같은 옷을 걸친 사람들이 따라오고 있었다. 날마다 천 명씩 쓰러지거나 카자크 기병들에게 약탈당하고 도륙 났다.

베레시나 강에 도착했을 때 나폴레옹을 비롯해 선두에 선 부대원들은 무언가 할 일이 생기면서 활기를 되찾았다. 강물에 떠 있는 얼음 덩어리 사이에 교량을 두 개 놓아야 했던 것이다. 그 과정에서 많은 공병이 물에 빠져 죽거나 얼어 죽었지만 11월 28일 대부분의 건강한 군인들은 웬만큼 질서를 지켜 가며 강을 건널 수 있었다. 4만에 이르는 군사였다. 이들은 이틀 뒤 다리에 도착한 러시아군을 다시 한 번 〈황제 만세!〉라는 전투 구호와 함께 격퇴했다.

카오스는 러시아 포병들이 베레시나 강 동쪽에서 기회를 엿보고 있던 낙오병 2만 명의 숙영지로 포격을 하면서 시작되었다. 다리 위는 공포의 도가니로 변했다. 수레는 뒤집히고 몸은 짓밟혔으며, 서로 먼저 다리를 건너려다 물에 빠져 죽는 사람들이 속출했다. 결국 나폴레옹의 지시로 다리는 불태워졌다.

다리를 건넌 사람들도 네만 강까지 400킬로미터의 길이 더 남아 있었다. 재앙의 출발점이었던 바로 그곳이었다. 11월 29일 눈 폭풍이 몰아쳤고, 이튿날엔 기온이 영하 30도까지 떨어졌다. 이제야 최악의 굶주림이 다가왔다. 말들은 얼어 죽거나 베레시나 강을 건너지 못했다. 그전까진 쉬쉬거리며 개별적으로 인육을 먹던 사람들이 이제는 노골적으로 여기저기서 죽은 동료의 시체를 먹었다.

12월 5일 드디어 말도 안 되는 그 일이 일어났다. 한줌밖에 남지 않은 불쌍한 부하들을 남겨 두고 나폴레옹 혼자 떠난 것이다. 그의 심복들은 격분하고 절망했다. 나폴레옹은 파리에서 정변이 일어나기 전에 빨리 돌아가고 싶어 했다. 게다가 유럽 전체에 이 재앙에 관한 소문이 퍼지기 전에 얼른 새 군대를 조직해야 했다. 그는 책상과 침대, 요강을 갖춘 마차를 타고 길을 나섰다. 12월 10일 바르샤바에서 폴란드 장관 포토츠키 백작을 찾아가 대화를 나누었다. 바르샤바 주재 프랑스 공사의 전언에 따르면 나폴레옹은 이런 말을 했다고 한다. 「위험이라고요? 그런 건 전혀 없었소! 다만 나는 늘 시끄럽게 사는 인간이요. 게으른 왕들이나 뒤룩뒤룩 살찐 채로 성 안에 처박혀 살겠지만……. 내 군대는 아주 훌륭해요. 게다가 아직 12만 대군이나 남아 있소! 어쨌든 그건 불행이었소. 날씨 말이오. 적군 따위는 전혀 문제될 게 없었소. 곳곳에서 내가 물리쳤으니까.」[636]

12월 17일 나폴레옹은 〈대육군 29번째 관보〉를 공시했다. 베레시나 강을 건넌 직후인 12월 3일에 작성한 것이었다. 이 관보에서 그는 몇 페이지에 걸쳐 〈험악한 날씨〉를 묘사하고, 용맹스러운 병사들을 칭찬하고, 〈경멸스러운 카자크 기병들〉을 비난했다. 정규전에서는 상대도 되지 않을 것들이 함부로 날뛰었다는 것이다. 나폴레옹은 자기 자신을 〈황제〉 또는 〈짐〉이라 칭하면서 베레시나 강의 도하 작전을 추켜세우고, 항상 자신이 군사들과 함께 행군했다고 주장했다. 그러고는 뻔뻔함 면에서는 누구도 따라오지 못할 말로 관보를 끝맺었다. 〈짐은 더할 나위 없이 잘 지냈노라.〉 상갓집에 와서 태평하게 축가를 부르는 격이다. 바로 이런 사람이 오늘날까지 독일, 영국, 프랑스, 이탈리아 할 것 없이 서양의 모든 주요한 백과사전에 역사상 가장 중요한 인물로 올라 있다. 할애된 지면의 양에 비추어 보면 말이다(나폴레옹 다음은 셰익스피어와 괴테 순이다).[637]

이제 2차 대전 당시의 스탈린그라드 전투를 살펴보자. 독일 국방군의 패배는 단순히 볼가 강으로의 불행한 진격과 함께 시작된 것이 아니었다. 1941년에서 1942년으로 넘어가는 겨울에 벌써 러시아 붉은 군대는 많은 전선에서 독일군을 수백 킬로미터씩 격퇴시켰다. 1941년 11월 독일 국민은 독일 지도부가 러시아의 혹한에 얼마나 당황했는지 생생하게 경험할 수 있었다. 모든 신문과 라디오 방송에서 아군 병사들을 위해 면이건 모피건 보온에 필요한 물건이면 무엇이건 보내 달라는 호소가 연일 터져 나왔기 때문이다. 그럼에도 스탈린그라드에서 독일군 수만 명이 얼어 죽었다. 물론 그중에는 굶어 죽은 사람도 있겠지만, 굶주림과 추위 중 어느 것이 먼저인지 따지는 것은 별 의미가 없다.

이 재앙의 뿌리는 1942년 7월 23일에 내려진 히틀러의 결정이었다. 즉 그는 참모들의 반대를 무릅쓰고 동시에 두 곳에서 공격을 펼치기로 결정한 것이다. 하나는 러시아의 생명줄인 볼가 강을 차단하기 위한 스탈린그라드 공격이었으며, 다른 하나는 독일의 절박한 석유 부족 문제를 해결하기 위한 캅카스 공격이었다.

8월 22일 독일군은 스탈린그라드 주민 수천 명을 죽이고 수만 명을 몰아낸 강력한 폭격 후 첫 부대가 볼가 강을 따라 40킬로미터나 길게 뻗은 이 거대 공업 도시로 진격했다. 그 뒤 9월부터 어느 정도 거리를 두고 벌이는 공격에 익숙해 있던 독일군에게는 전술적으로 낯설 수밖에 없는 끔찍한 전투가 개시되었다. 즉 집과 지하실, 계단실, 홀, 창고, 폐허를 사이에 두고 시가전이 벌어진 것이다. 처음에는 포격을 시작으로 기관총과 수류탄 공격이 이어지더니 마지막에는 병사들이 총검과 권총으로 직접 맞붙었다. 어떤 건물의 계단에서는 시체가 50구 넘게 한꺼번에 발견되었다. (오늘날 군사 전문가들은 시가전이 주가 되는 〈도시 지역 작전〉에 특히 대비를 잘할 것을 권고한다. 대도시엔 인구가 점점 많아질 뿐 아니라 평원에서의 전투에 필요한 대군은 더는 존재하지 않을 것이기 때문이다.)

독일 국방군은 스탈린그라드에서 처음엔 성공을 거두었다. 도시 지역의 4분의 3 이상을 수중에 넣은 것이다. 히틀러는 11월 8일, 그러니까 〈뮌헨 봉기〉 20주년 기념식 전야에 이렇게 선포했다. 스탈린그라드는 거의 점령되었다. 나머지 지역도 돌격대가 곧 처리할 것이다. 실제로 11월 12일 독일군 최고 사령부 일일 보고서에 스탈린그라드 〈주거 지역〉에서 돌격대가 〈치열한 공격 끝에〉 적을 멀리 격퇴했다는 내용이 실렸다.

그러나 11월 19일 붉은 군대의 반격이 시작되었다. 전차 900대에 100만 대군이었는데, 스탈린그라드 주둔 독일 제6군의 네 배에 이르는 병력이었다. 이들의 첫 목표는 도시를 탈환하는 것이 아니라 포위하는 것이었고, 그 목표는 11월 23일에 벌써 달성되었다. 쐐기꼴 대형의 두 전차 부대가 돈 강에서 합류하면서 도시를 원형으로 에워쌌고, 그로써 25만 명의 독일군이 독 안에 갇혀 버렸다. 바로 그날 저녁 독일군 총사령관 파울루스는 무전으로 히틀러에게 돌파구를 뚫기 위한 작전상의 전권을 요청했다. 공중으로부터 충분한 보급을 기대할 수 없는 상태에서 한시라도 빨리 적의 포위망을 뚫지 않으면 독일 6군은 〈단시간에 절멸될 수 있다〉는 것이 파울루스의 주장이었다. 그러나 전권은 주어지지 않았다. 대신 웅크린 채 자기 자리를 사수하라는 것이 히틀러의 명령이었다.

독일 6군은 감내할 수 있는 수준에서 겨울을 나려면 탄약과 연료, 생필품이 매일 1,000톤 정도 필요했다. 파울루스는 이것을 300톤으로 낮추어 잡았고, 헤르만 괴링Hermann Göring이 지휘하는 공군의 수송 능력으로는 하루 평균 100톤의 공급이 가능했다. 물론 그것도 눈 폭풍으로 인한 고장과 사고로 차질을 빚을 때가 많았다.

스탈린그라드 전투에 참여했던 하인리히 게를라흐Heinrich Gerlach는 소설 『배신당한 군』에서 적의 총격을 받은 독일 수송기 한 대가 스탈린그라드 활주로에 동체 착륙하면서 불이 나는 장면을 이렇게 묘사한다. 비행기로 달려간 병사들은 급히 화물칸으로 쏟아져 들어간다. 완두콩 가루가 널려 있다. 그때 불타는 조종석에 갇힌 승무원들을 발견한다. 몇몇은 도끼를 가져와 울부짖는 조종사들을 구해 내려 애쓴다. 그러나 소용이 없다. 불꽃이 타다닥 소리를 내고, 죽어 가는 사람들은 절규한다. 그런 와중에도 〈몇 걸음 떨어진 곳에서는 완두콩 가루를 두고 아수라장이 벌어진다. 그들은 고함을 지르고 주먹질을 하고, 외투와 재킷을 사정없이 잡아당긴다. 그러더니 완두콩 가루를 눈과 오물이 묻은 채로 박박 긁어 냄비와 궤짝, 천막 천, 모자에 담아 뛰어간다. 입에서는 가쁜 숨이 새어 나오고, 땟국이 흐르는 얼굴에서는 땀방울이 줄줄 흘러내린다〉.[638] 부상병은 수송기 편으로 후송되었다. 아마 〈고향 총상〉 치고 이만큼 고마운 부상은 없었을 것이다. 그 밖에 당장은 필요 없지만 앞으로의 전쟁에는 여전히 필요한 특수 기술자, 예를 들어 전차 승무원이나 자동차 정비공도 도시를 떠날 수 있었다. 거기다 혼자서 소련 전차를 박살 낸 소수의 군인도 보상 차원에서 수송기에 올랐다. 이렇게 해서 고립무원의 사지를 떠난 행운아는 총 3만 4천 명이었다.

12월 8일에는 1인당 일일 식사 배급량이 200그램으로 줄었다. 그것도 완두 콩 가루로 만든 멀건 수프에다 말고기 몇 점이 전부였다. 기아 부종이 확산되고, 거기다 영하 20도의 강추위까지 겹치면서 얼어 죽는 일이 다반사였다. 6군 은 이미 대부분 싸울 수 있는 상태가 아니었다.

그런데 성탄절에는 병사들에게 소시지와 케이크, 커피, 담배, 술이 제공되었다. 거기다 플라스틱으로 크리스마스트리까지 만들었다. 대(大)독일라디오방 송은 노르웨이의 노스케이프와 피레네 산맥, 아프리카에 중계차를 두고 〈크 리스마스 특별 순환 방송〉을 계획했고, 각 지역에서 군인이 하나씩 나와 인사를 전했다. 『배신당한 군』의 한 대목을 보자. 「여기는 크레타 섬입니다.」 한 군 인의 목소리가 들렸다. 「여기는 스탈린그라드입니다!」 「여기는 볼가 강입니다!」 다음은 내 차례가 분명했다. 잠시 후 나는 나를 부르는 소리를 소름 끼치 는 전율과 함께 들었다.〉

12월 27일부터는 하루 배식량이 50그램으로 또 줄었다. 속에 아무것도 안든 손바닥만 한 빵 하나의 무게이다. 의사들은 죽은 병사들의 사망 원인이 굶 주림인지 추위인지 정확히 진단 내릴 수 없었다. 죽어 가는 사람들은 지하실이나 폐허 속에 무감각하게 누워 있었다. 거리에도 흐느끼거나 비명을 지르는 부 상병이 많았다. 물론 이런 부상병을 찾아 차에 태워 비행장으로 보내는 위생 병은 아직 있었다. 하지만 그 과정은 어땠을까? 현장에 있었던 사람의 말을 들 어 보자.

〈위생병들은 짐꾼처럼 트럭 하나마다 잿빛 몸뚱이를 오십 개씩 차곡차곡 쌓 는다. 그러고는 그들을 향해 담요와 천막 천을 획획 던져 준다. 영하 28도의 날씨다. ……운전병들은 여기서 시간을 너무 오래 끈다고 연신 재촉을 한다. 이윽고 화물칸 개폐문이 쾅 닫히고 엔진 소리가 부르릉 들리더니 무거운 바퀴 가 눈 속에서 빠지직거린다. 이것을 신호로 사방에서 인간들이 트럭으로 달려든다. 경상을 입은 환자와 낙오병들이다. 그들은 보닛과 바퀴 흙받기, 운전석 문에 매달리고, 옆벽을 타고 기어오르려고 애쓴다. 그러나 위에 있던 동승자들이 산더미처럼 쌓인 부상병들 사이를 위태롭게 오가면서 올라오려는 인간들에게 욕을 퍼붓고 머리를 내려치면서 팔다리를 차에서 떼어 낸다. 여기 말고 축사에도 여전히 수백 명의 환자가 누워 있다. 그들은 고함 소리와 떠나는 트럭 소리를 듣는다. 이제 그들을 데려가려고 오는 사람은 없다〉(『배신당한 군』 중에서).[639]

1월 8일 붉은 군대는 독일군에 항복을 종용했고, 1월 10일 두 번째 대대적인 공격에 나섰다. 그와 함께 짐승 같은 죽음의 마지막 3주가 시작되었다. 부상병과 굶어 죽어 가는 사람들에게는 더 이상 빵이 제공되지 않았다. 아직 싸울 수 있는 군인들만 먹기도 너무 빠듯한 상황이었다. 결국 1월 14일 독일 국방군 보고서에 〈영웅적인〉 싸움이라는 말이 처음 등장했고, 이어 1월 16일에는 〈용맹무쌍한〉, 23일에는 〈장엄한〉이라는 수식어가 붙기 시작했다. 이런 비장한 고전적 어휘를 사용한 의도는 분명했다. 이들의 죽음을 장렬한 전사로 몰아가기 위해서였다. 그리고 온 독일이 그렇게 이해했다.

1월 23일 마지막 군용기가 부상병 19명과 우편물 자루 9개를 싣고 스탈린그라드를 떠났다. 그전에 지휘관들이 병사들에게 각자 고향으로 마지막 편지를 쓰라고 지시를 내린 것이다. 살아 있음의 마지막 신호로서 말이다! 1812년 베레시나 강으로 비틀거리며 걸어가던 군인 1만 명에게는 그래도 아직 살아남을 수 있을 거라는 희망이 있었다. 그러나 볼가 강변의 독일군에게는 오직 끔찍한 최후밖에 남지 않았다.

1월 24일자 독일 국방군 최고사령부 보고서는 스탈린그라드 방어자들을 〈가장 훌륭한 독일 전사 계급의 빛나는 사례〉로 치켜세웠다. 독일 선전장관 괴벨스 역시 〈스탈린그라드의 영웅 서사시〉를 독일 민족에게 전투 의지와 승리에 대한 확고한 믿음을 고쳐시키는 데 적극 활용하라고 지시 내렸다. 마침내 1월 29일 붉은 군대는 독일 방어망을 돌파해 둘로 쪼개 버렸고, 독일군 최고사령부는 〈영웅적인〉 항전을 입에 올렸다. 공군이 힘껏 지원해 줄 테니 옥쇄하라는 주문이었다.

1월 29일 그날 파울루스 대장은 집권 10주년 기념일을 앞두고 히틀러에게 축하 인사를 건네야 할 의무를 느꼈다. 그래서 무전으로 〈스탈린그라드 상공에 여전히 독일 제국의 갈고리 십자 깃발이 나부끼고 있다!〉고 보고한 뒤 〈나의 지도자 만세!〉라는 말로 끝맺었다. 기념일 당일에는 제국 원수 괴링만 공식적으로 발언했다. 연설 중에 스탈린그라드의 방어자들을 테르모필레를 사수하다 전원 사망한 레오니다스 왕의 그리스인들에 비유하기도 했다. 이어 히틀러는 파울루스를 야전 원수에 임명했다. 끝까지 항전하다 죽으라는 의미였다. 독일 역사상 원수는 적에게 항복한 적이 없기 때문이다.

다음 날인 1월 31일, 파울루스 원수는 둘로 쪼개진 독일군 진영에서 좀 더 큰 남쪽 진영의 항복을 선언했고, 이어 붉은 군대의 자동차에 태워졌다. 북쪽 진영은 2월 2일에 항복했다. 2월 3일 독일 국방군 최고사령부는 이 모든 사태를 이렇게 정리했다. 독일 6군은 지독한 결핍 상황에서도 결사 항전으로 〈적의 전력을 스탈린그라드에 묶어 둠〉으로써 독일 지도부에 〈동부 전선 전체의 운명이 걸린〉 대응 조치를 강구할 시간과 기회를 부여했다.

이 말은 결코 허언이 아니었다. 처칠은 2차 대전의 역사를 다룬 책에서 이렇게 썼다. 〈만일 돈 강과 볼가 강 사이의 전선에서 그렇게 끈질기게 버티지 않았다면 독일군은 캅카스 전선이 위험해졌을 것이다.〉[640] 이번에는 브리태니커 백과사전의 냉정한 평을 들어 보자. 독일 6군의 희생이 없었다면 백만 대군에 이르는 만슈타인군과 슈타인군의 캅카스 퇴각은 불가능했을 것이다.[641] 이처럼 군사적으로는 스탈린그라드의 재앙도 어느 정도 합리적인 설명이 가능하다.

물론 히틀러가 폭발시킨 그 엄청난 광기의 틀 속에서 말이다.

　스탈린그라드에서 독일군은 10만 명이 죽었고(독일 측 추산으로는 6만, 소련 추산으로는 14만), 소련군은 거의 백만 가까이 희생된 것으로 추정된다. 붉은 군대의 인해 전술과 물불 가리지 않은 무모한 공격을 떠올리면 결코 불가능한 수치로 보이지 않는다. 리델 하트 경의 주석을 들어 보자. 〈스탈린의 분노를 초래하느니 차라리 군인을 가차 없이 죽음의 불덩이로 던지는 것이 더 쉬웠을 것이다.〉[642] 일설에 따르면 스탈린그라드에서는 소련군 1만 3천 명이 비겁한 행위와 약탈, 자해 행위, 탈영으로 처형되었다고 한다. 제62군 사령관 추이코프는 부대장 셋과 인민위원 셋을 직접 총살했다고 자기 입으로 밝히기도 했다.

　스탈린그라드에서 살아남은 독일군 11만 명은 소련 포로수용소로 이동했다. 그러나 몇 주 지나지 않아 3분의 2가 죽었다. 어차피 그전에 기력을 잃은 사람이 많았고, 티푸스나 이질에 걸린 사람도 많았기 때문이다. 결국 마지막까지 살아서 고향으로 돌아간 사람은 5천 명에 지나지 않았다. 1812년 네만 강까지 무사히 도착한 나폴레옹군의 숫자와 비슷하다. 이로써 이 두 사건은 역사상 최대의 군사를 땔감처럼 무모하게 소모한 원정으로 기록되었다.

39. 그중에 영웅도 있었을까?

「우리가 졌어요!」
죽음의 감격 속에서 내가 소리쳤다.
「우리가 졌어요, 아버지!」
이사크 바벨, 『부디오니 기병대』

〈말을 탄 부관 하나가 머리에 피를 철철 흘리며 나폴레옹에게로 달려갔다. 「다쳤느냐?」 황제가 물었다. 「용서해 주시옵소서, 폐하. 저는 죽었나이다.」 부관은 이 말과 함께 정말 말에서 떨어져 죽었다.〉[643] 톨스토이의 이 일화를 읽고 가슴이 뭉클하지 않을 사람이 있을까? 이처럼 세상에는 사리 분별을 떠나 사람을 감동시키는 죽음이 있다.

전설과 드라마, 애국시 속에 길이 살아남으려면 영웅은 반드시 죽어야 할까? 사실, 〈영웅hero〉이라는 말만큼 다양한 의미가 어른거리는 말도 많지 않다. 원래 이 말은 그리스 신화에선 제우스의 손자 아킬레우스처럼 반신(半神)을 의미했다. 그러던 것이 알렉산드로스 대왕이나 펠로폰네소스 전쟁을 승리로 이끈 스파르타의 명장 리산드로스처럼 신적인 명예가 바쳐진 역사적 인물을 가리키는 것으로 전이되었다. 1826년 철학자 프리드리히 슐라이어마허 Friedrich Schleiermacher는 위대한 남자들을 〈영웅의 종족, 초자연적인 족속, 제

왕적이고 지배적인 본성을 가진 인간들〉이라고 불렀다.[644]

그런데 연극에서 히어로는 겁쟁이도 맡을 수 있는 주인공 역할을 가리킨다. 또한 성서에서는 신이 〈강한 영웅〉(예레미야 20장 11절) 같다고 표현되어 있고, 동독에서는 목표량을 초과 달성한 이들에게 〈노동 영웅〉이라는 칭호가 붙었으며, 그림Grimm 사전에서는 〈용맹과 재주가 탁월한 전사〉가 영웅이라 불렀다. 하지만 1977년 영국의 글램 록 가수 데이비드 보위David Bowie에게 〈영웅들 heroes〉이란 하루 동안 영웅이 될 수 있다고 뻐기는 마약 중독자에 지나지 않았다. 2013년 아메리카컵 요트 대회에서는 미국 팀이 영웅으로 떠올랐다. 도저히 따라잡을 수 없을 것처럼 보이던 격차를 뒤집고 우승을 거두었기 때문이다.

공을 세웠다고 해서 군인을 반드시 영웅이라고 부를 필요는 없지만, 특수한 경우에는 잘못된 일도 아니다. 대부분의 민족은 환호와 찬미로 군인 계급을 지나치게 치켜세워 왔고, 오늘날에도 많은 민족이 그러고 있다. 예컨대 영국, 프랑스, 스페인, 러시아, 미국, 일본 같은 나라들이다. 많은 문명인들의 실용적 사고 이면에는 죽음을 두려워하지 않는 자, 살아서는 어떤 권력의 압박에도 물러서지 않는 자, 어떤 것에도 굴하지 않고 자기 목표를 향해 나아가는 자, 강인한 인내심으로 끈질기게 버티는 자에 대해 감격하는 능력이 숨어 있다.

1954년 어니스트 헤밍웨이에게 노벨 문학상을 안겨 준 『노인과 바다』도 오직 스스로를 위한 끈질긴 버팀에 대한 찬가가 아니면 무엇이겠는가? 늙은 어부는 상어가 자신의 포획물을 낚아채 가자 자기 것을 지켜 내기 위해 사투를 벌인다. 물고기는 이미 오래전에 뼈만 남아 아무 쓸모가 없게 되었지만, 노인은 말한다. 「포기해선 안 돼. 쓰러져 죽을지언정 결코 포기해서는 안 된다.」[645] 실용적으로 사고하는 냉정한 사람조차 영웅이 사람의 마음을 움직인다는 사실을 알고 있고, 그래서 그런 면을 계산에 넣고 행동한다. 영국의 공산주의 지도자 해리 폴릿Harry Pollitt은 1936년 시인 스티븐 스펜더Stephen Spender에게 말한다. 「동지, 스페인으로 가서 전사하게. 우리 당을 위해선 바이런 같은 존재가 필요하네.」[646] 스위스는 빈켈리트 같은 애국자가 필요했고, 그 과정에서 당사자가 실존 인물이 아니라는 사실(14장)은 아무 문제가 되지 않는다.

역사가들의 사랑을 받고 대중의 마음까지 움직인 진정한 영웅은 아무래도 싸우면서 죽은 사람들이었다. 수천 년 동안 절망에 빠진 모든 이들의 표상으로 자리 잡은 스파르타의 왕 레오니다스가 그 대표적인 인물이다. 기원전 480년 그는 병사 7천과 함께 월등한 전력의 페르시아군에 맞서 테르모필레 협곡을 지키고 있었다. 그런데 페르시아군이 협곡을 우회해 그리스군의 배후를 치자 레오니다스는 스파르타 군사 3백과 테스피아 군사 7백으로 마지막 한 사람이 쓰러질 때까지 협곡을 지킴으로써 후퇴하는 그리스군의 목숨을 구했다.

델브뤼크는 『전술사』에서 이렇게 썼다. 〈테르모필레의 방어는 그 자체로 보면 가망이 없었다. ……형식적으로는 이렇게 말할 수도 있다. 그것은 군사 실무적으로는 분명한 실수였지만, 도덕적으로는 무한한 가치가 있는 요청이었다. 즉 그 요청을 실행함으로써 야만인들에게 헬라스의 본거지로 들어오려면 막대한 희생을 치러야 한다는 점을 명백히 보여 주었기 때문이다. 레오니다스는 이 임무의 본질을 정확히 꿰뚫고 실천으로 옮긴 사람이었다. ……테르모필레 협곡은 처음부터 패배한 초소나 다름없었고, 그로써 레오니다스에게는 명예롭게 죽을 사명이 맡겨졌다. 그리스인들에게 본보기가 되기 위해서.〉[647]

778년 샤를마뉴 왕의 12용사 중 가장 신임이 두터운 브르타뉴의 변경백* 롤랑Roland은 스스로 명예롭게 죽을 자리를 찾았다. 피레네 산맥의 롱스보에서 절체절명의 위기에 봉착했을 때 뿔피리를 불어 샤를마뉴의 주력군에게 도움을 청할 수 있었는데도 스스로 그 기회를 차단해 버린 것이다. 자신과 자기 가

---

* 국경 방위를 위해 왕이 국경 지대를 봉토로 하사한 귀족. 변경을 지키는 백작이라는 뜻이다.

문의 무한한 명예를 위해서 말이다. 그의 소망은 결국 이루어졌다. 프랑스에서만 영웅 서사시로 다시 태어난 것이 아니라 스페인과 이탈리아, 독일에서도 〈롤랑의 노래〉라는 이름으로 무수한 모방 문학이 만들어졌기 때문이다.

미국의 영웅 서사시는 텍사스의 알라모 요새를 배경으로 만들어졌다. 1835년 텍사스인들이 멕시코 영토인 알라모 요새를 점령하자 멕시코는 7천 병력의 원정대를 파견했고, 텍사스 군대는 곧 후퇴했다. 그러나 187명은 독자적으로 요새에 남아 보루를 치고 결사 항전을 준비했다. 1836년 3월 6일 열사흘 동안의 포위 공격 끝에 적군이 요새로 들이닥쳐 그곳을 지키던 텍사스 군인들을 백병전으로 때려눕혔다. 그때 마지막으로 저항하다 쓰러진 사람이 테네시 출신의 인기 있는 의원 데비 크로켓Davy Crockett이었는데, 이 일로 곰과 인디언이나 사냥하던 사람이 하루아침에 〈판타지가 가미된 전설적인 인물〉[648]로 부상했다. 이후 그의 이야기는 1915~2004년 사이에 여섯 번이나 영화화되었고(1960년에는 존 웨인이 주인공 역을 맡았다), 1968년에는 존슨 대통령이 자신의 고조할아버지도 알라모 요새에서 전사했다고 주장하면서(물론 이 주장은 아무도 믿지 않았다) 베트남 전쟁에 꼭 필요한 모범적 군인으로 크로켓 같은 영웅을 제시했다.[649] 그러나 현대 역사가들에 따르면 크로켓은 싸우다 죽은 것이 아니라 적에게 제압되어 이튿날 총살당했다고 하는데, 그럼에도 이런 사실이 부각되지 않는 걸 보면 전설의 힘이 세긴 센 모양이다.

끝까지 버틴 점에서 알라모 요새보다 훨씬 규모가 클 뿐 아니라 세계적으로도 유명한 영웅 서사시가 따로 있는데, 바로 미국 남북 전쟁에서 남군이 보여준 투쟁이었다. 소설을 읽고 영화를 본 사람들의 공감이 대부분 남군에 쏠린다면 그것은 정말 열악한 상황 속에서도 마지막 한 발까지 다 쏘며 저항한 남군의 행동과 무관하지 않을 것이다. 남군의 리 장군 역시 수하에 무장병 8천과 비무장병 2만밖에 남기 전까지는 결코 항복하지 않았다.

할리우드의 주목을 받지 못해 남아메리카 대륙 밖에서는 별로 알려지지 않은 사건이 1864~1870년에 일어난 파라과이의 재앙이었다. 1810년에 독립한 파라과이는 바다로 가는 길을 열려는 과대망상적 독재자 프란시스코 솔라노 로페스의 계획으로 브라질, 아르헨티나, 우루과이 3국을 상대로 전쟁을 벌였다. 거의 모든 남자가 동원된 이 처참한 전쟁으로 파라과이는 전 국민의 70퍼센트를 잃었고, 로페스 자신도 마지막 남은 군사 5백과 함께 피 흘리는 조국의 외딴 끝자락에서 싸우다 전사했다.

프랑스 외인부대는 150여 년 전 카마론 전투가 벌어진 날이면 장교들이 병사들의 침대로 아침 식사를 가져다주는 행사를 벌인다. 무슨 의미일까? 1863년 4월 30일 멕시코에서 자신들의 선배들이 끝까지 굴복하지 않고 싸운 것을 기념하기 위해서이다. 당시 65명의 부대원들은 2천 명이 넘는 멕시코군의 공격을 10시간 동안 굳건히 버텨 냈다. 45명이 죽고 16명이 부상당하고, 나머지 4명마저 마지막 탄환을 다 쏘고 났을 때 이 넷은 대검을 들고 적에게 돌진하다가 결국 죽고 말았다.

톨스토이는 1863년 캅카스에서 이렇게 보고했다. 〈체첸인들은 자신들이 빠져나갈 수 없다는 걸 알고 있었다. 그래서 도주의 유혹에 빠지지 않으려고 서로 무릎을 끈으로 묶고 소총 잠금 장치를 푼 뒤 죽음의 노래를 맞춰 불렀다.〉[650] 쾨니히그레츠 전투(1866)에서 한 오스트리아 대위는 어떤 대가를 치르더라도 진지를 사수하라는 명령을 받자 각 병사들 둘레에 원을 하나씩 그려 놓고는 말했다. 〈「넌 여기서 죽어!」 마지막으로 그는 자신의 참호 둘레에 원을 그렸고, 그렇게 모두 전사했다.〉[651]

영국에서 사수의 영웅은 이집트 총독 찰스 조지 고든Charles George Gordon 장군이었다. 그는 1884~1885년 나일 강변의 카르툼에서 11개월 동안 이슬람의 마디Mahdi 군대에 포위되었다. 첫 몇 달 동안은 포위망을 돌파하는 것이 그리 어렵지 않았겠지만, 고든은 진지를 떠나는 것을 거부했다. 〈나는 그러고 싶지 않았다. 요새를 포기한다는 것에 동의하지 않는다는 걸 분명히 보여 주고 싶었기 때문이다.〉[652] 그가 일기에 쓴 내용이다. 1885년 1월 26일 결국 마디의 군대가 카르툼으로 밀려들어 왔고, 고든은 처참하게 죽었다. 영국은 영웅이자 순교자의 탄생에 환호했을 뿐 아니라 고든에 관한 책들을 열심히 찾아 읽고 복수를 부르짖었다. 키치너 장군이 마침내 옴두르만에서 복수를 했고, 처칠이 그 현장에 있었다(13장 참조).

보어인들은 영국과의 전쟁(1899~1902)에서 일정한 땅에 붙박여 사수하지는 않았다. 대신 전술적으로 후퇴하면서 우세한 적의 예봉을 피했다. 그런 점에서는 정정당당하게 맞붙어 결판을 내고 싶어 하던 영국인들의 고전적 영웅심에 상처를 입혔다. 어쨌든 보어인들은 얼마 안 가 이 싸움이 가망 없는 싸움임을 알았음에도 항복을 거부하고 끈질기게 싸웠다. 처칠은 보어 전쟁에서 죽은 한 늙은이에 대해 이렇게 썼다. 〈돌처럼 굳은 얼굴에는 섬뜩한 고요가 담겨 있었다. 하지만 그 위에 어떤 것에도 흔들리지 않는 결연함의 인장이 찍혀 있었다. 자신에게 어떤 운명이 닥칠지 잘 알면서도 깨어 있는 시민이라면 정의로운 일에 목숨을 바쳐야 한다고 확신하는 남자 같았다. 그래서 나는 포로로 잡힌 보어인들이 이 《멘츠》라는 노인이 모든 항복 제안을 거부했다는 말을 들었을 때도 전혀 놀라지 않았다. 그는 왼 다리에 총을 맞고도 계속 장전하며 총을 쏘다가 결국 피를 흘리며 쓰러졌다고 한다.〉[653]

1936년 7월 20일 국민스페인군 대령 모스카르도Moscardó는 군인 1,300명, 여자 550명, 어린아이 50명과 함께 톨레도 성채에서 전력이 우세한 공화군에 맞서 버텼다. 7월 23일 공화군 민병대 대장이 성한 전화선으로 전화를 걸어 10분 안에 항복하지 않으면 방금 인질로 잡은 대령의 아들을 죽이겠다고 협박했다. 아버지와 아들은 전화로 마지막 작별 인사를 나누었고 아들은 총살당했다. 방어자들은 말고기를 먹으며 버텼다. 9월 18일 공화군은 성채 밑에 폭발물을 설치해 탑을 하나 폭발시켰다. 그런 다음 잔해에다 벤진을 뿌리고 사이사이 수류탄을 던졌다. 9월 28일 프랑코 군대가 톨레도를 확보했을 때 모스카르도 대령은 이렇게 보고했다고 한다. 「특별한 일은 없었습니다.」

전쟁에서 버티지 않은 것이 더 값질 때도 있다. 1870년 10월 27일 프랑수아 바젠François Bazaine 원수는 굶겨 죽일 작정으로 포위 공격을 벌이는 독일군에게 17만 병력과 함께 메츠 요새를 넘겼다. 스당 전투에서 나폴레옹 3세가 포로로 잡히면서 전세가 이미 독일 쪽으로 확연히 기운 지 8주 뒤의 일이었다. 그러나 바젠은 1872년 프랑스 군법 회의에서 〈반역 혐의〉로 기소되어 사형을 선고받았고, 나중에 20년 금고형으로 감형받았다.

우리는 패하기 전에 충분히 싸웠던가? 패배한 민족의 정치인과 역사가, 심지어 국민들까지 자주 묻는 말이다. 그 자신이 전투기 조종사이기도 했던 생텍쥐페리는 프랑스가 1940년에 그렇게 빨리 두 팔을 든 것에 대해 패배 2년 뒤 이렇게 평했다. 프랑스의 저항이 아무리 짧았다고 해도 그가 볼 때는 너무 길었다. 하지만 세상은 그렇게 생각하지 않는 것 같아 걱정스럽다고 했다. 세상 사람들은 끈질기게 버티는 것을 사랑하기 때문이다. 〈내 귀엔 벌써 다른 나라 사람들이 꾸짖는 소리가 들리는 듯하다. 왜 프랑스는 몇몇 다리를 폭파하지 않고 내버려 두었는지, 왜 몇몇 마을을 불태워 버리지 않았는지, 왜 끝까지 싸우다 죽지 않았는지 하고 말이다. 그러나 나는 그러지 않은 것이 정말 잘했다는 생각이 든다. ……이 모든 게 정말 무의미한 짓임에도 우리는 다리를 폭파한다. 전쟁판의 게임 규칙이 그렇기 때문이다. ……15만 명의 남자들은 지난 14일 동안 죽을 준비가 되어 있었다. 그런데 그들에게 죽어야 할 합당한 이유를 대라고 요구하는 미련한 인간들이 있다. ……오직 하나의 올바른 대답만 있을 뿐이다. ……나는 모든 이에게 다른 대답을 찾을 것을 요구한다.《당신이 죽는다고 바뀌는 것은 없다. 패배는 확실하다. 패배가 죽음으로 증명되는 것 또한 당연하다. 당신의 직분이 당신에게 그 역할을 맡을 것을 요구한다.》……
나는 전사자들이 그 사실을 명확히 보여 주었다고 생각한다.〉[654]

1945년 독일 국방군이 전혀 가망이 보이지 않는 상황에서 엄청난 손실을 감수해 가며 4개월 동안 더 버틴 이유는 무엇일까? 2011년 영국 역사가 이언 커쇼Ian Kershaw는 온전히 책 한 권을 들여 독일의 이 자기 파괴 행위를 분석했다. 이때 한 가지는 분명히 드러났다. 나치의 권력 시스템이 여전히 잘 돌아가고 있었기 때문은 아니라는 것이다. 아니, 설령 잘 돌아가고 있었다고 하더라도 그건 여러 이유 가운데 하나일 뿐이었다. 커쇼는 이 책을 통해 자기 경험의 토대 위에서 네 가지 굵직한 이유를 제시한다.

1. 끈질기게 버티는 것으로 따지면 다른 어떤 민족보다 유명한 것이 독일 민족이다. 1763년, 그러니까 7년 전쟁에서 프로이센이 승리를 거둔 해에서부터 1945년까지 독일의 어린아이와 일반인들은 역사상 가장 훌륭한 인물로 누구를 꼽았을까? 프리드리히 2세, 즉 프리드리히 대왕이었다. 그렇다면 실제로 서양 세계를 몇십 년 동안 감동시킨 그의 업적은 무엇이었을까? 전력 면에서 엄청난 열세를 무릅쓰고 7년이나 버티고, 결국은 승리자가 되어 전쟁터를 떠났다는 사실이다. 프리드리히 대왕에게 열광했던 토마스 만이 1915년에 쓴 글을 보자.

〈프리드리히 왕은 7년 동안 돌아다니며 싸웠고, 여기서는 이 적을 저기서는 저 적을 무찔렀으며, 어떤 때는 지기도 하고 어떤 때는 절멸에 가까운 참패를 당하기도 했고, 그러고도 아직 시도해 보지 않은 일이 떠올랐는지 또다시 부르르 떨며 일어났고, 그렇게 떠오른 일을 전대미문의 행운과 함께 시도했고, 다시 한 번 용케 살아서 빠져나왔고……. 왕은 최악의 경우에 대비해서 늘 독을 몸에 지니고 다녔다. 그러나 최악의 상황이 최소한 한 번 이상은 있었음에도 독을 먹지 않았다. 시도해야 할 또 무언가가 떠올랐기 때문이다. 그러고 나면 최악은 또 지나갔다. ……그렇다, 왕의 패배는 승리에 못지않게 멀리 있든 가까이 있든 사람들의 마음을 움직였다. 그래서 약간 처진 입, 새파란 눈, 세모꼴 모자, T자형 지팡이, 별, 계급장 장식 끈, 무릎까지 오는 가죽 장화가 그려진 왕의 초상은 방방곡곡의 오두막과 집에 걸려 있었다. 왕은 살아 있을 때부터 이미 전설이 되었다.〉[655]

2. 독일군 중에는 스스로를 그냥 타국 군인들보다 나은 군인으로 여기는 사람이 많았다. 이것은 1940년 독일보다 월등한 전력을 갖춘 프랑스를 전 세계 군대들이 깜짝 놀랄 만큼 빠르게 제압한 그 섬광 같은 승리에 고무된 바 컸다. 게다가 앞으로도 기적처럼 승리할 수 있을 거라고 막연히 믿거나, 아니면 최소한 자신들의 이상은 정의롭기에 남들, 즉 〈열등한〉 다른 나라 군인들에게는 결코 승리를 허용할 수 없다는 심리적 경향이 있었다.

특이한 것은 이렇게 도도한 독일 군인들이 적으로부터도 폭넓게 경탄의 대상이 되었다는 사실이다. 2003년 「뉴욕 타임스」는 독일 국방군을 〈가장 위대한 군대〉 중 하나로 꼽았고,[656] 이스라엘의 군역사학자 마르틴 판 크레벨트도 양차 세계 대전의 독일군을 〈어쩌면 역사상 가장 훌륭하게 조직화되고 가장 잘 훈련받은 군대일 가능성이 크다〉고 기록했다. 독일군은 거의 항상 자신이 입은 것보다 훨씬 더 큰 손실을 입혔다.[657]

1931년 윈스턴 처칠도 1차 세계 대전을 다룬 역사서에서 독일 군대의 유능함에 대해 칭찬을 아끼지 않았다. 〈지금까지의 역사에서는 독일군의 화산 폭발에 비교할 만큼 엄청난 힘이 분출된 기록은 없었다. 독일은 육상과 해상, 공중에서 세계의 다섯 대륙을 상대로 4년 동안이나 싸웠다. 독일군은 흔들리는 동맹군들 안에서 중심을 잡아 주었고, 모든 전쟁터에 성공적으로 개입했으며, 침략한 땅 곳곳을 장악했고, 자신이 당한 것의 배에 이르는 처절한 손실을 적에게 입혔다. 그들이 가진 과학의 힘과 맹렬한 기세를 깨부수기 위해 지구 상의 모든 대국이 불려 나와야 했다. 하지만 압도적인 인구수와 무한한 지원 수단들, 전대미문의 희생, 해상 봉쇄도 그들을 50개월 동안 굴복시킬 수가 없었다. 독일군의 손에서 칼이 떨어져 나가기까지 2천만 명에 가까운 사람들이 죽거나 피를 흘려야 했다.〉[658]

3. 이제 정말 아무 희망이 없던 독일이 1945년 4월에도 베를린 전투에서 그렇게 치열하게 싸운 이유는 무엇일까? 그것도 소련군 전차 6천 대와 대포 4만 문, 250만 군사를 상대로 말이다. 히틀러가 그런 미친 짓을 지시한 것은 분명하다. 하지만 그것만으로는 설명이 부족하다. 그렇다면 집 앞에서의 싸움이 전사들의 원초적 충동을 불러일으킨 점도 빠져서는 안 된다. 즉 자기 여자와 자식을 지켜야 한다는 의식이 독일군에 팽배했던 것이다. 적군에게 자신을 비롯해 자신의 가족과 재산을 넘기려는 민족은 없다. 그것도 독일군처럼 두 번씩이나 같은 꼴을 당하고 싶은 군인은 없다. 포로로 잡히면 죽음과 같은 고통이 따르리라는 불안감도 한몫했다. 그래서 독일군은 마지막 2주 동안 베를린 시가지에서 정말 피비린내 나는 전투를 벌였고, 또다시 소련군 8만(당국 발표)과 독일군 9만(추산)이 전사했다.

　　마지막까지 필사적으로 싸운 독일 군인들 때문에 그 야만적인 괴물 체제가 2주나 더 연장되고 그로써 또다시 많은 사람들이 죽어야 했다는 데는 역사적으로 이견이 없다. 다만 다수의 군인이 나치 정권을 수호하려고 그렇게 치열하게 싸웠다는 단서는 어디에도 없다. 대신 그들의 입장을 조금 이해할 수 있는 상황이 엿보인다. 다음 네 번째 이유가 그렇다.

4. 마지막까지 현장을 누비면서 상부의 명령에 따르지 않는 군인을 즉석에서 총살시키는 헌병대원들, 즉 나치 무장친위대의 총구 앞에서 자유로운 사람

은 없었다. 무장친위대는 어차피 전쟁에 져도 살아남을 가능성이 없는 사람들이었기에 갈수록 더 미쳐 날뛰었다.

이 모든 것을 종합해 볼 때 베를린을 사수한 군인들은 결코 〈영웅〉이 아니었다. 물론 마지막 순간까지 끈질기게 버틴 점에 대해서는 위대한 구석이 없지 않다. 우리 중 많은 사람들의 마음속에는 어떤 시련에도 굴하지 않는 의연한 군인에 대한 동경심이 도사리고 있다. 그것이 군인들의 기괴한 장렬함에도 존경을 보내게 한다. 우리 영혼의 깊은 곳에는 실패하고 몰락한 사람들에게는 반박하지 않으려는 마음이 존재한다. 〈노래 속에서 영원히 살아남으려면 살아 있을 때 파멸해야 한다.〉[659] 실러의 말이다.

결국 이렇다. 영웅들의 시대는 끝났다. 무인 전투기와 다가올 사이버전의 시대에는 군인이 필요 없다. 아프가니스탄처럼 아직 군인이 싸우는 지역에서도 영웅이 설 자리는 없다. 서배스천 융거는 말한다. 아프가니스탄에서 〈군사 작전의 대부분은 적을 안전한 곳에서 언제든 죽일 수 있는 곳으로 유도해 내는 것에 초점을 맞추고 있다. 현대전에서도 여전히 명예가 중요하다고 생각하는 사람이 있다면 그게 바로 파렴치한 짓이다. 현대전에서는 그렇게 하지 않는다. 전쟁의 목표는 승리다. 다시 말해 비할 바 없이 좋은 조건 속에서 적을 죽이는 것이다〉.[660]

오늘날 각자 속한 사회에서 가장 빨리 영웅으로 인정받을 수 있는 사람은 이슬람의 자살 테러범들이다. 그러니 이제 다의적이면서도 유혹적이고 수상쩍은 〈영웅〉이라는 말은 잊어버리자. 게다가 모든 사람이 하인리히 하이네처럼 그렇게 쉽게 죽음을 받아들이지는 못한다. 1828년 마렝고 전쟁터를 찾은 하이네는 이렇게 말한다. 나폴레옹이 수많은 사람들을 죽이고 승리를 거둔 곳이다. 〈나는 전쟁터를 사랑한다. 아무리 끔찍한 전쟁이라 하더라도 전쟁은 인

간의 가장 큰 숙적인 죽음에 저항할 수 있는 정신적 위대함을 내보이기 때문이다.⟩[661]

7부

어떻게 살아남을 수 있을까?

40. 군인: 거부를 통해?

나는 벌써 세 번이나 탈영한 끝에 다시 이리로 돌아왔다.
15년 전 정신병 때문에 이모를 쳐 죽였다는 의사 소견서가 없었다면
나는 벌써 세 번은 총살당했을 것이다.
야로슬라프 하셰크, 『착한 병사 슈베이크』

죽을 게 확실한데도 두 눈을 똑바로 뜨고 죽음을 맞이하러 가는 남자는 드
물다. 군대를 지탱하는 건 주로 죽음을 피하려 하지만 막상 그게 닥치면 운명
으로 알고 받아들이는 군인들이다. 그래서 그런 군인을 만드는 것이 군의 가
장 중요하면서도 어려운 과제이다.

군의 그런 노력이 안 먹히는 군인들이 있다. 전사나 사냥꾼이 아님은 물론
이거니와 2차 대전 당시 미 보병의 85퍼센트처럼 그저 함께 달리기만 하는 군
인도 아니라 아예 군대의 속박을 벗어던지기로 결심한 군인들인데, 그 형태도
탈영, 반란, 거부처럼 다양하게 나타난다.

가장 통제하기 어려운 부류가 복종과 탈영 사이의 경계를 오가는 군인들이
다. 그러니까 아군 부대에 직접 등을 돌리지는 않지만 공격 시 남들보다 늦게
참호에서 뛰어나온다든지, 일부러 발목을 접질리게 한다든지, 또는 어떻게든
뒤처질 궁리를 하는 병사들이다. 1917년 루덴도르프 장군은 이렇게 한탄한

다. 〈비겁하게 꽁무니를 빼는 병사들이 무척 많아졌다. 이들은 전투가 끝나면 기다렸다는 듯이 다시 나타난다. 정말 절망적으로 병력 수가 확 줄어든 채 전장에서 돌아온 사단이 이삼일도 지나지 않아 다시 머릿수가 부쩍 늘어나는 일은 이제 예사가 되었다.〉[662]

이보다 경계 짓기가 한결 쉽고, 그래서 벌주기도 쉬운 것이 탈영이다. 다시는 돌아오지 않을 생각으로 병영을 무단으로 빠져나가 도망치는 것이 탈영인데, 그 동기와 그로 인한 피해는 각각의 경우에 따라 천양지차를 보인다. 즉, 단순히 군무만 이탈했는지, 적의 진영으로 넘어가 적에 복무했는지, 또는 적에 전투력뿐 아니라 아군에 관한 지식과 정보를 제공했는지(이는 반역 행위다)에 따라 피해 범위가 극단으로 갈리는 것이다. 적의 진영으로 넘어간 군인들의 무리도 개별 경우에 따라 구분해야 한다. 그냥 포로로 잡힐 의도였는지(위험을 무릅쓰더라도 궁지에서 벗어나야 한다는 군 조직의 가르침을 너무 글자 그대로 받아들인 현상이다), 혹은 적과 손잡고 이전의 아군에게 총부리를 겨누려고 했는지, 아니면 그냥 화나고 불쾌한 일이 있어서 적군으로 넘어갔는지 분간해야 한다는 것이다. 이처럼 탈영의 동기와 결과는 무척 복잡하게 얽혀 있다.

군은 자신에게 맡겨진 본연의 임무를 수행하려면 탈영을 처벌해야 한다. 탈영병은 군의 전투력과 결집력, 그리고 사기에 심각한 타격을 입히기 때문이다. 게다가 동료가 탈영해 버리면 그를 믿고 전투를 벌이던 전우는 애꿎게 죽을 수도 있다.

그런데 동기로만 보자면, 탈영병은 새장에 갇혀 있던 새가 도망친 것이나 다름없기에 사실 그렇게 비난할 것도 아니다. 역사적으로 수백만 명의 병사와 수십 명의 장수, 심지어 나중에 프리드리히 대왕으로 불린 프로이센의 왕세자도 젊을 때 탈영을 했다. 미국 독립 전쟁에서는 두 번이나 부상당한 적이 있는 명망 높은 미국의 베네딕트 아널드Benedict Arnold 장군은 영국에 군사 기밀을 넘긴 것도 모자라 영국 편에 서서 워싱턴에 맞서 싸우기도 했다. 그 뒤 그는 배신의 아이콘으로 자리 잡았는데, 오늘날에도 미군 내에서는 〈베네딕트 아널드처럼 탈영한다〉는 말이 관용구처럼 사용되고 있다.

그런데 아널드 사건에는 아주 새로우면서도 굉장히 수치스러운 면이 담겨 있었다. 그의 탈영은 근대의 첫 국민군을 저버린 행위이자, 국민에게 조국, 즉 〈아버지의 나라〉로 섬길 것을 요구한 최초의 국가를 배신한 행위였다. 미국 다음으로는 프랑스가 국민에게 조국의 이미지를 불어넣으면서 폭넓은 파장을 불러일으켰다. 물론 용병 부대라고 해서 탈영을 아무렇지도 않게 받아들인 것은 아니었다. 탈영은 전력의 손실이자, 계약금과 다른 투자 금액의 손해로서 늘 뼈아팠기 때문이다. 그래서 탈영병이 체포되면 봉급 박탈은 물론이거니와 구타와 곤틀릿 같은 형벌이 내려졌다.

다만 탈영병이 원래 질 나쁜 인간일 거라는 편견은 없었다. 프리드리히 대왕은 적의 탈영병들을 갈고닦아 지상에서 가장 훌륭한 군인으로 육성했고, 그와 함께 헝가리 경기병 부대를 탈영을 막고 탈영병들을 추포하는 특수 부대로 만들었다. 이 헝가리 경기병들은 마치 양 떼를 지키는 감시견처럼 보병들이 행군하거나 야외 취침할 때 주위를 떼 지어 돌아다녔다.

법적으로 보면 탈영병에게는 계약 위반과 서약 파기의 죄를 물을 수 있다. 관(官)의 해석에 따르면 모든 군인은 자발적으로 군에 와서 군무의 의무 조항에 서명한 것으로 간주되기 때문이다. 그러나 자발성의 문제는 그렇게 간단치 않다. 용병들은 대부분 사기나 협박에 넘어갔거나, 강제로 납치되어 온 사람들이기 때문이다. 실러도 1782년 뷔템베르크군에서 탈영했다. 용병이 자유를 얻기 위해 할 수 있는 유일한 행위가 탈영인 경우가 많았다. 그래서 군대 바깥에서는 탈영병들에 대해 호의적인 감정이 널리 퍼져 있었다. 오늘날의 사람들이 외인부대 탈영병들에 대해 그렇게 생각하는 것처럼.

국민군도 처음엔 이런 수긍할 만한 세간의 통념에 제대로 대처하기란 쉽지 않았다. 나폴레옹은 통령 시절 근위 기병들에게 탈영병을 하나씩 잡아 올 때마다 상금을 지불했다. 1805년 원정을 준비할 무렵에는 근위 기병대가 만 명에 이르는 탈영병을 잡아 오는 날도 있었다. 그러다 마침내 1810년 나폴레옹은 집요하게 탈영을 시도하는 병사들에게 사형이라는 극약 처방을 내렸다. 하지만 1812년 모스크바로 행군하던 중에 벌써 대군의 상당수가 대열에서 이탈해 도망쳤고, 라이프치히 전투가 끝난 1813년에는 탈영병들을 잡기 위해 특별 추포 부대를 풀기도 했다.

독립 전쟁 후 미합중국에서 유지된 소규모 상비군은 탈영병 때문에 여러 번 붕괴 위기에까지 몰렸다. 플로리다의 인디언들을 상대로 벌인 세미놀 전쟁 (1835~1842)에서는 탈영이 어찌나 만연해 있던지 잡히면 채찍 100대를 치거나 몸에 낙인을 찍을 정도로 중한 벌을 내렸다. 잡히지 않은 탈영병들에 대해서는 전담 부대가 몰이사냥하듯 몰아붙여 마구잡이로 사살했다. 남북 전쟁 당시 북군은 〈바운티 점퍼bounty jumper〉가 큰 골칫거리였다. 입대 대가로 보상금만 챙기고 탈영한 뒤 다시 다른 부대에 들어갔다가 또 탈영해 버리는 지원병들이었다. 남군의 스톤월 잭슨Stonewall Jackson 장군은 탈영병을 직접 총살하기도 했다.

세계 대전에서 선보인, 죽 이어진 전선과 참호 체계로 인해 탈영은 어려워졌다. 게다가 그사이 민족의식이 고조되면서 대부분의 군인은 어차피 탈영할 생각을 갖지 않게 되었다. 다만 오스트리아-헝가리 제국의 슬라브 민족 출신 군인들처럼 자신의 나라를 조국으로 여기기 않거나, 1차 대전 당시의 터키처럼 전장이 혼란스러울 경우는 여전히 탈영이 예전처럼 자주 발생했다. 예를 들어 1917년의 터키군은 둘 중 하나가 탈영할 정도였다. 인도군과 프랑스 식민지 주둔군, 프랑스에서 싸운 러시아군도 낯선 나라에서 잠적하는 것이 완전히 불가능한 상황만 아니라면 많은 군인들이 탈영을 했다.

탈영병의 상황에 대해 늘 신성한 분노를 느끼는 사람은 슈테판 츠바이크 Stefan Zweig의 소설 『제네바 호(湖)의 에피소드』를 읽는다. 이 작품은 시베리아 출신의 병사 보리스에 관한 이야기인데, 그는 세계 대전으로 인해 세계 인식에 과부하가 걸리면서 제네바 호를 고향의 바이칼 호로 착각하고, 아내와 아이들을 만나려고 호수를 헤엄쳐 건너고, 그러다 마침내 제네바 호숫가에서 자신이 지금 고향과 수천 킬로미터 떨어져 있고 모르긴 몰라도 그사이 수년이 지났다는 사실을 가까스로 깨닫고, 제네바의 바이칼 호에 빠져 죽는다.

탈영병은 탈영과 함께 서약 파기의 죄를 저지른다고 하는데, 특히 자의와 무관하게 의무적으로 군에 온 사람을 대상으로는 너무 쉽게 그런 판단을 내려서는 안 된다. 군은 개인의 의사를 고려하지 않고 강제로 제복을 입혔고, 그 후 또다시 그들의 의사와 무관하게 충성 서약을 강요했기 때문이다. 이런 상황에서 계약 위반과 서약 파기만 들먹이는 것은 너무 일방적으로 들린다.

전 부대나 부대 다수가 독자적으로 전투를 끝내는 방법으로는 탈영 외에 〈반란〉이라는 또 하나의 가능성이 있다. 반란으로 세계사가 새로 쓰인 경우는 여럿 있었다. 특히 1차 대전 때 그랬다. 1917년 러시아에서 일어난 반란은 볼셰비즘에 길을 터준 것과 함께 동부 전선의 전쟁을 끝맺었다. 같은 해 프랑스에서 일어난 반란은 독일에 승리를 안겨 줄 뻔했고, 1918년 독일의 반란은 빌헬름 군주 체제의 와해를 야기했다. (반란을 소재로 만든 영화의 명성으로만 놓고 보면 이 독일의 반란은 영국 전함 바운티 호의 반란이나 러시아 전함 포템킨 호의 반란과는 비교가 되지 않는다.)

반란은 비자발적으로 군에 들어온 군인이 첫 명령을 받는 순간 이미 그 토대가 놓인다. 자기 의사에 반해 가시 같은 명령으로 괴롭힘을 당하는 환경에 처한 사람에게는 앙갚음할 마음이 생기는 것이다. 만일 승진해서 상관이 되면 부하에게 복수의 가시를 터뜨릴 기회를 얻게 되지만(29장), 계속 부하로 남게 되면 시기나 증오의 심정으로 장교들을 바라보게 된다. 그것도 여러 상관 중에서 유난히 자신을 못살게 굴거나 약점을 노출시키는 장교들을 말이다. 그런데 상관들과 잘 지내거나, 성격상 상관의 명령 때문에 별로 힘들어하지 않은 병사라도 만일 누군가, 예를 들어 빌리 하인리히의 소설『참을성 있는 고깃덩어리』에 나오는 크뤼거 병장처럼 이렇게 소리치면 마음속 공감의 비파 줄이 함께 울리는 것을 느낄 것이다. 「참 더러워서! 장교 숙소에서는 모카커피나 샴페인을 들이켜는데 우리는 저 인간들이 우리 머리 꼭대기에 앉아 있는 한, 구정물 같은 것이나 계속 들이켜고 있어야 하다니!」[663]

군이 승리를 거두고 그로써 군 조직이 정상적으로 작동하면 끊임없이 쌓여온 반란의 마음은 동력을 잃을 뿐 아니라 설사 행동으로 이어진다고 해도 전망은 불투명해진다. 게다가 성공과 명예, 노획물의 유혹이 병사들을 자의와는 달리 한동안 현재 상태에 만족하게 만든다. 반면에 보급 부족과 패배로 불만이 쌓이고, 적이 아군에 승리를 거둠으로써 군 조직에 약점이 드러나면 잠재적 반란 병사들은 상관에 대한 시기와 증오를 폭발시켜 아군 수뇌부를 완전히 파멸시킬 가능성은 더욱 커진다.

1917년 3월 러시아군은 전투에 패한 뒤 반란을 일으켰고, 공화주의 정부는 모든 장교를 해임하고 대신 〈일반 병사 위원회〉를 발족시켰다. 이로써 마침내 영원한 부하들의 꿈이 실현되었다. 그로부터 한 달 뒤 프랑스의 대공세가 슈맹데담에서 막히면서 기진맥진한 채 가쁜 숨만 몰아쉬던 16개 프랑스 군단에서 반란이 일어났고, 그와 함께 프랑스는 공황 상태에 빠졌다. 많은 역사가들의 판단에 따르면 독일은 그때 계속 돌진하지 않음으로써 전쟁에 승리할 결정적 기회를 놓쳤다. 1917년 5월 냉혹한 페르디낭 포슈 장군이 프랑스 참모총장에 오르면서 마찬가지로 강철 같은 정치인 클레망소Clemenceau와 협력해서 유례없이 잔인하고 단호한 방식으로 반란군을 진압했다.

이렇듯 전투 패배는 상관에 대한 반항을 두 가지 측면에서 조장한다. 첫째, 패배는 아군 조직의 약점을 노출시키고, 상관에 대한 공포를 적에 대한 공포로 옮겨 가게 한다. 즉 패배와 함께 적은 훨씬 더 무서워지는 반면에 아군 조직은 덜 무서워진다. 둘째, 패배는 병사들의 전투태세나 전투 동력에 심각한 타격을 입힌다. 실패 뒤의 의기소침한 상태만큼 평화에 대한 사랑이 커나가기 좋은 자양분은 없다. 그것은 전투를 독려해야 하는 상관의 입장과 상충될 수밖에 없다.

평화에 대한 사랑으로 총을 들지 않는 사람은 좀 더 확고하게 행동하고, 자기 목숨을 좀 더 효과적으로 지키고, 자신이 평화 촉진에 기여했다고 좀 더 당당하게 주장할 수 있다. 군대에서 도망치거나 군대 안에서 반란을 일으키는 것이 아니라 군복을 입는 것 자체를 거부한다면 말이다. 이때 평화를 촉진하겠다는 고상한 의도에서 군복을 입지 않았는지, 아니면 그저 자기 목숨을 구하겠다는 단순한 소망에서 그렇게 했는지 명확히 구분하는 것은 어려울 뿐 아니라 밝힌다고 하더라도 그것을 그 행동의 평가 기준으로 삼아서는 안 된다. 〈개인〉의 측면에서 보자면 이 두 가지 동기에는 모두 비교할 수 없을 만큼 설득력 있는 내용이 담겨 있기 때문이다.

카롤링거 왕조의 황제들은 적의 침입 시 향토방위에 나서지 않는 백성들을 사형으로 위협했다. 카롤루스 대제는 봉토를 받는 대가로 왕의 출정에 동참해야 할 의무가 있는데도 갖가지 핑계로 거부하는 기사들과 늘 갈등을 빚었다. 이런 기사들이 가장 즐겨 하는 변명은 성직자 계급으로 신분을 변경하는 것이었다.[664]

용병 부대는 어차피 병역 거부가 문제될 것이 없었다. 반면에 초창기의 대규모 군대에서 병역 거부는 탈영만큼이나 심각한 문제였다. 나폴레옹은 1811년 징집 영장을 받고도 자발적으로 입대하지 않은 병역 의무병 6만 명에 대해 대대적인 검거 작전을 펼쳤다. 미국에서는 1차 대전 때 징집 영장을 발부한 신병 가운데 13퍼센트에 해당하는 33만 8천 명가량이 입대하지 않았다.

2차 대전에서는 병역 거부자 수가 상대적으로 확 줄었다. 영국이 6만 1천 명, 미국이 3만 명이었다. 2차 대전 뒤 독일 연방군 안에도 병역 거부자가 많지는 않았지만 없지 않았다. 양심상의 이유로 어떤 형태로건 국가 간의 무력 다툼에 동참하길 거부하는 사람은 다른 수단으로 군역을 대체할 수 있었는데 말이다. 2011년 이후 독일에서는 병역 의무제가 폐지되고 모병제가 도입되었다. 연간 필요한 인원이 1만 3천 명인데, 심사 과정에서 비적격자를 걸러 내려면 지원자가 4만 명 정도 필요했다. 〈앉았다 일어서기를 40초 안에 20번 해야 하는 테스트〉조차 통과하지 못하는 청년들이 많았기 때문이다. 그러나 같은 해에 태어난 독일 청년이 평균 34만 명밖에 안 되는 상황에서 이런 인원을 충당하는 것은 쉽지 않았다. 게다가 징병 검사를 거쳤지만 기초 군사 훈련 과정에서 탈락하는 인원도 25~30퍼센트나 되었다.

독일 연방군의 징병을 담당하던 병무사무국은 이제 〈사회적 경력 센터〉로 변경되었다. 〈신체검사〉라는 말도 더는 사용되지 않고, 〈적성 평가 센터〉에서 군 복무 적합 여부를 가리는 기초 검사만 할 뿐이다. 모병은 주로 학교나 박람회, 캠프, 광고를 통해 이루어지는데, 군대 시스템이 달라졌다는 사실을 대대적으로 홍보하기도 한다. 예를 들어 모집 광고에 이런 문구가 나온다. 〈수면은 기본적으로 여덟 시간을 보장합니다. 물론 예외적으로 그 시간을 넘는 경우도 있지만.〉[665]

오스트리아는 2013년 1월 병역 의무제를 폐지해야 할지 국민에게 물었다. 국민의 대답은 〈노No〉였다. 마찬가지로 스위스도 그해 9월 국민 투표를 실시했다. 그것도 벌써 세 번째였다. 스위스 국민들은 국토방위를 모두에게 해당되는 지극히 기본적인 문제로 인식하고 있었다. 강도가 집으로 쳐들어왔을 때 그들을 향해 총을 쏘라는 명령을 거부할 사람은 없다는 것이다. 미국의 닉슨 대통령은 1973년 베트남 전쟁의 여운 속에서 병역 의무제를 폐지했다. 그 뒤 이라크 전쟁과 아프가니스탄 전쟁을 일으킨 조지 부시 대통령이 병역 의무제를 다시 만지작거렸지만 차마 도입할 용기는 내지 못했다.

이스라엘에서는 2012년부터 국가의 신성한 두 기관 사이에서 원칙 논쟁이 일고 있다. 신앙의 정통적 수호자들과 군대였다. 토라와 탈무드를 공부하는 것이 직업이자 삶의 의미인 이들 성직자들은 군무 병역의 의무를 지지 않았고, 대부분 군무를 면제받았다. 그렇게 면제받는 사람이 1년에 약 7만 명에 달했다. 그들은 스스로를 〈유대 민족의 진정한 군인〉이라고 칭하는데, 한 랍비는 이렇게 말했다. 「우리 나라를 지키는 것은 당신들의 무기가 아니라 우리의 계명입니다.」

충분히 논쟁의 여지가 있다고 본다. 그러나 이스라엘처럼 사방이 적으로 둘러싸인 조그만 나라(경상북도보다 조금 크다 — 옮긴이)는 많은 군인이 필요할 수 있고, 그런 군인을 확보하려면 병역 의무제를 실시할 수밖에 없을 것이다. 아무리 핵무기에다 탁월한 사이버전 능력까지 보유하고 있다고 하더라도 말이다.

그러나 이런 특수 경우를 제외하면 보편적 병역 의무제는 벌써 칼집에 들어갔어야 할 과거의 유물이자 미혹일 뿐이다. 병역 의무제는 죽지 않아도 될 사람들을 수백만 명씩 전쟁터로 퍼 날랐을 뿐 아니라 애초에 〈인간 본성에 대한 근본적 오해〉[666]에서 비롯된 제도였다. 존 키건이 『세계전쟁사』에서 쓴 말이다. 게다가 앞으로는 무인 전투기 원거리 조종사와 해커, 네이비실 같은 군인만 필요한 시대이기에 병역 의무제는 존속되어야 할 가치도 의미도 없다.

아직 필요할지도 모르는 소규모 직업군에 대해서도 의구심이 든다. 직업군은 사회와 선을 긋고 자신들의 세계에 갇혀 사는 경향이 있다. 미국의 전 국방장관 로버트 게이츠Robert Gates가 2010년에 상기시킨 오래된 반론이다. 아울러 그는 사회도 앞으로 필요한 전투력의 투입에 점점 관심이 없어지고 있다고 말한다.[667] 게다가 미군 내에서는 텍사스 출신이 뉴욕 출신보다 13배나 많고,[668] 독일 연방군도 극우주의자들이 상당수 몰려드는 추세다.[669] 2013년 국방대학의 미하엘 볼프존Michael Wolffsohn이 밝힌 말이다. 아무튼 전체적으로 보면 전사의 본성에 맞고 전투를 꺼리지 않는 사람들이 주로 직업군에 지원한다.

소규모 직업군만 있으면 미래에는 전쟁이 일어나지 않을 가능성이 커질까? 유감스럽지만 아니다. 유격대, 무인 전투기, 네이비실만 있다고 해서 전쟁 가능성이 줄지 않는 것과 마찬가지다. 아니, 상황은 오히려 정반대다. 민주 국가의 지도자는 유권자의 상당수를 상하게 하지 않고 소규모 직업군만 피해를 본다면 전투 결정을 좀 더 쉽게 내릴 수 있지 않을까? 결국 직업군 역시 영원한 평화를 조성하는 데 어떤 기여도 하지 못하는 게 분명하다.

그렇다면 무엇이 평화를 가져다줄 수 있을까? 평화주의의 세계적인 확산이? 미래의 전쟁이 인류의 종말을 부를 거라는 깨달음이? 혹은 유엔의 블루헬멧이?

비자발성에 따른 군대의 종류
시민군: 폭동이나 적군의 침입, 또는 약탈 군인들에 맞서, 무기를 가진 자유로운 신분의 시민들이 조직한 군대. 특히 13~18세기까지.

향토방위대: 1. 병역 수행 능력이 있는 모든 남자들을 징집한 군대를 총괄하는 개념. 보편적 병역 의무제에도 해당된다(독일에서는 1945년까지). 2. 17~40세까지 현역 군인이 아닌 모든 남자들을 징집한 군대. 프로이센에서

1813년까지 시행되었다.

향토돌격대: 향토방위대 2번의 규정에서 나이를 50세까지로 확장한 군대. 프로이센에서는 1813~1845년까지 시행되었다. 나폴레옹에 맞서기 위해 티롤에서 내려진 징집령이 유명하다.

국민돌격대: 히틀러가 1944년 10월 14~60세까지 징집한 향토돌격대. 나치 친위대 소속으로 전쟁 마지막 몇 개월 동안 동부 전선에 투입되어 막대한 희생을 치렀다.

민병대: 1. 과거에는 군대 일반을 가리켰다. 2. 시민군. 3. 단기 군사 교육을 마친 뒤 나중에 많은 훈련을 하는 군. 스위스에서는 병역 의무제의 토대 위에서 시행된다.

주 방위군: 미국의 민병대(3번). 폭동이나 자연 재앙 시 연방주들이 투입하는데, 국가적 위기 상황에서는 대통령도 소집할 수 있다. 심지어 외국(이라크, 아프가니스탄)으로 가기도 한다. 주 방위군 소속 군인들은 수년씩 복무할 의무가 있고, 한 달에 이틀, 1년에 2주 동안 훈련을 받아야 한다. 다달이 200달러의 봉급을 받는다.

국민군: 과거에 향토방위대, 향토돌격대, 민병대를 합쳐서 부르던 말. 대개 직업군과 반대되는 개념으로 쓰인다.

상비군: 평화 시에도 무기를 들고 있는 군대. 프리드리히 빌헬름 1세의 프로

이센에서는 8만 명, 루이 14세의 프랑스에서는 22만 명, 2차 대전 발발 시 독일에서는 백만 명(10장 참조)이었다. 오늘날 상비군의 규모를 보면, 독일 18만, 미국 56만, 러시아 90만, 중국 250만, 이란 55만, 북한 110만 명이다.

제국군: 베르사유 조약에 따라 독일 제국에 정해진 10만 명의 직업군 (1919~1935). 일반 병사는 15년, 장교는 25년을 복무해야 했다.

직업군: 과거의 독일 제국군처럼 예외 없이 장기 복무를 하는 군인들의 군대. 현재의 독일 연방군은 2011년 7월 1일 병역 의무제가 폐지된 이후 스스로를 직업군이라 부르지 않고(병사들의 70퍼센트가 최대 23개월까지만 복무하기 때문이다) 〈자원군〉이라 부른다.

28. 1967년 베트남에서 동료 희생자를 헬리콥터까지 들쳐 메고 가는 이 미군 병사는 영웅일까? 미군 5만 8천 명이 전사했고, 54만 명이 베트콩에게 무릎을 꿇었다.

29. 2003년 바그다드. 도시를 산보하는 미군들. 시체가 널브러져 있든 말든 한가하고 기분 좋은 모습이다.

30. 아프가니스탄의 쿤두즈. 2009년 9월 조지 클레인 대령은 탈레반에 납치된 탱크로리 두 대에 폭격을 명령했다. 142명이 죽었고, 독일에선 시민들의 분노가 일었다.

31. 2013년 용사처럼 멋지게 자세를 취하고 있는 중앙아프리카 공화국의 정부군 전사들. 차드 공화국과 수단 출신 용병과의 전쟁은 물론이고 이슬람 극단주의자들, 약탈을 일삼는 강도들과의 전투도 끊이지 않고 있다. 지구상에서 가장 희망이 없는 나라 중 하나이다. 한때 프랑스군 1,200명이 주둔하며 정부군을 도왔다. 1977년 추장 보카사가 스스로 황제라 칭하며 나라 이름을 아프리카 제국으로 바꾸기도 했다.

32. 아이들에게 총 쏘기를 가르치는 것은 최악의 도착증이다. 여기는 라이베리아인데, 혼돈의 땅 아프리카에서는 흔한 일이다. 프로이트에 따르면 아이들은 〈공감 능력〉이 비교적 늦게 형성된다고 한다. 불과 아홉 살에 어른이 된 것처럼 느끼는 것은 얼마나 큰 유혹일까!

33. 네이비실 요원. 미국의 최첨단 전투 기계이자, 마지막 전투를 위한 슈퍼 솔저. 2011년 5월 파키스탄에서 오사마 빈 라덴을 처단하면서 유명해졌다. 그런데 온갖 전자 기기로 무장한 것이 오히려 사이버전에서는 특별한 약점으로 작용한다.

34. 우리 도시들의 위협적인 미래를 보여 주는 모습일까? 다시 말해 적의 컴퓨터로 모든 발전소가 파괴되고 모든 공공시설이 마비된 총체적 카오스의 모습일까? 아니다. 이것은 2013년 8월 실각한 무르시 대통령 지지자들의 카이로 거점 지역을 경찰이 뒤집어 놓은 모습이다. 하지만 어쩌면 군인 없는 전쟁, 즉 사이버전으로 우리가 맞이할 미래 모습의 예고일지도 모른다.

35. 우리에게 이런 행성이 하나 더 있다면 얼마나 좋을까? 지금의 지구는 70억 명의 인간들에게 끊임없이 착취당하고 데워지고 있다. 생물 서식지와 자원도 점점 줄어들고 있다. 반면에 싸움은 끊이질 않을 것이다. 그것도 앞으로는 군인 없는 전쟁이 기다리고 있다.

41. 우리 모두: 블루헬멧을 통해?

유엔군으로서는 임무 수행보다 중요한 것이 자기 안전이다.
보스니아 주둔 유엔군 사령관 루퍼트 스미스
1995년 5월 29일 스레브레니차 학살 직전에 한 말.

1988년 노벨 평화상 수상자로 블루헬멧이 선정되었다. 분쟁 지역에서 감시자로, 질서와 평화 유지자로 활동하는 유엔의 무장 평화군이다. 실제로 블루헬멧은 여러 곳에서 총성을 멈추게 했다. 물론 처음엔 반발도 있었고 불만을 사기도 했다. 심지어 스레브레니차에서는 치욕을 당하기도 했으며, 콩고 민주 공화국에서는 어쩔 줄 몰라 우왕좌왕하기만 했다. 어쨌든 지금껏 전쟁을 종식시키거나 막은 적은 한 번도 없었다.

유엔 안전보장이사회는 1948년부터 세 가지 조건이 충족될 경우 이런 평화 유지군의 파병을 결정할 수 있었다. 첫째, 안전보장이사회 상임 이사국들의 만장일치 합의가 있어야 한다(결국 러시아와 중국의 동의를 구해야 한다는 말이다). 둘째, 분쟁 당사국들이 동의해야 한다(실제적인 전쟁일 경우 이런 일은 거의 일어나지 않는다). 셋째, 유엔 회원국들이 파병할 준비가 되어 있어야 한다.

이 마지막 조건이 가장 쉽게 충족시킬 수 있다. 인도, 파키스탄, 방글라데시처럼 열성적인 파병국들이 있기 때문이다. 이런 나라의 군인들은 자국보다 훨씬 나은 조건에서 생활할 수 있기에 파병을 무척 반긴다. 2013년 7월 오스트리아가 39년간의 주둔 끝에 시리아 골란 고원에서 자신의 마지막 평화 유지군을 철수시켰을 때도 네팔과 피지의 군인들이 그 뒤를 아주 반갑게 들어갔다.

유엔군의 분쟁 지역 주둔에는 당연히 여러 가지 어려움이 따른다. 우선 언어 문제가 있다. 평화 유지군끼리도 그렇고 현지인들과의 소통도 그렇다. 또한 의도하건 의도하지 않건 현지의 도덕과 풍습을 위반하는 것도 문제다. 게다가 강간이나 다른 범죄도 발생하고, 매춘부와 마약상이 그들을 따라다니기도 한다. 하지만 오스트리아가 철군을 결정한 것은 이런 문제들 때문이 아니라 시리아에서 수년간 지속된 내전이 그들의 보급과 안전을 위협했기 때문이다. 여기서 키포인트가 등장한다. 안전! 안전을 만들어 내기 위해 파견된 평화 유지군이 오히려 자신의 안전을 걱정하고 갈구하기에 급급한 상황이 생긴 것이다. 이런 상황은 1995년 스레브레니차에서 기괴한 방식으로 극단화되었다.

1993년 보스니아 내전 중 이 도시는 정교회 인구가 다수인 세르비아계 주민들이 주변 곳곳을 점령한 상황에서 무슬림 주민들의 고립무원 지역이었다. 그래서 유엔 안전보장이사회는 이곳을 보호 구역으로 선포했다. 즉, 세르비아인 당신들이 여기서 무슨 짓을 하는지 유엔이 감시하겠다는 것이었다! 네덜란드 평화 유지군 500명이 이 도시에 주둔했다. 1995년 세르비아군은 이 도시를 굶겨서 항복시키기 위해 봉쇄 작전을 펼쳤고, 그러다 결국엔 힘으로 도시를 점령했다. 네덜란드군은 총 한 방 쏘지 않았다. 세르비아인들은 무슬림 주민 2만 5천 명을 옴니버스에 구겨 넣어 보스니아 영토로 실어 날랐다. 광란의 〈인종 청소〉였다.

그전에 세르비아인들은 16~60세 사이의 남자 천 명가량을 따로 골라내 살해했다. 스레브레니차에서 도망친 다른 남자 7천 명도 같은 운명에 처해졌다.

당시 그곳은 알프레드 히치콕Alfred Hitchcock이 연출한 인류의 멸망 때와 마찬가지로 인간 사냥과 살인이 난무했다. 평화 유지군은 그 과정을 지켜보기만 했을 뿐 아니라 아무 저항 없이 세르비아인들에게 무장 해제를 당했으며, 심지어 사령관이라는 사람은 세르비아 장군과 건배하는 사진까지 찍었다. 물론 나중에 그게 술이 아니라 〈물〉이었다고 해명하기는 했지만.[670] 어쨌든 2013년 네덜란드 대법원은 보스니아 남자 세 명의 유족에게 정부가 피해 보상을 해주어야 한다고 판결했다. 블루헬멧 진영으로 도망쳐 보호를 요청했지만 세르비아인들의 요구에 따라 순순히 넘겨진 남자들이었다.

2013년 콩고 민주 공화국에는 약 1만 8천 명의 블루헬멧이 주둔했다. 특히 지하자원이 많이 매장된 콩고 민주 공화국 동부 지역에서 반군과 민병대, 용병, 약탈병들이 야기한 혼란을 진정시키는 것이 주 임무였다. 콩고 민주 공화국(한반도 면적의 11배에 이른다 ― 옮긴이)은 주로 정글로 덮여 있고, 수십 개 민족과 부족이 서로 다른 말을 사용하는 땅이다. 이런 땅에서 1996년부터 내전의 광풍이 불었고, 그 와중에 300만 명이 넘는 사람이 살인과 굶주림으로 목숨을 잃었다. 유엔은 무자비한 폭도들로부터 민간인을 지키기 위해 블루헬멧에 무기 사용까지 주저하지 말라고 강력히 주문했음에도 평화 유지군은 팔짱을 낀 채 현지 상황을 보고하는 데만 그쳤다.

유엔에 대한 압력이 고조되자 안전보장이사회는 2013년 3월 2,500명의 군사 개입 여단을 콩고 민주 공화국에 파견하기로 결의했다. 이번에는 반군을 무장 해제하거나, 최소한 무력화할 목적으로 무력을 사용할 권한까지 명백하게 부여했다. 실제로 이 전투 여단은 9월에 포병과 전투 헬기를 동원해 반군과 싸웠다. 물론 그들이 지원한 정부군 역시 약탈과 살인, 강간으로 현지인들에게는 반군 못지않게 증오와 원망의 대상이었다.

지역적으로 벌써 감당하기 어려운 요구에 시달리는 블루헬멧이 지상의 평화를 보장하거나 평화의 기반을 확대할 가능성이 전무하다는 사실을 보여 주는 또 다른 정황이 있다. 즉 두 강대국이 싸우면 어쩔 것인가? 그때도 블루헬멧이 개입할 수 있을까? 1993년, 그러니까 스레브레니차 학살과 콩고 만행이 일어나기 전, 평화를 사랑하는 스위스 국민들은 의회의 결의로 유엔 평화 유지군 동참을 거부했는데, 그 결정은 가히 나쁘지 않았다. 결국 블루헬멧은 좋은 뜻으로 시작했지만 씁쓸하게 끝맺을 수밖에 없는, 군인 계급에 대한 고별사를 의미한다.

블루헬멧보다 더 나쁜 것도 있다. 보안업체의 일종인 민간 군사 기업이 그것이다. 이런 최신식 용병 회사들은 2003년부터 이라크와 아프가니스탄을 중심으로 큰돈을 벌었다. 그중에서 가장 거대하고 악명 높은 곳이 블랙워터이다. 2009년에 〈지Xe 서비스〉로, 2011년에는 〈아카데미Academi〉로 이름을 바꾼 이 회사는 네이비실에서 제대한 에릭 프린스Eric Prince가 1998년에 설립했는데, 그와 같은 인간들을 위한 최상의 집결지였다.

프린스는 1996년 미국 캐롤라이나 주의 한 황량한 지역에 〈총기 사용과 다른 보안 업무 훈련을 위해 장차 기대되는 국가적 수요〉를 충족하기 위해 〈로지 앤드 트레이닝 센터lodge and training center〉를 만들었다.[671] 기가 막힌 사업 아이템이었다. 미 국방부는 공식적인 군 예산을 확 줄인 상태였기 때문이다. 게다가 경찰과 네이비실 요원들도 여기서 훈련을 받았다.

2002년 미국의 아프가니스탄 침공 후 골수 공화당 지지자이자 호전적인 기독교 신자인 프린스는 인생 최대의 기회를 꿰뚫어 보았다. 기동력이 뛰어나고 고도의 훈련을 받은 특급 용병 부대를 미국에 공급하는 일이었다. 맡겨만 주면 못 하는 일이 없고, 미군이 꺼려하는 더럽고 힘든 일을 대신 처리해 줄 수 있는 부대였다. 이것은 2003년 이라크에서 정말 거대 사업이 되었다. 〈이라크 총독〉이라 불리던 미국 대사 폴 브레머Paul Bremer는 블랙워터에 자신의 경호를 맡겼다. 프린스는 이것을 즉시 회사 홍보에 적극 활용했다. 〈이라크에서 적이 가장 많은 사람을 지킨다면 지구 상에서 우리가 지킬 수 없는 사람은 없습니다.〉[672] 이후 주문이 쇄도했다. 각국 대사와 장군, 사업가, 해외 방문에 나선 장관들이 부탁하는 개인 경호였다. 거기다 수송과 석유 저장소, 탄약고를 보호해 달라는 주문도 있었다. 어디든 달려가는 전천후 용병 회사였다.

지원자들도 부족하지 않았다. 블랙워터는 그중에서 목적에 맞게 가장 잘 훈련받은 자들을 선발했다. 예를 들어 해병대, 그린베레, 네이비실에서 막 제대한 군인들인데, 그 외에 주로 영어권 나라에서 장기 복무한 군인과 남아프리카 출신의 백인, 네팔인으로 이루어진 영국 용병 부대(구르카) 출신, 피노체트의 전직 경호원 등을 뽑았다. 그들은 기꺼운 마음으로 지원했고, 심지어 여기 들어오기 위해 미련 없이 현직을 그만두는 사람도 많았다. 이 회사에 들어오는 순간 최소한 하루에 300달러를 벌 수 있었기 때문이다. 2013년에는 그 액수가 1천 달러, 혹은 그 이상으로 뛰었다. 군인이 이처럼 귀한 대접을 받았던 적은 없었다.

영국의 「인디펜던트」지는 2004년 이렇게 썼다. 〈블랙워터의 깡패 부대는 자기 일에 거치적거리는 이라크 사람들은 모조리 때려눕혔다. 바그다드 거리는 총을 찬 그런 카우보이들로 북적거렸다. 이들은 곳곳에서 소리를 지르고 행인들에게 욕을 퍼부었다. 호텔도 이런 인간들로 넘쳐 났다. 이라크 사람들의 눈에 이들은 서방의 혐오스러운 점을 모두 합쳐 놓은 것처럼 비쳤다. 이들의 총에 무고한 이라크인이 죽었다는 기사가 쌓이고 있지만, 이들을 법에 고소할 방법은 없다.〉[673]

그렇다. 에릭 프린스는 브레머 미 대사와의 협상을 통해 그런 법적인 부분들을 미리 정리해 두었다. 즉 이라크 사법부뿐 아니라 미국의 군법도 그들에게 미쳐서는 안 된다는 것이다. 그들은 군인이 아니기 때문이다. 2006년 술 취한 블랙워터 대원이 이라크 부통령의 경호원을 쏘아 죽였다. 이후 그는 미 공군기를 타고 달아나 지금도 자유롭게 살고 있다.

정말 믿기 어려운 일은 2007년 9월 바그다드에서 일어났다. 미 국무부 고위 관료를 호송하던 차량들이 거리를 질주하고 있었다. 그때 한 자동차가 자신들의 길을 가로막았다고 판단한 순간 블랙워터 대원들은 즉시 운전자를 사살하고 수류탄으로 자동차를 폭발시켰다. 붐비던 거리는 금세 난장판으로 변했고, 대원들은 기관총을 난사했다. 이라크인 17명이 죽고 24명이 중상을 입었다. 블랙워터는 영웅적인 행동으로 미국인의 목숨을 지켜 낸 것이다. 미 국방부는 이맛살을 찌푸렸고, 이라크 총리는 블랙워터의 추방을 입에 올렸다. 그러나 말만 요란했을 뿐 실천에 옮겨진 것은 없었다.

「뉴욕 타임스」는 2011년 아프가니스탄의 게릴라전으로 미군 418명과 블랙워터 대원 430명이 전사했다고 보도했는데, 아마 블랙워터 대원의 수는 그보다 훨씬 많았을 것이다. 그들은 어차피 전사자 수를 명확히 보고해야 할 의무가 없었기 때문이다.[674] 결국 용병들은 철저히 대가를 치르고 있는 셈이다. 게다가 죽음까지도 미군의 이해관계에 복무한다. 즉 블랙워터 대원은 미군 통계에 잡히지 않고, 국립묘지 안장은 꿈도 꿀 수 없으며, 슬퍼하는 유족들의 모습도 매스컴에 전혀 등장하지 않는다.

인류의 3천 년 전쟁사에서 섬뜩한 것이 새로 등장했다. 즉, 이제는 모든 나라가 전쟁을 일으킬 마음이 있으면 자국의 병역 의무군이나 직업군보다 전투력과 동기 부여 면에서 훨씬 뛰어난 고도의 효율적인 전투 부대를 빌려서 전쟁을 벌일 수 있게 되었다는 것이다. 과거의 광전사나 〈로부스티오레스〉 같은 인간 전투 기계들이다(25장). 이런 부대를 빌리게 되면 과거의 발렌슈타인 장군처럼 용병들을 힘겹게 끌어모을 필요도 없고, 전쟁을 일으키기 위해 의회의 동의를 받을 필요도 없으며, 동원령으로 국민을 힘들게 하지 않아도 된다. 그뿐 아니다. 용병 회사의 불법 행위에 책임질 일도 없고, 국제법적으로 전쟁에 연루된 것도 아니다.

이런 편한 선택 사항이 아직 없던 시절이었음에도 조지 부시 대통령이 아프가니스탄과 이라크를 침공할 때 보여 주었던 그 광포함을 생각하면 결론은 하나다. 블랙워터와 그 비슷한 회사들은 미래의 전쟁을 더욱 부추길 것이다. 핵미사일과 자살 폭탄 테러범이 없더라도 그런 임대 람보들은 이미 최악의 모습을 보여 주고 있다.

42. 평화주의를 통해?

내가 말을 타고 가는 것을 보았다면
그게 뭔지 금방 알 것이다. 바로 평화주의다.
쿠르트 투홀스키, 『삐딱한 모자』(1930)

안타깝지만 〈평화〉라는 이름을 단다고 해서 평화를 지키는 데 도움이 되는
건 아니다. 〈평화주의〉라는 말이 그렇고, 노벨 평화상 수상자의 행위와 의도,
동기가 그렇다. 특히 이 상에는 두 가지 근본 오류가 깊숙이 관습화되어 있다.
의도가 고결하면 필연적으로 좋은 결과가 나올 거라고 믿는 것이 첫 번째 오
류이다. 다시 말해 평화에 대한 순수한 사랑에서 평화가 나온다고 생각하는
것이다. 두 번째 오류는 오슬로의 노벨 위원회가 수상자의 한 해 평화 활동을
평가하면서 그 활동의 결과를 수년 혹은 수십 년 미래까지 내다보며 개관할
수 있다고 믿는 것이다. 실질적인 결과는 5년 후, 혹은 50년 후나 되어야 알 수
있을 텐데 말이다.

영국 총리 네빌 체임벌린Neville Chamberlain의 평화 사랑은 당시 유럽의 어떤
정치인도 따라가지 못할 정도로 각별했다. 그는 평화에 대한 신념 속에서 오
버잘츠베르크로 가 히틀러를 예방했고, 1938년 히틀러의 체코 주데텐란트 합

병을 도왔다. 체임벌린은 런던 공항에 내리자마자 뮌헨 협정문을 흔들며 〈우리 시대의 평화〉라는 유명한 말을 남겼다. 그러나 현실은 달랐다. 체임벌린의 평화 정책은 히틀러라는 괴물의 식욕만 촉진시켰을 뿐이다. 뮌헨 협정 11개월 뒤 2차 대전이 일어났고, 그로써 체임벌린의 노벨 평화상 수상도 물 건너갔다. 전쟁이 임박한 것을 알아차린 노벨 위원회가 1939년 노벨 평화상 수여를 포기한 것이다.

1863년 국제 적십자를 창설하고 제네바 협약의 체결을 추진한 앙리 뒤낭은 의심할 바 없이 전쟁의 잔인함을 완화하려는 선의에서 출발했다. 그래서 1901년 제1회 노벨 평화상도 당연하다는 듯이 그에게 돌아갔다. 그러나 톨스토이는 『전쟁과 평화』에서 뒤낭을 이렇게 비난했다. 뒤낭은 전쟁의 잔인함을 완화하려는 시도를 통해 오히려 전쟁을 견딜 만한 것으로 만듦으로써 미래의 전쟁에 발판을 깔아 주었다는 것이다.[675]

1973년도 노벨 평화상은 베트남에서 휴전 협정에 서명한 두 협상단 대표, 즉 헨리 키신저와 레둑토에게 돌아갔다. 하지만 정말 말도 안 되는 전쟁을 자기들이 시작해서 자기들이 끝낸 것을 두고 과연 평화상을 받을 만하다고 할 수 있을까? 레둑토도 스스로 그런 생각이 들었는지, 아니면 골수 공산주의자로서 평화를 최고의 가치로 보지 않아서 그랬는지 수상을 거부했다. 1978년 이집트의 안와르 사다트와 함께 공동으로 노벨 평화상을 받은 이스라엘의 메나헴 베긴Menachem Begin은 1942~1948년까지 악명 높은 지하 테러 조직의 지도자였다. 다시 말해 압제에 대한 전쟁과 좋은 목표를 가진 전투가 평화보다 낫다는 확고한 신념 아래 수많은 살인을 서슴없이 저지른 단체의 우두머리였다는 말이다.

1990년에 노벨 평화상을 받은 미하일 고르바초프는 예외다. 하지만 그 내막을 들여다보면 이상한 인과관계가 존재한다. 고르바초프는 1981년부터 줄

곧 미국의 레이건과 장거리 미사일 감축 협상을 벌였고, 1987년에는 워싱턴에서 중거리 미사일 3천 기를 폐기하는 협정에 서명했으며, 1990년에는 동독을 자유롭게 풀어 주어 독일 통일을 가능하게 했다. 이로써 뜨겁게 달구어졌더라면 세계적 대재앙이 될 수도 있었을 냉전이 끝났다.

고르바초프가 추진한 이런 일련의 과정에 평화를 사랑하는 마음이 얼마만큼 담겨 있었는지는 몰라도 소련이 미국과의 군비 경쟁에서 처참하게 패배할 거라는 뼈아픈 인식이 큰 역할을 한 것은 틀림없다. 그런 인식 속에서 내키진 않지만 항복 선언을 한 것이다. 그로써 로널드 레이건은 승리자이면서 동시에 패배자가 되었다. 소련을 군비 경쟁으로 파탄 내는 것이 그의 목표였고, 그 목표는 달성되었다. 목표 달성의 마지막 단계는 독일 평화 운동가들에게 가소롭다는 평을 듣기도 하고, 섬뜩하다는 평을 듣기도 했던 계획, 즉 전략 방위 구상 SDI이었다. 세간에서는 그냥 〈별들의 전쟁〉이라 불렀던 이 구상은 미국 상공에 위성과 미사일로 거대한 방어막을 쳐서 미국으로 날아오는 소련 핵미사일을 무력화하겠다는 시도였다.

결국 소련 제국이 붕괴해서 3차 세계 대전의 위험이 급격히 줄어들 때까지 막강한 경제력을 바탕으로 군비 경쟁을 무한대로 확장하겠다는 미국의 의도는 성공했다. 그것도 총 한 방 쏘지 않고서 말이다. 그렇다면 레이건은 왜 노벨 평화상을 받지 못했을까? 어떤 점에서 고르바초프보다 형편없이 낮은 점수를 받은 것일까? 이유는 분명했다. 행위의 동기가 문제였다. 레이건은 평화를 사랑하는 마음에서 그런 행동을 한 것이 아니라는 것이다. 그러나 과연 정치에서 의도가 중요할까? 중요한 건 결과다. 아무리 동기가 악하더라도 〈평화〉라는 결과가 나오는 것이 선한 동기에서 〈전쟁〉이라는 결과가 나오는 것보다 백배 낫지 않을까?

버락 오바마의 8년 재임 뒤에는 어떤 결과가 나올까? 혹시 대통령직을 수행한 지 2년밖에 안 된 사람한테 노벨 평화상(2009년도)을 안긴 것은 어리석고도 모험적인 결정, 아니 최소한 성급한 결정은 아니었을까? 게다가 진실로 경탄받을 만한 평화의 사도인 위대한 간디는 왜 그 상을 받지 못한 것일까? 2011년도 노벨 평화상 후보자가 무려 241명이나 된다고 해서 세상이 좀 더 평화로운 방향으로 나아가고 있다고 믿어도 되는 것일까? (그해의 수상자는 여권 신장을 위해 노력해 온 라이베리아와 예멘 출신의 세 여성이었다.)

그렇다면 노벨 위원회의 선정 기준은 무엇일까? 세 가지다. 민족들 간의 우호 증진에 애쓰고, 상비군의 철폐와 축소에 힘쓰고, 〈평화 회의의 개최나 장려〉를 위해 노력해야 한다는 것이다. 여기서 마지막 기준은 평화주의에 대한 사랑을 드러낸다. 그러니까 노벨 위원회는 항상 〈선한〉 동기를 좋아한다. 하지만 이렇게 묻고 싶다. 선한 동기에서 선한 결과가 나온다고 믿는 것은 현실을 외면한 너무 순진한 생각이 아닐까?

물론 그사이 평화주의는 어차피 잠잠해졌다. 2001년 9월 11일 이후 평소에도 지하철에서 테러가 일어나지 않을까 걱정해야 될 처지가 되면서 말이다. 평화주의, 그것은 지난 20세기의 핵심 개념이었다. 평화주의를 부르짖는 사람들은 절로 머리가 끄덕여질 두 가지 요구를 한다. 모든 전쟁을 거부하는 것은 물론이고, 스스로 무장을 포기함으로써 전쟁에 뜻이 없음을 실천으로 보여 주어야 한다는 것이다. 그러나 현실에서 그런 일은 없다.

세상에는 전쟁을 사랑하는 사람이 너무 많기 때문이다. 장군과 군수업체 사장들만 그런 것이 아니다. 수백만 명의 가난한 사람들도 자신에게 자유나 노획물을 안겨 줄 전쟁을 바란다. 증가하는 용병 회사들도 전쟁이 이대로 없어지게 내버려 두지 않을 것이다. 독일의 극작가 브레히트의 작품에 등장하는 〈억척어멈〉도 전쟁을 사랑했다. 전쟁으로 〈그녀의 사업이 점점 활기〉를 띠었기 때문이다.[676] 돌아보면 전쟁으로 부자가 된 사람은 지구 상 어디에나 많았다.

게다가 서양의 평화주의자들은 과거의 원죄에서 자유롭지 못하다. 그들이 이렇게 편안하게 살 수 있는 것은 대부분 잔인한 침략 전쟁 덕분이기 때문이다. 서양 문화의 뿌리를 이루는 라틴 유산도 고대 로마인들이 당시의 주변 민족들을 무자비하게 착취해서 얻은 결과물이다. 또한 미국의 모든 백인들은 아메리칸 인디언들을 뿌리 뽑기 위해 나선 전쟁의 수혜자이고, 오늘날 영어를 쓰며 편하게 해외를 돌아다닐 수 있는 사람들은 과거 식민지 모국들이 식민지 주민들에게 영어를 강요한 덕을 보고 있는 셈이다.

그런데 고전적인 평화주의의 가장 큰 약점은 평화 의지의 천명에 평화 수호의 힘이 있다고 믿는 순진함이다. 평화를 부르짖는 것만으로는 절대 평화는 지켜지지 않는다. 세상은 그런 고결한 말에 따를 정도로 순진하지 않다. 자유주의적 좌파인 쿠르트 투홀스키는 1935년 이렇게 썼다. 평화주의자가 된다는 것은 여드름을 짜는 것과 비슷하다. 〈고칠 수 없는 짓을 하고 있다는 것이다.〉[677] 평화주의와 관련해서 아널드 토인비의 다음 지적만큼 예리한 판단은 없다. 평화주의가 지배하는 국가는 그렇지 않은 국가들에 속절없이 자신의 운명을 내줄 수밖에 없다. 그 말은 곧 〈지극히 양심 없는 정부와 지극히 후진적인 군국주의 국가가 세계의 주인이 될 수 있다〉는 뜻이다.[678]

이슬람 테러범들을 향해 평화주의를 설파하는 것은 전적으로 무의미한 짓이다. 조지 오웰이 1942년 평화주의를 가리켜 안전이 보장된 사람들, 즉 〈대포를 충분히 소유하고 있거나 전장으로부터 충분히 떨어져 있는〉 사람들만 누리는 〈사치〉라고 명명한 것은 안타깝지만 옳은 지적이었다.[679] 그런데 이제는 심지어 아무리 대포가 많아도 테러를 막을 수 없고, 세계 모든 곳이 테러 현장이 될 수 있는 시대가 되었다.

대부분의 평화주의자들은 끊임없이 진지하게 고민했어야 할 질문, 즉 〈나는 어떤 수단으로 가장 확실하게 평화를 보장할 수 있을까?〉라는 질문을 방기해

왔다. 대신 평화의 의지를 표명하는 것만이 평화에 이르는 가장 안전한 길이라는 오류에 매몰되어 있었다. 그러나 현실에서 그것은 가장 안전하지 못한 길일 뿐이다. 2차 대전에서 스위스는 히틀러로부터 자신을 지키기 위해 무엇을 했던가? 그들은 독일보다 먼저 전 국민 동원령을 내렸고, 전체 전쟁 기간 동안 백분율로 따지면 대독일 제국보다 더 높은 비율로 남자들이 무기를 들었다. 물론 그렇지 않았다고 해서 히틀러가 반드시 스위스로 쳐들어갔으리라는 보장은 없다. 다만 스스로를 지키려는 민족은 그런 보장을 기다려서는 안 된다. 게다가 1939년의 체코슬로바키아처럼 총 한 방 쏘지 않고 스위스를 합병할 수 있었다면 히틀러는 아주 기꺼운 마음으로 스위스를 냉큼 삼켜 버리지 않았을까?

평화주의 속에는 또 하나의 무척 슬픈 오류가 손짓하고 있다. 평화는 모든 민족, 모든 종교, 모든 인간에게 최고의 선이라는 믿음이 그것이다. 그러나 현실에선 그렇지 않다. 이슬람은 물론이고 유대교, 기독교, 유엔, 심지어 1995년부터 유럽 최대의 평화주의 운동 조직인 독일 녹색당에게도 평화는 최고의 선이 아니다.

이슬람에서 천명한 성전은 이제 모든 사람들이 알 정도로 유명하다. 붓다도 평화를 부르짖기는 했지만, 1945년 이후 불교 국가들에서는 끔찍한 대학살극이 두 번이나 일어났다. 중국의 문화 혁명과 붉은 크메르군에 의한 170만 명의 캄보디아인 학살 사건이 그것이다. 성경에서 신은 자신이 선택한 백성에게 말한다. 〈너희 주 하느님이 주신 모든 민족을 말살하라〉(신명기 7장). 예수 역시 〈평화를 주러 온 것이 아니라 검을 주러 왔노라〉(마태오의 복음서 10장 34절)고 버젓이 말한다. 교부 아우구스티누스는 426년에 이렇게 썼다. 〈전쟁을 책할 게 뭐가 있는가?〉〈땅의 백성〉과 〈신의 백성〉 사이의 마지막 전쟁에서 인간들이 죽임을 당할지언정 어차피 그들은 언젠가 죽을 운명이 아니던가?〉[680] 십자군 원정 역시 누가 봐도 분명한 침략 전쟁이었다. 루터도 〈전쟁과 살인을 명백히 신의 뜻으로 이루어진 일〉로 보면서 〈전쟁이 불의와 악을 벌하는 것이 아니고 무엇이겠느냐〉고 말한다.[681]

아마 루터가 유엔 총회에서 이런 소리를 했다면 그따위 소리는 당장 집어치우라고 곳곳에서 고성이 터져 나왔을 것이다. 유엔은 전쟁과 관련해서 선과 악을 묻지 않는다. 1974년 24년간의 기나긴 논쟁 끝에 〈침략〉의 개념이 마침내 유엔 결의를 통해 다음과 같이 확정되었다. 침략은 〈타국의 주권과 영토 보전, 정치적 독립에 대한 무력 공격〉이다. 이것이 뜻하는 바는 명확하다. 영토 보전이 한 나라의 내부 상황에 우선한다는 것이다. 그런 측면에서 나토는 유엔 결의를 위반했다. 1999년 유고슬라비아의 코소보 사태에 자극받아 유고 세르비아를 폭격한 것이다. 이 행위는 그때까지 누구나 인정하던 국제법의 명확한 위반이었다. 그것도 힘의 일방적인 차이 때문에 한쪽은 폭격하고 한쪽은 그저 폭격을 당할 수밖에 없는 상황이었다.

1995년 스레브레니차의 대학살 직후 유고슬라비아의 피비린내 나는 자기 파괴 행위는 이상한 동맹을 소생시켰다. 즉 교황 요한 바오로 2세가 서방 세계를 향해 보스니아에 군사 개입을 해줄 것을 촉구하고 나선 것이다. 그것도 교회가 전쟁을 용인할 때면 늘 그랬던 것처럼 정의로운 전쟁을 입에 올리면서 말이다. 귄터 그라스도 이 전쟁을 옹호했고, 독일 녹색당 원내대표 요슈카 피셔 Joschka Fischer도 당원들에게 이렇게 물었다. 「비폭력의 입장을 견지하고 있다고 해서 보스니아에서 저렇게 무차별 폭력이 벌어지는 것을 보고 있어야만 할까요? 저런 만행에 맞서 싸우지 않는다면 우리 세대는 과거 30년대의 우리 부모 세대가 겪은 것과 비슷한 실패를 맛보게 되지 않을까요?」

유엔은 1974년의 결의를 통해 영토 보전의 침해를 〈국제 평화에 대한 범죄〉라고 규정하면서도 자기 입장에서 다른 두 가지 전쟁 이유를 인정했다. 억압

받는 민족이 자유를 위해 싸울 권리와 희한하게도 자기가 정한 규정을 자기가 어길 수 있게 만든 안전보장이사회의 권리였다. 즉 무력 행사를 먼저 한 측을 침략자로 지목하면서도 〈안전보장이사회가 그에 대해 다르게 생각하는 경우는 예외〉로 한다고 규정한 것이다.

따라서 앞으로 전쟁 이유는 쉽게 만들어 낼 수 있다. 그리고 그 이유들이 점점 늘어난다는 사실은 다음 마지막 장의 슬픈 테마가 될 것이다. 군인 계급의 역사에서 특히 슬픈 테마는 지난 30~40년 동안에 새로 등장한 〈소년 병사〉이다.

1984년 이란 최고 지도자 아야톨라 호메이니는 소년 병사 수만 명을 전쟁터로 내보냈다. 시리아와 수단, 이라크, 아프가니스탄, 콩고 민주 공화국(특히 최악이었다)에서도 소년 병사들은 총을 쏘며 죽어 갔다. 우리는 어린아이를 군인으로 만드는 것이 도착적이기는 하지만 어려운 일이 아님을 냉정하게 인정해야 한다. 잠시 프로이트의 말을 들어 보자. 〈아이들의 본성은 잔인함에 가깝다. 공감 능력, 즉 타인의 고통 앞에서 지배 충동을 멈추게 하는 장치는 비교적 늦게 형성되기 때문이다.〉[682] 아이들은 어린 동물의 고통을 정말 아무것도 모른 채 천연덕스레 즐긴다. 그리고 학교에서건 유치원에서건 자신의 강함을 과시하고 약자를 놀리는 것이 아이들의 행태다.

1983년에 노벨 문학상을 받은 윌리엄 골딩William Golding은 1954년 자신의 대표작 『파리 대왕』에서 아이들의 내면에 존재하는 부도덕한 면을 적나라하게 파헤쳤다. 6세에서 12세 사이의 영국 초등학생 무리가 비행기 추락으로 무인도에 고립된다. 아이들은 잠시 공동체 조직을 만들려고 시도하지만 얼마 안 가 피에 굶주린 짐승 떼로 변해 간다. 한 아이는 바위에서 떨어져 죽고, 두 번째 아이는 갈기갈기 찢겨 죽는다. 세 번째 아이는 영국 군함이 다가오면서 목숨을 건진다.

어른들이 가르쳐 준 것도 아닌데 이랬다. 만일 어른들의 가르침이 있었다면 아이들은 훨씬 더 끔찍한 모습으로 변했을 것이다. 우리는 그것을 정말 깜짝 놀랄 만큼 잔인한 책인 구약성서에서 발견한다. 다윗(유대 민족의 왕)의 신복과 이스보셋(이스라엘의 왕)의 신복들은 서로를 향해 돌격하기 전에 양측에서 소년 열두 명씩을 먼저 내보내 싸우게 했다. 〈아이 하나마다 상대 아이의 머리통을 잡고 옆구리에 칼을 꽂아 넣더니 함께 쓰러지나니〉(사무엘하 2장 16절).

예루살렘 포위 공격(1099)과 아크레 포위 공격(1189) 때 아랍과 기독교 측 아이들은 부모들의 적극적인 동의하에 먼저 전장으로 나가 피비린내 나는 전투를 벌였다. 〈이 전초전이 어른 전사들의 용기를 북돋우고 새로운 싸움을 도발할 때가 많았다.〉[683] 아랍의 한 역사가는 위대한 술탄 살라딘의 어린 자식들에 대해 이렇게 기록했다. 포로로 잡혀 온 한 기독교도를 보는 순간 왕자들은 〈그자의 머리를 날리고 싶어 미치겠는지 얼른 폐하께 달려가 목을 벨 수 있게 허락을 받아 오라고 명했다.〉[684]

어린아이와 군인의 혈연성은 이미 많은 사람들이 강조했다. 예컨대 발자크는 이렇게 말했다. 〈진정한 군인 속에는 결코 어린아이가 사라지지 않는다.〉[685] T. E. 로런스도 말한다. 〈훌륭한 군인은 어린아이처럼 일관성이 없다.〉[686] 또한 아이처럼 순간을 위해 살고, 아이처럼 잔인하고, 아이처럼 부수고 파괴하는 걸 좋아한다.

아이들을 체계적인 계획에 따라 군인으로 양성하는 곳이 사관 학교다. 최초의 사관 학교는 스웨덴 왕 구스타브 아돌프가 귀족 자제들을 위해 세운 〈김나지움 일루스트레〉였다. 이 기관은 구스타브의 다른 군사 개혁 조처들처럼 프랑스와 프로이센에서 먼저 받아들여졌는데, 선제후 프리드리히 빌헬름 폰 브란덴부르크는 1645년 베를린에 사관 학교를 건립했다. 미국 군사 학교 웨스트포인트는 1802년부터 지금까지 이어져 오고 있고, 독일에서는 1차 대전 이후 사관 학교가 금지되었지만, 동독에서는 2차 대전 뒤 나움부르크에서 다시 문을 열었다.

군사 학교는 역사상 무척 유명한 두 사관생도에게 상반된 영향을 끼쳤다. 한 사람은 열 살 때 브리엔 왕립군사학교에 들어간 나폴레옹 보나파르트이고, 한 사람은 원래 성직자가 되려고 했지만 카를 오이겐 폰 뷔르템베르크 공작의 강요로 막 문을 연 카를스슐레 군사학교에 입학할 수밖에 없었던 열세 살의 프리드리히 실러였다. 실러가 이 학교에서 겪은 억압과 통제는 훗날 자유와 인간 존엄을 찬양한 시들에 상당한 영향을 끼쳤다.

희한하게도 독일 시인들 중에는 천성에 맞지 않은 사관 학교를 운명처럼 받아들여야 했던 사람들이 또 있었다. 아우구스트 폰 플라텐August von Platen은 뮌헨 사관학교를 다녔고, 나중에 무기한 휴가를 얻어 군을 떠날 때까지 바이에른에서 소위로 근무했다. 릴케는 성격이 유별난 어머니에 의해 5년 동안 여자 옷을 입고 키워졌는데, 그런 사람이 열한 살에 오스트리아 군사학교에 등 떠밀려 들어가 6년을 지냈다. 그는 자신의 초등학교 선생에게 보낸 편지에서 이 시간을 〈이유 없이 겪는 불행의 심연〉, 〈앞이 보이지 않을 정도로 막막하고, 관용이란 찾아볼 수 없을 만큼 잔인한 고통의 세월〉, 혹은 〈영겁의 저주〉라고 불렀다.[687] 이와는 대조적으로 로베르트 무질은 완벽한 사관생도였을 뿐 아니라 자발적으로 장교가 되었다. 그러나 훗날 소설 『생도 퇴를레스의 혼란』(1906)에서 사관 학교 생활의 파괴적인 시간을 생생히 증언했다.

군사 학교 바깥에도 소년 병사들이 있었다. 나중에 프랑스 육군원수에 오른 모리스 드 삭스 백작은 열세 살 때 말플라케 전투(1709)에 나가 싸웠고, 넬슨은 열두 살에 해군에 입대해 전함에서 복무했으며, 클라이스트는 열네 살에 포츠담 근위대 장교 후보생으로 들어갔다. 이들과 사관생도의 공통점은 군사 지식이 판단력보다 더 일찍 형성되었고, 그래서 군인이라는 직업을 처음부터 선택한 것도 아닌데 그게 저절로 몸에 배어 군인의 길을 걸어갔다는 사실이다.

1979년 레자 샤 팔레비가 왕좌에서 물러나자 호메이니는 이란 이슬람 공화국을 세우고 스스로 최고 지도자 자리에 올랐다. 그 후 1980년 이라크가 공격해 오자 12~16세 사이의 소년 수만 명에게 무기를 들게 했다. 처음에는 부모의 동의를 받았고, 그 대가로 입대자에게 노동자 한 달 치 봉급을 일시불로 지불했으며, 전사할 경우는 명성을 보장하고 할인 가격에 물건을 구입할 수 있는 〈순교자 증명서〉를 발급해 주었다. 소년들은 2주 동안 수류탄과 기관총 사용법 같은 기초 군사 훈련을 받은 뒤 목에 호메이니 배지와 천국 열쇠(순교자가 되면 천국에 들어간다고 믿는다)를 걸고 줄지어 전쟁터로 나갔다. 심지어 뒤따라오는 어른 군인들의 목숨을 구하기 위해 먼저 지뢰밭으로 보내지기도 했다. 한 레바논 기자에 따르면 케르발라 전투 뒤 무려 2만 1천 명의 소년이 현장에 시체로 누워 있었다고 한다.[688]

유엔 보고에 따르면 아프가니스탄 자살 테러(2011년에만 431건)에 아이들이 점점 더 많이 투입되고 있는 것으로 알려졌다. 총기 사용이 이런 경향을 더욱 쉽게 했다. 예를 들어 칼을 휘두르거나 창을 던지는 건 아이의 힘으로는 가당치 않다. 게다가 팔랑크스 대형으로 싸우던 시대였다면 아이들은 제대로 싸워 보지도 못하고 짓밟혀 죽었을 것이다. 그러나 오늘날에는 모기 한 마리 때려 죽일 만큼의 힘과 살해 욕구만 있으면 얼마든지 사람을 죽일 수 있다.

몇 년째 유혈 광란의 세계적 중심지가 된 콩고 민주 공화국에서는 진영을 가리지 않고 소년 병사 수만 명씩을 내세워 전투를 벌인다. 아이들은 약탈과 살인 교육을 받고, 마약을 하거나 낮에도 술에 취해 있는 경우가 많다.

〈어른들의 말을 맹목적으로 따를 뿐 아니라 위험 의식까지 희박하다는 점이 아이들을 끌어다 쓰기 좋게 한다.〉 안드레아스 헤어베르크로테Andreas Herberg-Rothe가 전쟁에 관한 책에서 쓴 글이다. 〈아이들의 싸움은 특히 참혹하고 무자비하다. 아이들은…… 자신이 처한 죽음의 위험을 제대로 인식하지 못하기 때문이다. ……아이들은 가해자이면서 동시에 희생자이다. 어른이 돼서도 트라우마의 감옥에서 빠져나올 수 없다는 뜻에서 희생자라는 말이다. 이런 가해자-피해자 구도는 소녀 병사일 경우 특히 뚜렷이 나타난다. 소녀들은 싸우고 죽이기만 하는 것이 아니라 양측 전사들의 성적 노리개로 전락할 때가 많기 때문이다.〉[689]

인류가 이만큼 깊이 추락한 적은 없었다. 평화주의가 뭔가를 이루어 내려면 이 소년 병사의 문제에서 출발해야 할 것이다.

그사이 독일 평화주의자들이 세계 평화에 가장 크게 기여한 것이라고는 주정부 두 곳을 설득해, 독일 연방군이 학교에서 모병 설명회, 즉 〈죽음을 위한 광고〉를 못 하게 한 것이 전부다. 그에 대해 언론인 헨리크 브로더Henryk M. Broder는 이렇게 썼다. 〈아무리 역사책을 열심히 뒤져도 평화 운동에 의해 종식되거나 저지된 전쟁은 찾아볼 수 없을 것이다.〉[690]

평화 운동은 그럴 수 없다. 누가 그것을 할 수 있겠는가?

43. 혜안을 통해?

전쟁은 음흉한 구석이 있다. 처음엔 그냥저냥 견딜 만하게 하다가,
연루된 측들이 이대로 가다간 파멸에 이르게 된다는 사실을 깨달았을 때쯤에는
이미 거기서 벗어날 수 없을 만큼 폭력에 단단히 빠지게 만든다는 점이다.

아널드 토인비, 『전쟁과 문화』

상기하자면 평화는 인간의 자연 상태가 아니고(7장), 인간도 원래 평화를 사랑하는 족속이 아니다(27장). 또한 코란뿐 아니라 성경, 유엔도 평화를 결코 최상위 가치로 여기지 않는다(4장과 42장). 지구 상 곳곳에서 힘으로 평화를 구현해 낼 세계 정부는 바랄 수도 없고, 바람직하지도 않아 보인다. 인류는 과거보다 더 많은 돈을 군비로 지출한다. 스톡홀름의 국제평화문제연구소에 따르면 1년에 1조 4천억 달러, 개인으로 따지면 1인당 200달러에 이른다. 수천 년 전부터 이어져 온 전쟁 원인은 지금도 유효하다. 영토, 명성, 복수, 종교, 노획물, 모험(17~27장) 들이다. 여기다 더 나쁜 동기와 궁핍, 유혹이 새로 추가되고 있다.

구체적으로 어떤 것들이 있을까? 또 앞으로 가장 개연성이 높은 분쟁 재료는 무엇일까? 침략자는 어떤 무기와 어떤 수단을 사용하고, 어떤 유혹에 굴복할까? 우리에겐 그에 맞서 어떤 대응책이 있을까?

여섯 가지 핵심 갈등 요소

1. 부족한 〈공간〉. 지구는 한정된 행성이다. 빈약한 땅에 인간들은 점점 더 급격히 불어나고 있고, 요구하는 것도 엄청나게 많다. 오늘날의 지구는 백 년 전보다 네 배나 많은 인간들을 먹여 살려야 한다. 그리고 앞으로 그 수는 대여섯 배로 늘 것이다.

   확실한 것은 과거에 알렉산드로스나 카이사르, 나폴레옹, 히틀러, 식민 제국들이 했던 것처럼 남의 나라를 통째로 꿀꺽 삼키는 일은 더는 일어나지 않으리라는 사실이다. 또한 프리드리히 대왕이 슐레지엔 지방을 손에 넣었던 것처럼 냉정한 계산하에 영토 일부를 강탈하는 일도 발생하지 않을 것이다. 그러기엔 오늘날 국경이 너무 명확하게 그어져 있을 뿐 아니라 반발도 심할 것이기 때문이다. 어쨌든 집을 짓고 살거나 농사를 짓거나 물에 대한 접근성이 좋은 땅은 과거 어느 때보다 귀하다. 수단에서는 수십 년 전부터 그런 땅을 쟁취하기 위해 치열한 싸움이 벌어지고 있다. 국지전은 제3세계에서 점점 늘고 있고, 굶주린 사람들은 위험한 파도를 헤쳐 가며 서방 세계로 떼 지어 몰려갈 것이다.

2. 〈농경지〉가 과도하게 줄고 있다. 아프리카의 상당 지역이 기후 변화로 위협받고 있다. 특히 사하라 남쪽과 북쪽 지대가 심각하게 말라 가고 있다. 게르만 민족의 대이동 초기 때만큼 비옥한 토지가 부족한 상황이다. 이미 유럽 정보기관과 참모부들은 북아프리카에서 난민이 대거 밀려올 경우 어떻게 대처해야 할지 고심하고 있다.

3. 이런 지역의 대부분은 〈아랍 세계〉이다. 이 지역의 인구는 특히 빠른 속도로 증가하고 있다. 일례로 이집트는 1885년에 700만이었으나 1960년엔 2500만, 2013년엔 8300만으로 급증했다. 게다가 이 나라는 시아파와 수니파, 이슬람주의와 세속주의로 찢겨 있고, 폭동과 내전으로 잠잠한 날이 드

물다. 알카에다의 부화 장소이기도 하다.

알카에다는 아랍-이슬람 세계가 천 년 동안 서구로부터 받아 온 수모를 복수할 때라고 설파하며 행동에 나서고 있다. 9세기 이슬람 칼리프 제국은 중동 전체와 북아프리카, 발칸 반도, 스페인까지 지배했고, 과학 영역에서도 선도적 위치에 있었다. 그런데 1096년부터 1291년까지 일곱 차례의 십자군 원정에서 소규모 기사군이 이슬람 세계의 심장부를 장악하는 데 성공했다. 그 뒤 500년 동안 지상의 영토 대부분이 유럽 손아귀에 들어갔고, 경제와 과학 기술, 학문, 군사력 분야에서도 서구의 절대적 우위가 이어졌다. 이제 그런 서방 세계에 대한 아랍인들의 복수가 시작되었다.

4. 무분별한 공업화로 〈공기와 물〉은 점점 유독 물질에 오염되고 더러워지고 있다. 깨끗한 식수는 이미 오래전부터 세계적 문제로 떠올랐다. 오늘날에도 마실 물이 충분치 않은 사람이 지구 상에 10억이 넘는다. 깨끗한 물을 마신다고 했을 때 말이다. 마시고 요리하고 세탁하는 데 하루에 10리터의 물밖에 쓰지 못하는 나라가 많다. 반면에 독일인들은 평균 130리터, 미국인들은 300리터를 쓴다. 30억 명은 수세식 변소라는 것을 모르고 산다. 그저 재래식 변소나 들판, 골목, 개천에서 대소변을 해결한다. 유엔 환경 보고서에 따르면 해마다 오염된 물로 300만 명이 죽는데, 그 가운데 대부분이 5세 이하의 어린아이다. 아프리카보다 훨씬 빨리 건조화가 확산되는 지역은 오스트레일리아다. 농장들은 농사를 포기하고, 농경 지역에서는 인구가 급격히 줄고 있으며, 도시들에선 갈색 정원이 만연해 있다. 2025년에는 물이 부족한 지역에 사는 18억 명의 인구가 물을 찾아 필사적인 탈출을 하게 될 거라고 한다. 2007년 유엔의 예상이다.

5. 다시 자라지 않는 〈원료〉들이 점점 바닥을 보이고 있다. 이런 자원들의 소비는 20세기에 열 배로 늘었고, 그 속도는 점점 빨라지고 있다. 장차 큰 분

쟁거리가 될 수 있는 자원 가운데 하나가 희토류 원소이다. 컴퓨터, 휴대폰, 평판 디스플레이, 광케이블, 전기 모터에 빠져서는 안 되는 필수 광물인데, 〈현대의 연료〉라고도 불리는 이 자원은 95퍼센트가 중국에 매장되어 있다. 그래서 중국 당국이 가격을 결정하고 수출을 제한한다.

6. 석유, 천연가스, 석탄으로 생산된 것이든, 아니면 태양, 바람, 물 같은 자연 에너지원으로 만들어진 것이든 〈에너지〉가 부족해지고 있다. 인류의 에너지 소비는 지난 80년 동안 16배로 늘었고, 앞으로도 과도한 비율로 증가할 전망이다.

총평: 인류는 아직 사람이 살지 않아 개척할 땅이 널린 행성에 살고 있거나 (100년 전부터의 지구에는 해당되는 말이 아니다), 지구 같은 행성을 또 하나 예비로 챙겨 두고 있는 것처럼 행동하고 있다. 제2의 지구는 없다. 마지막 서식 공간과 자원을 둘러싼 살인적인 투쟁이 우리 모두의 생존을 위협한다.

네 가지 유혹

1. 〈무인 전투기〉(2장)로 군인 없는 전쟁이 가능해졌다. 또한 민주 국가에서는 반드시 제시해야 할 전쟁 발발에 대한 정당한 이유를 댈 필요도 없다.

2. 블랙워터 같은 〈민간 군사 기업〉(41장)도 무인 전투기와 비슷한 장점을 갖고 있지만, 거기다 한 가지를 더하자면 국민을 불안하게 하고 적을 도발할 전시 동원령 같은 단계를 거치지 않고 곧장 공격에 나설 수 있다는 것이다.

3. 〈사이버전〉(6장)은 한 방울의 피도 요구하지 않고, 비용도 상대적으로 저렴하며, 공격자의 신분까지 완전히 익명으로 남겨 두는 장점이 있다. 게다가 무기 수준이나 병력 규모와도 상관이 없다.

4. 조지 부시 대통령 재임기의 미국처럼 스스로를 전능하다고 여기는 〈세계 권

력〉의 수뇌부는 정말 터무니없는 군사 결정을 내릴 위험에 늘 노출되어 있다. 이라크 침공 때처럼 말이다.

다섯 가지 수단

1. 수천 년 전부터 사용되어 왔지만 지금은 세계사의 무대에서 차츰 사라져 가는 〈군사적 기습 공격〉. 이라크 침공 때도 이 수단이 사용되었다.

2. 〈조용한 침공〉. 만일 람페두사나 마요르카, 시칠리아 섬에 생존을 위해 싸움까지 마다하지 않는 굶주린 젊은이가 하루 5백 명 정도가 아닌 만 명씩 상륙한다면 어떻게 해야 할까? 늙어 가는 대륙 유럽은 장차 이 문제에 심각하게 직면하게 될 것이다. 과연 어느 정도까지 무력을 써서 그들을 저지해야 하고, 저지할 수 있을까? 콘스탄티노플은 800년 동안 우세한 무기를 이용해 자국으로 밀려오는 페르시아인과 아라비아인, 불가리아인, 노르만 족을 막아 냈다. 물론 결국엔 1453년 투르크 족에 함락되었지만 말이다. 어쨌든 그게 본보기가 될 수 있을까? 혹은 그게 본보기가 되어야 할까?

3. 〈테러〉. 세계무역센터 건물의 붕괴 이후 미국은 송두리째 바뀌었다. 얼마나 많은 마천루를 더 파괴해야 결정적인 문제에서 워싱턴의 양보를 받아 낼 수 있을지 자문하는 이슬람 극단주의자들은 분명 존재한다.

4. 〈핵전쟁〉. 미국과 소련에만 핵무기가 있던 시절에는 공포를 통한 합리적 균형이 어느 정도 존재했다. 영국과 프랑스가 추가로 그 대열에 끼었을 때도 균형은 깨지지 않았다. 1962년의 쿠바 위기 때는 케네디와 흐루쇼프 사이에 전쟁 회피를 위한 고도의 두뇌 게임까지 벌어졌다. 그런데 그사이 중국과 인도, 파키스탄, 이스라엘, 북한(추정이다)까지 핵무기를 보유하기에 이르렀다. 철천지원수인 인도와 파키스탄은 〈어떤 형태의 군축 요구도 비애국적인 행위로 간주할 정도로 핵무기 보유를 자랑스러워한다〉(「차이트」,

2012년 6월 14일).**691**

　중국도 과거에 마오쩌둥이 인도 국가 원수 네루에게 이런 말을 했다. 「인류의 반이 사라진다고 해도 반은 남아 있지 않겠습니까? 그로써 제국주의는 저 밑바닥까지 제거될 것이고, 지상엔 오직 사회주의만 남을 겁니다. 사람 수는 반세기나 한 세기만 지나면 다시 예전처럼 채워질 겁니다.」 1957년 11월 18일 『베이징주보(北京周報)』에 실린 인용 내용이다. 1974년 독일 「벨트」지 본사를 방문한 한 중국 대표단은 만면에 웃음을 담으며 같은 말을 반복하면서 쾌활하게 이렇게 덧붙였다. 「중국은 수억 명이 죽어도 여전히 수억 명이 남아 있을 겁니다.」

　한때 미국의 유명한 미래학자였던 허먼 칸Herman Kahn도 중국의 이런 입장과 다르지 않았다. 1959년 핵전쟁을 다룬 자신의 책에서 이렇게 주장했다. 미국은 실제로 핵전쟁을 일으킬 수 있을 뿐 아니라 최악의 경우 수백만 명의 사망자를 감수할 채비가 되어 있다는 메시지를 끊임없이 던져야 한다. 그래야만 상대에게 겁을 줘서 전쟁을 억지하는 전략이 먹힌다. 힐러리 클린턴도 2008년에 대통령 후보로 나서, 만일 이란이 이스라엘에 핵 공격을 고려한다면 우리는 〈이란을 완전히 소멸시킬〉 작정이라고 말했다(여기서 힐러리가 사용한 단어는 〈obliterate〉이다. 이것은 〈흔적도 없이 없애다〉, 〈통째로 파괴하다〉, 〈지우개로 지워 버리다〉라는 뜻을 담고 있는데 마지막 말은 히틀러가 즐겨 쓰던 표현이기도 하다).

　핵폭탄의 개발과 함께 인간 종은 수십억에 이르는 인류 전체를 말살시킬 수 있는, 그야 말로 엽기적인 업적(?)을 이루어 냈다. 미국과 러시아가 보유한 핵탄두 2만 5천 개면 인류를 멸망시키고도 남을 것으로 보인다. 게다가 다른 몇몇 나라가 드러내고 있는 핵폭탄에 대한 집착은 돌이킬 수 없는 광란의 불장난으로 번질 위험성을 높인다. 〈21세기 중반에 일어날 핵전쟁〉

시나리오가 나토 참모부 안에 벌써 만들어져 있다는 말이 나돌고 있다.

5. 〈사이버전〉. 컴퓨터들이 벌이는 최후의 결전. 어떤 형태로건 이런 전쟁은 반드시 일어날 것이다. 한 나라 전체를 카오스에 빠뜨려 무력화시키는 것이 사이버전의 여러 가능성들 가운데 하나이다.

일곱 가지 대응책

1. 가장 오래된 대책은 〈군축〉이다. 군축은 패자에게 강요하거나, 당사자들의 합의로 이끌어 낼 수 있다. 그러나 첫 번째 방법은 실효성 있게 먹힌 경우가 드물었고, 두 번째 방법은 거의 없었다.

　1차 대전 뒤 독일에 군축이 강요되었지만 히틀러가 6년 만에 당시까지 전쟁 역사상 가장 강력한 공격 시스템을 구축하는 것을 막지 못했다. 2차 대전 뒤에도 똑같이 군축이 강요되었지만 독일이 11년 만에 병역 의무제를 재도입하자 서방 승전국들은 쌍수를 들고 환영했다. 강요된 군축이 지속적으로 효과를 내려면 고대 로마 제국이 카르타고에 했던 것처럼 철저하게 원인 자체를 제거하는 수밖에 없었다. 패배한 나라의 완전한 소멸이 그것이다.

　당사자 간의 자발적인 군축 합의도 대개 오래가지 못했다. 1787년의 프랑스-영국 해상 군사력 협정은 지켜지지 않았고, 1936년의 독일-영국 함대 협정도 물거품이 되었으며, 〈국제 외교 정치의 수단으로 전쟁을 포기하겠다〉고 아홉 개국이 서명한 켈로그-브리앙 조약도 결국 무용지물로 돌아갔다. 1928년에 체결된 이 조약에는 독일도 참여했다.

　역사상 〈군사적 기적〉이라고 할 수 있을 만큼 가장 깜짝 놀랄 군축은 베를린 장벽이 무너진 지 11개월 만인 1990년 10월 3일 독일 통일과 함께 이루어졌다. 17만 병력을 갖춘 동독의 중무장한 국가인민군이 일제히 무기를 내려놓은 것이다. 그들은 목숨 바쳐 수호하겠다고 맹세한 조국이 무너지는 것을 지켜보기만 했고, 뼛속 깊이 증오하도록 교육받은 노동자 계급의 적에게 총 한 방 쏘지 않고 집단적으로 항복해 버렸다. 그것도 돈으로 환산하면 1천억 마르크에 해당하는 무기와 탄약을 고스란히 바쳐 가면서 말이다. 동독의 대외 업무를 맡아보던 관료들은 즉시 해고된 반면에 동독 인민군은 일단 형식적으로는 예전 그대로 존속되었다. 소속만 서독 국방부로 바뀐 상태였다. 그러다 10월 15일 독일 연방군에 편입되었다. 그 과정에서 서독 군부는 동독 인민군이 소유하고 있던 비행기 767대, 전차 2,760대, 지프차와 군용 트럭 13만 4,000대, 권총과 소총, 기관총 140만 정, 30만 톤 이상의 탄약이 도난당하거나 약탈당하지 않도록 만전을 기했다.

그런데 동독의 막대한 군사 장비들 가운데 독일 연방군이 최종적으로 인수한 것은 미그-29 계열의 전투기 24대뿐이었다. 외국에 팔 수 있는 것은 모두 팔아 치웠고, 나머지는 대부분 폐기 처분해 버렸다. 그러기까지 7년이 걸렸고, 비용도 총 14억 마르크가 들었다. 무장도 그렇지만 무장 해제에도 엄청난 비용이 드는 것이다. 독일 연방군은 아프가니스탄에서 철수할 때도 그것을 다시 느껴야 했다.

1991년 레이건 대통령과 고르바초프는 중거리 미사일 2,700기를 폐기하는 협정에 서명했고, 이 협정은 심지어 효과까지 나타냈다. 그러나 이후 워싱턴과 모스크바의 모든 합의를 비롯해 2002년 90개국이 체결한 〈헤이그 탄도 미사일 확산 방지 행동 규범〉은 개별 국가에서 비준을 받지 못했거나 제대로 통제되지 못했거나, 아니면 둘 다 하지 못했다.

내친 김에 결론으로 달려가자. 지구 상에 존재하는 핵탄두만으로도 인류는 소멸되고 남는다. 거기다 어느 음침한 지하실에서는 생화학 무기까지 생산되고 있고, 재래식 무기도 점점 늘어나고 있다. 중국과 인도는 이제 항공모함까지 만들고, 일본은 2013년에 중국의 위협을 명분으로 결국 재무장을 결의했으며, 세계 1위 군비 지출국인 미국은 다음 순위 17개국을 모두 합친 것보다 더 많은 돈을 군 무장에 쓰고 있다.

2. 〈팍스 아메리카나〉. 1991년 소련 붕괴 이후 이제는 미국에 의해 강요되고 보호되는 세계 평화가 도래하리라고 많은 사람들이 믿었다. 2001~2009년 까지 미 대통령직에 있었던 조지 부시도 그 기회를 인지했다. 9.11 테러를 지켜보면서, 누구도 넘볼 수 없는 세계 권력으로서 미국의 위치를, 스스로 적합하다고 판단되는 모든 수단을 동원해서 지킬 거라고 만천하에 선포한 것이다. 미국의 그런 위치를 인정하지 않는 세력에 대한 예방 전쟁까지 포함해서 말이다.

그러나 이후 미국은 자신이 지금껏 쌓아 온 군사력과 명성을 아프가니 스탄과 이라크에서 스스로 짓뭉개 버렸다. 게다가 예방 전쟁이라는 말을 입에 올릴 수 없을 정도로 중국이라는 거대한 라이벌이 이미 오래전에 부상 해 있었다.

설령 미국에 의한 평화가 가능하다는 것을 전제하더라도 인류가 그런 팍스 아메리카나를 진짜 원하는지는 별개의 문제이다. 아무튼 역사적 두 선 례는 그리 고무적이지 않다. 우선 아우구스투스 황제를 기리기 위해 선포된 〈팍스 로마나〉는 야만적 침략 덕분에 가능했고, 어느 정도 평화 시대가 도 래한 것은 사실이지만 그것은 제국 안에서의 일일 뿐 제국 변경에서는 끊임 없이 작은 전쟁이 도사리고 있었다. 그러다 기원후 9년 토이토부르크 숲 전 투에서 세계 권력이라 자부하던 로마군은 게르만 족에 섬멸당했다. 19세기 말엽 세계 제패의 정점에 이른 영국을 가리켜 부르곤 하던 〈팍스 브리타니 카〉 역시 고무적이지 않다. 식민지들은 영국에 의한 평화를 억압의 대가로 받아들였고, 그런 평화조차 보어인들과의 잔인한 전쟁(1899~1902)으로 끝 나 버렸다.

3. 〈유엔 평화군〉. 일단 블루헬멧의 오명을 벗는 것이 중요하다. 콩고 민주 공화국에서의 슬픈 역할과 스레브레니차의 수치스러운 모습에서 벗어나야한다. 대신 훈련을 받아야 하고, 전권을 행사할 수 있어야 하고, 또 무력 행사의 명확한 주문을 바탕으로 〈전쟁과 폭력의 끈질긴 힘들〉에 맞설 강력한의지를 키워야 한다. 유엔의 주문으로 알제리 전 외무장관 라흐다르 브라히미Lakhdar Brahimi가 작성한 〈2000년도 브라히미 보고서〉에 적힌 내용이다. 그러니까 그가 요구한 것은 세계 경찰이다. 그러나 이 경찰을 어디에 어떤 식으로 투입할지 결정할 기관은 명시하지 않았다. 다만 〈회원국들〉 사이에 평화군의 완벽한 지원을 위한 정치적 의지를 모아야 한다고만 했다.

그렇다면 유엔 회원국들은 언젠가 그런 주문에 한목소리를 낼 수 있을까? 70년 가까운 유엔의 역사를 돌아보면 불가능해 보인다. 그럼 다수결로정하는 건 어떨까? 그것도 회의적이긴 마찬가지다. 예를 들어 미국이 과연아시아-아프리카가 주도하는 다수결에 따를까? 그렇다고 조지 부시 대통령 시절처럼 다시 세계 경찰을 자처하고 나설까?

4. 〈증오의 벽을 허물어라〉. 그게 가능하다면 말이다! 증오는 인간 사냥의 동인이자 배경 음악이었다(7장). 또한 세계 대전을 동반하면서 전쟁을 한층역겹게 만든 요소이기도 했다. 사회학자 맥스 러너는 윌슨 대통령 치하에서 〈1차 대전이 현대의 첫 이데올로기 전쟁으로 바뀌었다〉고 썼다.[692] 윌슨은 독일에 대한 선전 포고를 의회에 요청하기 하루 전날 한 미국 기자에게말했다. 「이 백성을 전쟁에 빠뜨려 보세요. 무슨 일이 생기는지. 아마 인간사회에 관용 같은 게 있었는지 까맣게 잊어버릴 겁니다. ……무자비한 잔인성의 정신이 국가 공동체의 실핏줄 하나하나 속으로 침투할 거요.」[693] 이번에는 미국 의회의 기도를 들어 보자. 〈주여, 일찍이 독일만큼 역사를 더럽힌극악무도하고 탐욕적이고 패륜적이고 피에 굶주린 나라는 없었습니다.〉[694]

존 더스 패서스의 소설에서는 한 병사가 1917년 프랑스로 출항하기 전 사악한 훈 족 같은 독일 병사들이 벨기에 시골 아낙을 칼로 찔러 죽이는 선전 영화를 본 뒤 이렇게 소리친다. 「아, 나는 저 인간들이 싫어! 남자도, 여자도, 아이도, 그리고 아직 태어나지 않는 것들까지!」[695]

2차 대전이 이 모든 걸 얼마나 더 나쁘게 만들었는지는 인간 사냥에 관한 장에서 다시 확인할 수 있을 것이다. 어쨌든 그 이후 서양에서는 증오의 벽이 급격히 허물어졌다. 그것도 이제 서구 나라들끼리의 전쟁은 거의 상상할 수 없을 정도로까지. 세계사에선 일찍이 기록된 적이 없는 선으로의 전환이었다.

물론 증오는 지구 상에 여전히 만연해 있다. 아프리카와 중동 지역을 비롯해 인도와 파키스탄, 북한과 남한, 일본과 중국 사이에 말이다. 서양에 대한 과격 이슬람교도들의 증오는 역사상 그 유례를 찾아보기 힘들 정도로 엄청나다. 그런데 〈일부 증오는 존경과 그 뿌리가 다르지 않다〉. 쇼펜하우어는 존경이 타자의 장점을 꿰뚫어 봄으로써 생겨난다고 말한다. 〈만일 한심하고 불쌍한 인간을 미워하려고 하면 잘 되지 않을 것이다.〉[696] 유감스럽게도 1~4번까지의 대응책은 전도가 유망해 보이지 않는다. 물론 지금부터 이야기할 나머지 대응책 세 개도 그리 낙관적으로 비치지는 않지만.

5. 〈초강대국에 제동을 걸어라〉. 미국은 절대적 우위에 대한 잘못된 믿음에 취해 아프가니스탄에서 재앙에 가까운 오류를 두 가지 저질렀다. 즉, 테러에는 본거지가 있고 그곳을 치면 테러를 발본색원할 수 있다는 믿음이 하나의 오류였고, 정규군이 유격대보다 군사적으로 우월하다는 믿음이 두 번째 오류였다(5장). 2003년에도 미국은 자신의 절대적 우위를 믿고 정말 신나게 이라크로 돌진했다. 이것이 팍스 아메리카나를 원치 않는 또 하나의 논거이다. 그런데 과연 어떤 국가가 초강대국을 제어할 수 있을까?

6. 어차피 지상에서 불을 모두 끌 수 없다면 〈멀리서 전쟁이 일어나게 하라〉. 이는 각국 정부가 과도한 힘을 들이지 않고, 국민에게도 과도한 요구를 하지 않으면서 실행할 수 있는 유일한 대응책이다. 〈뒤에서, 멀리서, 터키 안에서 민족들끼리 치고받고 싸운다면〉[697] 『파우스트』의 〈시민〉처럼 우리도 결코 유쾌하지는 않을 것이다. 다만 우리는 그걸 보면서 변하지 않는 세상 이치를 깨닫는다. 루가의 복음서 2장 14절에서 천사가 우리에게 기원한 〈땅에서는 사람들에게 평화〉는 결국 이루어지지 않는 소원일 뿐이다.

서방 세계는 유혈 낭자한 혼란이 끝없이 지속되는 캅카스 지역에 무력 개입을 하지 않았다(모스크바가 그것을 용인하지도 않았을 것이다). 또한 1948년 이후 마약 조직과 죽음의 부대* 사이의 절망적인 내전으로 50만 명이 죽고 2만 5천 명이 행방불명된 콜롬비아 사태에도 개입하지 않았다. 그런 서방이 1999년에는 세르비아에, 2011년에는 리비아에 군사 개입을 했다. 여기엔 최소한 세 가지 결점이 있다.

1) 서방의 군사 개입은 모든 국가의 영토 보전을 최우선으로 보장한 유엔 헌장을 위배한 행위다. 한 나라의 내부 사정이 어떻든 그것을 빌미로 개입해서는 안 된다는 것이 유엔의 확고부동한 원칙이다.

2) 이것은 세 가지 대담한 가정을 전제한다. 첫째, 독재에 반기를 든 사람은 민주주의 신봉자로서 최소한 자신이 독재를 하지는 않을 것이다. 둘째, 그 나라에도 서양식 민주주의가 바람직하고 잘 맞을 것이다. 셋째, 장차 그 나라에서 다수결로 내려질 내용은 서방의 마음에 들 것이다. 그러나 이 세 가정은 서방의 일방적인 소망에 불과하며, 어긋날 가능성이 훨씬 더 높다.

---

* death squad. 정부의 주문이나 승인, 혹은 용인하에 정치적, 종교적 적에게 백색 테러를 가하는 준군사 조직을 총칭하는 말. 주로 라틴 아메리카를 비롯해 제3세계에서 활동하는 단체들을 가리킨다.

3) 이것은 세상의 모든 악 중에서 가장 나쁜 악인 전쟁을 만들어 내고 연장시키고 악화시킨다.

법철학자 라인하르트 메르켈Reinhard Merkel은 2013년 「프랑크푸르터 알게마이네 차이퉁」지에 이렇게 썼다. 시리아에서 〈서방은 독재에 대한 저항이 잔혹한 내전으로 바뀌는 것을 가능하게 하고 조장함으로써〉 무거운 책임을 질 수밖에 없게 되었다. 〈아사드 같은 정권은 인류의 화(禍)이다. 그러나 내전은 그보다 더 나쁜 화이다. ……10만 명의 사망자는 민주 혁명이 성공한다고 해도 대가가 너무 크고, 혹시 성공하지 못한다면 재앙이다.〉[698] 오바마 대통령은 시리아를 제2의 이라크로 만들려고 했지만 러시아의 강한 압박 때문에 그 터무니없는 계획을 접어야 했다.

독일 기독교민주당의 중진 의원이자 중동 전문가인 위르겐 토덴회퍼 Jürgen Todenhöfer도 비슷한 말을 했다. 〈시리아에서는 반군도 살인을 저지르고 사지를 자른다. ……무정부 상태는 독재보다 더 나쁘다. ……서방의 개입은 사태를 더욱 악화시킬 뿐이다.〉[699]

독일 국방장관 드 메지에르의 말도 비슷한 맥락이다. 〈우리에겐 현실적인 목표가 필요하다. 우리 군인을 다른 나라로 보내는 결정을 내릴 때는 인권 같은 문제에 너무 취해 있어서는 안 된다. ……세계 어딘가에서 참혹한 내전이 벌어지고 있다고 해서 우리가 억지로 책임을 떠맡아선 안 된다.〉[700] 니체는 이것을 좀 더 일반적으로 표현했다. 행복한 자들이 지상의 모든 불행에 〈양심의 가책을 느끼고 가슴 아파하는 것〉은 감당 못할 연민일 수 있다.[701] 독일 정치학자 슈테판 비얼링Stephan Bierling은 2013년 미국 대통령에게 이런 충고를 했다. 〈스스로에게 물어보십시오. 2003년에 부시 행정부가 이라크에서 어떻게 했는지. 그 반대로 하면 됩니다.〉[702]

7. 〈균형감 있게 생각하라〉. 이게 가능하다면 최소한 위로는 될 것이다. 위로

의 말은 이렇다. 세계 정책을 뒤바꾼 세계무역센터 빌딩 붕괴로 2,800명이 죽었다. 참으로 가슴 아픈 천인공노할 일이지만, 엄밀히 말해 다음 사건들과 비교하면 적은 수치다.

- 2차 대전 때 드레스덴 폭격이나 히로시마 원폭으로 죽은 사람들,
- 미국에서 매년 교통사고로 죽는 4만 명,
- 9.11테러 이후 첫 6년 동안에 살해된 10만 명에 비하면 말이다. 2007년 8월 20일 「뉴욕 타임스」는 이렇게 일갈했다. 〈언론과 대부분의 정치인들은 이 도살을 거의 인지하지 못했다. 그 시간에 우리는 비행기 승객들에게서 부지런히 치약이나 압수하면서 불법 무장 단체들에는 엄청난 양의 무기와 탄약을 넘겨주었다.〉

고도의 문명국가에서도, 아니 바로 그런 문명국가이기에 테러로 희생되는 사람보다 차에 치여 죽거나 살해되는 사람이 몇 배는 많을 것이다. 테러의 음험한 면도 이미 일상의 살인 사건 속에 포함되어 있다. 그런데도 우리는 확률이 가장 낮은 테러의 위험에서 생명의 위협을 가장 크게 느낀다. 원래 그렇다. 공포는 비합리적이니까.

사람들이 진짜 충격을 받은 것은 9.11 테러의 사망자들이 아니라 화염에 휩싸인 채 파르르 떠는 거대한 빌딩 영상이었고, 후안무치한 초강대국이 TV에 반복 등장해서 늘어놓는 선언이었으며, 몇 안 되는 살인적인 난쟁이들에 의한 거인의 굴욕이었다. 2007년 뉴욕 시장 마이클 블룸버그Michael Bloomberg가 테러에 희생되는 것보다 벼락 맞아 죽을 확률이 훨씬 높다고 공식적으로 설명했음에도 사람들의 불안 심리를 잠재우는 데는 별 도움이 되지 않았다.[703]

치명적인 위험은 어떻게 다루는 것이 이성적일까? 첫째, 삶에 너무 큰 기대를 하지 않는 혜안이 필요하다. 지구 상의 모든 생물은 오랜 진화를 통해

서로 먹고 먹히도록, 같은 종 안에서도 생존 투쟁을 하도록 길러졌다. 칸트는 이렇게 썼다. 〈인간은 화합을 원하지만 자연은 인간 종에 무엇이 좋은지 더 잘 안다. 인간에겐 불화가 더 적합하다는 것이다. 인간은 즐겁고 편하게 살길 원하지만, 자연은 인간이 태만함과 무위도식에서 걸어 나와 노동과 간난 속으로 떨어지길 원한다.〉[704]

둘째, 3차 대전만 벌어지지 않는다면 석기 시대 선조들보다 극히 적은 위험을 안고 살아가는 것에 기뻐하고 감사하는 것이 이성적인 행동이다. 쉰 살이 되었는데도 아직 굶어 죽거나 얼어 죽거나, 맹수에게 찢겨 죽거나, 이웃의 사나운 부족들에게 맞아 죽지 않고 살아 있는 것은 석기 시대에는 아주 드문 일이었다. 게다가 석기 시대 이후에도 이런 식의 죽음을 불안해하지 않고 살 수 있었던 것은 몇몇 우호적인 역사 시기에 일부 부자들에게나 허용된 일이었다.

그렇다면 결론은 무엇일까? 혜안으로 평화가 만들어지지는 않고, 군인 계급의 종말로 전쟁 가능성이 더 줄지도 않는다. 언제 어디서건 무력으로 통제할 경찰력이 있어야만 확고한 평화가 가능하겠지만, 그런 경찰력을 구비한 실질적인 세계 정부는 결국 인류에 더 큰 해악이 될 것이다. 이유는 이렇다. 첫째, 그런 세계 정부는 분명 세계 권력들 간의 결전, 즉 3차 대전을 통해서만 생길 것이기 때문이다. 둘째, 그런 정부는 종국엔 전 지구를 거미줄처럼 촘촘하게 감시하는 탄압 기관, 즉 거대한 군사 경찰 기구가 될 것이기 때문이다. 지구 상에서 그 감시망에서 벗어날 수 있는 사람은 아마 없을 것이다. 볼프강 조프스키가 『공포의 시대』에서 쓴 것처럼 어쩌면 달이 그런 인간의 마지막 도피처가 될지 모른다.[705] 그런 측면에서 강제된 세계 평화는 〈인류 역사에서 가장 어두운 시기 중의 하나〉가 될 수도 있다. 1963년 독일 출판인협회에서 수여하는 평화상을 받은 물리학자이자 철학자인 카를 프리드리히 폰 바이츠제커Carl Friedrich von Weizsäcker의 진단이다.

세계 평화가 정말 인류 역사의 가장 어두운 시기가 된다면 지난 3천 년의 오싹한 군인 역사에도 한 줄기 작은 빛이 비치는 셈이다.

후기

1945년 독일 하사관 신분으로 미국 포로수용소에서 〈군인〉이라는 존재의 혼란스러움에 대해 처음 숙고하기 시작한 이후 필자는 이 책의 주제에 천착했다. 그래서 몇 년 뒤 레마르크부터 클라우제비츠에 이르기까지 체계적인 독서에 나섰다. 1960년 에콘 출판사에서 군인의 세계사를 써 달라고 부탁했을 때 나는 두말 않고 수락했다. 당시는 독일의 재무장에 대해 격렬한 항의의 물결이 일고 있었던 데다가 필자가 쓴 도시들의 세계사인 『곳곳이 바빌론이다』가 막 베스트셀러가 되었기 때문이다. 어쨌든 그 책을 쓰겠다고 약속하면서 필자는 군인을 증오의 대상으로만 다루지 않겠다고 분명히 마음먹었다.

그리해서 1964년 에콘 출판사에서 〈군인의 책〉이라는 다소 무거운 제목의 책이 나와 비평가들로부터 좋은 평가를 받았을 뿐 아니라 엘리아스 카네티로부터도 축하를 받았다. 하지만 그때만 하더라도 군인에 대해 궁금해하는 사람이 어디에 있었겠는가!

그럼에도 필자는 이 테마를 벗어던지지 못했고, 베트남과 이라크, 아프가니스탄에서 벌어진 빗나간 전쟁들을 추적했으며, 독서의 폭을 넓혀 투키디데스부터 존 키건, 서배스천 융거에 이르는 책들로 서가를 채워 나갔다.

　이후 무인 전투기와 자살 테러범들이 나타났고, 〈사이버 전쟁〉이라는 이제껏 경험하지 못한 새로운 공포가 우리를 위협했다. 군인 없는 전쟁이었다. 다시 말해 3천 년 동안 세계사를 쓰고, 고통을 가하면서도 스스로 고통을 받은 피조물이 없는 전쟁이 시작된 것이다. 필자는 그들에게 기념비를 세워 주고 싶었다. 영웅 기념비는 아니지만 그들은 충분히 기념비를 받을 만하다. 어쨌든 예전의 책을 바탕으로 쓴 이 책이 지금껏 존재한 모든 군인들을 위한 기념비가 되었으면 하는 바람이다.

볼프 슈나이더

주

출처는 저자와 연도로 표시했으며, 해당 저서의 상세한 정보는 참고문헌에 적시되어 있다.

7백 개가 넘는 미주 가운데 여섯 개는 〈앞서 관련된 부분을 참조하라s. Vorbe-merkung〉라고 명기했다. 오래전 필자가 아직 책을 쓰려고 마음먹지 않아 굳이 출처를 밝힐 필요가 없었던 시절에 작성한 것으로서 이 두꺼운 책을 다시 뒤져 출처를 밝히는 수고를 생략하고 앞선 부분을 참조하라는 말로 갈음했다.

1부 이제 전쟁에는 군인이 필요 없다

2장 무인 전투기가 그 역할을 대신하기 때문이다
1 *New York Times* Int., 22. 3. 2013

3장 핵미사일이 대기하고 있다
2 Creveld 2007, S. 318
3 Lerner 1957, S. 838

4 nach Liddell Hart 1956, S. 860 f.

5 Creveld 2007, S. 228

6 Creveld 2007, S. 213

7 Keegan 1989, S. 635

8 Keegan 1989, S. 634

9 Liddell Hart 1956, S. 762

10 Keegan 1989, S. 841

11 Shaw, Everybody's Political What's What, deutsch: Politik für jedermann, Zürich 1945, S. 193

12 Reuter 2002, S. 61

13 Galileo's Finger, Oxford 2003, deutsch: Stuttgart 2006, S. 46

4장 자살 폭탄 테러범들은 기다리지 않는다

14 C. R. Brown in Inoguchi 1958, S. 13

15 Inoguchi 1958, S. 16

16 Inoguchi 1958, S. 241

17 Reuter 2002, S. 133

5장 유격대가 승리한다

18 Napoleon 1823, Band 6, S. 190

19 dpa Washington, 4. 7. 1962

20 Herr 1977, S. 96

21 Herr 1977, S. 96

22 *New York Times*, 6. 5. 1965

23 Wolf Schneider in *Süddeutsche Zeitung*, 22. 6. 1965

24 Creveld 2007, S. 275

25 *Frankfurter Allgemeine*, 30. 5. 2012

26 *New York Times* Int., 7. 5. 2010

27 Brian Humphrey, in Carroll 2000

28 *Washington Post*, 4. 12. 2004

29 Junger 2010, S. 47

30 Junger 2010, S. 134

31 Joachim Käppner, 2. 7. 2012

32 Baumann/Langeder 2011, S. 40, 107, 127

33 *Frankfurter Allgemeine*, 4. 12. 2012

34 *New York Times* Int., 31. 10. 2012

35 *Frankfurter Allgemeine*, 4. 10. 2012

36 *Süddeutsche Zeitung*, 9. 4. 2013

37 *Frankfurter Allgemeine*, 28. 5. 2013

38 *Süddeutsche Zeitung*, 14. 11. 2012

39 *Süddeutsche Zeitung*, 8. 12. 2012

40 *Süddeutsche Zeitung*, 8. 12. 2012

41 *Spiegel*-Gespräch, 17/2004

42 Rede zum Ludwig-Börne-Preis, 16. 6. 2013
43 *New York Times* Int., 31. 5. 2013
44 BBC, 23. 1. 2013

6장 컴퓨터가 떠맡는다

45 *New York Times* Int., 10. 5. 2013
46 *New York Times* Int., 1. 6. 2012
47 *New York Times* Int., 11. 6. 2012
48 *Süddeutsche Zeitung*, 29. 10. 2012
49 Gaycken 2012, S. 209-215
50 Gaycken 2012, S. 212 f.
51 Herr 1977, S. 39
52 Clarke 2010, S. 227
53 Clarke 2010, S. 105
54 Clarke 2010, S. 275
55 Gaycken 2012, S. 164, 212, 236
56 *Süddeutsche Zeitung*, 21. 6. 2013
57 Clarke 2010, S. 279

2부 모든 것은 어떻게 시작되었는가

7장 인간 사냥

58 «Evolution and Human Behavior»
59 Sigmund Freud, Ges.Werke, London 1941, Band 5, S. 250
60 Ruth Benedict, Patterns of Culture, deutsch: Urformen der Kultur, Reinbek 1955, S. 28
61 Frobenius 1903, S. 85
62 Ferdinandy 1958, S. 89
63 Bernardino de Sahagún, Historia universal de las cosas de Nueva España (1569). Deutsche Auswahl: Aztekentexte, Köln 1962, S. 43, 73, 77, 269
64 Essays II, 11
65 Frobenius 1903, S. 3
66 Edda, Düsseldorf 1963, Band 1, S. 51
67 Ilias, 22, 346 f.
68 Gullivers Reisen IV., S. 10
69 Swift, Ein bescheidener Vorschlag ……, wie Kinder armer Leute am besten benutzt werden können
70 Der Gallische Krieg, VII, 77
71 5. Mose 7 (6, 14, 16, 24)
72 Eine Heerpredigt wider den Türken
73 Napoleon 1823, Band 3, S. 479
74 Werke und Briefe, München 1961, Band 1, S. 715, 912
75 Zeitgemäßes über Krieg und Tod, Band 10, S. 324

76 Dreißig Kriegsartikel für das deutsche Volk (1943)
77 US State Department, 16. 3. 1955, laut *Süddeutsche Zeitung*, 18. 3. 1955
78 *Spiegel* 40/2011
79 Cpt. C. S. Baines: Selbstdarstellung in «Private Papers Lt. Col. Baines», 15. 4. 1972
80 Jünger 1920, S. 80

8장 일대일 결투

81 Vom Kriege, I, 1
82 Germania, 16
83 Ilias, 4, 471
84 Sewastopol, in: Frühe Erzählungen, München 1960, S. 167 f.
85 My Early Life, London 1949, S. 66
86 Gregorius von Tours, Zehn Bücher der fränkischen Geschichte, X, II, 30
87 Keegan 1995, S. 551
88 Jünger 1920, S. 235
89 Mein Fliegerleben, Berlin 1935, S. 40, 60
90 Der rote Kampfflieger, Berlin 1933, S. 108, 137, 186
91 Austin 1961, S. 318 f.
92 Max W. Clauss, Rommels letzter Angriff in Nordafrika, in *Süddeutsche Zeitung*, 15. 9. 1962
93 Homo ludens (1938), S. 5

9장 전쟁은 언제부터 있었을까?

94 Mutmaßlicher Anfang der Menschengeschichte (1786)
95 Krieg und Frieden, 2. Band, I, 1
96 Toynbee 1950, Vorwort
97 Keegan 1995, S. 388 f.
98 Jünger 1920, S. 64 f.
99 Vom Kriege, VI, 19
100 Vom Kriege, I, 1
101 The Art of War, III, 1 und III, 3
102 Vorwort zur Oxford-Ausgabe
103 Creveld 2007, S. 119
104 Gregorius von Tours, X, III, 21 f.
105 Der Fall Wagner, Aph.11
106 Krieg und Frieden, 2. Band, VI, 1
107 Keegan 1989, S. 861
108 in der *New York Times*, 25. 4. 1937
109 Toynbee 1950, I
110 Eugen Sorg, Unbesiegbar, Zürich 2007, S. 194
111 Politisches Wörterbuch, Ostberlin 1973

10장 군인은 언제부터 있었을까?

112 *Neue Zürcher Zeitung*, 19. 2. 1995

113 Churchill 1956, I V, 9

114 Austin 1961, S. 233

115 Seeteufel, Berlin 1926, S. 182

116 Krieg und Kultur, IV

117 Der Peloponnesische Krieg, II, 13

118 Der Peloponnesische Krieg, VII, 77

119 Arrianos, Anabasis, VII, 8

11장 카르노의 군인 공장

120 Politisches Testament von 1768, Berlin 1922, S. 148, 150

121 Mein Leben und meine Zeit (1746), Berlin 1937, S. 152, 291

122 Brief an Johann Frank, 4. 7. 1779, in: Briefe zur Weltgeschichte, Stuttgart 1961, S. 236

123 Präambel zum Memorandum Carnots vom 16. 8. 1793

124 Napoleon 1823, Band 5, S. 378 f.

125 Die Demokratie in Amerika, II, 3, 26

126 Napoleon 1823, Band 5, S. 85

127 Zum ewigen Frieden, I, 3

128 Gordon A. Craig 1960, S. 66

129 Friedrich Thimme, Staatsschriften und politische Briefe, Leipzig 1921, S. 57

130 Hitlers zweites Buch, Stuttgart 1961, S. 107 f.

131 Vom Kriege, VI, 19

132 Tagebuch eines Schriftstellers, Mai 1877, deutsch: München 1963, S. 361

133 Geschichte des Deutsch-Französischen Krieges (1891), Einleitung

134 Torsten Holm: Allgemeine Wehrpflicht, München 1953, S. 62

3부 어떤 무기로 싸웠을까?

12장 칼과 화살

135 Tao-te-King, I V, 31

136 The Art of War, I, 17

137 Livius, XII, 16

138 Ebenda.

139 Churchill 1956, I, 6

140 Ilias, 16, 738 f.

141 Ilias, 14, 25 f.

142 Ilias, 16, 860 f.

143 Ilias, 3, 330 f.

144 Spengler 1935, S. 149

145 Odyssee, 21,405 und 22,15

146 Der Bürgerkrieg, III, 44

147 Der Gallische Krieg, VII, 73, 82

13장 말

148 Spengler 1934, S. 149
149 The Art of War, II, 1
150 Ilias, 20, 493 ff.
151 Anabasis, III, 2
152 Politisches Testament von 1768, S. 161
153 Richter 7,12
154 Band 1, S. 608
155 Friedrich und die große Koalition, Werke 19, S. 86
156 «Die Doppelheerschau in Großlausa und in Kauzen»
157 Dupuy 1961, S. 154
158 Churchill 1899, S. 354 f.
159 Churchill 1956, XII, 6
160 My Early Life, London 1969, S. 170

14장 보병과 수레

161 Delbrück 1936, Band 1, S. 32 f., 36
162 Polybios, Historien, XXIX, 17
163 Ebenda.
164 Livius, 5, 27
165 Delbrück, Band 1, S. 294
166 Ammianus Marcellinus, Res Gestae, XXXI, 11 f.
167 Considérations, XVIII
168 Churchill, 1956, II, 11
169 Bernardino de Sahagún, Historia universal de las cosas de Nueva España (1569). Deutsche Auswahl: Aztekentexte, Köln 1962, S. 306
170 «A Yeoman, in a coat and hood of green»
171 Pernoud 1960, S. 230
172 Pernoud 1960, S. 60
173 Livius, XXI V, 34
174 Johann Heinrich Wyss
175 *Luzerner Neueste Nachrichten*, 3. 7. 1986
176 Die historische Größe, in: Weltgeschichtliche Betrachtungen (1873), Tübingen 1949, S. 297 f.

15장 불

177 Kampagne in Frankreich, 30. 8. 1792
178 Bernardino de Sahagún, S. 268
179 Kampagne in Frankreich, 30. 8. 1792
180 Kampagne in Frankreich, 19. 9. 1792
181 Civilisation 1914-1917, S. 34

182 Jünger 1920, S. 247

183 *Allgemeine Schweizerische Militärzeitschrift*, 1952, S. 594

184 Der rasende Roland

185 Simplicissimus III, 12

186 Simplicissimus III, 9

187 Simplicissimus I V, 14

188 Delbrück, Band 4, S. 473 f.

189 Zitiert nach Delbrück, Band 4, S. 469

190 Das Gefecht in Coulters Schlucht, in: Mein Lieblingsmord, deutsch, Frankfurt 1963, S. 59

16장 강철과 가스

191 Lawrence 1935, S. 373

192 Karst 1964, S. 147

193 Grigorij Baklanow, Die Toten schämen sich nicht, deutsch: München 1962, S. 122

194 Willi Heinrich, Das geduldige Fleisch, München 1961, S. 275

195 Jünger 1920, S. 47 f.

196 Remarque, Im Westen nichts Neues, I V, Berlin 1963, S. 54

197 Remarque, Im Westen nichts Neues, I X, S. 196

198 The Art of War, XI, 29

199 Dupuy 1961, S. 114

200 Saint-Exupéry, Pilot de guerre, 13, deutsch, Flug nach Arras, Hamburg 1956, S. 58

201 Jünger 1920, S. 281

202 Herr 1977, S. 9

203 Walter Dornberger, V2 - Der Schuss ins Weltall, Esslingen 1952

204 s. Vorbemerkung

205 Vigny 1835, II, 3

206 Grabbe, Napoleon, I, 1

207 Jünger 1920, S. 15

208 Die Toten schämen sich nicht, S. 72

209 *Frankfurter Allgemeine*, 25. 11. 2009

4부 무엇을 위해 죽었는가?

17장 이유, 핑계, 착각, 그리고 거짓말

210 Churchill 1948, S. 171

211 Krieg und Frieden, XIV, 8

212 Keegan 1998, S. 591

213 Keegan 1998, S. 614

214 Enc.Brit. 1963, S. 19/259

215 Creveld 2007, S. 48, 317

216 Creveld 2007, S. 40

217 Keegan 1998, S. 93
218 im Gespräch mit der *Frankfurter Allgemeinen*, 24. 9. 2013
219 Buchanan 2008, S. 25; *Spiegel* 3/1999
220 Churchill, My Early Life
221 Summa Historica der Propyläen-Weltgeschichte, S. 493
222 El Cid, IV, 13
223 Wallenstein, Prolog
224 Zum ewigen Frieden, I
225 Ferguson 1998, S. 133
226 Ferguson 1998, S. 138
227 im *Spiegel*-Gespräch, 28/2009
228 Mein Kampf, II, 5 und II, 13
229 Alan Bullock, Hitler, a Study in Tyranny, London 1952, S. 840
230 Churchill 1948, S. 171 f.
231 Churchill 1948, S. 172
232 Bullock, S. 847
233 Buchanan 2008, S. 325
234 in Buchanan, S. 415
235 *New York Times* Int., 11. 6. 2007
236 Churchill 1948, S. 567
237 Enc.Brit. 1963, 14/143
238 Propyläen-Weltgeschichte, Band 8, S. 518
239 Brockhaus 2006, 6, 704
240 Enc.Brit. 1963, 10/269 f.
241 Zeitgemäßes über Krieg und Tod, 1915, in: Werke 10, S. 340
242 Arthur Schopenhauer, Parerga, II, 19
243 Junger 2010, S. 25

18장 영토와 전리품을 위해

244 Zum ewigen Frieden, 1. Zusatz
245 Livius, V, 34
246 Mein Leben und meine Zeit, S. 9
247 Keegan 1993, S. 103
248 Sophistes, IX
249 Parerga, II, 19
250 Dickinson 1923, S. 50
251 Considérations, I
252 Toynbee 1950, VI
253 Spengler 1923, Band 2, S. 570
254 nach Proudhon 1927, S. 484
255 Livius, I, 9
256 Considérations, XIII
257 La guerre de Troie n'aura pas lieu, I, 6

258 Spengler 1923, Band 2, S. 194

19장 조국을 위해

259 Seeteufel, S. 210
260 *Frankfurter Zeitung* 2. 8. 1914
261 nach *Frankfurter Allgemeine*, 22. 9. 1993
262 Jaroslaw Hašek, I, 1
263 Mein Kampf, I, 5
264 Journal des années de guerre, 5. August 1914
265 s. Vorbemerkung
266 Heinrich V., V, 2
267 Ferguson 1998, S. 218
268 Deutsche Geschichte des 19. Und 20. Jahrhunderts, Frankfurt 1958, S. 590
269 wie 268, S. 590-592
270 Keegan 1993, S. 507, 591
271 Creveld 2007, S. 55
272 Krieg und Frieden, Band 2, I, 1

20장 개선장군을 위해

273 Tagesbefehl vom 1. 12. 1805
274 Napoleon 1823, Band 7, S. 428
275 Vigny 1835, III, 4
276 Die Grenadiere («Nach Frankreich zogen ……»)
277 Churchill 1948, S. 653
278 Joseph Bidez, Le vie de l'Empereur Julien, deutsch: Kaiser Julian, Hamburg 1956, S. 127
279 Voltaire, Histoire de Charles XII (1731), I
280 Friedrich der Große 1746, S. 20
281 Voltaire 1731, III
282 Napoleon 1823, Band 4, S. 15
283 Vom Kriege, I, 3
284 Die fröhliche Wissenschaft, Aph.325

21장 명성과 복수를 위해

285 Huizinga, Homo ludens, 5
286 Vom Kriege, I, 3
287 Plutarch, Themistokles, 3
288 Der Gallische Krieg, IV, 19
289 Constant 1814, I, 12
290 Toynbee 1950, I
291 Brief an Feldmarschall Schwerin, 19. 12. 1756
292 Brief an Wilhelmine, 5. 11. 1757
293 Enc.Brit. 1963, 16/203

294 Italienische Reisebilder, XXIX

295 Mein Leben und meine Zeit, S. 98

296 Vigny 1835, I, 1

297 Soldier's Pay, I, 4

298 Lawrence 1935, Einleitung

299 Der rote Kampfflieger, S. 117, 120, 141, 174

300 Inoguchi 1958, S. 44, 239, 242, 248

301 Kampagne in Frankreich, 27. 9. 1792

302 Churchill, My Early Life, S. 74

303 Napoleon 1823, Band 1, S. 240

304 Austin 1961, S. 98

305 *The Dayly News*, 26. 5. 1871

306 Essays II, 16

307 Der Gallische Krieg, I, 12

308 Keegan 1993, S. 167

309 Bulletin vom 15. 10. 1806

310 Vom Kriege, II, 2

311 Jünger 1920, S. 249

312 Canetti 1960, S. 156

313 Zum ewigen Frieden, II, 2

22장 종교를 위해

314 Krieg und Frieden, 2. Band, II, 25

315 *New York Times*, 9. 9. 1945

316 Die Albigenser, 1775 f.

317 Fulcher von Chartres, in: Pernoud 1960, S. 22

318 Considérations, XXIII

319 Pernoud 1960, S. 263 f.

320 Zamoyski 2012, S. 266

23장 약탈과 전승 기념품을 위해

321 Germania, 19

322 Ob Kriegsleute auch in seligem Stande sein können (1526)

323 Kampagne in Frankreich, 19. 9. 1792

324 Schwejk III, 3

325 Constant 1814, I, 4

326 1. Samuel 17, 51 ff.

327 Vgl. Canetti 1960, S. 76

328 Pernoud 1960, S. 107 f.

329 Bulletin vom 25. Okt. 1806

330 The Art of War, VII, 13 und II, 17

331 Der Peloponnesische Krieg, I, 5

332 Livius, V, 21 f.

333 Pernoud, 1960, S. 351 f.

334 Sahagún, S. 278

335 Simplicissimus, I, 4

336 Essener Stadtchronik, 1637

337 Der verfochtene Krieg («Mars braucht ······»)

338 Napoleon 1823, Band 3, S. 48 (11. 7. 1817)

339 Weisz 1940, S. 149

340 Pernoud 1960, S. 112

341 Voltaire, Karl XII., VII

342 Mein Leben und meine Zeit, S. 206

343 Politisches Testament 1752, S. 164

344 Politisches Testament 1768, S. 312

345 Lawrence 1935, V, 66

346 Jünger 1920, S. 245

347 Jünger 1920, S. 141

348 Norman Mailer, The Naked and the Dead, II, 7

24장 게으름과 만족을 위해

349 Mutter Courage, VI

350 Vom Kriege, III, 16

351 Hugh Thomas 1961, S. 373 f.

352 Im Westen nicht Neues, V

353 Lawrence 1955, S. 21, 31

354 Lady Chatterley, 4

355 Dupuy 1961, S. 188

356 Baumann/Langeder 2011, S. 63 ff., 162 ff.

357 Austin 1961, S. 64 f.

358 Simplicissimus I, 19

359 Die traurige Geschichte von Friedrich dem Großen, 1

360 Candide, 2

361 Austin 1961, S. 76 f.

362 Krieg und Frieden, 1. Band, VII

363 Der Mann ohne Eigenschaften, I, 80

364 Junger 2010, S. 176

365 Bonaparte, Tagesbefehl vom 11. 5. 1796

366 *New York Times* Int., 31. 5. 2013

367 Seeteufel, S. 110

368 Three Soldiers, I, 4

369 Thomas 1961, S. 235

25장 모험을 위해

370 Junger 2010, S. 34 f., 135

371 Montesquieu 1734, XIX

372 nach Altheim 1951, S. 33 f.
373 Der Gallische Krieg, VI, 21
374 Germania, 19
375 Churchill 1956, I, 6
376 Der Bürgerkrieg, I, 72
377 Cassiodorius, Variae, I, 24
378 Gregorius von Tours, X, IV, 14
379 Napoleon 1823, Band 5, S. 298 f.
380 Ilias 13, 636 ff.
381 My Early Life, S. 80
382 Jünger 1920, S. 11
383 Clair 2012, S. 361
384 Thomas 1961, S. 216
385 A. Roy Brown in Richthofen, S. 249
386 Enc.Brit. 1963, 16/203
387 Wahlverwandtschaften, I, 18
388 Wright 1942, Band 2, S. 726 f.
389 Kampagne in Frankreich, 11. Oktober 1792
390 Kampagne in Frankreich, 19. September 1792
391 Brief an Charles Hancock, 5. Februar 1824
392 zu Eckermann, 18. 5. 1824 und 24. 2. 1825
393 Die fröhliche Wissenschaft, Aph. 338
394 Robert Musil, Die Amsel, in: Sämtliche Erzählungen, Hamburg 1957, S. 319
395 Lawrence 1935, VI, 80
396 Gerd Gaiser, Die sterbende Jagd, München 1955, S. 169

26장 피의 도취

397 Ilias, 20, 383 ff., 455 ff.
398 Josua 6,1
399 Anabasis III, 4
400 Der Gallische Krieg, VII, 28
401 Altheim 1951, S. 50 f.
402 Edda, Das Lied von der Hunnenschlacht
403 Zehn Bücher fränkischer Geschichte, X, VIII, 30
404 Pernoud 1960, S. 100, 102
405 Edgar Prestage, Die portugiesischen Entdecker, S. 11
406 Ferdinandy 1958, S. 49
407 Geschichte des Dreißigjährigen Krieges, I, 2
408 Churchill 1956, VI, 1
409 Napoleon 1823, Band 5, S. 400
410 Life International, 20. April 1964
411 Jünger 1920, S. 250 f., 258
412 Im Westen nichts Neues, S. 85

413 The Naked and the Dead, II, 7
414 Das geduldige Fleisch, S. 131, 222
415 Canetti 1960, S. 259-264, 276
416 The Red Badge of Courage, XI
417 Jünger 1920, S. 29 f., 155
418 The Naked and the Dead, I, 2
419 Feuer im Grasland, Stuttgart 1959, S. 53
420 Henri Barbusse, Le feu, Lausanne 1960, S. 75
421 Jünger 1920, S. 301
422 Neitzel/Welzer 2011, S. 395, 399 f., 421

27장 폭력

423 Napoleon 1823, Band 6, S. 178
424 Thomas 1961, S. 120
425 Der Staat, V, 6
426 Creveld 2001, S. 322
427 nach *Süddeutsche Zeitung*, 26. 1. 2013
428 Baumann/Langeder 2011, S. 173
429 Creveld 2001, 5, 322
430 *Time*, 12. 2. 2013
431 Elementa philosophia: De Cive
432 Zum ewigen Frieden, II
433 Parerga II, 8
434 Zeitgemäßes über Krieg und Tod, Werke Band 10, S. 345
435 Lawrence 1935, VI, 69
436 Freud, Band 10, S. 345
437 Pernoud 1960, S. 29 f., 35
438 *Frankfurter Allgemeine Sonntagszeitung*, 19. 6. 2011
439 Aron 1962, S. 340-354
440 Austin 1961, S. 307 f.
441 Freud, Band 10, S. 329
442 Thomas 1961, S. 121 f.
443 *Die Zeit*, 11. Oktober 2012
444 Sebastian Haffner, Anmerkungen zu Hitler, München 1958, S. 164 f.

28장 그리고 대체 용기란 무엇일까?

445 *Frankfurter Allgemeine*, 15. September 2001
446 Sören Kierkegaard, Der Begriff Angst, V, II, 2
447 The Ineffective Soldier, New York 1959, Band 1, S. 60 f.
448 Hemmung, Symptom und Angst, Band 14, S. 160 ff.
449 La grande misère de la France
450 Krieg und Frieden, 1. Band, II, 18
451 The Naked and the Dead, II, 5

452 Mailer, II, 5

453 Jünger 1920

454 Austin 1961, S. 106-109

455 Marshall 1947, S. 59

456 Heinrich V., II, 1

457 Der Gallische Krieg, I, 1

458 Mailer, II, 6

459 Vom Kriege I, 1

460 Parerga, VI, 4

461 Essays, II, 11

462 *Times* (London), 17. 9. 1963

463 Dialog über die Frauen

464 Jünger 1920, S. 188

465 Vigny 1835, I, 1

466 Vom Kriege, IV, 11

5부 무엇으로 강요하고 속여 넘겼을까?

29장 가시로

467 Politische Testamente, S. 90, 155

468 Der Fürst, XVII

469 Napoleon 1823, Band 7, S. 60

470 Krieg und Frieden, Band 2, I, 5

471 Norman Mailer, II, 6

472 Lerner 1957, S. 842

473 The Art of War, VII, 18

474 Der Gallische Krieg, VII, 52

475 K. H. Krause, Mein Vaterland unter den Hohenzollerischen Regenten, Halle 1803, S. 184

476 Prinz Friedrich vom Homburg, V, 7

477 Brief an C. E. Martini, 19. März 1799

478 Canetti 1960, S. 60

479 *Frankfurter Allgemeine*, 14. Oktober 1997

480 Napoleon 1823, Band 1, S. 226

481 Vigny 1835, III, 2

482 Enc.Brit. 1963, 14/470

483 Vom Kriege, I, 7

484 Spengler 1923, Band 2, S. 550

485 Grischa II, 6

486 Krieg und Frieden, Band 2, V, 18

30장 혹독한 훈련으로

487 Erinnerungen an Sokrates, III, 5
488 Anabasis, I, 3
489 Thukydides, Der Peloponnesische Krieg, II, 39
490 Toynbee 1950, VII
491 Frontinus, Strategemata, I, 11
492 nach Karst 1964, S. 230
493 Politisches Testament von 1952, S. 84
494 Freiherr vom Stein: Bemerkungen zu Scharnhorsts Entwurf der Kriegsartikel (1808)
495 Dupuy 1961, S. 33
496 Dupuy 1961, S. 34 f.
497 Der Mann ohne Eigenschaften, I, 85
498 Schwejk I, 1 und III, 3
499 Lawrence 1935, X, 117
500 Lawrence 1935, Einleitung, I
501 Lawrence 1955, S. 121
502 Marshall 1947, S. 63 f.
503 Im Westen nichts Neues, II

31장 훈장으로

504 Arrianos, Anabasis, VII, 9
505 Verordnung für die höheren Truppenführer, 2
506 nach Spengler 1923, Band 2, S. 615
507 Considérations, XIII
508 Napoleon 1823, Band 6, S. 253
509 Hitlers zweites Buch, S. 105
510 Napoleon 1823, Band 4, S. 213 (vor dem Staatsrat, 4. Mai 1802)
511 Neitzel/Welzer 2011, S. 346–354
512 *International Herald Tribune*, 13. November 2012
513 Schach von Wuthenow, S. 46
514 Sewastopol (1855), XV
515 Winteraufzeichnungen über Sommereindrücke, VIII
516 Schwejk, II, 2
517 Das geduldige Fleisch, S. 38

32장 다채로운 천으로

518 Der Gallische Krieg, V, 14
519 Tacitus, Germania, 13
520 De bello gothico, IV, 31
521 Vigny 1835, I, 2
522 Rot und Schwarz, I, 5
523 Napoleon 1823, Band 5, S. 440
524 Napoleon 1823, Band 5, S. 435

525 Dionisio Schoo Lastra, Der Indio der Pampa, Leipzig 1939, S. 90
526 Junger 2010, S. 22
527 The Art of War, VII, 17
528 Der Gallische Krieg, IV, 25
529 Napoleon 1823, Band 7, S. 399
530 Austin 1961, S. 324

33장 전우들로

531 Neitzel/Welzer 2011, S. 300, 393, 415
532 Marshall 1958, S. 246 f.
533 Junger 2010, S. 129, 210
534 Karst 1964, S. 350
535 Rolf Bigler, Der einsame Soldat, Frauenfeld 1963, S. 51, 249
536 Torsten Holm, Allgemeine Wehrpflicht, München 1953, S. 62
537 Dupuy 1961, S. 7
538 Budjonnys Reiterarmee, München 1961, S. 99
539 Erwin Rommel, Krieg ohne Hass, Heidenheim 1950, S. 283
540 *Frankfurter Allgemeine*, 10. Juni 1961
541 La guerre de Troie n'aura pas lieu, II, 4
542 Vigny 1835, II, 1

34장 나팔로

543 Schwejk, III, 1
544 *Spiegel* 47/1968
545 Ilias, 20, 381
546 Josua 6,10
547 Livius, V, 37
548 Der Gallische Krieg, V, 37
549 Frobenius 1903, S. 462
550 El Cid, IV, 3
551 Napoleon 1823, Band 3, S. 491
552 Austin 1961, S. 103
553 Jünger 1920, S. 161
554 Josua 6,20
555 Richter 7,8–22
556 1. Korinther 14,8
557 Pernoud 1960, S. 240
558 Die fröhliche Wissenschaft, Aph.175
559 Allgemeine Enzyklopädie der Musik, Kassel o. J., 80, 306
560 *New York Times*, 3. September 1917
561 nach Spengler 1923, Band 1, S. 294
562 Händler und Helden (1915)
563 Englische Fragmente

35장 두려움으로

564 nach Torsten Holm, Allgemeine Wehrpflicht, München 1953, S. 268
565 Anabasis II, 6
566 Historien VI, 37 f.
567 Voltaire, Geschichte Karls XII., S. 137
568 Politisches Testament von 1768
569 Thomas 1961, S. 422
570 Res publica Lacedaemoniorum, IX
571 Der Gallische Krieg, VII, 66
572 Ardant du Picq 1904, S. 78
573 The Art of War, XI, 33, 49
574 Livius, XXI, 43
575 Der Gallische Krieg, I, 5, 25
576 Mein Leben und meine Zeit, S. 381
577 Aphorismen zur Lebensweisheit, V

6부 어떤 꼴로 죽었을까?

36장 불쌍하고 초라하게

578 Vom Kriege, I, 3
579 Soldatenlohn, V, 1
580 Im Westen nichts Neues, XI
581 nach J. G. Droysen, Geschichte Alexanders des Großen (1833), Berlin 1917, S. 442
582 Arrianos, Anabasis, V, 26 f.
583 Droysen, S. 492
584 Livius, XXI, 35 f.
585 Napoleon 1823, Band 6, S. 217
586 Friedrich der Große, Mein Leben und meine Zeit, S. 215
587 Simplicissimus II, 28
588 nach Lerner 1957, S. 842
589 Pernoud 1960, S. 36
590 Sahagún, S. 44 ff., 85, 169
591 Der Gallische Krieg, III, 16
592 The Art of War, II, 19
593 Brockhaus 2006, 15/571
594 *New York Times*, 23. April 2012
595 Junger 2010, S. 19
596 Die unsichtbare Flagge, S. 17
597 Sigmund Freud, Werke 12, S. 321

37장 경악스러울 정도로 끔찍하게

598 Arrianos, Anabasis, V, 25

599 Luther 1529, in: Die Hauptschriften, Berlin o. J., S. 320-323

600 Ilias, 5, 291; 16, 346; 20, 416

601 Der Peloponnesische Krieg, VII, 84

602 Livius, XXII, 51

603 Simplicissimus II, 27

604 Napoleon 1823, Band 6, S. 178

605 Brockhaus 2006, 28/678

606 Keegan 1998, S. 416

607 Meine Kriegserinnerungen 1914-1918, Berlin 1919, S. 209

608 Jünger 1920, S. 37, 108

609 Lawrence 1935, V, 66

610 Shohei Ooka, Feuer im Grasland, S. 97

611 The Naked and the Dead, I, 2

612 Grigorij Baklanow, Die Toten schämen sich nicht, S. 100

613 Curt Hohoff, Woina-Woina, Düsseldorf 1951, S. 381

614 Lawrence 1955, S. 28

615 Flug nach Arras, XXI

616 Die sterbende Jagd, S. 132

617 Napoleon 1823, Band 5, S. 402

618 Sewastopol, in: Frühe Erzählungen, S. 157

619 s. Vorbemerkung

620 Chickamauga, in: Mein Lieblingsmord, Frankfurt 1963, S. 23 f.

621 Im Westen nichts Neues, VI

622 Krieg und Frieden, 1. Band, V, 15

623 Flug nach Arras, IX

624 Jünger 1920, S. 309

625 Edda, Das Hroklied

626 Über den Fluss und in die Wälder, VII

627 Civilisation 1914-1917, S. 24

628 Keegan 1998, S. 413

38장 나폴레옹과 히틀러를 위해

629 nach Zamoyski 2012, S. 173

630 Zamoyski, S. 171

631 Zamoyski, S. 266

632 Stendhal, Brief vom 18. Oktober 1812

633 Zamoisky, S. 348

634 Stendhal, Brief vom 4. Oktober 1812

635 Stendhal, Brief vom 9. November 1812

636 Napoleon 1823, Band 7, S. 162-166

637 Berechnung in: Wolf Schneider, Die Sieger, Hamburg 1993, S. 496-501

638 Die verratene Armee, S. 150 f.

639 Die verratene Armee, S. 182 f.

640 Churchill 1948, S. 759

641 Enc.Brit. 1963, 23/791

642 Liddell Hart, II, S. 609

39장 그중에 영웅도 있었을까?

643 Sewastopol, in: Frühe Erzählungen, S. 191

644 Über den Begriff des großen Mannes

645 Hamburg 1963, S. 118

646 nach Thomas 1961, S. 271

647 Delbrück 1920, Band 1, S. 79 f.

648 Enc.Brit. 1963, 6/787

649 *Life*, 31. Mai 1968

650 Die Kosaken, 41, in: Frühe Erzählungen, S. 825

651 nach Karst 1964, S. 193 f.

652 Journals at Khartum, 5. Oktober 1884

653 Churchill 1900, S. 291

654 Flug nach Arras, XIII

655 Friedrich und die große Koalition, Werke 10, S. 130-132

656 Tim Ripley nach *Frankfurter Allgemeine*, 23. Oktober 2005

657 Creveld 2007, S. 316 f.

658 Churchill, The World Crisis 1914-1918 (Revised Edition 1959), New York 2005, S. 841

659 Die Götter Griechenlands («Da ihr noch die schöne Welt ······»)

660 Junger 2010, S. 140

661 Italienische Reisebilder, XXV

7부 어떻게 살아남을 수 있을까

40장 군인: 거부를 통해?

662 Meine Kriegserinnerungen, S. 434

663 Das geduldige Fleisch, S. 18

664 nach Werner Picht, Vom Wesen des Krieges und vom Kriegswesen der Deutschen, Stuttgart 1952

665 *Süddeutsche Zeitung*, 9. Januar 2013

666 Keegan 1993, S. 514

667 *Frankfurter Allgemeine*, 1. Oktober 2010

668 *Weltwoche* (Zürich) 36/2006

669 *Süddeutsche Zeitung*, 3. Januar 2013

41장 우리 모두: 블루헬멧을 통해?

670 Wolf Schneider, Srebrenica, in *Geo* 7/1997

671 Scahill 2007, S. 31, 57, 95

672 Scahill 2007, S. 107

673 *Independent*, 4. Juli 2004
674 *New York Times*, 5. März 2012

42장 평화주의를 통해?

675 s. Vorbemerkung
676 Mutter Courage, Vorwort des Autors, Szene 7
677 Q-Tagebuch, 16. Februar 1935
678 Toynbee 1950, Vorwort
679 s. Vorbemerkung
680 s. Vorbemerkung
681 Ob Kriegsleute auch in seligem Stande sein können (1526)
682 Drei Abhandlungen zur Sexualtheorie, II, Werke Band 5, S. 93
683 Pernoud 1960, S. 104 f., 222
684 Pernoud 1960, S. 232
685 Colonel Chabert
686 Lawrence 1955, S. 151
687 Rilke an General Sedlakowitz, 9. Dezember 1920
688 Reuter 2002, S. 60 f., 72-87
689 Herberg-Rothe 2003, S. 76
690 in *Die Zeit*, 14. Oktober 2012

43장 혜안을 통해?

691 Alan Robock in *Die Zeit*, 14. Juni 2012
692 Lerner 1957, S. 837
693 zu Frank Cobb, nach *Life* Int., 15. Juni 1964
694 nach *Life* Int., 15. Juni 1964
695 Drei Soldaten, I, 3
696 Parerga, II, 323
697 «Vor dem Tor»
698 *Frankfurter Allgemeine*, 1. August 2013
699 im *Stern*, 29. August 2013
700 in der *Frankfurter Allgemeinen*, 14. Januar 2013
701 Zur Genealogie der Moral, III, 14
702 *Süddeutsche Zeitung*, 18. März 2013
703 nach *Süddeutsche Zeitung*, 27. Juni 2013
704 Ideen zu einer allgemeinen Geschichte in weltbürgerlicher Absicht, 4
705 Sofsky 2002, S. 73

참고문헌

기초 참고문헌

Aron, Raymond: *Paix et guerre entre les nations*. Paris 1962. Deutsch: *Frieden und Krieg.
Eine Theorie der Staatenwelt*. Frankfurt 1963.

Clausewitz, Carl von: *Vom Kriege* (1830).

Creveld, Martin van: *The Changing Face of War. Lessons of Combat from the Marne to Iraq*.
New York 2007. Deutsch: *Die Gesichter des Krieges. Der Wandel bewaffneter Konflikte
von 1900 bis heute*. München 2009.

Delbrück, Hans: *Geschichte der Kriegskunst im Rahmen der politischen Geschichte*, 7
Bände. Berlin 1920 bis 1936. Neu: 4 Bände. Berlin 2000.

Frobenius, Leo: *Weltgeschichte des Krieges*. Jena 1903.

Keegan, John: *A History of Warfare*. London 1993. Deutsch: *Die Kultur des Krieges*. Berlin
1995.

Sun Tzu: *The Art of War* (4. Jahrhundert v. Chr). Hrsg. von Samuel Griffith. Oxford 1963

Toynbee, Arnold: War and Civilization (From ≪*A Study of History*≫ selected by Albert
Fowler). Oxford 1950. Deutsch: Krieg und Kultur. Frankfurt 1958.

Wright, Quincy: *A Study of War*, 2 Bände. Chicago 1942.

전문 참고문헌

Afflerbach, Holger: *Die Kunst der Niederlage. Eine Geschichte der Kapitulation*. München

2013.

Altheim, Franz: *Attila und die Hunnen*. Baden-Baden 1951.

    Reich gegen Mitternacht. Asiens Weg nach Europa. Hamburg 1955.

Andreski, Stanislaw: *Military Organization and Society*. London 1908.

Ardant du Picq, Charles: *Etudes sur le combat*. Paris 1904.

Arthurs, Ted G.: *Land with no Sun. A Year in Vietnam with the 173rd Airborne*. Mechanics-burg, PA, 2006.

Aspray, R. A.: *War in the Shadows. The Guerrilla in History*. New York 1994.

Atkinson, Rick: *An Army at Dawn*. New York 2002

    The Day of Battle. 2007.

    The Guns at Last Night. 2013.

Austin, Victor (Hrsg.): *La Guerre de Sécession*. Paris 1961. Deutsch: *Der Amerikanische Bürgerkrieg in Augenzeugenberichten*. Düsseldorf 1963.

Baldwin, Hanson: *Great Mistakes of the War*. New York 1949.

Baumann/Langeder u. a. (Hrsg.): *Feldpostbriefe deutscher Soldaten aus Afghanistan*. Reinbek 2011.

Benedict, Ruth: *The Chrysanthemum and the Sword*. Boston 1946.

Bischof/Karner u. a. (Hrsg.): *Kriegsgefangene des Zweiten Weltkriegs. Gefangennahme – Lagerleben – Rückkehr*. München 2005.

Bourne, Peter G. (Hrsg.): *The Psychology and Physiology of Stress, with Reference to the Vietnam War*. New York 1969.

Bröckling, Ulrich: *Disziplin. Soziologie und Geschichte militärischer Gehorsamsproduktion*. München 1997.

Buchanan, Patrick J.: *Churchill, Hitler, and «the Unnecessary War»*. New York 2008.

Buchheit, Gert: *Soldatentum und Rebellion. Die Tragödie der deutschen Wehrmacht*. Rastatt 1961.

Buss, David M.: *Der Mörder in uns. Warum wir zum Töten programmiert sind*. Heidelberg 2007.

Butler, Judith: *Raster des Krieges. Warum wir nicht jedes Leid beklagen*. Frankfurt 2010.

Canetti, Elias: *Masse und Macht*. Hamburg 1960.

Carroll, Andrew: *Operation Homecoming: Iraq, Afghanistan and the Home Front, in the Words of US Troops and Their Families*. New York 2000.

Chandessais, Charles: *La psychologie dans l'armée*. Paris 1959.

Chickering/Förster u. a. (Hrsg.): *A World at Total War. Global Conflict and the Politics of Destruction 1937–1945*. Cambridge 2005.

Churchill, Winston: *The River War. A Historical Account of the Reconquest of the Sudan*. London 1899.

    London to Ladysmith via Pretoria. New York 1900.

    The Second World War, 6 Bände. London 1948 ff. Deutsch: *Der Zweite Weltkrieg*. Bern 1948 ff.

    A History of the Englisch-Speaking Peoples, 4 Bände. 1956-1958. Deutsch: *Geschichte*.

Bern 1956–1958.

Clair, Johannes: *Vier Tage im November. Mein Kampfeinsatz in Afghanistan*. Berlin 2012.

Clark, Christopher: *The Sleepwalkers. How Europe Went to War in 1914*. London 2012.

Clark, Wesley: *Waging Modern War*. New York 2001.

Clarke, Richard A.: *Cyber War. The Next Threat to National Security and What to Do About It*. New York 2010.

Clemens, Björn: *Der Begriff des Angriffskrieges und die Funktion seiner Strafbarkeit*. Berlin 2005.

Coker, Christopher: *Warrior Geeks. How 21st Century Technology is Changing the Way We Fight and Think about War*. London 2013.

Constant, Benjamin: *De l'esprit de conquête et de l'usurpation dans leurs rapports avec la civilisation Européenne*. Paris 1814. Deutsch: *Vom Geist der Eroberung und der Anmaßung der Macht*. Stuttgart 1948.

Craig, Gordon A.: *The Politics of the Prussian Army*. Deutsch: *Die preußisch-deutsche Armee 1640–1945*. Düsseldorf 1960.

Creveld, Martin van: *Frauen und Krieg*. München 2001.

Kampfkraft. Militärische Organisation und Leistung der deutschen und amerikanischen Armee 1939–1945. Graz 2005.

Crozier, Brian: *The Rebels. A Study of Postwar Insurrections*. London 1960. Deutsch: *Die Rebellen. Anatomie des Aufstands*. München 1961.

Daniel, Ute (Hrsg.): *Augenzeugen. Kriegsberichterstattung vom 18. zum 21. Jahrhundert*. Göttingen 2006.

Demeter, Karl: *Das deutsche Offizierskorps in Gesellschaft und Staat 1650–1945*. Frankfurt 1962.

Dickinson, G. L.: *War. Its Nature, Cause and Cure*. New York 1923.

Diessenbacher, Hartmut: *Kriege der Zukunft. Die Bevölkerungsexplosion gefährdet den Frieden*. München 1998.

Diwald, Hellmut: *Der Kampf um die Weltmeere*. München 1980.

Dülfer/Kröger u. a.: *Vermiedene Kriege. Deeskalation von Konflikten der Großmächte zwischen Krimkrieg und Erstem Weltkrieg*. München 1997.

Dupuy, Ernest: *The Compact History of the United States Army*. New York 1961.

The Compact History of the Civil War. New York 1960.

Ehrenreich, Barbara: *Blutrituale. Ursprung und Geschichte der Lust am Krieg*. München 1997.

Eibl-Eibesfeldt, Irenäus: *Krieg und Frieden aus der Sicht der Verhaltensforschung*. München 1975.

Eich, Hermann: *Die misshandelte Geschichte. Historische Schuld- und Freisprüche*. Düsseldorf 1983.

Eis, Egon: *Illusion der Sicherheit. Das Schicksal der großen Bollwerke*. Düsseldorf 1958.

Eisenhower, Dwight: *Crusade in Europe*. 1948. Deutsch: *Kreuzzug in Europa*. Amsterdam 1948.

Epkenhans/Groß (Hrsg.): *Das Militär und der Aufbruch in die Moderne 1860–1890*. München 2003.

Fallaci, Oriana: *Wir, Engel und Bestien*. München 1978.

Falls, Cyril: *The Art of War*. Oxford 1961.

Ferdinandy, Michael de: *Dschingis Khan. Der Einbruch des Steppenmenschen*. Hamburg 1958.

Ferguson, Niall: *The Pity of War*. London 1998. Deutsch: *Der falsche Krieg*. Stuttgart 1999.

Figes, Orlando: *Krimkrieg. Der letzte Kreuzzug*. Berlin 2011.

Fischer, Fritz: *Griff nach der Weltmacht. Die Kriegszielpolitik des kaiserlichen Deutschland 1914/18*. Düsseldorf 1961.

Foch, Ferdinand: *De la conduite de la guerre*. Paris 1897.

Mémoires pour servir à l'histoire de la guerre de 1914–1918, 2 Bände. Paris 1930.

Förster/Jansen u. a. (Hrsg.): *Rückkehr der Condottieri? Krieg und Militär zwischen staatlichem Monopol und Privatisierung*. Paderborn 2010.

Förster/Pöhlmann u. a. (Hrsg.): *Schlachten der Weltgeschichte. Von Salamis bis Sinai*. München 2001.

Freud, Sigmund: Zeitgemäßes über Krieg und Tod (1915). In: Werke, Band 10. London 1946.

Hemmung, Symptom und Angst. In: Werke, Band 14. London 1948.

Warum Krieg? In: Werke, Band 16. London 1948.

Friedrich der Große: *Histoire de mon temps* (1746). *Histoire de la guerre de sept ans* (1763). Beide deutsch: *Mein Leben und meine Zeit*. Berlin 1937.

Die politischen Testamente von 1752 und 1768. Berlin 1922.

Friedrich, Jörg: *Das Gesetz des Krieges. Das deutsche Heer in Russland 1941 bis 1945*. München 1993.

Der Brand. Deutschland im Bombenkrieg 1940–1945. München 2002.

Fritz, Stephen G.: *Ostkrieg. Hitler's War of Extermination in the East*. Lexington 2011.

Fuller, J. F. C.: *A Military History of the Western World*. New York 1954.

The Generalship of Alexander the Great. London 1958. Deutsch: *Alexander der Große als Feldherr*. Stuttgart 1961.

The Conduct of War, 1789–1961. Deutsch: *Die entartete Kunst, Krieg zu führen*. Köln 1964.

Gallus, A.: *The Horse-Riding Nomads in Human Developments*. Buenos Aires 1953.

Gavin, Francis J.: *Nuclear Statecraft. History and Strategy in America's Atomic Age*. Ithaka 2012.

Gaycken, Sandro: *Cyber War. Das Wettrüsten hat längst begonnen*. München 2012.

Geiss, Immanuel: *Der lange Weg in die Katastrophe. Die Vorgeschichte des Ersten Weltkriegs, 1815-1914*. München 1990.

Gellhorn, Martha: *Das Gesicht des Krieges. Reportagen 1937-1987*. Zürich 2012.

Gillain, Nick: *Le Mercenaire*. Lille 1937.

Gray, J. Glenn: *The Warriors. Reflections on Men in Battle*. Lincoln 1959.

Greiner, Bernd: *Krieg ohne Fronten*. Hamburg 2007.

Greiner/Müller u. a. (Hrsg.): *Heiße Kriege im Kalten Krieg*. Hamburg 2006.

Grossman, Dave: *On Killing. The Psychological Costs of Learning to Kill in War and Society*. Boston 1995.

On Combat: The Psychology and Physiology of Deadly Conflict in War and Peace. Millstadt, Ill., 2004.

Guderian, Heinz: *Erinnerungen eines Soldaten*. Heidelberg 1951.

Haenisch, Erich (Hrsg.): *Die Geheime Geschichte der Mongolen*. Leipzig 1948.

Hahlweg, Werner (Hrsg.): *Klassiker der Kriegskunst*. Darmstadt 1960.

Hellbeck, Jochen: *Die Stalingrad-Protokolle. Sowjetische Augenzeugen berichten aus der Schlacht*. Frankfurt 2012.

Herberg–Rothe, Andreas: *Der Krieg. Geschichte und Gegenwart*. Frankfurt 2003.

Herr, Michael: *Dispatches*. New York 1977.

Herring, G. C.: *Americas Longest War*. Boston 2002.

Herzfeld, Hans: *Das Problem des deutschen Heeres 1919–1945*. Laupheim 1952.

Herzog, Bodo: *Die deutschen U-Boote 1906–1945*. München 1961.

Heuser, Beatrice: *Rebellen, Partisanen, Guerilleros. Asymmetrische Kriege von der Antike bis heute*. Paderborn 2013.

Hillgruber, Andreas: *Der Zweite Weltkrieg. Kriegsziele und Strategie der großen Mächte*. Stuttgart 1996.

Höhn, Reinhart: *Sozialismus und Heer*, 2 Bände. Bad Homburg 1959.

Die Armee als Erziehungsschule der Nation – Das Ende einer Idee. Bad Harzburg 1962.

Holmes, Richard (Hrsg.): *The Oxford Companion to Military History*. Oxford 2001.

Hondrich, Karl Otto: *Lehrmeister Krieg*. Reinbek 1992.

Hossbach, Friedrich: *Zwischen Wehrmacht und Hitler 1934–1938*. Wolfenbüttel 1949.

Huntington, S. P.: *The Soldier and the State. The Theory and Politics of Civil-Military Relations*. Cambridge/Mass. 1957.

Inenaga, Saburo: *World War II and the Japanese 1931–1945*. New York 1978.

Inoguchi/Nakajima: *The Divine Wind*. Washington 1958. Deutsch: *Der göttliche Wind*. München o. J..

Iriye/Osterhammel (Hrsg.): *Geschichte der Welt. Weltmärkte und Weltkriege 1870–1945*. München 2012.

Jacobs, J. R.: *The Beginning of the U.S. Army 1783–1812*. Princeton 1947.

Jacobsen/Rohwer (Hrsg.): *Entscheidungsschlachten des Zweiten Weltkriegs*. Frankfurt 1960.

Jandl, Ernst: *Briefe aus dem Krieg, 1943–1946*. München 2005.

Jasper, Andreas: *Zweierlei Weltkriege? Kriegserfahrungen deutscher Soldaten in Ost und West 1939–1945*. Paderborn 2011.

Jessen, Hans (Hrsg.): *Der Dreißigjährige Krieg in Augenzeugenberichten*. Düsseldorf 1963.

Johann, Ernst (Hrsg.): *Innenansicht eines Krieges. Deutsche Dokumente 1914–1918*. Frankfurt 1968.

Junger, Sebastian: *War*. London 2010. Deutsch: *War. Ein Jahr im Krieg*. München 2012.

Jünger, Ernst: *In Stahlgewittern* (1920). Stuttgart 1961.

Kriegstagebuch 1914–1918. Stuttgart 2010.

Der Kampf als inneres Erlebnis. Berlin 1922.

Der Friede. Ein Wort an die Jugend Europas. Amsterdam 1946.

Kant, Immanuel: *Zum ewigen Frieden* (1795).

Kardelj, Edvard: *Vermeidbarkeit oder Unvermeidbarkeit des Krieges.* Hamburg 1961.

Karst, Heinz: *Das Bild des Soldaten. Versuch eines Umrisses.* Boppard 1964.

Kasperski, Eugen: *Malware. Von Viren, Würmern, Hackern und Trojanern.* München 2008.

Kayser-Eichberg, Ulrich: *Geist und Ungeist des Militärs. Versuch über ein Missverständnis.* Stuttgart 1958.

Keegan, John: *Der Erste Weltkrieg. Eine europäische Tragödie.* London 1998 (deutsch 2001). *Der Zweite Weltkrieg.* London 1989 (deutsch 2004).

Keeley, Lawrence H.: *War before Civilization: The Myth of the Peaceful Savage.* Oxford 1996.

Kennedy, Sir John: *The Business of War.* London 1957.

Kennedy, Paul: *Aufstieg und Fall der großen Mächte. Ökonomischer Wandel und militärischer Konflikt von 1500 bis 2000.* Frankfurt 1991. *Die Casablanca-Strategie. Wie die Alliierten den Zweiten Weltkrieg gewannen.* München 2012.

Kershaw, Sir Ian: *Das Ende. Kampf bis in den Untergang.* München 2011.

Klein/Schumacher (Hrsg): *Kolonialkriege.* Hamburg 2006.

Klein/Stiglegger u. a. (Hrsg.): *Kriegsfilm.* Stuttgart 2006.

Kleßmann, Eckart: *Die Verlorenen. Die Soldaten in Napoleons Russlandfeldzug.* Berlin 2012.

Klonovsky, Michael: *Der Held. Ein Nachruf.* München 2011.

Knötel, Richard: *Handbuch der Uniformkunde. Die militärische Tracht in ihrer Entwicklung bis zur Gegenwart.* Hamburg 1937.

Krishnan, Armin: *Gezielte Tötung. Die Individualisierung des Krieges.* Berlin 2012.

Kröber, Hans-Ludwig: *Töten ist menschlich.* In: Die Zeit, 11. 10. 2012.

Krusenstjern/Medick (Hrsg.): *Zwischen Alltag und Katastrophe. Der Dreißigjährige Krieg aus der Nähe.* Göttingen 1999.

Kühl, Hans H.: *Defense. How to Protect against Chemical, Biological, Radiological and Nuclear Threats in a Changing Security Environment.* Frankfurt 2012.

Kunde, Martin: *Der Präventionskrieg. Geschichtliche Entwicklung und gegenwärtige Bedeutung.* Frankfurt 2007.

Langewiesche, William: Der Scharfschütze. In: Lettre International, Frühjahr 2010.

Lawrence, Thomas Edward: *Seven Pillars of Wisdom. A Triumph.* London 1935. Deutsch: *Die sieben Säulen der Weisheit.* München 1963. *The Mint.* Deutsch: Unter dem Prägestock. München 1955.

Le Bohec, Yann: *Die römische Armee. Von Augustus zu Konstantin.* Stuttgart 1993.

Lerner, Max: *America as a Civilization.* 1957. Deutsch: *Amerika, Wesen und Werden einer Kultur.* Frankfurt 1960.

Lévy, Bernard-Henry: *Réflexions sur la guerre, le mal et la fin de l'histoire.* Paris 2001.

Liddell Hart, Basil: *The Other Side of the Hill. Germany's Generals, their Rise and Fall.* London 1948.

The Soviet Army. London 1956. Deutsch: Die Rote Armee. Bonn 1957.

History of the Second World War. London 1970. Deutsch: *Geschichte des Zweiten Weltkriegs,* 2 Bände. Düsseldorf 1972.

Lindemann, Marc: Kann *Töten erlaubt sein? Ein Soldat auf der Suche nach Antworten.* Berlin 2013.

Lorenz, Konrad: *Das sogenannte Böse. Zur Naturgeschichte der Aggression.* Wien 1963.

Ludendorff, Erich: *Meine Kriegserinnerungen 1914–1918.* Berlin 1919.

Der totale Krieg. München 1935.

Lusar, Rudolf: *Die deutschen Waffen und Geheimwaffen des 2. Weltkriegs und ihre Weiterentwicklung.* München 1961.

Luttwak, Edward: *Strategie. Die Logik von Krieg und Frieden.* Lüneburg 2003.

Machiavelli, Niccolò: *Libro della arte della guerra* (1521). Deutsch: *Kriegskunst.* Karlsruhe 1833.

Mann, Thomas: Friedrich und die große Koalition. München 1915; in: Gesammelte Werke, Band 10. Frankfurt 1960.

Manstein, Erich von: *Verlorene Siege.* Frankfurt 1955.

Marshall, S. L. A.: *Men Against Fire.* 1947. Deutsch: *Soldaten im Feuer.* Frauenfeld 1951.

Sinai Victory. New York 1958.

Martin, Paul: *Der bunte Rock. Uniformen im Wandel der Zeit.* Stuttgart 1963.

Masur, Gerhard: *Simon Bolívar und die Befreiung Südamerikas.* Konstanz 1949.

Maurienne: *Le Déserteur – provocation à la désobéissance.* Deutsch: *Der Deserteur und sein Prozess.* Hamburg 1962.

Mayer, Karl J.: *Napoleons Soldaten.* Darmstadt 2011.

McNeill, William H.: Krieg und Macht. Militär, Wirtschaft und Gesellschaft vom Altertum bis heute. München 1987.

Millis, Walter: *Arms and Men. A Study in American Military History.* London 1956. Deutsch: *Amerikanische Militärgeschichte in ihren politischen, wirtschaftlichen und sozialen Zusammenhängen.* Köln 1958.

Montbrial/Klein (Hrsg.): *Dictionnaire de Stratégie.* Paris 2000.

Montecuccoli, Raimund Graf von: *Memoire della guerra ed istruzione d'un generale* (1703). Deutsch: *Kriegsnachrichten des Fürsten Raymundi Montecuccoli* (1736).

Montesquieu: *Considération sur les causes de la grandeur des Romains et de leur décadence* (1734). Deutsch: *Betrachtungen über die Ursachen von Größe und Niedergang der Römer.* Bremen 1957.

Moran, Lord John: *The Anatomy of Courage.* London 1945.

Mordal, Jacques: *Vingt-cinq siècles de guerre sur mer.* Deutsch: *25 Jahrhunderte Seekrieg.* München 1962.

Mosse, George L.: *«Gefallen für das Vaterland». Nationales Heldentum und namenloses Sterben.* Stuttgart 1993.

Müller/Volkmann (Hrsg.): *Die Wehrmacht. Mythos und Realität*. München 1999.

Münkler, Herfried: *Gewalt und Ordnung. Das Bild des Krieges im politischen Denken*. Frankfurt 1992.

Die neuen Kriege. Reinbek 2002.

Der neue Golfkrieg. Reinbek 2003.

Murawski, Erich: *Der deutsche Wehrmachtsbericht. Ein Beitrag zur psychologischen Kriegführung*. Boppard 1963.

Murray/Scales: *The Iraq War. A Military History*. Cambridge 2004.

Muth, Jürg: *Command Culture. Officer Education in the US Army and the German Armed Forces 1901–1940*. Denver 2011.

Napoleon I.: *Mémoires pour servir à l'histoire de France sous Napoléon (Le mémorial de Sainte-Helène)*, 8 Bände, 1823-1825. Deutsch: *Napoleon, die Memoiren seines Lebens*. Hrsg. Friedrich Wencker-Wildberg, 7 Bände. Hamburg o. J..

Neitzel/Hohrath (Hrsg.): *Kriegsgreuel. Die Entgrenzung der Gewalt in kriegerischen Konflikten vom Mittelalter bis ins 20. Jahrhundert*. Paderborn 2008.

Neitzel/Welzer: *Soldaten. Protokolle vom Kämpfen, Töten und Sterben*. Frankfurt 2011.

Neu, C. E.: *America's Lost War. Vietnam 1945–1975*. Wheeling 2005.

Obermann, Emil: *Soldaten, Bürger, Militaristen. Militär und Demokratie in Deutschland*. Stuttgart 1958.

Oetting, Dirk W.: *Auftragstaktik. Geschichte und Gegenwart einer Führungs-Konzeption*. Frankfurt 1993.

Oman, C. W. C.: *The Art of War in the Middle Ages (378–1515)*. London 1953.

Orwell, George: *Homage to Catalonia*. London 1928. Deutsch: *Mein Katalonien*. München 1963.

Overmans/Hilger (Hrsg.): *Rotarmisten in deutscher Hand. Dokumente zu Gefangenschaft, Repatriierung und Rehabilitierung sowjetischer Soldaten des Zweiten Weltkriegs*. Paderborn 2012.

Panoff, Peter: *Militärmusik in Geschichte und Gegenwart*. Berlin 1938.

Paret, Peter: *Understanding War. Essays on Clausewitz and the History of Military Power*. Princeton 1992.

Pearce, Fred: *Land Grabbing. Der globale Kampf um Grund und Boden*. München 2012.

Pernoud, Régine (Hrsg.): *Les Croisades*. Paris 1960. Deutsch: *Die Kreuzzüge in Augenzeugenberichten*. Düsseldorf 1961.

Perrault, Gilles: *Les parachutistes*. Paris 1961.

Picht, Werner: *Vom Wesen des Krieges und vom Kriegswesen der Deutschen*. Stuttgart 1952.

Platthaus, Andreas: *1813. Die Völkerschlacht bei Leipzig und das Ende der Alten Welt*. Berlin 2013.

Polk, William R.: *Aufstand. Widerstand gegen Fremdherrschaft – vom Amerikanischen Unabhängigkeitskrieg bis zum Irak*. Hamburg 2009.

Pompe, C. A.: *Aggressive War – an International Crime*. Den Haag 1953.

Proudhon, Pierre-Joseph: *La guerre et la paix. Recherches sur le principe et la constitution du droit des gens.* Paris 1927.

Pruck, Erich: *Der rote Soldat.* München 1961.

Puzicha/Hansen u. a. (Hrsg.): *Psychologie für Einsatz und Notfall. Truppenpsychologische Erfahrungen mit Auslandseinsätzen, Unglücksfällen, Katastrophen.* Bonn 2001.

Rademacher, Cay: *Blutige Pilgerfahrt. Der Erste Kreuzzug ins Heilige Land.* München 2012.

Ranan, David: *Ist es noch gut, für unser Land zu sterben? Junge Israelis über ihren Dienst in der Armee.* Berlin 2011.

Rauchensteiner, Manfried: *Der Tod des Doppeladlers. Österreich-Ungarn und der Erste Weltkrieg.* Graz 1993.

Raumer, Kurt von: *Ewiger Friede. Friedensrufe und Friedenspläne seit der Renaissance.* Freiburg 1953.

Regan, Geoffrey: *Narren, Nulpen, Niedermacher. Militärische Blindgänger und ihre größten Schlachten.* Lüneburg 1998.

Reichherzer, Frank: *«Alles ist Front!» Die Bellifizierung der Gesellschaft vom Ersten Weltkrieg bis in den Kalten Krieg.* Paderborn 2012.

Renn, Ludwig: *Der spanische Krieg.* Berlin 1955.

Reuter, Christoph: *Mein Leben ist eine Waffe. Selbstmordattentäter – Psychogramm eines Phänomens.* München 2002.

Ridgway, Matthew: *Soldier.* New York 1956.

Rinke/Schwägerl: *11 drohende Kriege. Künftige Konflikte um Technologie, Rohstoffe, Territorien und Nahrung.* München 2012.

Ripley, Tim: *The Great Armies. The Wehrmacht. The German Army of World War II.* New York 2003.

Ritter, Gerhard: *Staatskunst und Kriegshandwerk. Das Problem des «Militarismus» in Deutschland,* 4 Bände. München 1954-1968.

Ritter, Henning: *Die Schreie der Verwundeten. Versuch über die Grausamkeit.* München 2013.

Rolland, Romain: Journal des années de guerre, 1914–1919. *Notes et documents pour servir à l'histoire morale de l'Europe de ce temps.* Paris 1952.

Römer, Felix: *Kameraden. Die Wehrmacht von innen.* München 2012.

Rommel, Erwin: *Krieg ohne Hass.* Heidenheim 1950.

Roy, Jules: *La guerre d'Algerie.* Paris 1960. Deutsch: *Schicksal Algerien.* Hamburg 1961.

Russell, Bertrand: *Why Men Fight.* New York 1930.

Russell, W. H.: *«Meine sieben Kriege». Die ersten Reportagen von den Schlachtfeldern des 19. Jahrhunderts.* Frankfurt 2000.

Ryan, Cornelius: *The Longest Day.* Deutsch: *Der längste Tag.* Gütersloh 1960.

Scahill, Jeremy: *Blackwater. The Rise of the World's Most Powerful Mercenary Army.* New York 2007. Deutsch: *Blackwater. Der Aufstieg der mächtigsten Privatarmee der Welt.* Reinbek 2009.

Schaufelberger, Walter: *Der Alte Schweizer und sein Krieg.* Zürich 1952.

Schild/Schindling (Hrsg.): *Kriegserfahrungen – Krieg und Gesellschaft in der Neuzeit. Neue*

Horizonte der Forschung. Paderborn 2009.

Schilling, René: *«Kriegshelden». Deutungsmuster heroischer Männlichkeit in Deutschland 1813–1945.* Paderborn 2002.

Schivelbusch, Wolfgang: *Die Kultur der Niederlage. Der amerikanische Süden 1865, Frankreich 1871, Deutschland 1918.* Berlin 2001.

Schlabrendorff, Fabian von: *Offiziere gegen Hitler.* Zürich 1947.

Schmitt, Carl: *Der Begriff des Politischen.* Tübingen 1927.

Schramm, Wilhelm von: *Rommel. Schicksal eines Deutschen.* München 1949.

Schulz, Raimund: *Feldherren, Krieger und Strategen. Krieg in der Antike von Achill bis Attila.* Stuttgart 2012.

Sedlatzek-Müller, Robert: *Soldatenglück. Mein Leben nach dem Überleben.* Hamburg 2012.

Seidler, Franz W.: *Fahnenflucht. Der Soldat zwischen Eid und Gewissen.* Berlin 1993.

Skirth, Ronald: *The Reluctant Tommy.* London 2010. Deutsch: *Soldat wider Willen. Wie ich den Ersten Weltkrieg sabotierte.* Reinbek 2013.

Sofsky, Wolfgang: *Traktat über die Gewalt.* Frankfurt 1996.

Zeiten des Schreckens. Amok, Terror, Krieg. Frankfurt 2002.

Soustelle, Jacques: *La vie quotidienne des Aztèques.* Paris 1955. Deutsch: *So lebten die Azteken.* Stuttgart 1957.

Spector, Ronald H.: *Eagle against the Sun. The American War with Japan.* New York 1985.

Speidel, Hans: *Invasion 1944.* Tübingen 1949.

Spengler, Oswald: *Der Untergang des Abendlandes,* 2 Bände. München 1923.

Der Streitwagen und seine Bedeutung für den Gang der Weltgeschichte (1934). Zur Weltgeschichte des zweiten vorchristlichen Jahrtausends (1935). In: Reden und Aufsätze. München 1937.

Stamps/Esposito: *World War II.,* 3 Bände. West Point 1950.

Operations in Korea. West Point 1952.

Stegemann, Hermann: *Der Krieg. Sein Wesen und seine Wandlung,* 2 Bände. Stuttgart 1939.

Stietencron/Rüpke (Hrsg.): *Töten im Krieg.* Freiburg 1995.

Stouffer, Samuel u. a.: *The American Soldier: Combat and its Aftermath,* 2 Bände. Princeton 1949/50.

Suttner, Bertha von: *Der Krieg und seine Bekämpfung.* Wien 1904.

Rüstung und Überrüstung. Wien 1909.

Swofford, Anthony: *Jarhead. A Marine's Chronicle of the Gulf War and other Battles.* New York 2003.

Taylor, Maxwell: *The Uncertain Trumpet.* Deutsch: *Und so die Posaune einen undeutlichen Ton gibt.* Gütersloh 1961.

Teller, Jan: *Krieg. Stell dir vor, er wäre hier.* München 2012.

Telpuchowski, Boris: *Die sowjetische Geschichte des Großen Vaterländischen Krieges 1941–1945.* Moskau 1959. Deutsch: Frankfurt 1961.

Thomas/Casebeer: *Violent Systems. Defeating Terrorists, Insurgents, and other Non-State-Adversaries.* Colorado Springs 2004.

Thomas, Hugh: *The Spanish Civil War*. London 1961. Deutsch: *Der Spanische Bürgerkrieg*. Berlin 1962.

Thompson, E. A.: *A History of Attila and the Huns*. Oxford 1948.

Thukydides: *Der Peloponnesische Krieg* (411 v. Chr). Düsseldorf 2002.

Todd/Kredel: *Soldiers of the American Army 1775–1954*. Chicago 1954.

Todenhöfer, Jürgen: *Du sollst nicht töten. Mein Traum vom Frieden*. München 2013.

Togo, Shigenori: *Japan im Zweiten Weltkrieg*. Deutsch: Frankfurt 1958.

Treece/Oakeshott: *Fighting Men. How Men Have Fought through the Ages*. Leicester 1963.

Trotzki, Leo: *Die Balkankriege 1912/13*. Essen 1996.

Ullrich, Johann: *Das Kriegswesen im Laufe der Zeiten*. Leipzig 1940.

Ulrich, Bernd: Krieg als Nervensache. Skizzierung einer verhängnisvollen Beziehung. In: Die Zeit, 22. 11. 1991.

Vagts, Alfred: *A History of Militarism*. New York 1937.

Vigny, Alfred Comte de: *Servitude et grandeur militaires* (1835). Deutsch: *Glanz und Elend des Militärs*. Hamburg 1957.

Wacker, Peter (Hrsg.): *Deutsche Uniformen aus zwei Jahrhunderten*. Bad Godesberg 1961.

Waldman, Eric: *Soldat im Staat. Der Staatsbürger in Uniform, Vorstellung und Wirklichkeit*. Boppard 1963.

Walzer, Michael: *Erklärte Kriege – Kriegserklärungen*. Hamburg 2003.

Webster/Frankland: *The Strategic Air Offensive Against Germany 1939 to 1945*, 4 Bände. London 1961.

Wedemeyer, Albert: *Wedemeyer Reports!* Deutsch: *Der verwaltete Krieg*. Gütersloh 1958.

Weisz, Leo: *Die alten Eidgenossen. Geist und Tat der Innerschweizer in Zeugnissen aus dem 14. und 15. Jahrhundert*. Zürich 1940.

Welzer, Harald: *Klimakriege. Wofür im 21. Jahrhundert getötet wird*. Frankfurt 2012.

Wheeler–Bennett, John: *The Nemesis of Power. The German Army in Politics 1918–1945*. Deutsch: *Die Nemesis der Macht*. Düsseldorf 1954.

Willbanks, J. H.: *Abandoning Vietnam. How America left and South Vietnam lost its war*. Lawrence 2004.

Witkop, Philipp (Hrsg.): *Kriegsbriefe gefallener Studenten*. München 1928.

Witt, Jann M.: *Piraten. Eine Geschichte von der Antike bis heute*. Darmstadt 2011.

Wüst, René: *La guerre psychologique*. Lausanne 1954.

Zamoyski, Adam und Ruth Keen: *1812 – Napoleons Feldzug in Russland*. München 2012.

Zimmermann, John: *Pflicht zum Untergang. Die deutsche Kriegfslandh im Westen des Reiches 1944/45*. Paderborn 2009

.

도판출처

1. DIZ Muenchen GmbH, Sueddeutsche Zeitung Photo/Alamy
2. Bildarchiv Preußischer Kulturbesitz/Scala via GNC Media
3. akg-images
4. Bildarchiv Preußischer Kulturbesitz/Antikensammlung, SMB/Johannes Laurentius via GNC Media
5. akg-images/De Agostini Picture Library
6. akg-images
7. ullstein bild
8. Science & Society Picture Library via Getty Images Korea
9. DIZ Muenchen GmbH, Sueddeutsche Zeitung Photo/Alamy
10. DIZ Muenchen GmbH, Sueddeutsche Zeitung Photo/Alamy
11. DIZ Muenchen GmbH, Sueddeutsche Zeitung Photo/Alamy
12. ullstein bild
13. DIZ Muenchen GmbH, Sueddeutsche Zeitung Photo/Alamy
14. ullstein bild
15. akg-images
16. DIZ Muenchen GmbH, Sueddeutsche Zeitung Photo/Alamy
17. ullstein bild
18. DIZ Muenchen GmbH, Sueddeutsche Zeitung Photo/Alamy
19. Haus der Geschichte Baden-Württemberg

찾아보기

옮긴이의 말

    각 잡힌 제복, 반짝이는 계급장, 절도 있는 걸음걸이, 어려서 이런 늠름한 군인을 한 번쯤 동경해 보지 않은 남자아이가 몇이나 될까? 그러나 전쟁이 벌어지면 군인은 총칼로 무자비하게 사람을 죽이는 두려움의 대상으로 바뀐다. 그렇다. 군인의 모습에는 양면이 있다. 정의로운 영웅, 아니면 잔인한 괴물이다. 물론 이런 군인만 있었던 것은 아니다. 겁에 질려 하늘로 총구를 향한 채 총을 쏘는 군인, 눈치껏 흉내만 내는 군인, 다수가 움직이는 대로 휩쓸려 가는 군인, 심지어 도망을 치거나 적진으로 투항하는 군인도 있었다. 그런데 이렇게 많은 종류의 군인에도 한 가지 공통점이 있다. 군인은 수많은 사람들에게 고통을 준 가해자인 동시에 그보다 몇 배는 더 큰 고통을 받은 피해자였다는 사실이다.

    제2차 대전에 하사관으로 참전했고 50년 넘게 〈군인 현상〉에 천착해 온 볼프 슈나이더는 이제 군인의 시대가 끝나 가고 있다고 말한다. 무슨 말도 안 되는 소리냐며 펄쩍 뛰는 사람도 있겠지만, 지난 3천 년 동안 세계사의 주역으로 격랑의 현장에 늘 함께했던 군인의 역할이 끝나 간다는 뜻이지 군인이 지상에서 영원히 사라진다는 뜻은 아니니 흥분할 필요는 없을 듯하다. 군인 시대가 저물어도 군인은 어떤 형태로든 남을 테니 말이다. 아무튼 전쟁의 양상이 바뀌면서 전통적인 의미의 군인은 설 자리를 잃고 다른 형태의 전쟁 기구에 자기 자리를 내주어야 하는 것은 분명하다.

그래도 여전히 최종적으로 고지에 승리의 깃발을 꽂는 것은 군인이라고 주장하는 이들이 있지만, 대세는 이미 기운 듯하다. 지상에서 벌어지는 분쟁 현장과 미래의 전쟁들을 보라. 자살 테러범들을 상대로 군인이 할 수 있는 일은 없고, 아무리 전력이 월등해도 아프가니스탄에서 게릴라들을 소탕할 수는 없다. 기껏해야 전투 기계처럼 훈련받은 소수의 특수 부대만 부분적으로 성과를 낸다. 그뿐 아니다. 군인 없이 치러질 사이버전에서는 순식간에 국가 기간망이 파괴되고 국가 경제가 마비되고 전 국토가 유린당한다. 또한 전 인류를 몇 번이고 파멸시킬 수 있는 핵무기를 상대로 군인이 무엇을 할 수 있겠는가? 전통적인 군인의 역할은 이미 드론이나 전투 로봇으로 상당 부분 넘어갔다. 이제는 전투 현장에서 멀리 떨어진 실내에 앉아 조이스틱으로 조종하면서 버튼을 누르는 일만 남았을지 모른다.

볼프 슈나이더는 3천여 년에 걸친 군인의 역사를 흥미로운 시각으로 보고한다. 그 과정에서 군인들이 어떤 무기로 싸웠는지, 어떤 이유로 전쟁에 나갔는지, 그 대가로 무엇을 받았는지, 어떤 고생을 하고 어떤 고통을 겪었는지 꼼꼼히 살핀다. 특히 군인들이 무엇을 위해 죽었는지를 서술하는 장은 퍽 인상적이다. 자발적으로건 강제적으로건 수많은 젊은이를 전쟁터로 내몰기 위해서는 거짓과 환상의 시스템이 필요했다. 이 시스템은 때론 조국과 종교의 이름을 빌렸고, 때론 훈장과 전리품을 내걸었으며, 또 때로는 명성과 복수 같은 감정을 부추겼다. 평화로 가는 길을 찾기는 어려워도 전쟁을 벌일 동기를 찾는 것은 쉬운 법이다. 1812년 나폴레옹의 러시아 원정이 그랬고, 200여 년 뒤 조지 부시 대통령의 이라크 침공이 그랬으며, 최근에는 푸틴 러시아 대통령의 우크라이나 공격이 그랬다.

전작들처럼 이 책도 저자의 해박한 지식과 날카로운 분석, 역사의 이면을 들추는 새로운 시각이 도드라진다. 다만 마지막 책장을 덮고 우울한 감정이 여운처럼 남은 것은 전작들과 다른 점이다. 우리 자신의 민낯을 보여 주고 현실을 냉철하게 분석한 책은 늘 사람을 불편하고 우울하게 만들기 마련이다. 이 책은 말한다. 군인 시대가 끝나도 평화는 오지 않을 거라고. 미래에도 인간은 갈등을 힘으로 해결하려 들 것이고, 지금보다 더 파괴적이고 복구 불가능한 전쟁이 우리를 기다리고 있을 거라고. 사실 〈평화가 인간의 자연 상태〉라는 장 자크 루소의 테제는 오류이거나 희망 사항일 뿐이다. 평화가 아닌 갈등과 전쟁이 인간의 자연 상태임은 원시 시대부터 현대에 이르기까지 수없이 일어난 전쟁과 학살이 여실히 증명해 주고 있다.

저자가 평화의 수단으로 내놓은 해법 역시 우울하기는 마찬가지다. 평화에 대한 호소만으로는 결코 평화를 이룰 수 없다. 자살 테러범들에게 아무리 평화를 호소한들 그게 무슨 소용이 있겠는가? 그렇다고 〈팍스 아메리카나〉처럼 유일 절대 권력에 세계의 평화를 맡기는 것은 가능하지도 않거니와 빅브라더처럼 다른 차원의 큰 위험을 부를 수 있다. 결국 저자는 삶에 너무 큰 기대를 갖지 말라고 조언한다. 솔직히 말해, 원시 시대 이후 인간이 오늘날만큼 생존의 위험 없이 안전하게 산 적이 어디 있었던가? 그러니 3차 대전같이 인류 전체의 생존이 걸린 일이 아닌 이상 자기 자신에게 닥칠 가능성이 벼락 맞을 확률보다 적은 테러의 공포에 휩싸이지 말고 현실을 담담하게 받아들이며 살라는 것이다.

그런데 이런 충고조차 쉽게 미치지 못하는 땅이 있다. 군인 시대의 종말을 예견하기 민망할 정도로 첨예하게 군사적 대립이 지속되고 있는 이 땅 한반도이다. 여기엔 미래의 전쟁과 재래식 전쟁이 공존한다. 전선을 사이에 두고 수십만 명의 병력과 수천 문의 포가 집결해 있을 뿐 아니라 핵과 생물학 무기, 사이버전의 위협까지 도사리고 있다. 언제 어느 때 전쟁이 터져도 전혀 이상할 게 없는 일촉즉발의 화약고이다. 그럼에도 우린 너무 무덤덤하다. 어쩌면 서서히 뜨거워지는 냄비 속의 개구리처럼 너무 오랫동안 위험에 무뎌져서 그런지 모른다. 저자가 이 책으로 지금껏 존재한 모든 군인들을 위한 기념비를 세우고 싶어 했다면, 역자는 이 책이 지금도 총부리를 겨누고 있는 이 땅의 모든 군인들에게 평화의 메신저가 되었으면 하는 바람이다.

2015년 5월
박종대

옮긴이 **박종대** 성균관대학교 독어독문학과와 같은 대학원을 졸업하고 독일 쾰른에서 문학과 철학을 공부했다. 사람이건 사건이건 늘 표충보다 이면에 관심이 많고, 어떻게 사는 것이 진정 자기를 위하는 길인지 고민하는 제대로 된 이기주의자가 꿈이다. 지금껏 『미의 기원』, 『데미안』, 『수레바퀴 아래서』, 『바르톨로메는 개가 아니다』, 『나폴레옹 놀이』, 『유랑극단』, 『목매달린 여우의 숲』, 『늦여름』, 『토마스 만 단편선』, 『위대한 패배자』, 『주말』, 『귀향』 등 90여 권의 책을 번역했다.

군인 영웅과 희생자, 괴물들의 세계사

발행일 2015년 6월 5일 초판 1쇄
         2021년 6월 10일 초판 6쇄

지은이 볼프 슈나이더
옮긴이 박종대
발행인 홍예빈·홍유진
발행처 주식회사 열린책들

경기도 파주시 문발로 253 파주출판도시
전화 031-955-4000 팩스 031-955-4004
www.openbooks.co.kr

이 도서의 국립중앙도서관 출판예정도서목록(CIP)은 서지정보유통지원시스템 홈페이지(http://seoji.nl.go.kr)와 국가자료공동목록시스템(http://www.nl.go.kr/kolisnet)에서 이용하실 수 있습니다.(CIP제어번호: CIP2015013826)